ÉDITION 2022

Conforme aux **REPÈRES ANNUELS** de progression

trans math

6e

CYCLE 3

Livre du professeur

Sous la direction de Joël Malaval

Véronique Carlod
Académie de Clermont-Ferrand (63)

Bernard Chrétien
Académie de Lille (59)

Pierre-Antoine Desrousseaux
Académie de Montpellier (34)

Marion Girin
Académie de Paris (75)

Damien Jacquemoud
Académie de Grenoble (74)

Anne Jorioz
Académie de Grenoble (73)

Jean-Marc Lécole
Académie de Clermont-Ferrand (03)

Annie Plantiveau
Académie de Nantes (44)

Frédéric Puigredo
Académie de Nice (83)

Mickaël Védrine
Académie de Strasbourg (67)

Nathan

Sommaire

Documents à photocopier

CHAPITRE 1 Utiliser les nombres entiers

Activité 2 p. 15

a.

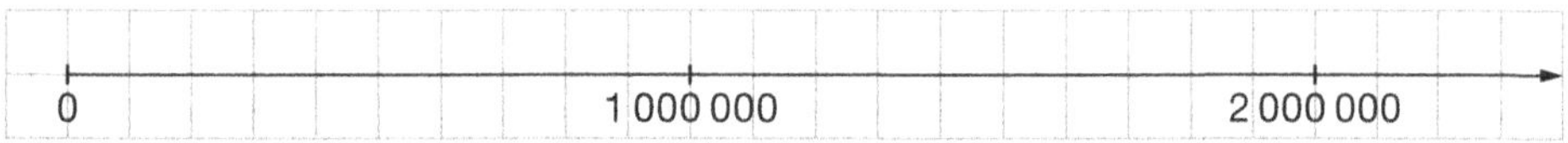

Exercice 42 p. 23

a.

	7	6	8	7	2
+		5	7	3	6

b.

	2	5	1	8	3
+		4	7	6	2
+				7	6

Exercice 68 p. 24

a.

	7	6	5	4
+			3	
	6	5		2

b.

		7	8	3	
−	2			6	8
	4	8	2		5

Exercice 44 p. 23

a.

	7	0	2	8
−	4	6	7	3

b.

	3	4	2	5	4
−		7	6	5	8

Exercice 69 p. 24

a.

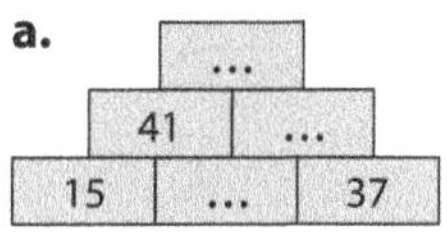

b.

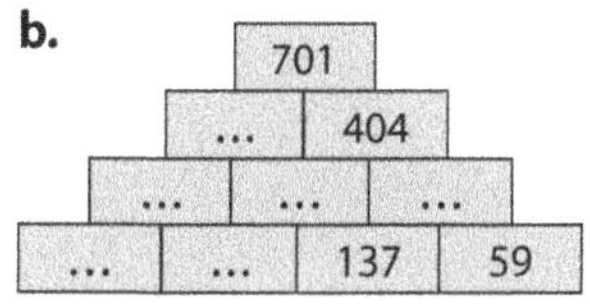

Exercice 51 p. 23

×	3	4			8
7					
6			36		
9				63	

Exercice 81 p. 25

	Français	Étrangers	Total
Yan	...	...	
Léa			...
Total		...	

Exercice 109 p. 30

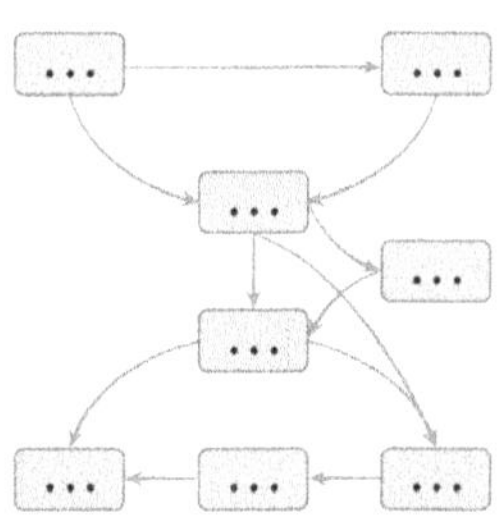

Exercice 52 p. 23

a.

		4	3	7
×			2	6

b.

		9	5	8
×		7	0	4

Exercice 65 p. 24

Exercice 111 p. 30

```
      •  •  •
×        •  7
-------------
   •  •  9  •
•  •  •  •  0
-------------
•  •  6  3  2
```

Exercice 119 p. 31

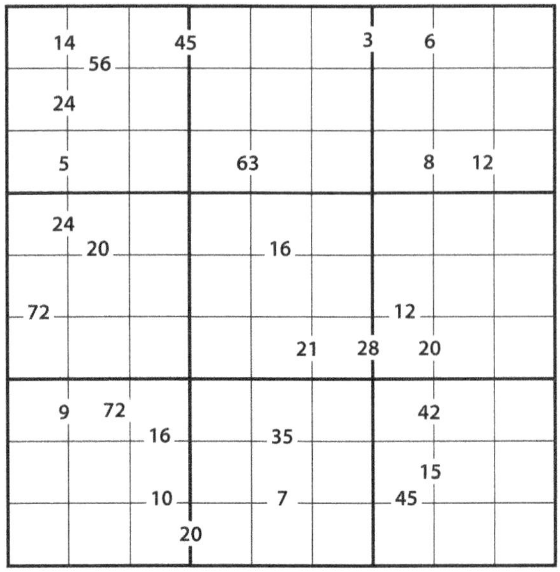

CHAPITRE 2 Utiliser les nombres décimaux

Activité 3 p. 33

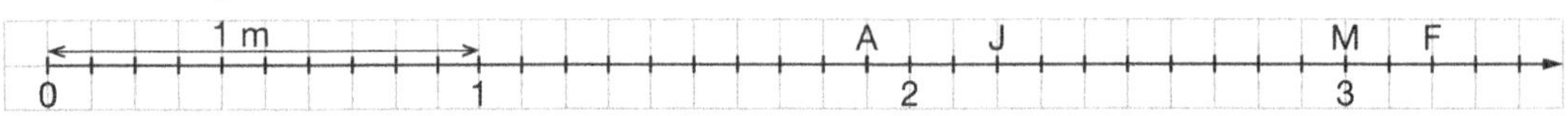

Exercice 39 p. 41

a.

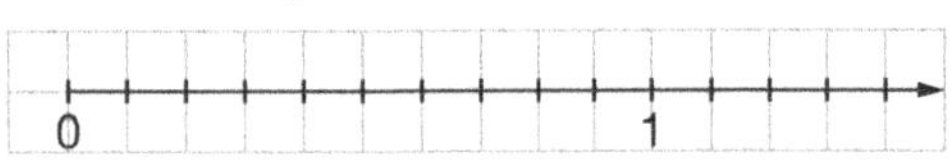

b.

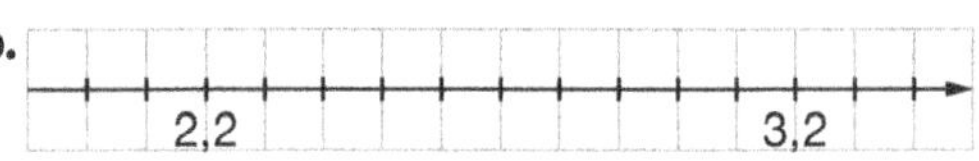

Exercice 55 p. 42

1,26	$1+\frac{26}{100}$	$1+\frac{2}{10}+\frac{6}{100}$
6,24		
	$7+\frac{13}{100}$	
		$3+\frac{6}{10}+\frac{7}{100}$
25,4		
		$1+\frac{6}{100}+\frac{9}{1\,000}$

Exercice 56 p. 42

$\frac{270}{1\,000}$ — 27 dixièmes — 0,27

0,027 — $\frac{2}{100}+\frac{7}{1\,000}$ — $2+\frac{7}{10}$

$\frac{270}{100}$ — 2,7 — 27 millièmes

27 centièmes — $\frac{27}{1\,000}$ — $\frac{2}{10}+\frac{7}{100}$

Exercice 62 p. 42

3,8	3,08	7,56	7,65
…/…	…/…	…/…	…/…

Exercice 76 p. 42

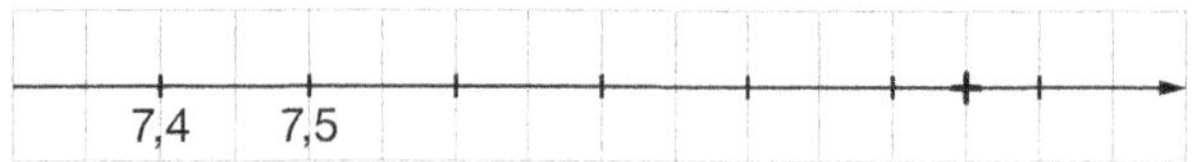

Exercice 98 p. 47

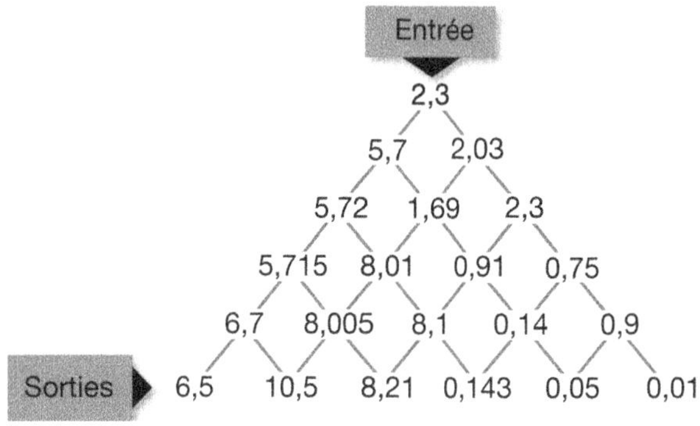

Exercice 66 p. 42

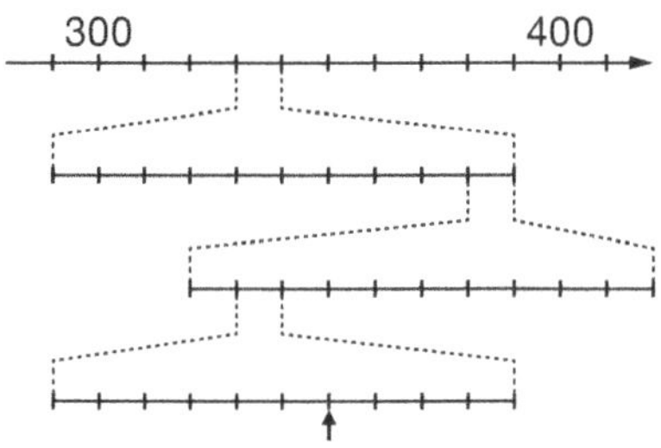

Exercice 73 p. 43

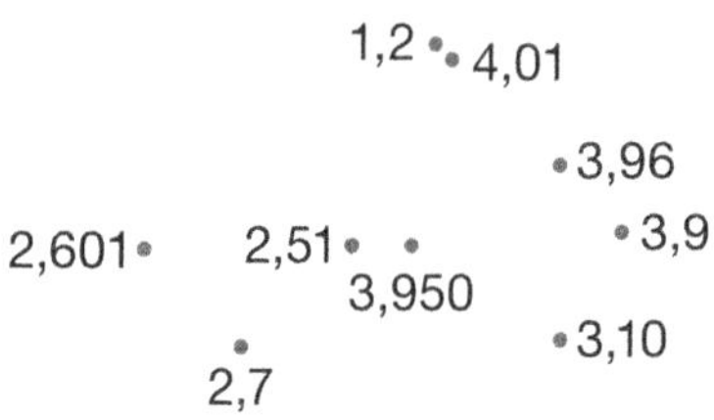

CHAPITRE 3 Additionner, soustraire les nombres décimaux

Activité 1 p. 51

		1		
	•	•,	•	•
+		•,	•	•
	•	•,	•	•

Activité 2 p. 51

	1	$_1$2,	$_1$2	8	6
−		6,	9	0	5
	1	1			
	•	•,	•	•	•

Exercice 8 p. 54

• 13	• 28	• 16,3	• 14,8	• 25,1
• 33,7	• 24,9	• 35,2	• 3,7	• 22

Exercice 9 p. 54

a.	18	19,5				
b.	51,5	52,2				
c.	100,25	101,5				

Exercice 15 p. 54

a.

```
  1 2 3 5
+   5 8 2
---------
```

b.

```
      2 3 7, 4 5
+ 1 0 8 2, 1 3
----------------
```

Exercice 16 p. 54

a.

```
  1 2 9, 3
+ 5 0 6
+   4 7, 8 5
------------
```

b.

```
    6 7, 3
+     0, 9 4
+ 3 5 1
------------
```

Exercice 26 p. 55

• 120 • 1 546 • 56,5 • 47,9 • 75,4

• 1 525,5 • 27,4 • 99,5 • 54,9 • 36

Exercice 27 p. 55

a.	18	16,5				
b.	11,8	10,9				
c.	51,5	50,25				

Exercice 33 p. 55

a.

```
  2 3 4 7
-   5 1 2
---------
```

b.

```
  5 2 1, 8 5
- 3 8 4, 1 2
------------
```

Exercice 34 p. 55

a.

```
  7 0 9, 3
- 5 2 6
----------
```

b.

```
  1 2 4 1
-   3 2 7, 8
------------
```

Exercice 40 p. 56

a.

```
  1 • 4, •
+   5 •, 1
----------
  • 7 6, 4
```

b.

```
  • 3, 9 •
+ 5 •, 8 4
----------
• 0 2, • 0
```

c.

```
  •, 9 4 •
+ 5, • 8 2
----------
  6, 0 • 1
```

Exercice 41 p. 56

a.

```
    4 1, • •
+   6 7, 0 2
+   4 •, 9 9
------------
  1 • 0, 8 0
```

b.

```
    8 4, 7 5 •
+   6 7, 1 • 2
+   4 •, • 9 8
--------------
  2 • 0, 4 8 0
```

Exercice 49 p. 56

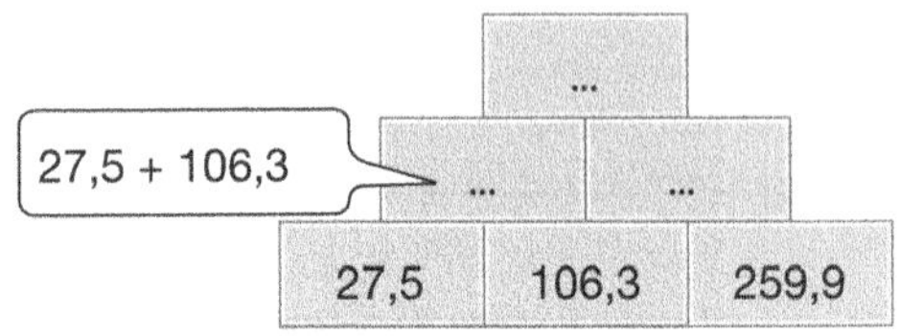

Exercice 50 p. 56

a.

```
  6 5, • 5
- 5 •, 5 •
----------
  • 4, 5 2
```

b.

```
  • 4 •, •
- 6 • 3, 6
----------
  1 8 4, 8
```

c.

```
  9 3, 0 7
- • •, • 1
----------
  4 5, 2 •
```

Exercice 56 p. 57

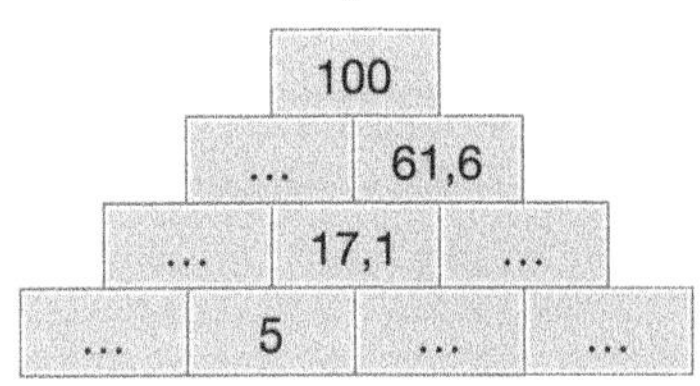

Exercice 58 p. 57

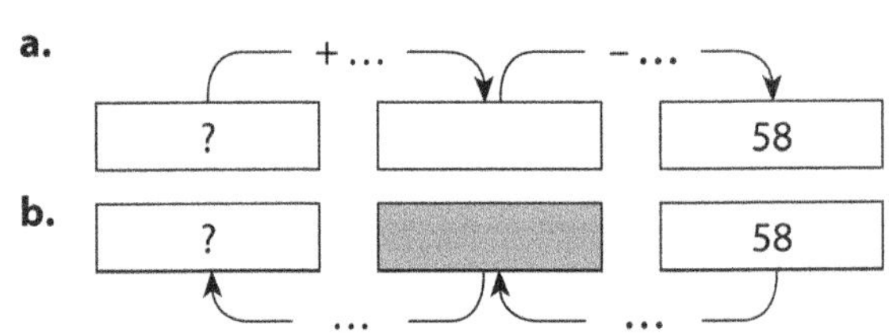

■ Exercice 74 p. 59

Classe	Garçon	Fille	Total
6^e	59,8	36	
5^e	46,4		79,2
4^e			
3^e			
Total		119,6	

■ Exercice 88 p. 62

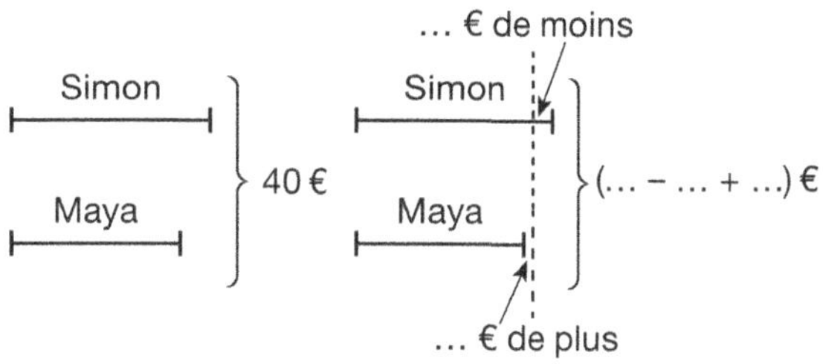

■ Exercice 78 p. 61

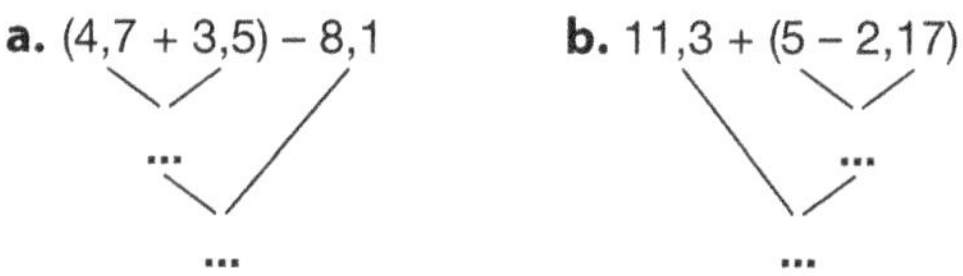

■ Exercice 89 p. 62

		8	2,	5	
+		7	4,		1
+		3	,	7	
	1		1,	8	9

■ Exercice 79 p. 61

1,7			1,4
		1,2	0,9
1	0,7		
0,5		1,5	0,2

CHAPITRE 4 Multiplier les nombres décimaux

■ Activité 3 p. 65

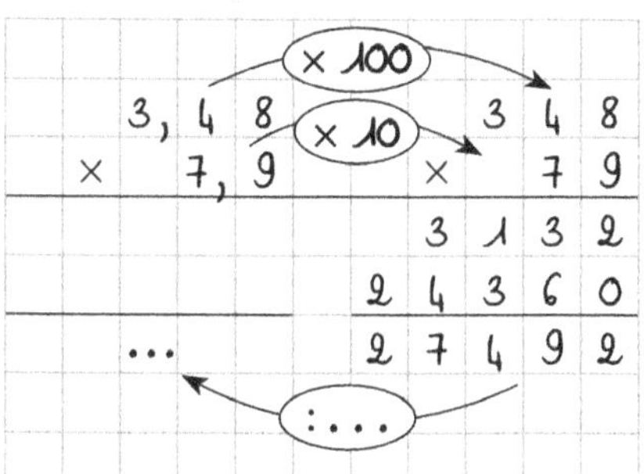

■ Exercice 19 p. 70

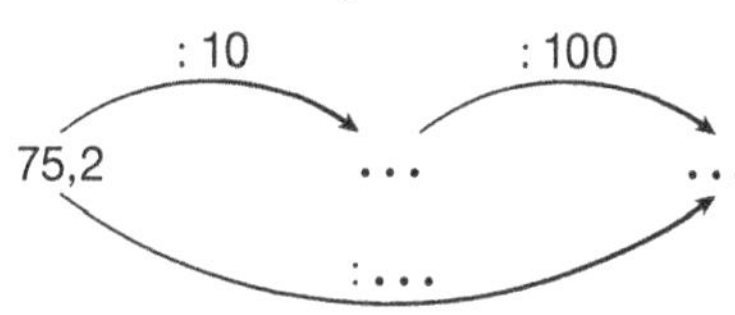

■ Exercice 24 p. 70

a. 8, 6 × 7 4

b. 6, 2 5 × 3 8

c. 4 7 5 × 2, 9 3

■ Exercice 16 p. 70

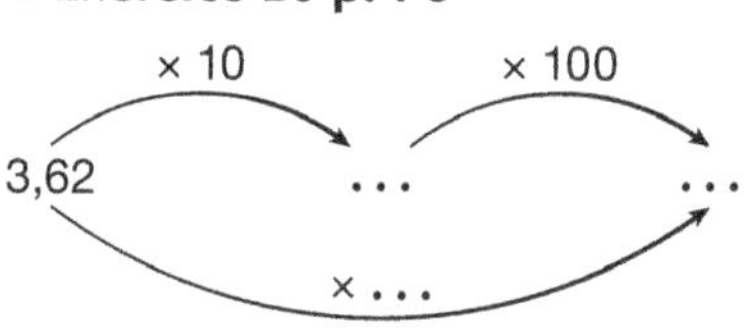

■ Exercice 39 p. 71

36				

Exercice 42 p. 71

a.
```
    9, 4
 ×  3, 7
 -------
```
b.
```
    3, 7 5
 ×     5, 6
 ----------
```
c.
```
    9 8, 5
 × 4, 2 7
 ---------
```

Exercice 49 p. 71

a. 31 × 7 + 5,2 × 4

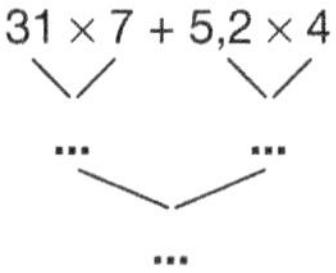

b. 10 – 1,5 × 3

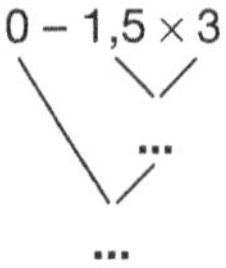

Exercice 50 p. 71

a. (4,7 + 3,5) – 8,1

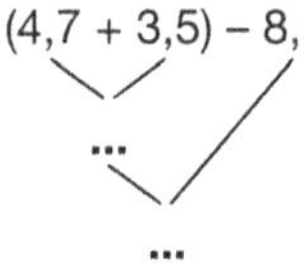

b. 11,3 + (5 – 2,17)

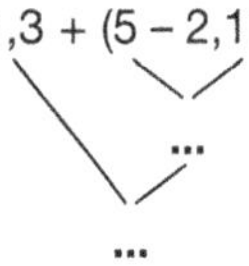

Exercice 63 p. 72

a.

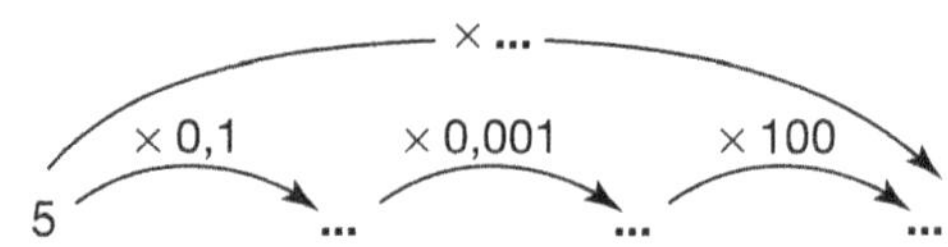

b.

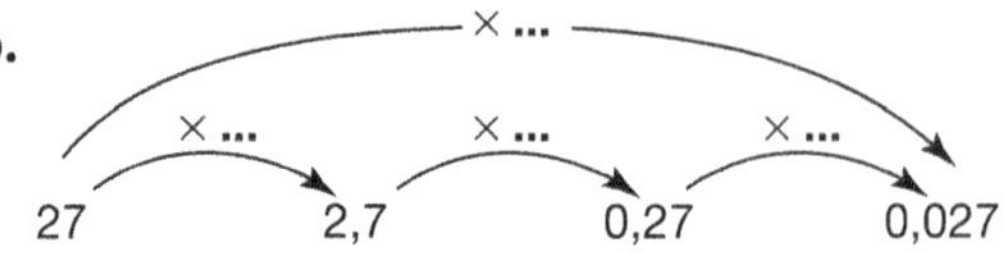

Exercice 108 p. 78

```
          •, • 1 5
   ×         7 3, •
   ----------------
          • 0 • 0
        4 5 • •
  • 0 • 0 •
   ----------------
  • • •, • 0 1 •
```

Exercice 114 p. 79

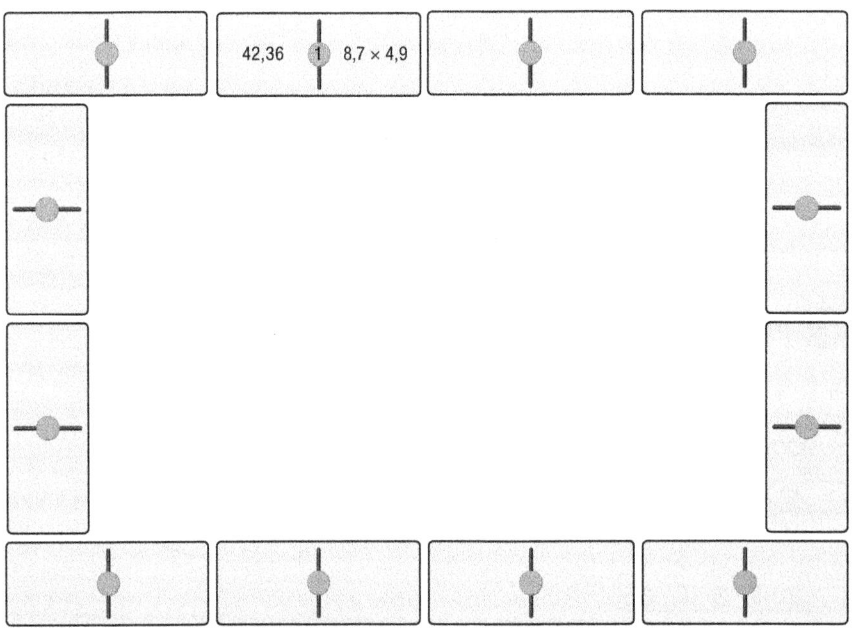

102,3	2	0,1 × 0,1
426,3	3	17,05 × 60
10	4	4,236 × 100
10,23	5	0,1 × 0,01
4 263	6	34,1 × 0,3
4,263	7	70,60 × 0,6
42,63	8	42,63 × 10
423,6	9	204,6 × 0,5
0,01	10	71,05 × 60
0,001	11	14,21 × 0,3
1 023	12	0,8 × 12,5

CHAPITRE 5 Diviser par un nombre entier

■ Activité 1 p. 81

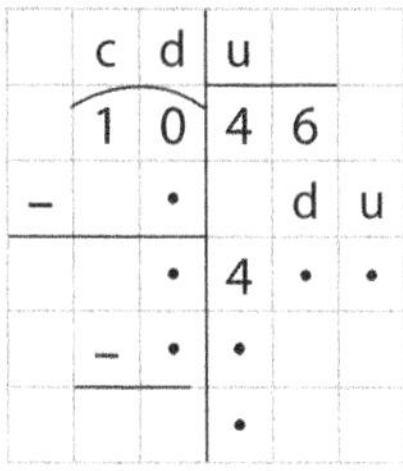

■ Exercice 80 p. 91

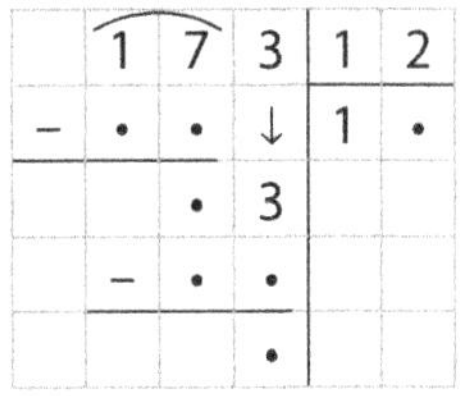

■ Exercice 15 p. 86

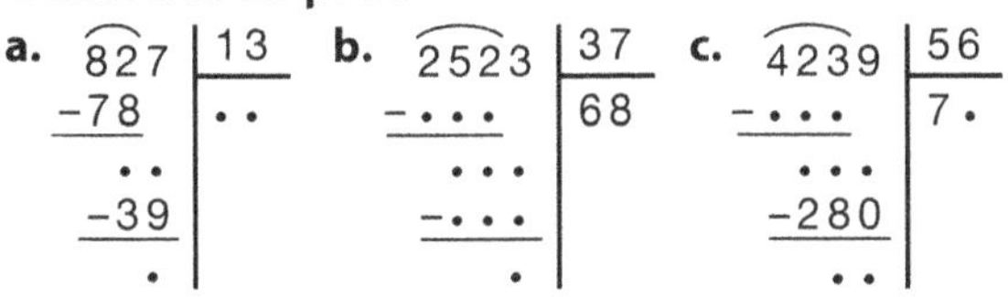

■ Exercice 53 p. 88

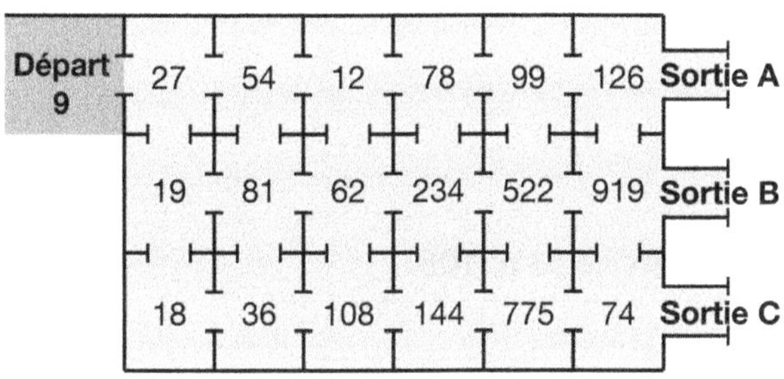

■ Exercice 90 p. 93

Quantité	Nom du produit	Prix	Total
10 unités	Savon au miel	… € l'un	53,40 €
15 bouteilles	Soupe aux orties	… € la bouteille	180,00 €
48 œufs	Œufs	3,50 € la boîte de 6	… €
5 L	Lait	0,95 € le litre	… €
… kg	Girolle	21 € le kg	67,20 €
4 kg	Aubergine	… € le kg	… €
		Total	356,39 €
		Frais	19,59 €
		Total à payer	… €

CHAPITRE 6 Utiliser les fractions

■ Exercice 34 p. 101

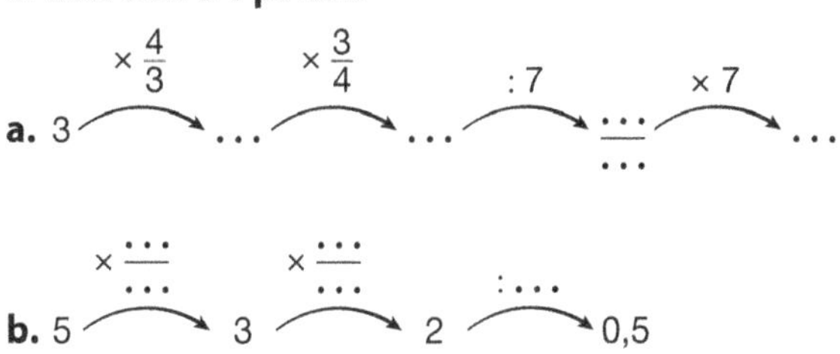

■ Exercice 38 p. 101

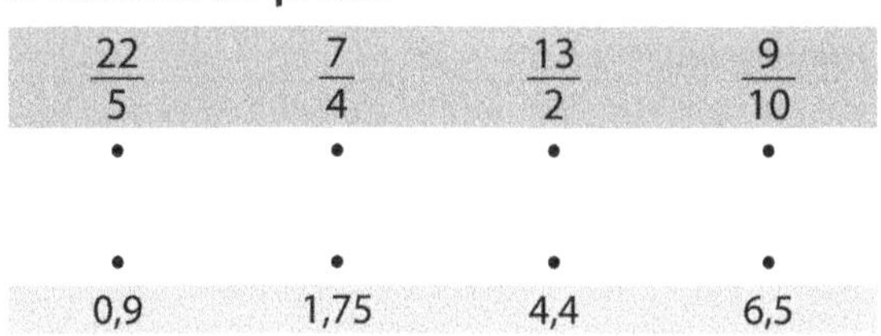

■ Exercice 39 p. 101

Lecture	Écriture fractionnaire	Écriture décimale
Neuf vingtièmes	$\frac{9}{20}$	…
Treize quarts	…	…
…	$\frac{11}{5}$	…
…	$\frac{\ldots}{5}$	4,6

■ Exercice 41 p. 102

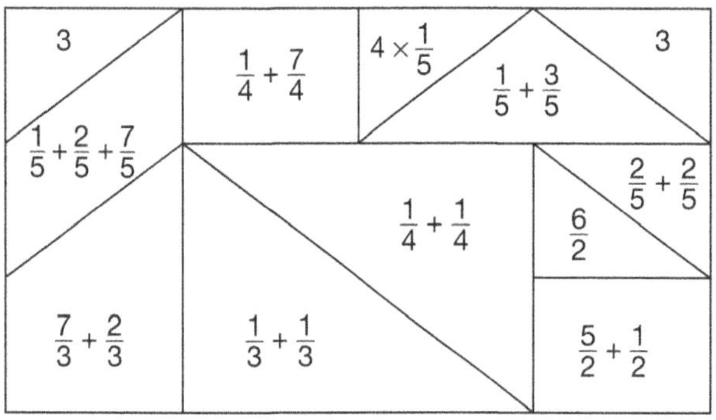

■ Exercice 43 p. 102

$\frac{\ldots}{5}$	$\frac{\ldots}{5}$	$\frac{2}{5}$
$\frac{\ldots}{5}$	$\frac{1}{5}$	$\frac{\ldots}{5}$
$\frac{\ldots}{5}$	$\frac{\ldots}{5}$	$\frac{\ldots}{5}$

■ Exercice 73 p. 105

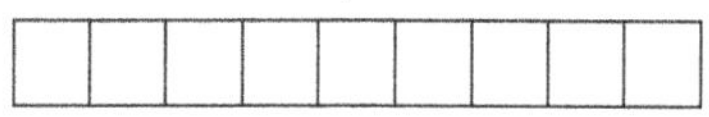

945 élèves

■ Exercice 57 p. 103

Rebond n°…	╳	1	2	3	4	5	6	7	8
Hauteur (en m)	50	25							

■ Exercice 81 p. 107

	Chaises libres	Chaises occupées
Fraction		
Nombre		

	Personnes assises	Personnes debout
Fraction		
Nombre		

■ Exercice 92 p. 108

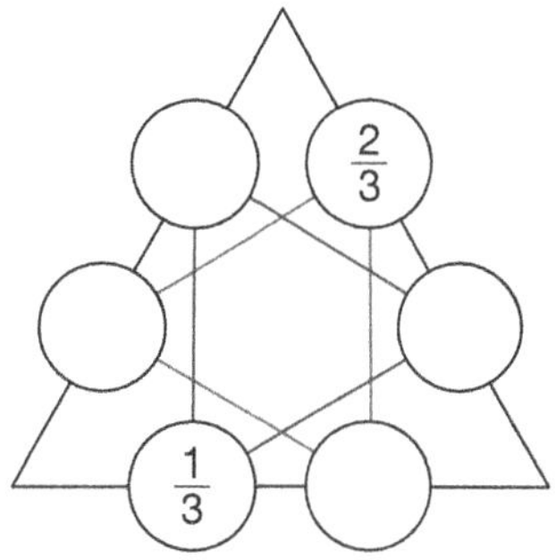

CHAPITRE 7 Utiliser la proportionnalité

■ Activité 2 p. 107

Masse d'ordures ménagères (en kg)	100	250
Masse de papiers et cartons (en kg)	15	…

×…

■ Exercice 46 p. 118

Hauteur (en cm)	7	9	
Quantité (en L)	84		276

×…

■ Exercice 18 p. 116

Nombre de litres	3	7	4	11
Prix (en €)	4,20	9,80		

■ Exercice 55 p. 119

Dimension initiale (en cm)	3	1,8
Dimension sur l'agrandissement (en cm)	7	

×…

■ Exercice 24 p. 116

Longueur (en m)	5	1	3,25
Prix (en €)	12		

×…

■ Exercice 60 p. 119

	Externes	Demi-pensionnaires	Total
Effectif			
Pourcentage			

■ Exercice 25 p. 116

Nombre de pas	40	65
Distance (en m)	24	

×…

CHAPITRE 8 Présenter des données

Activité 1 p. 127

1. a.

Sport favori	Tennis	Football			
Nombre d'élèves	5				

2. a.

	Tennis	Football			
Nombre de filles					
Nombre de garçons					

Activité 2 p. 127

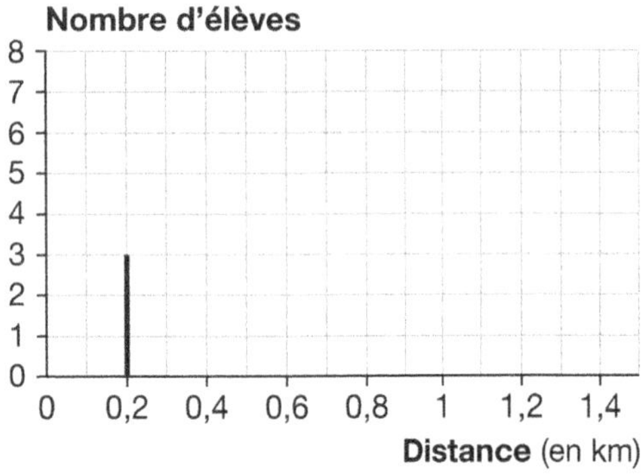

Exercice 8 p. 131

	n° 1	n° 2	n° 3	n° 4	n° 5	Total
Nombre d'huîtres	10	20	15	18	9	

Exercice 16 p. 132

Âge (en années)	10	11	12	Total
Nombre d'élèves				

Exercice 48 p. 137

	Eau	Terre émergée	Total
Proportion (en %)			100
Mesure de l'angle (en °)			180

×…

Exercice 23 p. 133

	A	C	J
Nombre d'enfants			

Exercice 31 p. 134

	6ᵉ A	6ᵉ B	Total
Externe			
DP			
Total			

Exercice 32 p. 134

	Léa	Tom	Zoé
Capoeira			
Judo			
Karaté			

Exercice 35 p. 135

	A	B	E	F	Total
Proportion (en %)					100
Mesure de l'angle (en °)					

Exercice 52 p. 139

		Rabbit	
		Yes	No
Cat	Yes		
	No		

Exercice 65 p. 140

	2	3	2	1	2	1
6						
0						
0						
4						
0						
1						

Exercice 64 p. 140

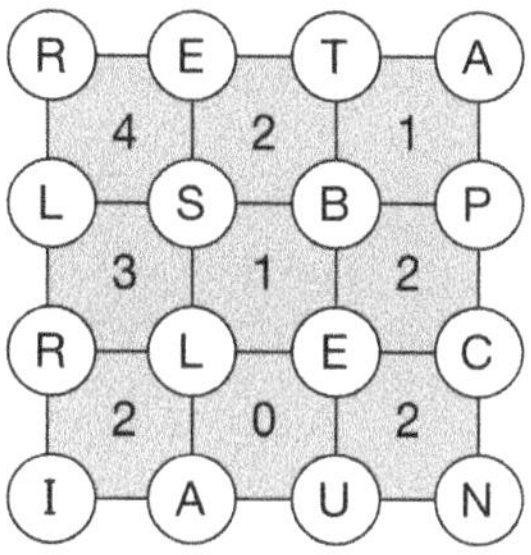

Exercice 66 p. 141

Doc. 2

Classe \ Titre	Moi le minotaure	Des bleus au cartable	Edison	12 jours sans parents	L'herboriste de Hoteforais	Mystères à Rome	Total
CM2				6			
6^{e}				1	2		
Total							

Doc. 3

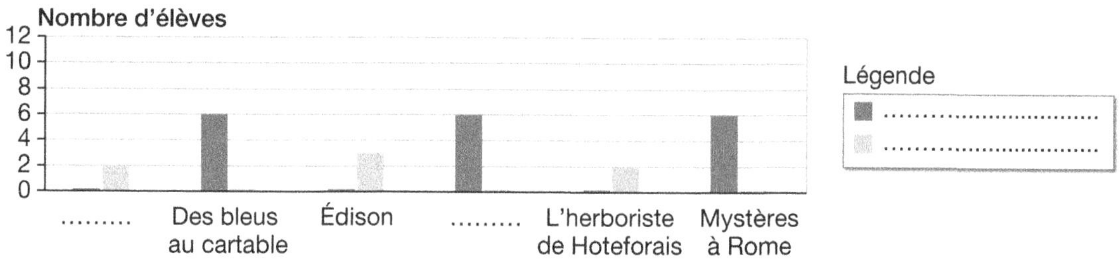

CHAPITRE 9 Utiliser les angles

Exercice 17 p. 148

Angle	1	2	3	4	5	6	7
Sommet	O						
Nom	$\widehat{yOz}$						

Exercice 18 p. 148

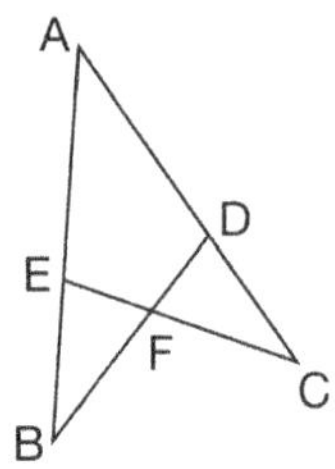

Exercice 34 p. 150

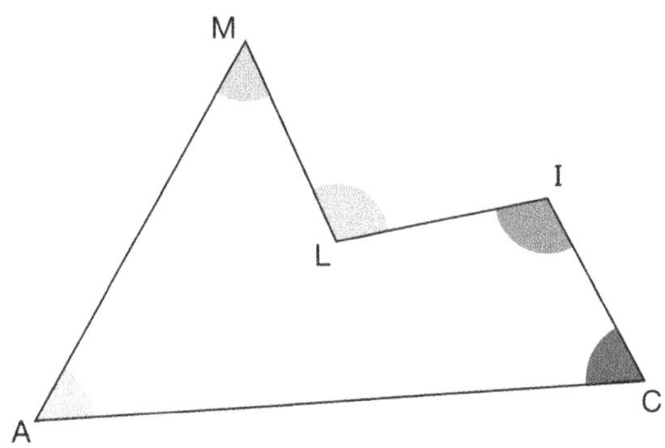

Exercice 35 p. 148

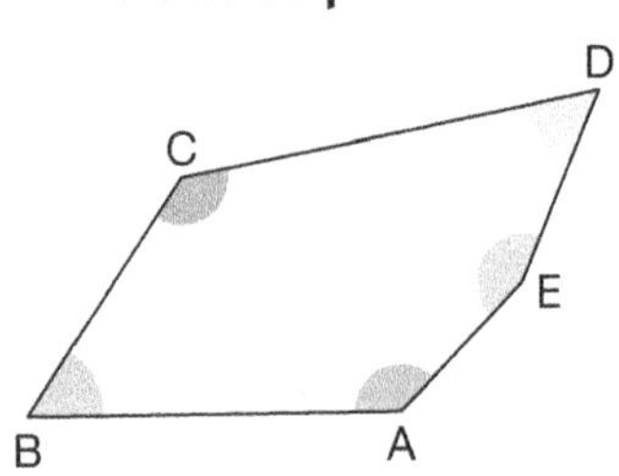

Exercice 40 p. 150

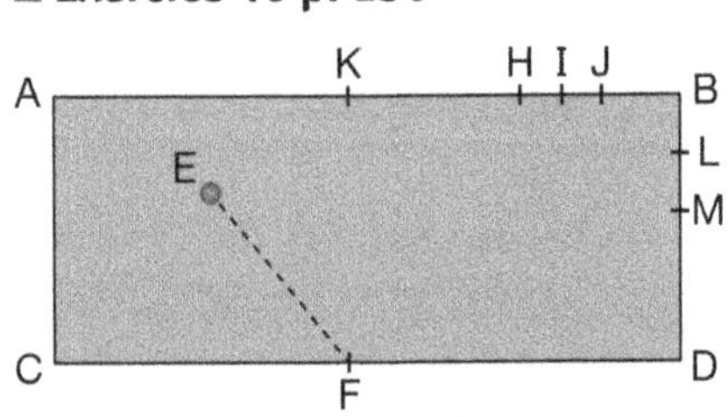

Exercice 49 p. 151

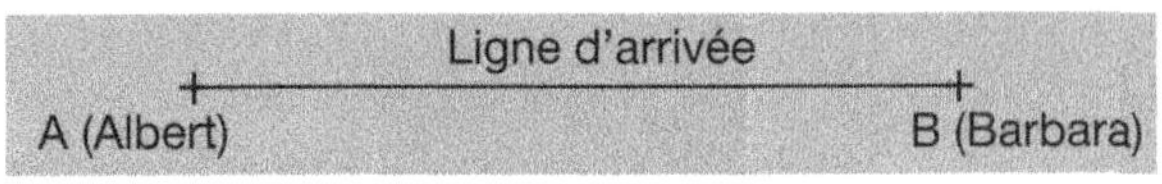

Exercice 69 p. 155

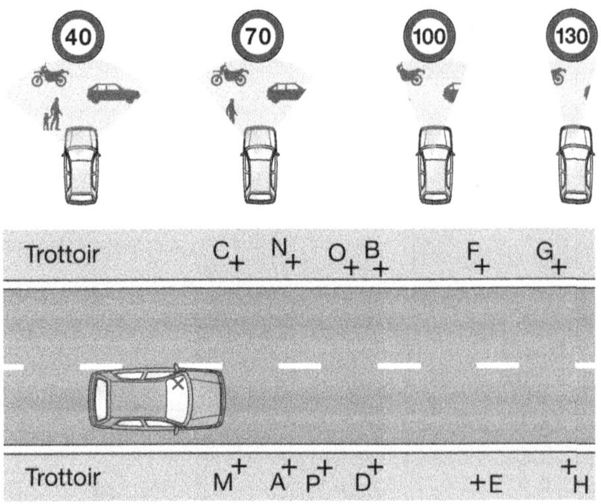

Exercice 79 p. 157

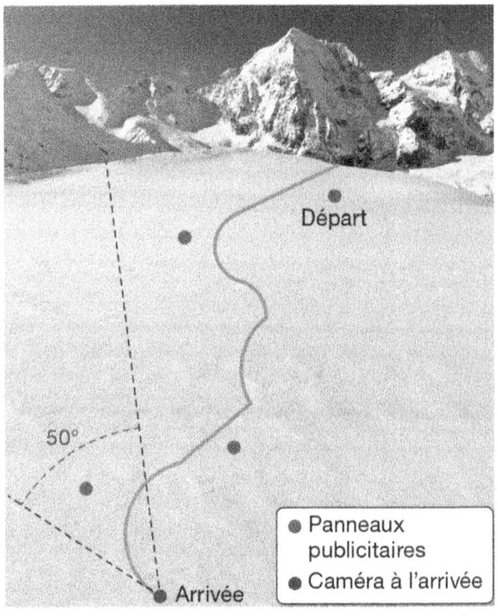

CHAPITRE 10 Calculer des longueurs, des aires, des durées

Exercice 82 p. 171

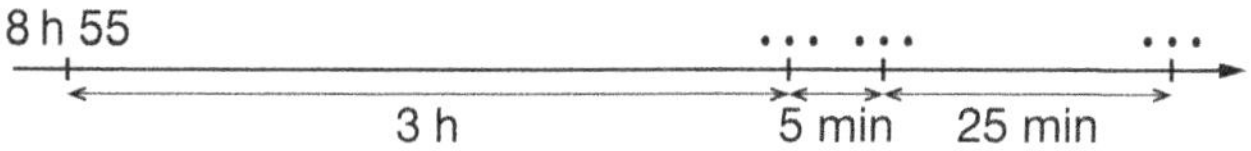

CHAPITRE 11 Calculer des volumes et des contenances

Exercice 54 p. 185

cm^3	m^3	dm^3
900 000		450
	1,125	
		1 350

CHAPITRE 12 S'initier à l'espace

Exercice 6 p. 197

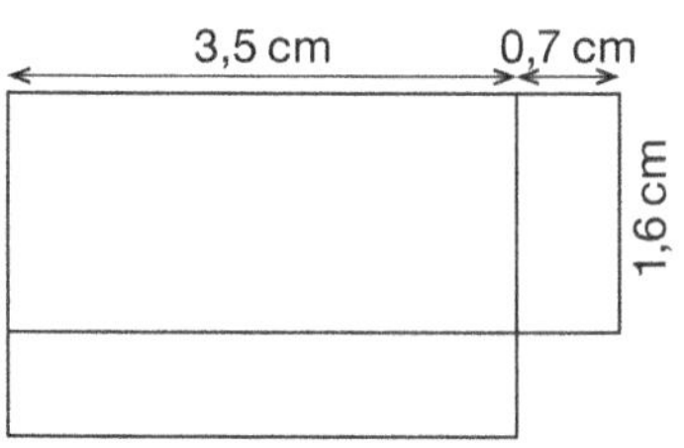

Exercice 24 p. 201

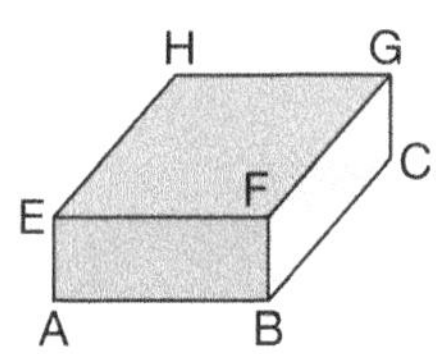

Exercice 20 p. 200

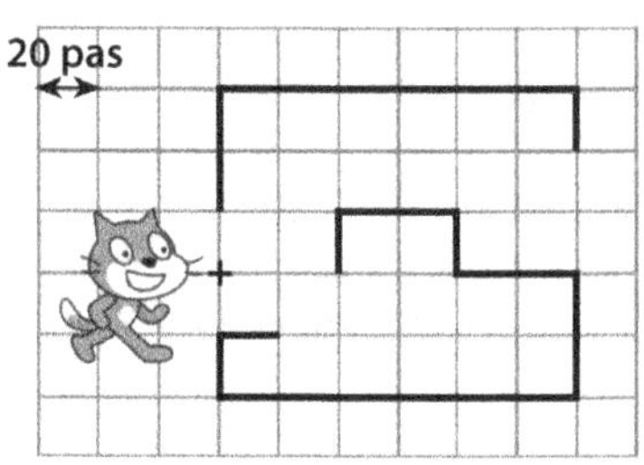

Exercice 27 p. 201

a.

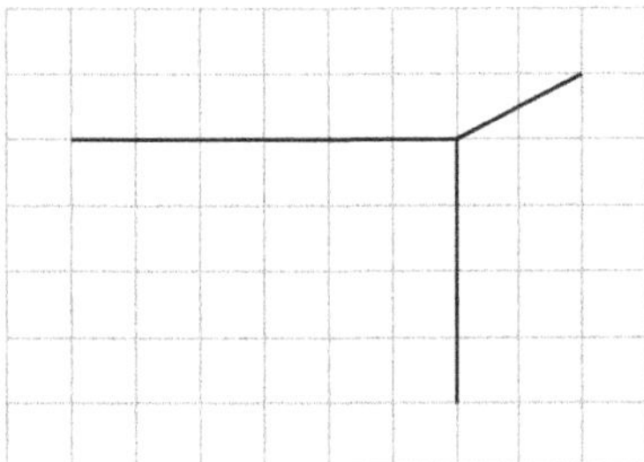

b.

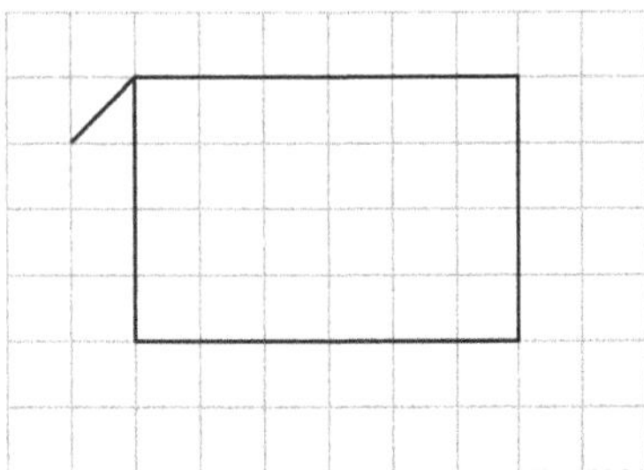

Exercice 39 p. 202

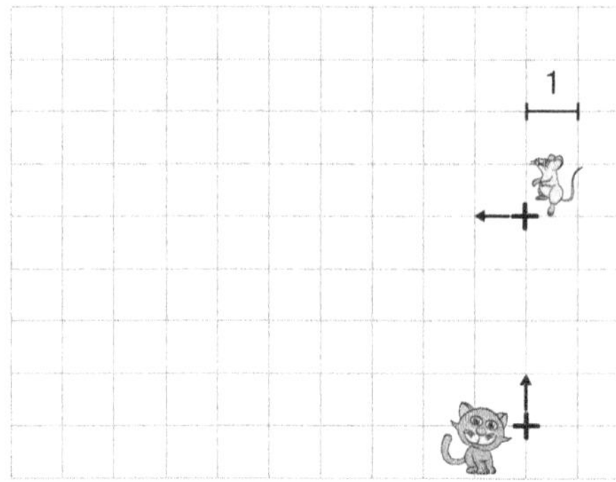

Exercice 44 p. 202

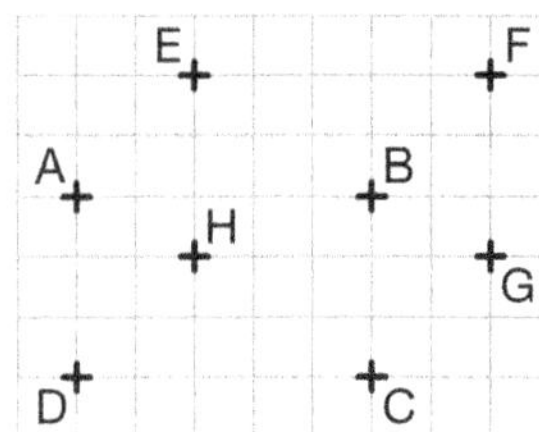

Exercice 47 p. 203

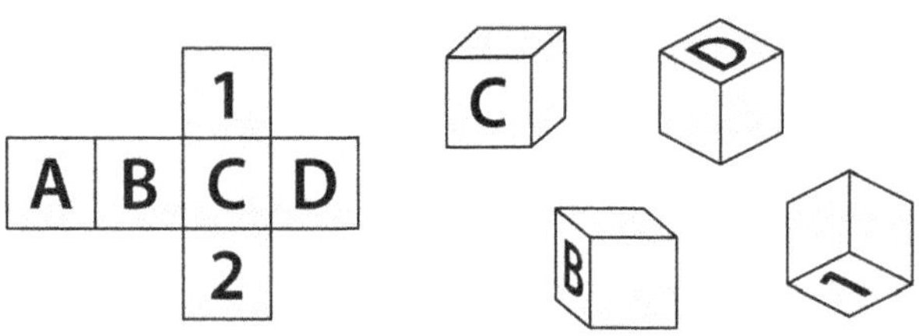

Exercice 49 p. 203

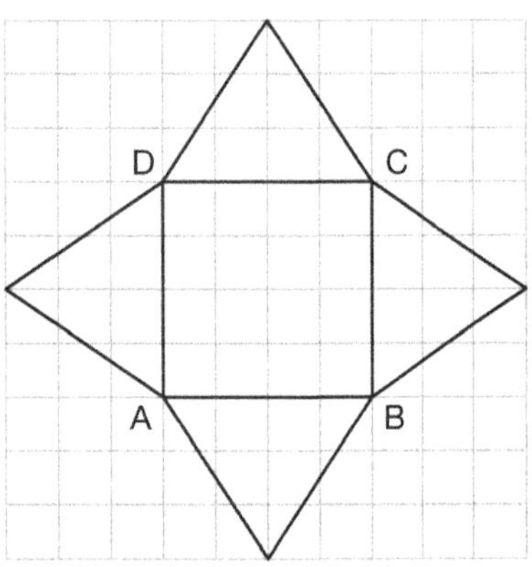

Exercice 51 p. 203

CHAPITRE 13 S'initier à la géométrie plane

Activité 1 p. 211

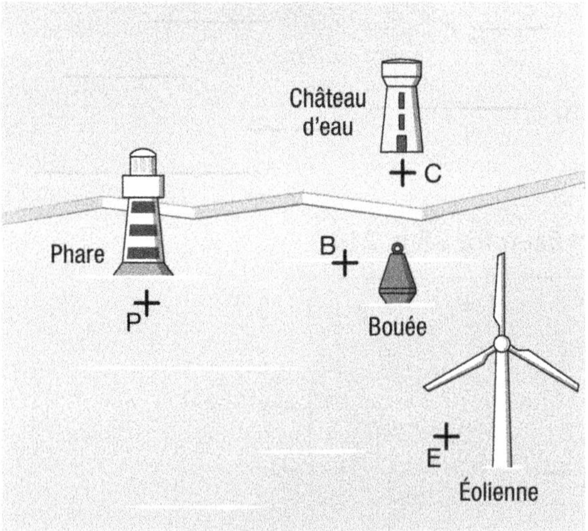

Activité 2 p. 211

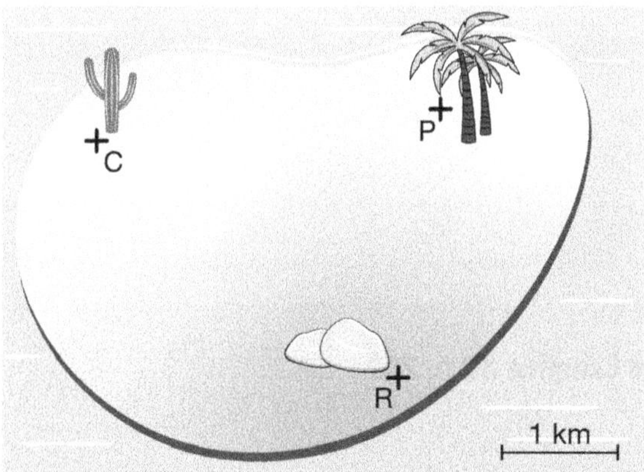

Exercice 2 p. 213

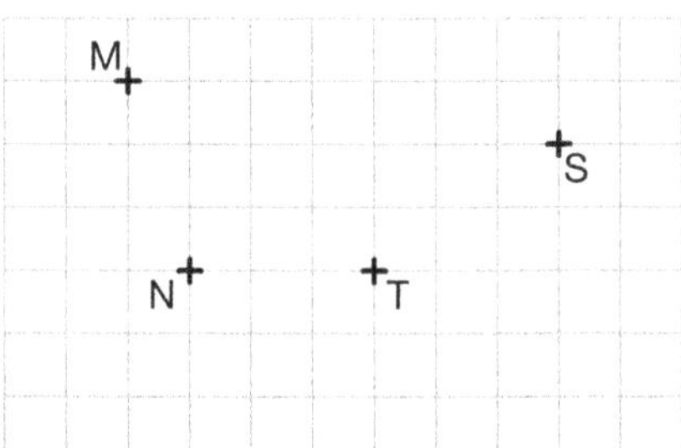

Exercice 3 p. 213

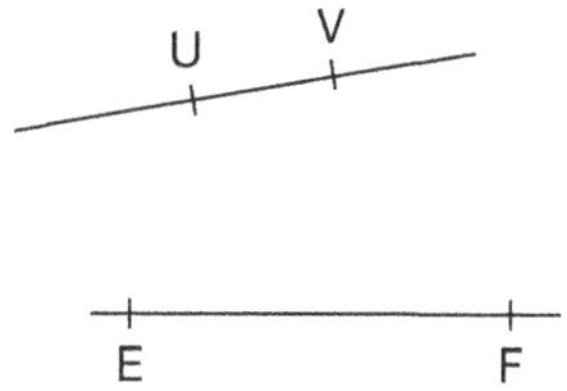

Exercice 4 p. 213

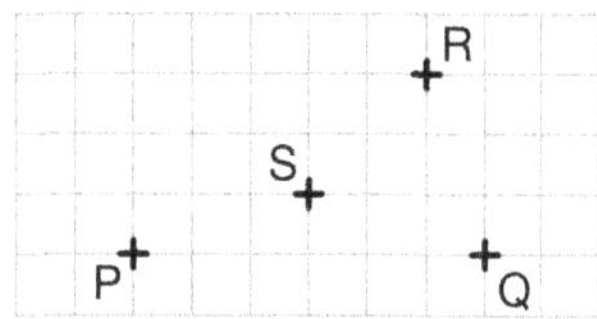

Exercice 6 p. 215

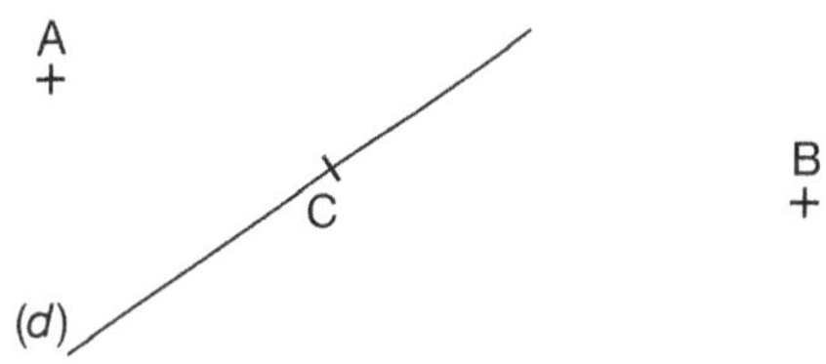

Exercice 8 p. 215

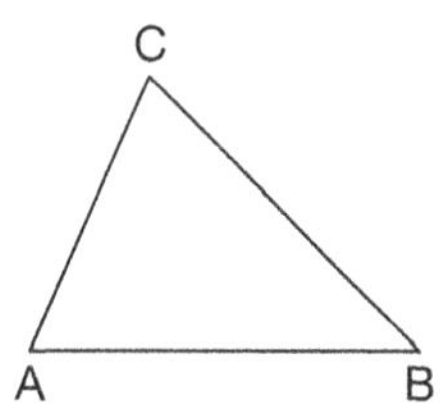

Exercice 10 p. 217

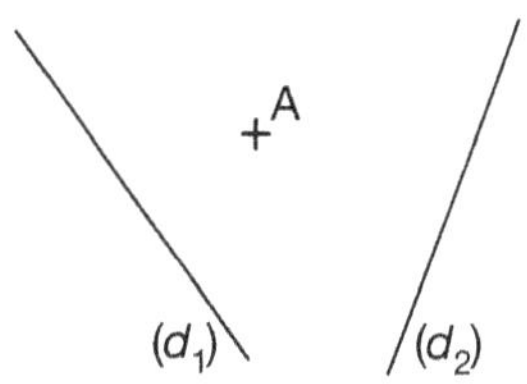

Exercice 12 p. 217

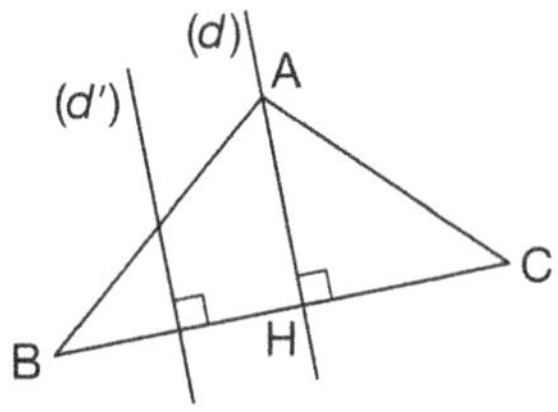

Exercice 18 p. 218

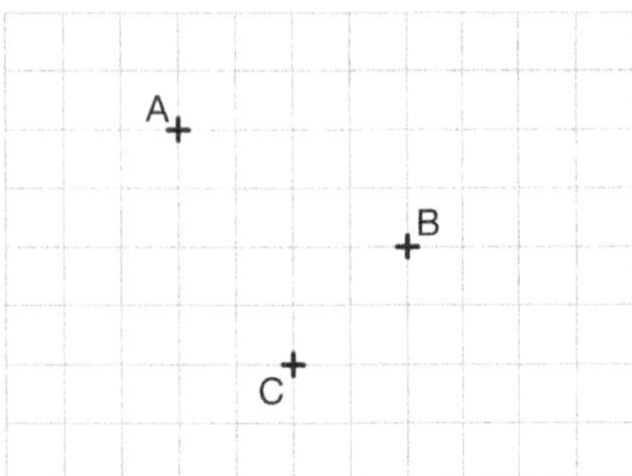

Exercice 19 p. 217

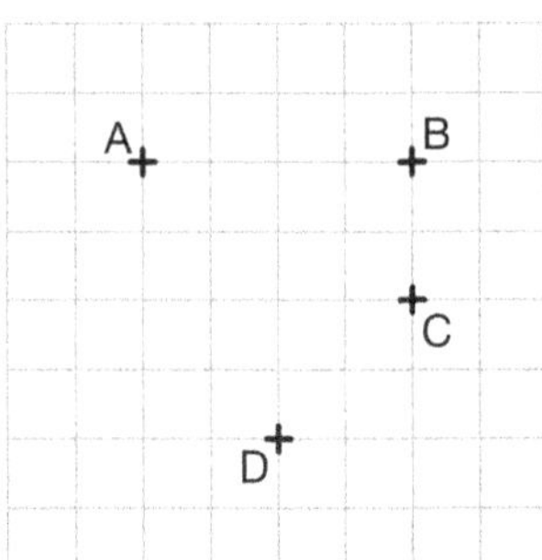

Exercice 25 p. 219

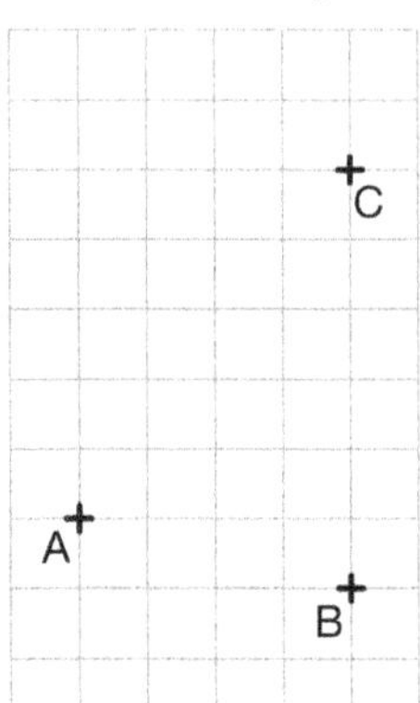

Exercice 26 p. 219

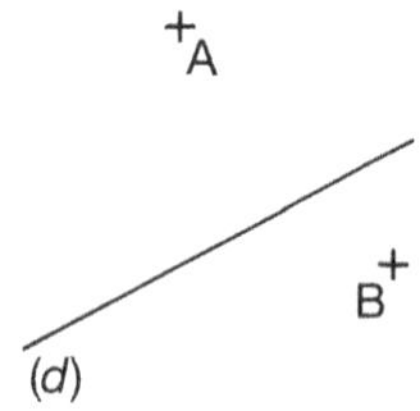

Exercice 28 p. 219

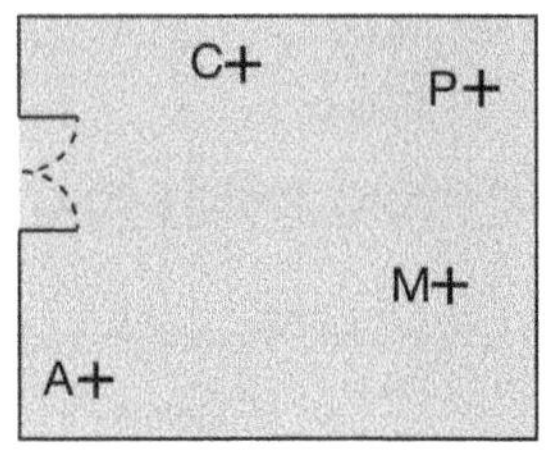

Exercice 31 p. 219

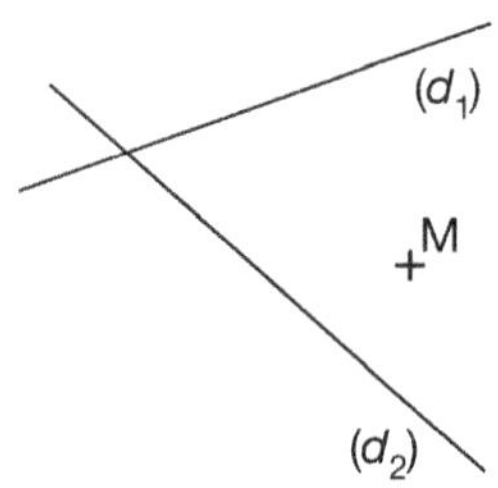

Exercice 32 p. 219

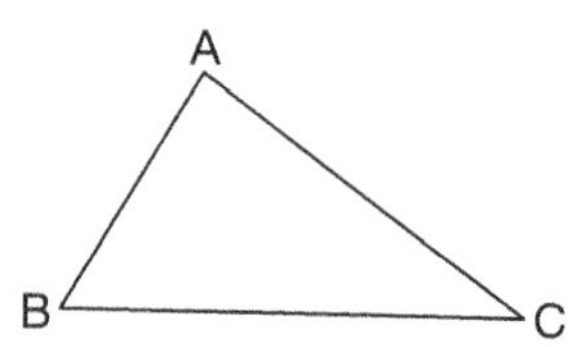

Exercice 35 p. 220

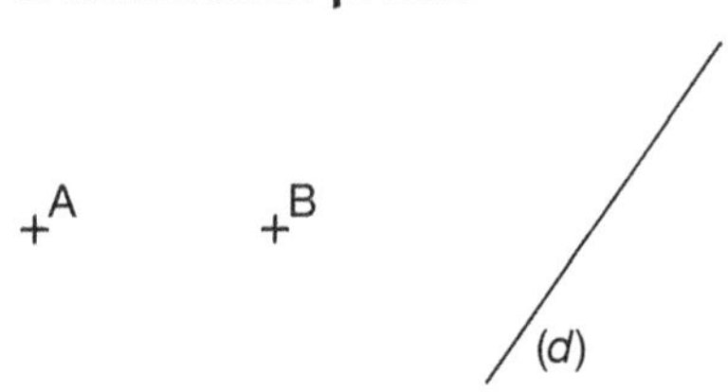

Exercice 36 p. 220

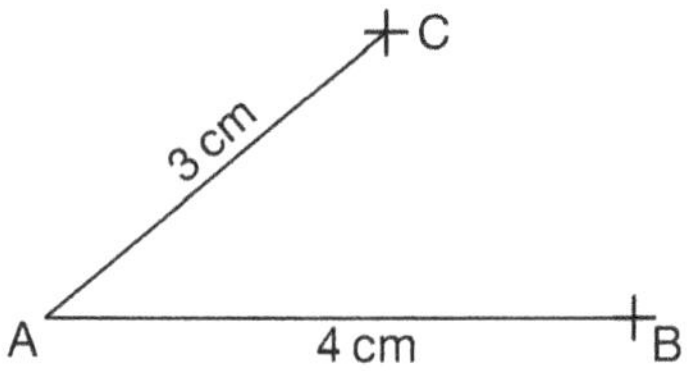

Exercice 39 p. 220

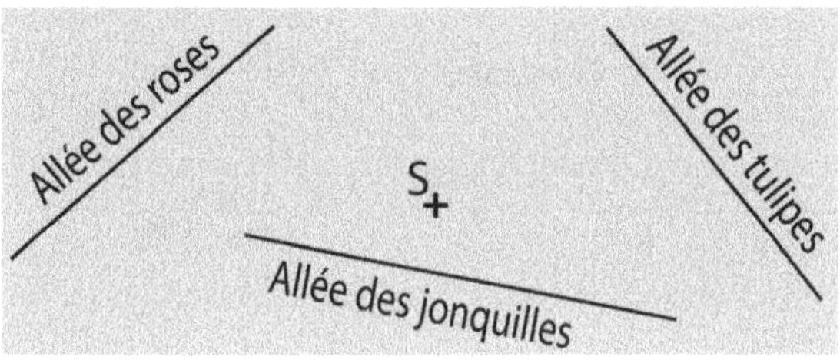

Exercice 40 p. 220

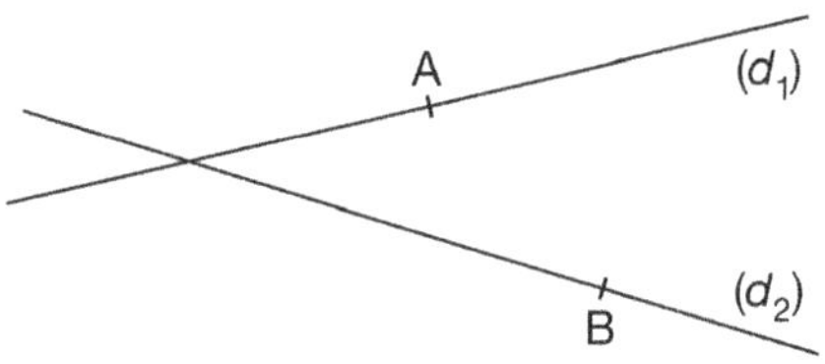

Exercice 44 p. 221

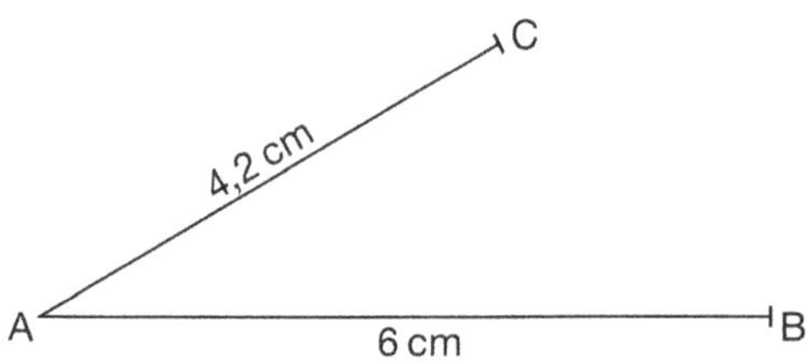

Exercice 46 p. 221

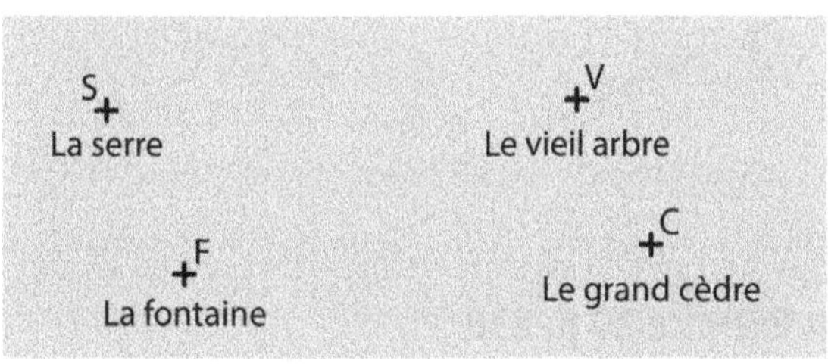

Exercice 47 p. 221

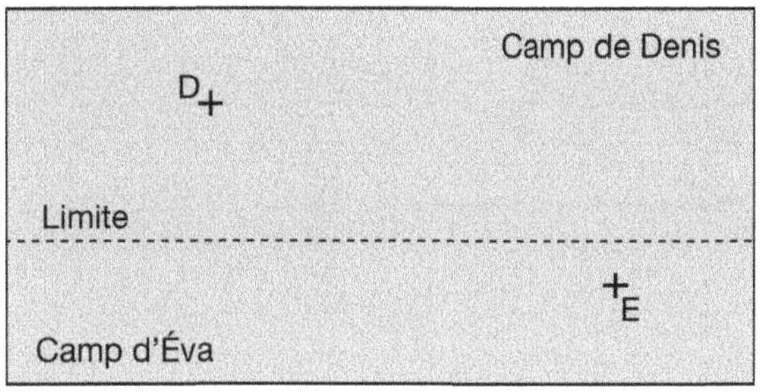

Exercice 61 p. 223

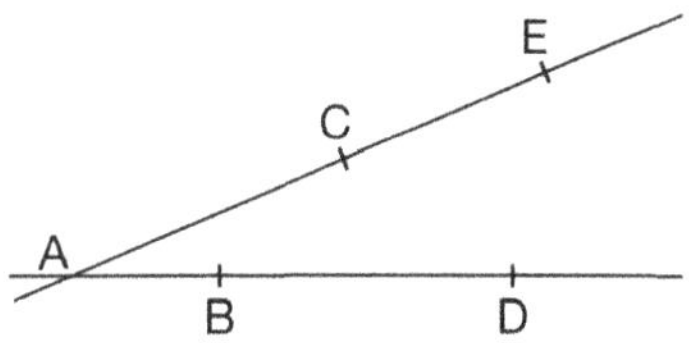

Exercice 62 p. 223

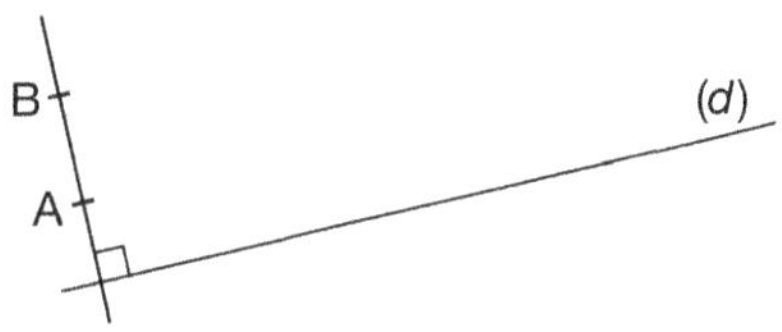

Exercice 67 p. 225

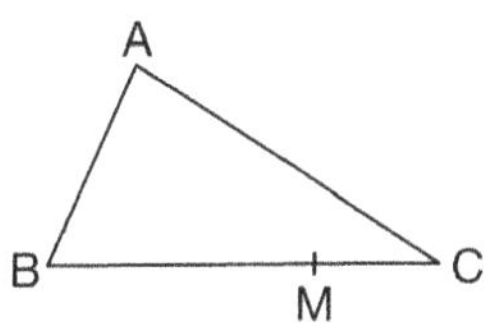

Exercice 72 p. 225

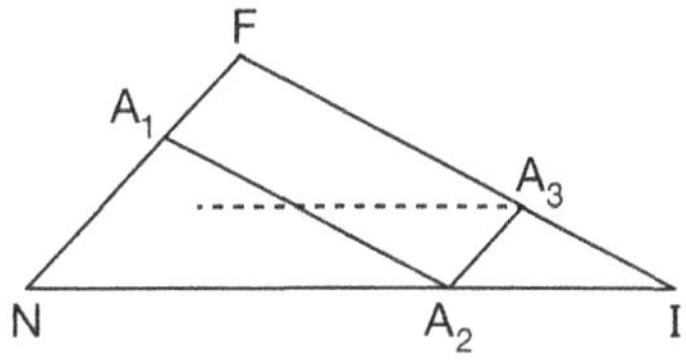

Exercice 74 p. 226

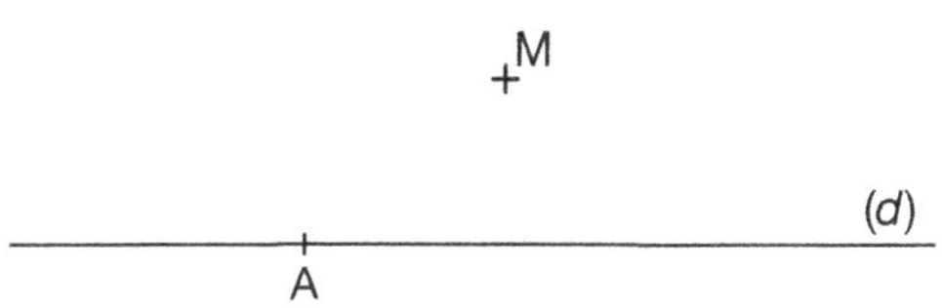

Exercice 75 p. 226

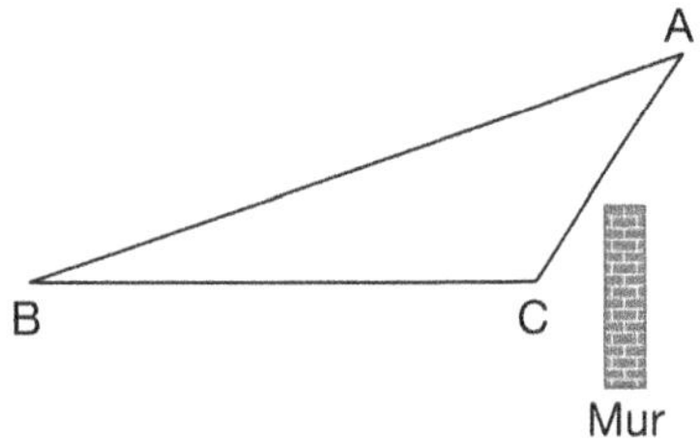

Exercice 76 p. 226

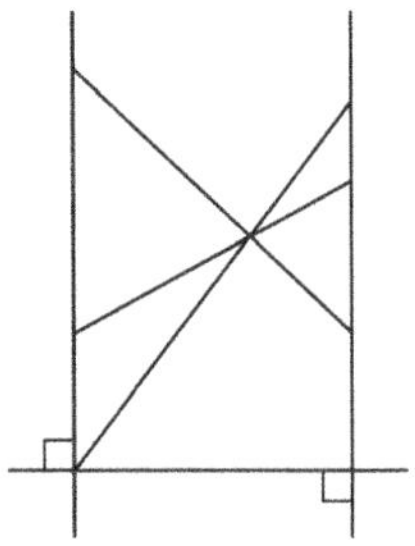

Exercice 77 p. 226

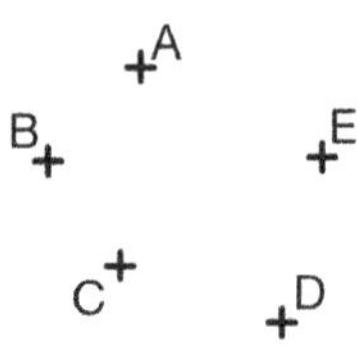

Exercice 81 p. 227

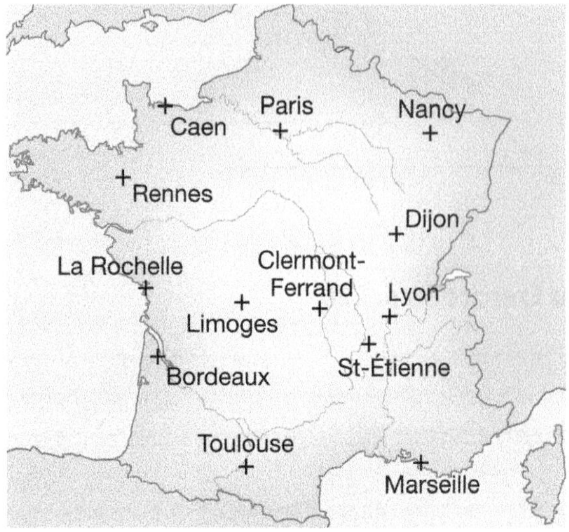

CHAPITRE 14 Connaître les figures usuelles

Activité 1 p. 229

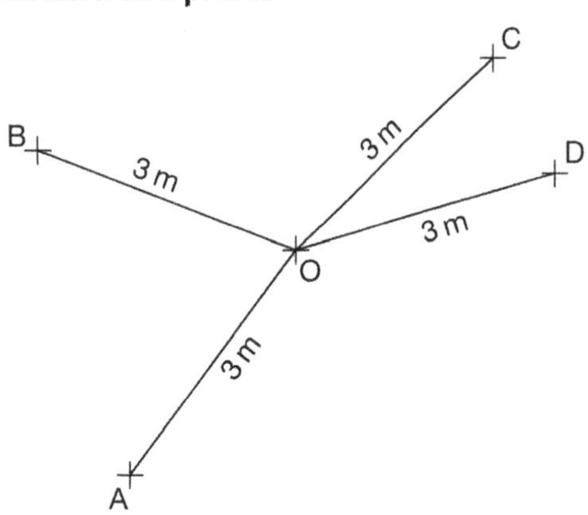

Exercice 24 p. 236

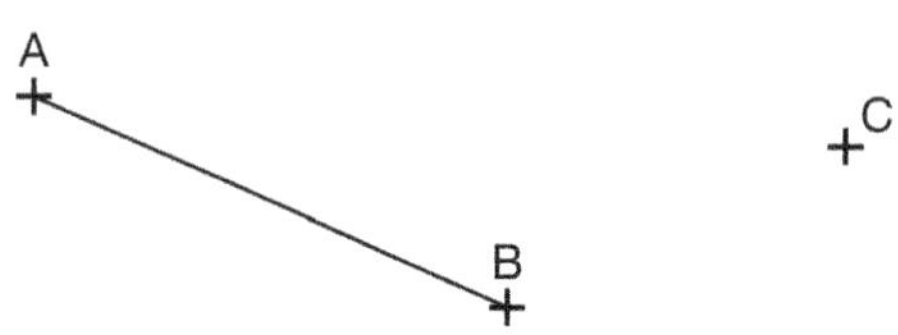

Exercice 30 p. 236

a.

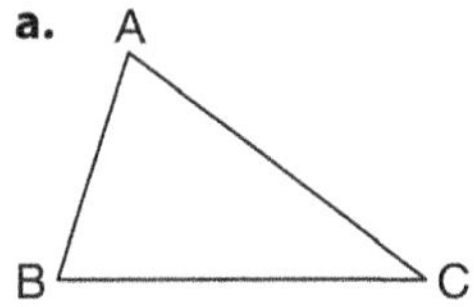

b.

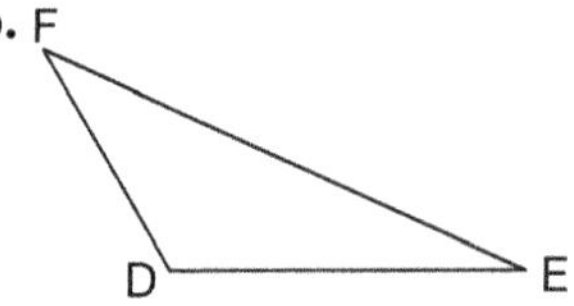

Exercice 48 p. 238

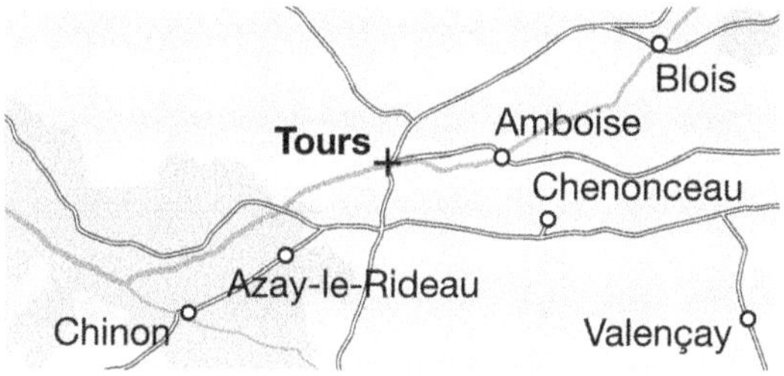

Exercice 58 p. 239

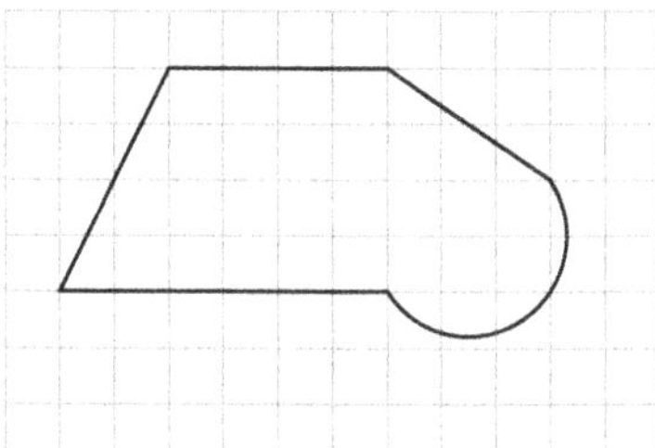

Exercice 85 p. 244

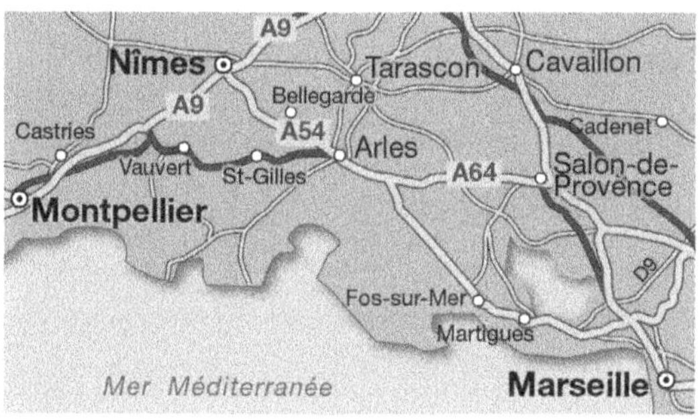

Exercice 87 p. 244

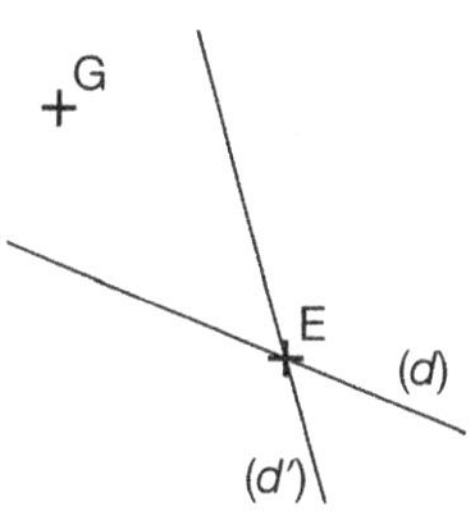

Exercice 88 p. 244

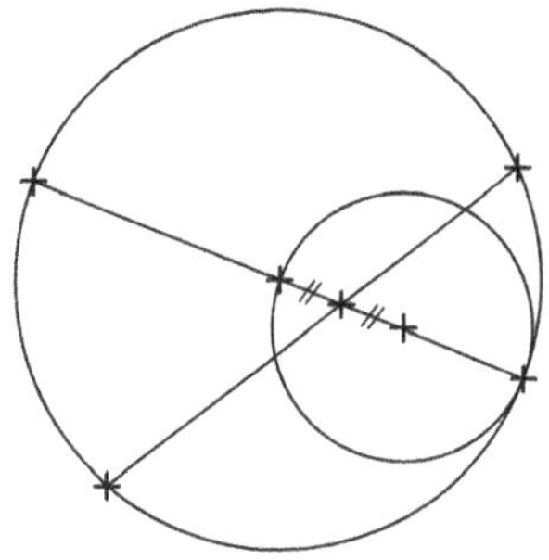

Exercice 89 p. 244

Exercice 90 p. 244

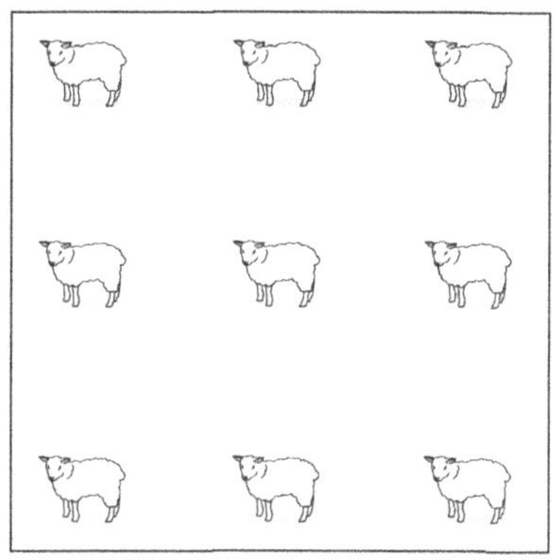

CHAPITRE 15 Utiliser la symétrie axiale

Activité 1 p. 247

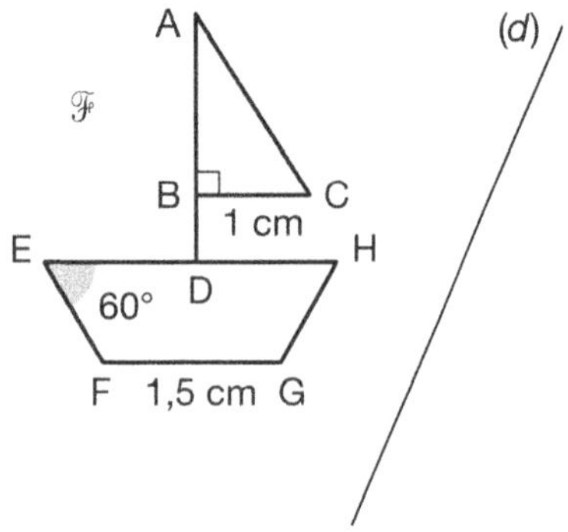

Activité 2 p. 247

a.

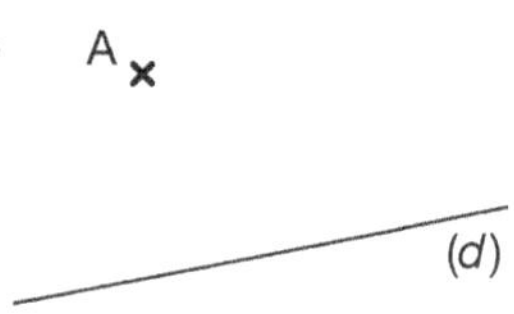

b.

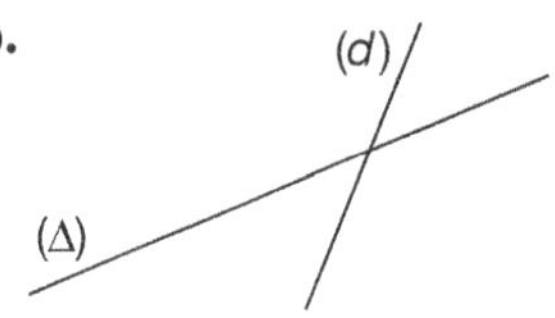

c.

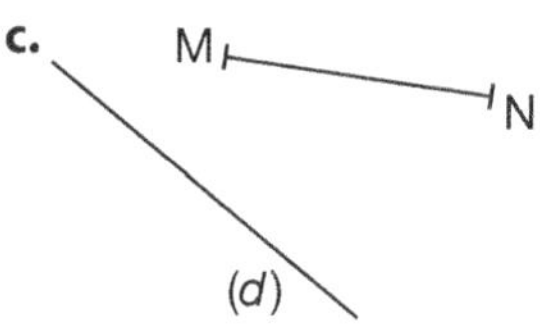

Exercice 2 p. 249

Exercice 3 p. 249

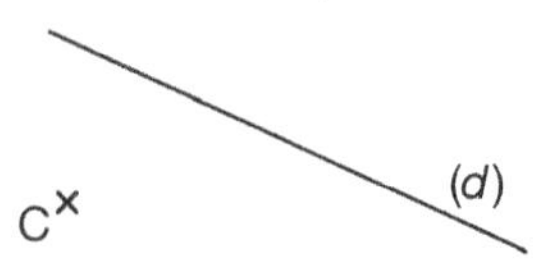

Exercice 5 p. 249

a.

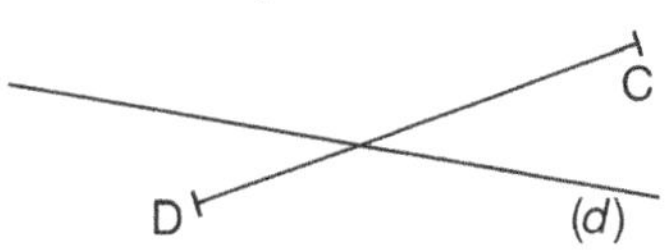

b.

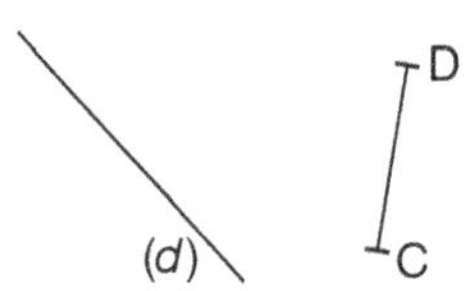

Exercices 7 et 8 p. 251

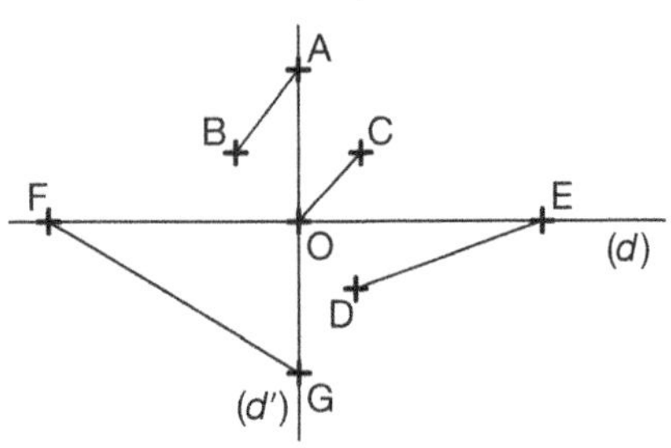

Exercice 15 p. 252

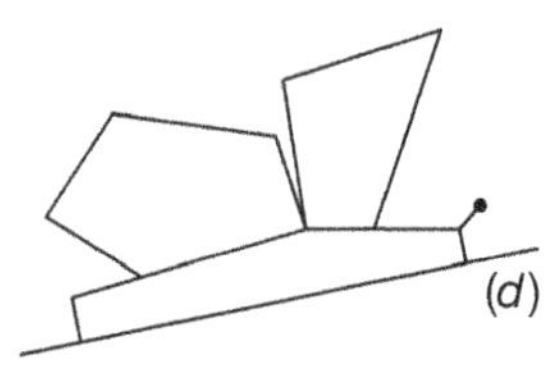

Exercice 14 p. 252

a.

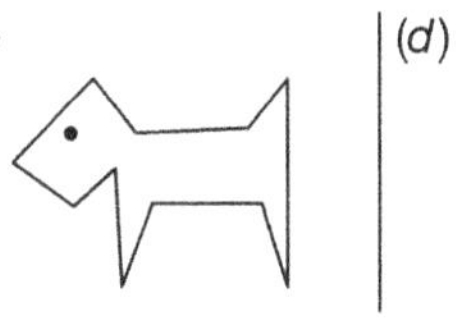

b.

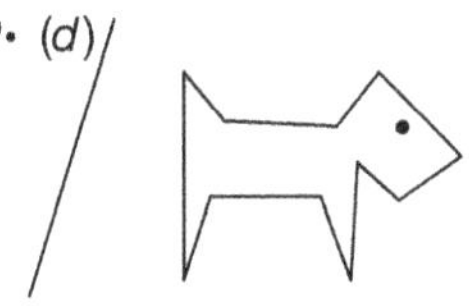

Exercice 16 p. 252

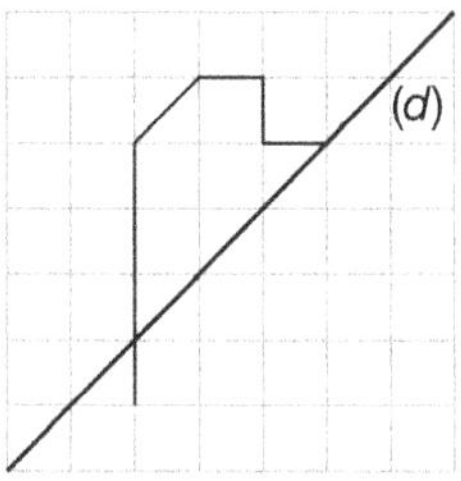

Exercice 21 p. 253

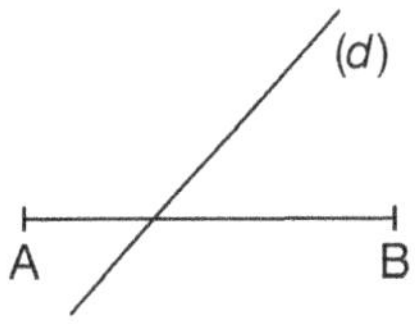

Exercice 22 p. 253

a.

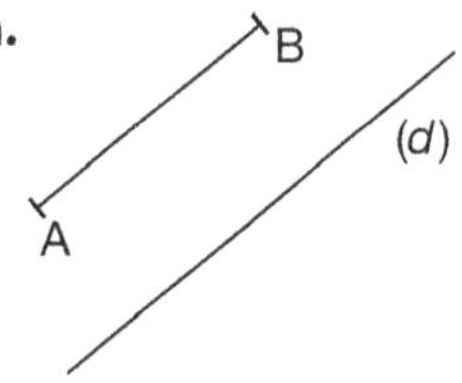

b.

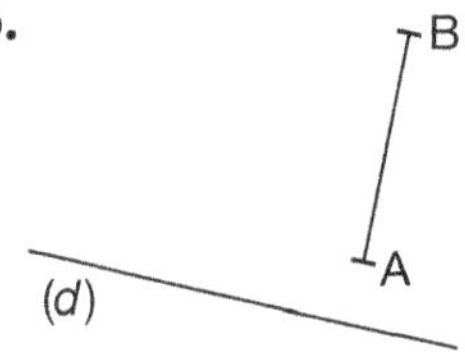

Exercice 18 p. 252

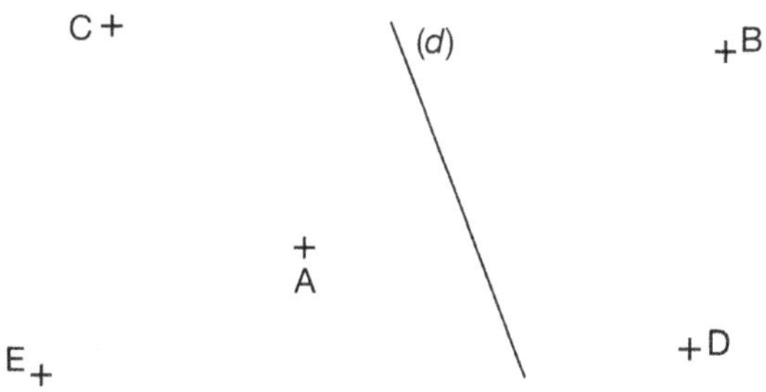

Exercice 19 p. 252

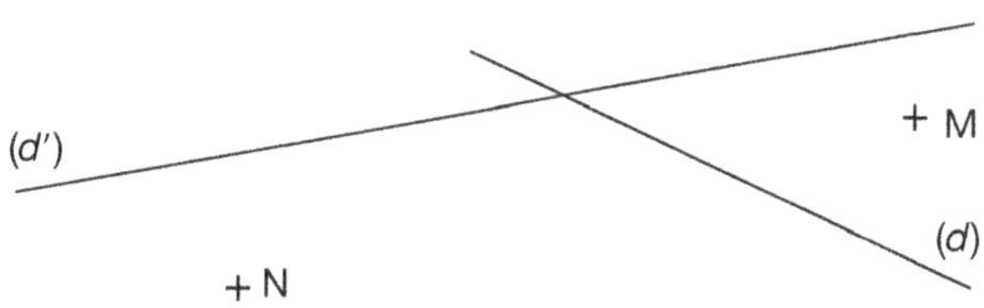

Exercice 20 p. 252

a.

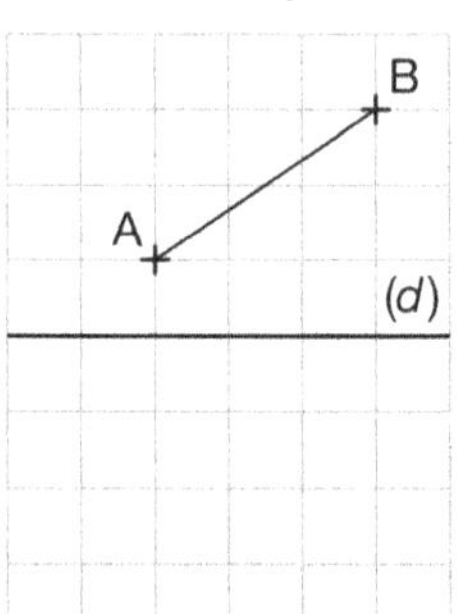

b.

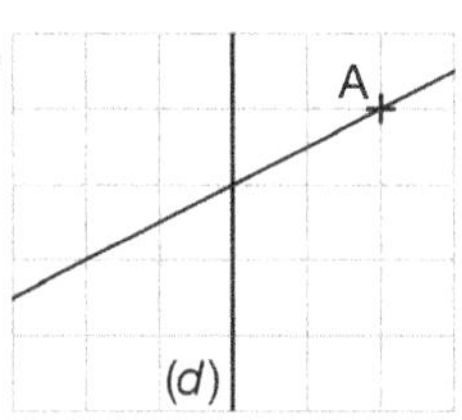

Exercice 23 p. 253

a.

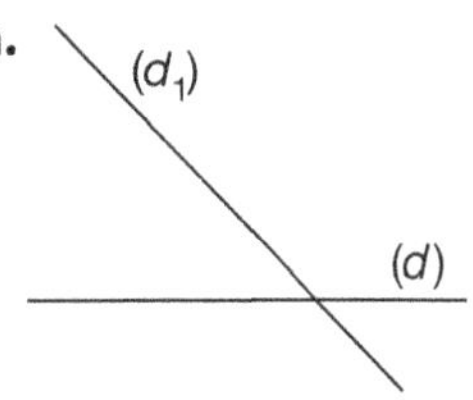

b.

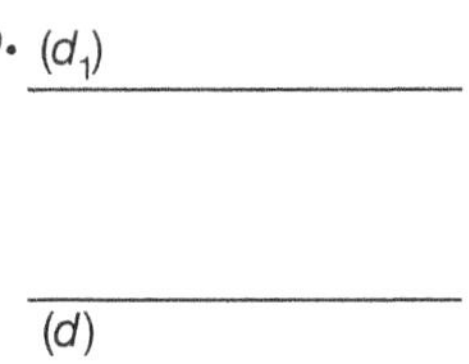

Exercice 24 p. 253

a.

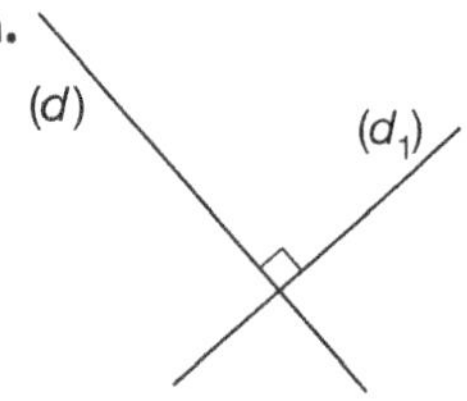

b.

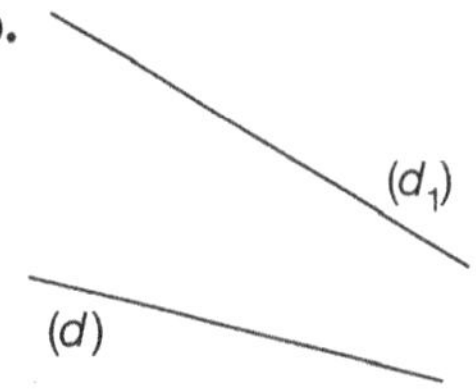

Exercice 25 p. 253

a.

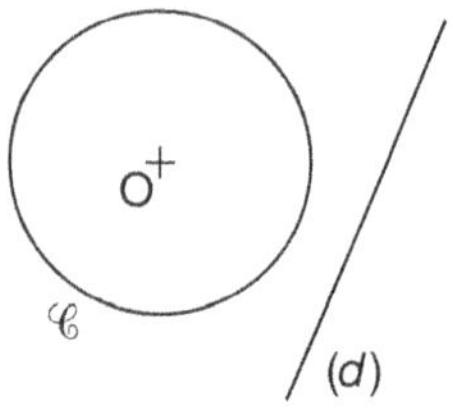

b.

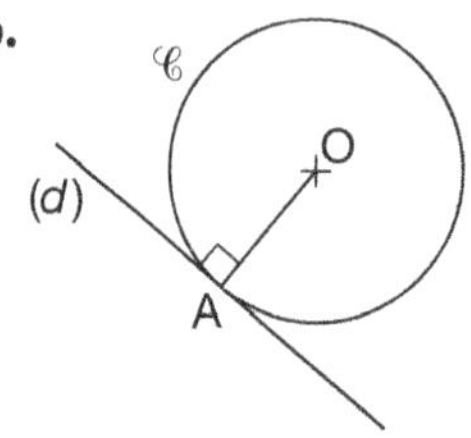

Exercice 26 p. 253

a.

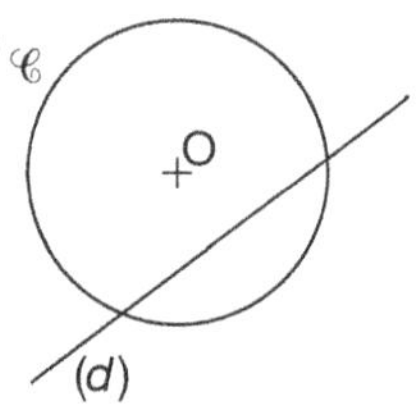

b.

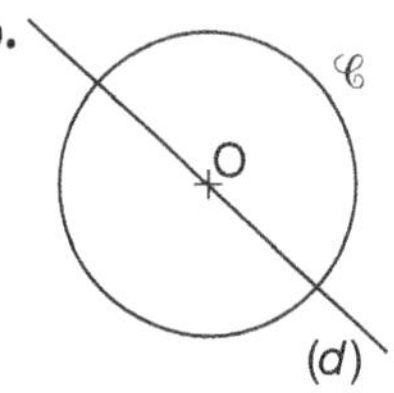

■ **Exercice 30 p. 253**

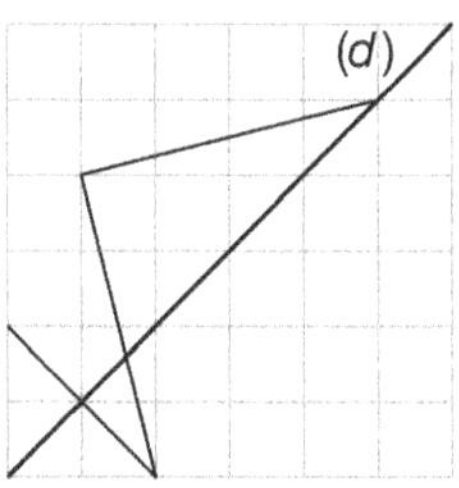

■ **Exercice 33 p. 254**

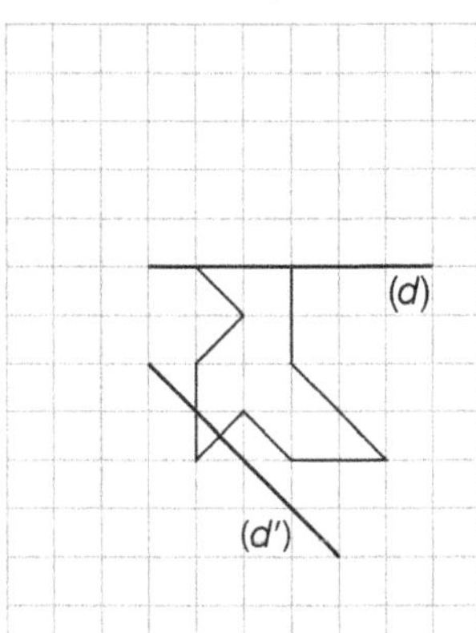

■ **Exercice 38 p. 254**

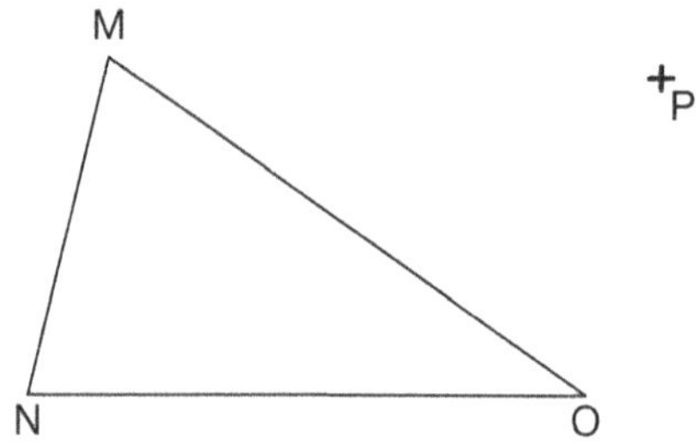

■ **Exercice 39 p. 254**

Exercice 40 p. 254

a.

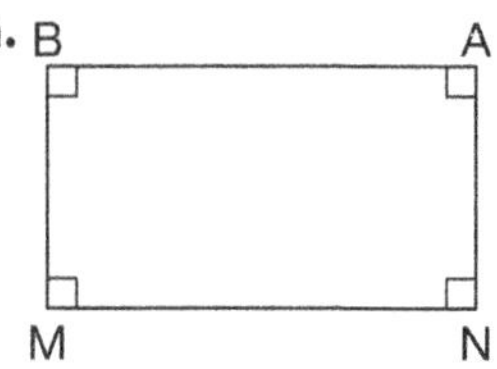

b.

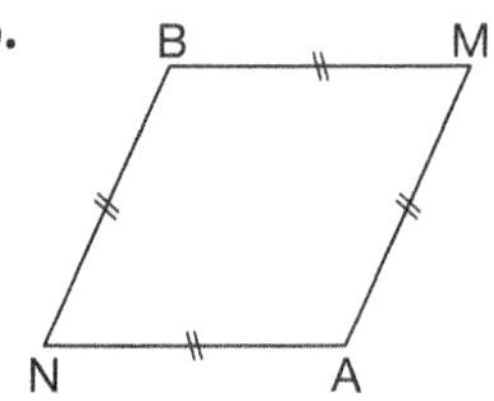

Exercice 41 p. 254

a.

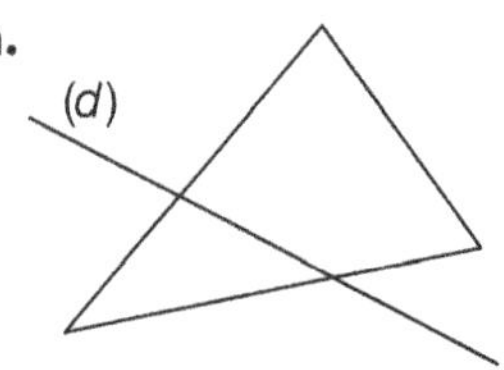

b.

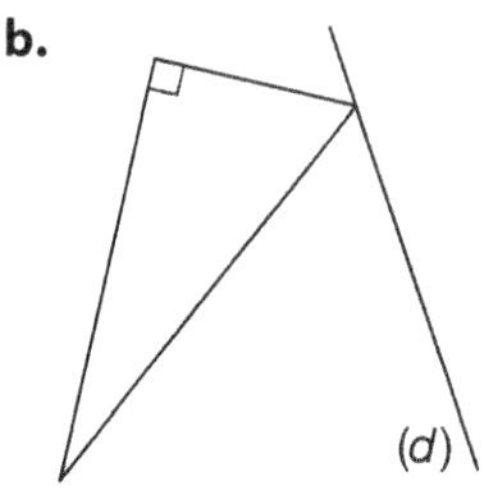

Exercice 42 p. 254

a.

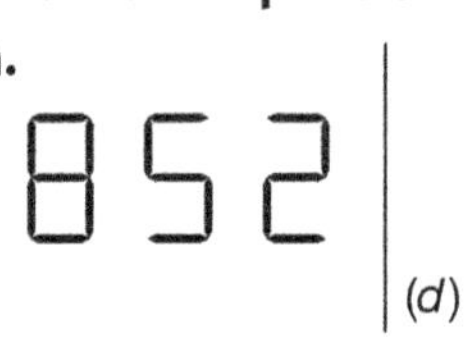

b.

Exercice 44 p. 255

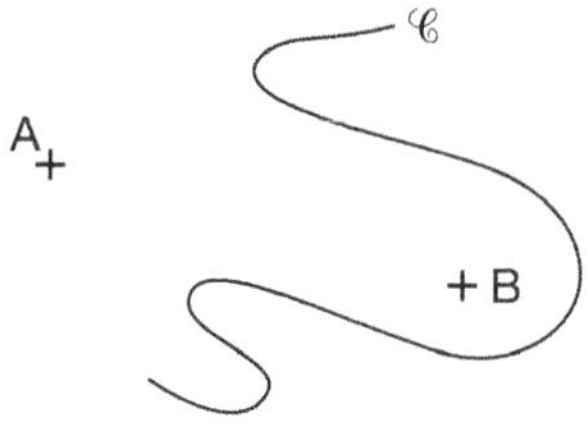

Exercice 45 p. 255

Exercice 47 p. 255

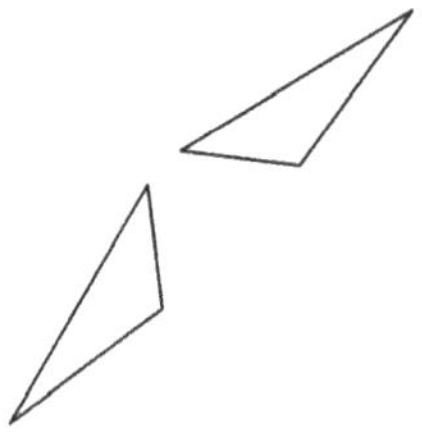

Exercice 48 p. 255

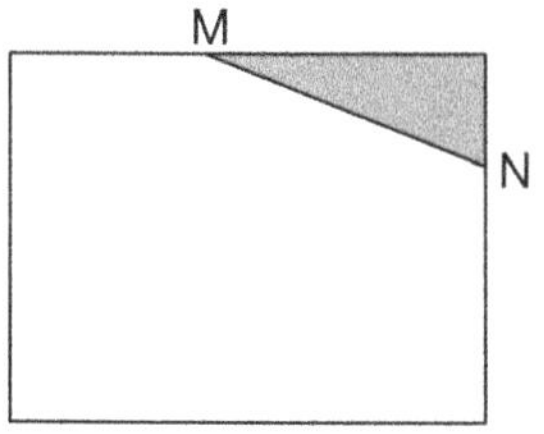

Exercice 50 p. 255

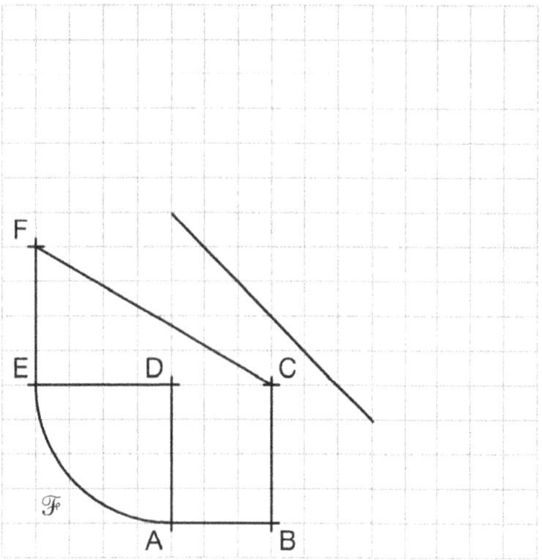

Exercice 51 p. 255

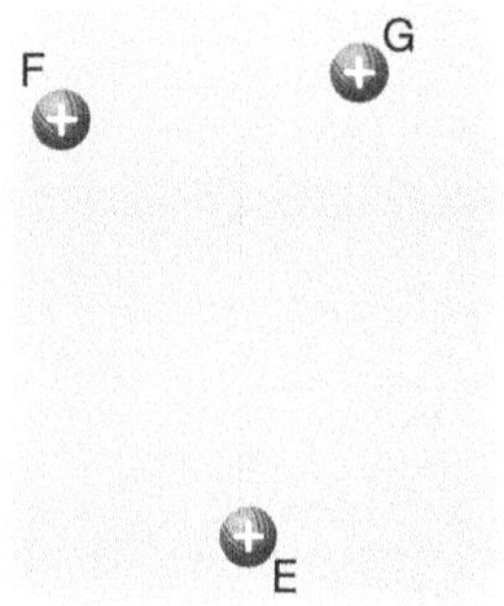

Exercice 62 p. 257

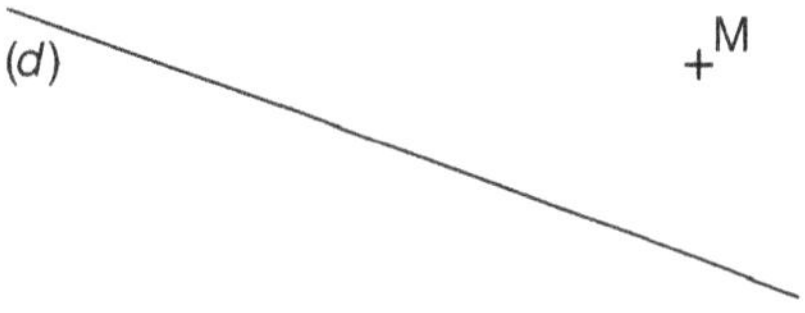

Exercice 63 p. 257

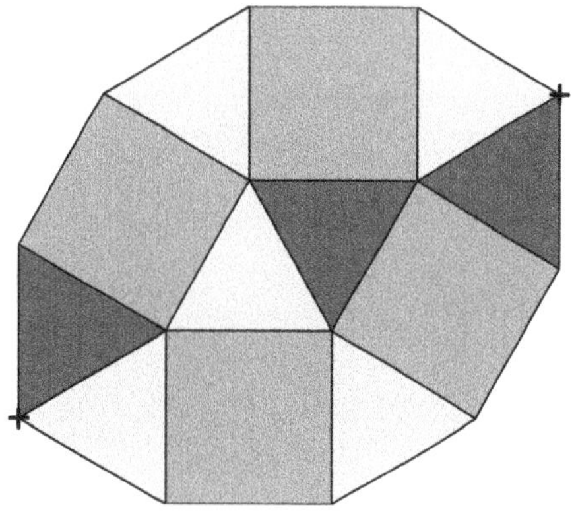

Exercice 65 p. 259

a.

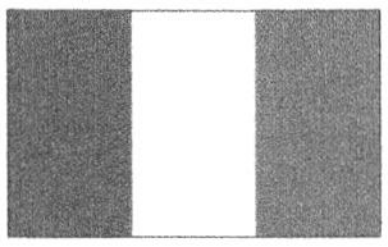

b.

■ Exercice 67 p. 259

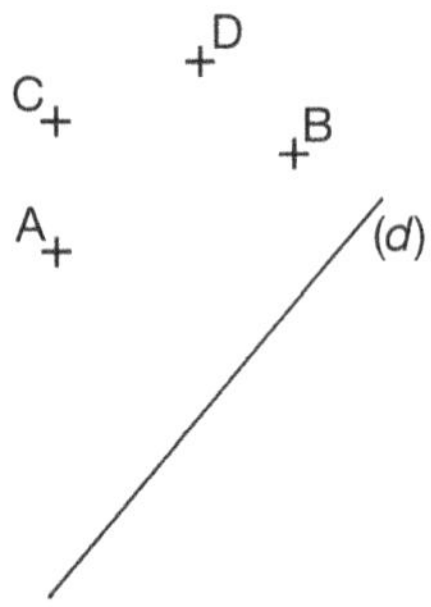

■ Exercice 70 p. 259

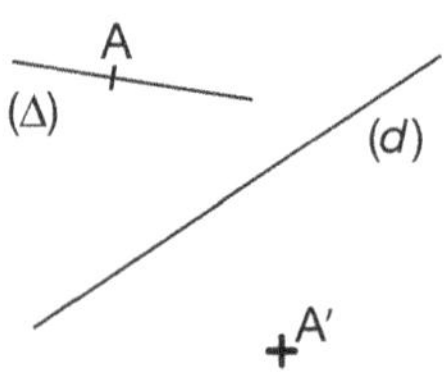

■ Exercice 72 p. 260

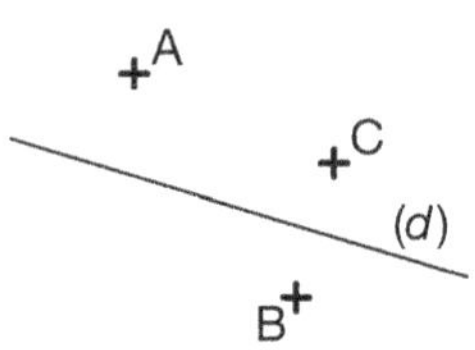

■ Exercice 77 p. 259

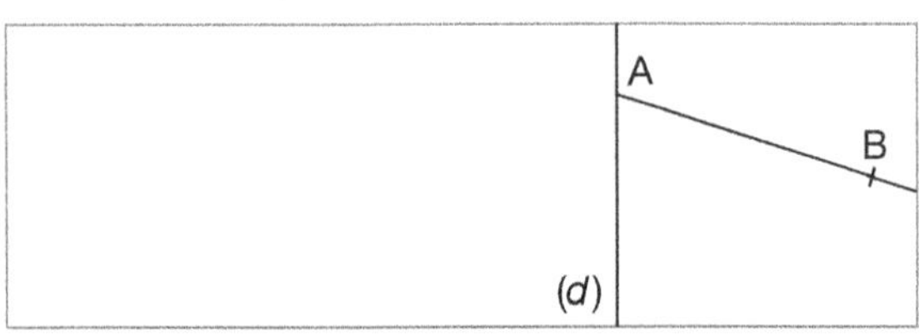

■ Exercice 78 p. 260

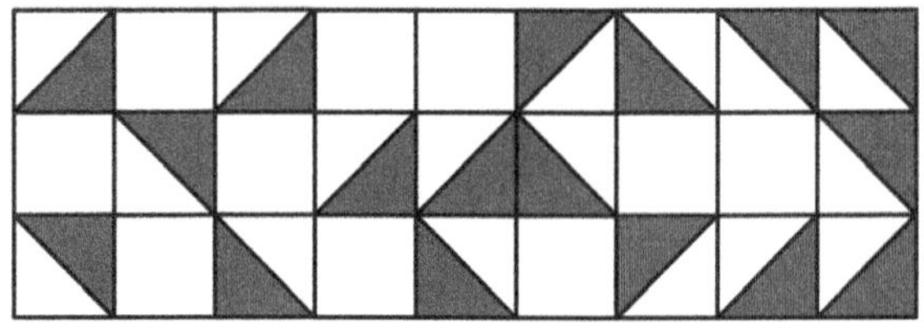

■ Exercice 79 p. 260

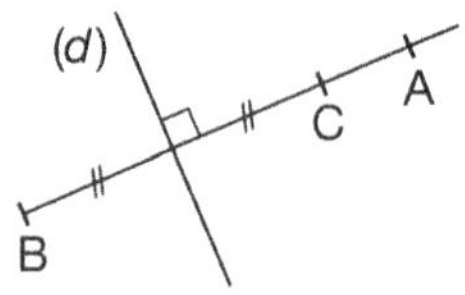

■ Exercice 80 p. 261

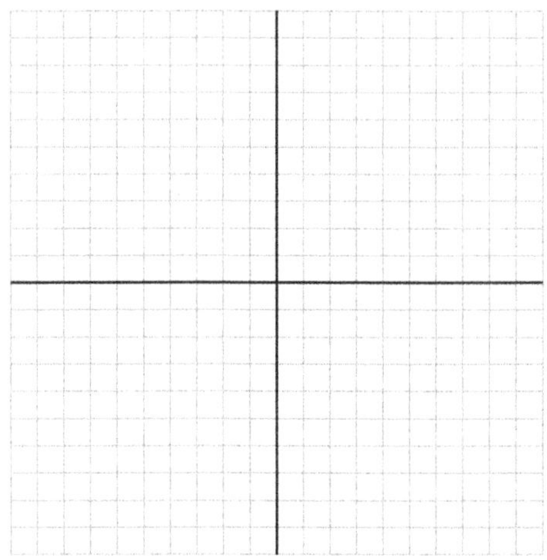

CHAPITRE 16 Étudier des propriétés de figures usuelles

Exercice 2 p. 265

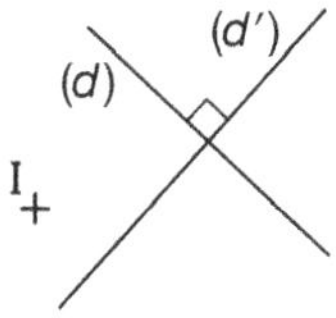

Exercice 6 p. 265

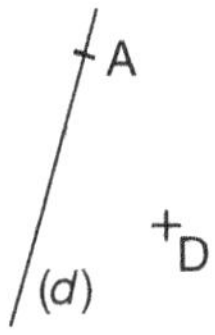

Exercice 3 p. 265

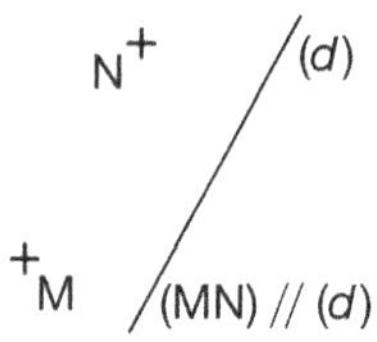

Exercice 17 p. 268

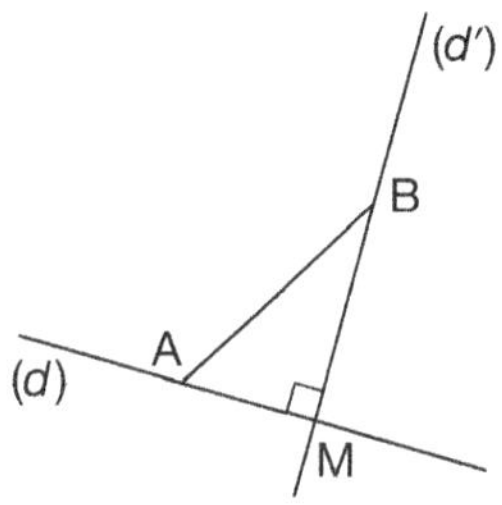

Exercice 5 p. 265

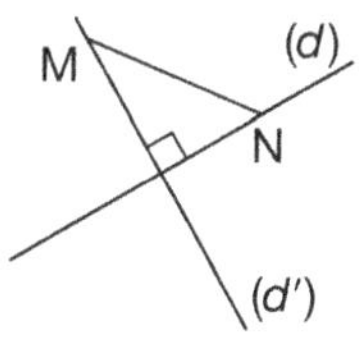

Exercice 18 p. 268

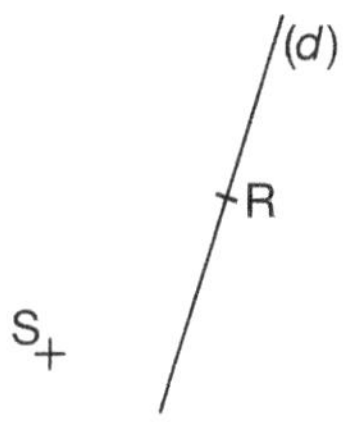

Exercice 19 p. 268

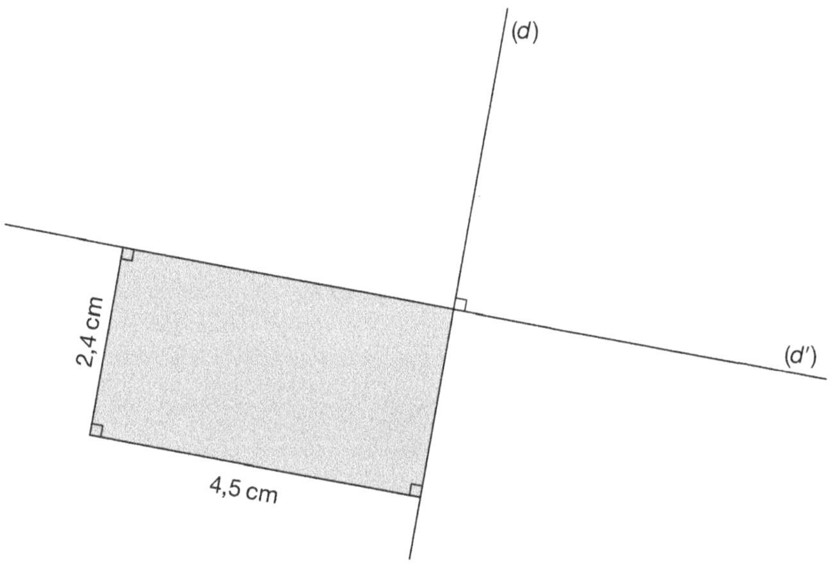

Exercice 20 p. 268

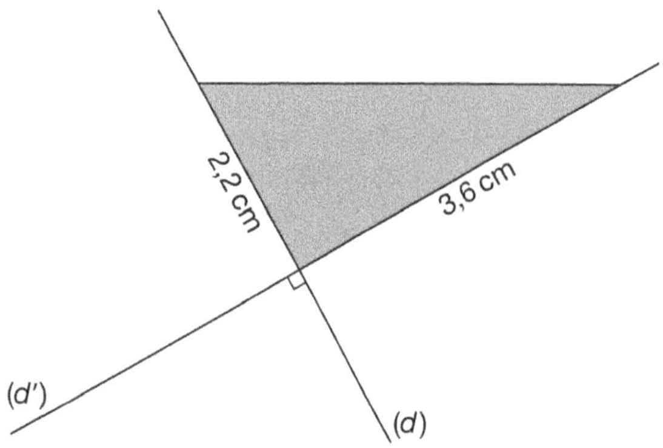

Exercice 26 p. 269

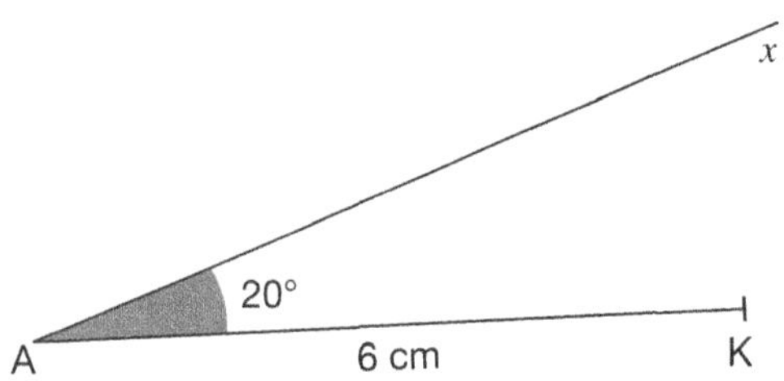

Exercice 27 p. 269

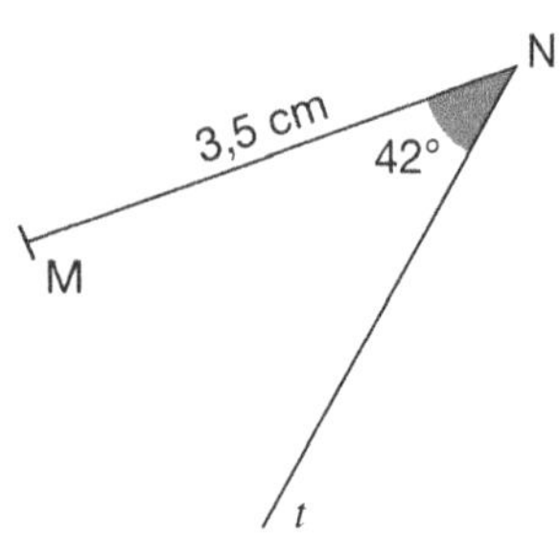

Exercice 41 p. 270

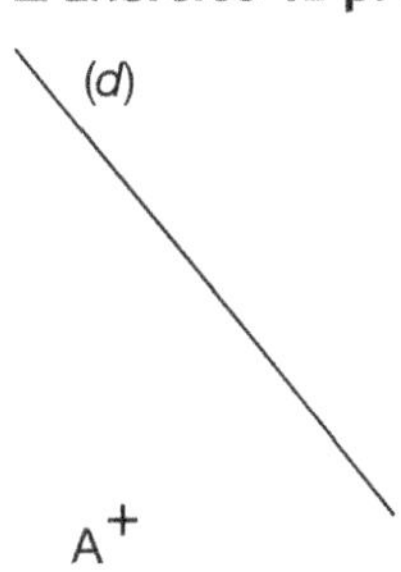

Exercice 42 p. 270

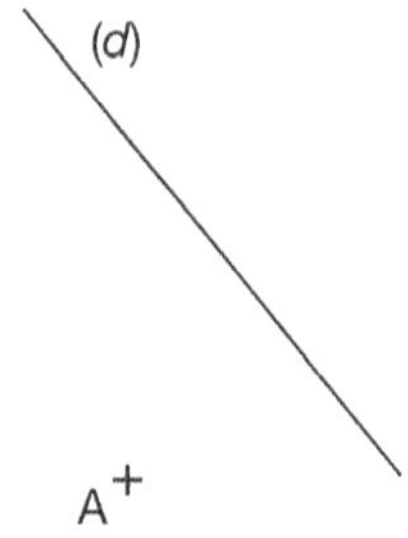

Exercice 43 p. 270

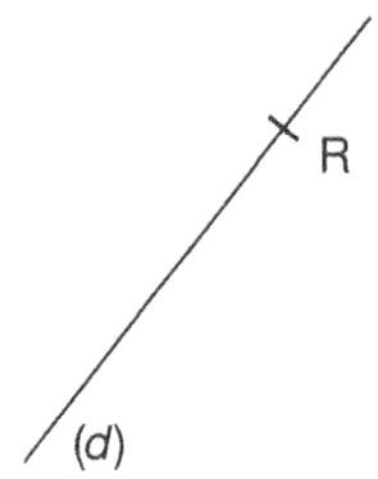

Exercice 52 p. 271

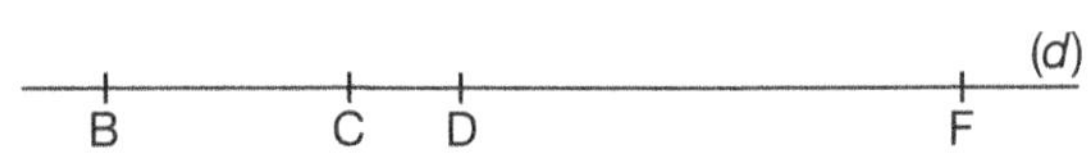

Exercice 57 p. 271

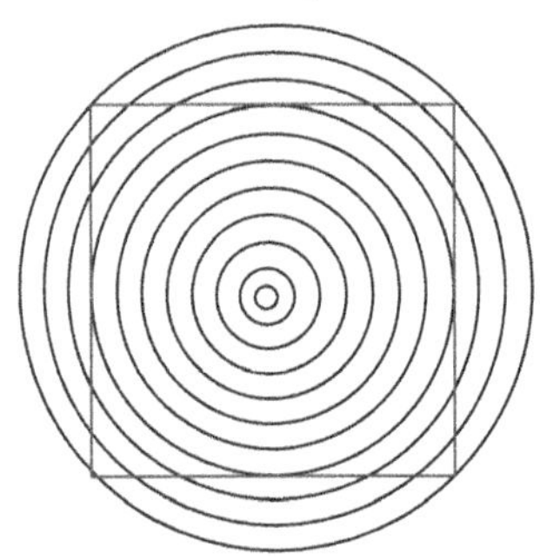

Exercice 70 p. 273

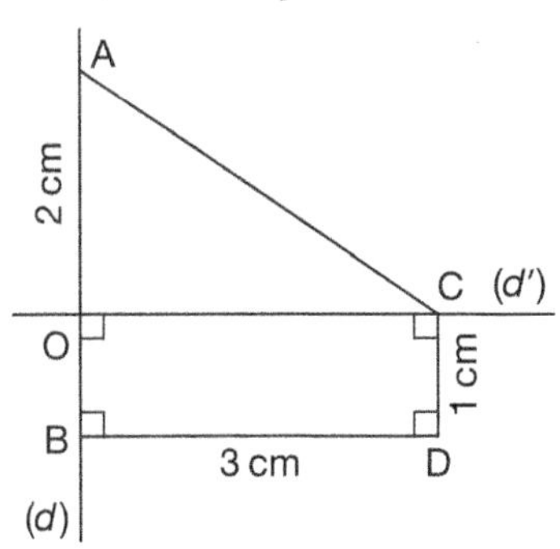

Exercice 77 p. 275

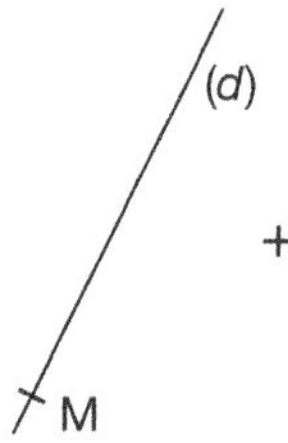

Exercice 87 p. 276

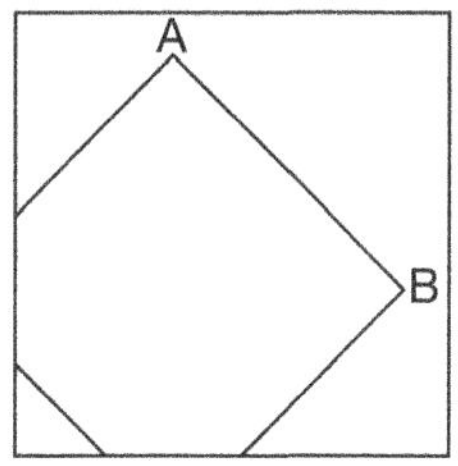

Exercice 80 p. 275

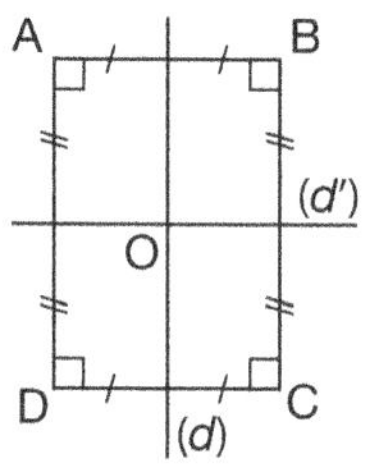

Exercice 89 p. 276

Exercice 91 p. 277

Doc. 1

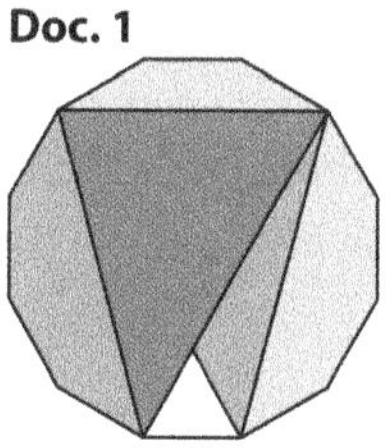

Doc. 2

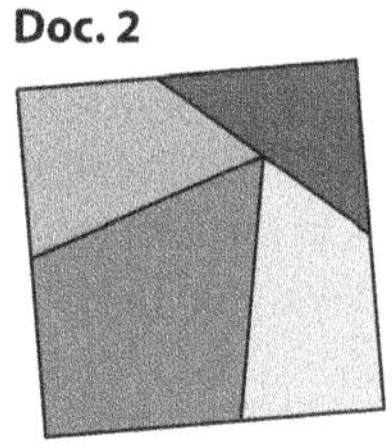

Doc. 3

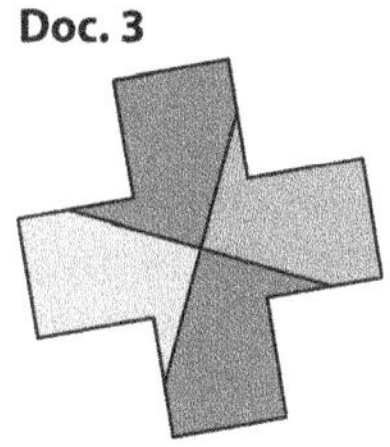

TÂCHES COMPLEXES TRANSVERSALES

Tâche complexe 1 p. 278

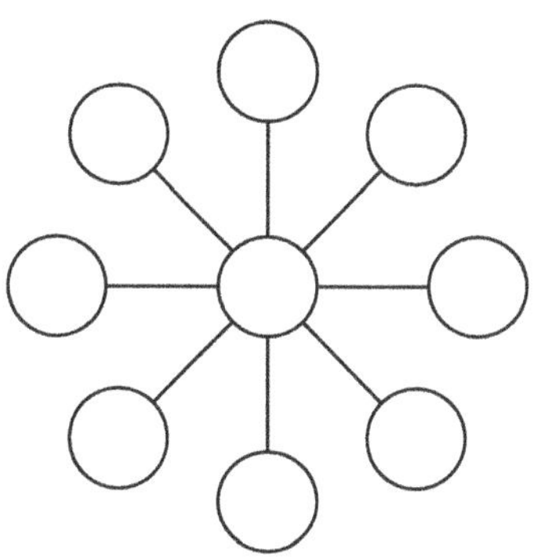

Tâche complexe 6 p. 281

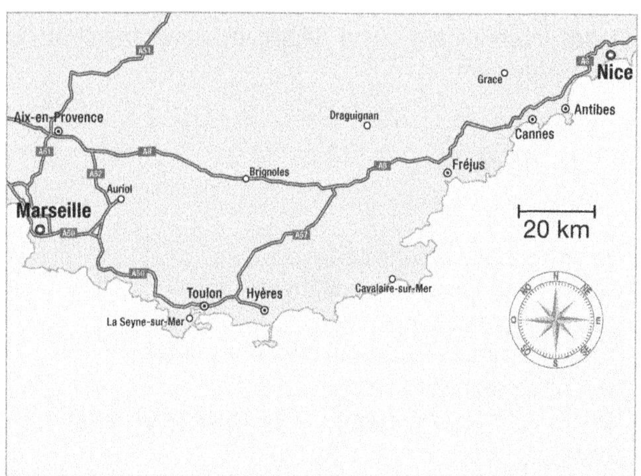

Tâche complexe 2 p. 279

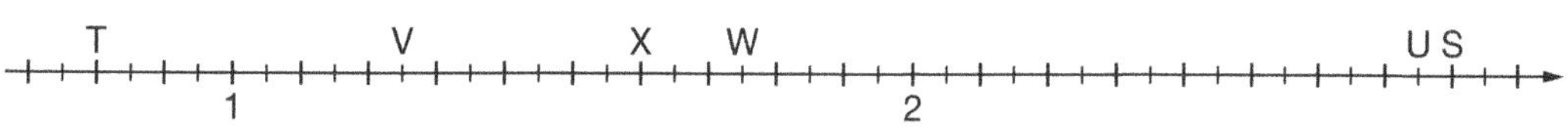

Scratch mode d'emploi

INTENTIONS PÉDAGOGIQUES

1 Les Repères des cycles 2 et 3

- Dès le CP ou le CE1, les élèves codent des déplacements à l'aide d'un logiciel de programmation adapté.
- Au CE2, les élèves consolident le codage des déplacements à l'aide d'un logiciel. Ils comprennent et produisent des algorithmes simples pour la programmation des déplacements d'un robot ou ceux d'un personnage sur un écran (par exemple, une succession de flèches parmi : aller à gauche, aller à droite, tourner à gauche, tourner à droite). Ils continuent à jouer physiquement ces situations dans l'espace concret avec des propositions variées.
- Au CM1 puis au CM2, les élèves apprennent à programmer le déplacement d'un personnage sur un écran.
Ils commencent par compléter de tels programmes, puis ils apprennent à corriger un programme erroné. Enfin, ils créent eux-mêmes des programmes permettant d'obtenir des déplacements d'objets ou de personnages.
Les instructions correspondent à des déplacements absolus (liés à l'environnement : « aller vers l'ouest », « aller vers la fenêtre »), ou relatifs (liés au personnage : « tourner d'un quart de tour à gauche »).
- En 6e, la construction de figures géométriques, de simples à plus complexes, permet d'amener les élèves vers la répétition d'instructions.
Ils peuvent commencer à programmer, seuls ou en équipe, des saynètes impliquant un ou plusieurs personnages interagissant ou se déplaçant simultanément ou successivement.

2 Je découvre

Le logiciel Scratch

On présente dans cette page :
- l'écran du logiciel et ses différentes zones ;
- un exemple de script ;
- des blocs importants pour déplacer le lutin ;
- les dimensions de la scène.

L'élève peut saisir le script et l'exécuter pour obtenir un carré.

Comment réaliser un projet

On réalise une première animation : choix d'un arrière-plan et d'un lutin, saisie d'un script associé à ce lutin.
L'élève peut effectuer ce travail et exécuter le script pour découvrir le déplacement du lutin.

3 J'apprends à...

• Tracer des figures

Activité 1

Il s'agit de construire des figures en utilisant les instructions de déplacement du lutin.
Dans un premier exemple, la figure est donnée, ainsi que le début du script, et on demande à l'élève de le compléter.
Dans un deuxième exemple, l'élève a la charge de saisir le script complet pour obtenir une nouvelle figure.

• Programmer une animation

Activité 2

L'élève doit réaliser une saynète : choisir un arrière-plan, sélectionner deux lutins, saisir les scripts de ces lutins.
On lui demande de prévoir le déroulement de l'animation avant de l'exécuter à l'ordinateur.

• Lire et saisir des programmes Scratch

Activité 3

Des programmes de construction sont proposés.
L'élève doit déjà tracer les figures sur feuille de façon débranchée, puis saisir les scripts, les exécuter et contrôler ses tracés.

Activité 4

L'exemple montre que le langage Scratch permet aussi d'effectuer des calculs de grandeurs.
D'autres exemples seront rencontrés dans le manuel.
La notion de variable n'est pas expliquée ici, elle le sera en classe de 5e.

• Utiliser la boucle « répéter ... fois »

Activité 5

On introduit la répétition d'instructions.
Le premier exemple explique le fonctionnement de la boucle « répéter 4 fois ».
Dans un deuxième exemple, l'élève doit ordonner les instructions d'une boucle afin d'obtenir une figure donnée.

4 Compléments

Construire des figures

On trace les figures à l'aide des instructions de déplacement du lutin (par exemple : exercice **1** p. 8 du livret).

Les coordonnées du repère Xy-grid seront introduites à partir de la classe de 5ᵉ.
On explique, au besoin, que l'instruction

permet de placer le lutin au centre de la scène.

Programmer des animations

Les élèves peuvent commencer à programmer des saynètes avec un ou plusieurs personnages (par exemple : exercice **3** p. 8 du livret).

J'APPRENDS À...

Tracer des figures

ACTIVITÉ 1 Utiliser les instructions de mouvement du lutin

1 a. Voici le script complété.

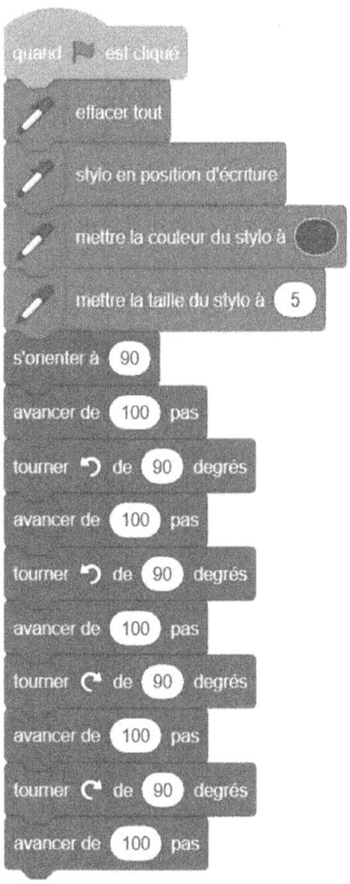

b. et **c.** On exécute le script et on contrôle le tracé obtenu dans la scène.

2 a.

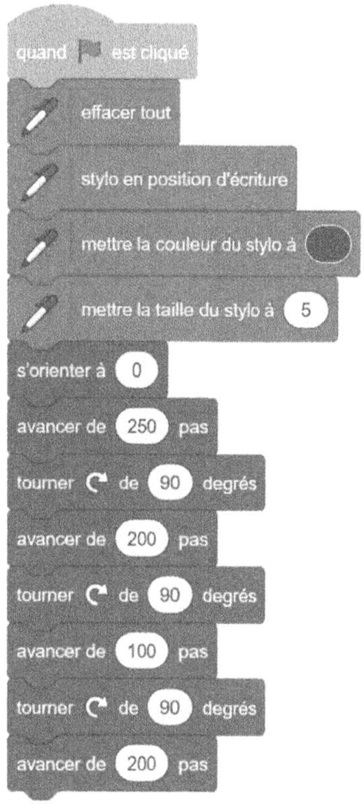

b. et **c.** On exécute le script et on contrôle le tracé obtenu dans la scène.

Programmer une animation

ACTIVITÉ 2 Choisir un arrière-plan, des lutins Exécuter des scripts

1 a., **b.** et **c.** On choisit l'arrière-plan et les lutins de l'animation.

2 a. Les actions, dans l'ordre de leur déroulement, sont :
(4) – (1) – (3) – (2)

b. et **c.** On saisit, on exécute ce projet et on vérifie que l'animation est conforme aux scripts.

Lire et saisir des programmes Scratch

ACTIVITÉ 3 Exécuter de façon débranchée les instructions successives d'un programme

a. Programme ❶

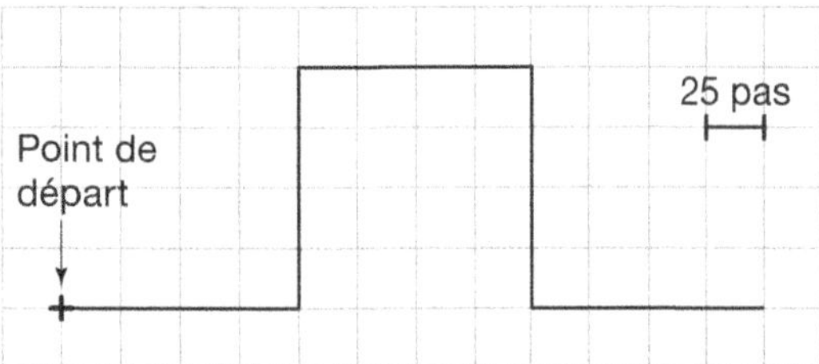

Programme ❷

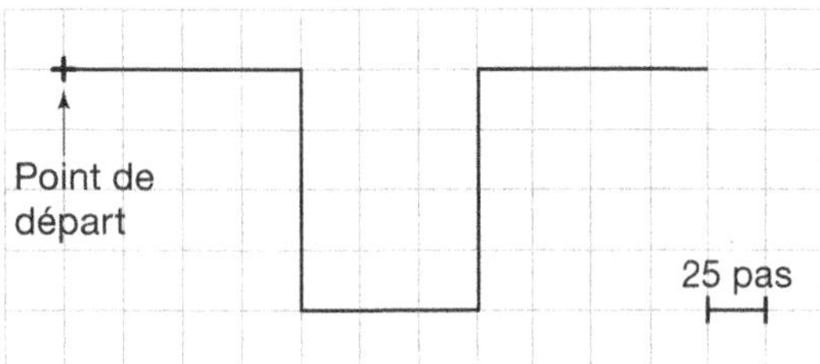

Programme ❸

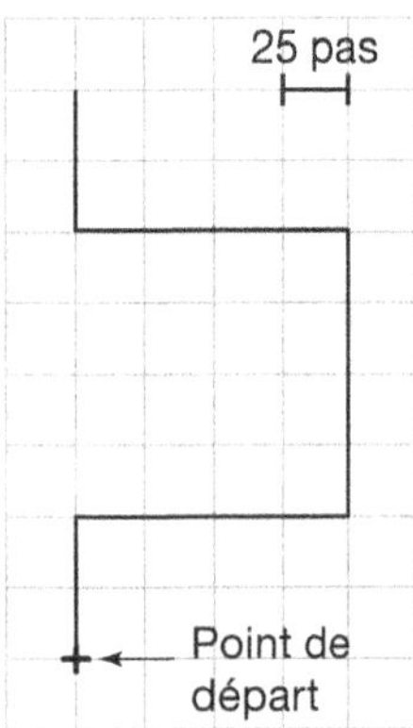

b. On saisit et on exécute chaque programme, puis on contrôle les tracés sur feuille réalisés à la question **a.**

ACTIVITÉ 4 Effectuer un calcul

❶ Le script permet de saisir la longueur et la largeur, en cm, d'un rectangle.
Puis il calcule et donne pour résultat l'aire, en cm², de ce rectangle.

❷ **a.** On saisit le script.
b. À l'aide du script, on obtient une aire de 96,25 cm².

Utiliser la boucle « répéter … fois »

ACTIVITÉ 5 Comprendre l'intérêt d'une boucle pour construire une figure

❶ **a.**

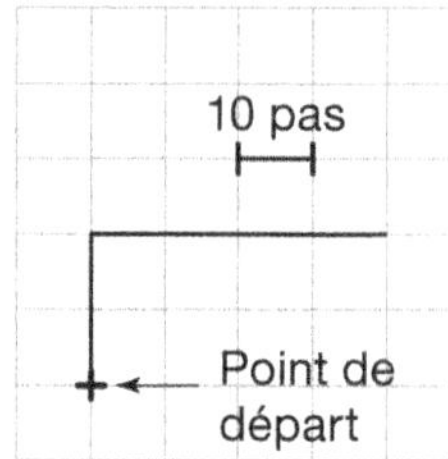

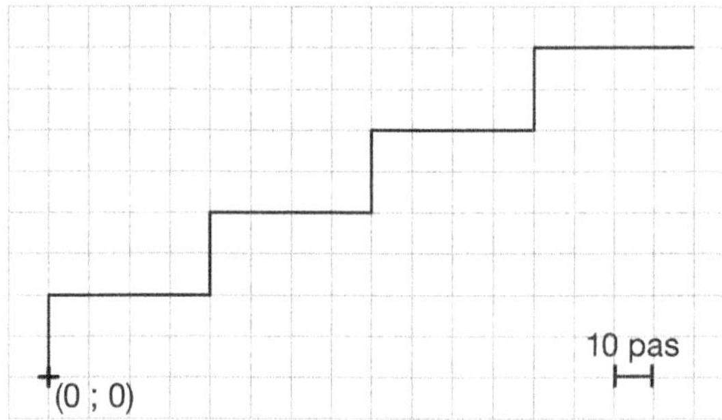

b. On saisit, on exécute le script et on contrôle le tracé sur feuille réalisé à la question **a.**

❷ **a.** Voici le script de Léa.

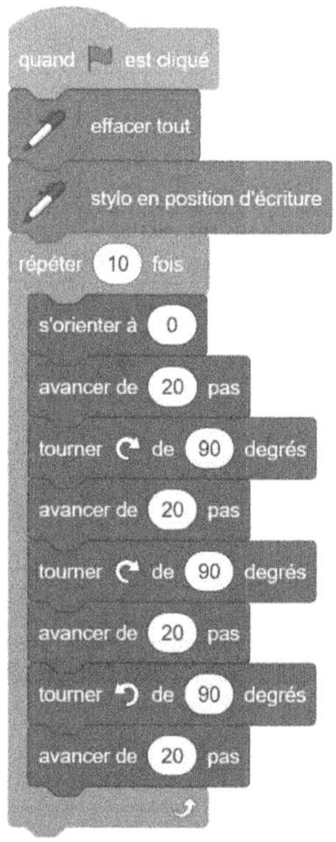

b. On exécute le script et on contrôle la frise tracée par le lutin.

JE M'ENTRAÎNE

1 Voici le script complété.

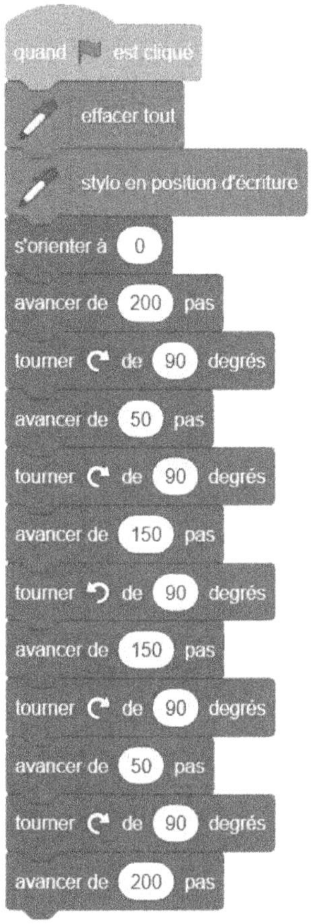

2 **a.** Le script permet de saisir le diamètre, en cm, d'un cercle puis calcule et donne pour résultat une valeur approchée de sa longueur, en cm.
b. On saisit ce script.
c. À l'aide du script, on obtient 43,96 cm pour valeur approchée de la longueur du cercle.

3 **1. a.** Les lutins de ce projet sont **Bear-walking** et **Owl.**
b. Lorsqu'il est exécuté, ce script provoque la marche du lutin **Bear-walking.**
2. Par exemple :

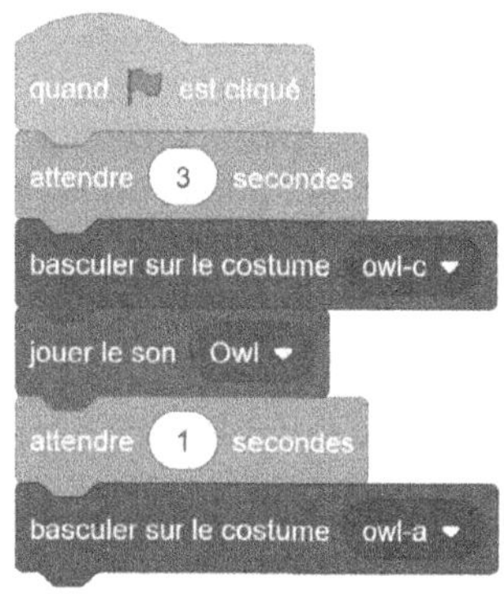

CHAPITRE 1

Utiliser les nombres entiers

INTENTIONS PÉDAGOGIQUES

❶ Les Repères des cycles 2 et 3

• En CE2, les élèves poursuivent l'étude de la numération décimale en travaillant avec des milliers.
Parallèlement, la connaissance des nombres jusqu'à 1 000 est consolidée, notamment pour leur désignation orale et pour le calcul mental.
Les élèves résolvent des problèmes additifs et multiplicatifs portant sur des nombres plus grands, ou des problèmes relevant de plusieurs opérations, nécessitant par exemple l'exploration d'un tableau ou d'un graphique.
Dès le début de l'année, les élèves consolident la maîtrise de la technique de la soustraction apprise en CE1.
Ils apprennent et entretiennent tout au long de l'année une technique de calcul posé pour la multiplication, tout d'abord en multipliant un nombre à deux chiffres par un nombre à un chiffre, puis avec des nombres plus grands.

• En CM1, les élèves apprennent à utiliser et à représenter les grands nombres entiers jusqu'au million. Il s'agit d'abord de consolider les connaissances (écritures, représentations…).
Dès la période 1, les élèves renforcent leur maîtrise des algorithmes appris au cycle 2 (addition, soustraction et multiplication de deux nombres entiers).

• En CM2, le répertoire est étendu jusqu'au milliard.

• En 6e, en période 1, dans un premier temps, les principes de la numération décimale de position sur les entiers sont repris jusqu'au million, puis au milliard comme en CM, et mobilisés sur les situations les plus variées possibles, notamment en relation avec d'autres disciplines.
Tout au long de l'année, ils stabilisent la connaissance des propriétés des opérations et les procédures déjà utilisées à l'école élémentaire, et utilisent la propriété de distributivité simple dans les deux sens (par exemple :
$23 \times 12 = 23 \times 10 + 23 \times 2$ et $23 \times 7 + 23 \times 3 = 23 \times 10$).
Dans des calculs simples, confrontés à des problématiques de priorités opératoires, par exemple en relation avec l'utilisation de calculatrices, les élèves utilisent des parenthèses.
Tout au long de l'année, au travers de situations variées, les élèves entretiennent leurs acquis de CM sur les algorithmes opératoires.

❷ Je découvre

Activité 1

Les objectifs de cette activité sont :
– revoir les règles d'écriture en chiffres des grands nombres entiers, en utilisant des regroupements par milliers ;
– passer d'une écriture en chiffres à une écriture en lettres ;
– reconnaître plusieurs décompositions d'un même nombre entier.

Activité 2

L'objectif de cette activité est de placer des grands nombres entiers sur une demi-droite graduée afin de ranger ensuite ces nombres dans l'ordre croissant.

Activité 3

L'objectif est ici de tester le sens des opérations chez les élèves. Pour cela, on propose de résoudre trois problèmes relevant de l'addition, de la soustraction, de la multiplication.
La question **b** met en avant, à l'aide de la calculatrice, le rôle des parenthèses et des priorités opératoires dans un calcul simple.

❸ Cours - J'applique le cours

Cours

• Au paragraphe 1, on rappelle dans un premier temps les règles d'écritures d'un nombre entier.
Ensuite, on rappelle le rôle joué par un chiffre selon son rang.
On insiste en particulier sur différentes décompositions possibles d'un nombre entier selon l'objectif visé.
Par exemple, si l'on souhaite lire le nombre de dizaines, on décompose le nombre sous la forme $\ldots \times 10 + \ldots$.

• Au paragraphe 2, on définit une droite graduée, ainsi que le vocabulaire qui lui est associé (origine, unité).
On a fait le choix de n'introduire le mot « abscisse » qu'en classe de 5e. On peut noter d'ailleurs que ni les Repères, ni les Attendus de 6e n'utilisent ce mot.
Ensuite, on rappelle la signification du mot « comparer » et on réactive les symboles $>$ et $<$.
On rappelle la règle de comparaison de deux nombres entiers.
On termine ce paragraphe par l'introduction des mots « encadrer », « amplitude », « intercaler ».

• Au paragraphe 3, on réactive les techniques opératoires de l'addition et la soustraction posées. À cette occasion on introduit le vocabulaire « somme » et « différence ».
On rappelle également la notion d'ordre de grandeur.

• Au paragraphe 4, on réactive la technique opératoire de la multiplication posée.
À cette occasion, on introduit les mots « produit » et « multiple ».

• Au paragraphe 5, on énonce les règles de priorités opératoires.

J'applique le cours

Exercice résolu 1
Conformément aux Attendus de fin de 6e, l'élève est confronté à de grands nombres entiers qu'il doit écrire aussi bien en chiffres qu'en lettres.

Exercice résolu 3
On initie l'élève au choix de la décomposition d'un nombre entier selon la question qui est posée. Ici par exemple, déterminer le nombre de voitures de 100 places revient à déterminer le nombre de centaines du nombre 1 032, c'est-à-dire à décomposer ce nombre sous la forme $\ldots \times 100 + \ldots$.

Exercice résolu 7
Il s'agit ici d'appliquer la règle de comparaison des nombres entiers dans une situation faisant intervenir de grands nombres entiers.

Exercice résolu 10
Il s'agit ici de ranger des nombres entiers dans l'ordre croissant. La signification d'« ordre croissant (ou décroissant) » est rappelée p. 15.

Exercice résolu 13
L'objectif de cet exercice est de travailler le sens des opérations.
À la question **a**, la réalisation d'un schéma pour traduire « de plus » doit guider l'élève vers le choix de la soustraction.

Exercice résolu 16
Cet exercice propose la résolution d'un problème à étapes à l'aide d'une seule expression.
C'est l'occasion de tester la connaissance des priorités opératoires dans le cadre de la résolution de problèmes.

4 Compléments

Jouer avec les nombres entiers

On signale par exemple l'exercice **65**, où avec six nombres donnés, l'élève doit fabriquer le plus grand ou le plus petit nombre entier possible.
On propose aussi un jeu du nombre mystère à l'exercice **108**. C'est l'occasion de tester de façon assez complète la connaissance du vocabulaire relatif aux nombres entiers.
D'autres exercices, comme les exercices **68**, **79**, **111**, proposent des opérations à trous.
L'exercice **118** est consacré à la réalisation de carrés magiques d'ordre 2 ou 3.
L'exercice **119** demande de compléter une grille de sudoku, c'est l'occasion de réinvestir les tables de multiplication dans un cadre ludique.

Utiliser le tableur

L'exercice **100** initie à l'utilisation du tableur. Il s'agit de compléter un tableau des médailles des Jeux olympiques 2020.
L'élève est guidé pas à pas dans cette première utilisation du tableur.

CORRIGÉS

Bien démarrer

1 **a.** **2** **b.** **3** **a.** et **c.**
4 **a.** **5** **a.**, **b.** et **c.** **6** **b.** et **c.**

Je découvre

Activité 1

1 **a.** 4 500 000 000 et 2 300 000.
b. Cent cinquante millions et douze mille sept cent quarante-deux

2 $7 \times 1\,000\,000\,000 + 8 \times 100\,000\,000 + 9 \times 10\,000\,000$ et 789 dizaines de millions.

Activité 2

a.

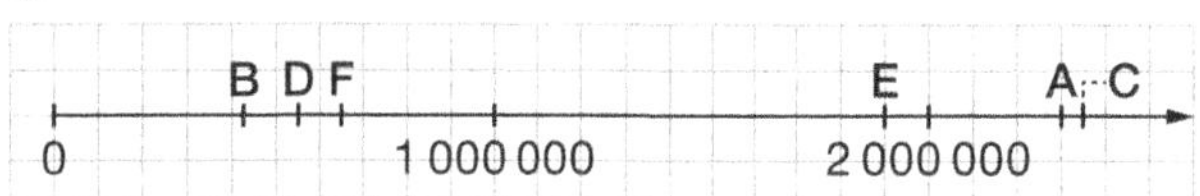

b.
$420\,000 < 540\,000 < 640\,000 < 1\,900\,000 < 2\,300\,000 < 2\,320\,000$

Activité 3

a. Problème 1
• 57 km + 6 km = 63 km
Mardi, Louise a parcouru 63 km.

• 57 km + 63 km = 120 km
Louise a parcouru 120 km en deux jours.

Problème 2

8 849 m – 2 954 m = 5 895 m

L'altitude du Kilimandjaro est 5 895 m.

	₁8	₁8	4	9
–	2	9	5	4
	1	1		
	5	8	9	5

Problème 3

• 1re méthode

400 g + 250 g = 650 g

Chaque jour, Chocapic mange 650 g d'aliments.

7 × 650 g = 4 550 g

Chaque semaine, Chocapic mange 4 550 g, soit 4,55 kg d'aliments.

• 2e méthode

7 × 400 g = 2 800 g et 7 × 250 g = 1 750 g.

Chaque semaine, Chocapic mange 2 800 g de pâté et 1 750 g de croquettes.

2 800 g + 1 750 g = 4 550 g

Chaque semaine, Chocapic mange 4 550 g, soit 4,55 kg d'aliments.

b. • À l'aide de la calculatrice, on obtient :
400 + 250 × 7 = 2 150.

• 2 150 ≠ 4 550, donc cette écriture n'est pas correcte.

• Sonia aurait dû écrire (400 + 250) × 7 ou 400 × 7 + 250 × 7.

J'applique le cours

2 **a.** 5 190 000 000
64 700 000
b. Un milliard quatre cent millions
Trente-six millions cinq cent mille

3 **a.** 100 000 000 000 000
86 000 000 000
b. Quatre-vingt-cinq mille
Trente-et-un millions

5 **a.** 5 750 = 57 × 100 + 50
57 boîtes sont entièrement remplies chaque jour.
b. 6 800 = 68 × 100
68 boîtes sont entièrement remplies chaque jour.

6 49 780 000 = 4 978 × 10 000
4 978 camions sont nécessaires pour cette livraison de lait.

8 **4** < **9** donc 8 **4**19 000 < 8 **9**82 000.
Donc New York est moins peuplée que Londres.

9 3 < 4, donc 342 388 000 < 405 524 000.
La France produit moins de déchets que l'Allemagne.

11 4 861 < 11 678 < 19 968 < 27 185 < 35 673

12 2 486 < 8 216 < 9 342 < 9 712 < 11 646 < 16 960

14 **a.**

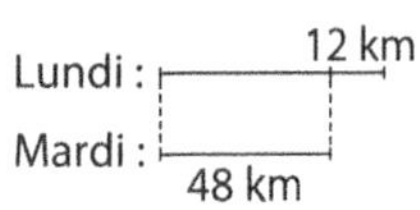

48 km + 12 km = 60 km
Donc lundi, Marion a parcouru 60 km.
b. 5 × 13 km = 65 km
Donc mercredi, Marion a parcouru 65 km.

15 **a.** 28 – 13 = 15
L'an dernier, Nina a vu 15 films.
b. 8 × 12 = 96
La série comporte 96 épisodes.

17 **a.** 16 m – 4 × 3 m
b. 16 m – 4 × 3 m = 16 m – 12 m = 4 m
La hauteur du rez-de-chaussée est 4 m.

18 **a.** 250 € + 9 × 130 €
b. 250 € + 9 × 130 € = 250 € + 1 170 = 1 420 €
Le coût total du séjour est 1 420 €.

Je travaille mes automatismes

Connaître les nombres entiers

19 **a.** Soixante-cinq mille trois cent dix-huit
b. Quatre-vingt-dix-huit milliards sept cent soixante-cinq millions quatre cent deux mille cent
c. Quatre-vingt millions soixante-quinze

20 **a.** 7 020 030 = 7 × **1 000 000** + 2 × **10 000** + 3 × **10**
b. 60 000 400 000 = 6 × **10 000 000 000** + 4 × **100 000**

21 **a.** 1 dizaine **b.** 5 centaines de mille
c. 2 millions **d.** 0 centaine

22 **a.** 5 720 = 5 **milliers** 7 **centaines** 2 **dizaines**
b. 5 007 000 203 = 5 **milliards** 7 **millions** 2 **centaines** 3 **unités**

23 **a.** Huit cent quarante-trois
b. Six mille cinq cents
c. Trente-et-un millions huit cent quatre-vingt mille dix-sept

24 **a.** 13 025 206 **b.** 9 310 208 600

25 **a.** 148 996 **b.** 149 086 **c.** 151 986

26 **a.** 30 020 040 **b.** 20 040 000 000

27 **a.** 7 × 1 000 + 6 × 100 + 5 × 10 + 4
b. 8 × 100 000 + 4 × 1 000 + 2 × 100 + 1
c. 9 × 10 000 000 000 + 9 × 100 000 000 + 9 × 100 000 + 9 × 100

28 **a.** 14 512 = **145** × 100 + **12**
b. 13 645 231 = 136 × **100 000** + **45 231**

Repérer et comparer des nombres entiers

29 **a.** 13 010 000 **b.** 702 000

30 **a.** Oui **b.** Non
c. Non **d.** Non **e.** Non

31

a.

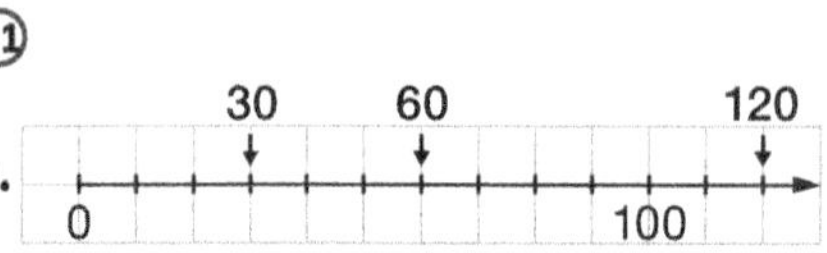

b.

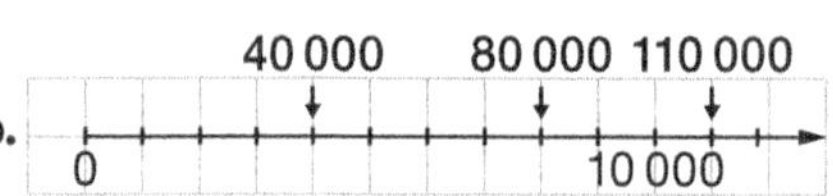

32

a.
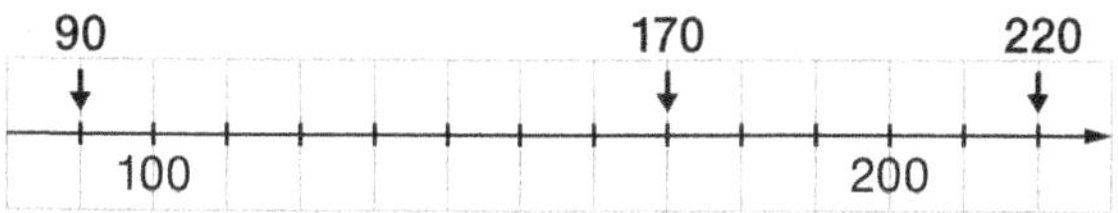

b.
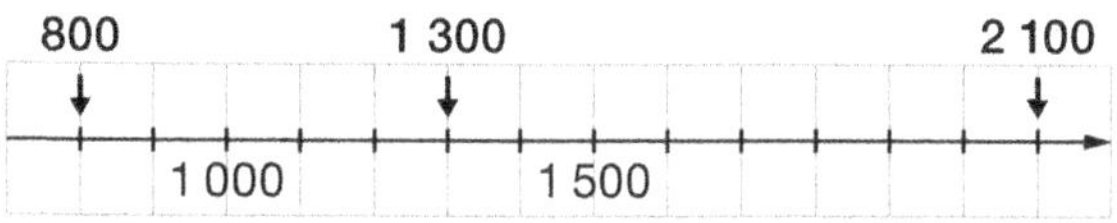

33 **a.** 8 903 < 12 531 **b.** 754 526 > 753 926
c. 643 100 > 79 432 **d.** 6 083 432 < 6 090 413

34 28 315 < 36 893 < 36 915 < 40 230 < 103 250

35 126 532 > 123 100 > 123 076 > 96 123 > 94 260

36 • Amplitude 10 : 59 470 < 59 476 < 59 480
• Amplitude 100 : 59 400 < 59 476 < 59 500
• Amplitude 1 000 : 59 000 < 59 476 < 60 000

37 Par exemple :
a. 3 590 < 3 600 < 3 610
b. 1 720 339 < 1 720 340 < 1 720 341

38 • 7 523 < **8 671** < 9 000 • **3 142** < 4 200
• 4 600 < **5 372** < **5 536** • 9 800 < **12 038**

Additionner et soustraire des nombres entiers

39 **a.** 14 + 38 = 52 **b.** 87 + 36 = 123
c. 199 + 267 = 466

40 **a.** 41 − 17 = 24 **b.** 500 − 138 = 362
c. 20 000 − 4 739 = 15 261

41 **a.** 32 **b.** 37

42

a.

	7	6	8	7	2
+		5	7	3	6
	8	2	6	0	8

b.

	2	5	1	8	3
+		4	7	6	2
+				7	6
	3	0	0	2	1

43

a.

	1	4	8	3
+		8	6	7
	2	3	5	0

b.

			8	3	6	7
+	4	5	7	2	3	6
	4	6	5	6	0	3

c.

				7	4
+	2	5	6	3	8
+		9	8	3	6
	3	5	5	4	8

d.

			2	8
+	3	0	3	9
+		9	8	5
	4	0	5	2

44

a.

	7	0	2	8
−	4	6	7	3
	2	3	5	5

b.

	3	4	2	5	4
−		7	6	5	8
	2	6	5	9	6

45

a.

	1	4	3	7
−		5	4	6
		8	9	1

b.

	2	0	3	2	4
−		8	7	4	8
	1	1	5	7	6

46 **a.** 112 + 587 + 1 209 = 1 908
En effet, 112 + 587 + 1 209 ≈ 100 + 600 + 1 200.
Donc 112 + 587 + 1 209 ≈ 1 900.
b. 18 746 − 2 801 = 15 945
En effet, 18 746 − 2 801 ≈ 19 000 − 3 000.
Donc 18 746 − 2 801 ≈ 16 000.

47 17 kg + 26 kg = 43 kg
Les bagages de Nohane pèsent 43 kg.

48 561 − 268 = (561 − 261) − 7 = 300 − 7 = 293
Il y a 293 filles dans ce collège.

Multiplier et gérer un calcul

49 **a.** 6 × 23 = 6 × 20 + 6 × 3 = 120 + 18 = 138
b. 13 × 70 = 10 × 70 + 3 × 70 = 700 + 210 = 910
c. 69 × 8 = 70 × 8 − 1 × 8 = 560 − 8 = 552

50 7 + 3 × 8 = 7 + 24 = 31
Donc Mathis a raison.
Léna n'applique pas les priorités opératoires correctement. Son résultat correspond au calcul (7 + 3) × 8.

51

×	3	4	6	7	8
7	**21**	**28**	**42**	**49**	**56**
6	**18**	**24**	36	**42**	**48**
9	**27**	**36**	**54**	63	**72**

52 **a.**

		4	3	7
×			2	6
	2	6	2	2
	8	7	4	0
1	1	3	6	2

b.

			9	5	8
×			7	0	4
		3	8	3	2
6	7	0	6	0	0
6	7	4	4	3	2

53 **a.**

		6	5	3
×			7	8
	5	2	2	4
4	5	7	1	0
5	0	9	3	4

b.

			2	6	0	8
		×		4	5	7
		1	8	2	5	6
	1	3	0	4	0	0
1	0	4	3	2	0	0
1	1	9	1	8	5	6

c.

			9	3	2
	×		8	6	7
		6	5	2	4
	5	5	9	2	0
7	4	5	6	0	0
8	0	8	0	4	4

54 A = 12 × 23 = 10 × 23 + 2 × 23 = 230 + 46 = 276
B = 37 × 21 = 37 × 20 + 37 × 1 = 740 + 37 = 777
C = 700 × 8 000 = 7 × 100 × 8 × 1 000 = 56 × 100 000
= 5 600 000

55 **a.** 150 ; 160 ; 170 et 180.
b. 56 ; 63 ; 70 et 77.

56 14 × 12 = 14 × 10 + 14 × 2 = 140 + 28 = 168
L'arboriculteur a planté 168 arbres.

57 A = 18 + 2 × 7 = 18 + 14 = 32
B = 408 – 8 × 7 = 408 – 56 = 352

58 A = (3 + 7) × 13 – 10
A = 10 × 13 – 10
A = 130 – 10
A = 120

B = 240 – (31 – 24)
B = 240 – 7
B = 233

C = 14 + 7 × (13 – 10)
C = 14 + 7 × 3
C = 14 + 21
C = 35

D = (4 × 8 – 24) × 6
D = (32 – 24) × 6
D = 8 × 6
D = 48

Je m'entraîne

Connaître les nombres entiers

59 • 7 200 000 000 • 326 000 000 • 1 600 000

60 a. 1 million = **1 000** milliers
b. 7 millions et 3 dizaines de milliers = **7 030** milliers
c. 4 dizaines de milliards et 5 millions = **40 005** millions

61 **a.** 450 000 000 = 4 500 000 × 100
Donc cela fait 4 500 000 siècles.
b. 450 000 000 = 450 000 × 1 000
Donc cela fait 450 000 millénaires.

62 **a.** L'écart entre deux graduations est 10 dL : 5, soit 2 dL.
La quantité d'eau dans le récipient est donc 12 dL.
b. L'écart entre deux graduations est 100 dL : 4, soit 25 dL.
La quantité d'eau dans le récipient est donc 175 dL.

63 **a.** L'écart entre deux grandes graduations est :
1 000 000 : 10, c'est-à-dire 100 000.
L'écart entre deux petites graduations est :
100 000 : 10, c'est-à-dire 10 000.
On en déduit que :
– le nombre repéré par la flèche orange est 320 000 ;
– le nombre repéré par la flèche bleue est 650 000 ;
– le nombre repéré par la flèche verte est 800 000.
b. L'écart entre deux grandes graduations est :
10 000 000 : 10, c'est-à-dire 1 000 000.
L'écart entre deux petites graduations est 1 000 000 : 10, c'est-à-dire 100 000.
On en déduit que :
– le nombre repéré par la flèche bleue est 31 500 000 ;
– le nombre repéré par la flèche verte est 37 000 000 ;
– le nombre repéré par la flèche orange est 38 800 000.

64 À l'échelle ½.

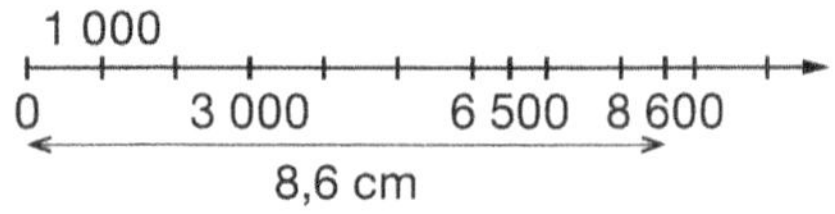

65 • Le plus petit nombre entier de douze chiffres est 172 301 376 758.
• Le plus grand nombre entier de douze chiffres est 875 376 230 117.

Opérer sur les nombres entiers. Gérer un calcul

66 **a.** 55 km + 51 km = 106 km
Il y a 106 km entre Orange et Montpellier.
b. 173 km – 55 km = 118 km
Il y a 118 km entre Orange et Valence.

67 **a.** 720 g – 250 g = 470 g
Kevin a utilisé 470 g de sucre et 470 g de farine.
b. 830 g – 470 g = 360 g
Il reste 360 g de farine, donc Kevin peut ensuite faire une pâte à crêpes.

68 **a.**

	7	6	5	4
+	**8**	**9**	3	**8**
1	6	5	**9**	2

b.

	7	7	8	3	**3**
–	2	**9**	**5**	6	8
	4	8	2	**6**	5

69

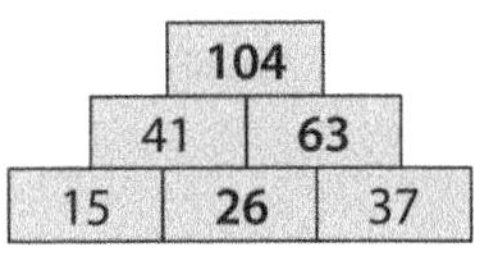

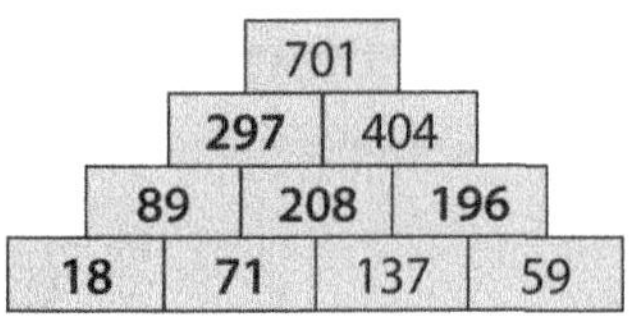

a. 41 – 15 = 26
37 + 26 = 63
41 + 63 = 104

b. 137 + 59 = 196
404 – 196 = 208
701 – 404 = 297
297 – 208 = 89
208 – 137 = 71
89 – 71 = 18

70 **a.** 60 × 20 m² = 1 200 m²
1 200 m² de terres agricoles disparaissent chaque minute.
b. • 60 × 1 200 m² = 72 000 m²
72 000 m² de terres agricoles disparaissent chaque heure.
• 24 × 72 000 m² = 1 728 000 m².
1 728 000 m² de terres agricoles disparaissent chaque jour

71 6 × 18 cm = 108 cm
La hauteur de cet escalier est 108 cm.

72 744 × 750 kg = 558 000 kg,
soit 558 t.
La masse d'un A380 est donc 558 t.

			7	4	4
×			7	5	0
			0	0	0
	3	7	2	0	0
5	2	0	8	0	0
5	5	8	0	0	0

73 Je suis 54.
En effet, le seul multiple de 9 inférieur à 100 qui admet 4 pour chiffre des unités est 54 ($9 \times 6 = 54$).

74 • $57 + 9 = 66$
Il y aura 66 appartements dans la tour B.
• $6 \times 13 = 78$
Il y aura 78 appartements dans la tour C.
• $57 + 66 + 78 = 201$
Il y aura au total 201 appartements dans les trois tours.

75 **a.** $26 - 17 = 9$
Donc il y a 9 rangées de 12 sièges.
Les deux données manquantes sont 18 (donnée de l'énoncé) et 9.

18 * 17 + 12 * 9

b. $18 \times 17 + 12 \times 9 = 306 + 108 = 414$
Il y a 414 sièges dans cette salle.

76 • $A = 36 \times 97 + 36 \times 3$
$A = 36 \times (97 + 3)$
$A = 36 \times 100$
$A = 3\,600$
• $B = 273 \times 118 - 273 \times 18$
$B = 273 \times (118 - 18)$
$B = 273 \times 100$
$B = 27\,300$

77 **a.** 50 € – 4 × 12 €
b. 50 € – 4 × 12 € = 50 € – 48 € = 2 €
Il va rester 2 € à Clara.

78 **a.** 4 100 kg + 8 × 350 kg
b. 4 100 kg + 8 × 350 kg = 4 100 kg + 2 800 kg = 6 900 kg
La masse totale du camion chargé est 6 900 kg.

79 ♦ = 5, ▲ = 8 et ■ = 1.
L'opération s'écrit alors :

$$\begin{array}{r} 1\ 8\ 5 \\ \times \quad\ \ 3 \\ \hline 5\ 5\ 5 \end{array}$$

Synthèse

Utiliser les nombres entiers

80 **a.** 2 × 18 tickets = 36 tickets
Anne aurait dû acheter 36 tickets.
b. 36 × 3 € = 108 €
Anne aurait dû payer 108 €.
c. 108 € – 80 € = 28 €
Anne a économisé 28 €.

81 **a.** Voici le tableau complété.

	Français	Étrangers	Total
Yan	197	322	
Léa			348
Total		460	

b. • $460 - 322 = 138$
Léa a 138 amis étrangers.
• $348 - 138 = 210$
Léa a 210 amis français.

82 **a.** $12\,500 - (3\,800 + 4\,600)$
$12\,500 - (3\,800 + 4\,600) = 12\,500 - 8\,400 = 4\,100$
b. Une expression qui permet de calculer le montant total M de la recette est alors :
$M = 3\,800 \times 25 + 4\,600 \times 40 + 4\,100 \times 60$.
c. $M = 3\,800 \times 25 + 4\,600 \times 40 + 4\,100 \times 60$
$M = 95\,000 + 184\,000 + 246\,000$
$M = 525\,000$
Le montant total de la recette est 525 000 €.

Parcours différenciés

Je m'évalue

83 a.	84 b.	85 c.	86 a.
87 c.	88 a.	89 b.	90 a.
91 c.	92 c.	93 b.	94 b.
95 b.	96 a.	97 a.	

Je réalise mon parcours

98 PARCOURS 1
a. Le matin, Chana parcourt 18 km de **plus** en train qu'en métro, donc elle parcourt en métro 30 km – 18 km, soit **12** km.
b. 6 km + 30 km + 12 km = 48 km
Donc Chana parcourt chaque matin 48 km.
c. 2 × 48 km = 96 km
Chana parcourt chaque jour 96 km.

PARCOURS 2
• 3 km + 11 km = 14 km
Le matin, Sébastien parcourt 14 km en métro.
• 63 km – (3 km + 14 km) = 63 km – 17 km = 46 km
Le matin, Sébastien parcourt 46 km en train.
• 2 × 46 km = 92 km
Sébastien parcourt chaque jour 92 km en train.

PARCOURS 3
• 58 km – 49 km = 9 km
Le matin, Jules parcourt 9 km en voiture.
• 58 km – 51 km = 7 km
Le soir Jules parcourt 7 km en métro.
• 58 km – (9 km + 7 km) = 58 km – 16 km = 42 km
Le matin, Jules parcourt 42 km en train.
• 2 × 42 km = 84 km
Jules parcourt chaque jour 84 km en train.

99 PARCOURS 1
a. En cours individuels, Fanny a gagné **58** × **44** €, c'est-à-dire **2 552** €.

b. • En cours collectifs, Fanny a gagné 32 × 56 €, c'est-à-dire 1 792 €.
c. 2 552 € + 1 792 € = 4 344 €
Fanny a gagné au total 4 344 € en février.

PARCOURS 2

67 × 44 € + 22 × 56 € = 2 948 € + 1 232 € = 4 180 €
Sophie a gagné au total 4 180 € en février.

PARCOURS 3

6 432 € – 3 × 44 € = 6 432 € – 132 € = 6 300 €
Sans les 3 h effectuées en plus en cours individuels, Émilie aurait gagné 6 300 €.
Quand Émilie effectue une heure de cours individuels et une heure de cours collectifs, elle gagne 44 € + 56 €, c'est-à-dire 100 €.
6 300 € = 63 × 100 €, donc Émilie a effectué 63 h de cours collectifs et 66 h (63 + 3 = 66) de cours individuels.
63 h + 66 h = 129 h
Donc Émilie a travaillé 129 h au mois de février.

Je m'entraîne avec le tableur

100 **1.** *Fichier téléchargeable sur le site compagnon.*
2. a. On lit dans la cellule I2 que la France a obtenu 10 médailles d'or.
b. On lit le nombre de médailles de bronze (33) obtenues par les États-Unis dans la cellule B4.
3. a. Les États-Unis d'Amérique ont obtenu 113 médailles au total.
b. Il y a eu au total 183 médailles d'or attribuées à ces 8 pays.
c. La République populaire de Chine a obtenu 32 médailles d'argent.
d. On saisit dans la cellule I4 la formule =J4-somme(B4:H4).
La France a obtenu 11 médailles de bronze.
e. Voici la feuille de calcul complétée.

	A	B	C	D	E	F
1		États-Unis d'Amérique	République populaire de Chine	Japon	Grande-Bretagne	ROC
2	Or	39	38	27	22	20
3	Argent	41	32	14	21	28
4	Bronze	33	18	17	22	23
5	TOTAL	113	88	58	65	71

	A	G	H	I	J
1		Australie	Pays-Bas	France	TOTAL
2	Or	17	10	10	183
3	Argent	7	12	12	167
4	Bronze	22	14	11	160
5	TOTAL	46	36	33	

J'utilise mes compétences

101 **Traduction**
Écrire en chiffres les nombres marqués en gras dans le texte ci-dessous.
« Le Royaume-Uni a soixante-sept millions deux cent trente-six mille habitants, dont neuf millions trois cent quatre mille vivent à Londres. »

Réponse
• 67 236 000 • 9 304 000

102 Ce nombre comporte (6 + 9) zéros, soit 15 zéros.

103 L'écart entre deux « grandes » graduations est 1 000 000 : 10, c'est-à-dire 100 000.
L'écart entre deux « petites » graduations est 100 000 : 5, c'est-à-dire 20 000.
On en déduit que :
• le nombre repéré par la flèche rouge est 6 460 000 ;
• le nombre repéré par la flèche verte est 6 700 000.

104 **a.** Il y a 111 km entre Moulins et Vichy et 59 km entre Vichy et Clermont-Ferrand ; Vichy est située entre Moulins et Clermont-Ferrand.
111 km – 59 km = 52 km
Il y a donc 52 km entre Moulins et Vichy.
b. 57 km + 111 km = 168 km
Il y a 168 km entre Nevers et Clermont-Ferrand.

105 • **Montant du devis**
120 × 450 € = 54 000 €
La main-d'œuvre coûte 54 000 €.
54 000 € + 28 000 € = 82 000 €
Le montant du devis est 82 000 €.
• **Montant de l'emprunt E nécessaire**
E = 82 000 € – (35 000 € + 6 800 €)
E = 82 000 € – 41 800 €
E = 40 200 €
Lou doit emprunter 40 200 €.

106 • 39 centaines de millions = 3 900 000 000
460 millions = 460 000 000
28 020 centaines de mille = 2 802 000 000
83 milliards = 83 000 000 000
64 dizaines de millions = 640 000 000
3 400 millions = 3 400 000 000
• Rangement dans l'ordre croissant :
460 millions < 64 dizaines de millions < 28 020 centaines de mille < 3 400 millions < 39 centaines de millions < 83 milliards.

107 **1. a.** • 2 + 3 × 3 = 2 + 9 = 11
• 22 + 33 × 33 = 22 + 1 089 = 1 111
b. • 222 + 333 × 333 = 111 111

• 2 222 + 3 333 × 3 333 = 11 111 111

c. On peut conjecturer que :
22 222 + 33 333 × 33 333 = 1 111 111 111.
On obtient bien 1 111 111 111 avec la calculatrice.

2. a On peut conjecturer que :
222 222 + 333 333 × 333 333 = 111 111 111 111.
b.

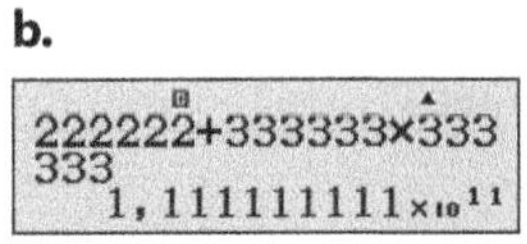

c.

						3	3	3	3	3	3
					×	3	3	3	3	3	3
						9	9	9	9	9	9
					9	9	9	9	9	9	0
				9	9	9	9	9	9	0	0
			9	9	9	9	9	9	0	0	0
		9	9	9	9	9	9	0	0	0	0
	9	9	9	9	9	9	0	0	0	0	0
1	1	1	1	1	0	8	8	8	8	8	9

et

	1	1	1	1	1	0	8	8	8	8	8	9
+							2	2	2	2	2	2
	1	1	1	1	1	1	1	1	1	1	1	1

La prévision effectuée à la question **a** est donc correcte.

108 • D'après **(1)** et **(2)**, le nombre mystère s'écrit sous la forme 43 5■■ ■■■ où ■ désignent des chiffres différents (et différents de 4 ,3 et 5).

• D'après **(3)**, le nombre mystère s'écrit 43 5■■ ■■0.

• D'après **(4)**, le nombre mystère s'écrit 43 5■■ 6■0.

• D'après **(5)**, le nombre mystère s'écrit 43 58■ 6■0.

En effet, les chiffres qui sont des multiples de 4 sont 0, 4 et 8, donc le chiffre des dizaines de mille est 8 car 4 et 0 sont déjà utilisés.

• D'après **(7)**, la somme des chiffres du nombre mystère est 36.

En effet, 4 + 3 + 5 + 8 + 6 = 26 donc la somme des chiffres est 36 (27 est impossible d'après **(1)**). La somme des deux derniers chiffres est donc 10 (36 – 26 = 10).

Or, 10 = 1 + 9 = 2 + 8 = 3 + 7 = 6 + 4 = 5 + 5 et la seule somme possible est 9 + 1 (d'après **(1)**). D'après **(6)**, le nombre mystère est donc 43 581 690.

109 On range les nombres dans l'ordre croissant : 84 < 98 < 576 < 617 < 623 < 1 438 < 7 801 < 12 120.

On peut ensuite compléter le circuit :

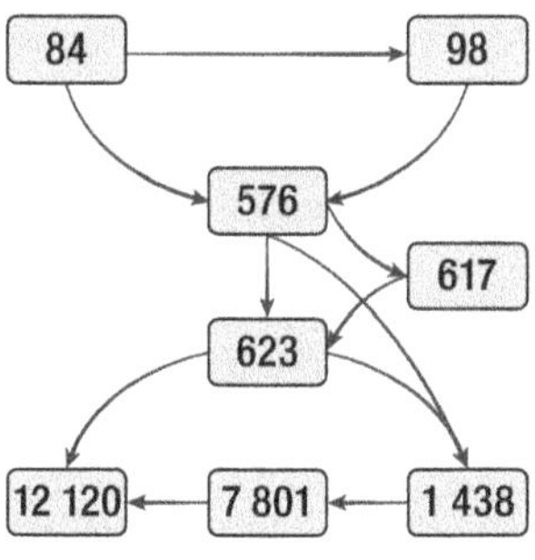

110 • 6 016 – 47 = **5 969** et 5 569 – 47 = **5 922**.

• 6 016 + 47 = **6 063**, 6 063 + 47 = **6 110**, 6 110 + 47 **= 6 157** et 6 157 + 47 = 6 204.

Les six multiples de 47 compris entre 5 900 et 6 200 sont 5 922 ; 5 969 ; 6 016 ; 6 063 ; 6 110 et 6 157.

111

			6	**5**	**6**
×				**9**	7
		4	**5**	9	**2**
	5	**9**	**0**	**4**	0
	6	**3**	6	3	2

112 On note S le score du dernier écran.

S = (2 × 435 + 515) – 520

S = (870 + 515) – 520

S = 1 385 – 520

S = 865

Le score du dernier écran est 865 points.

113 • Côté du carré vert clair : 10 cm – 1 cm = 9 cm

• Côté du carré vert bouteille : 9 cm – 1 cm = 8 cm

• Côté du carré jaune : 8 cm – 1 cm = 7 cm

• Côté du carré orange : 10 cm – (7 cm – 1 cm) = 4 cm

• Côté du carré bleu clair : 8 cm + 7 cm = 15 cm

• Côté du carré bleu foncé : 10 cm + 4 cm = 14 cm

• Côté du carré violet : 14 cm + 4 cm = 18 cm

• Somme des côtés des carrés bleu foncé et violet :
14 cm + 18 cm = 32 cm

• Somme des côtés des carrés bleu clair et violet :
15 cm + 18 cm = 33 cm

33 cm ≠ 32 cm, donc ce quadrilatère n'est pas un carré.

114 À l'aide du tableur, on obtient un collier composé de 12 perles « Turquoise » et de 8 perles « Opale ».

Voici le tableau obtenu (voir en bas de page).

	A	B	C	D	E	F	G	H	I	J	K	L	M	N	O	P	Q	R	S	T	U
1	Nombre de perles « Turquoise »	1	2	3	4	5	6	7	8	9	10	11	12	13	14	15	16	17	18	19	20
2	Nombre de perles « Opale »	19	18	17	16	15	14	13	12	11	10	9	8	7	6	5	4	3	2	1	0
3	Masse du bracelet (en g)	205	210	215	220	225	230	235	240	245	250	255	260	265	270	275	280	285	290	295	300

On a saisi =20-B1 dans la cellule B2 et =15*B1+10*B2 dans la cellule B3.

115 • 13 × 340 m = 4 420 m

L'éclair est tombé à 4 420 m d'Emma.

• 4 × 340 m = 1 360 m

L'éclair est tombé à 1 360 m de Louise.

• La distance qui sépare Emma et Louise est comprise entre 4 420 m – 1 360 m et 4 420 m + 1 360 m, c'est-à-dire entre 3 060 m et 5 780 m.

116 • On commence par chercher l'année.

2020 → impossible car il y a deux 2.

2011 à 2019 → impossible car le numéro du jour s'écrit forcément avec 0 ; 1 ou 2.

2000 à 2010 → impossible car il y a deux 0.

1990 à 1999 → impossible car il y a deux 9.

1989 → impossible car il y a deux 9.

1988 → impossible car il y a deux 8.

1987 est possible.

• On cherche maintenant le mois le plus avancé ne contenant pas 1 ; 9 ; 8 ; 7.

Il s'agit du mois de juin : 06.

• Le numéro du jour peut être composé uniquement à l'aide des chiffres 2 ; 3 ; 4 ou 5.

Le plus grand est 25.

La dernière date à s'écrire avec huit chiffres différents est : 25 06 1987.

117 • 10 × 50 cm = 500 cm = 5 m

Le Petit Poucet dépose un caillou tous les 5 m.

• On soustrait le 1er caillou déposé : 523 – 1 = 522.

La distance parcourue ensuite est 522 × 5 m = 2 610 m.

Le Petit Poucet a parcouru 2 610 m lorsqu'il dépose le dernier caillou.

Je prends des initiatives

118 Le carré « 9 cases »

• 1 + 2 + 3 + 4 + 5 + 6 + 7 + 8 + 9 = 45 et 45 : 3 = 15.

Les sommes des nombres écrits sur chaque ligne, sur chaque colonne et sur chaque diagonale sont égales à 15.

• Un exemple de carré « 9 cases » :

4	9	2
3	5	7
8	1	6

Remarque : 5 doit être placé dans la case centrale.

Le carré « 16 cases »

• 1 + 2 + 3 + … + 15 + 16 = 136 et 136 : 4 = 34.

Les sommes des nombres écrits sur chaque ligne, sur chaque colonne et sur chaque diagonale sont égales à 34.

• Un exemple de carré « 16 cases » :

1	12	8	13
15	6	10	3
14	7	11	2
4	9	5	16

119

2	7	9	5	4	3	1	6	8
3	8	4	2	6	1	7	9	5
5	1	6	7	9	8	2	4	3
6	4	3	9	2	5	8	1	7
9	5	7	1	8	4	3	2	6
8	2	1	6	3	7	4	5	9
1	9	8	3	5	2	6	7	4
4	6	2	8	7	9	5	3	1
7	3	5	4	1	6	9	8	2

CHAPITRE 2

Utiliser les nombres décimaux

INTENTIONS PÉDAGOGIQUES

1 Les Repères du cycle 3

- Dès la période 2 du CM1, les fractions décimales sont régulièrement mobilisées : elles acquièrent le statut de nombre et sont positionnées sur une droite graduée. Les élèves comparent des fractions de même dénominateur. Ils ajoutent des fractions décimales de même dénominateur. Ils apprennent à écrire des fractions décimales sous forme de somme d'un nombre entier et d'une fraction décimale inférieure à 1.

Les élèves apprennent à utiliser les nombres décimaux ayant au plus deux décimales, en veillant à mettre en relation fractions décimales et écriture à virgule.

Ils connaissent des écritures décimales de fractions simples comme $\frac{1}{2} = 0{,}5$.

- Dès la période 1 du CM2, dans la continuité du CM1, les élèves étendent le registre des fractions qu'ils manipulent (en particulier $\frac{1}{1\,000}$) ; ils apprennent à écrire des fractions sous forme de somme d'un nombre entier et d'une fraction inférieure à 1.

Les élèves rencontrent et utilisent des nombres décimaux ayant une, deux ou trois décimales.

- En 6e, en période 1, sont réactivées les fractions comme opérateurs de partage vues en CM, puis les fractions décimales en relation avec les nombres décimaux (par exemple à partir de mesures de longueurs) ; les élèves additionnent des fractions décimales de même dénominateur.

Dans le prolongement des acquis du CM, on travaille sur les décimaux jusqu'à trois décimales. La quatrième décimale sera introduite en période 2, au travers diverses activités.

Enfin, tout au long du cycle, les désignations orale et écrite des nombres décimaux basées sur les unités de numération contribuent à l'acquisition du sens des nombres décimaux (par exemple, pour 3,12 : « trois unités et douze centièmes » ou « trois unités, un dixième et deux centièmes » ou « trois cent douze centièmes »).

2 Je découvre

Activité 1

L'objectif de cette activité est d'étudier les fractions décimales en partant de représentations connues des fractions. Le lien entre unité et dixième ou centième est fait, ainsi que le lien entre dixième et centième. Ce dernier est souvent oublié, $\frac{1}{100}$, c'est un dixième de dixième.

Ces représentations sont essentielles et peuvent être utiles pour faire comprendre des erreurs fréquentes sur les écritures décimales, comme 3,02 n'est pas égal à 3,2.

Activité 2

L'objectif de cette activité est de passer des fractions décimales à l'écriture décimale. Bien que ce passage ait été vu en CM, il persiste des erreurs de compréhension. Par exemple, la fausse symétrie par rapport à la virgule, alors que la symétrie dans l'écriture s'effectue à partir du chiffre des unités. Le tableau de numération est une aide précieuse pour les élèves et permet aussi de faire le lien entre les différentes valeurs d'un chiffre.

Activité 3

L'objectif de cette activité est de réinvestir les notions de demi-droite graduée et de comparaison des nombres décimaux.

On ne parle pas en 6e de la notion d'abscisse d'un point.

La demi-droite graduée permet également de donner du sens à l'encadrement d'un nombre, aux valeurs approchées et d'avoir une lecture simple de l'ordre des nombres.

3 Cours - J'applique le cours

Cours

- Au paragraphe 1, on étudie les fractions décimales dans la continuité du CM. Nous avons tenu compte des Repères du cycle 3.
- Au paragraphe 2, on étudie l'écriture décimale et on fait le lien entre les unités de numération et les unités de mesure.
- Au paragraphe 3, on étudie la demi-droite graduée pour avoir une représentation des nombres.
- Au paragraphe 4, on étudie la comparaison des nombres décimaux, ainsi que l'intercalation et l'encadrement d'un nombre.

J'applique le cours

Exercice résolu 1

Plusieurs objectifs pour cet exercice :

– passer d'une écriture en lettres à celle en fraction ;

– convertir des dixièmes en centièmes ;

– décomposer une fraction décimale comme somme d'un nombre entier et d'une fraction décimale inférieure à 1.

La décomposition est une étape fondamentale pour plus tard passer à l'écriture décimale.

Exercice résolu 2
Cet exercice a pour objectif d'additionner des fractions décimales conformément aux Repères du cycle 3. L'oralisation est importante : 3 dixièmes plus 4 dixièmes est égal à 7 dixièmes.

Exercice résolu 3
Cet exercice a pour objectif d'utiliser l'écriture décimale pour les grandeurs. Expliciter par exemple que 1 centime, c'est 1 centième d'euro.

Exercice résolu 4
Cet exercice permet de travailler sur les grandeurs en lien avec la numération. Pour cela, on utilise les « valeurs des chiffres en fonction de leur rang dans l'écriture à virgule d'un nombre décimal ».

Exercice résolu 5
Cet exercice a pour objectif d'expliciter les règles de comparaison des nombres décimaux. On peut faire remarquer quelques erreurs fréquentes, des règles d'action des élèves basées sur des procédures qui « marchaient » avec les nombres entiers. Par exemple, le nombre qui a le plus de chiffres est le plus grand.

Exercice résolu 6
Cet exercice a pour objectif de ranger des nombres dans un ordre donné. Il est l'occasion pour les élèves d'acquérir une méthode structurée en comparant d'abord les parties entières, puis les chiffres des dixièmes, puis ceux des centièmes, et ainsi de suite.

4 Compléments

Fractions décimales
Les fractions décimales sont le point de départ avant de passer à l'écriture décimale. Nous y accordons une part importante des exercices, notamment dans les automatismes.

Écriture décimale
Tout d'abord, nous parlons d'écriture décimale (ou avec une virgule) d'un nombre. Il est important de distinguer un nombre de son écriture. Ainsi, nous partons des fractions décimales, qui donne une autre écriture des nombres décimaux. La virgule doit être expliquée comme un signe pour montrer dans l'écriture où se situe le chiffre des unités. Elle est collée au chiffre des unités. Elle permet de ne plus avoir besoin d'un tableau de numération.
Nous avons choisi une progressivité des exercices pour la maîtrise des capacités :
– les valeurs des chiffres en fonction de leur rang dans l'écriture à virgule d'un nombre décimal ;
– consolider le sens de l'écriture à virgule d'un nombre décimal ;
– travailler sur les diverses désignations d'un nombre décimal (fractions décimales, écriture à virgule, décompositions, écriture en lettres) ;
– faire le lien entre les unités de numération et de mesure afin de donner du sens lors des changements d'unités.

Demi-droite graduée
Les premiers exercices invitent les élèves à analyser l'unité de graduation de chaque droite, puis à compléter les graduations. Ce travail sera alors réinvesti lorsque l'élève devra lire le nombre qui repère un point ou placer un point sur une demi-droite graduée dans les exercices suivants.
À l'inverse, les exercices suivants invitent l'élève à reproduire une droite graduée pour y placer les points. L'exercice **107** est une tâche plus complexe qui demande pour sa réussite de maîtriser les exercices de la rubrique « Je travaille mes automatismes ».

Maîtriser les diverses désignations d'un nombre
Un des objectifs est de bien maîtriser les diverses écritures et décompositions d'un nombre décimal. Ainsi, les exercices **54**, **55**, **56**, **58** permettent de vérifier les acquis des élèves et les exercices **106** et **110** d'évaluer leur maîtrise à travers des tâches plus complexes.

CORRIGÉS

Bien démarrer

1 **a.** et **b.** **2** **c.** **3** **b.**
4 **b.** et **c.** **5** **a.** et **b.**

Je découvre

Activité 1

1 **a.** Figure ③ **b.** Figure ⑤
c. Figure ② **d.** Figure ④ **e.** Figure ①

2 • $1 = \frac{10}{10}$ • $1 = \frac{100}{100}$ • $\frac{1}{10} = \frac{10}{100}$
• $\frac{1}{10} + \frac{1}{100} = \frac{10}{100} + \frac{1}{100} = \frac{11}{100}$
• $\frac{1}{100} = \frac{10}{1000}$

Activité 2

1 **a.** $\frac{3}{10} = 0{,}3$ **b.** $\frac{5}{100} = 0{,}05$ **c.** $\frac{13}{10} = 1{,}3$
d. $7 + \frac{4}{10} + \frac{3}{100} = 7{,}43$ **e.** $4 + \frac{7}{100} = 4{,}07$

2 **a.** $2{,}34 = 2 + \frac{3}{10} + \frac{4}{100}$

b. $2{,}34 = \frac{23}{10} + \frac{4}{100}$

c. $2{,}34 = \frac{234}{100}$

3 **a.** On peut lire : 12 unités et 635 millièmes ou 12 635 millièmes.
D'autres lectures sont possibles.

b. $12 + \frac{6}{10} + \frac{3}{100} + \frac{5}{1000}$

ou $\frac{12635}{1000}$ ou $12 + \frac{63}{100} + \frac{5}{1000}$

ou $12 + \frac{635}{1000}$ ou $1 \times 10 + 2 + \frac{6}{10} + \frac{3}{100} + \frac{5}{1000}$

Activité 3

a. Le point A est repéré par 1,9 m ; le point J est repéré par 2,2 m ; le point M est repéré par 3 m et le point F est repéré par 3,2 m.

b. S(2,65) ; N(3,1) ; D(2,8)

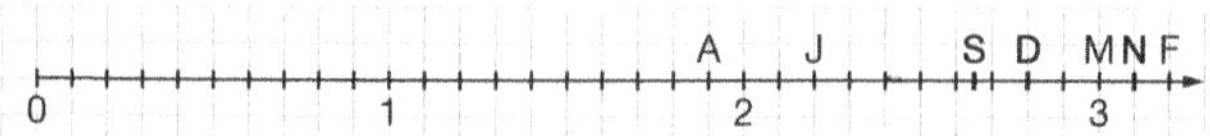

c. On lit les longueurs des sauts en partant de 0, de gauche à droite, ce qui donne l'ordre croissant :
$1{,}9 < 2{,}2 < 2{,}65 < 2{,}8 < 3 < 3{,}1 < 3{,}2$.

J'applique le cours

2 **a.** • 7 dixièmes d'unité, c'est **70** centièmes d'unité, c'est-à-dire $\frac{7}{10} = \frac{\mathbf{70}}{\mathbf{100}}$.

• 9 unités, c'est **9 000** millièmes d'unité, c'est-à-dire $9 = \frac{\mathbf{9\,000}}{1\,000}$.

b. $\frac{795}{100} = \frac{700 + 95}{100} = \frac{700}{100} + \frac{95}{100} = 7 + \frac{95}{100}$

4 **a.** $\frac{2}{10} + \frac{6}{10} = \frac{8}{10}$

b. $\frac{44}{100} + \frac{37}{100} = \frac{81}{100}$

c. $\frac{4}{10} + \frac{61}{100} = \frac{40}{100} + \frac{61}{100} = \frac{101}{100}$

5 **a.** $\frac{8}{10} + \frac{7}{10} = \frac{15}{10}$

b. $\frac{65}{100} + \frac{58}{100} = \frac{123}{100}$

c. $\frac{13}{10} + \frac{17}{100} = \frac{130}{100} + \frac{17}{100} = \frac{147}{100}$

7 **a.** 8,09 **b.** 43,708
c. 13,528 **d.** 7,005

8 **a.** 11,09 **b.** 19,0408
c. 0,408 **d.** 14,012

10 **a.** $850\text{ mL} = \frac{850}{1000}\text{ L} = \frac{85}{100}\text{ L} = 0{,}85\text{ L}$

b. $1\,250\text{ g} = \frac{1\,250}{1\,000}\text{ kg} = \frac{125}{100}\text{ kg} = 1{,}25\text{ kg}$

11 **a.** 1 décilitre c'est 1 **dixième** de litre, donc 1 L = **10** dL.
b. 1 kilomètre c'est 1 **millier** de mètres,
donc 1 m = **0,001** km.
c. 4,3 L = **430** dL
d. 856 m = **0,856** km

12 **a.** $35{,}14 = \frac{3\,514}{100}$

Donc, 35,14 c'est aussi 3 514 centièmes.
b. 1 centime, c'est 1 centième d'euro.
35,14 €, c'est donc 3 514 centimes.
Teddy a récolté 3 514 pièces de 1 centime.

13 $1{,}60 = \frac{16}{10}$

1,60 €, c'est 16 pièces de 0,10 €.
Donc, le pain a coûté 16 pièces de 10 centimes. Il reste donc 1 pièce de 10 centimes à Denis.

15 **a.** La partie entière de 27,9 est 27 et celle de 10,87 est 10.
Or 27 > 10, donc 27,9 > 10,87.
b. 9,04 et 9,4 ont la même partie entière.
On compare alors les chiffres des dixièmes, 0 et 4.
Or 0 < 4, donc 9,04 < 9,4.
c. 2,7 et 2,543 ont la même partie entière.
On compare alors les chiffres des dixièmes, 7 et 5.
Or 7 > 5, donc 2,7 > 2,543.

16. **a.** 13,13 < 31,13 **b.** 13,013 < 13,13
c. 13,135 > 13,13

18 La partie entière de 1,31 est 1 et celle de 0,95 est 0, donc 0,95 < 1,31.
• 2,593 et 2,92 ont la même partie entière.
On compare les chiffres des dixièmes.
Or 5 < 9, donc 2,593 < 2,92.
• Rangement de ces nombres dans l'ordre croissant :
0,95 < 1,31 < 2,593 < 2,92
• Rangement des sites touristiques dans l'ordre croissant du nombre de visiteurs :
Cité des Sciences, Musée d'Orsay, Tour Eiffel, Château de Versailles.

19 7,4 > 7,13 > 6,81 > 6,8 > 6,08

20 46,789 < 64,71 < 64,781 < 64,8 < 64,87

Je travaille mes automatismes

Utiliser des fractions

21 Réponse **(3)** : $\frac{2}{10}$

22 $3 + \frac{2}{10} = \frac{30}{10} + \frac{2}{10} = \frac{32}{10}$

23 **a.** $\frac{1}{4}$ **b.** $\frac{1}{3}$ **c.** $\frac{5}{16}$
d. $\frac{4}{7}$ **e.** $\frac{7}{8}$

24 **a.** $5 = \frac{\mathbf{50}}{10}$ **b.** $\frac{32}{10} = \frac{\mathbf{320}}{100}$

c. $\frac{520}{100} = \frac{\mathbf{52}}{10}$ **d.** $\frac{3}{100} = \frac{3}{\mathbf{1\,000}}$

e. $\frac{11}{10} = \frac{\mathbf{110}}{100}$ **f.** $\frac{601}{100} = \frac{\mathbf{6\,010}}{1\,000}$

25 **a.** $6 + \frac{3}{10} = \frac{63}{10}$ **b.** $2 + \frac{3}{100} = \frac{203}{100}$

c. $12 + \frac{3}{10} = \frac{123}{10}$ **d.** $4 + \frac{21}{100} = \frac{421}{100}$

e. $4 + \frac{7}{10} + 2 + \frac{2}{10} = \frac{69}{10}$ **f.** $1 + \frac{23}{100} + 5 + \frac{47}{100} = \frac{670}{100}$

26 **a.** $\frac{36}{10} = 3 + \frac{6}{10}$ **b.** $\frac{512}{100} = 5 + \frac{12}{100}$

c. $\frac{4\,054}{1\,000} = 4 + \frac{54}{1\,000}$ **d.** $\frac{3\,701}{100} = 37 + \frac{1}{100}$

27 **a.** $\frac{12}{100}$ représente l'aire de la surface verte et $\frac{10}{100}$ représente l'aire de la surface bleue.
La somme des aires des surfaces coloriées est donc $\frac{22}{100}$.
b. L'aire de la surface du grand carré est l'unité, donc elle est représentée par la fraction $\frac{100}{100}$.
L'aire de la surface blanche est donc représentée par la fraction $\frac{100}{100} - \frac{22}{100} = \frac{78}{100}$.

Comprendre les nombres décimaux

28 **a.** 4 est le chiffre des **centièmes** de 0,146.
b. 4 est le chiffre des **centaines** de 423,8.
c. 4 est le chiffre des **millièmes** de 12,124.
d. 4 est le chiffre des **dizaines** de 6 241,3.
e. 4 est le chiffre des **dixièmes** de 95,476.
f. 4 est le chiffre des **milliers** de 4 052,8.

29 **a.** La partie entière de 235,8 est 235 et sa partie décimale est 0,8.
b. La partie entière de 16 est 16 et sa partie décimale est 0.
c. La partie entière de 9,06 est 9 et sa partie décimale est 0,06.
d. La partie entière de 0,47 est 0 et sa partie décimale est 0,47.

30 **a.** $7 \times 100 + 3 + \frac{2}{10} = 703{,}2$

b. $12 + \frac{3}{100} + \frac{1}{1000} = 12{,}031$

c. $5 \times 100 + 2 \times 10 + \frac{4}{10} + \frac{9}{100} = 520{,}49$

d. $7 + \frac{7}{100} = 7{,}07$

31 **a.** $\frac{82}{10} = 8{,}2$ **b** $\frac{154}{10} = 15{,}4$

c. $\frac{927}{100} = 9{,}27$ **d.** $\frac{52}{100} = 0{,}52$

e. $\frac{687}{1000} = 0{,}687$

32 **a.** $6{,}42 = 6 + \frac{4}{10} + \frac{2}{100}$ **b.** $0{,}803 = \frac{8}{10} + \frac{3}{1000}$

c. $24{,}0091 = 24 + \frac{9}{1000} + \frac{1}{10\,000}$

33 **a.** $3{,}7 = \frac{\mathbf{37}}{10} = \frac{\mathbf{370}}{100} = \frac{\mathbf{3\,700}}{1\,000}$

b. $58{,}92 = \frac{\mathbf{5\,892}}{100} = \frac{\mathbf{58\,920}}{1\,000}$

34 **a.** $5{,}7 = \frac{57}{10}$ **b.** $35{,}04 = \frac{3\,504}{100}$

c. $8{,}601 = \frac{8\,601}{1000}$ **d.** $18 = \frac{18}{1}$

35 • 5,23, 13,11 et 17,431 ont leur partie entière impaire.
• Parmi ces trois nombres, seul le nombre 17,431 a son chiffre des dixièmes supérieur à son chiffre des centièmes.

36 **a.** $5{,}743 = \frac{\mathbf{57}}{10} + \frac{4}{100} + \frac{3}{1000}$
Le nombre de dixièmes de 5,743 est **57**.
b. $5{,}743 = \frac{\mathbf{574}}{100} + \frac{3}{1\,000}$
Le nombre de centièmes de 5,743 est **574**.

Utiliser une demi-droite gradué

37 Le point A est repéré par le nombre 8, le point B par le nombre 12 et le point C par le nombre 17.

38 Le point M est repéré par le nombre 1,13, le point N par le nombre 1,19 et le point P par le nombre 1,21.

39 **a.**

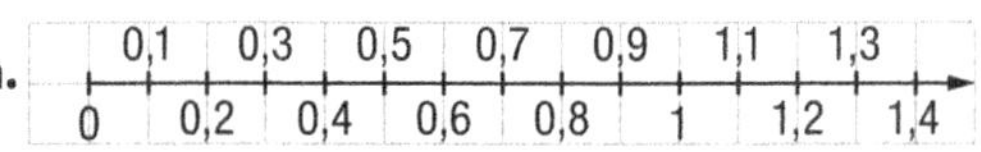

b.

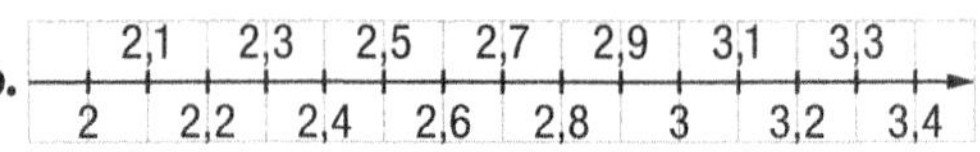

40 **a.** L'unité est partagée en 5 carreaux.
Chaque carreau correspond à 0,2.

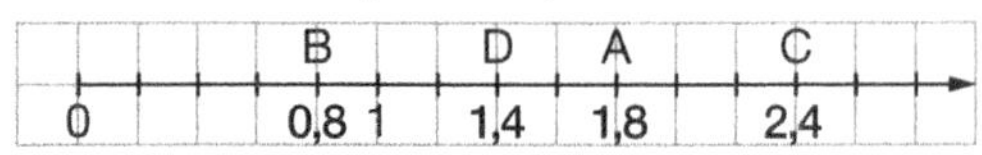

b. L'unité est partagée en 5 carreaux.
Chaque carreau correspond à 0,5.

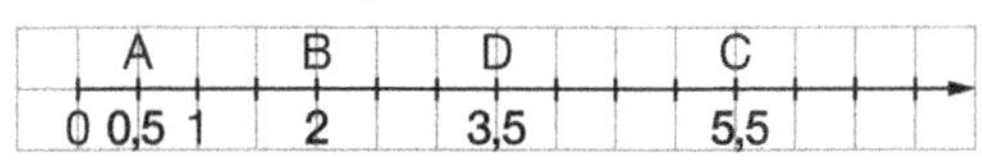

41 De la graduation 0 à celle de 0,5, il y a 10 parties égales.
On « avance » donc de 0,05 en 0,05.
Le point I est repéré par le nombre 0,2, le point J par le nombre 0,45 et le point K par le nombre 0,7.

42

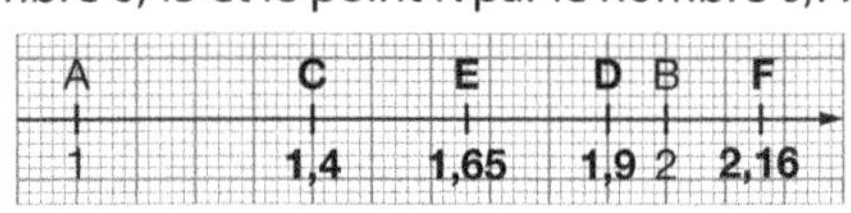

43 **a.** Des graduations 2 à 2,5, il y a 5 parties égales.
On « avance » donc de 0,1 en 0,1.
Le point A est repéré par le nombre 1,9, le point B par le nombre 2,4, le point C par le nombre 2,6 et le point D par le nombre 3.
b. Des graduations 10 à 10,6, il y a 3 parties égales.
On « avance » donc de 0,2 en 0,2.
Le point A est repéré par le nombre 9,8, le point B par le nombre 10,8, le point C par le nombre 11,2 et le point D par le nombre 11,8.

Comparer des nombres décimaux

44 **a.** 26,28 **b.** 15,9
c. 0,82 **d.** 17,634

45 Léanne a raison. En effet, la partie entière de 23,78 est 23. Elle est comprise entre 20 et 25.
Cléo a raison. En effet, en regardant le chiffre des dixièmes :

$$23{,}7 < 23{,}78 < 23{,}8.$$

Paul a raison. En regardant le chiffre des centièmes :

$$23{,}77 < 23{,}78 < 23{,}79.$$

Killian se trompe car $23{,}8 > 23{,}78$

46 Anna a tort.
Ces deux nombres ont la même partie entière, mais le chiffre des dixièmes de 124,19 est plus petit que le chiffre des dixièmes de 124,**5**. Donc, $124{,}19 < 124{,}5$.
Le nombre de chiffres d'un nombre n'est pas un critère pour savoir quel est le plus grand.

47 Julien a tort.
Il pense peut-être que la virgule sépare en deux nombres entiers le nombre 2,36. Ce qui est faux.
2,36 est un seul nombre dont la partie décimale est $0{,}36 = \frac{3}{10} + \frac{6}{100} = \frac{36}{100}$ plus petite que celle de 2,8 qui a pour partie décimale $0{,}8 = \frac{8}{10} = \frac{80}{100}$.
Donc $2{,}36 < 2{,}8$.

48 **a.** $56 > 54{,}18$
b. $3{,}217 < 3{,}25$
c. $24{,}9 > 24{,}26$
d. $7{,}6 > 7{,}064$

49 **a.** $6{,}38 < 6{,}71$ **b.** $13{,}54 = 13{,}540$
c. $13{,}08 < 13{,}8$ **d.** $41{,}99 > 41{,}909$
e. $0{,}723 < 0{,}73$ **f.** $14{,}12 < 14{,}123$

50 **a.** Entre 6 et 7, on peut intercaler plusieurs nombres décimaux.
Ils ont tous leur partie entière égale à 6. Par exemple : 6,1 ou 6,8 ou 6,245, etc.
b. Entre 6,4 et 6,5, on peut intercaler plusieurs nombres décimaux.
Ils « commencent » tous par 6,4. Par exemple : 6,41 ou 6,46 ou 6,499, etc.
c. Entre 6,47 et 6,48, on peut intercaler plusieurs nombres décimaux.
Ils « commencent » tous par 6,47. Par exemple : 6,471 ou 6,479 ou 6,756, etc.

51 *D'autres réponses sont possibles.*
a. 9,4 < **9,48** < 9,5 **b.** 0,21 < **0,217** < 0,22
c. 12,98 < **12,987** < 12,99 **d.** 0,75 < **0,7509** < 0,751

52 Dans cet exercice, il suffit de regarder la partie entière.
a. **2** < 2,75 < **3**
b. **23** < 23,17 < **24**
c. **0** < 0,85 < **1**
d. **109** < 109,67 < **110**

53 Dans cet exercice, il suffit de regarder le chiffre des dixièmes.
a. **2,7** < 2,71 < **2,8**
b. **33** < 33,04 < **33,1**
c. **0,9** < 0,99 < **1**
d. **2,8** < 2,859 < **2,9**

Je m'entraîne

Relier fractions décimales et nombres décimaux

54 Les nombres égaux à 2,05 sont $\frac{205}{100}$, $2 + \frac{5}{100}$, $\frac{2\,050}{1\,000}$, 2,050 et $\frac{20}{10} + \frac{5}{100}$.

55

1,26	$1 + \frac{26}{100}$	$1 + \frac{2}{10} + \frac{6}{100}$
6,24	$\mathbf{6 + \frac{24}{100}}$	$\mathbf{6 + \frac{2}{10} + \frac{4}{100}}$
7,13	$7 + \frac{13}{100}$	$\mathbf{7 + \frac{1}{10} + \frac{3}{100}}$
3,67	$\mathbf{3 + \frac{67}{100}}$	$3 + \frac{6}{10} + \frac{7}{100}$
25,4	$\mathbf{25 + \frac{4}{10}}$	$\mathbf{25 + \frac{4}{10}}$
1,069	$\mathbf{1 + \frac{69}{1000}}$	$1 + \frac{6}{100} + \frac{9}{1\,000}$

56
- $\frac{270}{1\,000} = 0{,}27 = 27$ centièmes $= \frac{2}{10} + \frac{7}{100}$
- $\frac{270}{100} = 2{,}7 = 27$ dixièmes $= 2 + \frac{7}{10}$
- $\frac{27}{1\,000} = 0{,}027 = 27$ millièmes $= \frac{2}{100} + \frac{7}{1\,000}$

57 **a.** 6,43
b. 54,130
c. **0**,0387

58 $0{,}3 + 0{,}7 = 0{,}10$ s'écrit avec des fractions décimales $\frac{3}{10} + \frac{7}{10} = \frac{1}{10}$.
Cette égalité est fausse.
En effet, $\frac{3}{10} + \frac{7}{10} = \frac{10}{10} = 1$.
Lou-Ann peut écrire $0{,}3 + 0{,}7 = 1$

59 $4{,}8 = \frac{48}{10}$

$$3 + \frac{7}{100} + \frac{48}{10} = \frac{300}{100} + \frac{7}{100} + \frac{480}{100} = \frac{300}{100} + \frac{7}{100} + \frac{480}{100}$$

$= \frac{787}{100}$, soit une distance parcourue de 7,87 km.
Gaël a parcouru 7 870 m.

60 **a.** $1\text{ cL} = \mathbf{\frac{1}{100}}\text{ L}$ **b.** $1\text{ cL} = \mathbf{\frac{1}{10}}\text{ dL}$
c. $1\text{ mL} = \mathbf{\frac{1}{100}}\text{ dL}$ **d.** 0,45 L = **450** mL
e. 250 mL = **0,250** L ou **0,25** L

61 **a.** $1{,}34\text{ kg} = \frac{134}{100}\text{ kg} = 134\text{ cg}$
b. $70{,}500\text{ km} = \frac{705}{10}\text{ km} = 705\text{ hm}$
c. $10{,}835\text{ L} = \frac{10\,835}{1\,000}\text{ L} = 10\,835\text{ mL}$

62 Sur les quatre cartes, on peut écrire :

- pour 3,8, la fraction décimale $\frac{38}{10}$;
- pour 3,08, la fraction décimale $\frac{308}{100}$;
- pour 7,56, la fraction décimale $\frac{756}{100}$;
- pour 7,65, la fraction décimale $\frac{765}{100}$.

Utiliser une demi-droite graduée

63 **a.** et **b**. Échelle 0,45

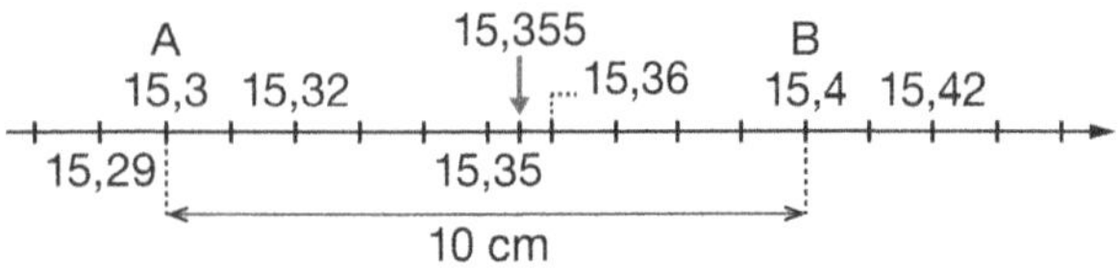

64 Entre les graduations 4,3 et 4,31, il y a 10 espaces réguliers. On « avance » donc de 0,001 en 0,001. Le point A n'est donc pas repéré par 4,36, mais par le nombre 4,306.
Sacha a compté de 0,01 en 0,01 au lieu de 0,001 en 0,001. D'ailleurs 4,36 > 4,31.

65 **a.** • $\frac{47}{10} = 4 + \frac{7}{10} = 4{,}7$ • $\frac{105}{10} = 10 + \frac{5}{10} = 10{,}5$

• $\frac{120}{100} = 1 + \frac{20}{100} = 1{,}2$ • $\frac{285}{100} = 2 + \frac{85}{100} = 2{,}85$

b. et **c.** Échelle $\frac{74}{100}$

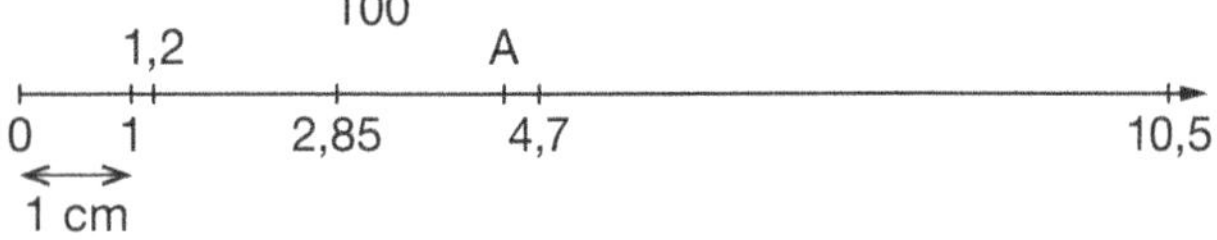

66

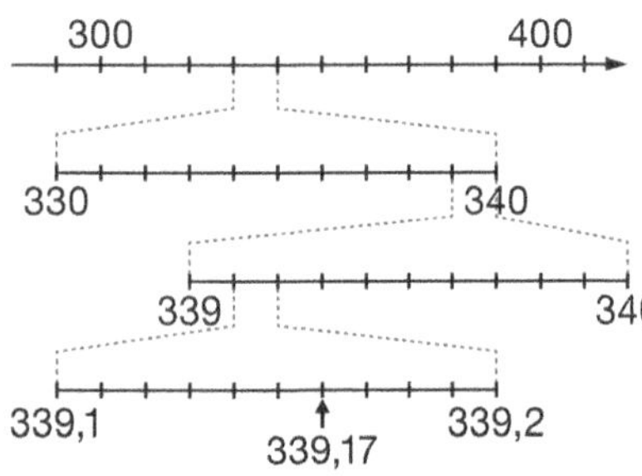

Le nombre repéré par la flèche rouge est 339,17.

Comparer des nombres décimaux

67 2,4 < 2,9 < 4,2 < 26,2 < 26,6
Ce qui donne les domaines dans l'ordre croissant des dépenses : Biodiversité ; Air ; Recherche ; Déchets et Eaux usées.

68 • $\frac{5\,101}{10\,000} = 0{,}510\,1$ • $5 + \frac{101}{1\,000} = 5{,}101$

• 5 111 dix-millièmes = 0,511 1
• cinq cent onze millièmes = 0,511
• 5,111 1

• $\frac{5}{10} + \frac{1}{10\,000} = 0{,}5001$ • $5 + \frac{1}{100} + \frac{1}{1\,000} = 5{,}011$

Donc :
0,500 1 < 0,510 1 < 0,511 < 0,511 1 < 5,011 < 5,101 < 5,111

69 **a.** 9,1 < 9,18 < 9,181 **b.** 9,18 < 9,183 < 9,19
c. 9,19 < 9,194 < 9,2 **d.** 9 < 9,007 < 9,1
e. 8,9 < 8,99 < 9 **f.** 8,99 < 9,007 < 9,01

70 **a.** 1 < 1,953 < 2
La masse est 2 kg à l'unité près.
b. 1,9 < 1,953 < 2
La masse est 2 kg au dixième près.
c. 1,95 < 1,953 < 1,96
La masse est 1,95 kg au centième près.

71 **a.** 3,**5**1 < 3,**7**■■ car 5 < 7
b. ■,7 **...** 5,2 : on ne peut pas savoir, cela dépend du chiffre des unités ■.
c. 5,0**9** < 5,1**1**■ car 0 < 1.
d. 4,■98 > 4,0■
Le chiffre le plus petit pour ■ dans 4,■98 est 0.
Le chiffre le plus grand pour ■ dans 4,0■ est 9. En comparant les chiffres de la partie décimale de 4,■98 à ceux de 4,0■, dans tous les cas, 4,■98 > 4,0■.

72 **1. a.** 74,5 = 745 dixièmes. Ainsi, un dixième de 74,5 c'est 745 centièmes soit 7,45.
Un dixième de 74,5 km c'est donc 7,45 km.
b. Un centième de 745 km c'est 7,45 km.
2. Un dixième de 74,5 km est donc égal à un centième de 745 km.
Ophélie a raison, cela dépend de la quantité. En revanche, il est vrai que le nombre un dixième (0,1) est plus grand que le nombre un centième (0,01).

73

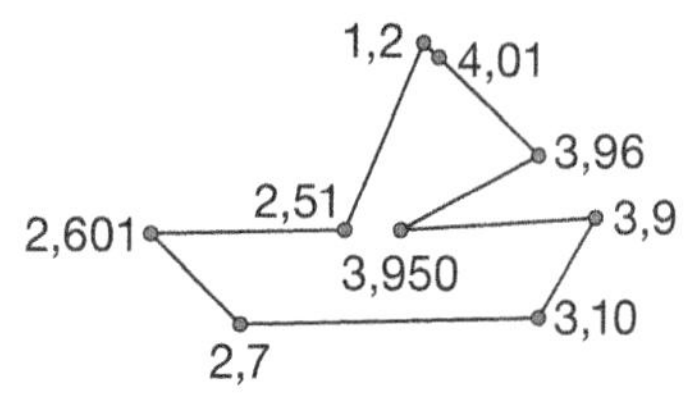

Synthèse

Utiliser les nombres décimaux

74 **a.** On élimine **98**,**8**4.
b. On élimine 12**5**,**2**9.
c. Il reste les nombres : 94,92, 132,31 et 100,00.
Le nombre de dizaines est plus grand que 11 seulement pour **13**2,31.

75 **a.** On peut écrire les six nombres entiers : **2**35, **2**53, **3**25, **3**52, **5**23 et **5**32.
b. On peut placer pour chaque nombre la virgule à deux positions. Par exemple, pour 235 on peut écrire avec la virgule les deux nombres 2,35 et 23,5. Il faudrait écrire un zéro pour placer la virgule pour 235,0. Cela étant valable pour chacun des six nombres entiers précédents.
On peut ainsi écrire douze nombres décimaux distincts.
c. Le plus grand nombre a forcément comme chiffre des dizaines 5 et celui des unités 3. C'est donc 53,2.

76 **a.**

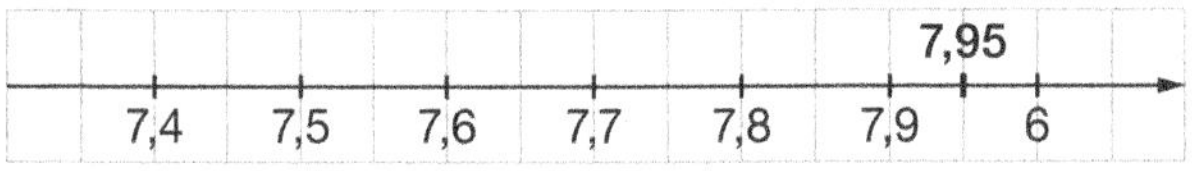

b. Le nombre repéré par la croix rouge est 7,95.

c. On peut compléter par :

$$7{,}9 < 7{,}9\mathbf{5} < 7{,}99\mathbf{5} < 7{,}999\mathbf{5} < 8.$$

Il existe d'autres possibilités comme :

$$7{,}9 < 7{,}98 < 7{,}995 < 7{,}9991 < 8.$$

d. Anaïs n'a pas raison. On peut choisir 7,95 comme plus grand nombre inférieur à 8 dont une valeur approchée au dixième près est 8.

Parcours différenciés

Je m'évalue

77 **b.**	78 **c.**	79 **b.**	80 **c.**
81 **c.**	82 **b.**	83 **a.**	84 **c.**
85 **c.**	86 **c.**	87 **c.**	88 **b.**
89 **c.**	90 **c.**	91 **c.**	92 **a.**

Je réalise mon parcours

93 PARCOURS 1

a. $0{,}5 = \frac{5}{10}$ et $0{,}25 = \frac{25}{100}$.

b. On calcule $0{,}5 + \frac{3}{10} + 0{,}25$, soit $\frac{5}{10} + \frac{3}{10} + \frac{25}{100}$.

Or, $\frac{5}{10} = \frac{50}{100}$ et $\frac{3}{10} = \frac{30}{100}$.

Ainsi, $\frac{5}{10} + \frac{3}{10} + \frac{25}{100} = \frac{50}{100} + \frac{30}{100} + \frac{25}{100} = \frac{105}{100}$.

De plus, $1 \text{ L} = \frac{100}{100}$ L.

Mais $\frac{105}{100}$ dépasse $\frac{100}{100}$.

Donc Aline doit choisir un récipient d'un volume supérieur à 1 L.

PARCOURS 2

Or $\frac{27}{100} + \frac{50}{100} + \frac{25}{100} = \frac{102}{100}$.

$1 \text{ L} = \frac{100}{100}$ L, donc $\frac{102}{100}$ L est supérieur à 1 L.

Un récipient de 1 L n'est pas suffisant pour la recette 2.

PARCOURS 3

$0{,}5 + \frac{1}{4} = \frac{50}{100} + \frac{25}{100} = \frac{75}{100}$

Il reste donc $\frac{25}{100}$ L pour compléter le récipient de 1 L.

Or, $\frac{25}{100} = \frac{250}{1000}$.

La moitié de $\frac{25}{100}$ est $\frac{125}{1\,000}$.

Donc, la quantité de jus de citron sera 0,125 L et ainsi que celle de jus de fraise.

94 PARCOURS 1

a. 98 points et 5 dixièmes est égal à **98,5** points.
97 points et 93 centièmes est égal à **97,93** points.

b. 98,42 et 98,5 ont la même partie entière. On compare le chiffre des dixièmes. Or, 4 < 5. Donc, 98,42 < 9 8,5. Ainsi, Macha a moins de points qu'Olympia.

c. La partie entière de 97,93 est 97. Elle est plus petite que celle de 98,42 et 98,5.
On obtient donc : 97,93 < 98,42 < 98,5.
Ce qui donne le classement dans l'ordre, de la moins bonne à la meilleure performance : Lucia, Macha et Olympia.

PARCOURS 2

On exprime chaque longueur en m.
30 m 99 cm = 30 m + 0,99 m = 30,99 m
31 m 5 cm = 31 m + 0,05 m = 31,05 m
On compare alors les mesures en m :

$$30{,}99 < 31{,}05 < 31{,}5$$

On obtient le classement suivant, dans l'ordre de la moins bonne à la meilleure performance : Lisa, Clara et Sylvia.

PARCOURS 3

On convertit chaque temps en s.
Svetlana : 1 175 centièmes et 8 millièmes de seconde = 11,75 s + 0,008 s = 11,758 s
Armelle :
117 dixièmes et 85 millièmes de seconde = 11,7 + 0,085 = 11,785 s
Martha : 11 708 millièmes de seconde = 11,708 s
On compare alors les temps en s.

$$11{,}708 < 11{,}758 < 11{,}785$$

On obtient le classement suivant, dans l'ordre de la moins bonne à la meilleure performance : Martha, Svetlana et Armelle.

Je m'entraîne avec le tableur

95 **1. a. à e.** Voici la feuille de calcul obtenue.

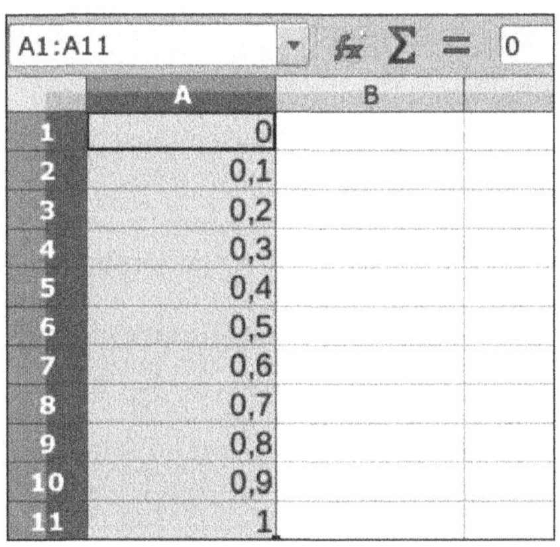

Le nombre affiché dans la cellule A11 est 1.

2. On procède comme dans la question **1**.
Voici la feuille de calcul obtenue.

B1:B2	fx Σ =	0	
	A	B	C
1	0	0	
2	0,1	0,2	
3	0,2		

Pour aller de 0 à 10 de 0,2 en 0,2, il faut étirer vers le bas jusqu'à la cellule B51.

3. a. On saisit 20 dans la cellule C1 et 20,01 dans la cellule C2. Puis on procède comme précédemment.
Voici la feuille de calcul obtenue.

C1:C2	fx Σ =	20	
	A	B	C
1	0	0	20
2	0,1	0,2	20,01
3	0,2	0,4	

Il faut étirer vers le bas jusqu'à la cellule C101 pour arriver à 21.

b. On saisit 30 dans la cellule D1 et 30,001 dans la cellule D2. Puis on procède comme précédemment.
Voici la feuille de calcul obtenue.

D1:D2	fx Σ =	30		
	A	B	C	D
1	0	0	20	30
2	0,1	0,2	20,01	30,001
3	0,2	0,4	20,02	

Il faut étirer vers le bas jusqu'à la cellule D501 pour arriver à 30,5.

96 **1. a.** et **b.** On sélectionne la plage **A2:B10**.
Voici la feuille de calcul obtenue.

D12	fx Σ =	
	A	B
1	Ville	Emission CO2 (en g/km)
2	Neuilly sur seine	119,269
3	Levallois Perret	116,048
4	Cannes	115,713
5	La Courneuve	115,365
6	Saint Raphaël	115,263
7	Caluire et Cuire	115,047
8	Epinal	115,042
9	Paris	114,944
10	Ajaccio	114,825

c. On observe les noms des villes rangées de la plus émettrice à la moins émettrice de CO_2.

2. a. Voici la feuille de calcul obtenue.

	A	B	C
1	Ville	Emission CO2 (en g/km)	Population (en milliers d'habitants)
3	Neuilly sur seine	119,269	61
4	Levallois Perret	116,048	65,817
5	Cannes	115,713	73
6	La Courneuve	115,365	43,946
7	Saint Raphaël	115,263	35,633
8	Caluire et Cuire	115,047	42,847
9	Epinal	115,042	32,223
10	Paris	114,944	2175,601
10	Ajaccio	114,825	70,817

Puis on range dans l'ordre décroissant ces populations.

	A	B	C
1	Ville	Emission CO2 (en g/km)	Population (en milliers d'habitants)
2	Paris	114,944	2175,601
3	Cannes	115,713	73
4	Ajaccio	114,825	70,817
5	Levallois Perret	116,048	65,817
6	Neuilly sur seine	119,269	61
7	La Courneuve	115,365	43,946
8	Caluire et Cuire	115,047	42,847
9	Saint Raphaël	115,263	35,633
10	Epinal	115,042	32,223

b. Ce qui donne, dans l'ordre décroissant en fonction de la population, Paris, Cannes et Ajaccio, alors que pour les émissions de CO_2, le trio de tête dans l'ordre décroissant est Neuilly-sur-Seine, Levallois-Perret et Cannes.
Julia se trompe. On ne peut pas dire que plus il y a d'habitants, plus il y a d'émissions de CO_2 par km par les véhicules neufs. D'autres raisons sont à chercher.

J'utilise mes compétences

97 **Traduction**
Ranger dans l'ordre décroissant les nombres.

Solution
$3{,}621 > 3{,}612 > 3{,}6102 > 3{,}6012 > 3{,}2106 > 3{,}107 > 3{,}1062 > 3{,}0621$

98 **a.** On obtient le chemin :
$2{,}3 < 5{,}7 < 5{,}72 < 8{,}01 < 8{,}1 < 8{,}21$
Sortie : 8,21
b. On obtient le chemin :
$2{,}3 > 2{,}03 > 1{,}69 > 0{,}91 > 0{,}14 > 0{,}05$
Sortie : 0,05

99 **a.** 1 000 **b.** 1 000 **c.** 1,0
d. 100 **e.** 0,01 **f.** 0,01

100 **a.** Clara a 635 € d'économies.
En effet, $6{,}35 = \dfrac{635}{100}$.
b. Jules et Léa possèdent la même somme d'argent. Ils ont tous les deux 20 €.
Pour Jules, on peut écrire $0{,}20 = \dfrac{20}{100}$. Ainsi, 100 pièces de 0,20 € donne 20 €.
c. $82{,}50 = \dfrac{825}{10}$
Un dixième de $\dfrac{825}{10}$, c'est $\dfrac{825}{100}$, soit 8,25 €.
On peut aussi raisonner autrement. Un dixième de 82,50 €, c'est chaque chiffre dans la numération qui se décale d'un rang, c'est donc 8,25 €.
d. $\dfrac{180}{100} = 1{,}8$
Ainsi, chaque perle pèse 1,8 g.

101 **a.** $6{,}67 < 6{,}8 < 6{,}84 < 6{,}97 < 7$
On obtient le classement, de la moins bonne à la meilleure performance :

Sagnia, Sawyers, Davis, Reese ex-æquo avec Brume et Mihambo.

b. Les performances vont de 6,67 m à 7 m, soit un écart de moins de 0,4 m.
On peut choisir comme unité 2 cm qui représentent 0,1 m dans la réalité en partant de 6,6.
6,67 sera donc à 1,4 cm de 6,6.
On peut remarquer que 0,01 m en réalité est représenté par 2 mm sur la droite graduée.
Échelle $\frac{3}{4}$

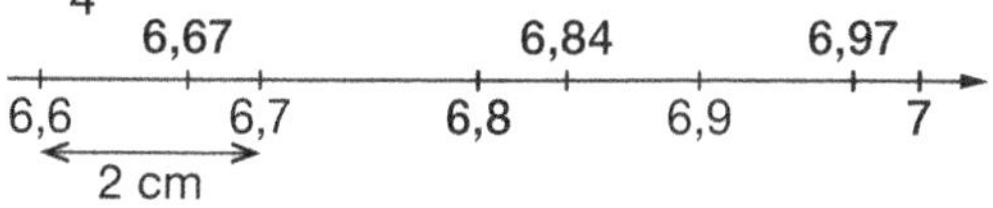

102 **a.** Le chiffre des unités est 6 ou 7.
Si on choisit 6, pour le chiffre des dixièmes, il y a plusieurs possibilités qui sont 5, 6, 7, 8 ou 9.
Ce qui donne les nombres possibles : 6,5 ; 6,6 ; 6,7 ; 6,8 ; 6,9.
Si on choisit 7, le chiffre des dixièmes peut être 0, 1, 2, 3 ou 4.
Ce qui donne les nombres possibles : 7 ; 7,1 ; 7,2 ; 7,3 ; 7,4.
b. Le chiffre des unités est 5 ou 6.
Si on choisit 5, pour le chiffre des centièmes, il y a plusieurs possibilités qui vont de 0 à 9.
Ce qui donne les nombres : 15,109 ; 15,119 ; 15,129 ; 15,139 ; 15,149 ; 15,159 ; 15,169 ; 15,179 ; 15,189 ; 15,199.
Si on choisit 6, le chiffre des centièmes ne peut être que 0.
Soit le nombre 16,109.
c. Pour ◆,001 5, le chiffre des unités est 0.
Pour 0,◆◆◆ 7, il existe plusieurs possibilités.
Mais comme 0,◆◆◆ 7 < 0,003, le chiffre des dixièmes de 0,◆◆◆ 7 est forcément 0, ainsi que le chiffre des centièmes.
3 est le chiffre des millièmes de 0,00**3**, et 1 celui de 0, 00**1**5.
Donc pour le chiffre des millièmes de 0,◆◆◆ 7, on peut choisir 1 ou 2.
Les différentes possibilités sont donc : 0,001 7 ou 0,002 7.
d. Le chiffre des dixièmes de 3,◆21 est 0, 1 ou 2.
Mais pour 2, cela dépendra du chiffre des centièmes de 3,2◆.
Or, pour que 3,2◆ < 3,229, le chiffre des centièmes de 3,2◆ est 0, 1 ou 2.
On ne peut donc pas choisir 2 pour 3,2◆.
Ainsi, les différentes possibilités sont : 3,021 ou 3,121 pour le premier nombre et 3,20 ou 3,21 ou 3,22 pour le suivant.

103 Le nombre décimal s'écrit avec 4 chiffres.
La dernière phrase indique que le nombre s'arrête au chiffre des millièmes.
Ainsi, ce nombre est de la forme : ◆,◆◆◆.
Le chiffre des dixièmes est 5 puisque c'est celui des dixièmes de 17,54.
Dans 38 214 006, le chiffre des millions est 8.
Dans 120 028, le chiffre des dizaines est 2.
Celui des millièmes est la moitié de celui des centièmes, c'est-à-dire 4.
On conclut que le nombre cherché est **2,584**.

104 **a.** Pour la question a) : « Quelle est la partie entière de 9,2676 ? »
Pour la question b) : « Donner une valeur approchée au dixième près de 9,2676. »
Pour la question c) : « Donner une valeur approchée au centième près et inférieure à 9,2676. »
Pour la question d) : « Quelle est la partie décimale de 9,2676 ? »
b. Pour la question a) : la partie entière de 9,2676 est 9.
Pour la question b) : une valeur approchée au dixième près de 9,2676 est 9,3.
Pour la question c) : une valeur approchée au centième près et inférieure à 9,2676 est 9,26.
Pour la question d) : la partie décimale de 9,2676 est 0,2676.

105 Le nombre d'Inès est 0,258.
En effet, 8 est le chiffre des millièmes et le dernier chiffre du nombre.
Étant plus petit que 0,5, le chiffre des unités est 0.
Ce nombre est plus proche de 0,3 que 0,26, donc son chiffre des dixièmes est 2 et celui des centièmes est 5.
Le nombre est plus petit que 0,26 tout en étant plus proche de 0,3.

106 Le mot est HÉRITAGE.

107 Entre 0,01 et 0,65, il y a deux espaces identiques. Ces deux espaces correspondent à la distance 0,64. Un espace a une longueur de 0,32.
$0,65 + 0,32 = 0,97$ et $0,65 + 0,64 = 1,29$.
Comme A est au milieu de deux points repérés par 0,97 et 1,29. La distance entre le point repéré par 0,97 est celui repéré par A est la moitié de 0,32 soit 0,16. Il suffit de calculer $0,97 + 0,16$.
Donc le point A est repéré par le nombre 1,13.

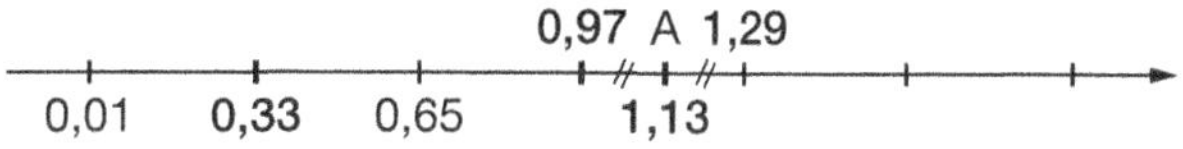

108 Le nombre est 3,1416.
En effet, il est compris entre 3,1 et 3,2. Le chiffre des dixièmes est donc 1.
Le chiffre des centièmes 4 puisque c'est la somme de 3 et 1.
Le chiffre des millièmes est 1 puisque c'est le même que celui des dixièmes.
Le chiffre des dix-millièmes est le double de la partie entière qui vaut 3. C'est donc 6.

109 « Pour estimer la distance qui nous sépare de l'endroit où tombe la foudre, on peut compter le nombre de secondes entre l'instant où on voit l'éclair et celui où l'on entend le tonnerre, **puis on multiplie ce temps par 300 pour obtenir la distance en mètres.** »
Par exemple, si on entend le tonnerre 10 s après avoir vu l'éclair, $10 \times 300 = 3\ 000$.
La foudre était à 3 000 m de nous, soit 3 km.

110 Il existe plusieurs possibilités pour choisir des catégories.
On peut regrouper par forme, ou mettre les fractions décimales ensemble, ou les décompositions ensemble.
On peut aussi choisir de regrouper les nombres égaux ensemble. Ce qui donne :

- $\frac{3\,458}{100}$, 10 fois plus petit que 345,8, $34 + \frac{580}{1\,000}$
- 2,50, $2 + \frac{5}{10}$ et $\frac{2\,500}{1\,000}$

• $\frac{2\,050}{100}$, $2 \times 10 + 5 \times 0{,}1$, 10 fois plus grand que 2,05, 205 dixièmes.

• $30 + \frac{4\,058}{1000}$ et $34 + \frac{5}{100} + \frac{8}{1000}$

• $\frac{25}{1000}$ et $\frac{250}{10\,000}$

• $\frac{2\,050}{1000}$ est seul.

111 Ces nombres ont pour chiffre des unités 5.
Ils s'écrivent sous la forme 5,_ _.
Les possibilités pour la partie décimale sont :
0,01, 0,10, 0,11, 0,12, 0,13, 0,14, 0,15, 0,16, 0,17, 0,18, 0,19, 0,21, 0,31, 0,41, 0,51, 0,61, 0,71, 0,81, 0,91.
Le nombre de fois qu'on écrit le chiffre 1 pour toutes ces possibilités est 20.

112 Le nombre est 99,182.
La somme des chiffres de la partie entière étant 18, il n'y a pas d'autre possibilité que 99.
Le chiffre des centièmes est donc 8.
$8 + 3 = 11$ et donc on a 99,182.

Je prends des initiatives

113 On lit sur l'axe gradué que Yannick a mis 19,32 min.
Il est le premier de la course puisque Brian est deuxième.
$19{,}32 + 0{,}12 = 19{,}44$
Brian a mis 19,44 min.
On lit sur l'axe gradué qu'Ikram a mis 20 min.
Alice a donc mis 19,9 min.
$19{,}32 + 0{,}87 = 20{,}19$
Mélanie a mis 20,19 min.
$20{,}19 + 0{,}38 = 20{,}57$
Chloé a mis 20,57 min.
$20{,}19 + 0{,}5 = 20{,}69$
Jérémy a mis 20,69 min.
Par lecture sur l'axe gradué, on peut estimer que Carla a mis 19,84 min.
On obtient le classement suivant dans l'ordre croissant des temps réalisés :
Yannick, Brian, Carla, Ikram, Mélanie, Chloé et Jérémy.

114 • On attribue le nombre de points pour chaque catégorie en utilisant le barème.

Émissions de CO_2 en tonne par an et par habitant
Il faut émettre le moins possible de CO_2.
Ce qui donne : $1{,}23 < 1{,}25 < 1{,}62 < 1{,}65 < 1{,}75$.

Nombre moyen de véhicules polluants par habitant
Il faut le moins de véhicules polluants par habitant.
Ce qui donne : $1{,}2 < 1{,}8 < 1{,}9 < 2{,}1 < 2{,}3$.

Part des produits locaux présents dans les magasins alimentaires
Il faut le plus possible de produits locaux.
Ce qui donne : $0{,}8 > 0{,}7 > 0{,}5 > 0{,}4 > 0{,}2$.

Part de logements « éco » par rapport au nombre de logements
Il faut le plus possible de ces logements.
Ce qui donne : $0{,}65 > 0{,}54 > 0{,}24 > 0{,}23 > 0{,}2$

• La ville A obtient donc 140 points, la ville B 65 points, la ville C 90 points, la ville D 60 points et la ville E 25 points.
La ville A gagne le label « Ville éco-propre ».

CHAPITRE 3

Additionner, soustraire les nombres décimaux

INTENTIONS PÉDAGOGIQUES

❶ Les Repères des cycles 2 et 3

• Au CP, dès le début de l'année, les élèves commencent à résoudre des problèmes additifs.

En fin d'année, la plupart des résultats des tables d'addition sont mémorisés.

Au plus tard en période 4, les élèves apprennent à poser les additions en colonnes avec des nombres de deux chiffres.

• Au CE1, dès le début de l'année, les élèves consolident leur capacité à résoudre des problèmes additifs à une ou deux étapes.

Dès le début de l'année, les élèves consolident la maîtrise de l'addition avec des nombres plus grands et avec des nombres de taille différente.

Au plus tard en période 3, les élèves apprennent une technique de calcul posé pour la soustraction.

• Au CE2, dès le début de l'année, les élèves résolvent des problèmes additifs portant sur des nombres plus grands et consolident la maîtrise de la technique de la soustraction apprise en CE1.

• Au CM1, tout au long de l'année, ils stabilisent leur connaissance des propriétés des opérations (par exemple : 12 + 199 = 199 + 12).

Dès la période 1, les élèves renforcent leur maîtrise des algorithmes appris au cycle 2 (addition et soustraction de deux nombres entiers).

En période 2, ils étendent aux nombres décimaux les algorithmes de l'addition et de la soustraction.

• Au CM2, tout au long de l'année, ils étendent l'utilisation des principales propriétés des opérations à des calculs rendus plus complexes par la nature des nombres en jeu, leur taille ou leur nombre.

Exemple : 1,2 + 27,9 + 0,8 = 27,9 + 2.

• En 6e, tout au long de l'année, ils stabilisent la connaissance des propriétés des opérations et les procédures déjà utilisées à l'école élémentaire.

Dans des calculs simples, confrontés à des problématiques de priorités opératoires, par exemple en relation avec l'utilisation de calculatrices, les élèves utilisent des parenthèses.

Tout au long de l'année, au travers de situations variées, les élèves entretiennent leurs acquis de CM sur les algorithmes opératoires.

❷ Je découvre

Activité 1

L'objectif premier de cette activité est de réactiver le sens des opérations. Trois problèmes sont proposés, chacun se résout à l'aide d'une addition ou d'une soustraction, ou de la suite d'une addition et d'une multiplication.

Il s'agit ici, de reconnaître celui qui se traite à l'aide d'une unique addition.

Le second objectif de cette activité est de revoir, avec un guide, la technique opératoire de l'addition de deux nombres décimaux.

L'activité se termine en rappelant de conclure la résolution d'un problème par une phrase.

Activité 2

Cette activité a pour objectif de revoir la technique opératoire de la soustraction. Afin de guider l'élève, les retenues sont placées, on en profitera pour demander leurs significations.

Ici aussi, l'élève est invité à conclure par une phrase.

Activité 3

L'objectif est de réactiver la pratique des ordres de grandeur.

On s'appuie ici, sur une situation classique d'achat.

Dans la classe, certains élèves seront tentés, par exemple, de prendre 9 € ou 10 € pour ordre de grandeur de 9,50 €.

On insistera sur le fait que la somme des ordres de grandeur doit être facile à calculer mentalement.

❸ Cours - J'applique le cours

Cours

• Au paragraphe 1, on introduit le vocabulaire de l'addition : somme, terme.

Ensuite, on rappelle les propriétés de commutativité et d'associativité de l'addition, sans utiliser ce vocabulaire.

• Au paragraphe 2, on introduit le vocabulaire de la soustraction : différence, terme. On rappelle que pour la soustraction, on ne peut pas modifier l'ordre des termes.

• Le paragraphe 3 est consacré aux techniques opératoires de l'addition et de la soustraction des nombres décimaux.

À nos yeux, il est certainement utile de rappeler le rôle des retenues et leurs emplacements.

À propos de ces techniques, on a fait un choix classique, mais certains élèves utiliseront peut-être des techniques

différentes mises en place au CM. Il faudra veiller à les prendre en compte et motiver tout changement.
Ce paragraphe se termine par des rappels sur les ordres de grandeur d'une somme, d'une différence.

J'applique le cours

Exercice résolu 1
On propose ici une situation additive liée à l'utilisation de l'expression « de moins que ».
C'est l'occasion d'inviter l'élève à représenter la situation par un schéma ; cela doit permettre d'aider au choix de l'opération qui intervient.
Dans un premier temps, il nous semble important d'effectuer ce calcul en posant l'opération. Mais afin d'éviter toute erreur de calcul, on invite à vérifier le résultat à l'aide de la calculatrice.
Une fois la technique de l'addition consolidée, l'usage de la calculatrice se généralisera.

Exercice résolu 3
On propose ici une situation où interviennent une addition et une soustraction. La soustraction est liée à l'emploi de « il manque ». Comme pour l'exercice résolu 1, on propose une phase de schématisation afin de mieux choisir les opérations qui interviennent. Là encore, on invite à vérifier le résultat à la calculatrice.

4 Compléments

Connaître le vocabulaire
Certains exercices invitent l'élève à comprendre et à utiliser le vocabulaire des additions et soustractions : somme, différence, terme. C'est le cas en particulier aux exercices **5** et **22**.

Calculer : divers procédés
Conformément au programme, l'élève est invité à calculer mentalement ou à calculer en ligne ou à effectuer un calcul posé.
L'objectif étant bien sûr, que face à un calcul, l'élève décide du procédé qu'il utilise.
Sans oublier la calculatrice, mais dans un premier temps, on préfère privilégier les autres procédés de calculs.

Choisir l'opération à utiliser
De nombreux exercices sont consacrés au sens de l'opération, en essayant de varier le vocabulaire, ainsi que le nombre d'étapes.
Dans certains de ces exercices, on invite l'élève à représenter la situation. Cette schématisation doit aider à effectuer le bon choix d'opération.

Diversifier les situations
En plus des situations additives ou soustractives classiques, on propose :
– des jeux type pyramides, carrés magiques (exercices **49**, **56**, **79**) ;
– des opérations à trous (exercices **40**, **41**, **50**, **81**, **89**, **94**) ;
– des programmes de calcul à appliquer ou à remonter (exercice **58**) ;
– des tableaux à double entrée à compléter (exercice **74**) ;
– une situation sur la cryptographie (exercice **96**).

Utiliser et calculer des expressions
L'exercice **78** permet de réinvestir les priorités opératoires.
Les exercices **84**, **85**, **86** conduisent à l'écriture et la compréhension d'une expression unique lors de la résolution d'un problème. La familiarisation avec l'emploi de parenthèses se poursuit.

CORRIGÉS

Bien démarrer

1 a. **2** b. **3** c.
4 b. **5** a. et c. **6** a., b. et c.

Je découvre

Activité 1

a. Le **problème 2** se résout en effectuant une seule addition.
b.

		1		
	1	5,	4	0
+		1,	9	5
	1	7,	3	5

c. Maeva dépense 17,35 €.

Activité 2

a. •

	1	$_1$2,	$_1$2	8	6
–		6,	9	0	5
	1	1			
	0	5,	3	8	1

• 5,381 millions de personnes ont reçu une 2e dose de vaccin anti-Covid dans ce pays en mai 2021.

b. •

	2	2,	8	$_1$3	6
–	1	2,	2	8	6
			1		
	1	0,	5	5	0

• 10,550 millions de personnes ont reçu une 2e dose de vaccin anti-Covid dans ce pays en juin 2021.

Activité 3

Ordres de grandeur :

Sac à dos :	10 €
Casque :	35 €
Gants :	20 €
Chaussures :	60 €
VTT :	240 €
Genouillères :	50 €
Total :	**415 €**

Chloé dépense environ 415 € pour l'achat de ces équipements, donc elle doit avoir assez avec les 500 € de sa famille.

J'applique le cours

②

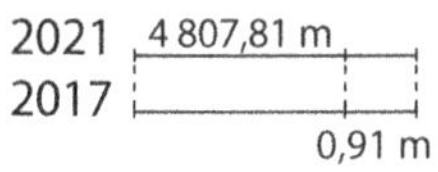

L'altitude du mont Blanc en 2017 est la somme de son altitude en 2021 et de 0,91 m.

4 807,81 m + 0,91 m = 4 808,72 m

				1		
	4	8	0	7,	8	1
+				0,	9	1
	4	8	0	8,	7	2

Le mont Blanc avait pour altitude 4 808,72 m en 2017.

④

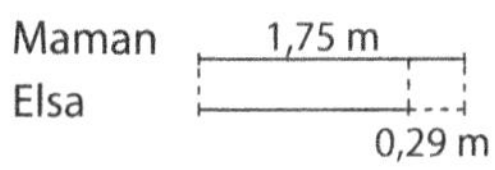

La taille d'Elsa est la différence entre la taille de sa maman et 0,29 m.

1,75 m – 0,29 m = 1,46 m

	1,	7	15
–	0,	2	9
		1	
	1,	4	6

Elsa mesure 1,46 m.

Je travaille mes automatismes

Additionner des nombres relatifs

5 **a.** 7,5 est **la somme** des **termes** 3 et 4,5.

b. En effectuant **l'addition** des **termes** 10,2 et 3,5 on obtient 13,7.

c. Le plus grand des **termes** de **la somme** 5,4 + 3,7 est 5,4.

6 **a.** 0,15 + 0,2 = 0,35

b. 21,51 + 0,03 = 21,54

c. 1,25 + 0,8 = 2,05

7 4,25 € + 3,75 € = 8 €

À eux deux ils possèdent 8 €.

⑧

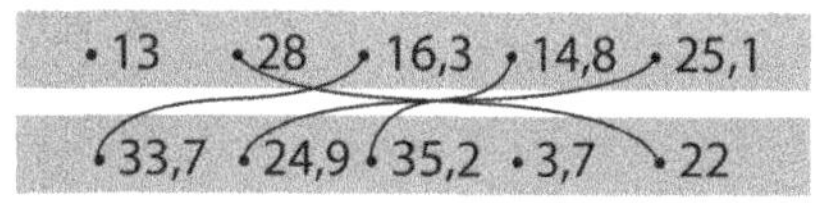

9 **a.** (+1,5)

18	19,5	**21**	**22,5**	**24**	**25,5**

b. (+0,7)

51,5	52,2	**52,9**	**53,6**	**54,3**	**55**

c. (+1,25)

100,25	101,5	**102,75**	**104**	**105,25**	**106,5**

10 8,8 kg + 7,5 kg = 16,3 kg

16,3 kg de pêches ont été cueillies au total.

11 **a.**

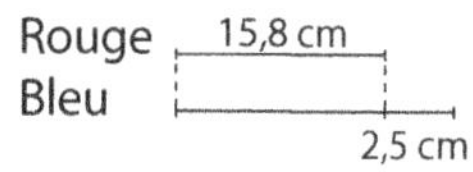

15,8 cm + 2,5 cm = 18,3 cm

La longueur du crayon bleu est 18,3 cm.

b. 15,8 cm + 18,3 cm = 34,1 cm

La longueur totale de ces deux crayons est 34,1 cm.

Travailler la technique de l'addition

12 **a.** Il y a une erreur de retenue :
9 + 4 = 13 (et non 3).

	1	1		
		7,	9	
+	6	3,	4	8
	7	1,	3	8

b. Il y a un oubli d'une retenue :
9 + 5 + 1 = 15 (et non 14).

	1	1		1	
	1	9	9,	5	4
+		5	1,	3	7
	2	5	0,	9	1

13 **a.** 47 + **1,29** + **0,01** = 47 + **1,3** = 48,3

b. **4,02** + 18 + **7,98** = 18 + **12** = 30

14 **a.** 205,4 est proche de 200 et 98,7 est proche de 100, donc un ordre de grandeur de 205,4 + 98,7 est 200 + 100, soit 300.

b. 7 598,4 est proche de 7 600 ; 19,545 est proche de 20 et 81,75 est proche de 80, donc un ordre de grandeur de 7 598,4 + 19,545 + 81,75 est 7 600 + 20 + 80, soit 7 700.

⑮ **a.**

		1		
	1	2	3	5
+		5	8	2
	1	**8**	**1**	**7**

b.

		1				
		2	3	7,	4	5
+	1	0	8	2,	1	3
	1	**3**	**1**	**9,**	**5**	**8**

⑯ **a.**

		2	1		
	1	2	9,	3	
+	5	0	6		
+		4	7,	8	5
	6	**8**	**3,**	**1**	**5**

b.

	1		1		
		6	7,	3	
+			0,	9	4
+	3	5	1		
	4	**1**	**9,**	**2**	**4**

17 **a.**

	1	1	1	1	
		9	6	7,	8
+	3	0	4	9,	5
	4	**0**	**1**	**7,**	**3**

b.

		1			
	1	2	7,	5	
+		3	8,	2	4
	1	**6**	**5,**	**7**	**4**

c.

			1	2	1	
			4	5,	7	8
+	1	3	0	9,	7	
+		6	2	0,	5	2
	1	**9**	**7**	**6,**	**0**	**0**

18 **a.** 7479 + 396 + 653 = 8528
b. 5,45 + 7,5 + 8,52 = 21,47

19 **a.** 6,5 + 24 + 2,5 + 16 = 6,5 + 2,5 + 24 + 16
6,5 + 24 + 2,5 + 16 = 9 + 40
6,5 + 24 + 2,5 + 16 = 49
b. 38,7 + 1,8 + 2,2 + 51,3 = 38,7 + 51,3 + 1,8 + 2,2
38,7 + 1,8 + 2,2 + 51,3 = 90 + 4
38,7 + 1,8 + 2,2 + 51,3 = 94

20 **a. 1908**
En effet, un ordre de grandeur de cette somme est :
110 + 590 + 1 200, soit 1 900.
b. 5 315,59
En effet, un ordre de grandeur de cette somme est :
230 + 5 000 + 100, soit 5 330.

21 **600**
En effet, un ordre de grandeur de cette somme est :
550 + 50, soit 600.

Soustraire des nombres décimaux

22 **a.** En effectuant 12,3 + 7,5 on obtient une **somme** et en effectuant 12,3 – 7,5 on obtient une **différence**.
b. En effectuant la **différence** des **termes** 34,5 et 27,3 on obtient 7,2.

23 **a.** 2,36 – 0,2 = 2,16
b. 17,54 – 0,03 = 17,51
c. 1,63 – 0,7 = 0,93
d. 120,34 – 0,06 = 120,28

24 **a.** 22,6 – 5,6 = 17 **b.** 5,1 + 1,9 = 7
c. 5 – 2,7 = 2,3 **d.** 4,6 + 3,5 = 8,1
e. 20,1 – 5,2 = 14,9 **f.** 100,2 – 99,3 = 0,9

25 3,2 m – 2,5 m = 0,7 m
La longueur de la rallonge est 0,7 m.

26

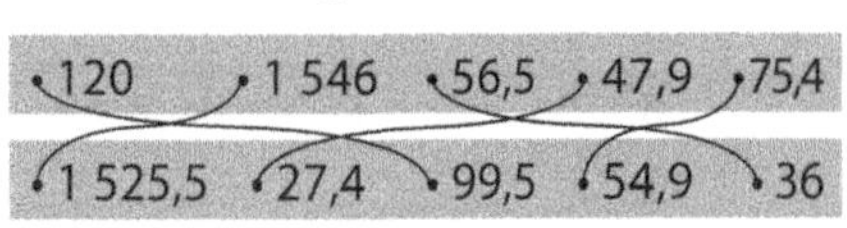

27 **a.**

18	16,5	**15**	**13,5**	**12**	**10,5**

(– 1,5)

b.

11,8	10,9	**10**	**9,1**	**8,2**	**7,3**

(– 0,9)

c.

51,5	50,25	**49**	**47,75**	**46,5**	**45,25**

(– 1,25)

28 36,5 °C – 19,4 °C = 17,1 °C
Lors de l'orage, la température a baissé de 17,1 °C.

29 1 389,7 g – 476 g = 913,7 g
La masse d'un litre d'huile d'olive est 913,7 g.

Travailler la technique de la soustraction

30 **a.** À droite, il faut effectuer 10 – 2 et non 2 – 0.

	5	$_1$7,	8	$_1$0
–	2	8,	3	2
	1		1	
	2	9,	4	8

b. Il y a un oubli d'une retenue :
6 – (5 + 1) = 0 (et non 6 – 5 = 1).

	8	6	$_1$5,	$_1$2	4
–	2	5	6,	8	1
		1	1		
	6	0	8,	4	3

31 **a.** 4,2 – 2,2 = 1,8 **b.** 4,5 – 3,25 = 1,25
c. 6 000 – 300,1 = 5 699,9

32 798,63 est proche de 800 et 564,12 est proche de 550, donc un ordre de grandeur de 798,63 – 564,12 est 800 – 550, soit 250.
Or, 362,75 est éloigné de 250 ; le résultat n'est pas correct.

33 **a.**

	2	$_1$3	4	7
–		5	1	2
	1			
	1	**8**	**3**	**5**

b.

	5	$_1$2	$_1$1,	8	5
–	3	8	4,	1	2
	1	1			
	1	**3**	**7,**	**7**	**3**

34 **a.**

	7	$_1$0	9,	3
–	5	2	6	
	1			
	1	**8**	**3,**	**3**

b.

	1	$_1$2	4	$_1$1	$_1$**0**
–		3	2	7,	8
	1		1	1	
		9	**1**	**3,**	**2**

35 **a.**

	3	$_1$0	$_1$4,	$_1$5	6
–		5	6,	9	
	1	1	1		
	2	**4**	**7,**	**6**	**6**

b.

	3	$_1$1	$_1$2	$_1$7,	5	$_1$0
–		5	3	8,	2	4
	1	1	1		1	
	2	**5**	**8**	**9,**	**2**	**6**

c. Cette soustraction n'est pas possible car 240,7 < 251,2.

d.

	1,	$_1$0	$_1$0	$_1$0
–	0,	3	0	7
	1	1	1	
	0,	6	9	3

36 **a.** 86435 – 29760 = 56675

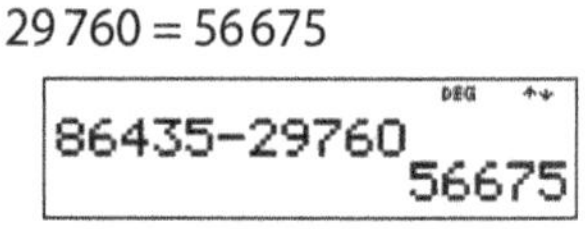

b. 907,2 – 586,34 = 320,86

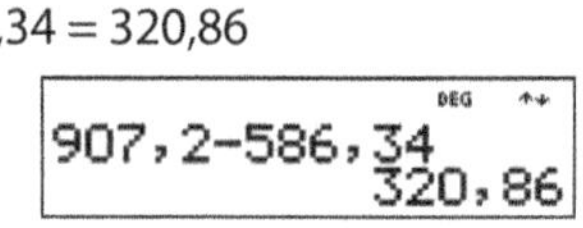

37 0,85 – 0,5 = 0,35 et 1,6 – 1,25 = 0,35.

38 **a. 1 100**
En effet, 1 714,32 est proche de 1 700 et 596,58 est proche de 600, donc un ordre de grandeur de 1 714,32 – 596,58 est 1 700 – 600, soit 1 100.
b. 18 000
En effet, 25 894,561 est proche de 26 000 et 7 895,64 est proche de 8 000, donc 25 894,561 – 7 895,64 est proche de 26 000 – 8 000, soit 18 000.

39 **17 504,92**
En effet, 25 104,76 est proche de 25 000 et 7 599,84 est proche de 7 500.
Donc un ordre de grandeur de 25 104,76 – 7 599,84 est 25 000 – 7 500, soit 17 500.

Je m'entraîne

Additionner des nombres décimaux

40 **a.**

	1 **2** 4, **3**
+	5 **2,** 1
	1 7 6, 4

b.

	4 3, 9 **6**
+	5 **8,** 8 4
	1 0 2, **8** 0

c.

	0, 9 4 **9**
+	5, **0** 8 2
	6, 0 **3** 1

41 **a.**

	4 1, **7** **9**
+	6 7, 0 2
+	4 **1,** 9 9
	1 **5** 0, 8 0

b.

	8 4, 7 5 **0**
+	6 7, 1 **3** 2
+	4 **8,** **5** 9 8
	2 **0** 0, 4 8 0

42

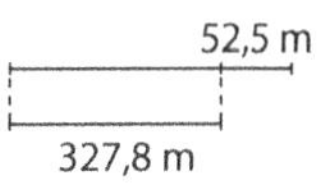

327,8 m + 52,5 m = 380,3 m
Avant sa descente, la montgolfière était à 380,3 m d'altitude.

		1	1	
	3	2	7,	8
+		5	2,	5
	3	**8**	**0,**	**3**

43 **a.**

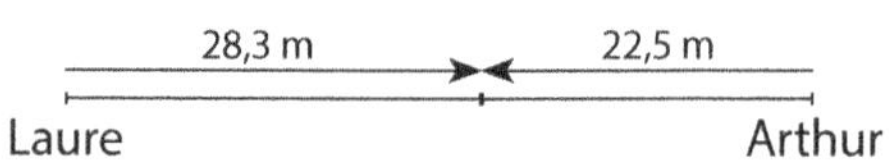

b. 28,3 m + 22,5 m = 50,8 m
La distance qui séparait Laure et Arthur au départ était 50,8 m.

44 **a.** 6 + 7 + 2 + 1 + 3 = 19
Ambre a 19 pièces.
b. Ambre possède 12 € en pièces de 2 €, 7 € en pièces de 1 €, 1 € en pièces de 50 centimes, 0,20 € en pièces de 20 centimes et 0,30 € en pièces de 10 centimes.
12 € + 7 € + 1 € + 0,2 € + 0,3 € = 20,5 €
Donc Ambre possède 20,50 €.
c. 16,5 € + 3,5 € = 20 €
Donc Ambre peut acheter cette BD et cette gomme.

45

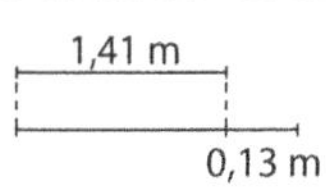

13 cm = 0,13 m
1,41 m + 0,13 m = 1,54 m
Donc la taille de Daniel est 1,54 m.

46 12,3 € + 18,2 € + 5,7 € = 36,2 €
Eddy va payer 36,20 € au total.

47 La masse de cette baguette est 150 g.

	4	3	1	
	3	7,	6	
+	4	9,	6	5
+		7,	4	
+	4	8,	9	
+		6,	4	5
1	5	0,	0	0

48 18,06 + 17,4 = 35,46
17,4 + 19,85 = 37,25
18,06 + 19,85 = 37,91
Donc 36,25 n'est pas la somme de deux de ces nombres.

49

	500	
133,8	**366,2**	
27,5	106,3	259,9

Soustraire des nombres décimaux

50 **a.**

	6 5, **0** 5
–	5 **0,** 5 **3**
	1 4, 5 2

b.

	8 4 **8,** **4**
–	6 **6** 3, 6
	1 8 4, 8

c.

	9 3, 0 7
–	**4** **7,** **8** 1
	4 5, 2 **6**

51

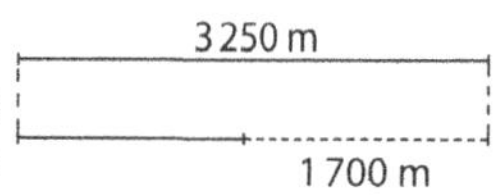

3 250 m – 1 700 m = 1 550 m
Manon a ouvert son parachute à l'altitude de 1 550 m.

52 **a.**

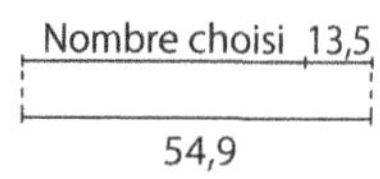

54,9 – 13,5 = 41,4
Anissa a choisi le nombre 41,4.
b.

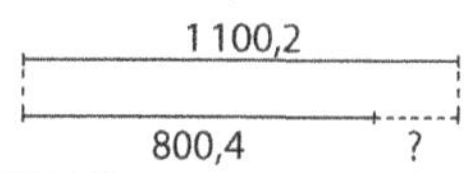

1 100,2 – 800,4 = 299,8
Nassim a soustrait 299,8 au nombre 1 100,2.

53 • 5 Go – 2,33 Go = 2,67 Go
Il reste 2,67 Go de libres sur la clé USB de Mila.
• 4,5 Go – 2,67 Go = 1,83 Go
Donc Mila doit libérer 1,83 Go au moins de sa clé USB pour pouvoir y stocker le film *Luca*.

54 2 kg + 1,5 kg + 4 kg + 0,25 kg est égal à 7,75 kg.
9 kg – 7,75 kg = 1,25 kg
Donc les 24 œufs pèsent 1,250 kg.

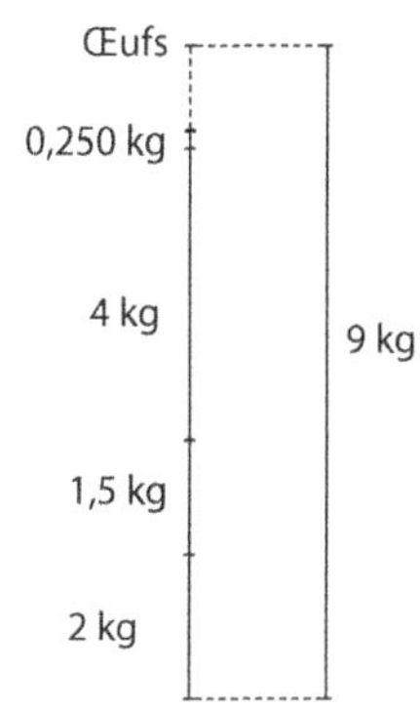

55

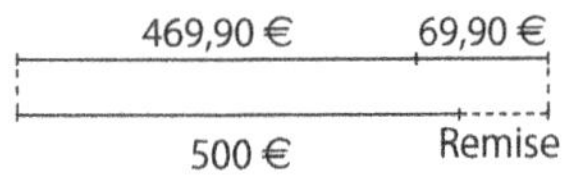

• 469,90 € + 69,90 € = 539,80 €
L'ordinateur et l'imprimante coûtent 539,80 €.
• 539,80 € – 500 € = 39,80 €
La remise est donc de 39,80 €.

56

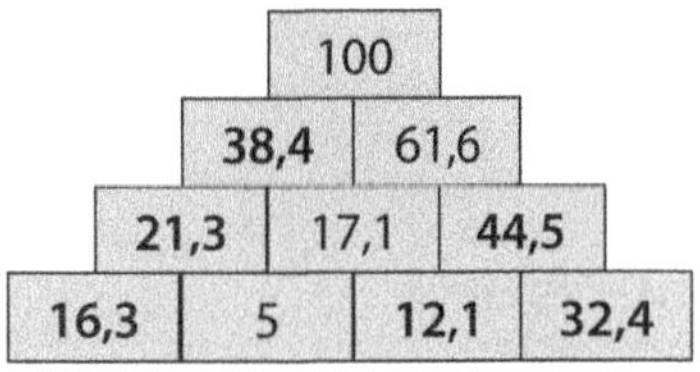

57 ▲■ + 329 = ▲■5
On complète l'addition :

```
   ▲■         3 6
+ 3 2 9    + 3 2 9
  ▲■ 5      3 6 5
```

Le nombre à deux chiffres pensé au début est 36.

Synthèse

Utiliser des additions et soustractions

58 **a.** **b. c.**

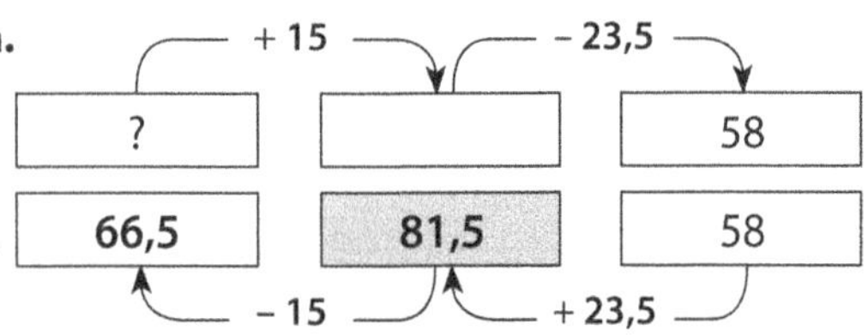

Adam a choisi le nombre 66,5.

59 **a.** 3,70 € + 5,30 € = 9 €
b. 4,90 € + 5,10 € = 10 €
9 € + 10 € = 19 €
Donc la famille d'Erwan paie 19 € pour ces quatre sandwichs.

60 **1.**

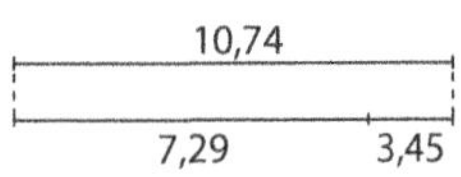

2. a. 10,74 € – 7,29 € = 3,45 €
Le prix de l'ananas est 3,45 €.
b. 10,74 m – 3,45 m = 7,29 m
La longueur du rectangle est 7,29 m.

Parcours différenciés

Je m'évalue

61 c.	**62** c.	**63** b.	**64** c.
65 c.	**66** a.	**67** c.	**68** b.
69 a.	**70** a.	**71** b.	**72** c.
73 b.			

Je réalise mon parcours

74 PARCOURS 1

a. Le nombre ● est la **somme** de 59,8 et 36 et le nombre ▲ est la **différence** de 79,2 et 46,4.
b. 59,8 + 36 = 95,8, donc ● = 95,8.
79,2 – 46,4 = 32,8, donc ▲ = 32,8.
c. • Au total, il y a 95,8 milliers d'élèves en 6e dans cette académie.
• En 5e, il y a 32,8 milliers de filles dans cette académie.

PARCOURS 2

• 8 900 = 8,9 milliers
36 – 8,9 = 27,1, donc il y a 27,1 milliers de filles en 4e dans cette académie.
• 14 100 = 14,1 milliers
79,2 – 14,1 = 65,1, donc il y a 65,1 milliers d'élèves en 4e dans cette académie.
• 65,1 – 27,1 = 38, donc il y a 38 milliers de garçons en 4e dans cette académie.

PARCOURS 3

Classe	Garçon	Fille	Total
6^{e}	59,8	36	**95,8**
5^{e}	46,4	**32,8**	79,2
4^{e}	**38**	**27,1**	**65,1**
3^{e}	**36,3**	**23,7**	**60**
Total	**180,5**	119,6	**300,1**

75 PARCOURS 1

a. Le ruban a **350** m de longueur. Or, le plus long côté a pour longueur **200** m, donc les deux largeurs mesurent au total **350** m – **200** m, soit **150** m.
b. La moitié de 150 m est 75 m.
Ainsi, la largeur du rectangle est 75 m.

PARCOURS 2

• On sait que 2 × 75 = 150 et donc que 200 × 75 = 15 000.
Donc la largeur du rectangle est 75 m.
• 200 m + 75 m + 75 m = 350 m
Donc le ruban a pour longueur 350 m.

PARCOURS 3

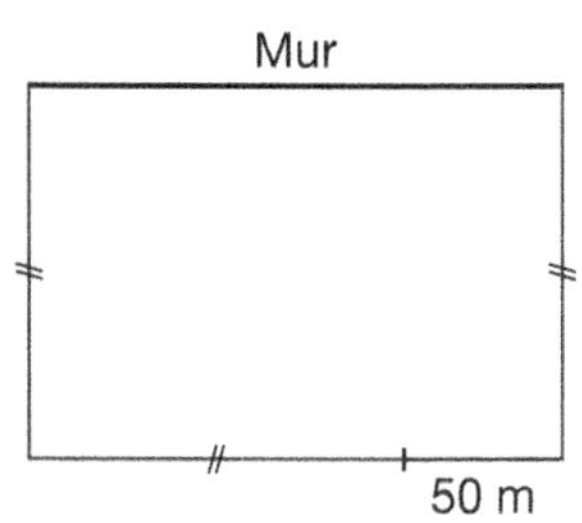

• 380 m – 50 m = 330 m
Ainsi, trois largeurs mesurent 330 m, donc la largeur du rectangle est 110 m.
• 110 m + 50 m = 160 m
Donc la longueur du rectangle ou la longueur du mur est 160 m.

Je m'entraîne avec Scratch

76 **1. a.** B = 12,7 + 120,5 = 133,2
C = 133,2 – 80,4 = 52,8
Le lutin énonce « 52.80 ».
b.

- Choisir un nombre.
- **Ajouter** 120,5.
- **Soustraire** 80,4.

c. 120,5 – 80,4 = 40,1

- Choisir un nombre.
- Ajouter 40,1.

d.

• 52,80 • 100 • 1 564,70 • 25 799,80
2. Le lutin énonce « 75.25 ».
En effet, cela revient à ajouter le nombre A à 75,25 puis à soustraire A.
3.

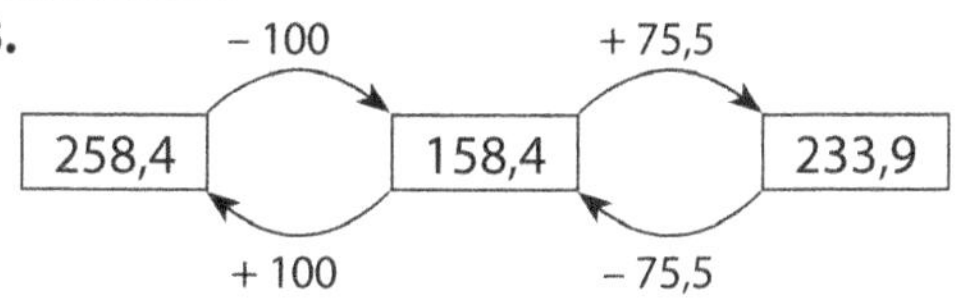

Laly a donné le nombre 258,4.

J'utilise mes compétences

77 **a.** 2,45 + 17,55 = 20
93,5 + 6,5 = 100
20 + 100 = 120, donc cette somme est égale à 120.
b. 0,02 + 0,98 = 1
7,15 + 12,85 = 20
1 + 20 = 21, donc cette somme est égale à 21.
c. 0,065 + 0,035 = 0,1
0,9 + 99 = 99,9
0,1 + 99,9 = 100, donc cette somme est égale à 100.

78 **1. a.** (4,7 + 3,5) – 8,1
8,2
0,1

b. 11,3 + (5 – 2,17)
2,83
14,13

2. a. 24,3 – (7,2 + 1,5) = 24,3 – 8,7 = 15,6
b. 140 – (24,8 – 4,15) = 140 – 20,65 = 119,35

79

1,7	**0,4**	**0,3**	1,4
0,6	**1,1**	1,2	0,9
1	0,7	**0,8**	**1,3**
0,5	**1,6**	1,5	0,2

80 **a.** L'âne est utilisé comme bête **qui porte des charges**.
b. À la maternelle, les enfants font **une sieste** en début d'après-midi.
c. Pendant les soldes, Yannick a dépensé **beaucoup d'argent**.
d. Additionner c'est **finalement** facile !
e. En additionnant deux nombres, on obtient **le résultat de l'addition**.

81 **a.**

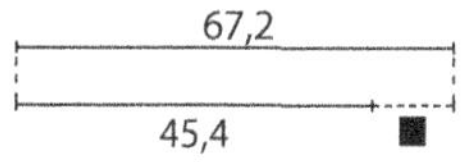

■ = 67,2 – 45,4 = 21,8
b.

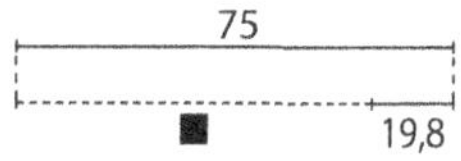

■ = 75 – 19,8 = 55,2
c. ■ = 235,8 – 147 = 88,8
d.

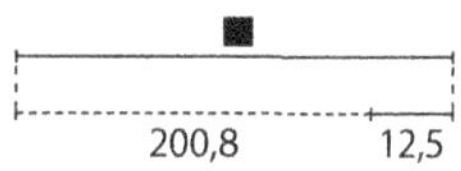

■ = 200,8 + 12,5 = 213,3

82

1er essai	2e essai
• Alan : 55,47 m	• Alan : **56,44 m**
• Bill : 54,95 m	• Alan : **55,95 m**
• Carl : **55,88 m**	• Carl : –

Les meilleurs lancers des athlètes sont en gras, donc le classement est :
1. Alan **2.** Bill **3.** Carl

83 • 14,95 € + 19,90 € + 12,15 € = 47 €
Les accessoires reviennent à 47 €.
• 1 249 € + 47 € – 200 € = 1 096 €
La mère de Lilou doit payer 1 096 €.

84 **a.** • 4,95 € + 1,5 € = 6,45 €
Les achats de Hugo lui coûtent 6,45 €.
• 10 € – 6,45 € = 3,55 €
Le vendeur doit rendre 3,55 € à Hugo.
b. C'est l'expression **C**.
c. C'est l'expression **D**.

85 •

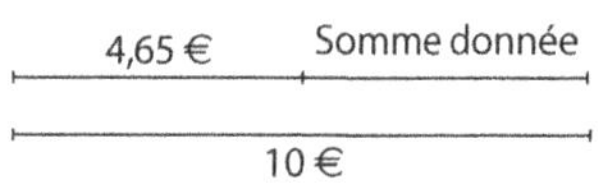

La somme donnée à chacune par leur grand-mère est 10 € – 4,65 €.
• La somme de Johanna est alors :
8,50 € + (10 € – 4,65 €),
c'est-à-dire 8,50 € + 5,35 €, soit 13,85 €.

86 Claire doit parcourir 125 km à vélo.
Le 1er jour, elle parcourt 34,5 km et le 2e jour, elle parcourt 51 km.
Combien lui reste-t-il à parcourir ?

87 23,5 + 3,15 + 4,135 = 30,785

88 **a.**

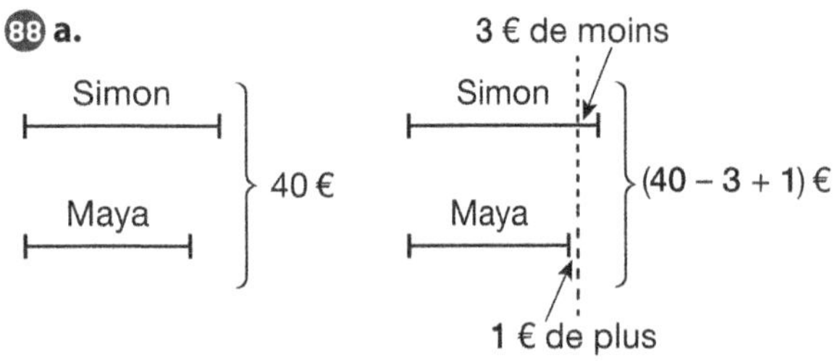

b. Deux fois cette même somme donne 38 €, donc chacun a 19 €.

89

		1	1		
		8	2,	5	**7**
+		7	4,	**6**	1
+		3	**4,**	7	**1**
	1	**9**	1,	8	9

		1	1		
		8	2,	5	**2**
+		7	4,	**6**	1
+		3	**4,**	7	**6**
	1	**9**	1,	8	9

		1	1	1	
		8	2,	5	**9**
+		7	4,	**5**	1
+		3	**4,**	7	**9**
	1	**9**	1,	8	9

		1	1		
		8	2,	5	**2**
+		7	4,	**6**	1
+		3	**4,**	7	**6**
	1	**9**	1,	8	9

		1	1		
		8	2,	5	**1**
+		7	4,	**6**	1
+		3	**4,**	7	**7**
	1	**9**	1,	8	9

		1	1		
		8	2,	5	**3**
+		7	4,	**6**	1
+		3	**4,**	7	**5**
	1	**9**	1,	8	9

		1	1		
		8	2,	5	**0**
+		7	4,	**6**	1
+		3	**4,**	7	**8**
	1	**9**	1,	8	9

		1	1		
		8	2,	5	**5**
+		7	4,	**6**	1
+		3	**4,**	7	**3**
	1	**9**	1,	8	9

		1	1		
		8	2,	5	**8**
+		7	4,	**6**	1
+		3	**4,**	7	**0**
	1	**9**	1,	8	9

		1	1		
		8	2,	5	**4**
+		7	4,	**6**	1
+		3	**4,**	7	**4**
	1	**9**	1,	8	9

90

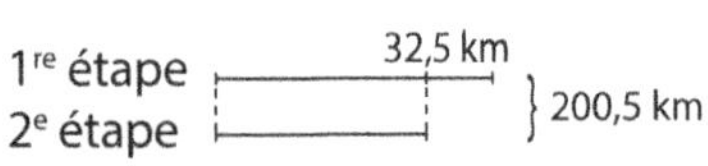

• 200,5 km − 32,5 km = 168 km
Ainsi, deux fois la longueur de la 2e étape font 168 km.
Donc la longueur de la 2e étape est la moitié de 168 km, c'est-à-dire 84 km.
• 84 km + 32,5 km = 116,5 km
La 1re étape est longue de 116,5 km.

91

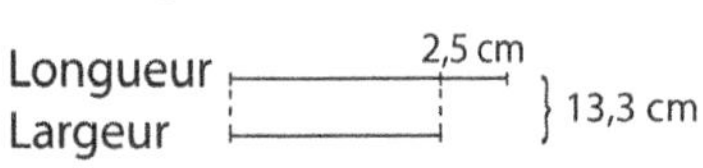

• 13,3 cm − 2,5 cm = 10,8 cm
Donc deux fois la largeur font 10,8 cm.
La largeur est la moitié de 10,8 cm soit 5,4 cm.

• 5,4 cm + 2,5 cm = 7,9 cm
La longueur de ce rectangle est 7,9 cm.
Échelle 4/5

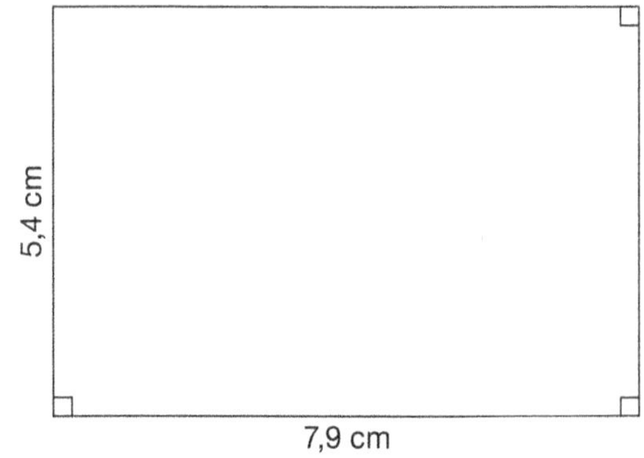

92 (0,8 L ; 0 ; 0)
(0,5 L ; 0 ; 0,3 L)
(0,5 L ; 0,3 L ; 0)
(0,2 L ; 0,3 L ; 0,3 L) ← On a 0,2 L dans la bouteille.
(0,2 L ; 0,5 L ; 0,1 L) ← On a 0,1 L dans la tasse de 0,3 L.
(0,7 L ; 0 ; 0,1 L)
(0,7 L ; 0,1 L ; 0)
(0,4 L ; 0,1 L ; 0,3 L) ← On a 0,4 L dans la bouteille.

93

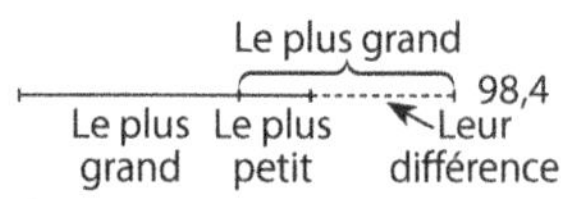

Ainsi, deux fois le plus grand nombre font 98,4, donc le plus grand nombre est la moitié de 98,4, soit 49,2.

94

	1	$_1$1,	$_1$0
−		9,	1
	1	1	
		1,	9

95 8 + 8 + 8 + 88 + 888 = 1 000

Je prends des initiatives

96 λ → 9 + 9 = 18 → S
π → 8 + 4 = 12 → A
α → 3 + 1 = 4 → V
∞ → 8 + 8 = 16 → O
δ → 1 + 4 = 5 → I
θ → 5 + 10 = 15 → R
Δ → 3 + 5 = 8 → C
φ → 2 + 7 = 9 → '
ε → 6 + 7 = 13 → E
μ → 10 + 4 = 14 → T
ρ → 4 + 3 = 7 → U
ϒ → 10 + 1 = 11 → N

La citation d'Aristote est :
« SAVOIR, C'EST SE SOUVENIR »

97 1re rando : 70,2 km − 35,8 km = 34,4 km
3e rando : 7,5 km + 7,5 km + 7,5 km + 7,5 km
15 km + 15 km
30 km
5e rando :
221,8 km − (34,4 km + 46,4 km + 30 km + 70,2 km)
221,8 km − 181 km
40,8 km

HAPITRE 4

Multiplier les nombres décimaux

INTENTIONS PÉDAGOGIQUES

❶ Les Repères des cycles 2 et 3

- En CE1, dès le début de la période 2, les élèves apprennent des doubles et moitiés de nombres d'usage courant (nombres inférieurs à 10, dizaines entières inférieures à 100, 25, 50, 100) et la table de multiplication par 2.

Les élèves apprennent, au plus tard en période 3, les multiplications par 10 et les tables de multiplication par 3, 4 et 5.

En fin d'année, ces faits numériques sont mémorisés.

À partir de la période 3, les élèves sont conduits à développer des procédures de calcul en mobilisant des propriétés multiplicatives : « 3×5, c'est pareil que 5×3 », « $3 \times 5 \times 2$, c'est pareil que 3×10 » et sur des exemples très simples : « $12 \times 5 = 10 \times 5 + 2 \times 5$ ».

- En CE2, les élèves apprennent au plus tard en période 3 les multiplications par 10 et par 100, et les tables de multiplication par 6, 7, 8, 9.

En fin d'année, ces faits numériques sont mémorisés. Ils apprennent et entretiennent tout au long de l'année une technique de calcul posé pour la multiplication, tout d'abord en multipliant un nombre à deux chiffres par un nombre à un chiffre, puis avec des nombres plus grands.

- En CM1, dès la période 1, les élèves renforcent leur maîtrise de l'algorithme appris au cycle 2 de la multiplication de deux nombres entiers.

À partir de la période 3, ils apprennent à multiplier par 10 des nombres décimaux.

En période 4 ou 5, ils apprennent à multiplier par 1 000 un nombre décimal.

- En CM2, les élèves apprennent l'algorithme de la multiplication d'un nombre décimal par un nombre entier (dès la période 1, en relation avec le calcul de l'aire d'un rectangle).

En période 3, les élèves apprennent à multiplier un nombre décimal (entier ou non) par 5 et par 50.

Tout au long de l'année, ils étendent l'utilisation des principales propriétés des opérations (notamment la commutativité de la multiplication) à des calculs rendus plus complexes par la nature des nombres en jeu, leur taille ou leur nombre (exemples : $3{,}2 \times 25 \times 4 = 3{,}2 \times 100$; $3{,}2 \times 10 = 10 \times 3{,}2$; $3{,}2 \times 25 \times 4 = 3{,}2 \times 100$).

- En 6e, dès la période 1 et dans le prolongement des acquis du CM, on réactive la multiplication ou la division par 10, 100, 1 000.

À partir de la période 2, les élèves apprennent à multiplier un nombre entier, puis décimal, par 0,1 et par 0,5 (différentes stratégies sont envisagées selon les situations).

Tout au long de l'année, ils stabilisent la connaissance des propriétés des opérations et les procédures déjà utilisées à l'école élémentaire, et utilisent la propriété de distributivité simple dans les deux sens (exemples : $23 \times 12 = 23 \times 10 + 23 \times 2$ et $23 \times 7 + 23 \times 3 = 23 \times 10$).

Tout au long de l'année, au travers de situations variées, les élèves entretiennent leurs acquis de CM sur les algorithmes opératoires.

Au plus tard en période 3, ils apprennent l'algorithme de la multiplication de deux nombres décimaux.

❷ Je découvre

Activité 1

On réactive les automatismes qui permettent de multiplier ou diviser un nombre décimal par 10, 100, 1 000. Pour cela, on a fait le choix de privilégier le fait qu'en multipliant par 10 ou 100 ou 1 000, le chiffre des unités devient le chiffre des dizaines ou des centaines ou des milliers. Cela nous paraît beaucoup plus porteur de sens que le fait de déplacer la virgule.

Activité 2

Dans un premier temps, on revient sur le sens de la multiplication par un nombre entier en tant que « additions répétées d'un même nombre ».

Ensuite, on réactive le lien entre la technique de la multiplication d'un nombre décimal par un nombre entier et la multiplication de deux entiers.

L'activité se termine par une situation multiplicative nécessitant d'effectuer la multiplication d'un nombre décimal par un entier.

Activité 3

On introduit la technique de la multiplication de deux nombres décimaux. Pour cela, on se ramène dans la question **1** au produit de deux entiers et on utilise les multiplications et divisions par 10, 100 ou 1 000.

La question **2** est consacrée au calcul mental et la question **3** à l'étude d'une situation multiplicative.

❸ Cours - J'applique le cours

Cours

- Au paragraphe 1, on rappelle les propriétés qui permettent de multiplier ou diviser un nombre décimal par 10, 100 ou 1 000. Un exemple illustre chaque cas.
- Au paragraphe 2, on introduit d'abord le vocabulaire de la multiplication (« produit », « facteur ») et on rappelle les propriétés concernant l'ordre et les regroupements.

On réactive enfin la technique de la multiplication d'un nombre décimal par un entier en donnant du sens.
Remarque : on évoque la calculatrice, mais à notre sens, dans un premier temps, elle ne trouve sa place que dans la vérification éventuelle d'un calcul préalablement effectué mentalement ou en ligne ou posé.

- Au paragraphe 3, on présente la technique de la multiplication de deux nombres décimaux.

Conformément aux Repères, on aborde la multiplication d'un nombre décimal par 0,1.
On aborde également la multiplication d'un nombre décimal par 0,5. À cette occasion, on fait le lien avec « prendre la moitié de » et avec la division par 2.
Ces propriétés sont illustrées de nombreux exemples.

- Au paragraphe 4, on revient sur les priorités opératoires déjà présentées au Chapitre 1 sur les nombres entiers.

J'applique le cours

Exercice résolu 1
Par le biais d'une situation concrète, on amène l'élève à réfléchir sur le sens de la multiplication par 100 ou 1 000.

Exercice résolu 4
Il s'agit ici d'une situation multiplicative. En conseil, on revient sur le sens de la multiplication d'un nombre décimal par un entier ; on explique qu'il peut être utile de remplacer le décimal par un entier pour bien choisir l'opération qu'il convient d'effectuer.

Exercice résolu 7
L'objectif est de travailler le sens de la multiplication de deux nombres décimaux. En conseil, on explique ici encore qu'il peut être utile de remplacer les nombres par des entiers afin de mieux choisir l'opération qu'il convient d'effectuer.

Exercice résolu 10
Cet exercice propose de résoudre un problème à étapes, soit en décomposant les étapes, soit à l'aide du calcul d'une seule expression. Cette situation permet d'insister sur le rôle des parenthèses dans un calcul.

4 Compléments

Utiliser la distributivité
Les Attendus de fin de 6e invitent à utiliser la distributivité simple dans les deux sens. C'est le cas par exemple aux exercices **11**, **12**, **29**.

Écrire une expression
Les Attendus de fin de 6e invitent à apprendre à organiser un calcul en une seule ligne, utilisant si nécessaire des parenthèses.
C'est le cas par exemple aux exercices **71**, **72**, **73**.

Résoudre des problèmes à étapes
Dans les exercices « Je travaille mes automatismes » (p. 70-71 du manuel), la majorité des situations étudiées ne font intervenir qu'une seule multiplication.
Dans les exercices « Je m'entraîne » et les rubriques suivantes, les situations proposées sont additives et multiplicatives en mobilisant plusieurs étapes de raisonnement.

Utiliser les TICE
L'exercice **94** est consacré à l'étude d'une animation réalisée avec le logiciel Scratch.
À cette occasion, l'élève est conduit à utiliser l'instruction « répéter ... fois » pour tracer un escalier à 7 marches.
L'exercice **95** est consacré à l'utilisation du tableur.
On indique la notation de la multiplication (*) avec le tableur et on poursuit l'initiation à l'utilisation de formules.

Étudier des tâches complexes
- L'exercice **114** « Jouer aux dominos » permet de réinvestir de manière ludique les connaissances des élèves pour calculer des produits de nombres décimaux.
- L'exercice **115**, basé sur une situation de la vie courante, permet de mettre en avant les avantages à se déplacer à vélo (économies, moins d'émissions de CO_2, forme physique).

Après avoir analysé les documents et mené plusieurs calculs, l'élève arrivera à la conclusion que se déplacer à vélo est vraiment bénéfique.

CORRIGÉS

Bien démarrer

1 **a.** et **c.** **2** **b.** et **c.** **3** **b.** et **c.**
4 **a.** et **c.** **5** **b.** et **c.**

Je découvre

Activité 1

1 **a.** 5,4 × 10 = 54
b. • 64 × 10 = 640 • 154,75 × 10 = 1 547,5
• 514 × 100 = 51 400 • 35,7 × 100 = 35 70
• 1,47 × 1 000 = 1 470 • 0,021 × 1 000 = 21

2 **a.** 5,4 : 10 = 0,54
b. • 87 : 10 = 8,7 • 0,32 : 10 = 0,032
• 731 : 100 = 7,31 • 8,2 : 100 = 0,082
• 63 : 1 000 = 0,063 • 8,3 : 1 000 = 0,008 3

Activité 2

1 Un autre calcul possible est 4 × 3,5 km.
4 × 3,5 km = 4 × 3 km + 4 × 0,5 km
4 × 3,5 km = 12 km + 2 km = 14 km
Emma a parcouru 14 km.
2 **a.** 7,25 × 3 = 3 × **7,25** = 3 × 725 : **100**
b. 7,25 × 3 = 3 × 725 : 100 = 2 175 : 100 = 21,75

3 $6 \times 1{,}25$ kg $= 7{,}5$ kg
Mario a utilisé 7,5 kg de miel.

	1,	2	5
×			6
	7,	5	0

Activité 3

1 $3{,}48 \times 7{,}9 = 348 \times 79 : 1\,000 = 27\,492 : 1\,000$
Donc $3{,}48 \times 7{,}9 = 27{,}492$.
2 **a.** $0{,}7 \times 0{,}3 = 0{,}21$ **b.** $0{,}08 \times 0{,}4 = 0{,}032$
c. $5{,}3 \times 0{,}2 = 1{,}06$ **d.** $23{,}4 \times 0{,}1 = 2{,}34$
e. $18 \times 0{,}5 = 9$ **f.** $27 \times 0{,}5 = 13{,}5$
3 $3{,}6 \times 9{,}25$ € $= 33{,}30$ €
Amine paie 33,30 €.

		9,	2	5
×			3,	6
	5	5	5	0
2	7	7	5	0
3	3,	3	0	0

J'applique le cours

2 • $1\,000 \times 87{,}99$ € $= 87\,990$ €
$100 \times 143{,}40$ € $= 14\,340$ €
$87\,990$ € $+ 14\,340$ € $= 102\,330$ €
Le montant total de la recette est 102 330 €.

3 **a.** $1\,000 \times 0{,}75$ L $= 750$ L
$100 \times 0{,}5$ L $= 50$ L
750 L $+ 50$ L $= 800$ L
Le producteur a préparé 800 L de soupe.
800 L $< 1\,300$ L, donc l'objectif n'a pas été atteint.
b. $1\,300$ L $- 800$ L $= 500$ L.
Il manquait 500 L de soupe.

5 D'après le calcul posé ci-contre, il y a environ 28,962 km entre les deux voitures.

	1,	6	0	9
×			1	8
1	2	8	7	2
1	6	0	9	0
2	8,	9	6	2

6 D'après le calcul posé ci-contre, une personne émet, en moyenne, 1 010,6 kg de CO_2 au cours d'un mois de décembre.

		3	2,	6
×			3	1
		3	2	6
	9	7	8	0
1	0	1	0,	6

8 **a.** $2{,}6 \times 3{,}15$ € $= 8{,}19$ €
Le prix de 2,6 kg de bananes est 8,19 €.

	3,	1	5
×		2,	6
1	8	9	0
6	3	0	0
8,	1	9	0

b. 700 g = 0,7 kg
$0{,}7 \times 3{,}15$ € $= 2{,}205$ €
Le prix de 700 g de bananes est 2,205 €, soit environ 2,21 €.

	3,	1	5
×		0,	7
2,	2	0	5

9 $7{,}8 \times 12{,}35$ € $= 96{,}33$ €
7,8 m² coûtent 96,33 €, donc Louise peut acheter 7,8 m² de voile.

	1	2,	3	5
×			7,	8
	9	8	8	0
8	6	4	5	0
9	6,	3	3	0

11 **Première méthode**
• $1{,}85$ km $+ 0{,}4$ km $= 2{,}25$ km
La longueur du circuit est 2,25 km.
• $5{,}5 \times 2{,}25$ km $= 12{,}375$ km

		2,	2	5
×			5,	5
	1	1	2	5
1	1	2	5	0
1	2,	3	7	5

La longueur totale du footing de Livia est 12,375 km.
Seconde méthode
$5{,}5 \times (1{,}85$ km $+ 0{,}4$ km$) = 5{,}5 \times 2{,}25$ km $= 12{,}375$ km
Livia a parcouru 12,375 km.

12 $3{,}5 \times (0{,}75$ L $+ 1{,}5$ L$) = 3{,}5 \times 2{,}25$ L $= 7{,}875$ L

	2,	2	5
×		3,	5
1	1	2	5
6	7	5	0
7,	8	7	5

John a préparé 7,875 L de cocktail.

Je travaille mes automatismes

Multiplier ou diviser par 10, 100, 1 000

13 **a.** $10 \times 2{,}8 =$ **28** **b.** $100 \times 4{,}2 =$ **420**
c. $1\,000 \times 0{,}7 =$ **700** **d.** $1\,000 \times 25{,}3 =$ **25 300**

14 **a.** $7 : 10 = 0{,}7$ **b.** $34 : 100 = 0{,}34$
c. $6{,}8 : 1\,000 = 0{,}006\,8$ **d.** $5{,}6 : 100 = 0{,}056$

15 **a.** $12{,}753 \times 100 = 1\,275{,}3$
b. $0{,}435 \times 1\,000 = 435$
c. $2{,}714\,3 \times 10 \times 100 = 2{,}714\,3 \times 1\,000 = 2\,714{,}3$
d. $14{,}203\,71 \times 100 \times 100 = 14{,}203\,71 \times 10\,000$
$14{,}203\,71 \times 100 \times 100 = 142\,037{,}1$

16

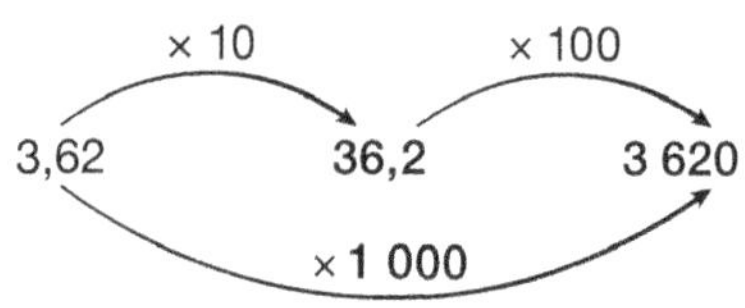

17 **a.** $10 \times 2{,}45$ m $= 24{,}5$ m
On obtient une longueur de 24,5 m.
b. $100 \times 2{,}45$ m $= 245$ m
On obtient une longueur de 245 m.

18 **a.** $27{,}3 : 10 = 2{,}73$ **b.** $825{,}45 : 100 = 8{,}254\,5$
c. $42{,}87 : 1\,000 = 0{,}042\,87$ **d.** $0{,}87 : 100 = 0{,}008\,7$

19

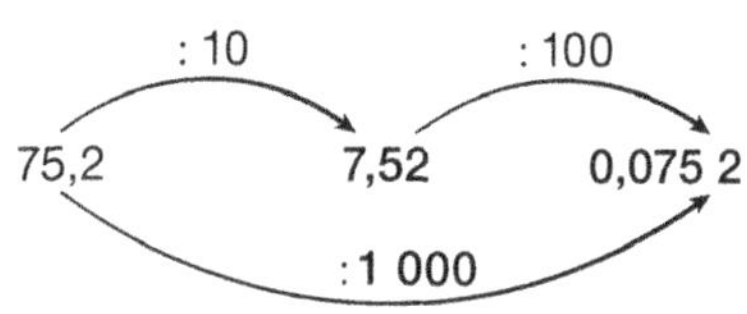

20 **a.** $4{,}3$ m $= 4{,}3 \times 1$ m $= 4{,}3 \times$ **100** cm $=$ **430** cm
b. $0{,}7$ m $= 0{,}7 \times 1$ m $= 0{,}7 \times$ **100** cm $=$ **70** cm
c. 95 m $= 95$ km $:$ **1 000** $=$ **0,095** km

Multiplier un nombre décimal par un entier

21 9 et 0,4 sont les **facteurs** du **produit** 9 × 0,4 qui est égal à **3,6**.

22 **a.** 3 × 0,9 = 2,7 **b.** 0,6 × 7 = 4,2
c. 1,3 × 5 = 6,5 **d.** 53 × 0,2 = 10,6

23 Les produits égaux à 2,4 sont :
• 4 × 0,6 • 8 × 0,3 • 1,2 × 2
En effet, 0,01 × 24 = 0,24 et 0,5 × 48 = 24.

24

a.
```
     8,6
  ×   74
     344
    6020
   636,4
```
b.
```
     6,25
  ×    38
     5000
    18750
   237,50
```
c.
```
      475
  ×  2,93
     1425
    42750
    95000
  1391,75
```

25 **a.**
```
    1,35
  ×   54
     540
    6750
    72,90
```
b.
```
    12,8
  ×   47
     896
    5120
   601,6
```
```
1,35×54     72,9
12,8×47    601,6
36,4×12    436,8
```
c.
```
    36,4
  ×   12
     728
    3640
   436,8
```

26 **a.** Un ordre de grandeur de 61 × 9,7 est 60 × 10, c'est-à-dire 600.
```
     9,7
  ×   61
      97
    5820
   591,7
```
b. Un ordre de grandeur de 304 × 48,07 est 300 × 50, c'est-à-dire 15 000.
```
      48,07
  ×     304
      19228
    1442100
    14613,28
```
c. Un ordre de grandeur de 20,4 × 71 est 20 × 70, c'est-à-dire 1 400.
```
     20,4
  ×    71
      204
    14280
   1448,4
```
d. Un ordre de grandeur de 982 × 0,46 est 1 000 × 0,5, c'est-à-dire 500.
```
      982
  ×  0,46
     5892
    39280
   451,72
```

27 **1. a.** 1,3 × 500 = 1,3 × 5 × **100** = **6,5** × **100** = **6 500**
b. 0,32 × 3 000 = 0,32 × 3 × **1 000** = **0,96** × **1 000** = **960**
2. 0,24 × 7 000 = 0,24 × 7 × 1 000 = 1,68 × 1 000 = 1 680

28 **a.** 2 × 12,3 × 50 = 12,3 × 2 × 50 = 12,3 × 100 = 1 230
b. 25 × 3,7 × 4 = 3,7 × 25 × 4 = 3,7 × 100 = 370
c. 12 × 2,5 × 5 × 4 = 12 × 5 × 2,5 × 4 = 60 × 10 = 600
d. 7 × 0,25 × 0,3 × 4 = 7 × 0,3 × 4 × 0,25 = 2,1 × 1 = 2,1

29 **a.** 12 × 3,7 = 12 × 3 + 12 × **0,7** = **36** + **8,4** = **44,4**
b. 13 × 4,6 = 13 × 4 + 13 × 0,6 = 52 + 7,8 = 59,8

30 3 × 2,8 mm = 3 × 2 mm + 3 × 0,8 mm
3 × 2,8 mm = 6 mm + 2,4 mm = 8,4 mm
La hauteur d'une lettre observée avec ces lunettes sera 8,4 mm.

31 9 × 0,18 € = 10 × 0,18 € – 0,18 €
Donc 9 × 0,18 € = 1,80 € – 0,18 € = 1,62 €.
Le prix d'une communication de 9 min est 1,62 €.

32 16 × 0,65 kg = 10,40 kg
Camille a préparé 10,40 kg de confiture.

33 • Fourmi : 60 × 0,015 g = 0,9 g
• Scarabée rhinocéros : 850 × 0,25 g = 212,5 g
La fourmi peut donc porter 0,9 g et le scarabée rhinocéros 212,5 g.

Multiplier deux nombres décimaux

34 **a.** 28,6 × 9,5 = 271,7
b. 2,86 × 0,95 = 2,717
c. 0,286 × 9,5 = 2,717

35 **a.** 26,3 × 5,6 = 147,28
b. 65,48 × 0,6 = 39,288
c. 24,5 × 0,35 = 8,575
d. 0,31 × 5,4 = 1,674

36 **a.** 19,3 × 49,55 est environ égal à 20 × 50.
Donc un ordre de grandeur de 19,3 × 49,55 est 1 000.
b. 0,9 × 31,07 est environ égal à 1 × 30.
Donc un ordre de grandeur de 0,9 × 31,07 est 30.

37 **a.** 28,6 × 0,1 = 2,86
b. 7,4 × 0,1 = 0,74
c. 89 × 0,1 = 8,9

38 **a.** 58 × 0,5 = 58 : 2 = 29
b. 23 × 0,5 = 23 : 2 = 11,5
c. 0,26 × 0,5 = 0,26 : 2 = 0,13

39

36	**18**	**9**	**4,5**	**2,25**

40 17 × 0,5 cL + 80 × 0,1 cL = (17 : 2) cL + 8 cL
Donc 17 × 0,5 cL + 80 × 0,1 cL = 8,5 cL + 8 cL = 16,5 cL.
L'infirmière a 16,5 cL de vaccin dans son stock.

41 **a.** 0,6 × 0,7 = 0,42 **b.** 1,3 × 0,4 = 0,52
c. 1,2 × 0,03 = 0,036 **d.** 0,5 × 0,018 = 0,009

42

a.
```
     9,4
  ×  3,7
     658
    2820
   34,78
```
b.
```
     3,75
  ×   5,6
     2250
    18750
   21,000
```
c.
```
     98,5
  ×  4,27
     6895
    19700
   394000
   420,595
```

43 **a.**
```
    2,43
  ×  1,6
    1458
    2430
   3,888
```
```
2,43×1,6   3,888
```

b.

```
      1 4, 1 8
  ×     3 9, 4
  ------------
      5 6 7 2
  1 2 7 6 2 0
  4 2 5 4 0 0
  ------------
  5 5 8, 6 9 2
```

14,18×39,4
558,692

c.

```
      2 4, 7
    × 2, 5 2
    --------
      4 9 4
  1 2 3 5 0
  4 9 4 0 0
  ---------
  6 2, 2 4 4
```

24,7×2,52
62,244

44 **a.** Un ordre de grandeur de 198,07 × 24,8 est 200 × 25, c'est-à-dire 5 000.

```
      1 9 8, 0 7
  ×         2 4, 8
  ----------------
    1 5 8 4 5 6
    7 9 2 2 8 0
  3 9 6 1 4 0 0
  ----------------
  4 9 1 2, 1 3 6
```

b. Un ordre de grandeur de 1 302,8 × 19,87 est 1 300 × 20, c'est-à-dire 26 000.

```
        1 3 0 2, 8
  ×         1 9, 8 7
  ------------------
          9 1 1 9 6
      1 0 4 2 2 4 0
    1 1 7 2 5 2 0 0
    1 3 0 2 8 0 0 0
  ------------------
    2 5 8 8 6, 6 3 6
```

c. Un ordre de grandeur de 349,2 × 4,03 est 350 × 4, c'est-à-dire 1 400.

```
      3 4 9, 2
  ×       4, 0 3
  --------------
      1 0 4 7 6
  1 3 9 6 8 0 0
  --------------
  1 4 0 7, 2 7 6
```

45

a.

	0,024	
0,12		0,2
0,3	0,4	0,5

b.

	0,005	
0,05		0,1
2,5	0,02	5

46 4,6 × 2,5 t = 11,50 t
La collecte a permis d'économiser 11,5 t de bois.

Connaître les priorités opératoires

47 **a.** 12 + 8 × 0,5 = 12 + 4 = 16
b. 0,6 × (5,9 – 5,1) = 0,6 × 0,8 = 0,48

48 5,3 + 0,7 × 0,4 = 5,3 + 0,28 = 5,58

49 **a.** 31 × 7 + 5,2 × 4
31 × 7 → 217 ; 5,2 × 4 → 20,8 ; 217 + 20,8 → 237,8

b. 10 – 1,5 × 3
1,5 × 3 → 4,5 ; 10 – 4,5 → 5,5

50 **a.** (4,7 + 3,5) – 8,1
(4,7 + 3,5) → 8,2 ; 8,2 – 8,1 → 0,1

b. 11,3 + (5 – 2,17)
(5 – 2,17) → 2,83 ; 11,3 + 2,83 → 14,13

51 20 × 0,5 + 2,5 = 10 + 2,5 = 12,5
b. 14 – 3 × 1,2 = 14 – 3,6 = 10,4
c. 143 + 5 × 2,8 = 143 + 14 = 157
d. 1,4 × 8 – 5 = 11,2 – 5 = 6,2

52 **a.** 0,6 × (2,8 – 2,5) = 0,6 × 0,3 = 0,18
b. (1,5 – 0,8) × 1,2 = 0,7 × 1,2 = 0,84
c. 3,14 × (783 + 217) = 3,14 × 1 000 = 3 140
d. 0,25 × (8 – 5,4) × 4 = 0,25 × 4 × 2,6 = 1 × 2,6 = 2,6

53 **a.** 0,3 × (0,6 + 2,5) = 0,3 × 3,1 = 0,93
b. 1,4 – 0,3 × 1,2 = 1,4 – 0,36 = 1,04
c. 12,54 × (5,25 – 5,23) = 12,54 × 0,02 = 0,250 8
d. 1,4 × 8 – 5 × 0,7 = 11,2 – 3,5 = 7,7

Je m'entraîne

Multiplier un nombre décimal par un entier

54 2,6 × 1 000 = 2 600
Ce moteur effectue 2 600 tours en une minute.

55 4 × 30,48 cm = 121,92 cm et 7 × 2,54 cm = 17,78 cm.
121,92 cm + 17,78 cm = 139,7 cm
La taille du correspondant anglais est 139,7 cm, soit environ 1,40 m.

56 • 12 × 8,81 Mo = 105,72 Mo, 7 × 9,3 Mo = 65,1 Mo, 15 × 8,35 Mo = 125,25 Mo
105,72 Mo + 65,1 Mo + 125,25 Mo = 296,07 Mo
Ethan a téléchargé 296,07 Mo de musique.

57 • 3 × 2,95 € + 4 × 0,80 € = 8,85 € + 3,20 € = 12,05 €.
Cindy a dépensé 12,05 €.
• 15 € – 12,05 € = 2,95 €.
Il reste 2,95 € à Cindy.

58 15 £ + 10 £ + 35 £ + 45 £ + 20 £ = 125 £
Gwen a besoin de 125 £.
125 × 1,25 € = 156,25 €
Gwen doit donc changer 156,25 €.

59 **a.** 60 × 0,253 t = 6 × 10 × 0,253 t
Donc 60 × 0,253 t = 6 × 2,53 t = 15,18 t.
15,18 t de plastiques finissent chaque minute dans les océans.
b. 60 × 15,18 t = 6 × 10 × 15,18 t
Donc 60 × 15,18 t = 6 × 151,8 t = 910,8 t.
910,8 t de plastiques finissent chaque heure dans les océans.

60 **a.** 1 440 × 4,6 m = 6 624 m
Enzo parcourt 6 624 m en 1 440 coups de pagaie.
b. 1 440 × 2,5 s = 3 600 s
Enzo parcourt cette distance en 3 600 s, c'est-à-dire en une heure.

61 • $50 \times 0{,}1 = 5 \rightarrow$ E
• $0{,}25 \times 4 = 1 \rightarrow$ A
• $2 \times 1{,}5 = 3 \rightarrow$ C
• $0{,}02 \times 1\,000 = 20 \rightarrow$ T
• $40 \times 0{,}45 = 18 \rightarrow$ R
• $1{,}2 \times 5 = 6 \rightarrow$ F
• $42 \times 0{,}5 = 21 \rightarrow$ U
Le mot caché est FACTEUR.

Multiplier des nombres décimaux

62 **a.** $1\,254 \times \mathbf{0{,}01} = 12{,}54$ **b.** $2{,}53 \times \mathbf{0{,}1} = 0{,}253$
c. $37{,}8 \times \mathbf{10} = 378$ **d.** $8\,960 \times \mathbf{0{,}001} = 8{,}96$
e. $\mathbf{75{,}4} \times 0{,}1 = 7{,}54$ **f.** $0{,}05 \times \mathbf{1\,000} = 50$

63 **a.**

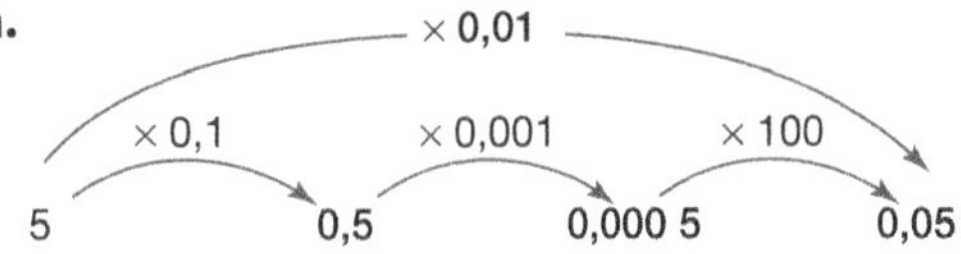

b.

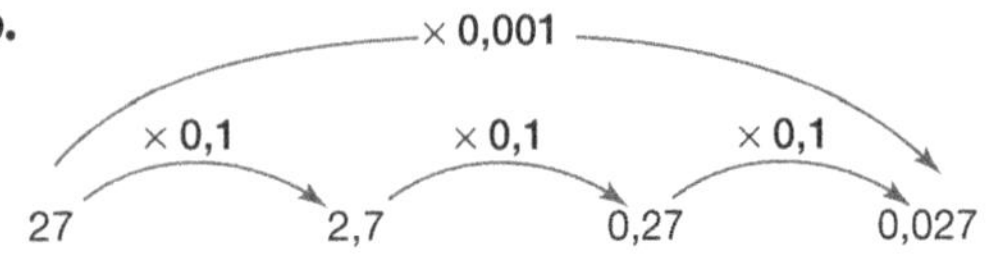

64 **a.** Émeric achète moins de 1 kg de vêtements, donc il doit payer moins de 14,95 €.
b. 800 g = 0,8 kg
$0{,}8 \times 14{,}95$ € = 11,96 €
Émeric doit payer 11,96 €.

65 • $1{,}450 \times 11{,}60$ € = 16,82 €
Le fromage à raclette coûte 16,82 €.
• 600 g = 0,6 kg et $0{,}6 \times 10{,}95$ € = 6,57 €.
Le jambon fumé coûte 6,57 €.
• 16,82 € + 6,57 € = 23,39 €
Valérie paie au total 23,39 €.

66 **a.** $1{,}5 \times 0{,}086$ kg = 0,129 kg
1,5 L de soda contient 0,129 kg de sucre.
b. $0{,}33 \times 0{,}086$ kg = 0,028 38 kg
0,33 L de soda contient 0,028 38 kg de sucre.

67 $3{,}4 \times 2{,}6$ km = 8,84 km
3,4 cm sur cette carte représentent 8,84 km dans la réalité.

68 **a.** Une demi-heure, c'est 0,5 h.
$11{,}376 \times 0{,}5 = 5{,}688$
En une demi-heure, 5,688 milliards de litres d'eau tombent des chutes du Niagara.
b. Un quart d'heure, c'est 0,25 h.
$11{,}376 \times 0{,}25 = 2{,}844$
En un quart d'heure, 2,844 milliards de litres d'eau tombent des chutes du Niagara.

69 **1.**

		6	9	5
	×		2	8
	5	5	6	0
1	3	9	0	0
1	9	4	6	0

2. a. $28 \times 6{,}95$ € = 194,60 €
Le prix de cet achat est 194,60 €.
b. $28 \times 0{,}695$ kg = 19,46 kg
Le chien de Kaïs a mangé 19,46 kg de pâtée.
c. $2{,}8 \times 6{,}95$ € = 19,46 kg
2,8 kg de cerises coûtent 19,46 €.
d. $69{,}5 \times 0{,}028$ L = 1,946 L
Cette voiture consomme 1,946 L de carburant sur un trajet de 69,5 km.

70 **a.** $0{,}7 + 0{,}3 \times 0{,}6 = 0{,}7 + 0{,}18 = 0{,}78$
b. $0{,}5 \times (4{,}8 + 3{,}6) = 0{,}5 \times 8{,}4 = 4{,}2$

71 **a.** $53 \times 1{,}5 + 53 \times 0{,}75$ et $53 \times (1{,}5 + 0{,}75)$
b. $53 \times 1{,}5 + 53 \times 0{,}75 = 79{,}5 + 39{,}75 = 119{,}25$ et
$53 \times (1{,}5 + 0{,}75) = 53 \times 2{,}25 = 119{,}25$.
La quantité totale de gel contenu dans ces flacons est 119,25 L.

72 $35 \times 4{,}75$ m + 36×3 m = 166,25 m + 108 m = 274,25 m
La longueur de cet étage est 274,25 m.

73 **a.** $10 \times 10 \times 1{,}3$ t + $10 \times 19{,}2$ t et $10 \times (10 \times 1{,}3$ t + 19,2 t)
b. $10 \times 10 \times 1{,}3$ t + $10 \times 19{,}2$ t = 130 t + 192 t = 322 t et
$10 \times (10 \times 1{,}3$ t + 19,2 t) = $10 \times$ (13 t + 19,2 t) = $10 \times 32{,}2$ t
= 322 t
La masse totale de ces wagons est 322 t.

74 **Cible 1 :** $4 \times 0{,}5 \times 3 = 2 \times 3 = 6$
Cible 2 : $0{,}02 \times 0{,}8 = 0{,}016$
Cible 3 : $0{,}02 \times 0{,}5 \times 4 \times 3 = 0{,}01 \times 12 = 0{,}12$
Cible 4 : $4 \times 0{,}5 \times 0{,}8 \times 3 = 2 \times 2{,}4 = 4{,}8$
Cible 5 : $3 \times 0{,}8 \times 0{,}5 \times 0{,}02 = 2{,}4 \times 0{,}01 = 0{,}024$
Cible 6 : $4 \times 0{,}02 \times 0{,}8 = 0{,}08 \times 0{,}8 = 0{,}064$

Synthèse

Utiliser la multiplication

75 **a.** $32 \times 9{,}25$ € = 296 €
Le prix des 32 raquettes est 296 €.
b. 342 € – 296 € = 46 €
Le prix du seau de 100 balles est 46 €.
c. 46 € : 100 = 0,46 €
Le prix d'une balle est 0,46 €.

		9,	2	5
	×		3	2
	1	8	5	0
2	7	7	5	0
2	9	6,	0	0

76 **a.** • **Scénario 1 :** $70 \times 4{,}5$ mm = 315 mm
Avec le scénario 1, l'élévation du niveau des océans sera de 315 mm.
• **Scénario 2 :** $70 \times 11{,}8$ mm = 826 mm
Avec le scénario 2 l'élévation du niveau des océans sera de 826 mm.
• 826 mm – 315 mm = 511 mm.
L'écart entre ces deux scénarios est de 511 mm, soit 51,1 cm.
b. Ethan multiple l'écart annuel entre les deux scénarios par 70 (le nombre d'années).
(11,8 mm – 4,5 mm) $\times$ 70 = 7,3 mm $\times$ 70 = 511 mm
L'écart entre ces deux scénarios sera de 511 mm soit 51,1 cm.
c. Les résultats sont identiques.

77 **a.** $7{,}5 \times 0{,}3$ kg = 2,25 kg
Maria doit prévoir 2,25 kg de garniture.
b. $2{,}25 \times 0{,}6$ kg = 1,35 kg
Maria doit prévoir 1,35 kg de mozzarella.

Parcours différenciés

Je m'évalue

(78) **c.** (79) **b.** (80) **a.** (81) **b.**
(82) **b.** (83) **a.** (84) **c.** (85) **b.**
(86) **c.** (87) **b.** (88) **a.** (89) **b.**
(90) **a.** (91) **c.**

Je réalise mon parcours

92 PARCOURS 1

a. Il y a **15** melons de **0,7** kg dans une caisse, donc la masse totale de ces melons est **15** × **0,7** kg, soit **10,5** kg.
b. 10,5 kg + 0,6 kg = 11,1 kg
La masse totale d'une caisse pleine est 11,1 kg.
c. 9 × 11,1 kg = 99,9 kg
La masse totale des caisses pleines présentes sur cet étalage est 99,9 kg.

PARCOURS 2

• Il y a 15 melons de 0,7 kg dans une caisse, donc la masse totale des melons dans une caisse est 15 × 0,7 kg, soit 10,5 kg.
• 10,5 × 4,20 € = 10 × 4,20 € + 0,5 × 4,20 € = 44,10 €
Le prix d'une caisse est normalement 44,10 €.
44,10 € < 45 € donc cette offre n'est pas intéressante pour le client.

PARCOURS 3

• Il y a 15 melons de 0,7 kg dans une caisse, donc la masse totale des melons dans une caisse est 15 × 0,7 kg, soit 10,5 kg.
10,5 × 4,20 € = 10 × 4,20 € + 0,5 × 4,20 € = 44,10 €
Le prix de vente d'une caisse est 44,10 €.
9 × 44,10 € = 396,90 €
Le prix de vente des melons de cet étalage est 396,90 €.
• Il y a 9 × 15 melons soit 135 melons sur cet étalage.
135 × 1,40 € + 9 × 0,05 € = 189 € + 0,45 € = 189,45 €
Le coût de cet étalage est 189,45 €.
• 396,90 € – 189,45 € = 207,45 €
Le bénéfice lors de la vente de cet étalage est 207,45 €.

93 PARCOURS 1

a. Si l'on choisit 2,5, avec le programme 1, il faut calculer (**2,5** + **5,6**) × **0,2**.
b. (2,5 + 5,6) × 0,2 = 8,1 × 0,2 = 1,62
Si l'on choisit 2,5, on obtient 1,62 avec le programme 1.
c. (0,7 + 5,6) × 0,2 = 6,3 × 0,2 = 1,26
Si l'on choisit 0,7, on obtient 1,26 avec le programme 1.

PARCOURS 2

Programme 1

• 2,4
• 2,4 + 5,6 = 8
• 8 × 0,2 = 1,6

Programme 2

• 2,4
• 2,4 × 1,5 = 3,6
• 3,6 + 1,2 = 4,8

Si l'on choisit 2,4 on obtient 1,6 avec le programme 1 et 4,8 avec le programme 2.
3 × 1,6 = 4,8, donc si l'on choisit 2,4, le nombre obtenu avec le programme 2 est le triple du nombre obtenu avec le programme 1.

PARCOURS 3

On observe sur la feuille de calcul ci-dessous qu'il faut choisir 8,8 pour que le résultat du programme 2, soit 5 fois plus grand que le résultat du programme 1.

	A	B	C	D	E	F	G
1	**Nombre**	8	8,1	8,2	8,3	8,4	8,5
2	**Programme 1**	2,72	2,74	2,76	2,78	2,8	2,82
3	**5 x Programme 1**	13,6	13,7	13,8	13,9	14	14,1
4	**Programme 2**	13,2	13,35	13,5	13,65	13,8	13,95

H	I	J	K	L
8,6	8,7	8,8	8,9	9
2,84	2,86	2,88	2,9	2,92
14,2	14,3	**14,4**	14,5	14,6
14,1	14,25	**14,4**	14,55	14,7

On a saisi :
– dans la cellule B2 : `=(B1+5.6)*0.2`
– dans la cellule B3 : `=5*B2`
– dans la cellule B4 : `=B1*1.5+1.2`

Je m'entraîne avec Scratch et le tableur

94 **1. a.** *Fichier téléchargeable sur le site compagnon.*
Voici la figure obtenue.

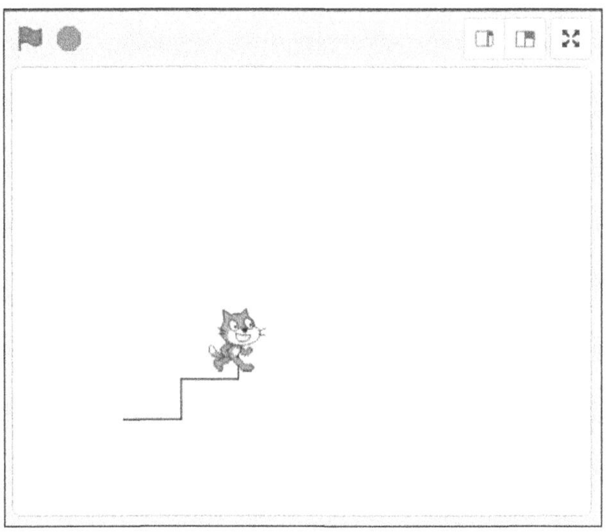

b. Voici le script modifié.

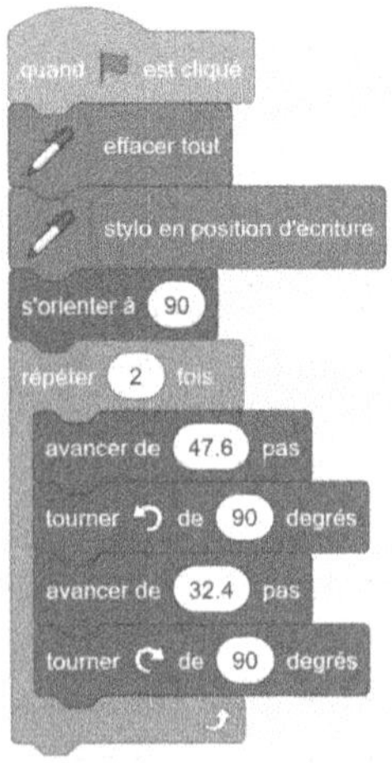

c. $2 \times (47{,}6 + 32{,}4) = 2 \times 80 = 160$
Le lutin parcourt 160 pas.
2. a. Voici le script modifié et la figure obtenue.

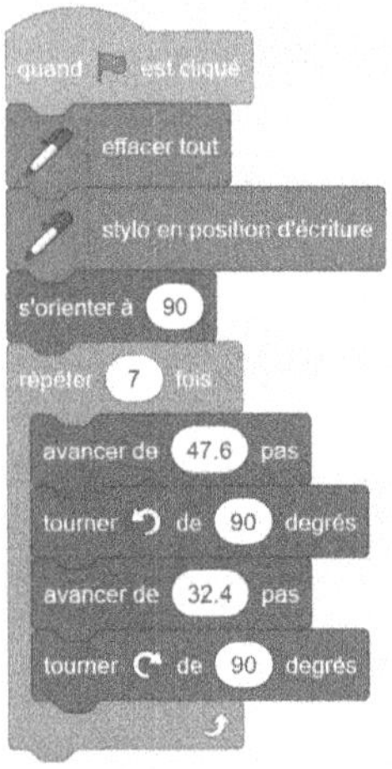

b. $7 \times (47{,}6 + 32{,}4) = 7 \times 80 = 560$
Le lutin parcourt 560 pas.

95 **1. a.** *Fichier téléchargeable sur le site compagnon.*
b. $8{,}9 \times 78 = 694{,}2$
Les bijoux vendus 8,90 € pièce rapportent 694,20 € à Héloïse.
d. En H3, on obtient 220.
C'est le nombre total de bijoux vendus par Héloïse.
e. En H4, on obtient 4 680,1.
La recette totale réalisée par Héloïse s'élève à 4 680,10 €.
2. c. *Fichier téléchargeable sur le site compagnon.*
En décembre, Héloïse a vendu 403 bijoux et sa recette s'est élevée à 10 669,40 €.

	A	B	C	D	E	F	G	H
1	novembre							
2	**Prix unitaire** (en €)	8,9	17	24,9	29,9	45	74,9	**Total**
3	**Quantité**	78	54	36	27	17	8	220
4	**Recette** (en €)	694,2	918	896,4	807,3	765	599,2	4680,1
5								
6								
7	décembre							
8	**Prix unitaire** (en €)	8,9	17	24,9	29,9	45	74,9	**Total**
9	**Quantité**	93	89	74	62	58	27	403
10	**Recette** (en €)	827,7	1513	1842,6	1853,8	2610	2022,3	10669,4

J'utilise mes compétences

96 **Traduction**
Chris achète trois buns (brioches) et six tartelettes.
Combien va-t-il payer ?

Solution
$3 \times 1{,}25\ \$ + 6 \times 2{,}65\ \$ = 3{,}75\ \$ + 15{,}9\ \$ = 19{,}65\ \$$
Chris paie 19,65 $.

97 Voici deux énoncés possibles.
• Énoncé 1
Deux champs rectangulaires sont juxtaposés comme ci-dessous :

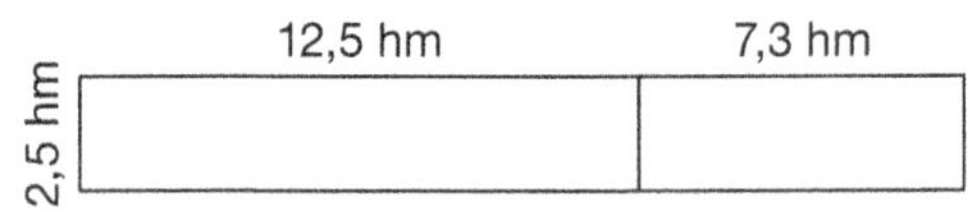

Calculer l'aire totale de ces deux champs.
• Énoncé 2
Lou achète 2,5 kg de fromage à 12,50 € le kilogramme et 2,5 kg de fraises à 7,30 € le kilogramme.
Calculer le montant de la dépense.

98 $A = 0{,}3 \times 2{,}4 \times 0{,}5 = 0{,}3 \times 1{,}2 = 0{,}36$
$B = 1{,}5 \times 0{,}6 \times 10 \times 0{,}04 = 1{,}5 \times 6 \times 0{,}04 = 9 \times 0{,}04 = 0{,}36$
$C = (5 - 4{,}7) \times 0{,}6 = 0{,}3 \times 0{,}6 = 0{,}18$
$D = 1{,}2 \times 5 - 2 \times 2{,}1 = 6 - 4{,}2 = 1{,}8$
$E = 50 \times 0{,}2 \times 0{,}9 \times 0{,}02 = 10 \times 0{,}018 = 0{,}18$
$F = 5 \times (1 - 0{,}1) - 5{,}4 \times 0{,}5 = 5 \times 0{,}9 - 2{,}7 = 4{,}5 - 2{,}7 = 1{,}8$
Donc A = B, C = E et D = F.

99 $0{,}7 \times 0{,}4 \times 9{,}8$ cm $= 0{,}28 \times 9{,}8$ cm $= 2{,}744$ cm
$0{,}7 \times 0{,}4 \times 4{,}3$ cm $= 0{,}28 \times 4{,}3$ cm $= 1{,}204$ cm
Les dimensions de l'image ainsi réduite sont 2,744 cm et 1,204 cm.

100 Le rez-de-chaussée compte comme un étage.
• **Dylan :** $103 \times 4{,}94$ m $= 508{,}82$ m
• **Karim :** $99 \times 5{,}12$ m $= 506{,}88$ m
• **Marina :** $98 \times 5{,}2$ m $= 509{,}6$ m
C'est donc Marina qui se trouve le plus haut.

101 • On considère que Samuel parle de nombres décimaux qui ne sont pas des nombres entiers.
$2{,}5 \times 0{,}4 = 1$

Donc l'affirmation de Samuel est vraie.
• $7 \times 0{,}2 = 1{,}4$ et $1{,}4 < 7$.
Donc l'affirmation de Célia est fausse.

102 **a.** Ordre de grandeur (avec les ingrédients dans l'ordre de la recette présentée) :
R = 1,5 × 8 € + 1 × 2 € + 1 × 1 € + 0,5 × 2 €
R = 12 € + 2 € + 1 € + 1 €
R = 16 €
Les ingrédients de cette recette coûtent environ 16 €.
b. R = 1,6 × 7,80 € + 1,1 × 2,20 € + 0,9 × 1,10 € + 0,4 × 1,90 €
R = 12,48 € + 2,42 € + 0,99 € + 0,76 €
R = 16,65 €
Les ingrédients de cette recette coûtent 16,65 €.

103 • 3 × 2,4 km = 7,2 km
Lorsqu'elle effectue un footing, Anne parcourt 7,2 km.
• 52,5 × 7,2 = 378
Aude dépense environ 378 kcal à chaque footing.
378 kcal = 378 × 1 000 calories = 378 000 calories
Aude dépense 378 000 calories quand elle effectue un footing.

104 **a.** • 365 × 5 h = 1 825 h
365 × (24 h – 5 h) = 6 935 h
En une année, l'ordinateur d'Inaya est utilisé pendant 1 825 h et il est en veille pendant 6 935 h.
• 1 825 × 60 Wh = 109 500 Wh = 109,5 kWh
109,5 × 0,158 7 € ≈ 17,38 €
En fonctionnement, l'ordinateur d'Inaya consomme 109,5 kWh et cela coûte environ 17,38 € pour une année.
• 6 935 × 20 Wh = 138 700 Wh = 138,7 kWh
138,7 × 0,158 7 € ≈ 22 €
En veille, l'ordinateur d'Inaya consomme 138,7 kWh et cela coûte environ 22 € pour une année.
• 17,38 € + 22 € = 39,38 €
Le coût annuel de l'électricité consommée par l'ordinateur d'Inaya en une année de 365 jours est environ 39,38 €.
b. En éteignant son ordinateur plutôt que de le laisser en veille, Inaya pourrait économiser 22 €.

105 • 96,5 m × 60,5 m = 5 838,25 m^2
L'aire de la pelouse est 5 838,25 m^2.
• 15 × 5 838,25 × 6,4 L = 560 472 L
Hela utilise 560 472 L d'eau en 15 semaines pour l'arrosage de la pelouse.
• 560 472 : 100 = 560,472
On pourrait alimenter 560 personnes pendant un jour avec cette eau.

106 Schéma de la situation :

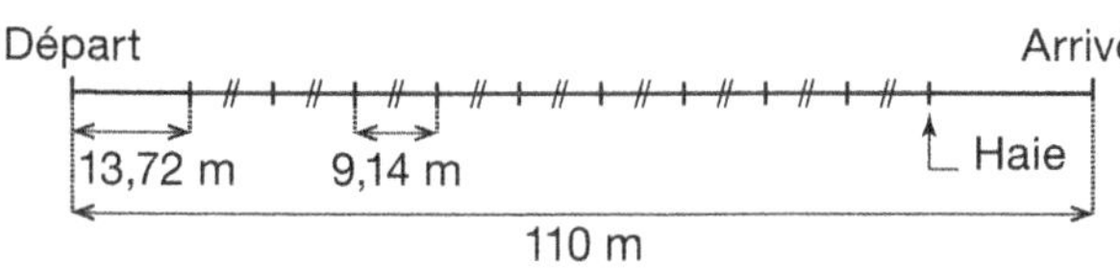

• 13,72 m + 9 × 9,14 m = 13,72 m + 82,26 m = 95,98 m
La distance entre la ligne de départ et la dernière haie est 95,98 m.
• 110 m – 95,98 m = 14,02 m
La distance entre la dernière haie et la ligne d'arrivée est 14,02 m.

107 • 50 × 38,46 baths = 1 923 baths
Avec 50 €, elle aura 1 923 baths.
• 1 923 × 3,42 yens = 6 576,66 yens
Avec 1 923 baths, elle aura 6 576,66 yens.
• 6 576,66 × 0,009 dollar = 59,189 94 dollars
Avec 6 576,66 yens, elle aura environ 59,19 dollars.
• 59,19 × 0,88 livre sterling ≈ 52,09 livres sterling
Avec environ 59,19 dollars, elle aura environ 52,09 livres sterling.
• 52,09 × 97,08 roubles ≈ 5 056,90 roubles.
L'aventurière devrait obtenir environ 5 056,90 roubles avec 50 €.

108

				1,	5	1	5
×					7	3,	4
				6	0	6	0
			4	5	4	5	
	1	0	6	0	5		
	1	1	1,	2	0	1	0

109 On observe sur l'écran 3 ci-dessous que les deux nombres sont 2,5 et 4,8.

Écran 1

	A	B	C	D	E	F	G	H	I	J	K
1	Nombre 1	0.1	0.2	0.3	0.4	0.5	0.6	0.7	0.8	0.9	1
2	Nombre 2	7.2	7.1	7	6.9	6.8	6.7	6.6	6.5	6.4	6.3
3	Produit	0.72	1.42	2.1	2.76	3.4	4.02	4.62	5.2	5.76	6.3

Écran 2

	A	B	C	D	E	F	G	H	I	J	K
1	Nombre 1	1.1	1.2	1.3	1.4	1.5	1.6	1.7	1.8	1.9	2
2	Nombre 2	6.2	6.1	6	5.9	5.8	5.7	5.6	5.5	5.4	5.3
3	Produit	6.82	7.32	7.8	8.26	8.7	9.12	9.52	9.9	10.26	10.6

Écran 3

	A	B	C	D	E	F	G	H	I	J	K
1	Nombre 1	2.1	2.2	2.3	2.4	2.5	2.6	2.7	2.8	2.9	3
2	Nombre 2	5.2	5.1	5	4.9	4.8	4.7	4.6	4.5	4.4	4.3
3	Produit	10.92	11.22	11.5	11.76	12	12.22	12.42	12.6	12.76	12.9

On a saisi
– dans la cellule B2 : =7,3-B1
– dans la cellule B3 : =B1*B2

110 • 6 ▲ 0,5 = 6 × 0,5 + 6 – 0,5 = 3 + 6 – 0,5 = 8,5
On en déduit que (6 ▲ 0,5) ▲ 0,2 = 8,5 ▲ 0,2.
Or 8,5 ▲ 0,2 = 8,5 × 0,2 + 8,5 – 0,2 = 1,7 + 8,5 – 0,2 = 10.
Donc (6 ▲ 0,5) ▲ 0,2 = 10.
• a ▲ 0,5 = $a \times 0{,}5 + a - 0{,}5$
• Il s'agit donc de déterminer un nombre a tel que :

$$a \times 0{,}5 + a - 0{,}5 = 10.$$

On observe sur l'écran ci-dessous que $a = 7$.

	A	B	C	D	E	F	G	H	I	J	K
1	a	1	2	3	4	5	6	7	8	9	10
2	a x 0,5 + a – 0,5	1	2.5	4	5.5	7	8.5	10	11.5	13	14.5

On a saisi dans la cellule B2 : =B1×0.5+B1-0.5
Vérification :
7 ▲ 0,5 = 7 × 0,5 + 7 – 0,5 = 3,5 + 7 – 0,5 = 10.

111 **Écran** ①
Le chiffre des unités de A × A est 9, donc A = 3 ou A = 7.
• 346,33 × 0,03 = 10,389 9, donc A ≠ 3.
• 346,37 × 0,07 = 24,245 9, donc A = 7.
Conclusion A = 7.

Écran ②

Le chiffre des unités de B × C est 4, donc il y a 12 possibilités pour B et C.

B	1	4	2	2	7	3	8	4	6	6	9	8
C	4	1	2	7	2	8	3	6	4	9	6	8

- 18,1 × 27,44 = 496,664
- 18,2 × 27,42 = 499,044
- **18,7 × 27,42 = 512,574**
- 18,8 × 27,43 = 515,684
- 18,6 × 27,44 = 510,384
- 18,9 × 27,46 = 518,994
- 18,4 × 27,41 = 504,344
- 18,2 × 27,47 = 499,954
- 18,3 × 27,48 = 502,884
- 18,4 × 27,46 = 505,264
- 18,6 × 27,49 = 511,314
- 18,8 × 27,48 = 516,624

Donc B = 7 et C = 2.

112

$$\begin{array}{r} 0,54 \\ \times \quad 3 \\ \hline 1,62 \end{array}$$

113 • 0,5 × (4,2 + 17,4) = 0,5 × 21,6 = 10,8
- 7 × 2,1 – 3,9 = 14,7 – 3,9 = 10,8
- 2,3 + 2,5 × 3,4 = 2,3 + 8,5 = 10,8
- (5,7 - 1,2) × 2,4 = 4,5 × 2,4 = 10,8

Je prends des initiatives

114

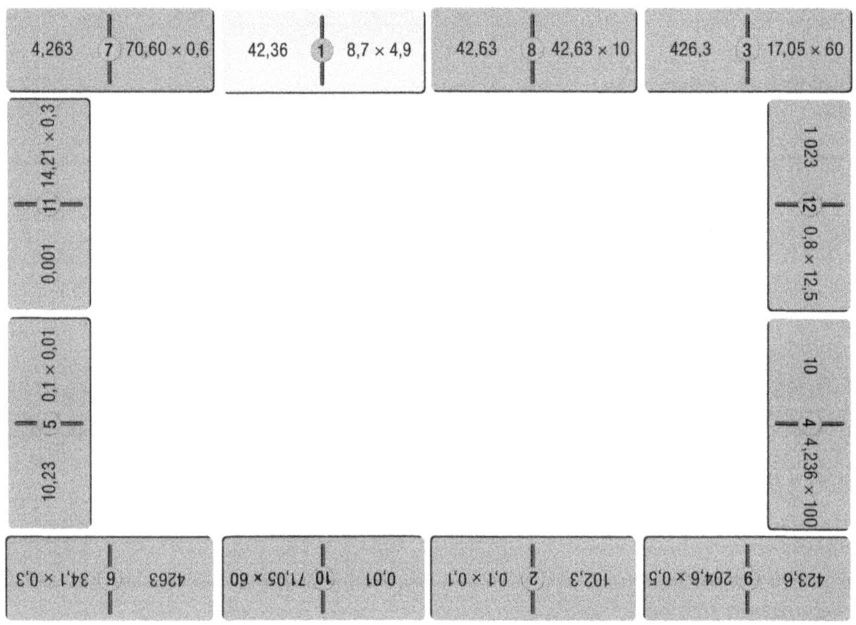

115 • 3× 365 × 26 km = 28 470 km

Olivia devrait parcourir 28 470 km en trois ans.

28 470 × 0,055 L = 1 565,85 L

Olivia va économiser 1 565,85 L de carburant.

• 1 565,85 × 1,62 € ≈ 2 536,68 €

Le coût du carburant aurait été d'environ 2 536,68 €.

2 536,68 € – 1 400 € = 1 136,68

Olivia va économiser environ 1 136,68 €.

• 1 565,85 × 2,64 kg = 4 133,844 kg

La voiture n'aura pas émis 4 133,844 kg de CO_2 pendant trois ans.

CHAPITRE 5

Diviser par un nombre entier

INTENTIONS PÉDAGOGIQUES

1 Les Repères des cycles 2 et 3

- Au CP, dans la continuité du travail sur le sens effectué en maternelle, des problèmes de division sont initiés dans des situations très simples de partage ou de groupement.
- Au CE1, l'étude du sens de la division est préparée par la résolution de deux types de problèmes : ceux où l'on cherche combien de fois une grandeur contient une autre grandeur et ceux où l'on partage équitablement une grandeur en un nombre donné de grandeurs.
- Au CE2, en appui sur les compétences en calcul qui augmentent progressivement, les élèves consolident l'étude du sens de la division par la résolution de deux types de problèmes abordés au CE1 : le partage et le groupement.

Le réinvestissement dans de nombreux problèmes arithmétiques élémentaires permet ensuite aux élèves d'accéder à différentes compréhensions de chaque opération et les liens entre elles.

Les élèves mobilisent des propriétés et développent des procédures de calcul adaptées aux nombres en jeu pour obtenir le quotient et le reste d'une division euclidienne par un nombre à 1 chiffre et par des nombres comme 10, 25, 50, 100.

Par exemple, à l'écrit : $92 = (9 \times 10) + 2$; et à l'oral : « 92 divisé par 9, il y a 10 fois 9 et il reste 2 ».

- Au CM1, les élèves apprennent à multiplier et à diviser par 10 des nombres décimaux.

Ils apprennent les critères de divisibilité par 2, 5 et 10.

Ils apprennent l'algorithme de la division euclidienne de deux nombres entiers.

- Au CM2, les élèves apprennent à diviser un nombre décimal (entier ou non) par 100.

Ils apprennent les critères de divisibilité par 3 et par 9.

Les élèves apprennent les algorithmes :

– de la division de deux nombres entiers (quotient décimal ou non : par exemple, 10 : 4 ou 10 : 3) ;

– de la division d'un nombre décimal par un nombre entier.

- En 6e, dans le prolongement des acquis du CM, on réactive la multiplication et la division par 10, 100, 1 000.

Les élèves stabilisent la connaissance des propriétés des opérations et les procédures déjà utilisées à l'école élémentaire.

Ils entretiennent leurs acquis de CM sur les algorithmes opératoires.

2 Je découvre

Activité 1

L'objectif de cette activité est de mettre en place une technique de la division euclidienne.

On pourra au passage mettre en place :

$$\text{dividende} = \text{quotient} \times \text{diviseur} + \text{reste}$$
$$\text{et reste} < \text{diviseur}$$

La question **1** permet de trouver un encadrement du quotient et de faire le lien entre multiplication à trou et recherche d'un quotient.

À la question **2**, on donne une manière de poser correctement la division euclidienne, en lien avec la numération.

À la question **3**, le calcul instrumenté est introduit. Cela fait partie des capacités attendues du programme. On pourra faire le point avec les élèves sur les calculatrices dans cette question.

Activité 2

L'objectif de la question **1** est de réinvestir les connaissances des élèves sur les critères de divisibilité par 2, par 5 et par 10. Cette réactivation des savoirs est faite à partir d'une situation concrète, sur trois nombres différents.

La question **2** permet de chercher un critère de divisibilité par 3, ainsi que par 9.

Ce travail est assez guidé et demande à l'élève d'utiliser la calculatrice.

Il sera intéressant d'en vérifier l'utilisation correcte pour une division euclidienne ou décimale. On pourra définir la notion « est divisible par ».

Activité 3

L'objectif de cette activité est double :

– distinguer la division décimale de la division euclidienne ;

– mettre en place une technique de la division décimale.

Cela est de nouveau entrepris à travers un problème familier pour les élèves.

Cinq amis ayant fait une division euclidienne, le reste doit être partagé. On différencie les deux divisions.

Dans la première question, le reste est donné et dans la question **2. c**, l'élève doit trouver mentalement la part de chacun.

Cette progression permet de donner du sens à la division posée.

3 Cours - J'applique le cours

Cours

- Au paragraphe 1, on énonce la définition de la division euclidienne.
- Au paragraphe 2, on rappelle les critères de divisibilité par 2, par 5 et par 10, puis les critères de divisibilité par 3 et par 9.
- Au paragraphe 3, on énonce la définition de la division décimale.
- Au paragraphe 4, on rappelle la propriété permettant de diviser un nombre décimal par 10, 100, 1 000.

J'applique le cours

Exercice résolu 1

L'objectif est double : travailler le sens de la division euclidienne, mais aussi sa technique opératoire avec un diviseur à deux chiffres.

On pourra demander aux élèves le nombre de chiffres du quotient grâce au conseil :

$$15 \times 10 = 150 \text{ et } 15 \times 100 = 1\,500,$$

donc le quotient a deux chiffres.

On n'interdira pas le calcul mental qui peut donner un ordre de grandeur du quotient. On pourra faire remarquer aux élèves qu'ils peuvent calculer les multiples de 15.

L'élève doit comprendre à quoi correspond chaque nombre dans la division euclidienne posée. Ici il doit en donner le quotient et le reste, compte tenu des questions posées.

Exercice résolu 3

L'objectif de cet exercice est de comprendre la division euclidienne et d'utiliser l'égalité :

$$\text{dividende} = \text{quotient} \times \text{diviseur} + \text{reste}$$

pour rechercher le diviseur connaissant le dividende, le quotient et le reste.

L'élève doit comprendre que le calcul (dividende – reste) permet de calculer le nombre de ballons qui ont effectivement été distribués, puis en déduire le nombre d'enfants présents en effectuant la division euclidienne de ce nombre par le quotient.

Exercice résolu 6

Dans cet exercice également l'objectif est double : donner à l'élève un exemple simple d'utilisation de la division décimale et en expliciter en détail la technique opératoire.

Dans un premier temps, on essaie d'insister sur la signification de la division décimale et la raison de son utilisation pour calculer le prix d'un stylo.

Ensuite, on a fait le choix de montrer pas à pas la réalisation de cette division décimale. En effet, cette technique a été introduite au CM2, mais elle n'est probablement pas encore assimilée par les élèves. Il est important de faire le lien entre la technique opératoire et la numération, en insistant sur les chiffres des dixièmes et des centièmes. L'élève peut écrire les abréviations : u, $\frac{1}{10}$, $\frac{1}{100}$ pour bien placer les chiffres.

Exercice résolu 8

L'objectif de cet exercice est d'étudier une situation dans laquelle le dividende est inférieur au diviseur.

On insiste à nouveau sur la signification de la division décimale et la raison de son utilisation ici pour calculer la longueur d'un morceau de ruban.

On remarque ensuite que le quotient est inférieur à 1. En effet, il en est toujours ainsi lorsque le dividende est inférieur au diviseur. Par conséquent, la partie entière du quotient est égale à 0.

4 Compléments

Nous avons fait le choix de proposer des exercices avec des formes de calcul variées : calcul mental, calcul posé et calcul instrumenté. Plusieurs exercices privilégient une forme de calcul, puis invitent l'élève à vérifier par une autre forme de calcul.

Sens et technique de la division

Pour un entraînement efficace sur ces deux aspects, on a prix le parti de proposer diverses situations afin que l'élève puisse asseoir petit à petit le sens de la division, et également de nombreux exercices techniques de divisions posées, tout en restant raisonnables sur la taille des nombres qui interviennent.

Les exercices sont équilibrés entre « division partage » et « division regroupement » qui aideront l'élève à conceptualiser la division.

L'exercice **47** permet de proposer comme procédure experte la division euclidienne, en s'intéressant à la longueur d'un cycle.

Critères de divisibilité

La connaissance des critères de divisibilité est utilisée pour apprendre à raisonner dans les exercices **49** à **52**. Elle permet également de mieux comprendre la composition des nombres entiers.

Utiliser des logiciels

La page 92 est consacrée à l'utilisation de différents logiciels pour diviser.

Dans l'exercice **82**, on définit différentes variables dans Scratch (sans pour autant utiliser le mot « variable », qui ne sera défini qu'en classe de 5e). On utilise l'instruction « demander... et attendre », ce qui permet de donner différentes valeurs à la variable « Nombre_par_rangée », puis de calculer les valeurs de la variable « Quotient ».

Dans l'exercice **83**, on indique la notation « / » de la division dans une feuille de calcul et on poursuit l'initiation à l'utilisation de formules. On a pris le parti de suivre le devenir d'une formule lors d'une recopie. À cette occasion, on indique l'usage du symbole « $ » afin de ne pas modifier le nom d'une cellule lors de sa recopie.

Prendre des initiatives

- L'exercice **101** mélange deux usages de la division : s'intéresser au reste d'une division euclidienne connaissant la longueur d'un cycle et chercher combien de fois une longueur est comprise dans une autre.
- L'exercice **102** a pour thème le jeu de Marienbad. Cet exercice peut être envisagé comme un travail en binômes. Les élèves peuvent être invités à jouer quelques parties (avec des stylos) pour dégager une stratégie gagnante. Le prolongement qui consiste à augmenter le nombre de stylos permettra de généraliser une stratégie gagnante en utilisant la division euclidienne.

CORRIGÉS

Bien démarrer

1 **a.** et **c.** **2** **b.** et **c.** **3** **a.**
4 **a.** **5** **a.** **6** **c.**

Je découvre

Activité 1

1 $10 \times 6 = 60$ et $20 \times 5 = 120$.
Puisque $60 < 104 < 120$, alors chacun des six compagnons de Cartouche aura entre 10 et 20 pièces d'or.

2 **a.**

	c	d	u		
	1	0	4	6	
–		6		d	u
		4	4	1	7
	–	4	2		
			2		

b. Chaque compagnon recevra donc 17 pièces d'or.
$17 + 2 = 19$, donc Cartouche recevra 19 pièces d'or.

3 234⊢6 Q=39 R=0

Q = 39 et R = 0, donc chacun des cinq compagnons, ainsi que Cartouche, recevra 39 pièces d'or.

Activité 2

1 **a.** 124 se termine par 4 et est donc divisible par 2, mais ni par 5 ni par 10.
Laura peut donc aligner ses figurines par rangées de 2 figurines, mais ni par rangées de 5 ni par rangées de 10 figurines.
b. 135 se termine par 5, donc est divisible par 5, mais ni par 2 ni par 10.
Ernest peut ranger ses figurines par rangées de 5, mais ni par rangées de 2 ni par rangées de 10 figurines.
150 se termine par 0, donc est divisible par 2, par 5 et par 10.
Tao peut ranger ses figurines par rangées de 2, de 5 ou de 10 figurines.

2 **a.** 124⊢3 Q=41 R=1 124⊢9 Q=13 R=7

$124 = 3 \times 41 + 1$ et $124 = 9 \times 13 + 7$.
Donc 124 n'est divisible ni par 3 ni par 9.
b. $1 + 2 + 4 = 7$
7 n'est divisible ni par 3 ni par 9.
c. • $135 = 3 \times 45 = 9 \times 15$
Donc 135 est divisible par 3 et par 9.
$1 + 3 + 5 = 9$
9 est divisible par 3 et par 9.
• $150 = 3 \times 50 = 9 \times 16 + 6$
150 est divisible par 3, mais pas par 9.
$1 + 5 + 0 = 6$
6 est divisible par 3, mais pas par 9.

d. On remarque que les nombres divisibles par 3 (respectivement par 9) sont les nombres dont la somme des chiffres est aussi divisible par 3 (respectivement par 9).
Pour déterminer si un nombre est divisible par 3 (respectivement par 9), on additionne ses chiffres et on vérifie si la somme de ses chiffres est divisible par 3 (respectivement par 9).

Activité 3

1 Chaque ami doit payer **14 €** et il reste encore **3 €** à régler.

2 **a.** Il y a 30 dixièmes d'euro dans 3 €.
b. $30 = 5 \times 6$, donc chaque ami doit payer 6 dixièmes d'euro. Il n'en reste aucun à répartir.

	d	u				
	7	3		5		
–	5			d	u	
	2	3		1	4,	6
–	2	0				
		3	0			
	–	3	0			
			0			

c. $14 + \frac{6}{10} = 14,6$
Donc chaque ami doit payer 14,60 €.

J'applique le cours

2 **a.** $136 + 10 = 146$
$146 = \mathbf{2} \times 53 + \mathbf{40}$

	1	4	6	5	3
–	1	0	6	2	
		4	0		

Trois cars seront donc nécessaires pour cette sortie.
b. $53 - 40 = 13$
Il manque 13 élèves pour remplir le dernier car.

4 $2\,150 - 5 = 2\,145$
$2\,145 = 13 \times 165$

	2	1	4	5	1	6	5
–	1	6	5		1	3	
		4	9	5			
	–	4	9	5			
				0			

5 $205 - 9 = 196$
196 petits fours sont mangés.
On effectue la division euclidienne de 196 par 4 :
$196 = 4 \times 49 + 0$
49 personnes se sont donc partagé les petits fours.
$49 - 1 = 48$
Marc a donc invité 48 personnes.

⑦ 34,44 g : 6 = 5,74 g

	3	4,	4	4	6		
–	3	0			5,	7	4
		4	4				
	–	4	2				
			2	4			
		–	2	4			
				0			

Une pièce de 20 centimes pèse 5,74 g.

⑨ 2,45 mm : 7 = 3,5 mm

	2,	4	5	7		
–	0			0,	3	5
	2	4				
–	2	1				
		3	5			
	–	3	5			
			0			

Un cheveu s'allonge de 0,35 mm en un jour.

10 1,8 : 24 = 0,075

La capacité d'un flacon est de 0,075 L, soit 75 mL.

Je travaille mes automatismes

Utiliser une division euclidienne

11 Dans la division euclidienne ci-contre, 23 est le **dividende**, 5 est le **diviseur**, 4 est le **quotient** et 3 est le **reste**.

12 **a.** 27 = 2 × 10 + 7

Le quotient est 2 et le reste 7.

b. 50 = 7 × 7 + 1

Le quotient est 7 est le reste 1.

c. 7 = 0 × 9 + 7

Le quotient est 0 est le reste 7.

13 **a.**

	7	2	5	7		
–	7			1	0	3
	0	2	5			
	–	2	1			
			4			

725 = 7 × 103 + 4 et 4 < 7.

b.

	3	4	7	1	1
–	3	3		3	1
		1	7		
	–	1	1		
			6		

347 = 31 × 11 + 6 et 6 < 11.

c.

	6	5	1	1	3
–	6	5		5	0
		0	1		
	–	0	0		
			1		

651 = 50 × 13 + 1 et 1 < 13.

14 **a.**

	2	6	4	8	3	7
–	2	5	9		7	1
			5	8		
		–	3	7		
			2	1		

Le quotient est 71 et le reste 21.

b.

	1	8	5	4	3	7
–	1	8	5		5	0
			0	4		
		–		0		
				4		

Le quotient est 50 et le reste 4.

c.

	3	0	0	0	2	3	7	
–	2	9	6			8	1	0
			4	0				
		–	3	7				
				3	2			
			–		0			
				3	2			

Le quotient est 810 et le reste 32.

15 **a.**

	8	2	7	1	3
–	7	8		6	3
		4	7		
	–	3	9		
			8		

b.

	2	5	2	3	3	7
–	2	2	2		6	8
		3	0	3		
	–	2	9	6		
				7		

c.

	4	2	3	9	5	6
–	3	9	2		7	5
		3	1	9		
	–	2	8	0		
			3	9		

16 On sait que :

dividende = diviseur × quotient + reste

dividende = 14 × 13 + 2

dividende = 182 + 2

dividende = 184

17 **a.** 23 < 25, donc 23 est bien le reste de la division euclidienne de 548 par 25. Le quotient est 21.

b. 23 > 21, donc 23 n'est pas le reste de la division euclidienne de 548 par 21.

On écrit : 548 = 21 × 25 + 21 + 2 = 21 × 26 + 2

2 < 21, donc 2 est bien le reste de la division euclidienne de 548 par 21. Le quotient est 26.

18 **a.** On effectue la division euclidienne de 38 par 7 :

38 = 5 × 7 + 3

Le pâtissier peut remplir 5 boîtes avec 38 macarons.

b. Il lui reste alors 3 macarons.

19 **a.** On effectue la division euclidienne de 22 par 8 :

22 = 2 × 8 + 6.

Trois minibus de 8 places sont nécessaires pour transporter tous les joueurs (2 avec 8 joueurs, 1 avec 6 joueurs).

b. 8 – 6 = 2

Il reste 2 places libres dans le dernier minibus.

Connaître les critères de divisibilité

20 **a.** Les nombres divisibles par 2 et par 5 compris entre 25 et 52 sont 30, 40 et 50.
b. Le seul nombre divisible par 3 et par 10 compris entre 25 et 55 est 30.

21 **a.** 16 215 ne se termine pas par 0, 2, 4, 6 ou 8, donc 16 215 n'est pas divisible par 2.
b. $1+6+2+1+5=15$
15 est divisible par 3, donc 16 215 est divisible par 3.
c. 16 215 se termine par 5, donc 16 215 est divisible par 5.
d. $1+6+2+1+5=15$
15 n'est pas divisible par 9, donc 16 215 n'est pas divisible par 9.
e. 16 215 ne se termine pas par 0 donc n'est pas divisible par 10.

22 **a.** 42 ; 54 ; 1 000 ; 1 548
b. 85 ; 45 ; 1 000
c. 42 ; 45 ; 54 ; 1 548 ; 10 101
d. 45 ; 54 ; 1 548

23 **a.** Les nombres de la liste divisibles par 9 et par 2 sont 72 et 90.
b. Les nombres de la liste divisibles par 5 et par 9 sont 45 et 90.
c. Les nombres de la liste divisibles par 3 et par 10 sont 90 et 101 010.
d. Le nombre de la liste divisible par 5, mais ni par 10 ni par 9 est 1 005.

24 Les nombres entiers compris entre 125 et 150 qui sont divisibles à la fois par 2 et par 3 sont : 126, 132, 138, 144 et 150.

25 1 665 se termine par 5, donc est divisible par 5, mais pas par 2.
$1+6+6+5=18$ et 18 est divisible par 3, donc 1 665 est divisible par 3.
Donc Mélina et Romain arriveront exactement sur la dernière marche, mais pas Aurore, qui arrivera sur l'avant-dernière marche.

Utiliser une division décimale

26 $2{,}1 : 2 = 1{,}05$
La longueur MT est égale à 1,05 cm.

27 $10 : 4 = 2{,}5$
Chaque ami obtient la somme de 2,50 €.

28 **a.** $7 : 2 = 3{,}5$ **b.** $9 : 5 = 1{,}8$
c. $21 : 4 = 5{,}25$ **d.** $18 : 8 = 2{,}25$

29 **a.** Amélie doit encore partager la somme de 2 €.
b. 2 €, c'est 200 centimes.
Partagés en 4, on obtient 50 centimes, soit 0,50 €.
Donc la part exacte de chaque personne est 43,50 €.

30 **a.**

2 5, 6	8
− 2 4	3, 2
1 6	
− 1 6	
0	

$25{,}6 : 8 = 3{,}2$

b.

4 2 1, 6	1 7
− 3 4	2 4, 8
8 1	
− 6 8	
1 3 6	
− 1 3 6	
0	

$421{,}6 : 17 = 24{,}8$

c.

1, 9 2	3 2
− 1 9 2	0, 0 6
0	

$1{,}92 : 32 = 0{,}06$

31 **a.**

1 7 4	8
− 1 6	2 1, 7 5
1 4	
− 8	
6 0	
− 5 6	
4 0	
− 4 0	
0	

b. On calcule : $8 \times 21{,}75 = 174$

32 **a.**

6 5	1 2
− 6 0	5, 4 1 6
5 0	
− 4 8	
2 0	
− 1 2	
8 0	
− 7 2	
8	

b. Cette division ne semble pas se terminer car le reste est à nouveau 8.
c. Il est possible de partager 65 m de corde en 12 morceaux identiques. En revanche, il n'est pas possible d'écrire la longueur de chaque morceau, en m, sous forme décimale.

32 **a.** $12{,}6 : 7 = 1{,}8$
b. $1\,260 : 7 = 180$
c. $0{,}126 : 7 = 0{,}018$

34 **a.** $23 : 4 = 5{,}75$
Le prix d'un kilogramme est 5,75 €.
b. $6{,}8 : 8 = 0{,}85$
La masse est 0,85 kg.

35 **a.** $21 : 4 = 5{,}25$
La longueur d'un côté de ce carré est 5,25 cm.
b. $15{,}3 : 3 = 5{,}1$
La longueur d'un côté de ce triangle est 5,1 dm.

36 $36 : 60 = 0{,}6$
Cet hélicoptère consomme 0,6 L d'essence en une minute.

Diviser par 10, 100, 1 000

37 $14{,}30 : 10 = 1{,}43$
Un timbre à l'unité coûte 1,43 €.

38 **a.** $13 : 10 = 1{,}3$
b. $0{,}5 : 10 = 0{,}05$
c. $145{,}7 : 1000 = 0{,}1457$

d. 5150 : 100 = 51,5
e. 56 : 100 = 0,56
f. 9 : 1000 = 0,009

39 **a.** 1 346,6 : 10 = **134,66**
b. 527 : **100** = 5,27
c. **123 450** : 1 000 = 123,45
d. **56 700** : 100 = 567

40 18 840 : 10 = 1 884
Il faut prévoir 1 884 arrosoirs de 10 L pour remplir la piscine.

41 5 : 1 000 = 0,005
L'épaisseur d'une feuille de papier est de 0,005 cm.

42 2,7 t = 2 700 kg
2 700 : 10 = 270
Lilas doit prévoir 270 sacs de 10 kg de granulés.

43 $2 \times 5 = 10$
Agathe parcourt 10 fois la distance entre chez elle et le collège par semaine.
41,6 : 10 = 4,16
La distance entre la maison d'Agathe et le collège est de 4,16 km.

Je m'entraîne

Comprendre la division euclidienne

44 **a.** $319 = 45 \times 7 + 4$
b. Le reste de la division euclidienne est égal à 4, on peut donc diminuer le dividende de 4 sans changer le quotient (315 : 7 = 45).
c. Quand on augmente le dividende de 1, le reste augmente de 1. Le reste doit rester inférieur au diviseur, c'est-à-dire à 7. On peut donc augmenter le dividende de 2 sans changer le quotient.

45 On sait que : dividende = quotient × diviseur + reste, donc ici dividende = 18×11 + reste
c'est-à-dire dividende = 198 + reste.
Le reste est inférieur au diviseur, donc est compris entre 0 et 10.
La plus petite valeur pour le dividende est donc 198 et la plus grande valeur 208.

46 **a.** $243 = 15 \times 16 + 3$
$15 + 1 = 16$
16 boîtes sont nécessaires pour ranger tous les mangas de Clélia.
b. $16 - 3 = 13$
Il lui manque 13 mangas pour remplir la dernière boîte.

47 **a.** Le même enchaînement de 4 briques se répète : couleurs bleue, rouge, verte et jaune.
$21 = 4 \times 5 + 1$: avec 21 briques, on fait 5 enchaînements de 4 briques et on ajoute 1 brique de la première couleur, le bleu.
Donc la 21ᵉ brique est bleue.
b. Avec le même raisonnement : $150 = 4 \times 37 + 2$.
La 150ᵉ brique sera donc rouge.

48 247 kg = 247 000 g
247 000 g : 200 g = 1 235
L'arboriculteur a récolté 1 235 pommes.
$1\,235 = 25 \times 49 + 10$
$49 + 1 = 50$
L'arboriculteur doit prévoir 50 cageots pour ranger toutes les pommes récoltées (59 sont pleins et 1 contient les 10 pommes restantes).

49 Les multiples de 5 sont les nombres qui se terminent par 0 ou par 5.
Le multiple de 5 qui précède 1 456 est 1 455. Le reste de la division euclidienne de 1 456 par 5 est donc 1, et non 3.

50 Le nombre ■24Δ est divisible par 2, donc se termine par 0, 2, 4, 6 ou 8.
Donc Δ est égal à 0, 2, 4, 6 ou 8.
Le nombre ■24Δ est divisible par 9, donc la somme de ses chiffres est divisible par 9.
■ + 2 + 4 + Δ = 6 + ■ + Δ
Cette somme doit être égale à 9 ou 18, donc la somme de ■ et de Δ doit être égale à 3 ou à 12.
Si $\Delta = 0$, alors ■ = 3. Si $\Delta = 2$, alors ■ = 1.
Si $\Delta = 4$, alors ■ = 8. Si $\Delta = 6$, alors ■ = 6.
Si $\Delta = 8$, alors ■ = 4.
Les nombres possibles sont donc 3 240, 1 242, 8 244, 6 246 et 4 248.

51 Le nombre cherché est un multiple de 5 et de 2, il se termine donc par 0.
De plus il est divisible par 9, donc la somme de ses chiffres est un multiple de 9.
La seule solution comprise entre 1 et 100 est 90.

52 Le code est un nombre à quatre chiffres.
Ce nombre est divisible par 5, mais pas par 2, il se termine donc par 5.
Le chiffre des centaines est égal à 6.
Le nombre cherché est donc de la forme ■6Δ5.
La somme des chiffres est un multiple de 9.
$6 + 5 = 11$
La somme ■ + Δ peut donc être égale à 7 ou à 16.
On obtient les solutions suivantes : 0675, 1665, 2655, 3645, 4635, 5625, 6615, 7605, 7695, 8685, 9675.
Nolan doit donc essayer onze codes différents.

53

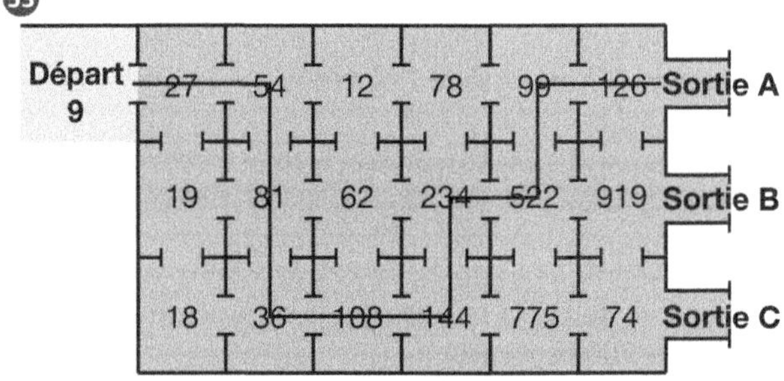

Comprendre la division décimale

54 7,30 : 5 = 1,46 et 8,10 : 6 = 1,35.
Un kilogramme de coing coûte 1,46 € et un kilogramme de pommes coûte 1,35 €.
Donc le prix au kilogramme des coings est supérieur à celui des pommes.

55 **a.** 1 624 : 124 = 13,5, donc ■ = 13,5.
b. 244,8 : 24 = 10,2, donc ■ = 10,2.
c. Il n'est pas possible de compléter cette égalité, car le produit d'un nombre par 0 est toujours égal à 0.
d. $12{,}8 \times 0 = 0$

56 1,2 : 15 = 0,08
Le prix d'une minute de connexion est de 0,08 €.

57 4,5 m = 450 cm
450 : 60 = 7,5
Le paysagiste doit acheter 7 lauriers-roses.

58 437,2 – 174,88 = 262,32
Il lui reste 262,32 € à payer.
262,32 : 3 = 87,44
Le montant de chaque mensualité sera de 87,44 €.

59 $5 \times 2 = 10$
L'épaisseur totale des étagères est de 10 cm.
1,40 m = 140 cm
140 – 10 = 130
130 : 4 = 32,5
La distance entre deux étagères est de 32,5 cm.

60 5,7 : 6 = 0,95
Un litre de lait coûte 0,95 €.

61 **a.** 914,4 : 10 = 91,44
Guillaume a couru 91,44 m.
b. 914,4 : 1 000 = 0,9144
Donc 1 yard = 0,914 4 m = 91,44 cm.

62 20,20 – 6 = 14,20
14,2 : 100 = 0,142
Un sticker coûte 0,142 €.

63

	2	0	0					1	1	1		
–	1	1	1					1,	8	0	1	8
		8	9	0								
	–	8	8	8								
				2	0							
			–		0							
				2	0	0						
			–	1	1	1						
					8	9	0					
				–	8	8	8					
							2					

La division de 200 par 111 ne se termine pas.
La suite de chiffres « 801 » se répète indéfiniment.
$100 = 3 \times 33 + 1$, donc le 100e chiffre après la virgule est 8.
Samuel a raison.

Synthèse

Utiliser une division

64 **a.** $120 \times 2 = 240$
Les billets d'avion leur coûtent 240 €.
b. 700 – 240 = 460
Il leur restera 460 € pour leurs dépenses sur place.
c. On effectue la division euclidienne de 460 par 65.
$460 = 7 \times 65 + 5$
Lyana et Peter pourront rester 7 jours sur place (il leur restera 5 €).

65 **a.** 20 – 13,20 = 6,80
Hélène a payé 6,80 € pour l'ensemble de ses achats.
b. 6,80 – 1,10 = 5,70
Hélène a payé 5,70 € pour les 6 croissants.
c. 5,70 : 6 = 0,95
Le prix d'un croissant est 0,95 €.

66 **a.** $250 \times 4 = 1\,000$
Il y a 1 000 boîtes de conserve sur la palette.
b. 582 – 7 = 575
La masse totale de ces boîtes de conserve est de 575 kg.
c. 575 : 1 000 = 0,575
La masse d'une boîte de conserve est 0,575 kg, soit 575 g.

67 **Travail préliminaire**
6 – 4,80 = 1,20, il manque donc 1,20 € à Jennifer pour acheter 8 pamplemousses.
Prix d'un pamplemousse : 6 : 8 = 0,75
4,80 : 0,75 = 6,4, donc avec 4,80 €, on peut acheter 6 de ces pamplemousses.
4,80 : 8 = 0,6, donc si 1 pamplemousse coûtait 0,60 €, Jennifer pourrait en acheter 8.

Solution
a. Quel est le prix d'un pamplemousse ?
b. Combien de pamplemousse Jennifer peut-elle acheter ?
c. Combien manque-t-il à Jennifer pour acheter les pamplemousses ?
d. Combien devrait coûter un pamplemousse au maximum pour que Jennifer puisse en acheter 8 avec 4,80 € ?

Parcours différenciés

Je m'évalue

68 **a.**	69 **a.**	70 **b.**	71 **c.**
72 **a.**	73 **b.**	74 **a.**	75 **b.**
76 **b.**	77 **c.**	78 **a.**	79 **b.**

Je réalise mon parcours

80 PARCOURS 1

a.

	1	7	3	1	2
–	1	2		1	4
		5	3		
	–	4	8		
			5		

b. Il y aura 14 tables complètes au premier service.
c. 5 élèves sont assis à la table incomplète.

PARCOURS 2

a. On effectue la division euclidienne de 254 par 12 :
$$254 = 12 \times 21 + 2$$
À ce service, 21 tables sont complètes.
b. 12 – 2 = 10
Il manque 10 élèves pour qu'une table supplémentaire soit complète.

PARCOURS 3

Au premier service : $173 = 12 \times 14 + 5$

Au deuxième service : $254 = 12 \times 21 + 2$

Sophie et ses amis sont trois.

Si elles choisissent le premier service elles seront à la même table (la table non complète accueille 5 élèves), mais ce ne sera pas le cas si elles choisissent le second service (la table non complète n'accueille que 2 élèves).

81 PARCOURS 1

a. Le prix d'un gramme de chocolat est le nombre qui multiplié par **600** donne **18**. On effectue donc la division décimale de **18** par **600** ».

b.

	1	8,	0	0	6	0	0	
–	1	8	0	0	0,	0	3	
				0				

$18 : 600 = 0{,}03$

Un gramme de chocolat coûte 0,03 €.

PARCOURS 2

a. 2 (étages) × 4 (rangées) × 6 chocolats = 48 chocolats

Il y a 48 chocolats dans la boîte.

b. $600 : 48 = 12{,}5$

La masse d'un chocolat est 12,5 g.

PARCOURS 3

$2 \times 4 \times 6 = 48$

Il y a 48 chocolats dans la boîte.

$18 : 48 = 0{,}375$

Un chocolat coûte 0,375 €.

Je m'entraîne avec Scratch, le tableur et la calculatrice

82 **1.** Le lutin énonce le quotient de 250 par le nombre de chaises par rangées.

2. a. b.

• Pour 13 chaises par rangée

Le résultat énoncé par le lutin est 19,23. L'employé pourra donc disposer 19 rangées de chaises.

$250 - 13 \times 19 = 3$

Il restera 3 chaises.

• Pour 14 chaises par rangée

Le résultat énoncé par le lutin est 17,86. L'employé pourra donc disposer 17 rangées de chaises.

$250 - 14 \times 17 = 12$

Il restera 12 chaises.

• Pour 15 chaises par rangée

Le résultat énoncé par le lutin est 16,67. L'employé pourra donc disposer 16 rangées de chaises.

$250 - 15 \times 16 = 10$

Il restera 10 chaises.

• Pour 16 chaises par rangée

Le résultat énoncé par le lutin est 15,63. L'employé pourra donc disposer 15 rangées de chaises.

$250 - 16 \times 15 = 10$

Il restera 10 chaises.

• Pour 17 chaises par rangée

Le résultat énoncé par le lutin est 14,71. L'employé pourra donc disposer 14 rangées de chaises.

$250 - 17 \times 14 = 12$

Il restera 12 chaises.

83 **1. a.** *Travail avec le tableur.*

b. Les quotients ne sont pas corrects.

Ils sont égaux à 0 dans les cellules C3 à M3. En effet, les cellules vides (C1 à M1) sont équivalentes à des cellules contenant « 0 ». Comme le calcul effectué est C1/C2, D1/D2, … , le résultat obtenu est 0.

c.

Nombre choisi	126											
Diviseurs	1	2	3	4	5	6	7	8	9	10	11	12
Quotient décimal	126	63	42	31,5	25,2	21	18	15,8	14	12,6	11,5	10,5

Les diviseurs de 126 compris entre 1 et 12 sont 1, 2, 3, 6, 7 et 9.

2. a.

Nombre choisi	1695											
Diviseurs	1	2	3	4	5	6	7	8	9	10	11	12
Quotient décimal	1695	847,5	565	423,8	339	282,5	242,1	211,9	188,3	169,5	154,1	141,3

Les diviseurs de 1 695 compris entre 1 et 12 sont 1, 3 et 5.

b.

Nombre choisi	4587											
Diviseurs	1	2	3	4	5	6	7	8	9	10	11	12
Quotient décimal	4587	2293,5	1529	1146,8	917,4	764,5	655,3	573,4	509,7	458,7	417	382,3

Les diviseurs de 4 587 compris entre 1 et 12 sont 1, 3 et 11.

c.

Nombre choisi	33660											
Diviseurs	1	2	3	4	5	6	7	8	9	10	11	12
Quotient décimal	33660	16830	11220	8415	6732	5610	4808,6	4207,5	3740	3366	3060	2805

Les diviseurs de 33 660 compris entre 1 et 12 sont 1, 2, 3, 4, 5, 6, 9, 10, 11 et 12.

84 **a.** Le quotient de la division euclidienne de 859 par 60 est 14.

b. $859 = \mathbf{14} \times \mathbf{60} + ■$

c. $■ = 859 - 14 \times 60 = 859 - 840 = 19$

d. Dans la division euclidienne de 859 par 60, le quotient est 14 et le reste 19.

J'utilise mes compétences

85 **Traduction**

Lors d'une représentation du Royal Ballet à Covent Garden (Londres), vingt-cinq danseurs forment trois groupes avec le même nombre de danseurs, et seulement quatre danseurs restent.

Combien y a-t-il de danseurs dans chaque groupe ?

Solution

$25 = 3 \times 7 + 4$

Il y a 7 danseurs dans chaque groupe.

86 $1 : 5 = 0{,}2$

La longueur du côté d'un carré est 0,2 m.

$1 : 2 = 0{,}5$

La longueur d'un rectangle est 0,5 m.
$0{,}9-2\times 0{,}2=0{,}5$
$0{,}5:2=0{,}25$
La largeur d'un rectangle est 0,25 m.

87 $120:4=30$
Lucas possède 30 BD d'aventure.
$3\times 30=90$
Lucas possède 90 BD de western.

88

a. $37{,}1:7=5{,}3$
Une place enfant coûte 5,30 €.
b. $2\times 5{,}3=10{,}6$
Une place adulte coûte 10,60 €.

89 **a.**

(1)  7,40 €

(2)  2,10 €

(3)  5,30 €

b. En observant les deux premiers schémas, on peut réaliser le 3e schéma par « soustraction ».
On en déduit le prix de 6 guimauves et 1 réglisse en effectuant la soustraction du prix des deux premières situations : $7{,}40-2{,}10=5{,}30$.
6 guimauves et 1 réglisse coûtent donc 5,30 €.
c. En procédant de même avec les situations **(2)** et **(3)**, on peut déduire le prix de 4 guimauves.
$5{,}30-2{,}10=3{,}20$
Donc 4 guimauves coûtent 3,20 €.
$3{,}20:4=0{,}80$
Une guimauve coûte 0,80 €.
Avec le schéma de la situation **(2)**, on déduit le prix d'une réglisse : $2{,}10-2\times 0{,}80=0{,}50$, donc une réglisse coûte 0,50 €.

90 • $53{,}40:10=5{,}34$
Un savon au miel coûte 5,34 €.
• $180:15=12$
Une bouteille de soupe aux orties coûte 12 €.
• $48:6=8$
$8\times 3{,}50=28$
48 œufs coûtent 28 €.
• $5\times 0{,}95=4{,}75$
5 L de lait coûtent 4,75 €.
• $67{,}20:21=3{,}2$
3,2 kg de girolles ont été achetés.
• $356{,}39-(53{,}40+180+28+4{,}75+67{,}20)=23{,}04$
Les aubergines ont coûté 23,04 €.
• $23{,}04:4=5{,}76$
Un kilogramme d'aubergines coûte 5,76 €.
• $356{,}39+19{,}59=375{,}98$
Le total à payer est de 375,98 €.

91 **a.**

2 2 3	7 1
− 2 1 3	3, 1 4 0
1 0 0	
− 7 1	
2 9 0	
− 2 8 4	
6 0	
− 0	
6 0	

2 2	7
− 2 1	3, 1 4 2
1 0	
− 7	
3 0	
− 2 8	
2 0	
− 1 4	
6	

b. On a donc : $3{,}140<\pi<3{,}143$.

92 • $179-9=170$
Il reste 170 km à parcourir.
• Martin fait ensuite 11 km par jour :
$170=11\times 15+5$
Il faudra à Martin 17 jours (1er jour + 15 jours à 11 km par jour + la dernière journée) pour effectuer sa randonnée.
Le dernier jour, il marchera 5 km.

93 Rémunération des employés : 3×150 € = 450 €.
Coût avec la location de la salle :
2 250 € + 450 € = 2 700 €.
Le spectacle coûte donc au total 2 700 €.
En tenant compte de la subvention :
2 700 € − 500 € = 2 200 €.
On effectue la division euclidienne de 2 200 par 12 :
$2\,200=12\times 183+4$.
La compagnie doit vendre au moins 184 places pour gagner de l'argent avec ce spectacle.

94 On cherche le dividende de la division euclidienne suivante :

?	2 7
1 5	?

On effectue la division euclidienne de 1 250 par 27.
$1\,250=46\times 27+8$
Il manque 7 au reste pour qu'il soit égal à 15. On ajoute donc 7 au dividende.
$1\,257=46\times 27+15$
1 257 est bien compris entre 1 250 et 1 260.
Le nombre cherché est 1 257.

95 $740:16=46{,}25$
Donc la largeur du terrain est de 46,25 m.
$2\times(16+46{,}25)=124{,}5$
Donc le périmètre du terrain est de 124,5 m.
• Avec le grillage Top : $124{,}5:30=4{,}15$
Il faut donc 5 rouleaux.
$5\times 40=200$
Le coût est donc de 200 €.
• Avec le grillage Gris : $124{,}5:25=4{,}98$
Il faut donc 5 rouleaux.
$5\times 38=190$
Le coût est donc de 190 €.
• Avec le grillage Vert : $124{,}5:20=6{,}225$
Il faut donc 7 rouleaux.
$7\times 33=231$
Le coût est donc de 231 €.
• Le grillage le plus économique sera donc le Gris.

96 $227 = 12 \times 18 + 11$
$227 = 13 \times 17 + 6$
$227 = 14 \times 16 + 3$
$227 = 15 \times 15 + 2$
$227 = 16 \times 14 + 3$
$227 = 17 \times 13 + 6$
$227 = 18 \times 12 + 11$
Le reste le plus petit est celui de la division euclidienne de 227 par 15.
Ilyes aligne donc ses figurines sur 15 rangées de 15 figurines. 225 figurines participeront à la partie.

97 On effectue la division euclidienne de 35 957 par le nombre de fils, soit 8 :
$35\,957 = 4\,494 \times 8 + 5$
Le reste est 5, le nombre 35 957 prend place sur le 5e fil après le A, soit le F.

98 $10\,000 = 7 \times 1428 + 4$
Donc le jour de son 10 000e anniversaire est le 4e jour après un samedi, donc un mercredi.
$365 \times 4 + 1 = 1461$
En quatre ans il y a 1 461 jours.
$10\,000 = 1461 \times 6 + 1234$
Le 1er janvier 2024, il reste 1 234 jours pour arriver à 10 000 jours.
2024 est une année bissextile.
$1234 = 366 + 2 \times 365 + 139$
Le 1er janvier 2027 il reste 139 jours pour arriver à 10 000.
$139 - 31 = 108$ (janvier)
$108 - 28 = 80$ (février)
$80 - 31 = 49$ (mars)
$49 - 30 = 19$ (avril)
La date de son 10 000e jour est donc le mercredi 20 mai 2027.

99 Tarzan est sur l'arbre A tous les 6 sauts.
On effectue la division euclidienne de 100 par 6 :
$100 = 6 \times 16 + 4$.
Il fait quatre sauts après l'arbre A.
Après 100 sauts, Tarzan sera donc sur l'arbre C.

100 On peut réaliser le tableau suivant.

Nombre de bouquets de roses rouges	Nombre de roses rouges (R)	Nombre de roses jaunes (= 44 – R)
1	3	41
2	6	38
3	9	35
4	12	32
5	15	29
6	18	26
7	21	23
8	24	20

Le nombre de roses jaunes doit être un multiple de 5 (donc 35 ou 20, lignes surlignées en gris ci-dessus) et le nombre de roses rouges doit être inférieur au nombre de roses jaunes.
La seule combinaison possible est donc 9 roses rouges (3 bouquets) et 35 roses jaunes (7 bouquets).

Je prends des initiatives

101 • $220 : 0{,}5 = 440$
Il y a 440 rosiers par rangée.
• Le long d'une rangée, un même motif de 3 rosiers se répète (1 rouge, 2 blancs).
$440 = 146 \times 3 + 2$
• Une rangée comporte :
$146 + 1 = 147$ rosiers rouges ;
$2 \times 146 + 1 = 293$ rosiers blancs.
• Deux rangées comportent donc :
$147 \times 2 = 294$ rosiers rouges ;
$293 \times 2 = 586$ rosiers blancs.

102 Liam fait en sorte qu'il ne reste que 4 craies pour le dernier tour de Margot. Il est alors sûr de gagner :
• si Margot prend une craie, il en prend 3 ;
• si Margot prend deux craies, il en prend 2 ;
• si Margot prend trois craies, il en prend 1.
Pour pouvoir laisser 4 craies, il fait en sorte de laisser 8 craies au tour précédent de Margot, etc.

CHAPITRE 6

Utiliser les fractions

INTENTIONS PÉDAGOGIQUES

1 Les Repères des cycles 2 et 3

- Au CM1, les élèves utilisent les fractions simples (comme $\frac{2}{3}, \frac{1}{4}, \frac{5}{2}$) dans le cadre de partage de grandeurs. Ils travaillent des fractions inférieures ou supérieures à 1.

Les fractions décimales sont ensuite régulièrement mobilisées : elles acquièrent le statut de nombre et sont positionnées sur une droite graduée. Les élèves comparent des fractions de même dénominateur. Ils apprennent à écrire des fractions décimales sous forme de somme d'un nombre entier et d'une fraction décimale inférieure à 1.

- Au CM2, dans la continuité du CM1, les élèves étendent le registre des fractions qu'ils manipulent (en particulier $\frac{1}{1000}$) ; ils apprennent à écrire des fractions sous forme de somme d'un nombre entier et d'une fraction inférieure à 1.
- En 6e sont réactivées les fractions comme opérateurs de partage vues en CM, puis les fractions décimales en relation avec les nombres décimaux (par exemple à partir de mesures de longueurs) ; les élèves additionnent des fractions décimales de même dénominateur.

L'addition est étendue à des fractions de même dénominateur (inférieur ou égal à 5 et en privilégiant la vocalisation : deux cinquièmes plus un cinquième égal trois cinquièmes).

Les élèves apprennent que $\frac{a}{b}$. est le nombre qui, multiplié par b, donne a (définition du quotient de a par b).

2 Je découvre

Activité 1

La première question de cette activité a pour objectif de faire découvrir l'addition de deux fractions de même dénominateur en trois étapes :

- on représente la situation **b.** sous la forme d'un schéma ;
- on verbalise la situation ;
- on traduit ensuite la situation par une égalité et des fractions.

La seconde question a pour objectif d'appliquer directement la règle rencontrée à la question précédente. L'élève peut bien sûr utiliser les trois étapes.

Activité 2

Faire le lien entre « la moitié de » et « multiplier par $\frac{1}{2}$ » est l'un des objectifs concernant l'utilisation des fractions en fin de classe de 6e. C'est ce que présente cette activité. À partir d'une situation concrète simple, l'élève doit calculer mentalement un résultat, l'amenant à la verbalisation. On s'assure ensuite que l'écriture mathématique est comprise et assimilée.

Activité 3

Cette activité a pour objectif de faire découvrir la définition du quotient de a par b, noté $\frac{a}{b}$, c'est-à-dire le nombre qui multiplié par b donne a. C'est aussi à partir d'une situation concrète que l'élève verbalise, relie mathématiquement fraction et quotient.

La question **2** demande une interprétation du calcul effectué pour s'assurer de la compréhension du résultat.

3 Cours - J'applique le cours

Cours

- Au paragraphe 1, on énonce la règle pour additionner deux fractions de même dénominateur.

En exemples, on illustre algébriquement avec schéma ou verbalisation à l'appui.

- Au paragraphe 2, on énonce la règle sur l'interprétation de « la moitié de ». Celle-ci est analogue pour le quart.
- Au paragraphe 3, on énonce la propriété reliant fraction et quotient. Les exemples présentés font partie des attendus du programme (verbalisation, calcul, compléter des égalités, calcul approché à l'aide d'une calculatrice).

J'applique le cours

Exercice résolu 1

Cet exercice illustre les attendus du programme : ajouter des fractions de même dénominateur et appliquer la définition du quotient de a par b.

Exercice résolu 4

On demande dans cet exercice d'utiliser la notation $\frac{a}{b}$ pour donner la valeur exacte d'un quotient dont le numérateur est plus petit que le dénominateur. L'usage de la calculatrice pour obtenir une valeur approchée permet de rendre compte de l'écriture $\frac{a}{b}$.

4 Compléments

Chercher, Raisonner

L'élève doit être capable de prélever et d'organiser les informations nécessaires à la résolution de problèmes à partir de supports variés, comme un diagramme, une figure codée. C'est ce que proposent les exercices **45** et **55**.

Utiliser les outils numériques

Les outils numériques sont progressivement introduits.
Ainsi, l'usage de logiciels de calcul et de numération permet d'approfondir les connaissances des propriétés des nombres et des opérations, et d'accroître la maîtrise de certaines techniques de calcul.
L'exercice **74** invite l'élève à calculer avec des fractions simples de manière exacte (à la main) ou approchée (*via* un script Scratch élémentaire).
L'exercice **75** est dans le même registre, mais on utilise le tableur. Son utilisation est nécessaire pour faciliter les calculs de sommes de fractions de même dénominateur.

Communiquer

L'élève doit :
– utiliser progressivement un vocabulaire adéquat et/ou des notations adaptées pour décrire une situation, exposer une argumentation ;
– expliquer sa démarche ou son raisonnement, comprendre les explications d'un autre et argumenter dans l'échange.
Les exercices **15**, **40**, **46** et **54** mettent en œuvre progressivement cette compétence qui est davantage travaillée dans la rubrique « J'utilise mes compétences » (pp. 107-108 du manuel).

CORRIGÉS

Bien démarrer

1 **a.** et **c.** **2** **b.** et **c.** **3** **a.**, **b.** et **c.**
4 **b.** **5** **b.**

Je découvre

Activité 1

1 **a.** et **b.**

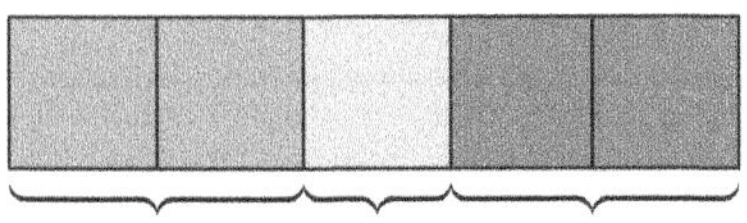

c. $\frac{2}{5}+\frac{1}{5}=\frac{3}{5}$

d. D'après le schéma, Cris possède $\frac{2}{5}$ des figurines de séries TV.

2 **a.** $\frac{3}{5}+\frac{1}{5}=\frac{4}{5}$, Bill et Cris ont donc ensemble $\frac{4}{5}$ des figurines de BD.

b. Cris possède $\frac{1}{5}$ des figurines de BD.

$\frac{4}{5}+\frac{1}{5}=\frac{5}{5}=1$, donc Allie a raison.

Activité 2

1 **a.** • 10 kiwis coûtent 5 €.
• 20 kiwis coûtent 10 €.
• 28 kiwis coûtent 14 €.
b. Multiplier un nombre par 0,5, c'est le **diviser** par 2.

2 $\frac{1}{2}$ € = 0,50 €

• $28\times\frac{1}{2}$ € = 28 × 0,50 € = 28 € : 2 = 14 €
28 kiwis coûtent 14 €.

• $32\times\frac{1}{2}$ € = 32 × 0,50 € = 32 € : 2 = 16 €
32 kiwis coûtent 16 €.

• $41\times\frac{1}{2}$ € = 41 × 0,50 € = 41 € : 2 = 20,50 €
41 kiwis coûtent 20,50 €.

Activité 3

1 **a.** • La brique orange représente la fraction $\frac{1}{4}$.
• La brique bleue représente la fraction $\frac{3}{4}$.

b. La brique bleue représente $\frac{3}{4}$ d'unité, donc pour avoir 3 unités, il faut 4 briques bleues.

c. **4** × $\frac{3}{4}$ = 3. Ainsi, $\frac{3}{4}$ est le nombre qui multiplié par **4** donne **3**.

2 **a.** • La brique verte représente la fraction $\frac{1}{6}$.
• La brique rose représente la fraction $\frac{5}{6}$.

b. **6** × $\frac{5}{6}$ = 5, donc il faut 6 briques roses pour avoir 5 unités.

J'applique le cours

2 **a.** $\frac{61}{3}+\frac{62}{3}=\frac{61+62}{3}=\frac{123}{3}$

La quantité totale de carburant consommé est $\frac{123}{3}$ L.

b. $\frac{123}{3}=123:3=41$
Le camion a consommé 41 L de carburant au total.

3 **a.** $\frac{11}{5}+\frac{24}{5}=\frac{11+24}{5}=\frac{35}{5}$

Ainsi, Idriss a parcouru $\frac{35}{5}$ km.

b. $\frac{35}{5} = 35 : 5 = 7$

Idriss a parcouru 7 km.

5 **a.** Un morceau de ficelle a pour longueur $\frac{6}{13}$ m.

b. $\frac{6}{13}$ m $\approx$ 0,46 m

Un morceau de ficelle a pour longueur environ 0,46 m.

6 **a.** Un heptagone a 7 côtés de même longueur, donc un côté a une longueur 7 fois plus petite que le périmètre.

Un côté mesure donc $\frac{6}{7}$ cm.

b. $\frac{6}{7}$ cm $\approx$ 0,9 cm

Un côté a pour longueur environ 0,9 cm.

Je travaille mes automatismes

Additionner des fractions de même dénominateur

7 **a.** Trois quarts plus sept quarts est égal à **dix quarts**.
b. Trois cinquièmes plus **huit cinquièmes** est égal à onze cinquièmes.

8 $\frac{1}{3} + \frac{2}{3} = \frac{3}{3} = 1$

9 $\frac{2}{9} + \frac{3}{9} + \frac{4}{9} = \frac{2+3+4}{9} = \frac{9}{9} = 1$

10 $\frac{4}{9} + \frac{2}{9} = \frac{6}{9} = \frac{2}{3}$, donc la part d'Adam est $\frac{1}{3}$.

11 **a.** $\frac{4}{5} + \frac{3}{5} = \mathbf{\frac{7}{5}}$ **b.** $\frac{1}{3} + \frac{4}{3} = \mathbf{\frac{5}{3}}$

c. $\mathbf{\frac{6}{2}} + \frac{1}{2} = \frac{7}{2}$

12 **a.** • La partie bleue représente la fraction $\frac{1}{4}$.

• La partie verte représente la fraction $\frac{1}{4}$.

$\frac{1}{4} + \frac{1}{4} = \mathbf{\frac{2}{4}} = \mathbf{\frac{1}{2}}$

13 $\frac{1}{6} + \frac{3}{6} = \mathbf{\frac{4}{6}} = \mathbf{\frac{2}{3}}$

14 **a.** $\frac{5}{7} + \frac{2}{7} = \frac{7}{7} = 1$ **b.** $\frac{7}{11} + \frac{15}{11} = \frac{22}{11} = 2$

c. $\frac{5}{4} + \frac{7}{4} = \frac{12}{4} = 3$

15 $\frac{4}{10} + \frac{5}{10} + \frac{2}{10} = \frac{11}{10} = 1{,}1$ et $1{,}1 > 1$.

Cela n'est donc pas possible.

16 $\frac{5}{12} + \frac{7}{12} = \frac{12}{12} = 1$

La batterie de ce smartphone est donc vide.

17 $\frac{2}{5} + \frac{2}{5} = \frac{4}{5}$ et $\frac{4}{5} + \frac{1}{5} = \frac{5}{5} = 1$.

Il lui reste donc $\frac{1}{5}$ du mur à construire le lendemain.

18 **a.** $\frac{9}{4} = \frac{8+1}{4} = \frac{8}{4} + \frac{1}{4} = 2 + \frac{1}{4}$

b. $\frac{23}{3} = \frac{21+2}{3} = \frac{21}{3} + \frac{2}{3} = 7 + \frac{2}{3}$

c. $\frac{8}{5} = \frac{5+3}{5} = \frac{5}{5} + \frac{3}{5} = 1 + \frac{3}{5}$

d. $\frac{17}{2} = \frac{16+1}{2} = \frac{16}{2} + \frac{1}{2} = 8 + \frac{1}{2}$

19 **a.** $\frac{17}{3} = \frac{15+2}{3} = \frac{15}{3} + \frac{2}{3} = 5 + \frac{2}{3}$

b. $\frac{2}{3} < 1$, donc la fraction se situe entre les nombres entiers consécutifs 5 et 6.

20 **a.** $\frac{33}{4} = \frac{32+1}{4} = \frac{32}{4} + \frac{1}{4} = 8 + \frac{1}{4}$

Ils ont mangé 8 pizzas entières.

b. $\frac{1}{4}$ de pizza a aussi été mangé, donc la fraction de pizza qu'il reste est $\frac{3}{4}$. En effet, $\frac{1}{4} + \frac{3}{4} = \frac{4}{4} = 1$.

Interpréter la moitié, le quart, ...

21 **a.** 600 **b.** 40 **c.** 9,5

22 50 % des élèves, c'est-à-dire la moitié, ont eu un rhume. Le nombre d'élèves dans cette classe est donc égal au double de 12, soit 24 élèves.

23 **a.** La moitié de 58, c'est $\mathbf{\frac{1}{2}} \times 58$, soit **29**.

b. $\frac{1}{2} \times 27$ c'est le **quotient** de 27 par 2, soit **13,5**.

c. 50 % de 80, c'est $\frac{1}{2} \times \mathbf{80}$, soit **40**.

24 **a.** Le quart de 36, c'est $\mathbf{\frac{1}{4}} \times 36$ soit **9**.

b. $\frac{1}{4} \times 19$ c'est le **quotient** de 19 par 4, soit **4,75**.

c. 25 % de 60 c'est $\frac{1}{4} \times \mathbf{60}$, soit **15**.

25 **a.** $\frac{1}{2} \times 1024 = 512$ **b.** $0{,}5 \times 38 = 19$

c. 50 % de 124 c'est la moitié de 124, soit 62.

d. $0{,}25 \times 6 = 1{,}5$ **e.** $\frac{1}{4} \times 0{,}18 = 0{,}045$

f. 25 % de 36 c'est le quart de 36, soit 9.

26 $\frac{1}{4} \times 36 = \frac{36}{4} = 36 : 4 = 9$.

Il y a 9 voitures rouges garées dans cette rue.

27 **a.** 50 % de 68 € c'est la moitié de 68 €, soit 34 €.
Le nouveau prix est donc 34 €.
b. Son prix a été multiplié par $\frac{1}{2}$ la deuxième semaine.

En effet, $\frac{1}{2} \times 34$ € $= 17$ €.

Exprimer un quotient à l'aide d'une fraction

28 **a.** L'affirmation est fausse.

En effet, $\frac{2}{5}$ est le nombre qui multiplié par 5 donne 2, donc $5 \times \frac{2}{5}$ est égal à 2.

b. L'affirmation est vraie.

En effet, $\frac{4}{3}$ est le nombre qui multiplié par 3 donne 4.

29 $\frac{17}{4} = \frac{16}{4} + \frac{1}{4} = 4 + \frac{1}{4} = 4{,}25$

30 $\frac{7}{3} = \frac{6}{3} + \frac{1}{3} = 2 + \frac{1}{3}$ et $\frac{1}{3} < 1$.

Donc $2 < \frac{7}{3} < 3$.

31 $\frac{2}{3} \times 3 \times \frac{7}{5} \times 5 = 2 \times 7 = 14$

32 **a.** $4 \times \mathbf{\frac{9}{4}} = 9$

b. $4 \times \mathbf{\frac{7}{4}} = 7$

c. $4 \times \mathbf{\frac{11}{4}} = 11$

33 **a.** $\frac{3}{4} \times \mathbf{4} = 3$ **b.** $12 \times \mathbf{\frac{5}{12}} = 5$

c. $11 \times \frac{7}{11} = \mathbf{7}$

34 **a.** $3 \xrightarrow{\times \frac{4}{3}} \mathbf{4} \xrightarrow{\times \frac{3}{4}} \mathbf{3} \xrightarrow{:7} \mathbf{\frac{3}{7}} \xrightarrow{\times 7} \mathbf{3}$

b. $5 \xrightarrow{\times \mathbf{\frac{3}{5}}} 3 \xrightarrow{\times \mathbf{\frac{2}{3}}} 2 \xrightarrow{:\mathbf{4}} 0{,}5$

35 **a.** $\frac{5}{2} = 2{,}5$

b. $\frac{7}{3}$ et une valeur approchée au centième près est 2,33.

c. $\frac{8}{5} = 1{,}6$

36 **a.** $\frac{30\ \text{m}^2}{7\ \text{m}} = \frac{30}{7}\ \text{m}$

La largeur du jardin est $\frac{30}{7}$ m.

b. $\frac{30}{7} = \frac{28}{7} + \frac{2}{7} = 4 + \frac{2}{7}$ et $\frac{2}{7} < 1$.

Donc $4 < \frac{30}{7} < 5$

37 **a.** $\frac{1}{2} = 0{,}5$ **b.** $\frac{9}{4} = 2{,}25$

c. $\frac{7}{10} = 0{,}7$ **d.** $\frac{14}{5} = 2{,}8$

38

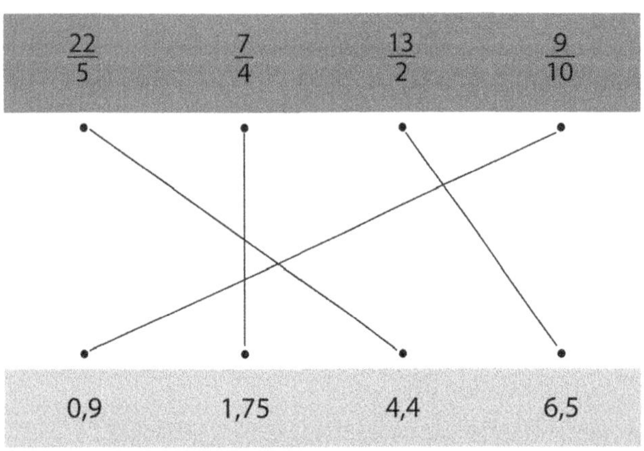

39

Lecture	Écriture fractionnaire	Écriture décimale
Neuf vingtièmes	$\frac{9}{20}$	**0,45**
Treize quarts	$\mathbf{\frac{13}{4}}$	**3,25**
Onze cinquièmes	$\frac{11}{5}$	**2,2**
Vingt trois cinquièmes	$\mathbf{\frac{23}{5}}$	4,6

Je m'entraîne

Additionner des fractions de même dénominateur

40 **a.** $\frac{4}{15} + \frac{6}{15} = \frac{4+6}{15} = \frac{10}{15}$

b. Yasmine a raison.

Les $\frac{10}{15}$ de la figure représentent 2 lignes coloriées sur les 3, c'est-à-dire les $\frac{2}{3}$ de la figure.

41 • Cases correspondant à la fraction $\frac{1}{2}$:

$\frac{1}{4} + \frac{1}{4} = \frac{2}{4} = \frac{1}{2}$, à colorier en bleu.

• Cases correspondant à 2 :

$\frac{1}{5} + \frac{2}{5} + \frac{7}{5} = \frac{10}{5} = 2$ et $\frac{1}{4} + \frac{7}{4} = \frac{8}{4} = 2$, à colorier en vert.

• Cases correspondant à la fraction $\frac{2}{3}$:

$\frac{1}{3} + \frac{1}{3} = \frac{2}{3}$, à colorier en orange.

• Cases correspondant à la fraction $\frac{4}{5}$:

$\frac{1}{5} + \frac{3}{5}$, $4 \times \frac{1}{5}$ et $\frac{2}{5} + \frac{2}{5}$, à colorier en jaune.

• Cases correspondant à 3 :

3, 3, $\frac{7}{3} + \frac{2}{3}$, $\frac{6}{2}$ et $\frac{5}{2} + \frac{1}{2}$, à colorier en gris.

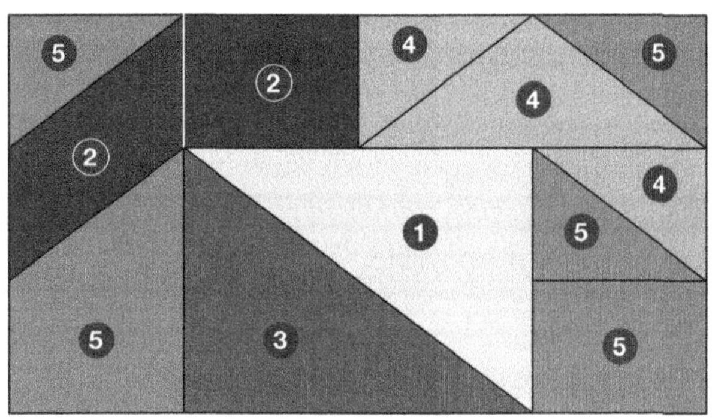

❶ Bleu ❷ Vert ❸ Orange ❹ Jaune ❺ Gris

42 **a.** $\frac{1}{9}+\frac{4}{9}+\frac{2}{9}=\frac{1+4+2}{9}=\frac{7}{9}$

Lisa a joué les $\frac{7}{9}$ du temps de la séance.

b. Lisa s'est échauffée pendant les $\frac{2}{9}$ du temps de la séance.

En effet, $\frac{7}{9}+\frac{2}{9}=\frac{7+2}{9}=\frac{9}{9}=1$.

43

$\frac{3}{3}$	$\frac{10}{3}$	$\frac{2}{3}$
$\frac{4}{3}$	$\frac{5}{3}$	$\frac{6}{3}$
$\frac{8}{3}$	$\frac{0}{3}$	$\frac{7}{3}$

Interpréter la moitié, le quart, ...

44 **a.** 150 t représentent la moitié de sa récolte, donc 2×150 t $=300$ t représentent sa récolte.
b. 0,80 € : 2 = 0,40 €
Le reste de la récolte est donc vendu 0,40 € le kg.
150 t = 150 000 kg
150 000 × 0,80 € + 150 000 × 0,40 € = 180 000 €
La recette totale de la vente de cette récolte est 180 000 €.

45 **a.** L'aire de deux triangles bleus représente $\frac{1}{4}$ de l'aire du carré, donc l'aire de quatre triangles bleus représente la moitié de l'aire du carré.

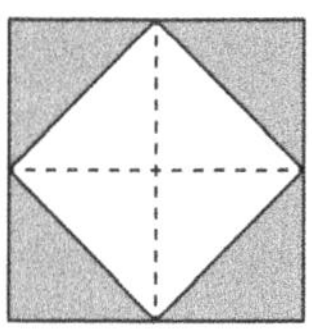

b. L'aire du carré est égale à 10 cm × 10 cm = 100 cm^2.
L'aire du carré bleu est donc égale à la moitié de 100 cm^2, soit 50 cm^2.

46 **a.** • La moitié de 60 L est 30 L, donc la voiture a consommé 30 L sur le premier trajet.
• 50 % du reste correspondent à 50 % de 30 L, soit 15 L, donc la voiture a consommé 15 L sur le second trajet.
b. Sur les deux trajets, la voiture a consommé 30 L + 15 L, c'est-à-dire 45 L.
$\frac{1}{4}\times 60$ L = 60 L : 4 = 15 L
Donc Adèle n'a pas raison.

47 **a.** 50 % de 24 c'est 12.
Il y a donc 12 élèves qui ont un animal de compagnie.
b. $\frac{1}{4}\times 12=12:4=3$
Il y a donc 3 élèves qui ont un chat.

48 **a.** $\frac{1}{3}\times 9$ L = 3 L, donc un tiers de 9 L c'est 3 L.

b. $\frac{1}{3}\times 21$ kg = 7 kg, donc un tiers de 21 kg c'est 7 kg.

c. $\frac{1}{3}\times 39$ m = 13 m, donc un tiers de 39 m c'est 13 m.

49 D'après le schéma ci-dessous, quand toute l'eau se sera écoulée, il y aura 250 L d'eau dans le récipient ❶ et 3×250 L (ou 1 000 L – 250 L), soit 750 L dans le récipient ❷.

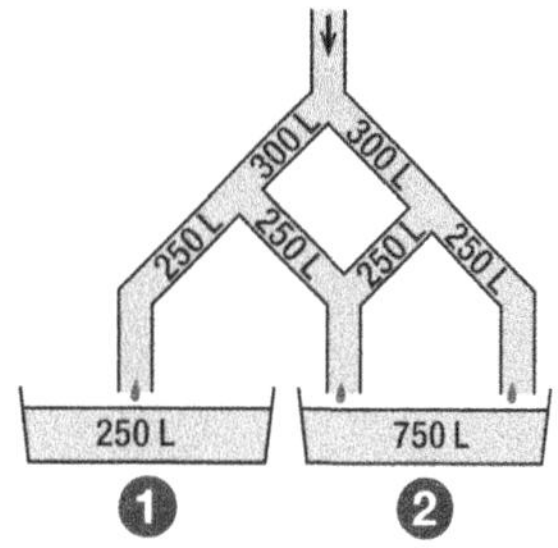

Exprimer un quotient à l'aide d'une fraction

50 **a.** $\frac{9}{5}\times \mathbf{5}=9$

b. $\frac{1}{13}\times \mathbf{10}=\frac{10}{13}$

c. $11\times \mathbf{\frac{1}{15}}=\frac{11}{15}$

51 **a.** $\frac{4}{7}\times 49=\frac{4}{7}\times 7\times 7=4\times 7=28$

b. $\frac{1}{3}\times 180=\frac{1}{3}\times 3\times 60=1\times 60=60$

c. $\frac{3}{11}\times 33=\frac{3}{11}\times 11\times 3=3\times 3=9$

d. $\frac{17}{12}\times 144=\frac{17}{12}\times 12\times 12=17\times 12=204$

52 $\frac{5}{6}\times 24=\frac{5}{6}\times 6\times 4=5\times 4=20$

20 élèves ont voté pour Jeanne.

53 $\frac{16}{9}\times 54$ cm $=\frac{16}{9}\times 9\times 6$ cm $=16\times 6$ cm $=96$ cm

La largeur de cet écran est 96 cm.

54 $\frac{2}{5}\times 15$ L $=\frac{2}{5}\times 5\times 3$ L $=2\times 3$ L $=6$ L

$\frac{3}{4}$ L $\times 8=\frac{3}{4}$ L $\times 4\times 2=3$ L $\times 2=6$ L

L'affirmation est donc vraie.

55 **1. a.** Les vols vers la France sont représentés par la moitié du disque, donc la fraction des vols vers la France est $\frac{1}{2}$.

b. Les vols vers l'Europe sont représentés par le quart du disque, donc la fraction des vols vers l'Europe est $\frac{1}{4}$.

c. Les vols vers l'Asie sont représentés par un tiers d'un quart du disque, c'est-à-dire par un douzième de disque. Donc la fraction des vols vers l'Asie est $\frac{1}{12}$.

2. a. Vers la France : 576 vols $\times\frac{1}{2}=288$ vols.

b. Vers L'Europe : 576 vols $\times\frac{1}{4}=144$ vols.

c. Vers l'Asie : 576 vols $\times\frac{1}{12}=48$ vols.

Utiliser les fractions

56 **a.** $\frac{3}{5}+\frac{1}{5}=\frac{4}{5}$

L'ensemble de l'eau et des graisses correspond à la fraction $\frac{4}{5}$.

b. $\frac{1}{5}+\frac{4}{5}=\frac{5}{5}=1$

Ainsi, la fraction de l'avocat constituée de fibres et de sucres est $\frac{1}{5}$.

c. $\frac{1}{5}\times 225 \text{ g}=\frac{1}{5}\times 5\times 45 \text{ g}=45 \text{ g}$

Dans un avocat de 225 g, il y a 45 g de fibres et de sucres.

57 **1. a.** La hauteur de départ est multipliée par $\frac{1}{2}$ pour obtenir la hauteur du premier rebond.

b. $\frac{1}{2}\times 50 \text{ m}=25 \text{ m}$

La hauteur du premier rebond est 25 m.

2. $\frac{1}{2}\times 25 \text{ m}=12{,}5 \text{ m}$

La hauteur du deuxième rebond est 12,5 m.

3. a.

Rebond n°…		1	2	3	4	5
Hauteur (en m)	50	25	12,5	6,25	3,13	1,56

b. On complète le tableau pour les rebonds suivants.

Rebond n°…	6	7	8
Hauteur (en m)	0,78	0,39	0,19

C'est donc à partir du 8e rebond que la hauteur est inférieure à 20 cm.

Parcours différenciés

Je m'évalue

(58) c. (59) a. (60) b. (61) a. (62) b.
(63) a. (64) c. (65) a. (66) c. (67) c.
(68) b. (69) b. (70) c. (71) c.

Je réalise mon parcours

72 PARCOURS 1

a. La distance entre deux plots est **40** m et il y a **12** espaces autour du terrain, donc la longueur d'un tour est égale à **480** m.

b. $7\times 480 \text{ m}=3\,360 \text{ m}$

La longueur de 7 tours est 3 360 m.

c. $\frac{7}{2}$ tours représente la moitié de 7 tours, donc la moitié de 3 360 m, c'est-à-dire 3 360 m : 2 = 1 680 m.

Najia a parcouru 1 680 m.

PARCOURS 2

a. La distance entre deux plots est 40 m et il y a 12 espaces entre les plots, donc la longueur d'un tour est :
$12\times 40 \text{ m}=480 \text{ m}$.

Dilan a parcouru $\frac{35}{12}$ tours et 1 tour représente 12×40 m, donc la distance parcourue par Dilan est $\frac{35}{12}\times 12\times 40$ m.

b. $\frac{35}{12}\times 12\times 40 \text{ m}=35\times 40 \text{ m}=1\,400 \text{ m}$

Dilan a parcouru 1 400 m.

PARCOURS 3

La distance entre deux plots est 40 m et il y a 12 espaces entre les plots, donc la longueur d'un tour est :
$12\times 40 \text{ m}=480 \text{ m}$.

Distance parcourue par Najia :

$\frac{7}{2}\times 480=\frac{7\times 480}{2}=\frac{3360}{2}=1680 \text{ m}$

Distance parcourue par Baptiste :

$\frac{23}{6}\times 480=\frac{23}{6}\times 6\times 80=23\times 80=1840 \text{ m}$

Distance parcourue par Indir :

$\frac{15}{4}\times 480=\frac{15\times 480}{4}=\frac{7200}{4}=1800 \text{ m}$

Distance parcourue par Dilan :

$\frac{35}{12}\times 12\times 40 \text{ m}=35\times 40 \text{ m}=1\,400 \text{ m}$

Ainsi, le classement des élèves dans l'ordre décroissant des distances parcourues est : Baptiste, Indir, Najia, Dilan.

73 PARCOURS 1

a.

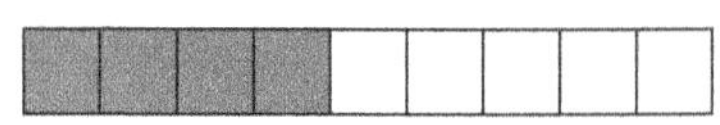

945 élèves

b. $\frac{1}{9}\times 945=945:9=105$

$\frac{1}{9}$ des élèves du collège représente 105 élèves.

c. $\frac{4}{9}=4\times\frac{1}{9}$, donc $\frac{4}{9}$ des élèves qui sont des garçons représentent 4×105 garçons, soit 420 garçons.

PARCOURS 2

a. Il y a $\frac{4}{9}$ des élèves qui sont des garçons, donc il y a $\frac{5}{9}$ des élèves qui sont des filles.

b. $\frac{5}{9}\times 945=\frac{5}{9}\times 9\times 105=5\times 105=525$

Il y a donc 525 filles.

PARCOURS 3

	Garçons	Filles	Total
Externes	(5) 224	(3) 300	524
Demi-pensionnaires	(6) 196	(4) 225	421
Total	(1) 420	(2) 525	945

(1) et (2) : voir les calculs effectués dans les parcours 1 et 2.

(3) $\frac{4}{7}\times 525=300$

(4) $525-300=225$

(5) $\frac{8}{15}\times 420=224$

(6) $420-224=196$

Je m'entraîne avec Scratch et le tableur

74 **1. a.** $\frac{21}{10}+\frac{32}{10}=\frac{21+32}{10}=\frac{53}{10}=5{,}3$

b. $\frac{21}{5}+\frac{32}{5}=\frac{21+32}{5}=\frac{53}{5}=10{,}6$

Le lutin énonce « 10.6 ».

c. $\frac{21}{12}+\frac{32}{12}=\frac{21+32}{12}=\frac{53}{12}$

Le lutin énonce une valeur approchée de la fraction $\frac{53}{12}$.

2. On cherche le nombre D tel que $\frac{21}{D}+\frac{32}{D}=\frac{53}{D}=13{,}25$.
Donc D = 4.

75 **1.** $A=\frac{1}{5}+\frac{2}{5}=\frac{3}{5}$ $\quad B=\frac{1}{5}+\frac{2}{5}+\frac{3}{5}=\frac{6}{5}$

$C=\frac{1}{5}+\frac{2}{5}+\frac{3}{5}+\frac{4}{5}=\frac{10}{5}$

2. a. Damien a saisi la formule **(2)**.
b. Il s'agit de la somme A.
3. Damien peut obtenir une somme égale à 60, ◆ vaut dans ce cas 24.

J'utilise mes compétences

76 **Traduction**
Calculer la somme de douze septièmes et deux septièmes. Simplifier le résultat.
Solution
$\frac{12}{7}+\frac{2}{7}=\frac{12+2}{7}=\frac{14}{7}=2$

77 $\frac{1}{4}$ des dents sont des incisives, c'est-à-dire :

$\frac{1}{4}\times 32$ dents $= 8$ dents.

$\frac{1}{4}$ des dents sont des prémolaires, c'est-à-dire :

$\frac{1}{4}\times 32$ dents $= 8$ dents.

Le nombre de canines est égal à la moitié de celui des incisives, soit la moitié de 8, c'est-à-dire 4 dents.
Le nombre de molaires est donc 32 – 8 – 8 – 4 – 4 = 8.

La fraction de molaires chez un adulte est donc $\frac{8}{32}=\frac{1}{4}$.

78 **1. a.** Une écriture fractionnaire de l'épaisseur, en mm, d'une page est $\frac{36}{450}$.

b. $\frac{36}{450}=0{,}08=\frac{8}{100}$

2. $200\times\frac{8}{100}$ mm $=2\times 100\times\frac{8}{100}$ mm $=2\times 8$ mm $=16$ mm

L'épaisseur d'un livre de 200 pages est 16 mm.

79 1 h 45 min + 1 h 15 = 3 h
Donc Charles passe 3 h dans les transports sur une journée de 24 h.

$\frac{3}{24}=\frac{1}{8}$, il passe donc $\frac{1}{8}$ de la journée dans les transports.

80 **a.** 45 – 20 – 8 = 17
Albane a 17 bonbons.

b. Le prix d'un bonbon est $\frac{9}{45}$ €, c'est-à-dire $\frac{1}{5}$ €.

c. Anna prend 20 bonbons.

$20\times\frac{1}{5}$ € = 4 €, Anna doit verser 4 €.

Lily prend 8 bonbons.

$8\times\frac{1}{5}$ € = 1,60 €, Lily doit verser 1,60 €.

Albane prend le reste des bonbons.
9 € – 4 € – 1,60 € = 3,40 €, Albane doit verser 3,40 €.

81 **a.**

	Chaises libres	Chaises occupées
Fraction	$\frac{1}{3}$	$\frac{2}{3}$
Nombre	4	8

	Personnes assises	Personnes debout
Fraction	$\frac{1}{4}$	$\frac{3}{4}$
Nombre	8	24

b. 8 + 24 = 32
Il y a 32 personnes dans la salle de réunion.

82 **a.** Carré ❷ : $\frac{1}{2}\times 160$ mm $= 80$ mm

Carré ❸ : $\frac{1}{2}\times 80$ mm $= 40$ mm

Carré ❹ : $\frac{1}{2}\times 40$ mm $= 20$ mm

Carré ❺ : $\frac{1}{2}\times 20$ mm $= 10$ mm

b. L'aire de la figure est la somme des aires des carrés ❶ à ❺.

160 mm × 160 mm + 80 mm × 80 mm + 40 mm × 40 mm + 20 mm × 20 mm + 10 mm × 10 mm = 34 100 mm^2

L'aire de la figure est 34 100 mm^2.

83 **a.** $\frac{3}{4}\times 24=\frac{3}{4}\times 4\times 6=3\times 6=18$

18 navigateurs sont européens.

b. $\frac{2}{9}\times 18=\frac{2}{9}\times 9\times 2=2\times 2=4$

4 navigateurs sont français.

84 Une valeur approchée de 6 × 17,6666666 est 106.

$\frac{106}{6}=\frac{17\times 6+4}{6}=\frac{17\times 6}{6}+\frac{4}{6}=17+\frac{4}{6}$

Une valeur approchée de $\frac{106}{6}$ est bien 17,66666666.

Il y a donc 106 joueurs qui veulent participer au tournoi.

85 Le premier de la course a parcouru 3 tours en 27 min, donc pour 1 tour, il met $\frac{27}{3}$ min, c'est-à-dire 9 min.

S'il fait 10 tours à cette même vitesse, il mettra :
10 × 9 min = 90 min = 1 h 30 min.
La course démarre à 10 h 15.
10 h 15 min + 1 h 30 min = 11 h 45 min, le premier terminera donc la course à 11 h 45.

86 **a.**

Réservoir

b. $\frac{1}{4}$ du réservoir représente 12 L d'essence.

La contenance du réservoir est donc 4 × 12 L, soit 48 L.

87 **a.** Le périmètre du carré est 20 cm, donc un côté mesure le quart du périmètre, soit $\frac{1}{4} \times 20$ cm = 5 cm.

Le carré est divisé en deux rectangles superposables.
On peut représenter la situation par un schéma.

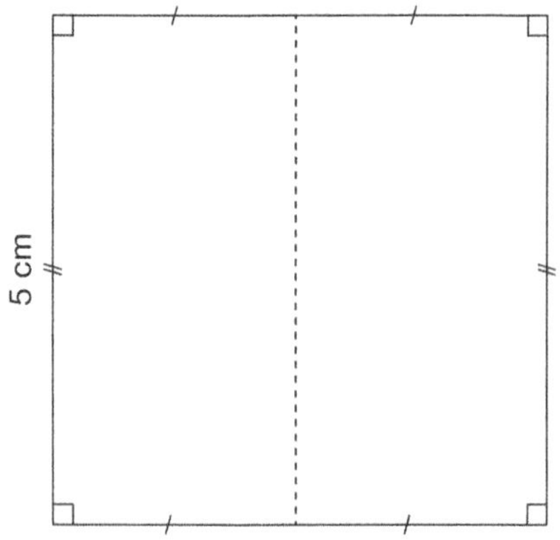

Chaque rectangle a donc pour longueur 5 cm et pour largeur $\frac{1}{2} \times 5$ cm = 2,5 cm.

Ainsi le périmètre de chaque rectangle est :
2×5 cm + $2 \times 2{,}5$ cm = 15 cm.

b. La longueur du rectangle de périmètre 16 cm est nécessairement 5 cm.

On note ℓ la largeur, en cm, de ce rectangle.

On utilise la formule du périmètre : $2 \times \ell + 2 \times 5$ cm = 16 cm.

Donc $2 \times \ell$ = 16 cm – 2×5 cm = 6 cm.

Donc ℓ = 3 cm.

On peut représenter la situation par un schéma.

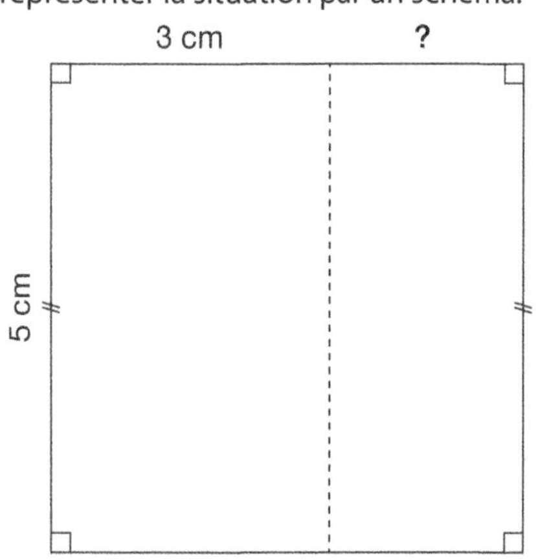

La largeur du second rectangle est donc 5 cm – 3 cm, soit 2 cm.

Son périmètre est 2×5 cm + 2×2 cm, soit 14 cm

88 La moitié des filles sont assises à côté d'un garçon, l'autre moitié des filles sont donc assises 2 par 2. Il y a donc deux fois plus de filles que de garçons dans cette classe.
On peut représenter la situation par un schéma.

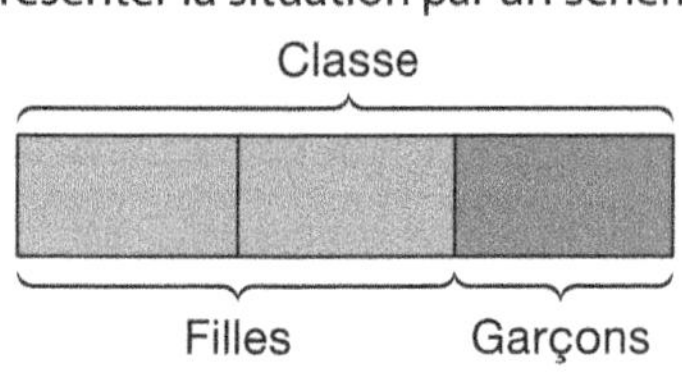

Ainsi, les garçons représentent un tiers de la classe.

$\frac{1}{3} \times 24 = \frac{24}{3} = 8$

Il y a donc 8 garçons.

89 **a.** $3 \times 1 = 3$

Il faut lancer 3 flèches dans le secteur central rouge.

b. $2 \times 1 + 2 \times \frac{1}{2} = 3$

Il faut lancer 2 flèches dans la zone rouge et 2 flèches dans la zone jaune.

c. $12 \times \frac{1}{4} = 3$

Il faut lancer les 12 flèches dans la zone bleue.

90 Lorsque l'entier est pair, on le divise par 2, lorsqu'il est impair, on lui ajoute 1.

2 021 + 1 = **2 022**	2 022 : 2 = **1 011**
1 011 + 1 = **1 012**	1012 : 2 = **506**
506 : 2 = **253**	253 + 1 = **254**
254 : 2 = **127**	127 + 1 = **128**
128 : 2 = **64**	64 : 2 = **32**
32 : 2 = **16**	16 : 2 = **8**
8 : 2 = **4**	4 : 2 = **2**
2 : 2 = **1**	

91 On remarque que les nombres de la roue R sont tous impairs et que ceux de la roue Q sont tous pairs. La somme de deux nombres de ces deux roues est donc toujours impaire.

Donc pour obtenir une somme impaire, il suffit d'obtenir un nombre pair sur la roue P.

Sur cette roue P, il y a un chiffre pair (le 2) sur les trois chiffres possibles.

Donc la proportion de tous les résultats possibles qui donne une somme impaire est $\frac{1}{3}$.

92 Parmi les numérateurs des fractions proposées, on remarque que $3 + 5 = 2 + 6 = 1 + 7$ et $3 + 2 + 7 = 5 + 6 + 1$.

Donc les égalités $\frac{3}{3} + \frac{5}{3} = \frac{2}{3} + \frac{6}{3} = \frac{1}{3} + \frac{7}{3}$ permettent de compléter les côtés du triangle bleu et l'égalité $\frac{3}{3} + \frac{2}{3} + \frac{7}{3} = \frac{5}{3} + \frac{6}{3} + \frac{1}{3}$ permet de compléter les sommets des triangles vert et rouge.

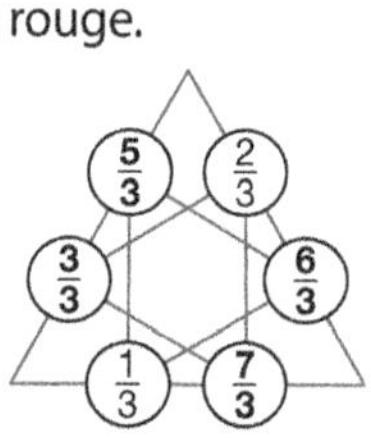

93 D'après le Doc. 1, pour 10 personnes, il faut :

- $10 \times \frac{1}{2}$ = 5 mesures de jus de mangue
- $10 \times \frac{1}{4}$ = 2,5 mesures de lait
- $10 \times \frac{1}{8}$ = 1,25 mesure de sirop

Au total, il faut 5 + 2,5 + 1,25, soit 8,75 mesures de liquide.

D'après le Doc. 2, 1 mesure correspond à 40 cL.

Ainsi, Mélanie doit utiliser $8{,}75 \times 40$ cL = 350 cL de liquide.

94 D'après le Doc. 1, l'aire du carré est 16 m^2, donc son côté mesure 4 m.
À l'aide des codages sur le Doc. 1 et de la formule du Doc. 2, l'aire du petit triangle rectangle jaune (coin supérieur gauche du carré) est $\frac{1}{2} \times 2 \text{ m} \times 2 \text{ m} = 2 \text{ m}^2$.
Les deux autres triangles jaunes sont identiques, leur aire est $\frac{1}{2} \times 4 \text{ m} \times 2 \text{ m} = 4 \text{ m}^2$.

L'aire totale de la partie jaune est donc :
$2 \text{ m}^2 + 2 \times 4 \text{ m}^2 = 10 \text{ m}^2$.
Ainsi, l'aire du triangle bleu est 16 m^2 – 10 m^2, soit 6 m^2.
La fraction du carré occupée par la partie bleue est donc $\frac{6}{16}$, soit $\frac{3}{8}$.

CHAPITRE

7 Utiliser la proportionnalité

INTENTIONS PÉDAGOGIQUES

1 Les Repères du cycle 3

La proportionnalité est une notion nouvelle au cycle 3. Tout au long du cycle, elle est abordée, de façon progressive, dans le cadre de chacun des trois domaines « nombres et calculs », « grandeurs et mesures » et « espace et géométrie ».

• Ainsi, au CM1, le recours aux propriétés de linéarité (multiplicative et additive) est privilégié. Ces propriétés doivent être explicitées ; elles peuvent être institutionnalisées de façon non formelle à l'aide d'exemples verbalisés (« Si j'ai deux fois, trois fois, … plus d'invités, il me faudra deux fois, trois fois, … plus d'ingrédients » ; « Je dispose de briques de masses identiques. Si je connais la masse de 7 briques et celle de 3 briques, alors je peux connaître la masse de 10 briques en faisant la somme des deux masses »). Dès la période 1, des situations de proportionnalité peuvent être proposées (recettes, etc.). L'institutionnalisation des propriétés se fait progressivement à partir de la période 2. Les élèves commencent également à identifier et à résoudre des problèmes de proportionnalité portant sur des grandeurs.

• Au CM2, dès la période 1, le passage par l'unité vient enrichir la palette des procédures utilisées lorsque cela s'avère pertinent. À partir de la période 3, le symbole % est introduit dans des cas simples, en lien avec les fractions d'une quantité (50 % pour la moitié ; 25 % pour le quart ; 75 % pour les trois quarts ; 10 % pour le dixième).
Des situations très simples impliquant des échelles et des vitesses constantes peuvent être rencontrées.
Les élèves agrandissent ou réduisent une figure dans un rapport simple donné (par exemple $\times \frac{1}{2}$, $\times 2$, $\times 3$).

• En 6e, tout au long de l'année, les procédures déjà étudiées en CM sont remobilisées et enrichies par l'utilisation explicite du coefficient de proportionnalité lorsque cela s'avère pertinent. Dès la période 2, en relation avec le travail effectué en CM, les élèves appliquent un pourcentage simple (en relation avec les fractions simples de quantité : 10 %, 25 %, 50 %, 75 %). Dès la période 3, ils apprennent à appliquer un pourcentage dans des registres variés.
Les élèves agrandissent ou réduisent une figure dans un rapport plus complexe qu'au CM2 (par exemple $\frac{3}{2}$ ou $\frac{3}{4}$) ; ils reproduisent une figure à une échelle donnée et complètent un agrandissement ou une réduction d'une figure donnée à partir de la connaissance d'une des mesures agrandie ou réduite.

2 Je découvre

Activité 1

L'objectif de cette activité est de réactiver les propriétés de la proportionnalité étudiées en CM et d'introduire la notion de coefficient de proportionnalité.
La question **1** fait ainsi appel aux propriétés de linéarité (additive et multiplicative).
La question **2** permet d'introduire la notion de coefficient de proportionnalité.
Remarque : le coefficient qui intervient est décimal. Il peut ainsi être interprété dans le contexte de la situation (on pourra indiquer par exemple : « Une surface de panneau de 1,2 m^2 permet d'alimenter une personne. »). Dans l'exercice **55** p. 119, en lien avec une situation d'agrandissement, un coefficient rationnel est utilisé.

Activité 2

L'objectif de cette activité est de relier les notions de pourcentage et de proportionnalité. Ainsi, à la question **a**, on applique un taux de pourcentage en s'appuyant sur un tableau de proportionnalité. Puis à la question **b**, on applique un taux à une quantité en multipliant la quantité par le taux.

Activité 3

L'objectif de cette activité est de mettre en œuvre la proportionnalité dans le cadre de l'agrandissement d'une figure. Il s'agit de reproduire une figure donnée à partir de la connaissance d'une des mesures agrandies. Les questions **a** et **b** pourront également être accompagnées d'un tableau de proportionnalité faisant apparaître le coefficient de $\frac{9}{4}$ ou 2,25.

3 Cours - J'applique le cours

Cours

• Au paragraphe 1, on rappelle les propriétés, étudiées en CM, pouvant être utilisées pour résoudre un problème de proportionnalité :
– l'addition (ou la soustraction) de quantités ;
– la multiplication (ou la division) d'une quantité par un nombre différent de 0 ;
– le passage par l'unité.
Ensuite, la détermination et l'utilisation d'un coefficient de proportionnalité sont illustrées dans un exemple.

• Le paragraphe 2 est consacré à l'application d'un pourcentage. Des cas particuliers sont présentés en lien avec des fractions simples (par exemple : « Prendre 25 % d'une quantité, c'est en prendre le quart. »).

• Au paragraphe 3, d'autres applications de la proportionnalité sont présentées : agrandissement-réduction d'une figure et notion d'échelle.

J'applique le cours

Exercice résolu 1

L'objectif de cet exercice est de remobiliser les propriétés de linéarité et le passage par l'unité. Il s'agit également de montrer que l'on peut généralement traiter de plusieurs façons une situation de proportionnalité. L'utilisation d'un tableau de proportionnalité est proposée pour accompagner la résolution du problème.

Remarque : les exercices **15** à **23** p. 116 du manuel mettent en jeu de façon progressive les différentes procédures (linéarité additive et multiplicative, puis passage par l'unité) qui permettent de traiter une situation de proportionnalité. Les consignes et les nombres choisis peuvent guider les élèves vers l'utilisation d'une procédure particulière, mais toutes les procédures peuvent être naturellement utilisées. Cela peut être l'occasion d'échanger sur la pertinence d'une procédure par rapport à une autre.

Exercice résolu 4

Dans cet exercice, il s'agit de calculer puis de mettre en œuvre un coefficient de proportionnalité.

Le coefficient de proportionnalité est visualisé sur un tableau de proportionnalité et interprété dans le contexte de la situation proposée (« Le coefficient de proportionnalité signifie … »).

Remarque : l'exercice **14** p. 116, proposé dans les Questions Flash, permet d'échanger oralement sur les différentes écritures possibles d'un coefficient de proportionnalité et de revenir sur le coefficient inverse, sans bien sûr le formaliser à ce niveau.

Exercice résolu 6

L'objectif de cet exercice est d'appliquer un taux de pourcentage.

Il y a ainsi deux façons de répondre à la question **b.** L'une des méthodes est, bien sûr, plus rapide que l'autre, mais la sensibilisation des élèves aux deux méthodes est formatrice pour des apprentissages ultérieurs.

Remarques :

– l'exercice **27** p. 117 propose de calculer des ordres de grandeur du pourcentage d'une quantité conformément aux Attendus ;

– l'application d'un pourcentage dans le cas d'une hausse ou d'une baisse est proposée dans l'exercice **34** p. 117 (avec l'utilisation d'un taux de pourcentage simple), puis dans les exercices **51** et **52** p. 118.

Exercice résolu 9

L'objectif est d'utiliser une échelle simple pour dessiner un agrandissement d'un objet, conformément aux Repères et aux Attendus. L'utilisation d'un tableau de proportionnalité est également proposée.

CORRIGÉS

Bien démarrer

1 **a.** et **b.** **2** **c.** **3** **b.** et **c.**

4 **a.**, **b.** et **c.** **5** **a.** et **b.**

Je découvre

Activité 1

1 **a.** • 18 m² = 3 × 6 m² et 3 × 5 personnes = 15 personnes.
Donc avec 18 m², on peut approvisionner 15 personnes.
• 60 m² = 10 × 6 m² et 10 × 5 personnes = 50 personnes.
Donc avec 60 m², on peut approvisionner 50 personnes.
• 78 m² = 18 m² + 60 m² et 15 personnes + 50 personnes = 65 personnes.
Donc avec 78 m², on peut approvisionner 65 personnes.
b. 20 personnes = 4 × 5 personnes et 4 × 6 m² = 24 m².
Donc il faut 24 m² de ces panneaux pour approvisionner 20 personnes.

2 **a.** Le nombre ■ tel que 5 × ■ = 6 est 6 : 5, c'est-à-dire 1,2.
b. 120 × 1,2 = 144. Donc le nombre qui convient dans la case jaune est 144.
Ce nombre signifie qu'il faut 144 m² de ces panneaux pour approvisionner 120 personnes.

Activité 2

a.

Masse d'ordures ménagères (en kg)	100	250	× 0,15
Masse de papiers et emballages (en kg)	15	37,5	

b. $\frac{9}{100} \times 250$ kg $= \mathbf{0{,}09} \times 250$ kg $= \mathbf{22{,}5}$ kg

Activité 3

a. Ainsi, un segment de 1 cm sur la figure ci-contre est représenté par un segment de **9 cm** : 4, soit **2,25** cm sur le logo agrandi.
b. Sur le logo agrandi :
• le segment [AB] mesure 1,6 cm × 2,25 = 3,6 cm ;
• le segment [CG] mesure 2,4 cm × 2,25 = 5,4 cm.
c. Figure ci-contre à l'échelle 1/2.

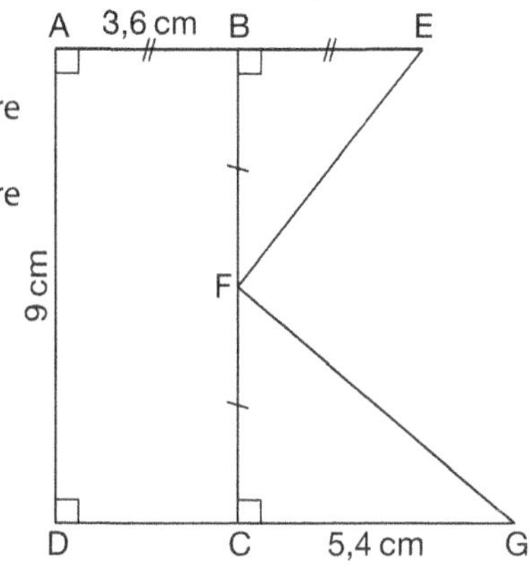

J'applique le cours

2 Il est possible d'utiliser plusieurs méthodes.
1re méthode : multiplication d'une quantité
10 L = 4 L × 2,5 et 30 m^2 × 2,5 = 75 m^2.
10 L couvrent 75 m^2.
2e méthode : passage par l'unité
4 L couvrent 30 m^2, donc 1 L couvre 30 m^2 : 4, soit 7,5 m^2.
Ainsi 10 L couvrent 10 × 7,5 m^2, c'est-à-dire 75 m^2.

3 On commence par calculer le prix de 1 kg de riz.
5 kg de riz coûtent 7,50 €, donc 1 kg de riz coûte 7,5 € : 5, c'est-à-dire 1,50 €.
Ainsi, 8 kg coûtent 8 × 1,50 €, c'est-à-dire 12 €.

5 **a.** 8,40 : 3 = 2,8, donc le coefficient de proportionnalité est 2,8.
Il signifie que 1 kg de prunes coûtent 2,80 €.
b. 6,5 × 2,8 = 18,2
6,5 kg de prunes coûtent 18,20 €.
On peut compléter le tableau.

Masse de prunes (en kg)	3	6,5
Prix (en €)	8,40	**18,20**

× **2,8**

7 **a.** $\frac{63}{100} \times 2\,400 = 0{,}63 \times 2\,400 = 1\,512$
1 512 personnes ont répondu « oui ».
b. 2 400 – 1 512 = 888
888 personnes ont répondu « non ».

8 **a.** 93 + 4 + 1,5 = 98,5
La somme des pourcentages n'est pas égale à 100, il y a donc d'autres ingrédients.
b. $\frac{93}{100} \times 320 \text{ g} = 0{,}93 \times 320 \text{ g} = 297{,}6 \text{ g}$
Il y a 297,6 g de tomates.
$\frac{4}{100} \times 320 \text{ g} = 0{,}04 \times 320 \text{ g} = 12{,}8 \text{ g}$
Il y a 12,8 g d'oignons.
$\frac{1{,}5}{100} \times 320 \text{ g} = 0{,}01{,}5 \times 320 \text{ g} = 4{,}8 \text{ g}$
Il y a 4,8 g d'olives.
320 g – (297,6 g + 12,8 g + 4,8 g) = 320 g – 315,2 g, soit 4,8 g.
Il y a 4,8 g d'autres ingrédients.

10 L'échelle est $\frac{5}{2}$, c'est-à-dire que les longueurs réelles sont multipliées par $\frac{5}{2}$.
2,4 cm × $\frac{5}{2}$ = 2,4 cm × 2,5 = 6 cm
1,4 cm × $\frac{5}{2}$ = 1,4 cm × 2,5 = 3,5 cm

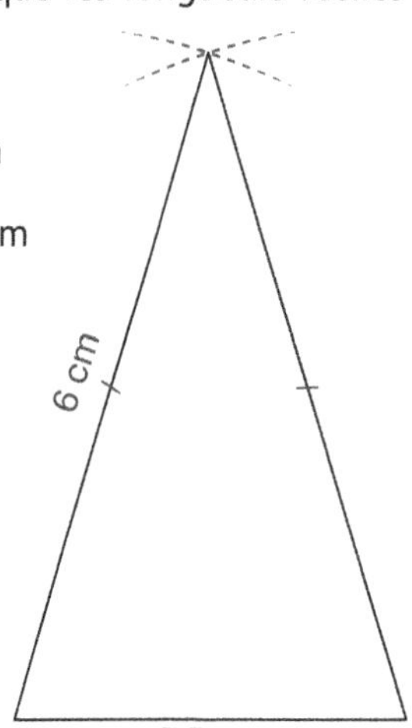

11 L'échelle est $\frac{3}{4}$, c'est-à-dire que les longueurs réelles sont multipliées par $\frac{3}{4}$.
12 cm × $\frac{3}{4}$ = 12 cm × 0,75 = 9 cm
8,4 cm × $\frac{3}{4}$ = 8,4 cm × 0,75 = 6,3 cm
10 cm × $\frac{3}{4}$ = 10 cm × 0,75 = 7,5 cm
Triangle ABC réduit :

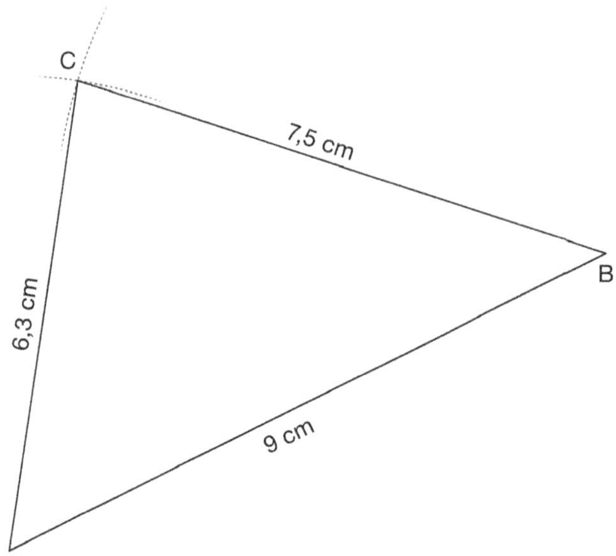

Je travaille mes automatismes

Utiliser la proportionnalité

12 **a.** Le basketteur ne marque pas forcément le même nombre de points à chaque match. On ne peut pas prévoir le nombre de points qu'il va marquer en 6 matchs. Il ne s'agit donc pas d'une situation de proportionnalité.
b. Toutes les feuilles sont identiques : il s'agit donc d'une situation de proportionnalité.
500 feuilles : 5 = 100 feuilles et 5,5 cm : 5 = 1,1 cm.
Donc une pile de 100 feuilles a une épaisseur de 1,1 cm.
c. Toutes les pièces sont identiques : il s'agit donc d'une situation de proportionnalité.
6 pièces + 14 pièces = 20 pièces et 51 g + 119 g = 170 g.
Donc 20 pièces pèsent 170 g.

13 **a.** 3 brioches coûtent 3,90 €.
Donc 1 brioche coûte 3,90 € : 3, c'est-à-dire 1,30 €.
b. 1,30 € × 5 = 6,50 €
Donc 5 brioches coûtent 6,50 €.

14 Le coefficient de proportionnalité [redacted] est :
$\frac{5}{4}$ = 5 : 4 = 1,25.

15 • **Magasin A**
Il faut acheter 2 sacs de 25 kg.
25 kg × 2 = 50 kg
Donc 29,50 € × 2 = 59 €.
• **Magasin B**
Il faut acheter 5 sacs de 10 kg.
10 kg × 5 = 50 kg
Donc 12 € × 5 = 60 €.
Lana devrait faire son achat dans le magasin A.

16 **1. a.** 8 personnes : 4 = 2 personnes et 200 g : 4 = 50 g.
Il faut donc 50 g de riz pour 2 personnes.
b. 2 personnes × 3 = 6 personnes et 50 g × 3 = 150 g.
Il faut donc 150 g de riz pour 6 personnes.
2. 200 g × 2,5 = 500 g et 8 personnes × 2,5 = 20 personnes.
Avec 500 g de riz, on peut préparer un gâteau pour 20 personnes.

17 **a.** 24 h : 4 = 6 h et 16 tours : 4 = 4 tours.
En 6 h, l'ISS fait 4 tours de la Terre.
b. 4 tours × 7 = 28 tours et 6 h × 7 = 42 h.
L'ISS fait 28 tours de la Terre en 42 h.

18 • 7 L − 3 L = 4 L et 9,80 € − 4,20 € = 5,60 €.
• 7 L + 4 L = 11 L et 9,80 € + 5,60 € = 15,40 €.
On complète ce tableau de proportionnalité.

Quantité (en L)	3	7	4	11
Prix (en €)	4,20	9,80	**5,60**	**15,40**

19 **a.** Il s'agit du même tissu, donc le prix est proportionnel à la longueur.
2,5 m × 4 = 10 m et 21 € × 4 = 84 €.
10 m de tissu coûtent 84 €.
b. 2,5 m + 3 m = 5,5 m et 21 € + 25,20 € = 46,20 €.
5,5 m de tissu coûtent 46,20 €.

20 • 1,80 € × 3 = 5,40 € et 5,40 € > 5,30 €.
En achetant un lot de 3 tablettes, on paie moins cher qu'en achetant 3 tablettes à l'unité.
• 1,80 € × 5 = 9 € et 9 € < 9,20 €.
En achetant un lot de 5 tablettes, on paie plus cher qu'en achetant 5 tablettes à l'unité.

21 Les porte-clés sont tous identiques, donc le prix est proportionnel au nombre de porte-clés.
a. • 10 porte-clés : 2 = 5 porte-clés et 28 € : 2 = 14 €.
5 porte-clés coûtent 14 €.
• 5 porte-clés × 7 = 35 porte-clés et 14 € × 7 = 98 €.
35 porte-clés coûtent 98 €.
b. • 10 porte-clés : 10 = 1 porte-clés et 28 € : 10 = 2,80 €.
1 porte-clés coûte 2,80 €.
• 2,80 € × 35 = 98 €.
35 porte-clés coûtent 98 €.

22 **1. a.** 15 m² : 3 = 5 m²
Donc 1 L de vernis couvre 5 m².
b. 5 m² × 7 = 35 m²
Avec 7 L de vernis, on couvre 35 m².
2. a. 3 L : 15 = 0,2 L
Pour couvrir 1 m², il faut 0,2 L de vernis.
b. 0,2 L × 8 = 1,6 L
Pour couvrir 8 m², il faut 1,6 L de vernis.

23 La voiture roule à vitesse constante, donc la distance parcourue est proportionnelle à la durée du parcours.
a. 18 km : 15 = 1,2 km
Donc en 1 min, la voiture parcourt 1,2 km.
b. 1,2 km × 22 = 26,4 km
Donc en 22 min, la voiture parcourt 26,4 km.

24 • 12 : 5 = 2,4, donc le coefficient de proportionnalité est 2,4.
• 3,25 × 2,4 = 7,8.

Longueur (en m)	5	1	3,25	× **2,4**
Prix (en €)	12	**2,4**	**7,8**	

25 • 24 : 40 = 0,6, donc le coefficient de proportionnalité est 0,6.
• 65 × 0,6 = 39.

Nombre de pas	40	65	× **0,6**
Distance (en m)	24	**39**	

Appliquer un pourcentage

26 **a.** Prendre 10 % d'une quantité, c'est en prendre le dixième. Ainsi, 85 g : 10 = 8,5 g.
b. Prendre 25 % d'une quantité, c'est en prendre le quart. Ainsi, 80 km : 4 = 20 km.
c. Prendre 50 % d'une quantité, c'est en prendre la moitié. Ainsi, 260 L : 2 = 130 L.
d. Prendre 20 % d'une quantité, c'est en prendre le cinquième. Ainsi, 30 min : 5 = 6 min.
e. Prendre 75 % d'une quantité, c'est en prendre les trois quarts. Ainsi, 40 € : 4 × 3 = 10 € × 3 = 30 €.
f. Prendre 1 % d'une quantité, c'est en prendre le centième. Ainsi, 50 € : 100 = 0,50 €.

27 **a.** On calcule 50 % de 20 kg.
Un ordre de grandeur est 10 kg.
b. On calcule 10 % de 400 €.
Un ordre de grandeur est 40 €.
c. On calcule 25 % de 800 km.
Un ordre de grandeur est 200 km.

28 $\frac{75}{100} \times 60$ kg = 0,75 × 60 kg = 45 kg
Ben a vendu 45 kg de noix.

29 $\frac{25}{100} \times 32$ € = 0,25 × 32 € = 8 €
$\frac{20}{100} \times 40$ € = 0,20 × 40 € = 8 €
Donc Lise a raison.

30 $\frac{15}{100} \times 68$ kg = 0,15 × 68 kg = 10,2 kg
La masse osseuse de Sam est 10,2 kg.

31 $\frac{14}{100} \times 125$ g = 0,14 × 125 g = 17,5 g
Ce yaourt contient 17,5 g de fruits.

32 $\frac{85}{100} \times 40 = 0,85 \times 40 = 34$
Anaé a répondu à 34 questions, elle n'est donc pas reçue.

33 • $\frac{28}{100} \times 170\text{ €} = 0{,}28 \times 170\text{ €} = 47{,}6\text{ €}$
Le sac coûte 47,60 €.
• 170 € – 47,6 € = 122,4 €
Il reste 122,40 € à Martin.

34 **a.** • La réduction représente 25 % du prix, c'est-à-dire le quart de 80 €.
80 € : 4 = 20 €
La réduction est de 20 €.
• 80 € – 20 € = 60 €
Le prix après réduction est de 60 €.
b. • La réduction représente 10 % du prix, c'est-à-dire le dixième de 38 €.
38 € : 10 = 3,8 €
La réduction est de 3,80 €.
• 38 € – 3,8 € = 34,2 €
Le prix après réduction est de 34,20 €.

Agrandir ou réduire une figure

35 40 cm : 8 cm = 5 et 60 cm : 5 = 12 cm.
Donc la longueur de l'affiche réduite est 12 cm.

36 **a.** 7,3 cm × 2 = 14,6 cm
En réalité, le segment mesure 14,6 cm.
b. 18,4 cm : 2 = 9,2 cm
Sur le dessin, le segment mesure 9,2 cm.

37 **a.** Sur la figure agrandie :
AC = 4,4 cm × 1,5 = 6,6 cm,
BC = 4 cm × 1,5 = 6 cm,
AB = 3 cm × 1,5 = 4,5 cm.
b.

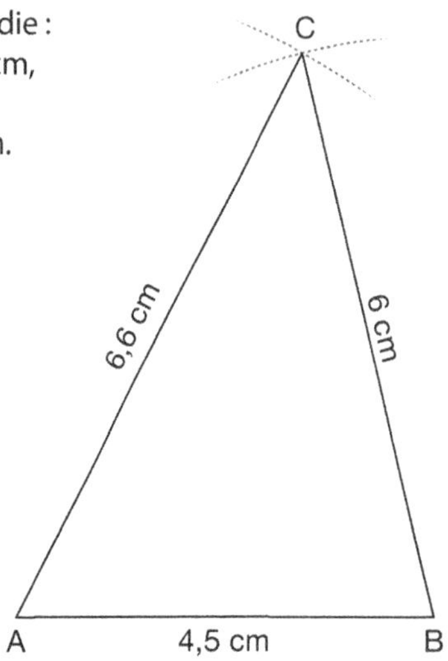

38 2,4 cm × 2,5 = 6 cm.
On construit ainsi un cercle de diamètre 6 cm, donc de rayon 3 cm.

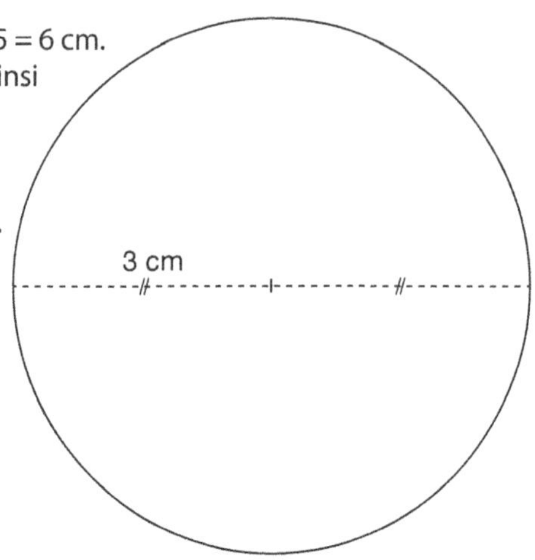

39 12 cm × 0,4 = 4,8 cm
On construit un carré de côté 4,8 cm.

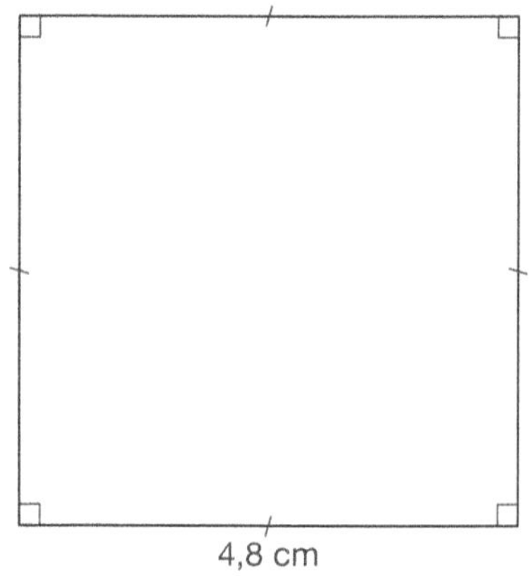

40 **a.** 3,5 cm × 50 = 175 cm
Ce mur mesure 175 cm, soit 1,75 m en réalité.
b. 75 cm : 50 = 1,5 cm
Cette porte mesure 1,5 cm sur le plan.

41 **a.** On mesure 4,8 cm entre les deux points jaunes.
b. 4,8 cm × 50 000 = 240 000 cm et 240 000 cm = 2,4 km.
La longueur du viaduc est 2,4 km.

Je m'entraîne

Traiter une situation de proportionnalité. Appliquer un pourcentage

42 **a.** 5 × 1,40 = 7 et 8 × 1,40 = 11,20. Donc le prix est proportionnel au nombre de macarons achetés.
b. 14 × 1,40 = 19,60. Donc 14 macarons coûtent 19,60 €.

43 **a.** 3,50 € : 5 = 0,70 €
Donc 1 bougie coûte 0,70 €.
9 bougies × 0,70 € = 6,30 €
Donc 9 bougies coûtent 6,30 €.
b. 100 bougies × 0,70 € = 70 €
Donc avec 70 €, on peut acheter 100 bougies.

44 On peut utiliser plusieurs méthodes.
1re méthode : addition de quantités
6 km + 6 km + 3 km = 15 km
et 20 min + 20 min + 10 min = 50 min
2e méthode : multiplication d'une quantité
6 km × 2,5 = 15 km et 20 min × 2,5 = 50 min.
Il faut donc 50 min pour parcourir les 15 km suivants.

45 **a.** Le randonneur parcourt 4,5 km en 1 heure, c'est-à-dire en 60 minutes.
60 min : 3 = 20 min et 4,5 km : 3 = 1,5 km.
Donc le randonneur parcourt 1,5 km en 20 min.
b. 2 h 20 min = 2 × 1 h + 20 min
et 2 × 4,5 km + 1,5 km = 10,5 km.
Le refuge se trouvait à 10,5 km.

46 **1.** 84 : 7 = 12, donc le coefficient de proportionnalité est 12. 9 × 12 = 108 et 276 : 12 = 23.

Hauteur (en cm)	7	9	**23**	× 12
Volume (en L)	84	**108**	276	

2. a. Dans la case jaune, il s'agit du volume d'eau en L (108) versée dans l'aquarium pour une hauteur de 9 cm.
b. Dans la case verte, il s'agit de la hauteur d'eau en mm (23) pour 276 L d'eau versée.

47 a. 18 € : 5 = 3,60 €
Donc 1 m de corde coûte 3,60 €.
b. 13 m × 3,60 = 46,80 €
Donc 13 m de corde coûtent 46,80 €.
Voir le tableau complété.

Longueur de corde (m)	5	1	13
Prix (en €)	18	**3,6**	**46,80**

48 a. 150 g : 2 = 75 g
Donc il faut 75 g de farine pour 2 personnes.
75 g × 3 = 225 g
Donc il faut 225 g de farine pour 6 personnes.
b. 80 g : 4 = 20 g
Donc il faut 20 g de sucre pour 1 personne.
20 g × 7 = 140 g
Donc il faut 140 g de sucre pour 7 personnes.
c. 4 personnes × 3 = 12 personnes
$\frac{3}{4}$ L × 3 = $\frac{9}{4}$ L = 2,25 L
Donc il faut 2,25 L de lait pour 12 personnes.
d. • Il faut 20 g de sucre pour 1 personne.
20 g × 10 = 200 g
Donc il faut 200 g de sucre pour 10 personnes.
• Il faut 75 g de farine pour 2 personnes.
75 g × 5 = 375 g
Donc il faut 375 g de farine pour 10 personnes.
• Il faut 4 œufs pour 4 personnes.
Il faut 1 œuf pour 1 personne.
Il faut 10 œufs pour 10 personnes.
• 4 personnes × 2,5 = 10 personnes
1 gousse × 2,5 = 2,5 gousses
Il faut donc 3 gousses de vanille pour 10 personnes.
• $\frac{3}{4}$ L = 0,75 L et 0,75 L × 2,5 = 1,875 L.
Il faut 1,875 L de lait pour 10 personnes.

49 a. 100 % – (78 % + 21 %) = 100 % – 99 % = 1 %
Les autres gaz représentent 1 % de l'air.
b. • $\frac{78}{100}$ × 13 000 L = 0,78 × 13 000 L = 10 140 L
Un adulte respire en moyenne 10 140 L de diazote par jour.
• $\frac{21}{100}$ × 13 000 L = 0,21 × 13 000 L = 2730 L
Un adulte respire en moyenne 2 730 L de dioxygène par jour.
• $\frac{1}{100}$ × 13 000 L = 0,01 × 13 000 L = 130 L
Un adulte respire en moyenne 130 L d'autres gaz par jour.
Remarque : pour calculer la quantité des autres gaz, on peut aussi utiliser cette 2e méthode :
13 000 L – 10 140 L – 2 730 L = 130 L.

50 $\frac{23}{100}$ × 175 ha = 0,23 × 175 ha = 40,25 ha
40,25 ha ont brûlé.
175 ha – 40,25 ha = 134,75 ha, donc 134,75 ha n'ont pas brûlé.

51 a. $\frac{2}{100}$ × 600 € = 0,02 × 600 € = 12 €
L'augmentation est de 12 €.
b. 600 € + 12 € = 612 €
Le nouveau loyer est 612 €.

52 • $\frac{40}{100}$ × 90 € = 0,40 × 90 € = 36 €
La réduction est de 36 €.
• 90 € – 36 € = 54 €
Le prix après réduction est de 54 €.

53 Voici les différents chemins possibles.
Dans chaque case le nombre de points obtenus est indiqué en gras.

Chemin 1 :

1 000	1000 : 4 = 250 1 000 – 250 = **750**	
	750 : 2 = **375**	375 × 0,2 = 75 375 + 75 = **450**
		450

Chemin 2 :

1 000	1000 : 4 = 250 1 000 – 250 = **750**	
	750 : 2 = **375**	
	375 × 0,2 = 75 375 – 75 = **300**	**300**

Chemin 3 :

1 000	1000 : 4 = 250 1 000 – 250 = **750**	750 × 0,2 = 150 750 +150 = **900**
		900 × 0,2 = 180 900 + 180 = **1 080**
		1 080

Chemin 4 :

1 000		
1000 : 2 = 500 1 000 + 500 = **1 500**	1500 : 2 = **750**	750 × 0,2 = 150 750 + 150 = **900**
		900

Chemin 5 :

1 000		
1000 : 2 = 500 1 000 + 500 = **1 500**	1500 : 2 = **750**	
	750 × 0,2 = 150 750 – 150 = **600**	**600**

Chemin 6 :

1 000		
1000 : 2 = 500 1 000 + 500 = **1 500**		
1500 : 4 = 375 1 500 – 375 = **1 125**	1 125 × 0,2 = 225 1 125 – 225 = **900**	**900**

Seul le chemin 3 permet d'obtenir au moins 1 000 points.

Remarques :
– il est inutile d'étudier le chemin 2 car le nombre de points sera inférieur à celui du chemin 1 ;
– il est inutile d'étudier le chemin 5 car le nombre de points sera inférieur à celui du chemin 4.

Agrandir ou réduire une figure

54 **1.** Cette figure peut être découpée en un carré de 4 cm de côté et un rectangle de 4 cm par 10 cm.
$4 \text{ cm} \times 4 \text{ cm} + 4 \text{ cm} \times 10 \text{ cm} = 16 \text{ cm}^2 + 40 \text{ cm}^2$, soit 56 cm^2.
L'aire de cette figure est 56 cm^2.

2. a. $\frac{3}{4} \times 10 \text{ cm} = 0{,}75 \times 10 \text{ cm} = 7{,}5 \text{ cm}$

$\frac{3}{4} \times 4 \text{ cm} = 0{,}75 \times 4 \text{ cm} = 3 \text{ cm}$

b.

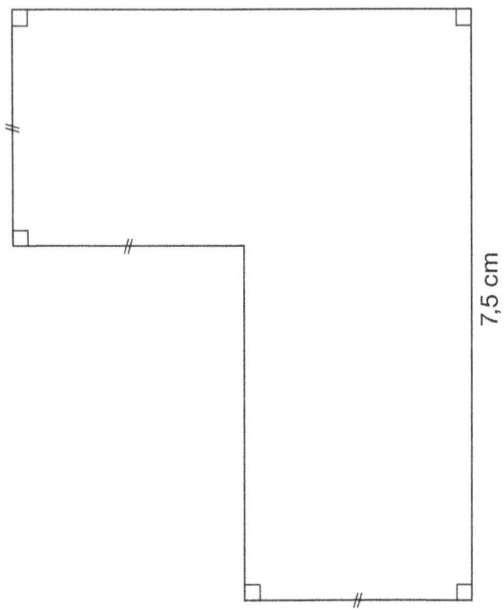

c. $3 \text{ cm} \times 3 \text{ cm} + 3 \text{ cm} \times 7{,}5 \text{ cm} = 9 \text{ cm}^2 + 22{,}5 \text{ cm}^2$, soit $31{,}5 \text{ cm}^2$.
L'aire de la figure réduite est $31{,}5 \text{ cm}^2$.

55 **a.** Le coefficient de proportionnalité est $\frac{7}{3}$.

b.

Dimensions initiales (en cm)	3	1,8
Dimensions sur l'agrandissement (en cm)	7	**4,2**

$\times \frac{7}{3}$

$\frac{7}{3} \times 1{,}8 \text{ cm} = 7 \times 1{,}8 \text{ cm} : 3 = 12{,}6 \text{ cm} : 3$, soit 4,2 cm.

c.

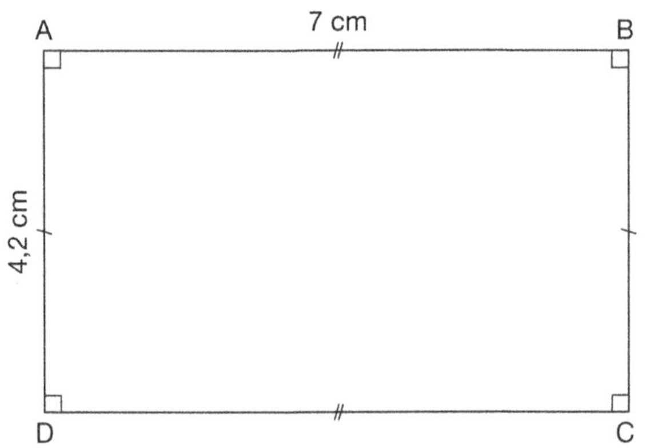

56 200 km sont représentés par 10 cm, donc 1 km est représenté par 10 : 200, c'est-à-dire par 0,05 cm.
• On peut construire ce tableau de proportionnalité.

Distance réelle (en km)	200	240	140
Distance sur la feuille (en cm)	10	**12**	**7**

$\times 0{,}05$

Donc les dimensions du triangle sont 10 cm, 12 cm et 7 cm.

• Échelle $\frac{1}{2}$

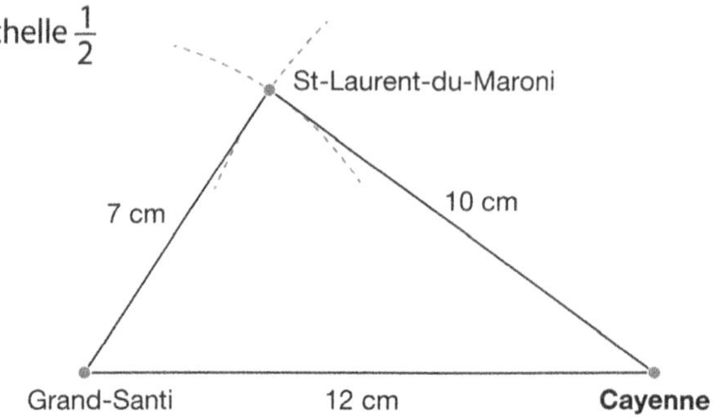

57 **1** → **3** (agrandissement 2)
→ **4** (agrandissement 1,5)
→ **8** (réduction $\frac{1}{3}$)
→ **9** (identique)
→ **10** (identique)
→ **6** (agrandissement 2)
→ **13** (réduction $\frac{1}{2}$)

Synthèse

Utiliser la proportionnalité

58 **a.** $33 \text{ m} \times 15 \text{ m} = 495 \text{ m}^2$
La surface à ensemencer est de 495 m^2.
b. Il faut 5 kg de graines pour 90 m^2.
$495 \text{ m}^2 : 90 \text{ m}^2 = 5{,}5$ et $5 \text{ kg} \times 5{,}5 = 27{,}5 \text{ kg}$.
Il faut 27,5 kg de graines.
c. • Un sac contient 8 kg de graines.
$8 \text{ kg} \times 4 = 32 \text{ kg}$ et $8 \text{ kg} \times 3 = 24 \text{ kg}$.
Il faut donc prévoir 4 sacs.
• $45 € \times 4 = 180 €$
Le budget à prévoir est 180 €.

59 **a.** La distance entre Angers et Saumur est 2 cm sur la carte.
b. 42 km : 2 = 21 km
1 cm représente 21 km en réalité.
c. La distance entre Saumur et Tours est 3 cm.
d. $3 \times 21 \text{ km} = 63 \text{ km}$
La distance en réalité entre Saumur et Tours est estimée à 63 km.

60 **a.** Le pourcentage d'externes est 25 %, c'est-à-dire $\frac{1}{4}$.
b. 115 élèves × 4 = 460 élèves
c. • 460 élèves – 115 élèves = 345 élèves
Il y a 345 élèves demi-pensionnaires.
• 100 % – 25 % = 75 %
Il y a 75 % d'élèves demi-pensionnaires.

	Externes	Demi-pensionnaires	Total
Effectif	115	345	460
Pourcentage	25	75	100

Parcours différenciés

Je m'évalue

61 a. 62 c. 63 a. 64 b.
65 b. 66 a. 67 c. 68 b.
69 a. 70 b. 71 c. 72 b.

Je réalise mon parcours

73 PARCOURS 1

a. Pour 8 madeleines, il faut **120** g de farine, donc il en faut la moitié pour 4 madeleines, c'est-à-dire **120** g : 2, soit **60** g de farine.
8 + 4 = 12, donc il faut **120** g + **60** g de farine pour 12 madeleines, c'est-à-dire **180** g de farine.
b. Pour 8 madeleines, il faut 40 g de sucre, donc pour 4 madeleines il faut 40 g : 2, soit 20 g de sucre.
40 g + 20 g = 60 g
Pour 12 madeleines, il faut 60 g de sucre.
c. Pour 8 madeleines, il faut 50 g de beurre, donc pour 4 madeleines il faut 50 g : 2, soit 25 g de beurre.
50 g + 25 g = 75 g
Pour 12 madeleines, il faut 75 g de beurre.
d. • 2 œufs : 2 = 1 œuf et 2 œufs + 1 œuf = 3 œufs.
Pour 12 madeleines, il faut 3 œufs.
• 8 mL : 2 = 4 mL et 8 mL + 4 mL = 12 mL.
Pour 12 madeleines, il faut 12 mL de lait.
• 4 g : 2 = 2 g et 4 g + 2 g = 6 g.
Pour 12 madeleines, il faut 6 g de levure.

PARCOURS 2

a. • Pour une madeleine, il faut :
– 120 g : 8 = 15 g de farine ;
– 40 g : 8 = 5 g de sucre ;
– 50 g : 8 = 6,25 g de beurre ;
– 8 mL : 8 = 1 mL de lait.
• Pour 15 madeleines, il faut :
– 15 g × 15 = 225 g de farine ;
– 5 g × 15 = 75 g de sucre ;
– 6,25 g × 15 = 93,75 g, donc on prévoit 94 g de beurre ;
– 1 mL × 15 = 15 mL de lait.
b. • Pour une madeleine, il faut :
– 2 œufs : 8 = 0,25 œuf ;
– 4 g : 8 = 0,5 g de levure.
• Pour 15 madeleines, il faut :
– 0,25 œuf × 15 = 3,75 œufs, donc on prévoit 4 œufs ;
– 0,5 g × 15 = 7,5 g, donc on prévoit 8 g de levure.

PARCOURS 3

a. • 120 g : 8 = 15 g
Pour une madeleine, il faut 15 g de farine.
• 15 g × 18 = 270 g et 15 g × 19 = 285 g.
On peut préparer au maximum 18 madeleines.
b. • Pour une madeleine, il faut :
– 40 g : 8 = 5 g de sucre ;
– 50 g : 8 = 6,25 g de beurre ;
– 8 mL : 8 = 1 mL de lait ;
– 2 œufs : 8 = 0,25 œuf ;
– 4 g : 8 = 0,5 g de levure.
• Pour 18 madeleines, il faut :
– 15 g × 18 = 270 g de farine ;
– 5 g × 18 = 90 g de sucre ;
– 6,25 g × 18 = 112,5 g, donc on prévoit 113 g de beurre ;
– 1 mL × 18 = 18 mL de lait ;
– 0,25 œuf × 18 = 4,5 œufs, donc on prévoit 5 œufs ;
– 0,5 g × 18 = 9 g de levure.

74 PARCOURS 1

a. Sur la figure donnée, le segment [AB] mesure **4,8** cm, donc sur la figure agrandie, ce segment doit mesurer **4,8** cm × **1,5** c'est-à-dire **7,2** cm.
b. • 3,6 cm × 1,5 = 5,4 cm
Sur la figure agrandie, le segment [AF] mesure 5,4 cm.
• 3 cm × 1,5 = 4,5 cm
Sur la figure agrandie, le segment [AD] mesure 4,5 cm.
c. AB = 7,2 cm ; AD = 4,5 cm et AF = CE = 5,4 cm.

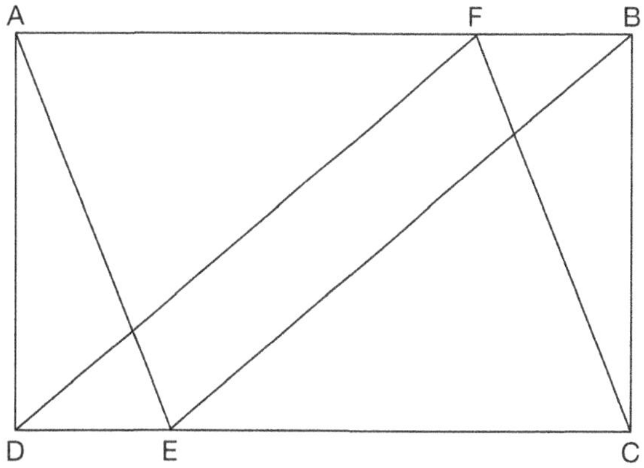

PARCOURS 2

• On commence par calculer les longueurs sur la figure agrandie.
7,5 cm : 3 cm = 2,5
1 cm sur la figure mesure 2,5 cm l'agrandissement.
On peut construire ce tableau de proportionnalité.

Dimensions initiales (en cm)	4,8	3	3,6
Dimensions sur l'agrandissement (en cm)	12	7,5	9

× 2,5

4,8 cm × 2,5 = 12 cm et 3,6 cm × 2,5 = 9 cm.
• On trace la figure agrandie.
AD = 7,5 cm, AB = 12 cm et AF = CE = 9 cm.
Échelle $\frac{1}{2}$

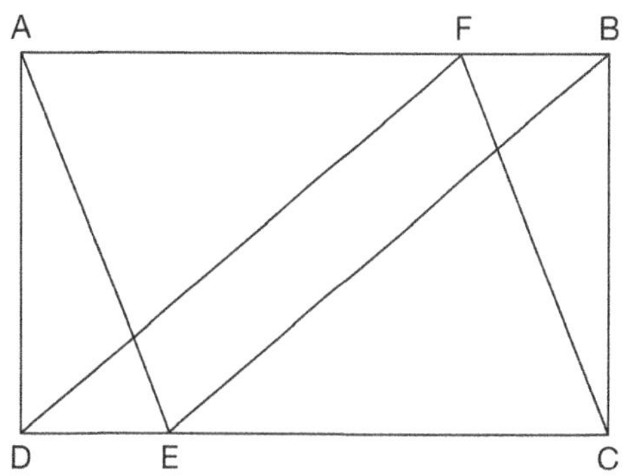

PARCOURS 3

• On commence par calculer les longueurs sur la figure agrandie.

On peut construire ce tableau de proportionnalité.

Dimensions initiales (en cm)	4,8	3	3,6	$\times \frac{7}{3}$
Dimensions sur l'agrandissement (en cm)	11,2	7	8,4	

4,8 cm $\times \frac{7}{3}$ = 1,2 cm et 3,6 cm $\times \frac{7}{3}$ = 8,4 cm.

• On trace la figure agrandie.

AB = 11,2 cm, AD = 7 cm et AF = CE = 8,4 cm.

Échelle $\frac{1}{2}$

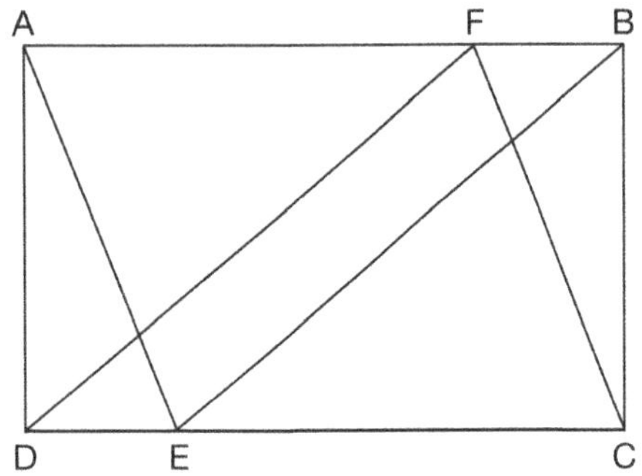

Je m'entraîne avec Scratch et le tableur

75 *Fichier téléchargeable sur le site compagnon.*

1. a. Ligne **(2)** : 50.

Ligne **(3)** : 40.

Ligne **(4)** : 50.

2. a. • 150 : 100 = 1,5

Les longueurs sont multipliées par 1,5.

• 50 × 1,5 = 75 et 40 × 1,5 = 60.

On saisit donc les nombres suivants :

ligne **(1)** 150 ;

ligne **(2)** 75 ;

ligne **(3)** 60 ;

ligne **(4)** 75.

b. • Les longueurs sont multipliées par 0,8.

100 × 0,8 = 80 ; 50 × 0,8 = 40 et 40 × 0,8 = 32.

• On saisit les nombres suivants :

ligne **(1)** 80 ;

ligne **(2)** 40 ;

ligne **(3)** 32 ;

ligne **(4)** 40.

76 *Fichier téléchargeable sur le site compagnon.*

1. a., b. et **c.**

	A	B	C
1	**Prix Initial**	**TVA**	**Prix TTC**
2	5	0,5	5,5
3	6	0,6	6,6
4	7	0,7	7,7
5	8	0,8	8,8
6	9	0,9	9,9
7	10	1	11
8	11	1,1	12,1
9	12	1,2	13,2
10	13	1,3	14,3
11	14	1,4	15,4
12	15	1,5	16,5
13	16	1,6	17,6
14	17	1,7	18,7
15	18	1,8	19,8
16	19	1,9	20,9
17	20	2	22
18	21	2,1	23,1
19	22	2,2	24,2
20	23	2,3	25,3
21	24	2,4	26,4
22	25	2,5	27,5
23	26	2,6	28,6
24	27	2,7	29,7
25	28	2,8	30,8
26	29	2,9	31,9
27	30	3	33

2. a. On calcule les quotients des prix TTC par les prix initiaux. Pour cela, on peut utiliser la feuille de calcul du tableur ; on indique ainsi dans la colonne D : « Prix TTC : Prix initial ».

On saisit alors dans la cellule D2, la formule = C2/A2 .

	A	B	C	D
1	**Prix Initial**	**TVA**	**Prix TTC**	**Prix TTC : Prix initial**
2	5	0,5	5,5	1,1
3	6	0,6	6,6	1,1
4	7	0,7	7,7	1,1
5	8	0,8	8,8	1,1
6	9	0,9	9,9	1,1
7	10	1	11	1,1
8	11	1,1	12,1	1,1
9	12	1,2	13,2	1,1
10	13	1,3	14,3	1,1
11	14	1,4	15,4	1,1
12	15	1,5	16,5	1,1
13	16	1,6	17,6	1,1
14	17	1,7	18,7	1,1
15	18	1,8	19,8	1,1
16	19	1,9	20,9	1,1
17	20	2	22	1,1
18	21	2,1	23,1	1,1
19	22	2,2	24,2	1,1
20	23	2,3	25,3	1,1
21	24	2,4	26,4	1,1
22	25	2,5	27,5	1,1
23	26	2,6	28,6	1,1
24	27	2,7	29,7	1,1
25	28	2,8	30,8	1,1
26	29	2,9	31,9	1,1
27	30	3	33	1,1

On observe que les quotients sont tous égaux à 1,1.

Le prix TTC est donc proportionnel au prix initial.

Le coefficient de proportionnalité est 1,1.

b. 22,50 € × 1,1 = 24,75 €

Le prix TTC de ce plat est 24,75 €.

J'utilise mes compétences

77 Traduction
Dans une épicerie en France, les oranges coûtent 2,80 € le kilogramme.
Dans une autre aux États-Unis, les oranges coûtent 1,35 $ par livre.
Dans quel épicerie les oranges sont-elles les plus chères ?
Solution
• $2,8 \times 1,1 = 3,08$, donc 2,80 € correspondent à environ 3,08 $.
• 1 pound est environ égal à 0,5 kg.
$3,08 \times 0,5 = 1,54$
Le prix des oranges dans l'épicerie aux États-Unis devrait être de 1,54 $.
Les oranges sont donc moins chères aux États-Unis.

78 a. $\frac{70}{100} \times 650 = 0,70 \times 650 = 455$
455 personnes ont voté.
• $\frac{60}{100} \times 455 = 0,60 \times 455 = 273$
273 personnes ont voté pour le candidat X.
b. $650 : 2 = 375$ et $273 < 375$.
Le nombre de personnes qui ont voté pour le candidat X est inférieur à la moitié des électeurs.
L'affirmation est donc exacte.

79 a. • $3\text{ m} \times 6\text{ m} = 78\text{ m}^2$
Donc l'aire du terrain est 78 m^2.
3 brouettes couvrent 4 m^2, donc pour couvrir 1 m^2, il faut 3 brouettes : 4 = 0,75 brouette.
$78 \times 0,75 = 58,5$
Donc il faudra verser 58,5 brouettes (58 brouettes entières et une moitié de brouette) pour couvrir les 78 m^2 du terrain.
b. $58,5 \times 50\text{ kg} = 2\,925\text{ kg}$
Donc il faudra commander 2 925 kg de sable.

80 a. 1 h 40 min = 60 min + 40 min = 100 min
Zian court à 10 km/h, c'est-à-dire qu'il parcourt 10 km en 60 min.
En 1 min, il parcourt ainsi 10 km : 60.
En 100 min (1 h 40 min), il parcourt ainsi :
$10\text{ km} : 60 \times 100 \approx 16,7\text{ km}$.
Zian a parcouru environ 16,7 km en 1 h 40 min.
b. 1 h 10 min = 60 min + 10 min = 70 min
Amory parcourt 27 km en 70 min, donc en 1 min, il parcourt 27 km : 70.
En 60 min (1 h), il parcourt ainsi $27\text{ km} : 70 \times 60 \approx 23\text{ km}$.
Amory parcourt environ 23 km en 1 h.

81 • Dans la 1re offre, 3 tee-shirts coûtent le même prix que 2 tee-shirts.
• Dans la 2e offre, on paye 25 % de moins pour 3 tee-shirts, c'est-à-dire un quart de moins. On paye ainsi les trois quarts du prix de 3 tee-shirts.
$\frac{3}{4} \times 3 = 0,75 \times 3 = 2,25$
Dans cette 2e offre, 3 tee-shirts coûtent le prix de 2,25 tee-shirts.
La première offre est donc plus intéressante.

82 • 23 € : 5 = 4,60 €
Donc une perle « Marin » coûte 4,60 €.
• 35 € : 7 = 5 €
Donc une perle « Nature » coûte 5 €.
• $4 \times 4,60$ € $+ 5 \times 5$ € = 18,40 € + 25 € = 43,40 €
Donc le prix du collier mixte devrait être 43,40 €.

83 • $\frac{15}{100} \times 8\text{ L} = 0,15 \times 8\text{ L} = 1,2\text{ L}$
$8\text{ L} - 1,2\text{ L} = 6,8\text{ L}$.
En roulant moins vite, la voiture de Lio consomme 6,8 L pour 100 km.
• 6,8 L : 100 = 0,068 L
Pour 1 km, la voiture de Lio consomme 0,068 L.
$0,068\text{ L} \times 180 = 12,24\text{ L}$
Pour 180 km, la voiture de Lio consomme 12,24 km.

84 a. L'unité d'aire est 1 carreau.
On commence par calculer le nombre de carreaux à colorier.
• $5 \times 7 = 35$
Donc l'aire de ce rectangle est 35 carreaux.
• $\frac{60}{100} \times 35$ carreaux $= 0,6 \times 35$ carreaux = 21 carreaux.
On dessine le rectangle et on colorie 21 carreaux.

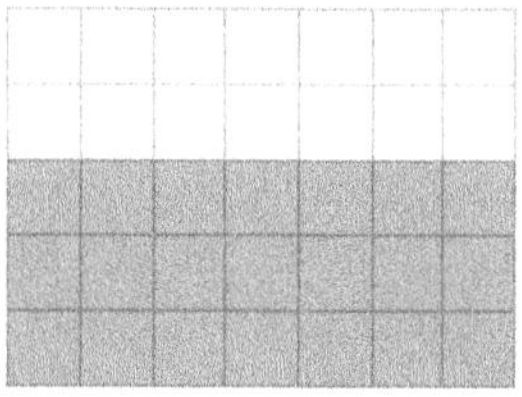

b. L'unité de longueur est le côté d'un carreau.
• $5 \times 2 + 7 \times 2 = 10 + 14 = 24$
Donc le périmètre de ce rectangle est 24 côtés de carreaux.
• $\frac{75}{100} \times 24$ côtés $= 0,75 \times 24$ côtés = 18 côtés de carreaux.
Donc le périmètre du carré doit être de 18 côtés de carreaux.
• $18 : 4 = 4,5$
Le côté du carré est 4,5 côtés de carreaux.

85 • 72 kg : 30 kg = 2,4 et $2,4 \times 25\text{ kg} = 60\text{ kg}$.
Pour fabriquer 72 kg de pain, il faut 60 kg de farine.
• 60 kg : 15 kg = 4 et $4 \times 20\text{ kg} = 80\text{ kg}$.
Pour obtenir 60 kg de farine, il faut 80 kg de blé.
Ainsi, il faut 80 kg de blé pour fabriquer 72 kg de farine.

86 $\frac{70,7}{100} \times 510 = 360,57$
Donc les océans occupent une superficie de 360,57 millions de km^2.
• 100 % – 5 % = 95 %, donc 95 % des fonds sont inexplorés.
$\frac{95}{100} \times 360,57 = 342,541\,5$
Donc les fonds des océans inexplorés occupent une superficie de 342,541 5 millions de km^2.

• 552 000 km² = 0,552 million de km².
$600 \times 0{,}552 = 331{,}2$
Donc 600 fois la superficie de la France métropolitaine correspond à une superficie de 331,2 millions de km².
• 342,541 5 > 331,2, donc les fonds des océans inexplorés représentent bien plus de 600 fois la superficie de la France métropolitaine.

87 • Le solide dont le volume est le plus petit est le n° 3. Il correspond donc à l'enfant de 10 ans, le plus jeune.
Ce solide n° 3 est formé 2,5 cubes.
4 ans × 2,5 = 10 ans
Donc 1 cube correspond à 4 ans.
• Le solide n° 1 est formé de 4 cubes.
4 ans × 4 = 16 ans. Un enfant a 16 ans.
• Le solide n° 2 est formé de 4,5 cubes.
4 ans × 4,5 = 18 ans. Un enfant a 18 ans.
• Le solide n° 4 est formé de 3,5 cubes.
4 ans × 3,5 = 14 ans. Un enfant a 14 ans.
Les enfants ont 10 ans, 14 ans, 16 ans et 18 ans.

88 • Sur l'image, la largeur de la maquette est 2,5 cm. Cette largeur est de 4 m en réalité.
Sur l'image la hauteur de la maquette est 4 cm.
Or 2,5 cm × 2 = 5 cm et 4 m × 2 = 8 m.
Le véhicule mesure donc 8 m de hauteur en réalité.
• L'échelle de la maquette est 1/25.
8 m : 25 = 0,32 m, soit 32 cm.
Comme l'étagère a 35 cm de hauteur, Nora pourra placer la maquette sur l'étagère.

89 • 3 L + 7 L = 10 L
Donc pour préparer 10 L de cocktail, Evan mélange 3 L de jus d'ananas et 7 L de jus d'orange.
• 3 L : 10 = 0,3 L et 7 L : 10 = 0,7 L.
Donc pour préparer 1 L de cocktail, Evan mélange 0,3 L de jus d'ananas et 0,7 L de jus d'orange.
• 4 × 0,3 L = 1,2 L et 4 × 0,7 L = 2,8 L.
Donc pour préparer 4 L de cocktail, Evan doit mélanger 1,2 L de jus d'ananas et 2,8 L de jus d'orange.

90 • 0,6 × 70 = 42. Il y a 42 jetons bleus.
70 – 42 = 28. Il y a 28 jetons rouges.
• 0,7 × 70 = 49. Il y a 49 jetons triangulaires.
• Il y a 49 jetons triangulaires, dont 7 sont rouges.
49 – 7 = 42. Il y a 42 jetons bleus triangulaires.

91 13 € est le prix le plus bas des trois étiquettes, il peut donc être le prix de 5 ou de 6 macarons.
• S'il s'agit du prix de 5 macarons : un macaron coûte alors 13 € : 5 = 2,60 €.
Ainsi, 6 macarons coûtent 2,60 € × 6 = 15,60 €, 8 macarons coûtent 2,60 € × 8 = 20,80 € et 9 macarons coûtent 2,60 € × 9 = 23,40 €.
• S'il s'agit du prix de 6 macarons : un macaron coûte alors 13 € : 6 soit environ 2,16 €.
2,16 € × 8 = 17,28 €
8 macarons coûteraient environ 17,28 € et non 20,80 €.
Donc ce n'est pas possible.
• Le prix à inscrire sur la quatrième étiquette est donc 15,60 €.

92 • 5 × 12 = 180
Donc un ouvrier seul construit ce mur en 180 jours.
• 180 : 10 = 18
Donc 10 ouvriers construisent ce mur en 18 jours.

93 • 15 min × 4 = 60 min et 2 mL × 4 = 8 mL.
8 mL d'eau s'écoulent en 1 h.
5 L = 5 000 mL et 5 000 mL : 8 mL = 625.
En 625 h, le seau de 5 L sera plein.
• 625 h = 26 × 24 h + 1 h
Le mois de juillet compte 31 jours.
On ajoute 26 jours au 12 juillet, on obtient le 7 août. Puis, on ajoute 1 h.
Laura doit rentrer de vacances au plus tard le 7 août avant 10 h 30.

Je prends des initiatives

94 • 100 g : 4 = 25 g et 80 kcal : 4 = 20 kcal.
25 g de fromage blanc apportent 20 kcal.
25 g × 5 = 125 g et 20 kcal × 5 = 100 kcal.
125 g de fromage blanc apportent 100 kcal.
• 150 mL : 100 mL = 1,5 et 60 kcal × 1,5 = 90 kcal.
150 mL de jus d'orange apportent 90 kcal.
• 100 g : 50 g = 2 et 420 kcal : 2 = 210 kcal.
50 g de céréales apportent 210 kcal.
• 100 g : 25 g = 4 et 320 kcal : 4 = 80 kcal.
25 g de brioche apportent 80 kcal.
• 100 kcal + 80 kcal + 90 kcal + 210 kcal, soit 480 kcal.
Le petit-déjeuner de Maëlys lui apporte 480 kcal.
• $\frac{20}{100} \times 2100$ kcal = 0,20×2100 kcal, c'est-à-dire 420 kcal.
$\frac{25}{100} \times 2100$ kcal = 0,25 × 2100 kcal, c'est-à-dire 525 kcal.
Comme 420 kcal < 480 kcal < 525 kcal, le petit-déjeuner de Maëlys est bien conforme aux recommandations.

95 • La longueur du parcours 1 est 6 cm sur le plan.
6 cm × 50 = 300 cm, donc la longueur du parcours 1 est 300 cm en réalité.
En 1 s, le robot parcourt 300 cm : 40, soit 7,5 cm.
En 1 min (60 s) le robot parcourt 7,5 cm × 60, c'est-à-dire 450 cm ou 4,5 m.
Le robot de Tiago parcourt 4,5 m par minute.
Il ne sera pas qualifié.
• La longueur du parcours 2 est 9 cm sur le plan.
9 cm × 50 = 450 cm, soit 4,5 m, donc la longueur du parcours 2 est 4,5 m en réalité.
En 1 s, le robot parcourt 450 cm : 54.
En 1 min (60 s) le robot parcourt 450 cm : 54 × 60, c'est-à-dire 500 cm ou 5 m.
Le robot de Kori parcourt 5 m par minute.
Il sera qualifié.

CHAPITRE 8

Présenter des données

INTENTIONS PÉDAGOGIQUES

1 Les Repères des cycles 2 et 3

- Au CE1, les élèves modélisent des problèmes du champ additif (addition et soustraction de nombres entiers) en une ou deux étapes à l'aide de schémas ou d'écritures mathématiques.
- Au CE2, ils résolvent des problèmes nécessitant l'exploration d'un tableau ou d'une représentation graphique, en utilisant des nombres entiers.
- Au CM1 et au CM2, les élèves prélèvent des données numériques à partir de supports variés (texte, tableau, représentation graphique). La progressivité par rapport au cycle 2 combine notamment les nombres mis en jeu, décimaux dès le début du CM1, et les supports de prise d'informations.

Les élèves lisent ou construisent des représentations de données numériques sous forme de :
– tableaux (en deux ou plusieurs colonnes, à double entrée) ;
– diagrammes en bâtons, circulaires ou semi-circulaires ;
– graphiques cartésiens.

Ils organisent des données issues d'autres enseignements (sciences et technologie, histoire et géographie, éducation physique et sportive, etc.) en vue de les traiter.

Ils ont appris à lire les coordonnées d'un nœud d'un quadrillage, d'une case d'un échiquier, à graduer les axes d'un graphique avec des nombres entiers.

- En 6e, les élèves consolident leurs acquis du CM. Ils collectent les informations utiles à la résolution d'un problème à partir de supports variés, les exploitent et les organisent en produisant des tableaux à double entrée, des diagrammes circulaires, semi-circulaires, en bâtons ou des graphiques.

Ils enrichissent les procédures déjà étudiées pour résoudre des problèmes relevant de la proportionnalité par l'utilisation du coefficient de proportionnalité. Ils savent appliquer un pourcentage.

Sur des situations très simples, en relation avec l'utilisation d'un rapporteur, les élèves construisent des représentations de données sous la forme de diagrammes circulaires ou semi-circulaires.

2 Je découvre

Activité 1

L'objectif de cette activité est de revisiter la présentation de données par un tableau.

On met en évidence trois présentations possibles des données :
– tableau à deux lignes présentant les sports favoris d'élèves d'une classe de 6e et le nombre d'élèves par sport ;
– tableau à deux colonnes présentant le nombre de filles et le nombre de garçons de cette classe ;
– tableau à double entrée présentant la répartition des filles et des garçons de la classe selon leur sport favori.

On pourra faire observer la perte d'informations entre les données brutes et les informations présentées dans les deux premiers tableaux, mais aussi l'avantage d'avoir une vision d'ensemble.

On pourra expliquer l'intérêt de mettre un titre à chaque ligne (ou à chaque colonne) d'un tableau.

Il est possible de faire ajouter une ligne « Total » et une colonne « Total » au tableau à double entrée pour retrouver les nombres obtenus dans les deux premiers tableaux.

On a choisi de ne pas compléter la case en haut à gauche du tableau à double entrée pour ne pas compliquer davantage.

La question **2. b** peut conduire à un débat dans la classe avant qu'une synthèse soit faite.

Remarque : nous aurions pu proposer directement la présentation de ces données par un tableau à double entrée, mais nous avons préféré procéder progressivement, en proposant d'abord un tableau à deux lignes et un autre à deux colonnes pour permettre aux élèves qui n'en auraient pas eu l'occasion de comprendre comment est constitué un tableau à double entrée.

Activité 2

L'objectif de cette activité est triple :
– lire des données dans un tableau à deux lignes ;
– présenter des données par un diagramme en bâtons ;
– lire et exploiter des données présentées par un diagramme circulaire.

- Lors de la lecture des données présentées dans un tableau, on pourra attirer l'attention des élèves sur le fait que l'unité est présente dans le titre de la première ligne du tableau, contrairement au tableau présenté dans le QCM « Bien démarrer » (question **2**), où l'unité « ans » est écrite dans chaque case de la première ligne. Ainsi, ce sont des nombres qui sont écrits dans les cases du tableau. Par la suite, le cas échéant, les élèves devront se référer à l'unité citée dans le titre pour lire des données présentées par un tableau et les exploiter.

À noter que les distances (ici en km) sont exprimées à l'aide de nombres décimaux simples.

• Dans la question **1**, les élèves présentent les données par un diagramme en bâtons. Le diagramme a été commencé pour aider les élèves ; il est à reproduire et à compléter. On insistera sur le rôle des légendes sur les axes, on veillera à ce que les élèves ne les oublient pas.

Remarque : dans ce chapitre, on a réalisé de véritables diagrammes en bâtons. On trouvera aussi en exercices quelques diagrammes en barres. Un diagramme en barres est adapté à la représentation d'une variable qualitative, alors qu'un diagramme en bâtons est adapté à la représentation d'une variable quantitative discrète.

• Dans la question **2**, les élèves exploitent des données présentées dans un diagramme circulaire.

En question **a**, les élèves doivent faire le lien entre les différents secteurs du diagramme et la légende, afin de lire le nombre d'élèves du secteur jaune (11 ans ; 13 élèves).

En question **b**, il s'agit de déterminer le nombre d'élèves manquant dans le secteur vert (12 ans). On utilise ici le fait que le nombre total d'élèves de 6e B (indiqué dans le texte de l'énoncé) est la somme des effectifs des trois secteurs du diagramme.

En question **c**, les élèves ont à valider une affirmation concernant une proportion. Différents arguments peuvent être proposés lors d'un débat.

En question **d**, un premier pas est fait vers la détermination de la mesure de l'angle d'un secteur. La situation choisie est volontairement simple : on calcule la mesure du tiers d'un tour complet. Un tour complet correspond à un angle de 360° (on pourra évoquer « faire un 360° » sur des exemples : le saut à ski avec rotation complète du corps, un flip avec tour complet de la planche en skate, etc.).

Remarque : les élèves peuvent traiter cette question sans connaître l'utilisation du rapporteur.

❸ Cours - J'applique le cours

Cours

• Au paragraphe **1**, on rappelle la présentation de données par un tableau, en lignes ou en colonnes, puis à double entrée. Dans un premier temps, on lit des données dans un tableau. Ensuite, on réalise un tableau à deux lignes, après collecte de données.

• Au paragraphe **2**, on présente différentes représentations graphiques de données :

- diagramme en bâtons ;
- diagramme circulaire, diagramme semi-circulaire ;
- graphique.

On s'intéresse ici à la lecture de ces représentations graphiques.

On donne les règles de proportionnalité entre les hauteurs des bâtons d'un diagramme, entre les mesures des angles des secteurs d'un diagramme circulaire ou semi-circulaire, et les nombres ou pourcentages qu'ils représentent.

On précise qu'un graphique représente l'évolution d'une grandeur en fonction d'une autre.

J'applique le cours

Exercice résolu 1

Cet exercice présente la lecture d'informations dans un tableau à double entrée.

Exercice résolu 3

On présente ici la réalisation d'un tableau à double entrée à partir de données d'un texte, étape par étape.

On commence par préparer le tableau, on écrit les titres des lignes et des colonnes. Les données ne sont pas suffisantes pour compléter toutes les cases du tableau. Deux données concernent des masses totales, ce qui conduit à ajouter une ligne et une colonne « Total » au tableau.

On profite de la situation pour expliquer comment compléter une case du tableau lorsqu'elle est la seule non remplie sur une ligne ou dans une colonne.

Exercice résolu 3

Nous avons consacré cette page à la réalisation d'un diagramme circulaire, étape par étape. Cette réalisation est nouvelle pour les élèves de 6e.

Cet exercice ne peut être proposé que lorsque les élèves ont étudié le coefficient de proportionnalité et appris à utiliser un rapporteur.

On a choisi ici d'écrire la légende dans chaque secteur du diagramme. Il est évidemment possible de présenter la légende à côté du diagramme, comme dans la question **2** de l'Activité **2**, p. 127.

❹ Compléments

Extraire des données, exploiter des données

Dans ce chapitre, les élèves réalisent deux sortes de tâches :

- lire des tableaux, des représentations graphiques ;
- réaliser des tableaux, des représentations graphiques.

Pour la première tâche, les élèves sont amenés à extraire des données par lecture directe puis, parfois, à exploiter ces données dans le cadre de la situation, à l'aide de calculs simples. C'est le cas aux exercices **9** à **13** p. 132, **25** et **30** p. 134, pour la lecture d'un tableau, aux exercices **17**, **19** et **20** p. 133, **34** p. 135, pour la lecture d'une représentation graphique.

Présenter des données conduit souvent à rendre compte d'une situation de façon visuelle, claire. Ainsi, pour la seconde tâche, les élèves extraient des données d'un texte, d'un schéma, d'une représentation graphique, puis ils réalisent un tableau ou une représentation graphique. C'est le cas aux exercices **14** à **16** p. 132, **26** à **29** p. 133, pour la réalisation d'un tableau, aux exercices **18**, **21** à **24** p. 133, **33** p. 134 et **35** à **37** p. 135, pour la réalisation d'une représentation graphique.

Une fois la réalisation faite, une interprétation et/ou des commentaires peuvent être demandés.

En synthèse, nous proposons des informations issues d'une plaquette de présentation d'un groupe industriel. Dans les premières questions, nous souhaitons montrer aux élèves que leurs réalisations ne sont pas éloignées des présentations habituelles. Puis les élèves commentent les diagrammes.

Verbaliser, expliciter

Lors d'exercices, on fera verbaliser/expliciter les réponses et les démarches utilisées par les élèves.

L'élève sera d'autant plus à l'aise dans cette verbalisation qu'il n'aura pas de souci de vocabulaire. Il est important de traiter oralement les exercices proposés en Questions flash.

Raisonner

L'élève peut être amené à raisonner dans plusieurs situations dans ce chapitre. Par exemple :

– lors d'une présentation de données dans un tableau, il arrive que certaines cases ne soient pas remplies ; bien souvent dans ce cas, l'élève doit ajouter une ligne et une colonne « Total » au tableau puis trouver une démarche afin de compléter le tableau entièrement ; c'est le cas à l'exercice **55** p. 139 ;

– lors de la prise d'informations dans plusieurs documents ; c'est le cas à l'exercice **53** p. 139 ;

– lors de l'étude et de l'interprétation d'une représentation graphique ; c'est le cas aux exercices **56** et **57** p. 139, **61** à **63** p. 140 ;

– lors de la présentation de données. C'est le cas à l'exercice **37** p. 135, où l'élève doit mettre en relation la mesure d'un angle d'un secteur d'un diagramme circulaire et un nombre avant de réaliser le diagramme. C'est aussi le cas à l'exercice **58** p. 140, où l'élève doit organiser les données avant de réaliser un diagramme circulaire et à l'exercice **60** p. 140, où l'élève doit comprendre comment graduer chaque axe et argumenter ses choix avant de réaliser un graphique.

Utiliser un tableur

Nous avons choisi de consacrer la p. 138 à l'utilisation d'un tableur pour présenter des données par un tableau puis par un diagramme circulaire. Ensuite, nous proposons la réalisation d'un graphique à partir d'autres données, sur le même thème.

Afin de compléter l'étendue des représentations, nous proposons la réalisation d'un diagramme en bâtons à l'exercice **59** p. 140.

Utiliser un script Scratch

Dans l'exercice **35** p. 135, on utilise un script Scratch pour calculer la mesure de l'angle de chaque secteur d'un diagramme circulaire.

CORRIGÉS

Bien démarrer

1 **a.**, **b.** et **c.** **2** **b.** et **c.** **3** **b.**
4 **b.**

Je découvre

Activité 1

1 **a.**

Sport favori	Tennis	Football	Rugby	Basket	Natation
Nombre d'élèves	5	6	4	5	4

b.

Nombre de filles	Nombre de garçons
11	13

2 **a.**

	Tennis	Football	Rugby	Basket	Natation
Nombre de filles	2	3	0	4	2
Nombre de garçons	3	3	4	1	2

b. Un avantage : on voit bien en même temps le nombre de filles, le nombre de garçons et le sport favori. Par exemple, dans le tableau réalisé à la question **1. a**, on lit que 5 élèves ont le tennis comme sport favori, alors que dans ce tableau à double entrée, on lit que 2 filles et 3 garçons ont choisi le tennis.

Remarque : on peut vérifier en calculant le nombre total d'élèves selon le sport, ainsi que le nombre total de filles et le nombre total de garçons de la classe.

$$2+3=5\,;3+3=6\,;0+4=4\,;4+1=5\,;2+2=4$$

On retrouve ainsi la ligne « Nombre d'élèves » du premier tableau.

$$2+3+0+4+2=11 \text{ et } 3+3+4+1+2=13$$

On retrouve ainsi les nombres de la deuxième ligne du deuxième tableau.

Activité 2

1

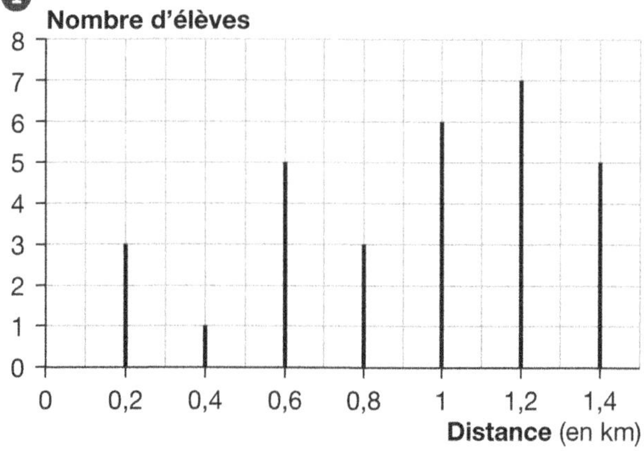

2 **a.** 13 élèves de 6e B ont 11 ans (secteur de couleur jaune).

b. Il y a 30 élèves en 6e B.

7 + 13 = 20 et 30 – 20 = 10.

Il y a 10 élèves âgés de 12 ans en 6e B.

c. Il y a 30 élèves en 6e B, dont 10 âgés de 12 ans.
Or, $30 = 10 \times 3$ donc le tiers des élèves de 6e B ont 12 ans, autrement dit, en 6e B, un élève sur trois a 12 ans.
d. Un élève sur trois a 12 ans, donc la mesure de l'angle du secteur « 12 ans » de ce diagramme est le tiers de la mesure d'un tour complet.
$360° = 120° \times 3$, donc l'angle du secteur « 12 ans » mesure 120°.

J'applique le cours

② **a.** On lit le nombre de classeurs de Jane, par couleur.
b. On lit le nombre d'objets de couleur rouge, de chaque sorte (cahier, classeur ou stylo).
c. On lit que Jane a un crayon de couleur jaune.

④ On réalise un tableau à deux lignes (Nombre de filles, Nombre de garçons) et à deux colonnes (11 ans, 12 ans).
On ajoute une ligne et une colonne « Total ».
On complète par les données de l'énoncé.

	11 ans	12 ans	Total
Nombre de filles	8		17
Nombre de garçons		7	
Total			30

$17 - 8 = 9$ ❶ $30 - 17 = 13$ ❷
$13 - 7 = 6$ ❸ $8 + 6 = 14$ ❹
$9 + 7 = 16$ ❺ (ou $30 - 14 = 16$)
Voici le tableau complété.

	11 ans	12 ans	Total
Nombre de filles	8	❶ 9	17
Nombre de garçons	❸ 6	7	❷ 13
Total	❹ 14	❺ 16	30

Remarque : on peut commencer par $30 - 17 = 13$ ❷.

❺ On réalise un tableau à deux lignes (Nombre de planches, Nombre de pédalos) et à deux colonnes (Blanc, Bleu).
On ajoute une ligne et une colonne « Total ».
On complète par les données de l'énoncé.

	Blanc	Bleu	Total
Nombre de planches	35		64
Nombre de pédalos	21	15	
Total			

Pour déterminer les nombres dans les cases non remplies du tableau, on effectue les calculs suivants :
$64 - 35 = 29$ ❶ $21 + 15 = 36$ ❷
$35 + 21 = 56$ ❸ $29 + 15 = 44$ ❹
$64 + 36 = 100$ ❺ (ou $56 + 44 = 100$)
Voici le tableau complété.

	Blanc	Bleu	Total
Nombre de planches	35	❶ 29	64
Nombre de pédalos	21	15	❷ 36
Total	❸ 56	❹ 44	❺ 100

Remarque : on peut commencer par $21 + 15 = 36$ ❷ ou $35 + 21 = 56$ ❸.

⑦ **a.** On recopie le tableau en ajoutant une ligne « Mesure de l'angle (en °) ».
On complète la case grise par 360.
$360 = 120 \times 3$, donc le coefficient de proportionnalité est 3.
$32 \times 3 = 96$
L'angle de la catégorie « Sciences » mesure bien 96°.
Pour calculer les mesures des angles des trois autres secteurs, on effectue les produits :
• $12 \times 3 = 36$ • $28 \times 3 = 84$ • $48 \times 3 = 144$

	Cuisine	Théâtre	Sciences	Escalade	Total
Nombre d'enfants	12	28	32	48	120
Mesure de l'angle (en °)	36	84	96	144	360

(× 3)

b. Voici le diagramme circulaire (ici avec 1,5 cm pour rayon).

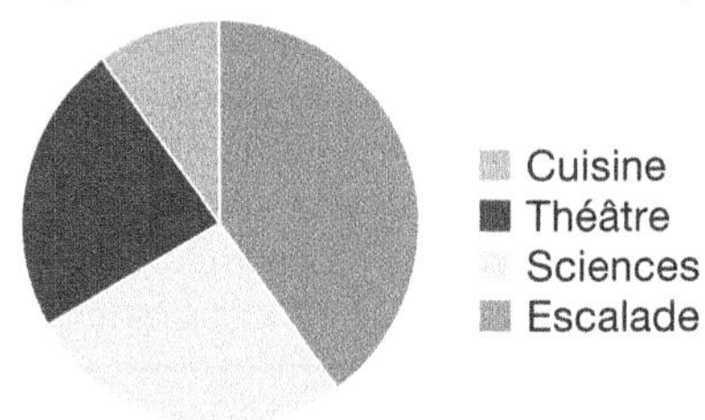

❽ **a.** On recopie le tableau.
$10 + 20 + 15 + 18 + 9 = 72$
Le nombre total d'huîtres est 72.
b. On complète le tableau en ajoutant une ligne « Mesure de l'angle (en °) ».
On complète la case grise par 360.
$360 = 72 \times 5$
Ainsi, le coefficient de proportionnalité est 5.
$20 \times 5 = 100$
L'angle de la catégorie « n° 2 » mesure bien 100°.
Pour calculer la mesure de l'angle de chacun des quatre autres secteurs, on effectue les produits :
• $10 \times 5 = 50$ • $15 \times 5 = 75$
• $18 \times 5 = 90$ • $9 \times 5 = 45$
Voici le tableau complété.

	n° 1	n° 2	n° 3	n° 4	n° 5	Total
Nombre d'huîtres	10	20	15	18	9	72
Mesure de l'angle (en °)	**50**	**100**	**75**	**90**	**45**	**360**

(× 5)

c. Voici le diagramme circulaire (ici avec un rayon de 1,5 cm).

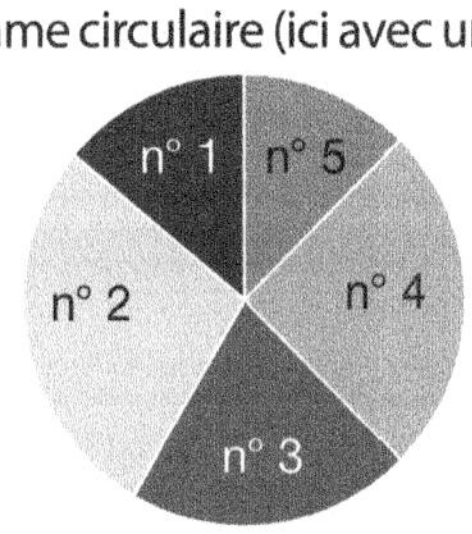

d. Toni a raison.
En effet, parmi les 72 huîtres, 18 sont des n° 4.
Or, $72 = 18 \times 4$, donc le quart des huîtres sont des n° 4.
Les 72 huîtres correspondent à un pourcentage de 100 %.
Or, 100 % : 4 = 25 %, donc le quart des huîtres, c'est aussi 25 % des huîtres.
Sur le diagramme, l'angle de la catégorie « n° 4 » mesure 90°, c'est un angle droit.

Je travaille mes automatismes

Lire un tableau
Présenter par un tableau

9 **a.** Dans la colonne de gauche, on lit les insectes observés.
Dans la colonne de droite, on lit le nombre d'insectes observés de chaque espèce.
b. On lit que Romain a observé 4 coccinelles.
c. $7 > 5 > 4 > 2$, donc la sauterelle est l'insecte le plus observé.
d. $2 + 4 + 7 + 5 = 18$, donc Romain a observé 18 insectes au total.

10 **a.** $17 - 9 = 8$, donc le nombre en case ❶ est 8.
Il y a 8 adultes au 1er étage.
$8 + 15 = 23$, donc le nombre en case ❷ est 23.
Il y a 23 habitants au 1er étage.
b. $9 + 12 = 21$, donc il y a 21 habitants au 2e étage.
$23 + 21 = 44$
Le nombre total d'habitants de l'immeuble est 44.
Autre raisonnement possible :
$15 + 12 = 27$, donc il y a 27 enfants dans l'immeuble.
Il y a aussi 17 adultes.
$17 + 27 = 44$ donc il y a 44 habitants dans l'immeuble.

11 **a.** On lit la température de la couveuse.
b. On lit que si la température de la couveuse est 36 °C, la durée en couveuse des œufs d'autruche est 42 jours.

12 **a.** • Claire et Glenn ont obtenu plus de 5 points à la partie 1.
• Enzo et Piala ont obtenu plus de 5 points à la partie 2.
b. • Glenn a gagné la partie 1.
• Piala a gagné la partie 2.
c. • $6 + 3 = 9$
• $4 + 7 = 11$
• $8 + 5 = 13$
• $3 + 8 = 11$
$13 > 11 > 9$, donc c'est Glenn qui a eu le meilleur score sur les deux parties cumulées.

13 **1. a.** 3 filles préfèrent un cheval.
b. 7 garçons préfèrent un chien.
2. a. $5 + 2 = 7$, donc 7 enfants préfèrent un chat.
b. $5 + 3 + 6 = 14$ et $2 + 4 + 7 = 13$.
$14 + 13 = 27$, donc 27 enfants ont été interrogés.
Autres raisonnements possibles :
• $3 + 4 = 7$ et $6 + 7 = 13$.
$7 + 7 + 13 = 27$
• $5 + 2 + 3 + 4 + 6 + 7 = 27$.

14 **1. a.** En case ❶, la légende est « Niveau ».
b. En case ❷, la légende est « Nombre d'élèves » (ou « Effectif »).
2. a. Dans la case jaune, elle écrit 175.
b. Dans la case verte, elle écrit 164.

15 **a.** Adam a obtenu 8 voix, Clara 4 voix, Liam 7 voix et Yumi 10 voix.
$10 > 8 > 7 > 4$, donc c'est Yumi qui a été élue.
b. Voici le tableau complété.

Prénom	Adam	Clara	Liam	Yumi
Nombre de voix	8	4	7	10

16 **a.**

Âge (en années)	10	11	12	Total
Nombre d'élèves	7	8	5	20

b. $8 > 7 > 5$, donc 11 ans est l'âge le plus fréquent.
c. • Ceux qui ont moins de 11 ans ont 10 ans.
Ainsi, 7 élèves ont moins de 11 ans.
• Ceux qui ont au moins 11 ans ont 11 ans ou 12 ans.
$8 + 5 = 13$ donc 13 élèves ont au moins 11 ans.
Autre raisonnement possible :
$20 - 7 = 13$.

Lire ou réaliser un diagramme

17 **a.** Le bâton bleu indique que 3 personnes ont répondu qu'ils ont 2 enfants.
b. $1 + 4 + 3 + 5 + 2 = 15$
15 personnes ont été interrogées.
c. • Les personnes qui ont moins de 2 enfants n'ont aucun enfant ou ont un seul enfant.
$1 + 4 = 5$
Ainsi, 5 personnes interrogées ont moins de 2 enfants.
• Ceux qui ont au moins 2 enfants ont 2 enfants ou davantage.
$3 + 5 + 2 = 10$
Ainsi, 10 personnes interrogées ont au moins 2 enfants.
Autre raisonnement possible :
$15 - 5 = 10$

18 **a.** Il y a trois secteurs, car il y a trois catégories de poissons dans l'aquarium : néon bleu, guppy, platy.
b. $5 + 5 + 10 = 20$, donc l'effectif total des poissons est 20.
Or, 10 est la moitié de 20 et 5 est le quart de 20.
Donc le secteur du diagramme circulaire qui représente les néons bleus est la moitié du disque ; l'angle de ce secteur mesure 180°.
Les secteurs du diagramme circulaire qui représentent les guppys et les platys sont des quarts du disque ; la mesure de l'angle de chacun de ces deux secteurs est donc 90°.
Exemple de diagramme circulaire (non demandé) :

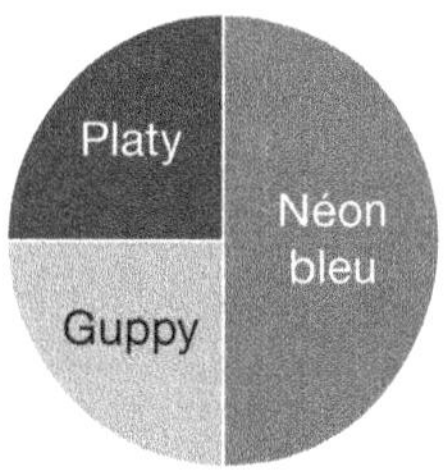

19 **a.** Le secteur qui représente les gros abricots est la moitié du demi-disque, donc la masse totale d'abricots récoltés est le double de la masse des gros abricots.
$100 \text{ kg} \times 2 = 200 \text{ kg}$
Ainsi, la masse totale d'abricots récoltés est 200 kg.

b. La masse totale d'abricots récoltés correspond à un pourcentage de 100 %. La moitié de ces abricots sont gros. Or, 100 % = 50 % × 2, donc 50 % des abricots récoltés sont gros. Billy a bien raison.
c. Le demi-cercle a été partagé en 10 arcs de cercle superposables. Or, 100 % = 10 % × 10.
Les abricots moyens correspondent à 3 arcs de cercle.
10 % × 3 = 30 %, donc 30 % des abricots récoltés sont moyens.

20 **1.** Le point rouge indique qu'à l'âge de 8 semaines, Huanlili pesait 2,5 kg.
2. a. Huanlili pesait 1 kg à l'âge de 4 semaines.
b. Huanlili pesait 3,5 kg à l'âge de 10 semaines.
3. a. À l'âge de 5 semaines, Huanlili pesait 1,5 kg.
b. À l'âge de 9 semaines, Huanlili pesait 3 kg.

21 Voici le diagramme en bâtons.

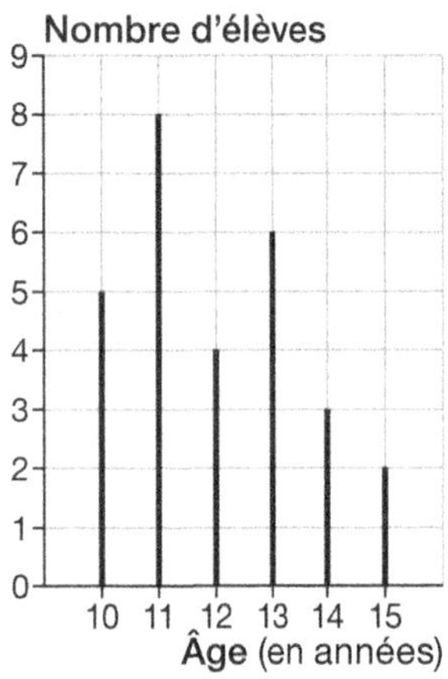

22 **a.** On complète le tableau avec les données.

	C	M	SUV
Nombre de voitures	11	6	7

b. 11 + 6 + 7 = 24
24 véhicules sont exposés dans ce garage.
On complète le tableau en ajoutant une ligne « Mesure de l'angle (en °) » et une colonne « Total ».
On complète la case grise par 360.
360 = 24 × 15, donc le coefficient de proportionnalité est 15.
Pour calculer la mesure de l'angle de chacun des trois secteurs, on effectue les produits :
• 11 × 15 = 165 • 6 × 15 = 90 • 7 × 15 = 105
Voici le tableau complété.

	C	M	SUV	Total
Nombre de voitures	11	6	7	24
Mesure de l'angle (en °)	165	90	105	**360**

(× 15)

Voici le diagramme circulaire.

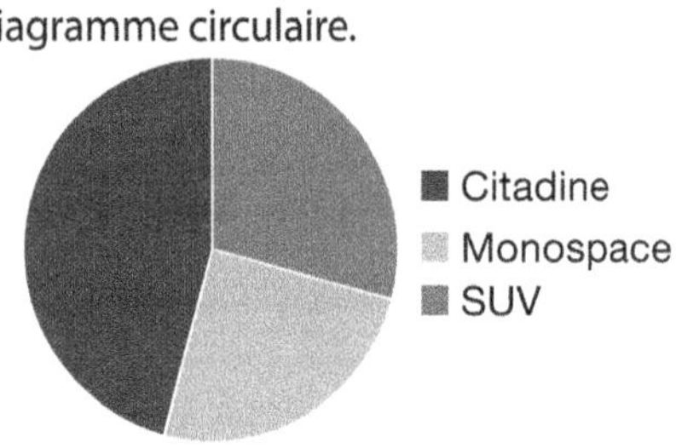

23 **a.** On complète le tableau avec les données.

	A	C	J
Nombre d'enfants	20	28	12

b. 20 + 28 + 12 = 60
60 enfants participent à ces trois ateliers.
On complète le tableau en ajoutant une ligne « Mesure de l'angle (en °) » et une colonne « Total ».
On complète la case grise par 180.
180 = 60 × 3, donc le coefficient de proportionnalité est 3.
Pour calculer les mesures des angles des trois secteurs, on effectue les produits :
• 20 × 3 = 60 • 28 × 3 = 84 • 12 × 3 = 36
Voici le tableau complété.

	A	C	J	Total
Nombre d'enfants	20	28	12	60
Mesure de l'angle (en °)	**60**	**84**	**36**	**180**

(× 3)

c. Voici le diagramme semi-circulaire.

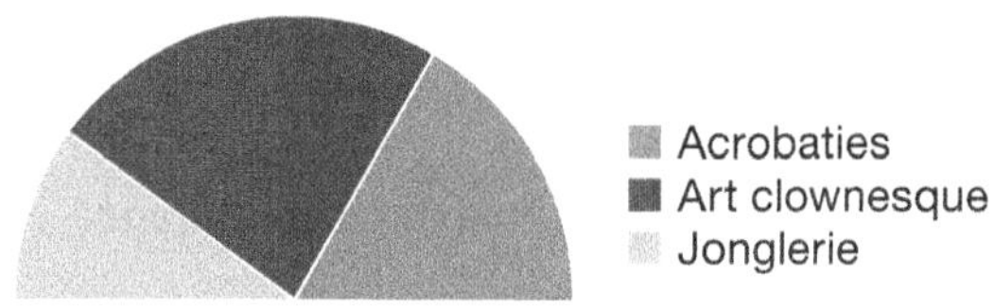

24 **a.** et **b.**

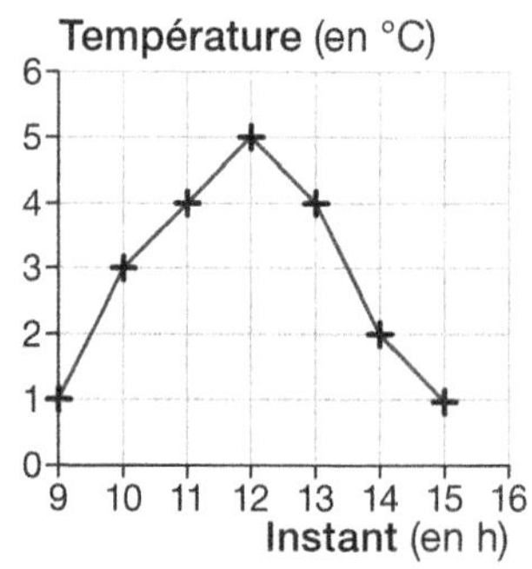

c. De 9 h à midi, la température s'est élevée de 1 °C à 5 °C.
À partir de midi et jusqu'à 15 h, elle a baissé de 5 °C à 1 °C.

Je m'entraîne

Utiliser un tableau

25 **a.** 85 + 111 + 92 = 288 et 392 – 288 = 104.
Il y a 104 spectateurs dans la salle C.
b. 111 > 104 > 92 > 85
C'est dans la salle B qu'il y a le plus de spectateurs.
c. Les salles B et C ont au moins 100 spectateurs.

26 **a.** 5 + 7 + 22 = 34 et 79 – 34 = 45.
Il y a 45 voiliers en Class 40.
b.

Catégorie	Nombre de voiliers
Ultime	5
Oceanfifty	7
Imoca	22
Class 40	45

27 a.

Mois de naissance	J	F	M	A	M	J	Jt	A	S	O	N	D
Nombre d'élèves	3	2	2	1	2	3	4	0	5	2	1	4

b. $3 + 2 + 2 + 1 + 2 + 3 + 4 + 5 + 2 + 1 + 4 = 29$
Il y a 29 élèves dans la classe.

28 Exemple de réponse.

Matière	Durée
Anglais	4 h
Arts plastiques	1 h
Éducation musicale	1 h
EPS	4 h
Français	4 h 30 min
Histoire-Géographie – EMC	3 h
Mathématiques	4 h 30 min
Physique-Chimie	1 h
SVT	1 h 30 min
Technologie	1 h 30 min

29 a. L'animal le plus courant correspond à la barre la plus longue : il s'agit des poissons.
b. On compte 8 chiens.
c. Voici le tableau.

Animal	Nombre d'animaux
Chat	15
Chien	8
Hamster	3
Oiseau	6
Poisson	25

30 a. Le samedi, Aël peut aller à la médiathèque le matin de 10 h à 13 h, et l'après-midi de 14 h à 19 h.
b. Non, elle ne peut pas se rendre aussitôt à la médiathèque qui est fermée. Elle doit attendre, car la médiathèque n'ouvre qu'à 16 h.
c. Aël peut aller à la médiathèque entre midi et 14 h seulement le mercredi.
En effet, le lundi, la médiathèque n'ouvre qu'à 14 h ; le mardi, le jeudi et le vendredi elle ouvre à 16 h. Le samedi, elle est ouverte de 12 h à 13 h, mais fermée de 13 h à 14 h.

31 a. On complète le tableau avec les données de l'énoncé.

	6ᵉ A	6ᵉ B	Total
Externe	6	8	
DP		19	41
Total			

• Exemple de démarche pour compléter les cases vides du tableau.
$6 + 8 = 14$ ❶
$8 + 19 = 27$ ❷
$14 + 41 = 55$ ❸
$41 - 19 = 22$ ❹
$6 + 22 = 28$ ❺
Voici le tableau complété.

	6ᵉ A	6ᵉ B	Total
Externe	6	8	❶ 14
DP	❹ 22	19	41
Total	❺ 28	❷ 27	❸ 55

b. D'après les calculs faits à la question **a**, il y a 28 élèves en 6ᵉ A.

32 On peut compléter le tableau en mettant une croix si l'enfant pratique ce sport et un rond sinon.
On complète le tableau par les données de l'énoncé.

	Léa	Tom	Zoé
Capoeira			o
Judo	o		
Karaté		o	o

Il ne peut y avoir qu'une seule croix par ligne ou par colonne, donc on complète le tableau ainsi.

	Léa	Tom	Zoé
Capoeira	o	x	o
Judo	o	o	x
Karaté	x	o	o

Conclusion : Léa pratique le karaté, Tom fait de la capoeira et Zoé pratique le judo.

Utiliser un diagramme, un graphique

33 Voici le diagramme en bâtons.

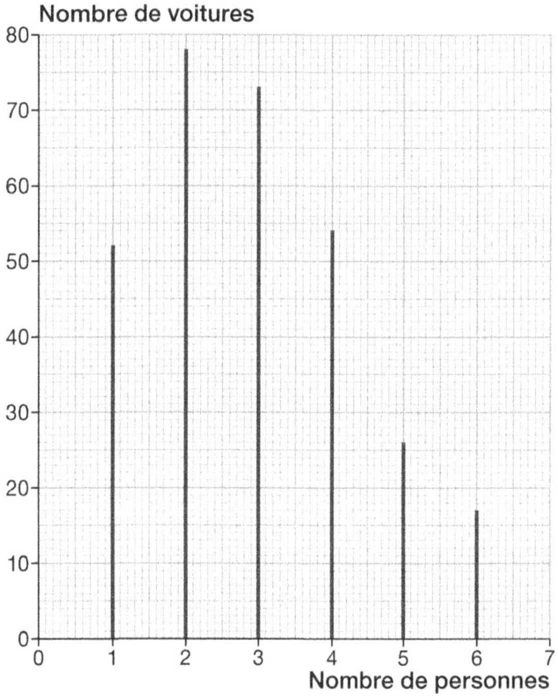

Remarque : on peut proposer aux élèves qui ont terminé rapidement l'exercice de préparer des questions (et leurs réponses) pour la classe à partir du diagramme.

34 a. Éric se trompe. En effet, 40 drones de marque A et 60 drones de marque B ont été vendus. Or, 60 n'est pas le triple de 40.
Attention ! Il convient d'être vigilant devant ce genre de diagramme où la hauteur d'une des barres est un multiple de la hauteur d'une autre barre. Il faut s'intéresser à la graduation sur l'axe vertical.
b. $40 + 60 = 100$
Ce mois-là, 100 drones ont été vendus sur le site.

35 a. Pour obtenir la mesure de l'angle de chaque secteur du diagramme circulaire, on multiplie 360 par la proportion en pourcentage donnée.
Les nombres manquants sont donc 360 et 100.

Voici la ligne saisie par Andréa dans son script Scratch.

b. On complète la première ligne du tableau à l'aide des données de l'énoncé.
15 % + 20 % + 25 % = 60 % et 100 % – 60 % = 40 %.
Ainsi, 40 % des coureurs sont Français.
Les mesures des angles des secteurs sont telles que :

- $360 \times 15/100 = 54$
- $360 \times 20/100 = 72$
- $360 \times 25/100 = 90$
- $360 \times 40/100 = 144$

Voici le tableau complété.

	A	B	E	F	Total
Proportion (en %)	15	20	25	40	100
Mesure de l'angle (en °)	54	72	90	144	360

c. Voici le diagramme circulaire.

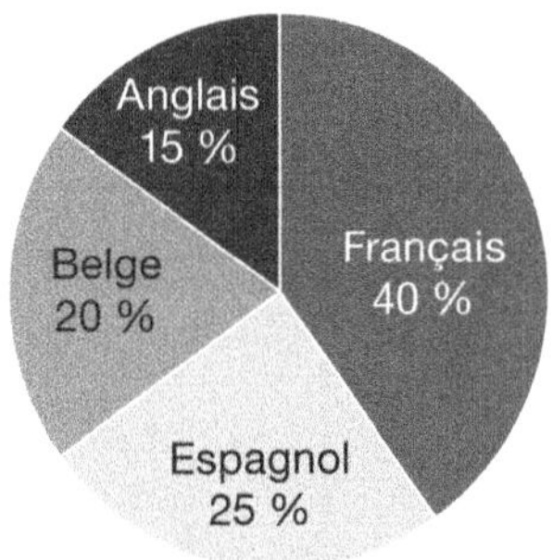

36 Aaron a 4 h de cours le mercredi matin **:** 2 h de Français, 1 h de Maths et 1 h d'Anglais.
Or, 2 est la moitié de 4 et 1 est le quart de 4.
Donc le secteur qui représente le Français est la moitié du demi-disque ; l'angle de ce secteur mesure 90°.
Les secteurs qui représentent les Maths et l'Anglais sont des quarts du demi-disque ; la mesure de l'angle de chacun de ces deux secteurs est donc 45°.
Voici le diagramme semi-circulaire :

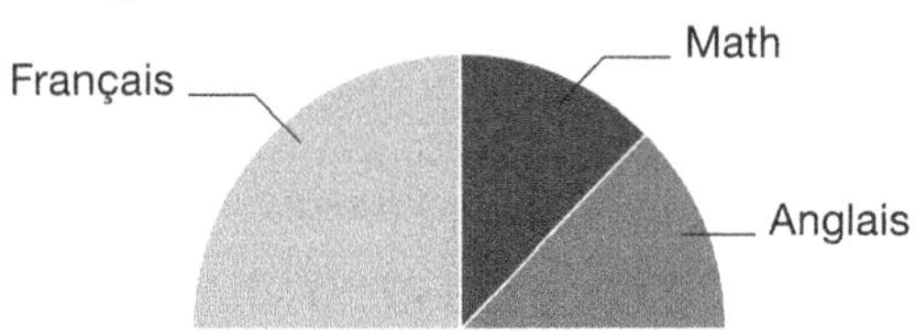

37 • L'angle du secteur « Direction » mesure 27° alors qu'il y a 3 personnes dans cette catégorie.
On peut s'aider d'un tableau pour réaliser le diagramme.
$27 = 3 \times 9$, donc le coefficient de proportionnalité est 9.
L'effectif total du personnel de l'entreprise correspond à la totalité du diagramme, donc à un angle de 360°.
Or, $360 = 40 \times 9$, donc l'effectif total du personnel est 40 employés.
$3 + 19 + 8 = 30$ et $40 - 30 = 10$.
Il y a 10 personnes au Service commercial.
• Pour calculer la mesure de l'angle de chacun des trois secteurs, on effectue les produits :

- $19 \times 9 = 171$
- $8 \times 9 = 72$
- $10 \times 9 = 90$

Voici le tableau complété.

	Nombre d'employés	Mesure de l'angle (en °)
Direction	3	27
Atelier	19	171
Service technique	8	72
Service commercial	10	90
Total	40	360

$\times 9$

Voici le diagramme circulaire.

38 $8 + 6 + 10 = 24$, donc les trois enfants ont 24 BD au total.
Le cercle est partagé en 12 arcs superposables.
Or, $24 = 12 \times 2$ et $8 = 4 \times 2$; $6 = 3 \times 2$; $10 = 5 \times 2$.
Sur le diagramme qui représente la situation, l'arc de cercle du secteur « Ava » doit correspondre à 4 petits arcs de cercle, celui du secteur « Selim » à 3 petits arcs de cercle et celui du secteur « Lola » à 5 petits arcs de cercle.
Il s'agit du diagramme ❸.

Synthèse

Utiliser des données statistiques

39 **1. a.** On peut s'aider en réalisant un tableau de deux lignes ou de deux colonnes (Proportion en %, Mesure de l'angle en °). On ajoute une colonne ou une ligne « Total ».
15 % c'est aussi 0,15.
Les mesures des angles des secteurs sont telles que :

- $360 \times 0{,}15 = 54$
- $360 \times 0{,}2 = 72$
- $360 \times 0{,}1 = 36$
- $360 \times 0{,}4 = 144$

Voici le tableau complété.

	Proportion (en %)	Mesure de l'angle (en °)
Jeux	15	54
Films	15	54
Musique	20	72
Électronique	40	144
Autres	10	36
Total	100	360

Voici le diagramme circulaire (à réaliser sur papier calque).

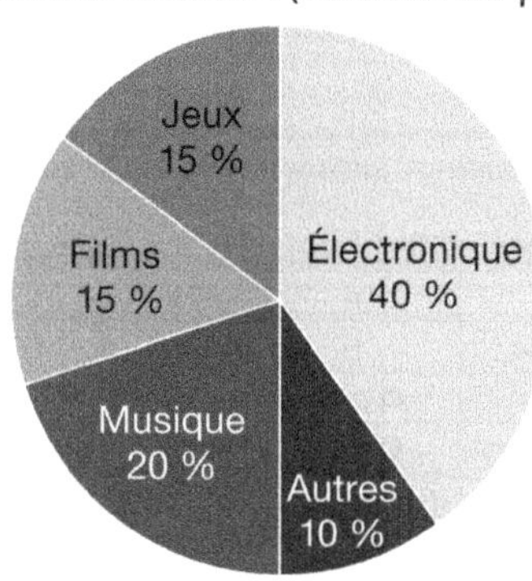

b. On peut positionner le diagramme réalisé sur papier calque à la question **a** par-dessus le diagramme de la plaquette (celui du manuel) : on superpose le centre du disque et le centre de la couronne, ainsi qu'un rayon du diagramme et la ligne de séparation correspondante sur la couronne, entre deux mêmes secteurs.
Les deux diagrammes se superposent, même si le diagramme de la question **a** est réalisé avec un rayon plus grand.
Remarque : les diagrammes circulaires dont on ne trace qu'une couronne extérieure sont très souvent utilisés par les statisticiens. Cette forme permet de mettre un texte, un logo, etc. au centre.
2. a. En mesurant les hauteurs des barres, on note :
• en 2018 : 2,5 cm ; • en 2019 : 3 cm ;
• en 2020 : 2,5 cm ; • en 2021 : 2 cm.
Les hauteurs des barres ne sont pas proportionnelles aux nombres d'employés qu'elles représentent.
En effet, en 2018, la hauteur de la barre est 2,5 cm et le nombre d'employés est 150 000.
2,5 cm = 0,5 cm × 5 et 150 000 = 30 000 × 5
Ainsi, pour cette barre, un écart de 5 mm entre deux graduations de l'axe vertical correspond à 30 000 employés.
En 2019, la hauteur de la barre est 3 cm.
Or, 3 cm = 0,5 cm × 6 et 30 000 × 6 = 180 000.
S'il y avait proportionnalité, le nombre d'employés devrait être 180 000 ; or, il n'est que de 160 000.
b. Pour réaliser un diagramme en barres où les hauteurs des barres sont proportionnelles aux nombres d'employés qu'elles représentent, on gradue l'axe vertical à partir de 0.
Voici un tel diagramme en barres.

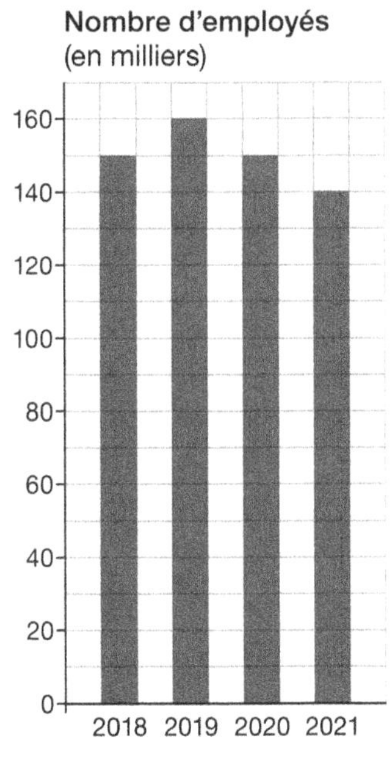

3. a. La majorité des ventes de ce groupe est de l'électronique (40 % des ventes). Il vend aussi de la musique (20 % des ventes) et à égalité des jeux et des films (15 % des ventes pour chaque catégorie). Il y a aussi d'autres ventes, comme des services financiers, pour 10 % des ventes.
b. En 2018, il y avait 150 000 employés dans le groupe. En 2019, le nombre d'employés a augmenté (160 000), puis il a baissé en 2020 pour retrouver le même niveau qu'en 2018 (150 000). Il a encore baissé en 2021 pour atteindre 140 000.

Parcours différenciés

Je m'évalue

40 **b.** 41 **c.** 42 **c.** 43 **b.**
44 **c.** 45 **c.** 46 **b.**

Je réalise mon parcours

47 PARCOURS 1

a. 1 % + 6 % + 6 % + 10 % + 12 % + 20 % + 39 % + 6 % = 100 %
La somme des pourcentages indiqués sur ce diagramme est **100 %**.
b. On lit sur le diagramme que la part de la consommation d'eau pour laver le linge est 12 %.
c. On utilise le diagramme.
• 6 % + 10 % + 12 % + 20 % + 39 % + 6 % = 93 %
La part de la consommation d'eau pour l'hygiène et le nettoyage est 93 %.
• 1 % + 6 % = 7 % (ou 100 % – 93 % = 7 %)
La part de la consommation d'eau pour l'alimentation est 7 %.

PARCOURS 2

• 1 % c'est aussi 0,01.
150 000 L × 0,01 = 1 500 L
L'année dernière, la famille d'Arsène a consommé 1 500 L d'eau pour la boisson.
• De même :
150 000 L × 0,06 = 9 000 L ; 150 000 L × 0,1 = 15 000 L ;
150 000 L × 0,12 = 18 000 L ; 150 000 L × 0,2 = 30 000 L ;
150 000 L × 0,39 = 58 500 L.
Voici le tableau complété.

	Quantité d'eau consommée (en L)	**Pourcentage** (en %)
Boisson	1 500	1
Cuisine	9 000	6
Jardin-Voiture	9 000	6
Vaisselle	15 000	10
Linge	18 000	12
Toilettes	30 000	20
Bain-Douche	58 500	39
Divers	9 000	6
Total	150 000	100

PARCOURS 3

On peut s'aider en réalisant un tableau à deux lignes ou à deux colonnes (Proportion en %, Mesure de l'angle en °).
On ajoute une colonne ou une ligne « Total ».
1 % c'est aussi 0,01.
360 × 0,01 = 3,6
L'angle du secteur « Boisson » mesure 3,6°.
Voici les mesures des angles des autres secteurs :
• 360 × 0,06 = 21,6 • 360 × 0,1 = 36
• 360 × 0,12 = 43,2 • 360 × 0,2 = 72
• 360 × 0,39 = 140,4

Voici le tableau complété.

	Proportion (en %)	**Mesure de l'angle** (en °)
Boisson	1	3,6
Cuisine	6	21,6
Jardin Voiture	6	21,6
Vaisselle	10	36
Linge	12	43,2
Toilettes	20	72
Bain Douche	39	140,4
Divers	6	21,6
Total	100	360

Voici le diagramme circulaire.

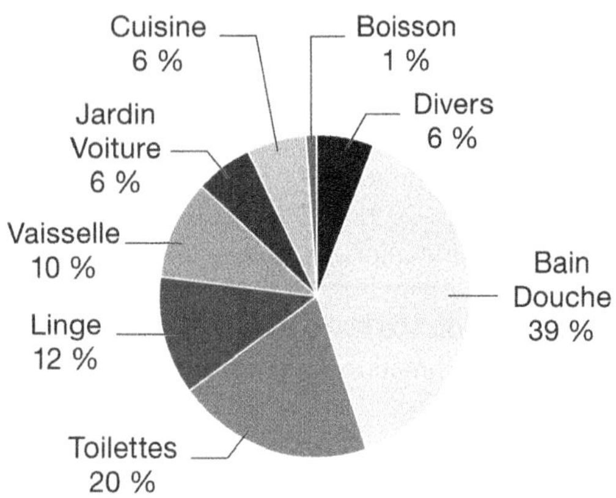

48 PARCOURS 1

a. 180 = 100 × 1,8, donc le coefficient de proportionnalité est 1,8.

b. 100 % – 70 % = 30 %

La surface de la Terre est couverte d'eau à 70 % et de terres émergées à 30 %.

On peut alors compléter la ligne « Proportion (en %) » du tableau.

On calcule la mesure de l'angle de chaque secteur.

• 70 × 1,8 = 126 • 30 × 1,8 = 54 (ou 180 – 126 = 54)

Voici le tableau complété.

	Eau	**Terre émergée**	Total
Proportion (en %)	70	30	100
Mesure de l'angle (en °)	126	54	180

× 1,8

b. Voici le diagramme semi-circulaire (ici avec un rayon de 2 cm).

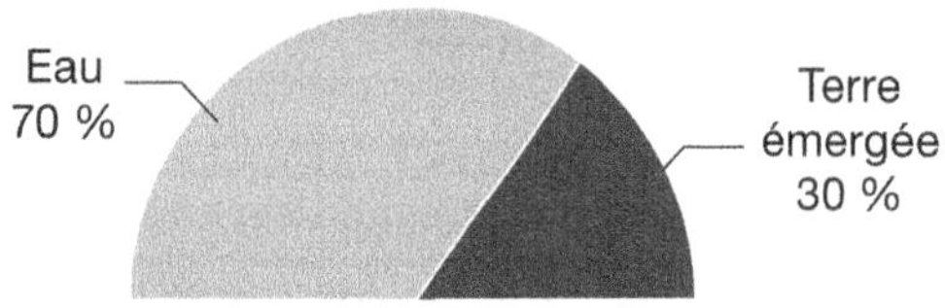

PARCOURS 2

On peut s'aider en réalisant un tableau à deux lignes (Proportion en %, Mesure de l'angle en °). On ajoute une colonne « Total ».

100 % – 2,5 % = 97,5 %

L'eau douce représente 2,5 % de toute l'eau de la planète et l'eau salée 97,5 %.

On peut alors compléter la ligne « Proportion (en %) » du tableau.

180 = 100 × 1,8, donc le coefficient de proportionnalité est 1,8.

On calcule la mesure de l'angle de chaque secteur.

• 97,5 × 1,8 = 175,5

• 2,5 × 1,8 = 4,5 (ou 180 – 175,5 = 4,5)

Voici le tableau complété.

	Eau douce	**Eau salée**	Total
Proportion (en %)	2,5	97,5	100
Mesure de l'angle (en °)	4,5	175,5	180

× 1,8

Voici le diagramme.

PARCOURS 3

• 100 % - 70 % = 30 %

La surface de la Terre est couverte d'eau à 70 % et de terres émergées à 30 %.

On peut commencer par représenter la répartition Eau-Terre émergée. On peut s'aider en réalisant un tableau à deux lignes (Proportion en %, Mesure de l'angle en °). On ajoute une colonne « Total ».

180 = 100 × 1,8, donc le coefficient de proportionnalité est 1,8.

On calcule la mesure de l'angle de chaque secteur.

• 70 × 1,8 = 126 • 30 × 1,8 = 54 (ou 180 – 126 = 54)

Voici le tableau complété.

	Eau	**Terre émergée**	Total
Proportion (en %)	70	30	100
Mesure de l'angle (en °)	126	54	180

× 1,8

• On partage le secteur Eau en deux secteurs : Eau douce et Eau salée.

100 % – 2,5 % = 97,5 %

L'eau douce représente 2,5 % de toute l'eau de la planète et l'eau salée 97,5 %.

2,5 %, c'est aussi 0,025 et 126 × 0,025 = 3,15.

L'angle du secteur « Eau douce » mesure environ 3°.

126 × 0,975 = 122,85 (ou 126 – 3,15 = 122,85).

L'angle du secteur « Eau salée » mesure environ 123°.

Voici le diagramme semi-circulaire.

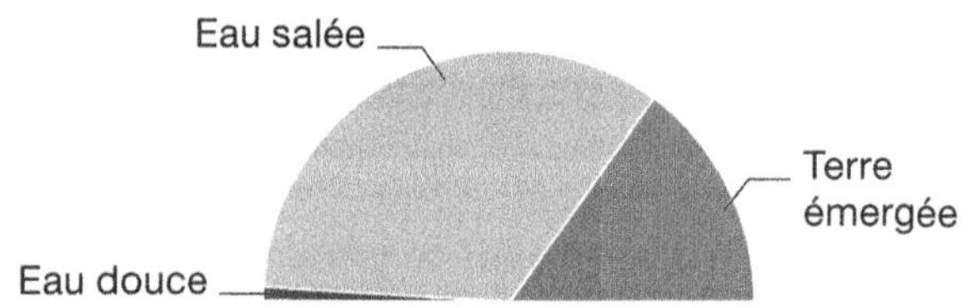

Remarque : en synthèse, on pourra faire remarquer aux élèves les différences entre les trois diagrammes, en particulier que les angles du secteur « Eau douce » n'ont pas la même mesure sur les diagrammes réalisés en Parcours 2 et 3, même si à l'œil nu cela se voit à peine.

Pour rappel, l'angle du secteur « Eau douce » mesure 4,5° sur le diagramme du Parcours 2 et environ 3° sur le diagramme ci-dessus.

49 **1.** Réalisation de la feuille de calcul.

2. Voici une copie d'écran du tableau.

	A	B	C	D	E	F	G	H	I
1		Hydraulique	Éolien	Solaire	Biomasse	Biogaz	Déchets	Autres	
2	Production (en TWh)	62	41	14	4	2	2	1	126

En France, en 2020, la production totale d'énergie renouvelable était 126 TWh.

3. a. La filière « Éolien » produit 41 TWh parmi 126 TWh, donc la part de l'éolien est $\frac{41}{126}$.

b. $\frac{41}{126} \approx 0{,}325$ et 0,325, c'est aussi 32,5 %.

32,5 % est proche de 33 %, ce qui explique l'affirmation d'Aglaé.

50 **1.** Voici une copie d'écran du diagramme circulaire.

A	B	C	D	E	F	G	H	I
	Hydraulique	Éolien	Solaire	Biomasse	Biogaz	Déchets	Autres	
Production (en TWh)	62	41	14	4	2	2	1	126

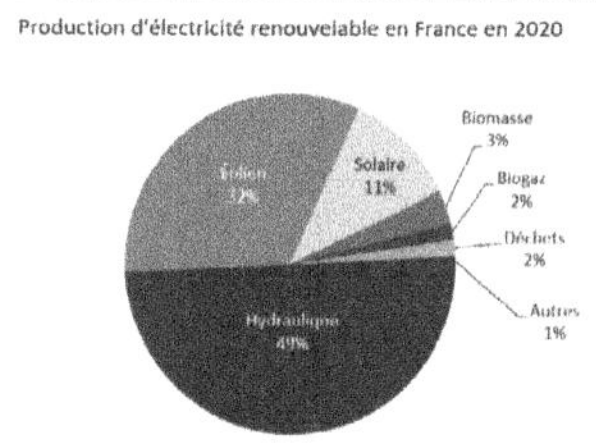

2. On vérifie les pourcentages des autres filières.

Hydraulique : $\frac{62}{126} \approx 0{,}49$, soit 49 %.

Solaire : $\frac{14}{126} \approx 0{,}11$, soit 11 %.

Biomasse : $\frac{4}{126} \approx 0{,}03$, soit 3 %.

Biogaz et Déchets : $\frac{2}{126} \approx 0{,}016$, soit environ 2 %.

Autres : $\frac{1}{126} \approx 0{,}008$, soit environ 1 %.

51 **2.** Voici une copie d'écran du graphique.

	A	B	C	D	E	F	G	H	I	J	K	L	M	N	O	P	Q
1	Année	2005	2006	2007	2008	2009	2010	2011	2012	2013	2014	2015	2016	2017	2018	2019	2020
2	Production (en TWh)	55	61	66	74	71	78	65	84	99	93	92	99	93	113	113	126

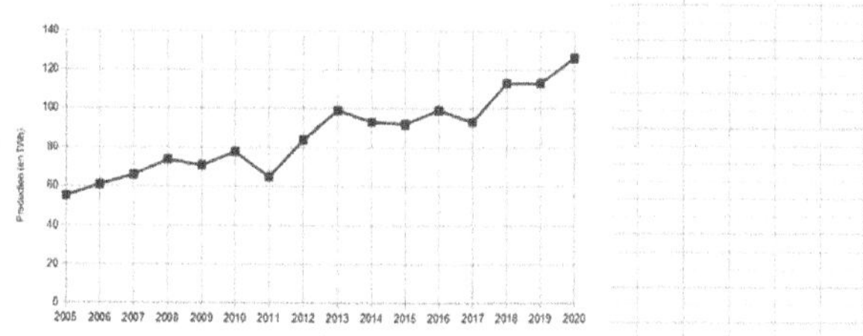

3. La production d'électricité renouvelable a globalement augmenté de 2005 à 2020, de 55 TWh à 126 TWh.

On peut toutefois noter de légères baisses en 2009, 2014, 2015 et 2017, une baisse plus importante en 2011.

52 **Traduction**

a. Copier et remplir ce tableau sachant que :

• 9 enfants ont un chat et un lapin ;
• 6 enfants n'ont pas de chat mais ont un lapin ;
• 12 enfants n'ont ni chat ni lapin ;
• 4 enfants ont un chat mais pas de lapin.

b. Combien d'enfants ont un chat ?

Réponse

a. • 9 enfants ont un chat et un lapin, donc on écrit 9 dans la case Chat Oui/Lapin Oui.

• 6 enfants n'ont pas de chat mais ont un lapin, donc on écrit 6 dans la case Chat Non/Lapin Oui.

• 12 enfants n'ont ni chat ni lapin, donc on écrit 12 dans la case Chat Non/Lapin Non.

• 4 enfants ont un chat mais pas de lapin, donc on écrit 4 dans la case Chat Oui/Lapin Non.

Voici le tableau complété.

		Rabbit	
		Yes	No
Cat	Yes	9	4
	No	6	12

b. 9 + 4 = 13, donc 13 enfants ont un chat.

53 **1.** Si Océane prend le bus de 7 h 38 à l'arrêt « Commerce », elle arrive à l'arrêt « Mairie » à 7 h 55. Elle fait ensuite de la marche à pied pendant 5 min.

7 h 55 + 5 min = 8 h

Elle arrive donc au collège à 8 h.

Théoriquement, Océane peut prendre ce bus, mais avec un risque, car elle arrive juste à 8 h au collège. S'il y a un retard sur la ligne, elle peut arriver au collège après 8 h, même si elle court entre l'arrêt « Mairie » et le collège.

2. 8 h – 10 min = 7 h 50 et 7 h 50 – 5 min = 7 h 45.

Pour être au collège environ 10 min avant 8 h, Océane doit prendre un bus qui arrive à 7 h 45 environ à l'arrêt « Mairie ».

a. Océane peut prendre le bus de 7 h 23 à l'arrêt « Commerce ».

b. Elle arrive à l'arrêt « Mairie » à 7 h 39.

7 h 39 + 5 min = 7 h 44

Elle arrive au collège à 7 h 44.

3. a. Pour être dans le même bus qu'Océane, Martin doit prendre le bus de 7 h 47 à l'arrêt « Cathédrale ».

b. Ils arrivent à l'arrêt « Mairie » à 8 h 11.

8 h 11 + 5 min = 8 h 16

Ils arrivent au collège à 8 h 16, donc avant la sonnerie de 8 h 30.

54 **a.**

Masse (en g)	45	46	47	48	49	50	51	52	53	54	55
Nombre d'abricots	1	0	3	2	5	2	0	4	5	6	2

b. 1 + 3 + 2 + 5 + 2 + 4 + 5 + 6 + 2 = 30

Mary a acheté 30 abricots.

55 • On prépare le tableau à double entrée, à deux lignes (5e A, 5e B) et à trois colonnes (Allemand, Espagnol, Italien). On ajoute une ligne et une colonne « Total ».

On commence par écrire les données de l'énoncé.

	Allemand	Espagnol	Italien	Total
5ᵉ A	7	13		28
5ᵉ B	6	15		
Total			17	

• Exemple de démarche pour compléter les cases non remplies du tableau.

$7 + 13 = 20$ et $28 - 20 = 8$ ❶ $17 - 8 = 9$ ❷

$6 + 15 + 9 = 30$ ❸ $7 + 6 = 13$ ❹

$13 + 15 = 28$ ❺ $13 + 28 + 17 = 58$ ou $28 + 30 = 58$ ❻.

Voici le tableau complété.

	Allemand	Espagnol	Italien	Total
5ᵉ A	7	13	❶ 8	28
5ᵉ B	6	15	❷ 9	❸ 30
Total	❹ 13	❺ 28	17	❻ 58

56 • **Famille Martin**

On lit dans le tableau que la part du budget consacrée au logement est 25 %, soit le quart du budget.

Or, dans le diagramme semi-circulaire ❷, on remarque l'angle droit et les codages des deux autres angles de même mesure. Le secteur colorié en vert représente la moitié de la moitié du budget, donc le quart du budget.

On associe donc la famille Martin au diagramme ❷.

• **Famille Dupont**

On lit dans le tableau que la part du budget consacrée au logement est 20 %, soit $\frac{1}{5}$ du budget ($20\,\% \times 5 = 100\,\%$).

Or, dans le diagramme semi-circulaire ❸, on remarque les mêmes codages des cinq angles, ainsi ces cinq angles ont la même mesure. Le secteur colorié en vert représente $\frac{1}{5}$ du budget.

On associe donc la famille Dupont au diagramme ❸.

• **Famille Lebrun**

On lit dans le tableau que la part du budget consacrée au logement est 30 %. Donc dans le diagramme semi-circulaire, l'angle du secteur « Logement » mesure 30 % de 180°.

30 % c'est aussi 0,3 et $0{,}3 \times 180° = 54°$.

Or, on voit sur le diagramme ❶ que l'angle du secteur colorié en vert mesure 54°.

On associe donc la famille Lebrun au diagramme ❶.

57 **1.** 2 m − 1 m = 1 m ; 3 m − 2 m = 1 m et 4 m − 3 m = 1 m.

Il y a 5 écarts identiques entre deux lignes horizontales pour une hauteur de 1 m.

1 m = 100 cm

$100 \text{ cm} = 5 \times 20 \text{ cm}$, donc l'écart entre deux lignes horizontales représente une hauteur d'eau de 20 cm.

2. a. À 8 h, la hauteur d'eau dans le port est 3,40 m.

À 9 h, il y a 3,80 m de hauteur d'eau.

b. La hauteur d'eau est 2 m à 4 h et à 6 h.

3. a. La hauteur d'eau dans le port dépasse 3,40 m entre 0 h et 1 h et aussi entre 8 h et 12 h.

b. La hauteur d'eau maximum est 4 m. Elle est atteinte à 10 h 30, donc Gil part à 10 h 30.

58 On peut s'aider en réalisant un tableau.

$5 + 7 + 4 + 2 = 18$, donc Jamil a 18 pièces.

$360 = 18 \times 20$, donc le coefficient de proportionnalité est 20.

On calcule la mesure de l'angle de chaque secteur.

• $5 \times 20 = 100$ • $7 \times 20 = 140$

• $4 \times 20 = 80$ • $2 \times 20 = 40$

Voici le tableau complété.

	Nombre de pièces	Mesure de l'angle (en °)
Grèce	5	100
Italie	7	140
Espagne	4	80
Belgique	2	40
Total	18	360

× 20

Voici un diagramme circulaire qui représente la répartition des pièces par pays.

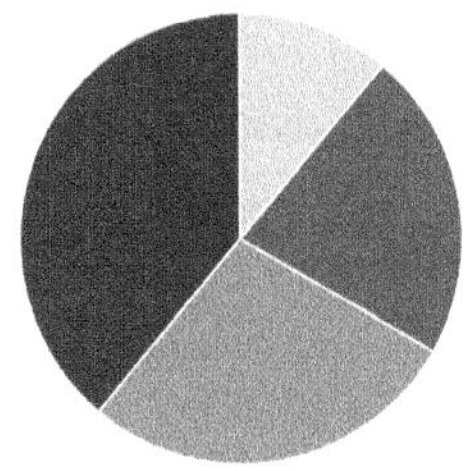

59 Voici une copie d'écran du diagramme en bâtons.

	A	B	C	D	E	F	G
1	Face	1	2	3	4	5	6
2	Nombre de sorties	147	165	159	163	171	195

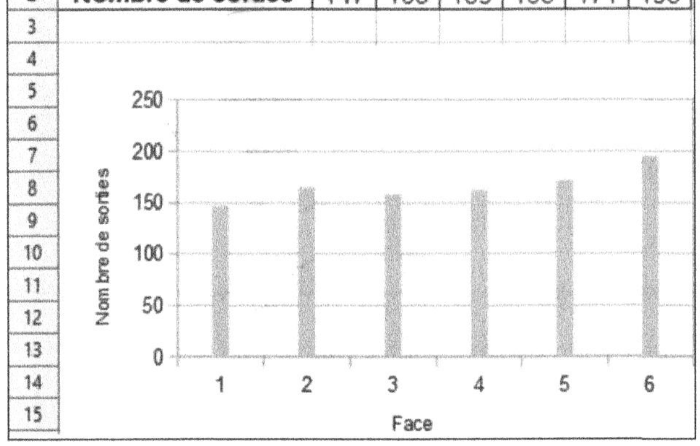

60 On écrit l'âge (en semaines) sur l'axe horizontal et la masse du rongeur (en g) sur l'axe vertical.

On peut utiliser du papier millimétré pour faciliter la réalisation.

Attention ! Il faut graduer les axes régulièrement.

On place les points puis on les relie à main levée pour tracer la courbe de poids du rongeur.

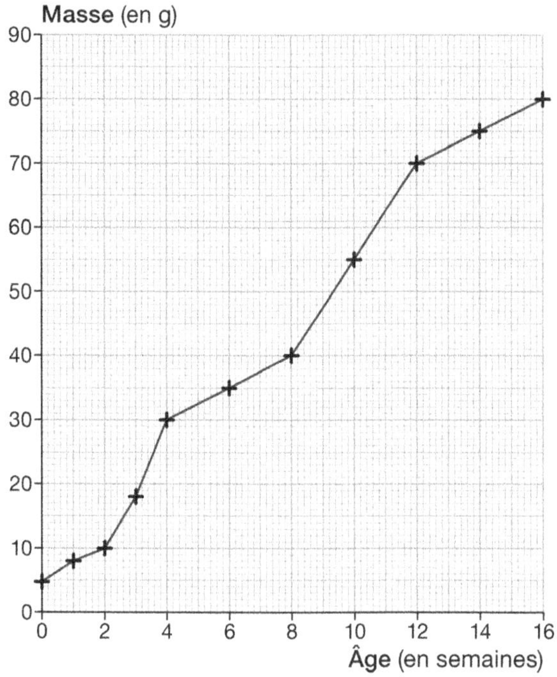

61 On sait que la somme des mesures des angles des trois secteurs est 360°.

• D'après l'énoncé, on sait que la mesure de l'angle du secteur « 15 ans ou plus » est 162°, donc la part de cette catégorie parmi les 140 jeunes est $\frac{162}{360}$.

Or, $\frac{162}{360} = 0{,}45$.

Ainsi, le nombre de jeunes de la catégorie « 15 ans ou plus » représente 45 % de la totalité des 140 jeunes.

$0{,}45 \times 140 = 63$

63 jeunes ont 15 ans ou plus.

• L'angle du secteur « De 10 à 14 ans » est un angle droit, donc le nombre de jeunes dans cette tranche d'âge est le quart du nombre total de jeunes.

$140 : 4 = 35$

35 jeunes ont de 10 à 14 ans.

• $35 + 63 = 98$ et $140 - 98 = 42$.

Ainsi, 42 jeunes ont moins de 10 ans.

62 $11\ \% + 7\ \% + 16\ \% + 20\ \% + 8\ \% = 62\ \%$

La totalité des salariés correspond à 100 %.

$100\ \% - 62\ \% = 38\ \%$

Ainsi, 38 % des salariés ont 1 an d'ancienneté.

Or, on sait que le nombre de ces salariés est 570. Donc le pourcentage 38 % correspond à 570 salariés.

Le pourcentage 1 % correspond alors à 38 fois moins.

$570 : 38 = 15$

Ainsi, le pourcentage 1 % correspond à 15 salariés.

La totalité des salariés correspond à 100 fois plus.

$15 \times 100 = 1\,500$

Donc l'entreprise compte 1 500 salariés.

63 On remarque que la part des jeux en solo de Joseph est plus grande que celle de Célia, donc on pourrait penser, si on s'arrêtait à cette observation, que Joseph a davantage de jeux en solo que Célia. Mais est-ce le cas ?

On peut en douter, car il s'agit de pourcentages et pas de nombres de jeux en solo. On peut faire des essais et calculer le nombre de jeux en solo de Joseph et de Célia.

• Si Joseph et Célia ont le même nombre de jeux en tout, par exemple 80 :

55 % c'est aussi le nombre 0,55 ;

40 % c'est aussi le nombre 0,4 ;

$0{,}55 \times 80 = 44$ et $0{,}4 \times 80 = 32$.

Joseph aurait 44 jeux en solo et Célia en aurait 32.

• Si Joseph et Célia n'ont pas le même nombre de jeux en tout, par exemple 80 pour Joseph et 50 pour Célia :

$0{,}55 \times 80 = 44$ et $0{,}4 \times 50 = 20$.

Joseph aurait 44 jeux en solo et Célia en aurait 20.

Autre exemple : Joseph a 40 jeux en tout et Célia en a 60.

$0{,}55 \times 40 = 22$ et $0{,}4 \times 60 = 24$.

Joseph aurait 22 jeux en solo et Célia en aurait 24.

• On se rend compte que parfois c'est Joseph qui a le plus de jeux en solo, parfois c'est Célia. Cela dépend du nombre total de jeux de chacun.

Conclusion : on ne peut pas savoir, avec seulement les deux diagrammes, qui de Joseph ou de Célia a le plus de jeux en solo.

64 On commence par noircir les lettres aux sommets de la case où est indiqué 4 : les 4 lettres sont à noircir. On s'intéresse aussi aux lettres situées aux sommets de la case où est indiqué 0 : aucune lettre n'est à noircir. Puis on s'intéresse aux cases proches de ces deux cases.

Le mot caché est : TABLEAU.

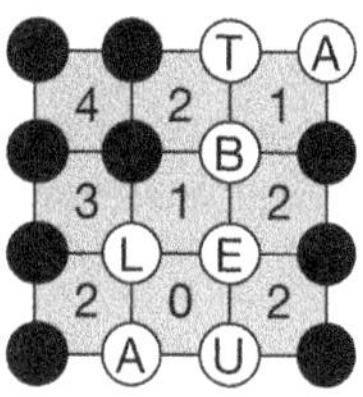

65 On colorie toutes les cases de la ligne « 6 ».

On sait qu'aucune case ne sera coloriée dans les trois lignes « 0 ».

On colorie 4 cases dans la ligne « 4 » en évitant les cases des deux colonnes « 1 ».

Il reste alors à colorier une case dans la ligne « 1 » et la colonne « 3 ».

Voici les cases coloriées.

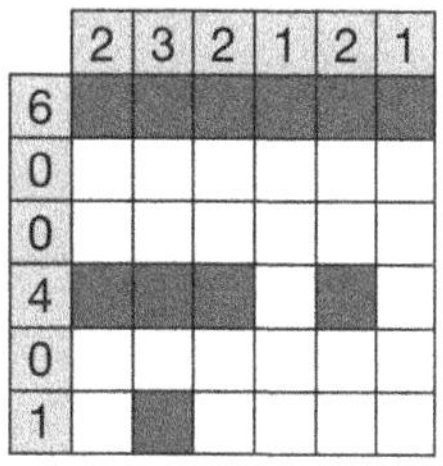

Je prends des initiatives

66 • On complète le tableau (Doc. 2) avec les données de l'article de Louis (Doc. 1).

Classe \ Titre	Moi le minotaure	Des bleus au cartable	Edison	12 jours sans parents	L'herboriste de Hoteforais	Mystères à Rome	Total
CM2	4		4	6	4		
6^e		8		1	2	10	
Total							

• On complète ensuite le tableau avec les données du diagramme (Doc. 3).

Classe \ Titre	Moi le minotaure	Des bleus au cartable	Edison	12 jours sans parents	L'herboriste de Hoteforais	Mystères à Rome	Total
CM2	4	**6**	4	6	4	**6**	
6^e	**2**	8	**3**	1	2	10	
Total							

• On peut alors compléter la ligne et la colonne « Total ».

Classe \ Titre	Moi le minotaure	Des bleus au cartable	Edison	12 jours sans parents	L'herboriste de Hoteforais	Mystères à Rome	Total
CM2	4	6	4	6	4	6	**30**
6^e	2	8	3	1	2	10	**26**
Total	**6**	**14**	**7**	**7**	**6**	**16**	**56**

Le livre qui a obtenu le prix est *Mystères à Rome*, avec 16 voix.
56 élèves ont participé au vote.
• On complète le diagramme.
Les données concernant le livre « 12 jours sans parents » (Doc. 2) permettent de compléter les deux noms manquants sur l'axe horizontal et la légende.
Puis on trace les barres manquantes.

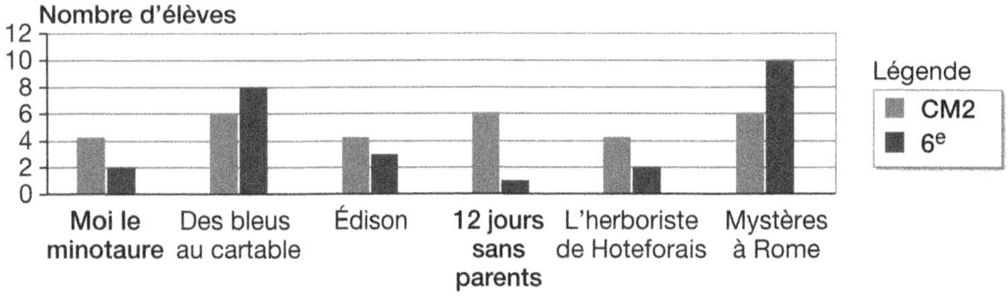

• On peut remarquer sur le diagramme que les votes des élèves de CM2 et de 6e ne se ressemblent pas.
En CM2, les votes se sont répartis entre les six livres à peu près équitablement (4 ou 6 voix pour chacun d'eux).
En 6e, les votes se sont portés surtout sur *Mystères à Rome* (10 voix) et sur *Des bleus au cartable* (8 voix). Les autres livres ont obtenu de 1 à 3 voix.

HAPITRE 9

Utiliser les angles

INTENTIONS PÉDAGOGIQUES

1 Les Repères des cycles 2 et 3

• Dès le CM1, les élèves apprennent à repérer les angles d'une figure plane, puis à comparer ces angles par superposition (utilisation du papier calque) ou en utilisant un gabarit.
Ils estiment, puis vérifient en utilisant l'équerre, qu'un angle est droit, aigu ou obtus.

• En 6e, avant d'utiliser le rapporteur, les élèves poursuivent le travail entrepris au CM en attribuant des mesures en degrés à des multiples ou sous-multiples de l'angle droit de mesure 90° (par exemple, on pourra considérer que la diagonale d'un carré partage l'angle droit en deux angles égaux de 45°). Les élèves apprennent à utiliser un rapporteur pour mesurer un angle en degrés ou construire un angle de mesure donnée en degrés.
La maîtrise du rapporteur est un objectif fondamental en 6e pour mesurer ou construire un angle.

2 Je découvre

Activité 1

Cette activité a deux objectifs : introduire pour la première fois l'unité de mesure d'un angle utilisée au collège, le degré, et construire un rapporteur simplifié pour tracer des angles de mesure donnée. Il est nécessaire pour les élèves de comprendre comment est fabriqué un rapporteur avant de l'utiliser, ce qui est toujours délicat. On s'appuie sur l'idée familière aux élèves de tour complet sur soi-même, idée très présente dans des sports tels que la gymnastique, le ski acrobatique, le patinage, le VTT, etc. On en vient rapidement à l'angle droit, angle de référence pour les élèves entrant en 6e ; il mesure un quart de tour, soit 90°.
Cette vision développée sur un disque partagé secteurs permet une première image des mesures des angles pour des valeurs souvent utilisées : 45°, 90°, 30°, 60°, 120°.
Au passage, on pourra faire remarquer que le rayon du disque utilisé ne change pas la mesure d'un angle.

Activité 2

Cette activité a pour objectif de poursuivre la précédente en utilisant directement un rapporteur du commerce. L'élève apprend à mesurer, puis à construire un angle de mesure donnée.
Il est important de faire correspondre les deux activités en mettant en évidence que le rapporteur du commerce est plus pratique et plus précis que celui de l'Activité 1.
Il faudra être vigilant sur les notations des angles qui peuvent être un obstacle pour les élèves, indépendamment de la tâche mesurer ou de construire un angle.

3 Cours - J'applique le cours

Cours

• Au paragraphe 1, on donne le vocabulaire et la notation des angles. On parle d'angles superposables pour des angles de même mesure, en poursuivant le travail du CM à l'aide d'un gabarit. Les conventions sur les codages sont définies.

• Au paragraphe 2, on introduit l'unité de mesure : le degré. On reprend les connaissances du CM avec les angles aigus, obtus, droits, plats. On utilise l'équerre pour comparer avec l'angle droit, comme vu en CM.

• Au paragraphe 3, on introduit le rapporteur avec les deux modèles du commerce.

J'applique le cours

Exercice résolu 1
L'objectif est d'apprendre à nommer un angle. Ce n'est pas une tâche évidente pour beaucoup d'élèves. Certaines conventions sont à expliciter.

Exercice résolu 3
L'objectif est de comparer des angles à l'aide d'un gabarit. Cette tâche est proposée pour poursuivre le travail du CM. L'exercice donne du sens à la grandeur angle : plus petit que, plus grand que, superposables.

Exercice résolu 5
L'objectif est d'apprendre à mesurer un angle avec le rapporteur. C'est un objectif fondamental.

Exercice résolu 8
L'objectif est ici de construire un angle de mesure donnée avec le rapporteur. C'est le deuxième objectif fondamental en 6e.

4 Compléments

Dans le programme, il est proposé des exemples de situations, d'activités et de ressources pour l'élève.

• Les exercices **3**, **4**, **21** et **39** travaillent la capacité de comparer des angles à l'aide d'un gabarit.

• L'exercice **33** a pour but de convaincre l'élève de l'utilité du rapporteur comme instrument donnant la meilleure précision au degré près.

Il est important pour les élèves de distinguer la mesure d'un angle obtenue avec le rapporteur de celle obtenue par calculs à partir de propriétés de la figure. Cette notion est par exemple vue dans les exercices **46**, **66** et **67**.

- Une rubrique « Connaître le vocabulaire » est proposée dans « Je travaille mes automatismes » afin de vérifier la compréhension des élèves sur les notations, mais aussi le vocabulaire. De plus, cette rubrique permet de discuter d'erreurs fréquentes en superposant des angles. Il est important d'insister sur le fait que la mesure d'un angle est indépendante de la longueur des côtés de l'angle. On peut parler à l'oral d'« ouverture » entre les demi-droites.

Enfin, de manière progressive, les exercices ont pour objectif de travailler sur l'utilisation du rapporteur pour mesurer ou construire des angles. Les figures sont de plus en plus complexes et demandent des étapes de construction intermédiaires.

Logiciel Scratch

L'utilisation du logiciel Scratch (exercices **63** et **68**) est l'occasion de donner une autre conception de l'angle aux élèves avec l'angle comme figure dynamique, angle de rotation. C'est alors l'occasion de distinguer un angle de rotation de mesures 120° de 60° sur le papier.

CORRIGÉS

Bien démarrer

1 **c.** **2** **b.** **3** **b.** et **c.**
4 **c.** **5** **b.**

Je découvre

Activité 1

a. Le disque est partagé en douze angles superposables.
$360° : 12 = 30°$.
Un angle, comme celui colorié en vert, mesure donc 30°.
Ainsi, $\widehat{AOB} = 30°$.
b. La mesure de l'angle $\widehat{COD}$ colorié en rose est deux fois celle de l'angle colorié en vert. Ainsi, $\widehat{COD} = 60°$.
c. La mesure de l'angle $\widehat{EOF}$ colorié en jaune est la moitié de celle de l'angle colorié en vert.
Ainsi, $\widehat{EOF} = 15°$.
d. La mesure de l'angle $\widehat{FOG}$ colorié en bleu est le triple de celle de l'angle colorié en vert.
Ainsi, $\widehat{FOG} = 90°$.

Activité 2

a. L'angle $\widehat{RKS}$ mesure 39°.
L'angle $\widehat{PJQ}$ mesure 105°.
b.

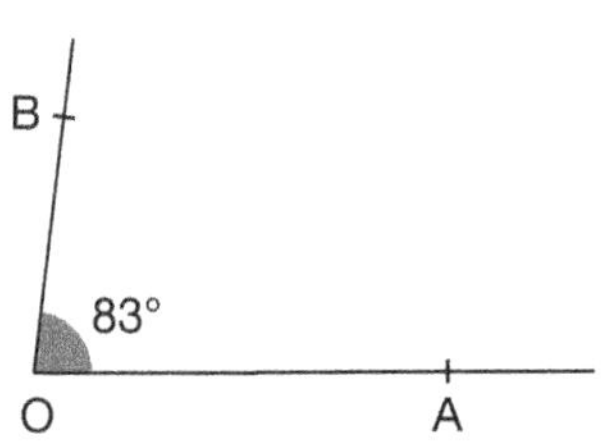

J'applique le cours

② **a.** L'angle colorié en vert se nomme $\widehat{SMQ}$ ou $\widehat{QMS}$.
b. L'angle colorié en violet se nomme $\widehat{PNM}$ ou $\widehat{MNP}$ ou $\widehat{PNt}$ ou $\widehat{tNP}$.

④ **a.** Les angles $\widehat{HEG}$ et $\widehat{GFI}$ sont superposables.
b. L'angle $\widehat{HEG}$ est plus grand que l'angle $\widehat{GEF}$.

⑥ L'angle $\widehat{ABC}$ est un angle obtus.
À l'aide du rapporteur, on obtient $\widehat{ABC} = 117°$.

❼ L'angle $\widehat{GFE}$ mesure 162°.

⑨

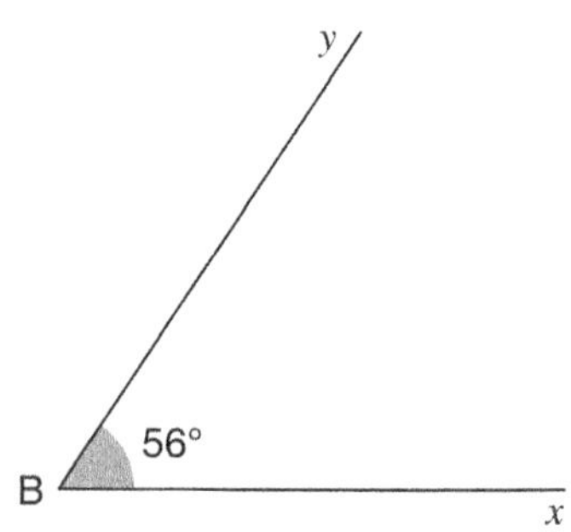

❿

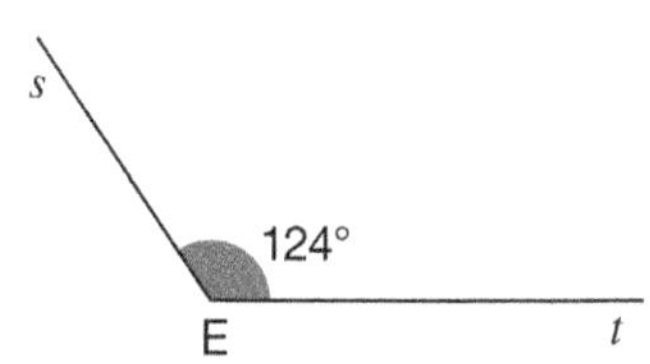

Je travaille mes automatismes

Connaître le vocabulaire des angles

11 **a.** Les côtés de cet angle sont [EF) et [EG).
b. Le sommet de cet angle est E.
c. On peut nommer cet angle $\widehat{FEG}$ ou $\widehat{GEF}$.

12 **a.** L'angle marqué en bleu peut se nommer $\widehat{CUB}$ ou $\widehat{CUT}$ ou $\widehat{BUC}$ ou $\widehat{TUC}$.
b. L'angle marqué en orange peut se nommer $\widehat{TUS}$ ou $\widehat{BUS}$ ou $\widehat{SUT}$ ou $\widehat{SUB}$.
c. L'angle marqué en vert peut se nommer $\widehat{TBU}$ ou $\widehat{UBT}$.

13 Hamza ne s'est pas trompé.
En effet, on peut nommer cet angle $\widehat{AOB}$ ou $\widehat{AOC}$ (ou $\widehat{BOA}$ ou $\widehat{COA}$).
C'est le même angle de sommet O et de côtés [OA) et [OC).

14 L'angle vert peut se nommer $\widehat{AEO}$ ou $\widehat{AEC}$ ou $\widehat{CEA}$ ou $\widehat{OEA}$.
L'angle orange peut se nommer $\widehat{ABC}$ ou $\widehat{ABF}$ ou $\widehat{EBC}$ ou $\widehat{FBA}$ ou $\widehat{CBA}$ ou $\widehat{CBE}$.
L'angle bleu peut se nommer $\widehat{BCO}$ ou $\widehat{BCE}$ ou $\widehat{FCO}$ ou $\widehat{FCE}$ ou $\widehat{OCB}$ ou $\widehat{ECB}$ ou $\widehat{OCF}$ ou $\widehat{ECF}$.

15 Sur la figure ci-contre on a tracé l'angle $\widehat{\textbf{PAS}}$.
A est le **sommet** de l'angle.
Les demi-droites [AP) et [AS) sont les **côtés** de l'angle.

16 **a.** L'angle $\widehat{MAR}$ a pour sommet **A** et pour côtés **[AM)** et **[AR)**.
b. L'angle $\widehat{AMR}$ a pour sommet M et pour côtés [MR) et [MA).
c. Le troisième angle de ce triangle est $\widehat{MRA}$; son sommet est **R** et ses côtés sont **[RM)** et **[RA)**.

17

Angle	1	2	3	4	5	6	7
Sommet	O	O	A	B	C	C	D
Nom	$\widehat{yOz}$	$\widehat{xOy}$	$\widehat{BAC}$	$\widehat{ABC}$	$\widehat{ACD}$	$\widehat{ACB}$	$\widehat{ADC}$

Pour chaque angle, on peut nommer l'angle de deux manières différentes (par exemple $\widehat{yOz}$ ou $\widehat{zOy}$), en gardant bien au milieu le nom du sommet.

18 **1.**
a. Marqué
b. Marqué
c. Marqué
d. Marqué
e. Marqué

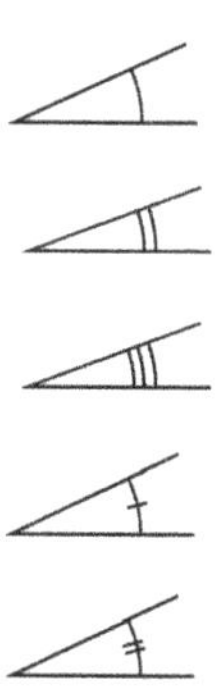

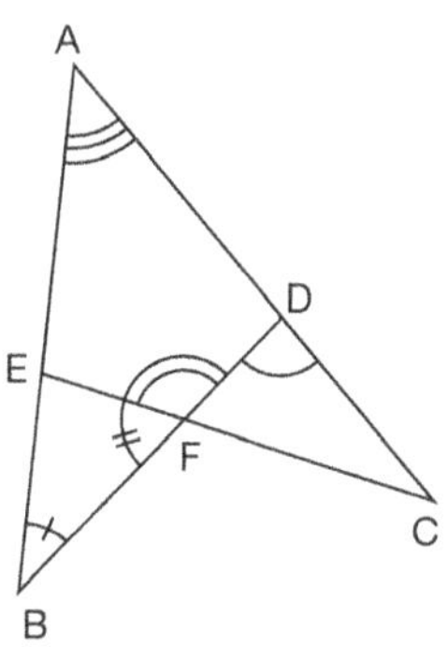

2. a. $\widehat{AEC}$ peut se nommer aussi $\widehat{AEF}$.
b. $\widehat{ABD}$ peut se nommer aussi $\widehat{ABF}$ ou $\widehat{EBD}$ ou $\widehat{EBF}$.
c. $\widehat{DCF}$ peut se nommer aussi $\widehat{ACF}$ ou $\widehat{ACE}$ ou $\widehat{DCE}$.

19 Emmy se trompe.
En effet, l'angle $\widehat{ABC}$ semble être plus grand que l'angle $\widehat{DEF}$, mais cela est faux. Avec un gabarit, on peut remarquer que ces deux angles sont superposables.
L'angle $\widehat{DEF}$ est à l'intérieur de l'angle $\widehat{ABC}$, mais en faisant coïncider les sommets de ces deux angles, les côtés des angles peuvent se superposer.

20 À vue d'œil, on peut dire que l'angle ❶ est plus petit que l'angle ❸, lui-même plus petit que l'angle ❷.

21 **a.** $\widehat{xAB}$, $\widehat{ABC}$ et $\widehat{ACB}$ sont trois angles aigus superposables. On peut donc choisir deux de ces trois angles ou on peut choisir les deux angles $\widehat{AMC}$ et $\widehat{xMB}$ qui sont aussi des angles aigus superposables.
b. Les deux angles obtus $\widehat{BMA}$ et $\widehat{CMx}$ sont superposables.

Reconnaître un angle aigu, droit, obtus

22 **a.** L'angle $\widehat{ECD}$ est aigu. Il est plus petit que l'angle droit de l'équerre.
b. L'angle $\widehat{ECD}$ est obtus. Il est plus grand que l'angle droit de l'équerre.

23 Pour la lettre h : l'angle est aigu.
Pour la lettre i : l'angle est droit.
Pour la lettre j : l'angle est droit.
Pour la lettre m : l'angle est obtus.

24 **a.**

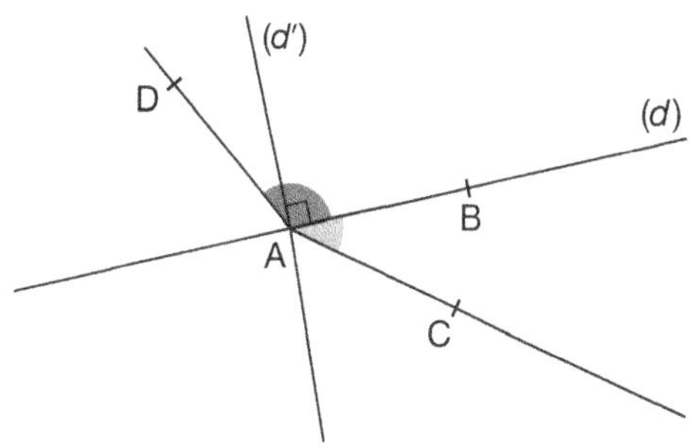

b. La droite (d') sépare le plan en deux régions.
Tout point C du côté de B par rapport à (d') est accepté.
c. Tout point D de l'autre côté de B par rapport à (d') est accepté.

25 L'information « $\widehat{BOC}$ est un angle aigu » donne deux possibilités.
L'information « $\widehat{COA}$ est un angle droit » ne permet pas de choisir.
En revanche, l'information « $\widehat{DOC}$ est un angle plat » veut dire que les points D, O, C sont alignés.
On peut placer C, vu que $\widehat{BOC}$ est un angle aigu et D, O, C sont alignés.

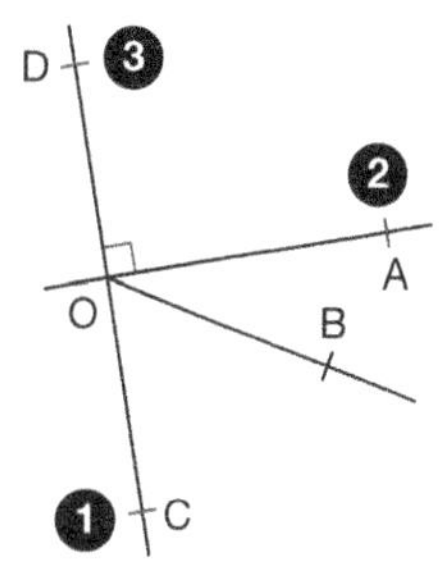

26 **a.** Des angles aigus : $\widehat{AHE}$, $\widehat{AHB}$, $\widehat{FHC}$, $\widehat{DHC}$.
b. Des angles droits : $\widehat{BHD}$, $\widehat{EHF}$, $\widehat{DHF}$ et $\widehat{EHB}$.
c. Des angles obtus : $\widehat{AHF}$, $\widehat{AHD}$, $\widehat{EHC}$, $\widehat{BHC}$.

27 Les angles aigus : $\widehat{AOD}$, $\widehat{BOC}$, $\widehat{ADC}$, $\widehat{DCB}$, $\widehat{BAC}$, $\widehat{ABD}$, $\widehat{BDC}$, $\widehat{ACB}$, $\widehat{ACD}$, $\widehat{ADB}$, $\widehat{DBC}$.
Les angles obtus : $\widehat{AOB}$, $\widehat{COD}$, $\widehat{BAD}$, $\widehat{ABC}$.

Mesurer ou construire un angle

28 **a.** On lit 40°, l'angle est aigu.
b. On lit 120°, l'angle est obtus.

29 **a.** $\widehat{AOB} = 90° : 2 = 45°$
b. $\widehat{AOB} = 90° : 3 = 30°$ et $2 \times 30° = 60°$.
c. $\widehat{AOB} = 180° : 4 = 45°$

30 L'affirmation d'Ethan est fausse.
En effet, la mesure de l'angle $\widehat{xOy}$ est 115°.
Il faut lire ici la graduation en noir, car le côté [Ox) passe par le 0 de cette graduation.

31 **a.** L'angle $\widehat{RUE}$ est obtus. Il mesure 106°.
b. L'angle $\widehat{SAT}$ est aigu. Il mesure 18°.
c. L'angle $\widehat{VIZ}$ est obtus. Il mesure 150°.

32 **a.**

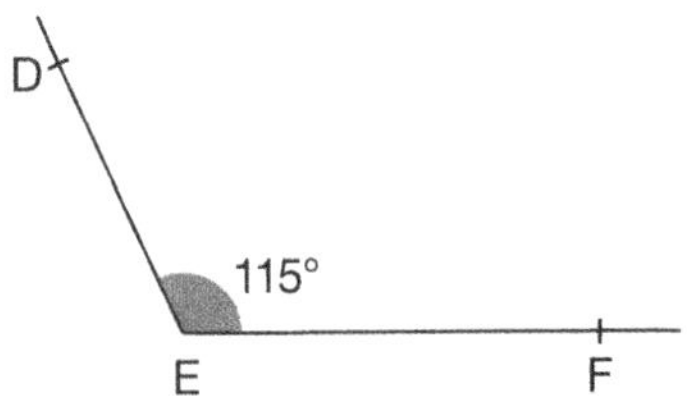

b.

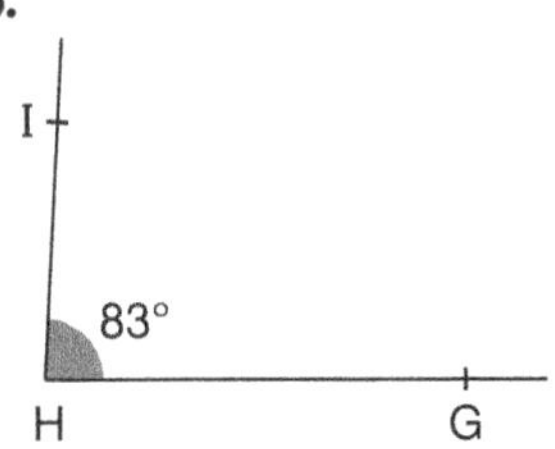

c.

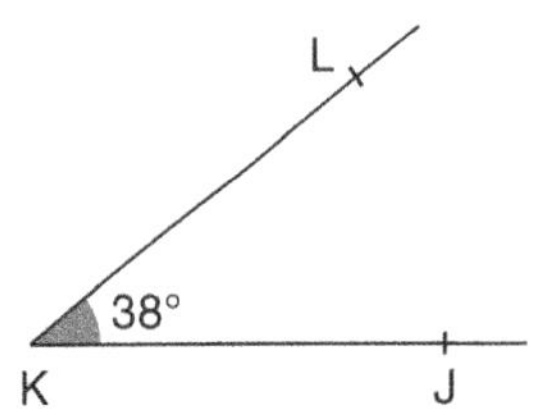

d.

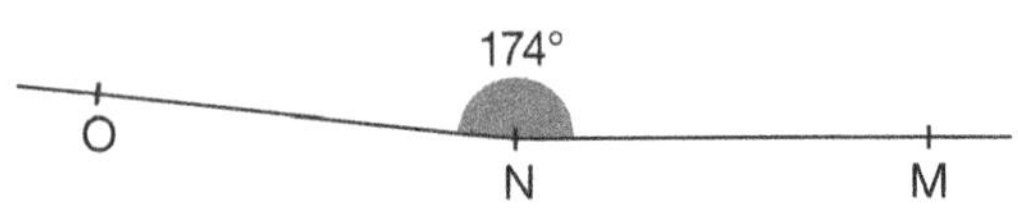

Je m'entraîne

Mesurer un angle

33 Mathis a raison. Mais il est nécessaire de mesurer avec le rapporteur, on ne peut pas savoir lequel est le plus grand à vue d'œil.
$\widehat{BAC} = 38°$ et $\widehat{DFE} = 34°$.
L'angle $\widehat{BAC}$ est plus grand que l'angle $\widehat{DFE}$.

34

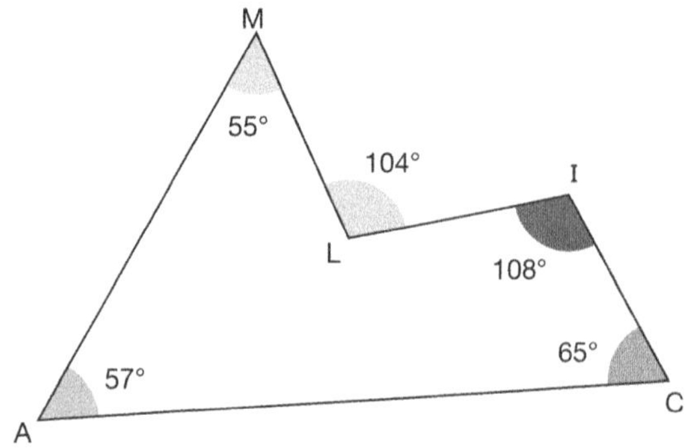

35 **a.** $\widehat{BAE} = 135°$, $\widehat{AED} = 158°$, $\widehat{EDC} = 55°$, $\widehat{DCB} = 135°$ et $\widehat{CBA} = 55°$.
b. Deux angles superposables : $\widehat{EDC}$ et $\widehat{CBA}$ ou $\widehat{BAE}$ et $\widehat{DCB}$.

36 $\widehat{TRU} = 66°$, $\widehat{SVT} = 34°$, $\widehat{UTV} = 22°$ et $\widehat{TSU} = 79°$.

37 **a.** $62° + 28° = 90°$. Ainsi, l'angle devrait être droit, ce qui n'est pas le cas sur la figure.
b. $123° + 57° = 180°$. Ainsi, l'angle devrait être plat, ce qui n'est pas le cas sur la figure.

38 **a.** $180° - 38° = 142°$
L'angle $\widehat{xOy}$ mesure 142°.
b. $90° - 28° = 62°$
L'angle $\widehat{xOy}$ mesure 62°.
c. $132° - 90° = 42°$
L'angle $\widehat{xOy}$ mesure 42°.
d. $52° \times 2 = 104°$
$180° - 104° = 76°$
L'angle $\widehat{xOy}$ mesure 76°.

39 C'est Lionel qui voit la cage sous l'angle le plus grand.

40 D'après le schéma complété, le point I est le point d'impact.

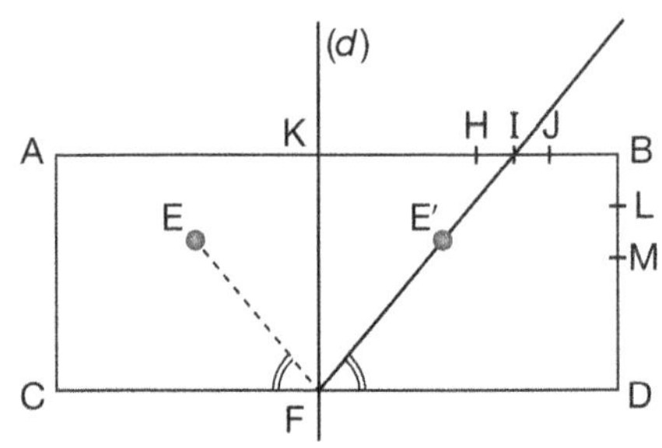

Deux méthodes :
– par symétrie axiale ;
– par mesure de l'angle puis tracé d'un angle de même mesure 48°.
On peut aussi utiliser un papier calque.

Construire un angle

41 **a.**

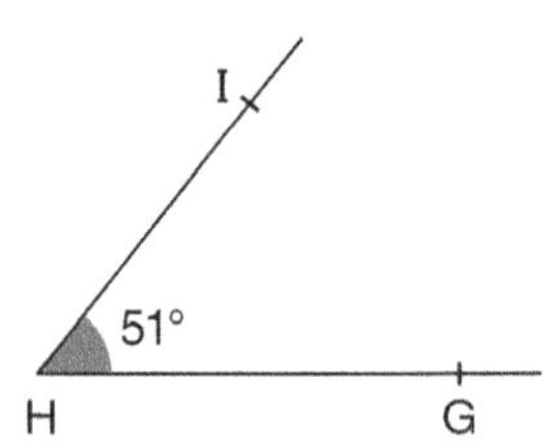

b. L'angle $\widehat{STU}$ mesure 102°.

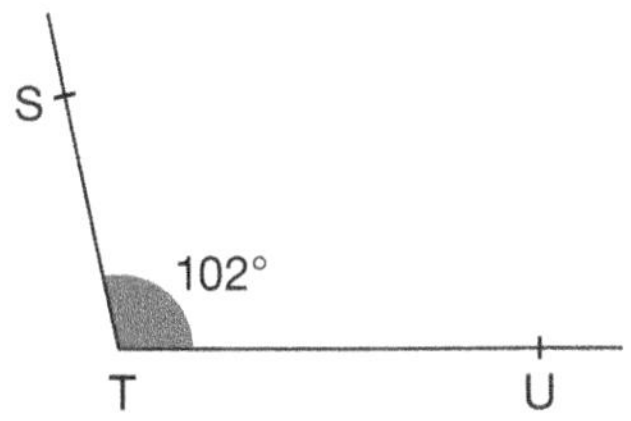

c. Célia se trompe. C'est vrai seulement si la mesure de l'angle aigu de départ est inférieure à 45°.

42 **a.**, **b.** et **c.**

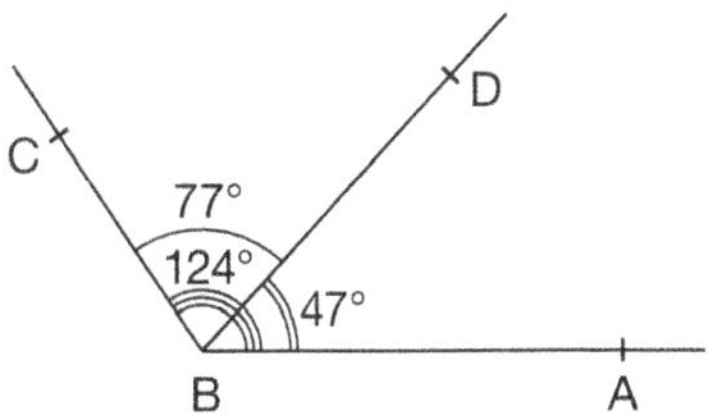

d. 124° – 47° = 77°. Ainsi, l'angle $\widehat{DBC}$ mesure 77°.

43 **a.**, **b.**, **c.** et **d.**
Échelle 1/2

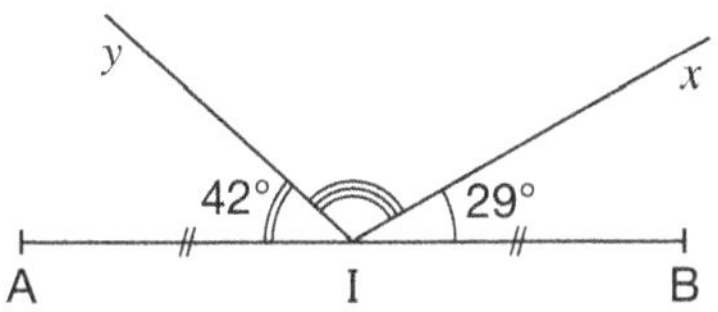

e. $\widehat{yIx} = 180° - (42° + 29°) = 180° - 71° = 109°$

44 On reproduit la figure avec du papier calque ou en traçant le segment [AB].
Pour cela on reporte avec le compas la longueur AB.
On prolonge les côtés après avoir tracé les angles de 58° et 71° avec le rapporteur.
On obtient l'angle de sommet C.

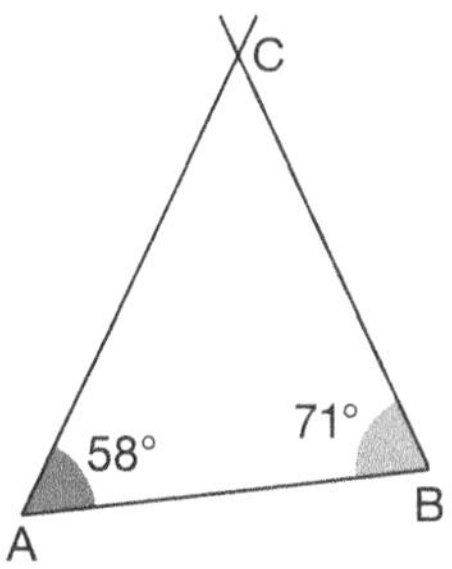

45 Voici un programme de construction possible.
- Tracer une droite (AB) et marquer un point O appartenant au segment [AB].
- Tracer la demi-droite [Oz) telle que $\widehat{AOz} = 40°$.
- Tracer la demi-droite [Ot) telle que $\widehat{tOz} = 90°$.
- Calculer la mesure de l'angle $\widehat{BOt}$ (180° – (40° + 90°) = 50°) et la diviser par 2 (on obtient 25°). Tracer la demi-droite [Ou) telle que $\widehat{tOu} = \widehat{BOu} = 25°$.

46 **b.** 40° + 78° + 60° = 178°
L'angle $\widehat{OMN}$ mesure 178°. Ce n'est pas un angle plat.
Donc les points O, M et N ne sont pas alignés.

47 Les réponses du Jeu dépendent des angles choisis par les joueurs.

Utiliser les angles

48 **c.** On vérifie à l'aide de l'équerre que l'angle $\widehat{BEC}$ est un angle droit.

49 **a.** et **b.**

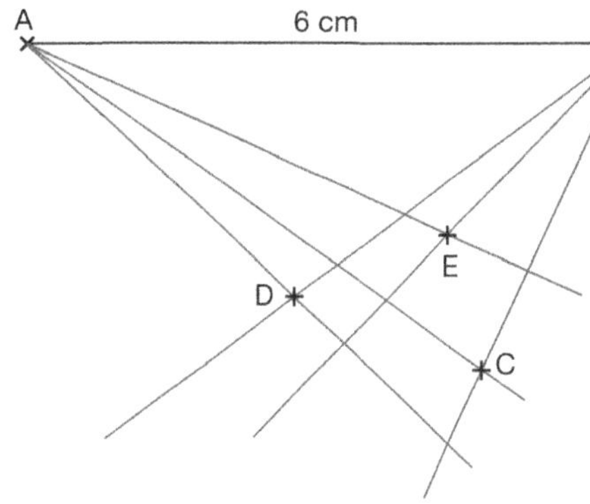

c. Le voilier E semble être en tête de la course

Parcours différenciés

Je m'évalue

50 **a.**	51 **b.**	52 **c.**	53 **c.**
54 **c.**	55 **c.**	56 **b.**	57 **a.**
58 **b.**	59 **c.**	60 **c.**	

Je réalise mon parcours

61 **PARCOURS 1**

a. Un angle obtus est plus grand qu'un angle droit et un angle aigu est plus petit qu'un angle droit.
b. L'affirmation **(2)** est fausse. En effet, l'angle $\widehat{GCA}$ est plus grand qu'un angle droit qui est codé sur la figure.

PARCOURS 2

a. 180° – 56° = 124°
Ainsi, l'angle $\widehat{GBA}$ mesure 124°.
b. L'angle $\widehat{GBA}$ est partagé en quatre angles de même mesure.
On calcule 124° : 4 = 31°.
L'affirmation **(3)** est fausse.

PARCOURS 3

180° – 56° = 124°
Ainsi, l'angle $\widehat{GBA}$ mesure 124°.
L'angle $\widehat{GBA}$ est partagé en quatre angles de même mesure.
Chaque angle mesure 31° car 124° : 4 = 31°.
Comme l'angle $\widehat{GBI}$ correspond à trois de ces angles de 31°, sa mesure est donc 93°.
L'affirmation **(1)** est donc fausse.

62 PARCOURS 1

a. L'angle défini par les trois étoiles S, R, M a pour sommet l'étoile Rigel (R) et pour mesure 77°.

b. Échelle 1/3

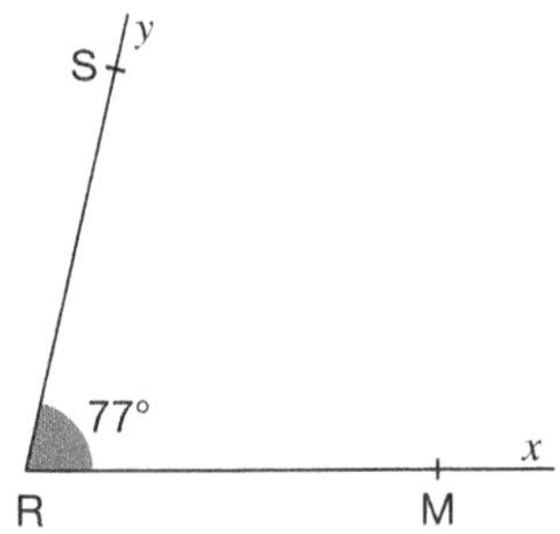

PARCOURS 2

Échelle 1/2

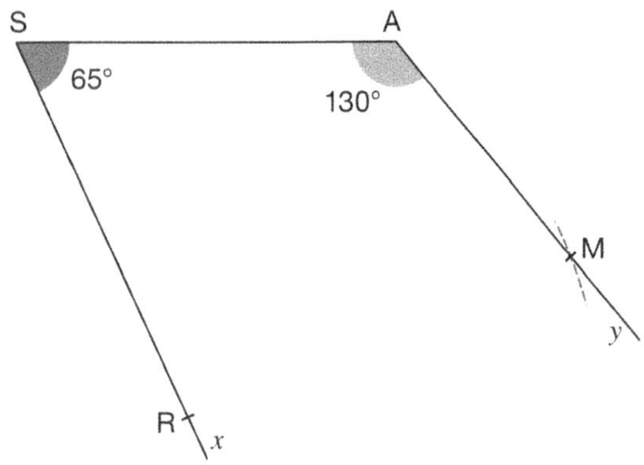

PARCOURS 3

Construction de la figure.

Je m'entraîne avec Scratch et GeoGebra

63 **1.** 180° – 120° = 60°. Ainsi, l'angle $\widehat{OSy}$ mesure 60°.

2. a.

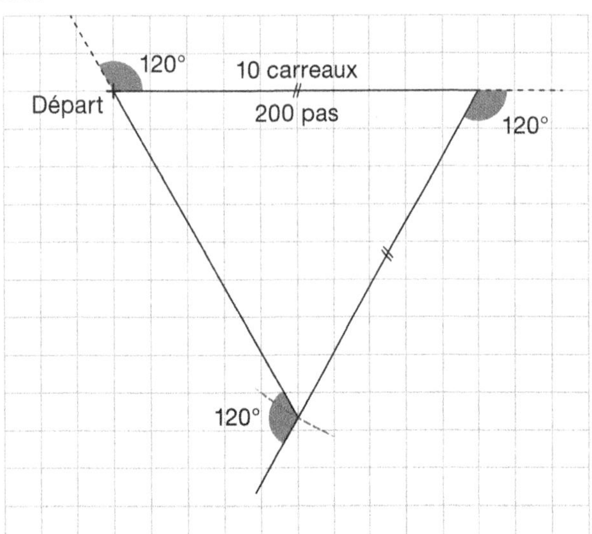

b. On vérifie que la figure décrite par le lutin correspond à celle de la question **2. a.**

3. a.

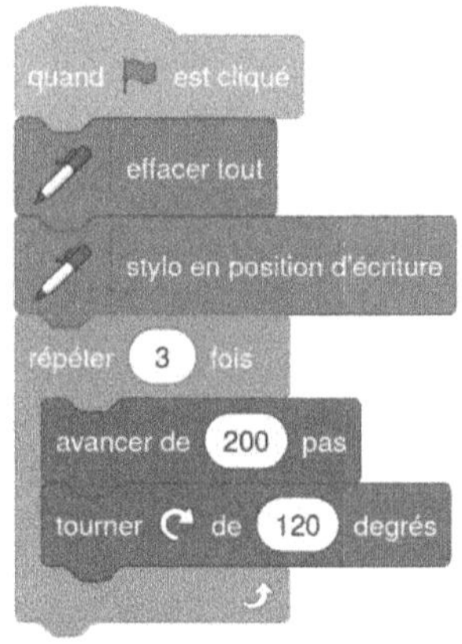

64 Voici une capture d'écran de la figure obtenue.

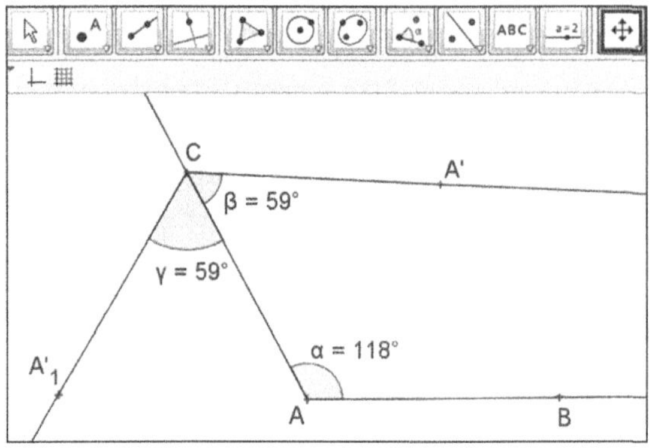

J'utilise mes compétences

65 **Traduction**

a. Découper deux angles tels que :

$$\widehat{xOy} = 30° \text{ et } \widehat{uIv} = 30°$$

b. Expliquer comment construire sans rapporteur un angle qui mesure :

• 100° • 40° • 30°

Réponse

a.

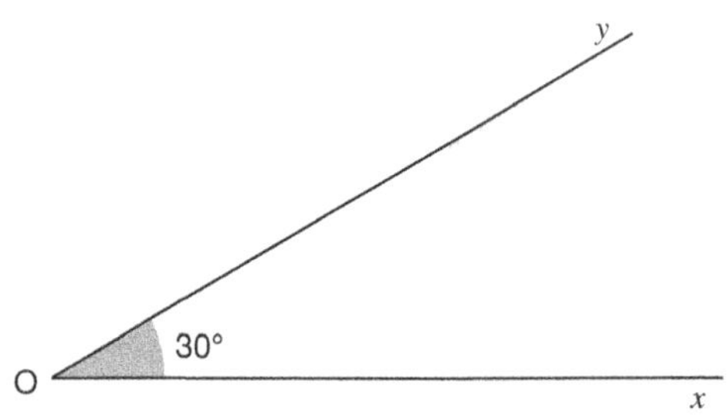

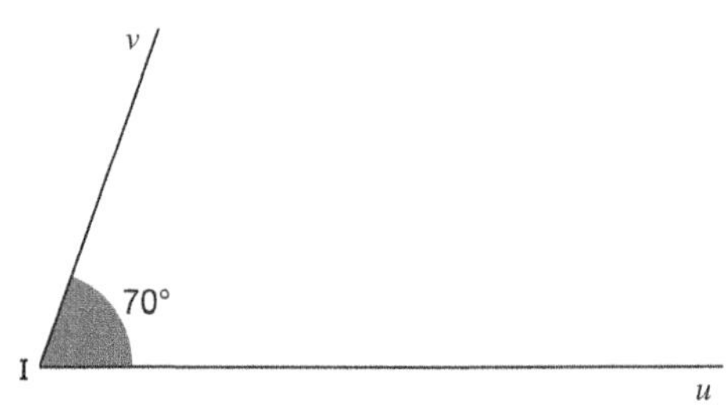

b. • Un angle de 100° :

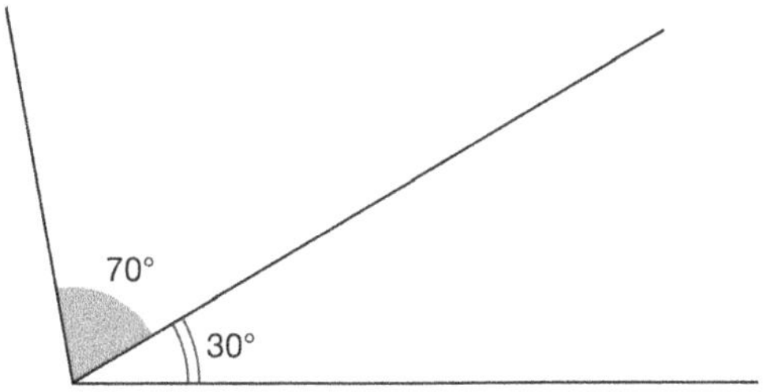

• Un angle de 40° : on remarque que 70° – 30° = 40°.
L'angle $\widehat{ACB}$ mesure 40°.

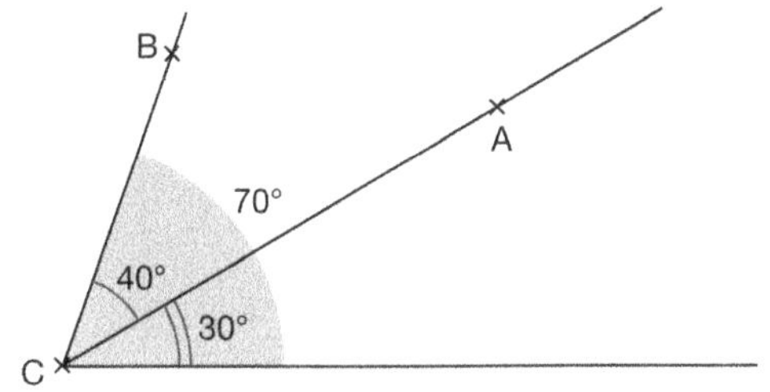

• Un angle de 130° : on remarque que
130° = 70° + 30° + 30° (ou 100° + 30°).

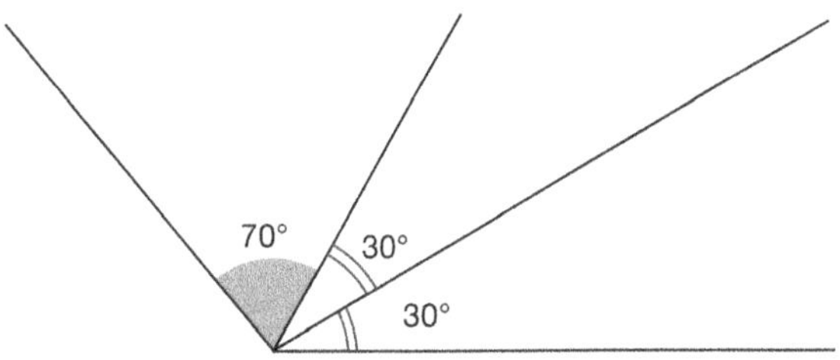

66 $\widehat{xAt} = 57° : 2 = 28,5°$ et $\widehat{tAy} = 90° - 28,5° = 61,5°$
Sofiane a correctement mesuré avec son rapporteur, il n'est pas possible de pouvoir donner une mesure au dixième de degré.
Malgré tout, la mesure exacte de cet angle est 61,5°, elle ne peut être obtenue que par le calcul.

67 **a.** D'après le codage, $\widehat{BAE} = 3 \times 30°$ soit 90°. C'est un angle droit.
b. Le point A appartient à la demi-droite [Dx).
Donc l'angle (DAx) est plat. Il mesure 180°.
180° – 60° = 120°
Donc, l'angle $\widehat{BAx}$ mesure 120°.

68

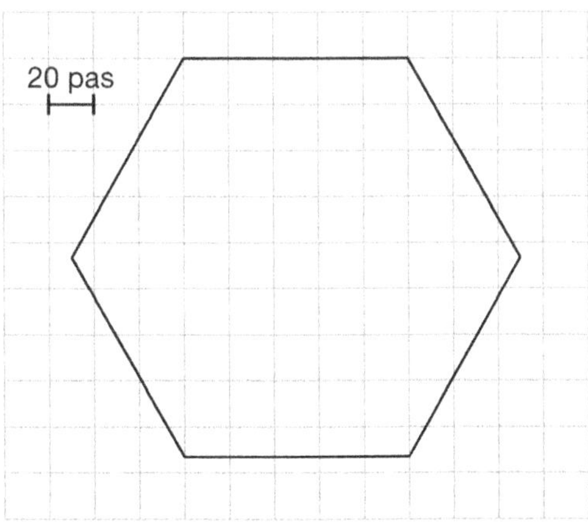

69 **a.**

Vitesse (en km/h)	**Angle de vision** (en °)
40	100
70	73
100	44
130	30

b.

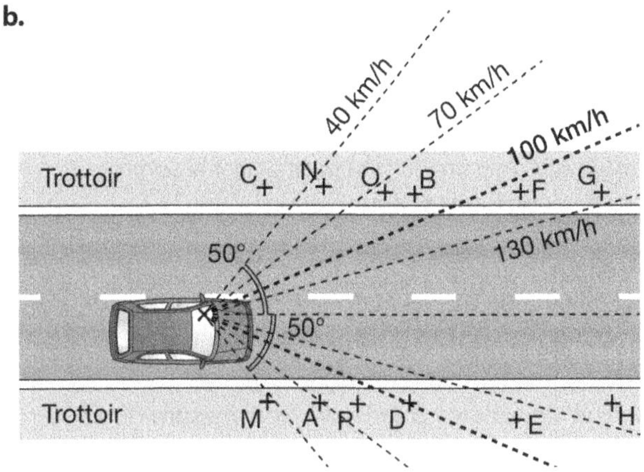

À 40 km/h, les personnes vues sont N, O, B, F, G et A, P, D, E, H.
À 70 km/h, les personnes vues sont O, B, F, G et A, P, D, E, H.
À 100 km/h, les personnes vues sont F, G et D, E, H.
À 130 km/h, on ne peut voir que H.
c. Plus on roule vite, plus le champ de vision du conducteur est petit / réduit / limité.
d. Les limitations de vitesse en ville sont importantes parce que plus la vitesse est élevée, moins le conducteur peut voir les personnes présentes sur le trottoir et qui risquent de traverser. Il faut ajouter à cela les distances de freinage qui sont plus importantes.

70 On peut tracer deux triangles ABC.

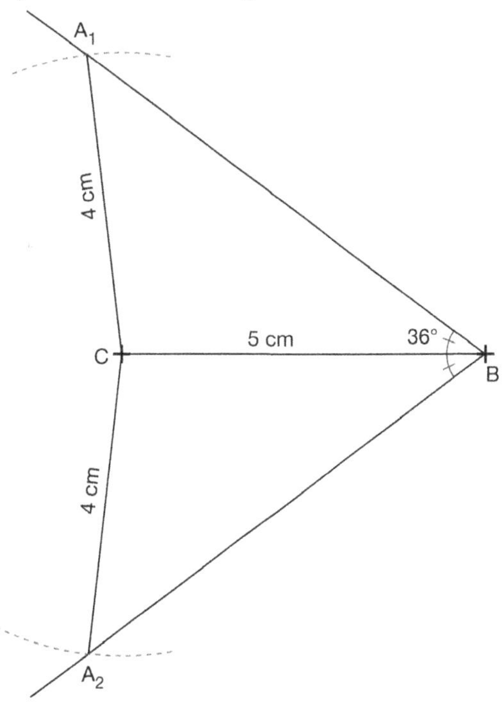

71 **a.** et **b.**

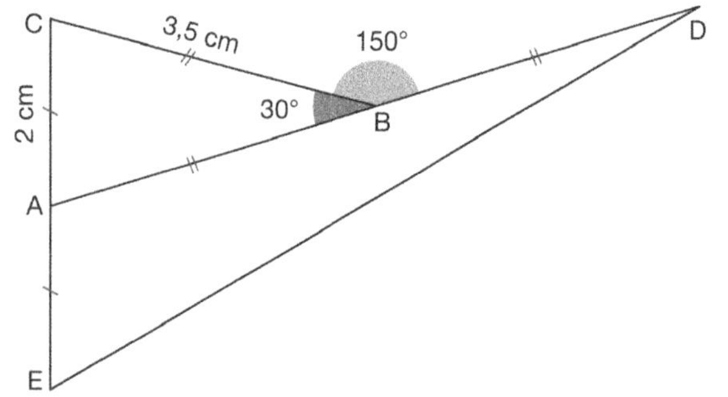

L'angle $\widehat{ABC}$ mesure 30°. On peut placer le sommet B.
Il y a deux possibilités pour A et C.
L'information « $\widehat{EAD}$ est un angle obtus » permet de placer le point A.
« La mesure de l'angle $\widehat{ADE}$ est inférieure à celle de $\widehat{ADE}$ » impose de placer E et D comme sur la figure ci-dessus.

72 **a.** L'angle $\widehat{EAB}$ est droit, donc $\widehat{EAB} = 90°$.
Chacun des angles coloriés en vert mesure donc 90° : 5, soit 18°.
b. Construction de la figure.
Voici un début de programme de construction possible.
- Tracer un angle droit de sommet A.
- Sur un côté de l'angle, marquer les points C, D et B tels que AC = 4 cm, CD = 4 cm et DB = 2 cm.
- Tracer des quarts de cercles de rayons respectifs AC, AD et AB.
- Tracer des demi-droites d'extrémité A et partageant l'angle droit en 5 angles de même mesure (18°).
- …

73 Construction de la figure.
- À partir du point central, construire 5 angles de mesure 72°.
- Sur les côtés de ces angles, marquer les points à 5 cm du point central.
- À partir des points ainsi marqués, tracer des angles de 32°.

74 On calcule 119° – 95° = 24°.
Deux angles jaunes mesurent 24°, donc un angle jaune mesure 12°.
On cherche combien d'angles de 12° il y a dans un angle de 95°.
On calcule $12 \times 7 = 84$ et $95 - 84 = 11$.
Il reste donc un petit angle de 11° à découper.

75 On mesure avec le rapporteur l'angle de cette part de tarte : 40°.
Un tour complet mesure 360°. La tarte contenait 9 parts car $9 \times 40° = 360°$.
Chaque part contient 17 fruits.
$9 \times 17 = 153$.
La tarte était composée de 153 fruits.

76 En choisissant une échelle (par exemple 1 cm pour 1 m), on trace la figure avec les instruments de géométrie.
On mesure sur la figure tracée les longueurs PC et CS : PC = 2,1 cm et CS = 5 cm.
La hauteur du sapin est donc 2,1 m + 5 m, soit 7,1 m.

77 La somme des cinq angles est 45°.
En effet, l'angle $\widehat{MPN}$ est superposable à l'angle tracé $\widehat{ITO}$
De même, l'angle $\widehat{MQN}$ est superposable à l'angle tracé $\widehat{HTI}$ et ainsi de suite.
Les cinq angles collés les uns contre les autres sont superposables à l'angle $\widehat{MTO}$ qui est la moitié d'un angle droit, il mesure donc 45°.

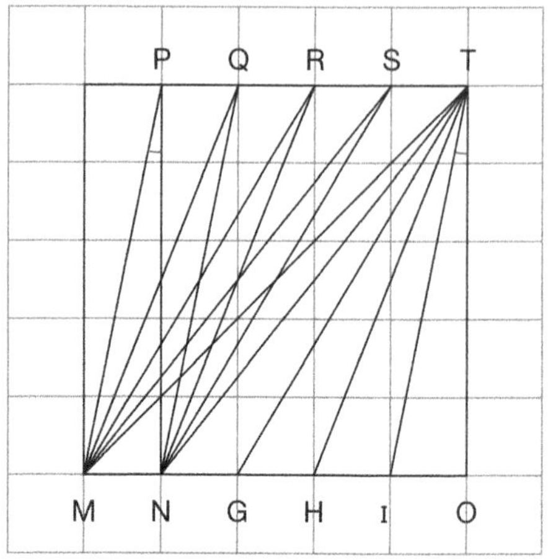

78 Pour tracer cet angle $\widehat{BAC}$ sans le rapporteur, on trace le segment [AC] en reportant la longueur AC.
On écarte le compas de la longueur BC pour tracer un arc de cercle de centre C et de rayon BC.
On écarte le compas de la longueur AB pour tracer un arc de cercle de centre A et de rayon AB.
Ainsi, on obtient le point B intersection des deux arcs de cercle.
Il suffit ensuite de tracer l'angle $\widehat{BAC}$.

Je prends des initiatives

79 Trois caméras (C_1, C_2 et C_3) peuvent être disposées comme indiqué ci-dessous.

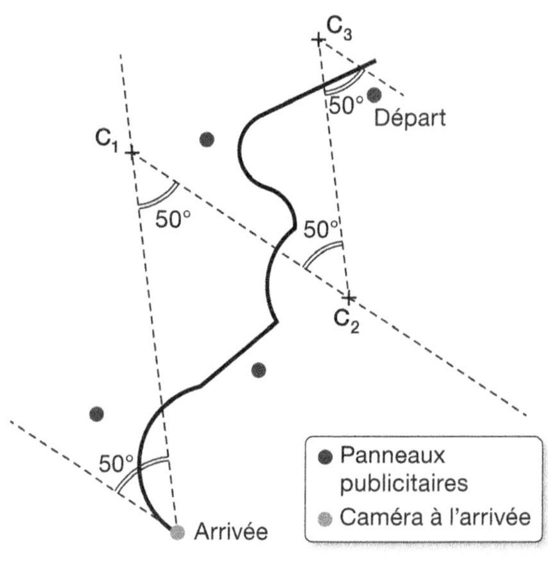

80 Un script possible pour le domino :

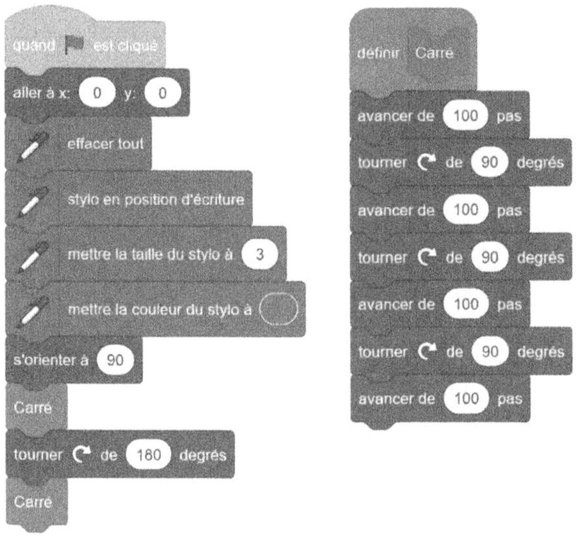

Un script possible pour le cerf-volant :

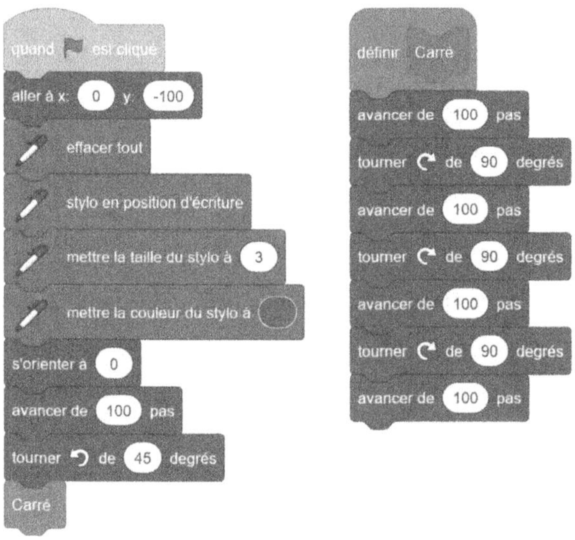

Un script possible pour le double carré :

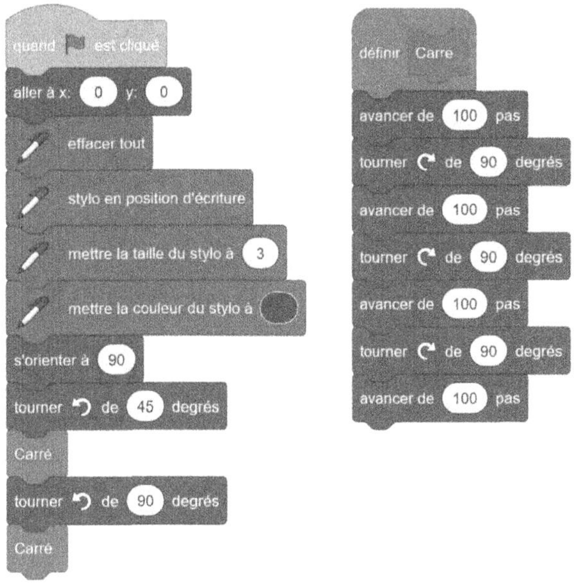

CHAPITRE 10

Calculer des longueurs, des aires, des durées

INTENTIONS PÉDAGOGIQUES

❶ Les Repères des cycles 2 et 3

• Au CM1, les élèves comparent des périmètres sans avoir recours à la mesure, mesurent des périmètres par report d'unités et de fractions d'unités, ou par report des longueurs des côtés sur un segment de droite avec le compas. Ils consolident la lecture de l'heure et l'utilisation des unités de mesure des durées et de leurs relations ; des conversions peuvent être nécessaires (siècle/années ; semaine/jours ; heure/minutes ; minute/secondes). Ils les réinvestissent dans la résolution de problèmes de deux types : calcul d'une durée connaissant deux instants et calcul d'un instant connaissant un instant et une durée.
Ils comparent des surfaces selon leur aire par estimation visuelle, par superposition ou découpage et recollement. Ils estiment des aires, ou les déterminent, en faisant appel à une aire de référence. Le lien est fait chaque fois que possible avec le travail sur les fractions.

• Au CM2, ils établissent les formules du périmètre du carré et du rectangle. Ils les utilisent tout en continuant à calculer des périmètres de polygones variés en additionnant les longueurs de leurs côtés.
Ils poursuivent le travail d'appropriation des relations entre les unités de mesure des durées. Des conversions nécessitant l'interprétation d'un reste peuvent être demandées (transformer des heures en jours, avec un reste en heures ou des secondes en minutes, avec un reste en secondes).
En ce qui concerne les aires, l'utilisation d'une unité de référence est systématique. Cette unité peut être une maille d'un réseau quadrillé adapté, le cm^2, le dm^2 ou le m^2. Les élèves apprennent à utiliser les formules d'aire du carré, du rectangle et du triangle rectangle.

• En 6e, selon l'avancement du thème « Nombres et calculs », les élèves réinvestissent leurs acquis de CM pour calculer des périmètres simples ou complexes. Ils apprennent la formule de la longueur d'un cercle et l'utilisent après consolidation du produit d'un entier par un décimal, dans un premier temps, puis du produit de deux décimaux.
Selon les situations, les élèves utilisent leurs acquis de CM sur les durées. Des conversions nécessitant deux étapes de traitement peuvent être demandées (transformer des heures en semaines, jours et heures ; transformer des secondes en heures, minutes et secondes).
En relation avec le travail sur la quatrième décimale, les élèves utilisent les multiples et sous-multiples du m^2 et les relations entre eux. Ils utilisent la formule pour calculer l'aire d'un triangle quelconque lorsque les données sont exprimées avec des nombres entiers. Après avoir consolidé le produit de décimaux, ils utilisent les formules pour calculer l'aire d'un triangle quelconque et celle d'un disque.

❷ Je découvre

Activité 1

La question **a** de cette activité a pour objectif de faire vérifier un résultat en utilisant la formule de la longueur d'un cercle défini par son diamètre. On introduit la touche « π » de la calculatrice pour cette vérification.
La question **b** permet de réinvestir le périmètre d'un rectangle.

Activité 2

Dans cette activité, on réactive à la question **1** l'aire d'un triangle rectangle vue au CM.
À la question **2**, on fait le lien avec la formule de l'aire d'un triangle quelconque.
À la question **3**, on donne la formule de l'aire d'un disque de rayon donné et on demande de l'appliquer pour vérifier l'exactitude ou non d'une affirmation.

Activité 3

Cette activité permet de réactiver ce que les élèves ont vu au CM concernant les unités de mesure des durées :
- la conversion de durées en h et min ;
- le calcul d'une durée connaissant deux instants.

❸ Cours - J'applique le cours

Cours

• Au paragraphe 1, on rappelle tout d'abord les unités de longueurs avec quelques exemples. La définition du périmètre d'une figure est donnée, puis on donne les formules pour le rectangle et le carré. Enfin, on donne la formule de la longueur (ou périmètre) d'un cercle connaissant son diamètre ou son rayon.

• Au paragraphe 2, la définition de l'aire d'une figure est donnée. On rappelle ensuite les unités d'aire usuelles. Les formules des aires de polygones particuliers (rectangle, carré, triangle rectangle, triangle) sont données. Enfin la formule de l'aire d'un disque est donnée avec la notation r^2.

• Au paragraphe 3, on définit la notion de durée et on rappelle les unités de durée, l'ensemble étant illustré d'exemples. Les calculs d'horaires (final et initial) sont donnés à partir d'exemples.

J'applique le cours

Exercice résolu 1
Cet exercice illustre le calcul du périmètre d'une figure composée d'un carré et d'un rectangle. Il ne s'agit pas d'une simple application des formules. L'élève est amené à réfléchir sur la démarche permettant de déterminer ce périmètre.

Exercice résolu 4
On part d'une situation concrète pour déterminer une valeur approchée de la longueur d'un cercle. On utilise ainsi la calculatrice.

Exercice résolu 7
Cet exercice illustre le calcul de l'aire d'une façade. La difficulté est la modélisation géométrique de la façade en une figure composée d'un triangle non rectangle et d'un rectangle.
L'élève doit reconnaître une hauteur du triangle relative à un côté.

Exercice résolu 10
Cet exercice illustre le calcul de l'aire d'un disque à partir de son diamètre. On demande le résultat dans une autre unité que celle de départ.

Exercice résolu 13
Cet exercice illustre le calcul d'une l'heure d'arrivée, avec conversion de minutes en heures.

Exercice résolu 16
Cet exercice illustre le calcul de la durée entre deux horaires. L'élève est amené à schématiser le temps sur une échelle.

4 Compléments

Calculer

Le calcul du périmètre ou de l'aire d'un disque nécessite l'utilisation de la calculatrice.
Conformément au programme, l'élève doit être capable de l'utiliser pour trouver ou vérifier un résultat, contrôler la vraisemblance de ses résultats.
De même, l'élève doit s'approprier le calcul avec des nombres décimaux et des fractions simples de manière exacte ou approchée, en utilisant des stratégies ou des techniques appropriées (mentalement, en ligne, ou en posant les opérations). Les questions flash sur les périmètres et aires illustrent ce dernier point. Par exemple, les exercices **31**, **32**, **42** et **43** nécessitent l'utilisation de la calculatrice.

Utiliser un logiciel de géométrie

Conformément au programme, l'exercice **84** permet à l'élève de s'engager dans une démarche, d'observer, de questionner, de manipuler, d'expérimenter, d'émettre des hypothèses, en mobilisant des outils ou des procédures mathématiques déjà rencontrées, en élaborant un raisonnement adapté à une situation nouvelle.

CORRIGÉS

Bien démarrer

1 **a.**, **b.** et **c.** **2** **b.** **3** **b.** et **c.**
4 **b.** et **c.** **5** **b.**

Je découvre

Activité 1

a. À la calculatrice, on obtient pour valeur approchée au centième près de (π) × 318,3 la valeur 999,96, ce qui donne, avec une précision de 0,1 mm, la valeur 1 000 mm, soit 1 m.
b. 2 × (105 m + 68 m) = 346 m
Le compteur affichera 346 m.

Activité 2

1 L'aire du rectangle ABCD est 3,6 m × 6,3 m, c'est-à-dire 22,68 m².
L'aire du triangle ABC est donc $\frac{1}{2} \times 22{,}68$ m², c'est-à-dire 11,34 m².
L'aire du parterre ❶ est donc 11,34 m².

2 **a.** L'aire du parterre ❷ est égale à la moitié de celle du rectangle IGFJ, c'est-à-dire 11,34 m².
b. (IG × EH) : 2 = (6,3 m × 3,6 m) : 2 = 11,34 m²
On retrouve l'aire du parterre ❷.

3 $\mathcal{A} = \pi \times 1{,}9^2$ m² et $\mathcal{A} \approx 11{,}34$ m².
L'affirmation de Léna est exacte.

Activité 3

a. • 1 h 15 min + 49 min = 1 h 64 min = 2 h 04 min
La durée de la séance du matin est 2 h 04 min.
• 55 min + 35 min = 90 min = 1 h 30 min
La durée de la séance de l'après-midi est 1 h 30 min.
b. 2 h 04 min + 1 h 30 min = 3 h 34 min
La durée totale de ces deux séances est 3 h 34 min.
c.

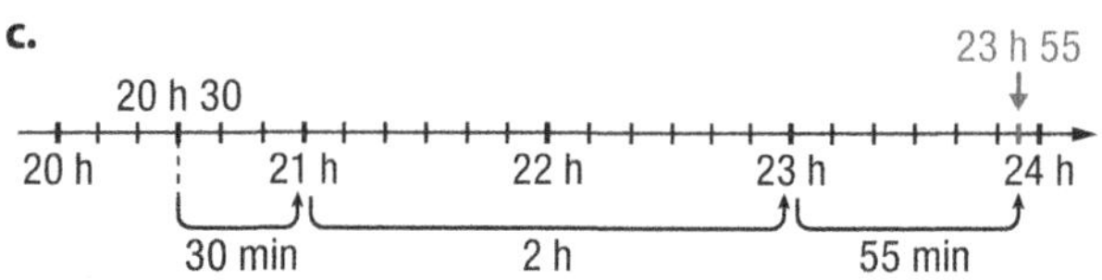

La durée de la séance du soir est :
30 min+ 2 h + 55 min = 2 h + 60 min + 25 min = 3 h 25 min.
La séance du soir a duré 3 h 25 min.

J'applique le cours

(2) • Longueur du rectangle :
12,7 m + 2 × 6,4 m = 12,7 m + 12,8 m = 25,5 m
• Périmètre de cette maison :
25,5m + 4 × 6,4 m + 3 × 12,7 m,
c'est-à-dire 25,5 m + 25,6 m + 38,1 m, soit 89,2 m.
Le périmètre de cette maison est 89,2 m.

(3) • 280 m + 100 m + 100 m + 200 m + 180 m + 300 m = 1 160 m
• 2 × 1 160 m = 2 320 m
Jérôme a parcouru 2 320 m.

(5) La longueur de ce cercle est : L = π × 18,3 m.
À l'aide de la calculatrice, on obtient L ≈ 57,5 m.
La longueur de ce cercle est environ 57,5 m.

(6) La longueur de ce cercle est : L = 2 × π × 7 cm = π × 14 cm.
À l'aide de la calculatrice, on détermine une valeur approchée à l'unité près : L ≈ 44 cm.

(8) Aire du rectangle :
30 cm × 60 cm = 1 800 cm^2
Aire du triangle :
(60 cm × 10 cm) : 2 = 600 cm^2 : 2 = 300 cm^2
Aire de la planche en bois :
1 800 cm^2 – 300 cm^2 = 1 500 cm^2
L'aire de la planche en bois est 1 500 cm^2.

(9) • Aire du triangle bleu : (3 m × 2 m) : 2 = 6 m^2 : 2 = 3 m^2
• Aire du triangle vert : (6 m × 1 m) : 2 = 6 m^2 : 2 = 3 m^2
• Aire du triangle rose : (2 m × 4 m) : 2 = 8 m^2 : 2 = 4 m^2
• Aire du rectangle : 3 m × 6 m = 18 m^2
• Aire du triangle blanc : 18 m^2 – 3 m^2 – 3 m^2 – 4 m^2 = 8 m^2

(11) Rayon de la pièce : 25,8 mm : 2 = 12,9 mm
Aire de la pièce : $\mathcal{A} = \pi \times 12{,}9^2$ mm^2
À l'aide de la calculatrice, on obtient $\mathcal{A} \approx 523$ mm^2.
L'aire d'une pièce de 2 € est environ 523 mm^2.

(12) Le dessus de cette canette est un disque de diamètre 58 mm, c'est-à-dire de rayon 29 mm.
Donc son aire est :
$\mathcal{A} = \pi \times 29$ mm × 29 mm
$= \pi \times 841$ mm^2.

DEG
π×841
2642,079422

À l'aide de la calculatrice,
on obtient $\mathcal{A} \approx 2642$ mm^2.

(14) Durée du trajet :
1 h 35 min + 2 h 14 min = 3 h 49 min
Heure d'arrivée :
9 h 40 min + 3 h 49 min = 12 h 89 min = 13 h 29 min
Aristide arrive à 13 h 29.

(15) • La durée du spectacle est :
1 h 35 min + 45 min = 1 h 80 min = 2 h 20 min
• 19 h 10 min + 2 h 20 min = 21 h 30 min
Le spectacle se termine à 21 h 30.

(17) • Du 28 novembre 2004 à 8 h 10 min 44 s au 7 février 2005 à 8 h 10 min 44 s, il y a 71 jours.
• Durée entre le 7 février 2005 à 8 h 10 min 44 s et le 7 février 2005 à 22 h 29 min 17 s :

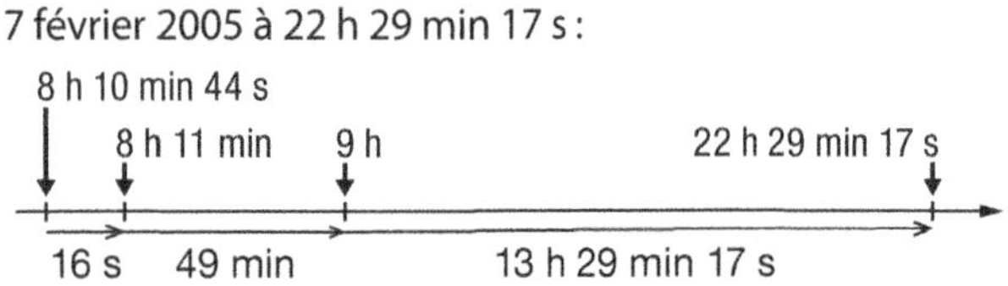

16 s + 49 min + 13 h 29 min 17 s = 14 h 18 min 33 s
• La durée du tour du monde de Ellen MacArthur est 71 jours 14 h 18 min 33 s.

(18) Du 23 avril 2021 à 11 h 49 au 8 novembre 2021 à 11 h 49, il y a 199 jours.

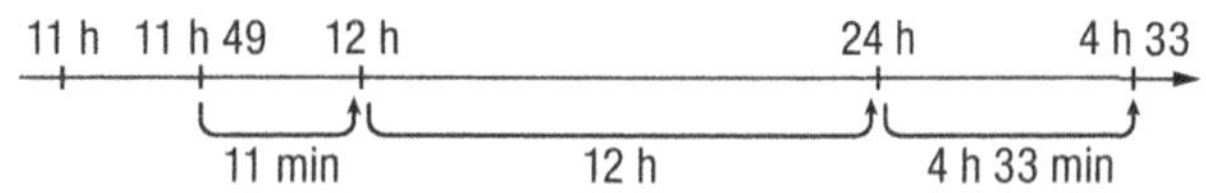

Du 8 novembre 2021 à 11 h 49 au 9 novembre 2021 à 4 h 33, il y a 11 min + 12 h + 4 h 33 min c'est-à-dire 16 h 44 min.
La durée de son séjour dans l'espace est donc 199 jours 16 h 44 min.

Je travaille mes automatismes

Utiliser des longueurs

(19) **a.** 4 215 m **b.** 6,79 m **c.** 310 m

(20) 4 × 400 m = 1 600 m = 1,6 km
La longueur de 4 tours de piste est 1,6 km.

(21) **a.** 4 dm = 40 cm **b.** 5,2 dam = 5 200 cm
c. 7,2 mm = 0,72 cm **d.** 0,045 m = 4,5 cm

(22) **a.** 2,5 cm = **25** mm **b.** 1,25 dm = **0,125** m
c. 820 cm = **8,20** m **d.** 34 dam = **0,34** km

(23) **a.** Un ouistiti mesure 150 mm, c'est-à-dire **15** cm.
b. La largeur d'un but de football est 7,32 m, c'est-à-dire **732** cm.
c. La Tour Eiffel est haute de 0,34 km, c'est-à-dire **340** m.
d. Un anaconda est long de 70 dm, c'est-à-dire **700** cm.

(24) **a.** 43 cm + 34 m = 43 cm + 3 400 cm = 3 443 cm
b. 2,3 km + 700 m = 2 300 m + 700 m = 3 000 m
c. 34 mm + 34 cm = 34 mm + 340 mm = 374 mm
d. 1 dam + 500 m = 1 dam + 50 dam = 51 dam

(25) 20 hm + 600 m + 2 × 600 m = 2 km + 1 800 m
= 2 km + 1,8 km = 3,8 km
La longueur du circuit est 3,8 km.

Calculer des périmètres

(26) **a.** 4 × 6,4 cm = 25,6 cm
b. 2 × (3,2 cm + 5,3 cm) = 2 × 8,5 cm = 17 cm
c. 3 × 21 mm = 63 mm

(27) **a.** 3,14 × 2 × 2 cm = 12,56 cm
b. 3,14 × 20 mm = 62,8 mm
c. 3,14 × 2 × 5 m = 31,4 mm

(28) Le contour de la surface coloriée en orange est constitué de 26 côtés de longueur 3 cm chacun, donc son périmètre est 26 × 3 cm, c'est-à-dire 78 cm.

(29) Le périmètre du triangle est 12 cm + 20 cm + 16 cm, c'est-à-dire 48 cm.
La longueur du côté du carré est quatre fois plus petite que le périmètre, donc elle vaut 48 cm : 4, soit 12 cm.

30 **a.** Le périmètre du potager est :
$4,5 \text{ m} + 2 \times (7 \text{ m} + 6 \text{ m}) + 9,5 \text{ m} = 40 \text{ m}$.
b. 1 m de clôture coûte 8,30 €, donc 40 m de clôture coûtent :
$40 \times 8,30$ €, c'est-à-dire 332 €.

31 $L = 2 \times \pi \times 384\,000 \text{ km} = \pi \times 768\,000 \text{ km}$
À l'aide de la calculatrice, on obtient $L \approx 2\,412\,743$ km.
La longueur du trajet de la Lune lors d'un tour complet autour de la Terre est environ 2 412 743 km.

32 Le cercle intérieur a pour longueur $\pi \times 64 \text{ m} \approx 201,06 \text{ m}$.
Le cercle extérieur a pour longueur $\pi \times 2 \times 66 \text{ m} \approx 414,69 \text{ m}$.

33 **1. a.** Le périmètre d'un disque de diamètre 4 cm est $\pi \times 4$ cm, donc le périmètre d'un demi-disque de diamètre 4 cm est $\pi \times 4 \text{ cm} : 2$, c'est-à-dire $\pi \times 2$ cm, soit environ 6,3 cm.
Le périmètre de la figure rouge est donc environ égal à $6,3 \text{ cm} + 4 \text{ cm} = 10,3 \text{ cm}$.
b. Le périmètre d'un disque de rayon 2 cm est $\pi \times 2 \times 2$ cm, c'est-à-dire $\pi \times 4$ cm.
Le périmètre d'un quart de disque de rayon 2 cm est donc $\pi \times 4 \text{ cm} : 4$, c'est-à-dire π cm, soit environ 3,1 cm.
Le périmètre de la figure rouge est donc environ égal à $3,1 \text{ cm} + 2 \text{ cm} + 2 \text{ cm} = 7,1 \text{ cm}$.
2. $10,3 \text{ cm} : 2 = 5,15$ cm, donc Iron se trompe.

Calculer des aires

34 $6 \text{ mm} \times 6 \text{ mm} = 36 \text{ mm}^2$
La longueur du côté du carré est donc 6 mm.

35 **a.** $AB \times AC = 5 \text{ cm} \times 3 \text{ cm} = 15 \text{ cm}^2$
L'aire du triangle ABC est donc $15 \text{ cm}^2 : 2$, c'est-à-dire $7,5 \text{ cm}^2$.
b. $MN \times PH = 8 \text{ cm} \times 4 \text{ cm} = 32 \text{ cm}^2$
L'aire du triangle MNP est donc $32 \text{ cm}^2 : 2$, c'est-à-dire 16 cm^2.

36 L'aire du disque correspond à l'expression **(2)**.

37 **a.** $5 \text{ m}^2 = \mathbf{500} \text{ dm}^2$ **b.** $3,2 \text{ m}^2 = \mathbf{320} \text{ dm}^2$
c. $5,42 \text{ m}^2 = \mathbf{54\,200} \text{ cm}^2$ **d.** $3 \text{ ha} = \mathbf{30\,000} \text{ m}^2$

38 **a.** $2 \text{ cm}^2 = \mathbf{0,000\,2} \text{ m}^2$ **b.** $4,1 \text{ dm}^2 = \mathbf{0,041} \text{ m}^2$
c. $5,4 \text{ m}^2 = \mathbf{0,000\,54} \text{ hm}^2$ **d.** $75 \text{ mm}^2 = \mathbf{0,75} \text{ cm}^2$

39 **a.** La superficie de la Corse est $8\,700 \text{ km}^2$.
b. L'aire d'une salle de classe est 50 m^2.
c. L'aire d'une pièce de 1 € est 4 cm^2.

40 **a.** $(3 \text{ cm} \times 2 \text{ cm}) : 2 = 3 \text{ cm}^2$
b. $(1,6 \text{ cm} \times 2,9 \text{ cm}) : 2 = 2,32 \text{ cm}^2$

41 • Une hauteur du triangle ABC a pour longueur 4,8 cm, elle est relative au côté de mesure 10 cm, donc l'aire du triangle ABC est $(4,8 \text{ cm} \times 10 \text{ cm}) : 2$, c'est-à-dire 24 cm^2.
• Une autre hauteur du triangle ABC rectangle en C a pour longueur 6 cm, elle est relative au côté de mesure 8 cm, donc l'aire du triangle ABC est $(6 \text{ cm} \times 8 \text{ cm}) : 2$, c'est-à-dire 24 cm^2.

42 $\pi \times 7^2 \text{ cm}^2 = 49\,\pi \text{ cm}^2 \approx 154 \text{ cm}^2$
Une valeur approchée à l'unité près de l'aire d'un disque de rayon 7 cm est donc 154 cm^2.

43 Le rayon de cette piscine est $3,05 \text{ m} : 2 = 1,525 \text{ m}$.
L'aire de sa superficie est $\pi \times (1,525 \text{ m})^2 \approx 7,31 \text{ m}^2$

Calculer des durées

44 **a.** De 15 h 10 à 16 h 10, il y a 1 h.
De 16 h 10 à 16 h 20, il y a 10 min.
Ainsi, de 15 h 10 à 16 h 20, il y a 1 h 10 min.
b. De 12 h 50 à 13 h 00, il y a 10 min.
De 13 h 00 à 13 h 30, il y a 30 min.
Ainsi, de 12 h 50 à 13 h 30, il y a 40 min.

45 **a.** Vrai, car 1 h = 60 min et 1 min = 60 s.
b. Vrai, car $7\,200 \text{ s} = 2 \times 3\,600 \text{ s} = 2$ h et 60 s = 1 min.
c. Vrai, car 1 semaine = 7 jours = $7 \times 24 \text{ h} = 168$ h.

46 **a.** Dans 5 min, il y a **300** s.
b. Dans 3 h, il y a **180** min.
c. Dans 2 jours, il y a **48** h.
d. Dans un siècle, il y a **1 200** mois.

47 **a.** $2 \text{ h } 16 \text{ min} = 2 \times 60 \text{ min} + 16 \text{ min} = 136 \text{ min}$
b. $3 \text{ h } 10 \text{ min} = 3 \times 60 \text{ min} + 10 \text{ min} = 190 \text{ min}$
c. $5 \text{ h } 4 \text{ min} = 5 \times 60 \text{ min} + 4 \text{ min} = 304 \text{ min}$

48 **a.** $6 \text{ min } 14 \text{ s} = 6 \times 60 \text{ s} + 14 \text{ s} = 374 \text{ s}$
b. $1 \text{ h } 30 \text{ min} = 3\,600 \text{ s} + 30 \times 60 \text{ s} = 5\,400 \text{ s}$
c. $2 \text{ h } 10 \text{ min } 15 \text{ s} = 2 \times 3\,600 \text{ s} + 10 \times 60 \text{ s} + 15 \text{ s} = 7\,815 \text{ s}$

49 **a.** $25 \times 24 = 600$
b. $609 \text{ h} = 25 \times 24 \text{ h} + 9 \text{ h} = 25 \text{ jours} + 9 \text{ h}$
$25 \text{ jours} + 9 \text{ h} = 3 \times 7 \text{ jours} + 4 \text{ jours} + 9 \text{ h}$
$= 3 \text{ semaines} + 4 \text{ jours} + 9 \text{ h}$

50 **a.** $145 \times 60 = 8\,700$
b. $8\,710 \text{ s} = 145 \times 60 \text{ s} + 10 \text{ s} = 145 \text{ min} + 10 \text{ s}$
$145 \text{ min} + 10 \text{ s} = 2 \times 60 \text{ min} + 25 \text{ min} + 10 \text{ s}$
$= 2 \text{ h} + 25 \text{ min} + 10 \text{ s}$

51 $2 \text{ min } 47 \text{ s} + 3 \text{ min } 58 \text{ s} = 5 \text{ min } 105 \text{ s}$
$= 5 \text{ min} + 60 \text{ s} + 45 \text{ s}$
$= 6 \text{ min} + 45 \text{ s}$
La durée de ces deux morceaux est 6 min 45 s.

Je m'entraîne

Calculer un périmètre

52 **a.** $2 \times (170 \text{ m} + 130 \text{ m}) = 2 \times 300 \text{ m} = 600 \text{ m}$
Le périmètre de la place est 600 m.
b. 42 km = 42 000 m
$42\,000 : 600 = 70$
Le joggeur devra effectuer 70 tours de la place.

53 $35,82 \text{ m} : (2 \times \pi) \approx 5,7 \text{ m}$
Une valeur approchée au dixième près du rayon du cercle est 5,7 m.

54 $4 \times 4,30 \text{ m} = 17,20 \text{ m}$
Une rangée de corde mesure 17,20 m, donc 4 rangées de cordes mesurent $4 \times 17,20$ m, c'est-à-dire 68,8 m.

55 Le périmètre du carré est 4×2 cm, c'est-à-dire 8 cm.
Le triangle a le même périmètre.
Le périmètre de la figure est : $2 \times 8 \text{ cm} - 2 \times 2 \text{ cm} = 12 \text{ cm}$.

56 **a.** Le périmètre des deux demi-cercles est :
$3,14 \times 50$ m = 157 m.
La longueur du rectangle est 150 m.
Ainsi, le périmètre de la surface est :
157 m + 2 × 150 m = 457 m.
b. 5 × 457 m = 2 285 m = 2,285 km
Le cycliste a parcouru 2,285 km.

57 Le périmètre est constitué de 20 côtés et 8 demi-côtés, soit 24 côtés.
Le périmètre de cette figure est donc 24 cm.

Calculer une aire

58 **a.** (AI) est une hauteur du triangle ABC qui mesure 4 cm et (AI) est relative au côté [BC] qui mesure 10,5 cm. L'aire du triangle ABC est donc (4 cm × 10,5 cm) : 2, c'est-à-dire 21 cm^2.
b. (CJ) est une hauteur du triangle ABC relative au côté [AB] qui mesure 6 cm. Ainsi l'aire du triangle ABC est, en cm^2, (6 × CJ) : 2, c'est-à-dire 3 × CJ.
On a en cm^2, 3 × CJ = 21, donc CJ = 21 : 3 = 7 cm.

59 Voici le script complété.

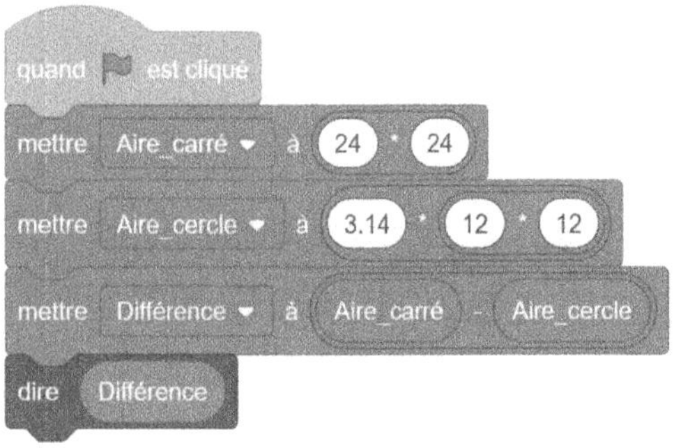

60 Le frisbee est assimilé à un disque de diamètre 25 cm, donc de rayon 12,5 cm. Son aire est $\pi \times (12,5 \text{ cm})^2$, c'est-à-dire $156,25 \times \pi \text{ cm}^2$.
Le disque intérieur a pour rayon 11 cm, donc son aire est $\pi \times (11 \text{ cm})^2 = 121 \times \pi \text{ cm}^2$.
L'aire de la partie grisée est :
$156,25 \times \pi \text{ cm}^2 - 121 \times \pi \text{ cm}^2 = 35,25 \times \pi \text{ cm}^2 \approx 110,74 \text{ cm}^2$.

61 Si on prend l'aire d'un petit carré comme unité d'aire, alors dans la figure :
– l'aire de la partie blanche est 4,5 ;
– l'aire de la partie verte est 3,5.
En choisissant la pièce **(2)**, l'aire de la partie verte est alors 4,5, donc égale à celle de la partie blanche.

Calculer des durées

62 La durée totale des parcours de ce skieur est :
1 min 15,7 s + 1 min 18,5 s = 2 min 34,2 s, soit 2 min 34 s 2.

63 **a.** De 10 min 52 s 57 à 11 min, il y a 7 s 43, donc l'écart de durée entre la première et la deuxième est :
7 s 43 + 0 s 50, c'est-à-dire 7 s 93.
b. L'écart de durée entre la première est la troisième est :
7 s 43 + 15 s 13, c'est-à-dire 22 s 56.

64 • Du 21 juin 5 h 31 min au 21 juin minuit, il y a 18 h 29 min.
• Du 21 juin minuit au 30 juin minuit, il y a 9 jours.
• Du 30 juin minuit au 31 août minuit, il y a 2 mois.
• Du 31 août minuit au 21 septembre minuit, il y a 21 jours.
• Du 21 septembre minuit au 22 septembre 21 h 21 min, il y a 21 h 21 min.
La durée de l'été 2021 est donc :
18 h 29 min + 9 jours + 2 mois + 21 jours + 21 h 21 min, c'est-à-dire 3 mois 39 h 50 min.

65 **a.** La durée d'ensoleillement de ce jour est 9 h 7 min. En effet, de 8 h 02 à 17 h 02, il y a 9 h et de 17 h 02 à 17 h 09, il y a 7 min, donc entre 8 h 02 et 17 h 09, il y a 9 h 7 min.
b. Le mois de novembre possède 30 jours. La ville de Paris perd en moyenne 2,7 min par jour, donc sur le mois de novembre, elle perd 30 × 2,7 min, c'est-à-dire 81 min, soit 1 h 21 min.

66 On remarque que 2 × 11 min – 1 × 7 min = 15 min.
Sam doit donc retourner simultanément les deux sabliers. Lorsque le sablier de 7 min est vide, il reste 4 min dans le sablier de 11 min. Lorsque ce dernier est vide, il s'est écoulé 4 min, donc il le retourne pour obtenir les 11 min manquantes.

Synthèse

Utiliser des mesures de grandeurs

67 **a.** L'aire du triangle ABC est (4,5 cm × 6 cm) : 2, c'est-à-dire 13,5 cm^2.
b. D est le milieu du segment [BC], donc BD = DC.
[AI] est une hauteur des triangles ABD et ACD, elle est relative respectivement aux côtés [BD] et [DC].
Les triangles ABD et ACD ont donc la même aire.
c. L'aire de chacun des triangles ABD et ACD est, en cm^2, la moitié de celle du triangle ABC, c'est-à-dire 13,5 cm^2 : 2, soit 6,75 cm^2.
d. L'aire du triangle ADC est, en cm^2, (AC × DE) : 2, c'est-à-dire 3 × DE.
3 × DE = 6,75, donc DE = 6,75 : 3 = 2,25 cm.

68 **a.** La longueur du côté du carré est le diamètre d'un petit cercle, c'est-à-dire le rayon du grand cercle, soit 8,4 cm : 2 = 4,2 cm.
b. L'aire du carré est 4,2 cm × 4,2 cm, c'est-à-dire 17,64 cm^2.
c. L'aire de la partie blanche, en cm^2, est la somme des aires de quatre demi-disques et de celle du carré, c'est-à-dire la somme de l'aire du carré et de l'aire de deux petits disques.
d. L'aire de la partie orange est la différence entre l'aire du grand disque et celle de la partie blanche.
e. • Aire de la partie blanche, en cm^2 :
$17,64 + 2 \times \pi \times 2,1^2 = 17,64 + 8,82 \times \pi$
• Aire du grand disque, en cm^2 : $\pi \times 4,2^2 = 17,64 \times \pi$
Donc l'aire de la partie rouge, en cm^2, est :
$17,64 \times \pi - (17,64 + 8,82 \times \pi)$, soit au dixième près 10,1 cm^2.

Parcours différenciés

Je m'évalue

(69) **c.** (70) **b.** (71) **c.** (72) **b.** (73) **b.** (74) **a.**
(75) **a.** (76) **b.** (77) **b.** (78) **a.** (79) **c.** (80) **c.**

Je réalise mon parcours

81 PARCOURS 1

a. Le périmètre du carré est **8** cm, donc le côté du carré a pour longueur **2** cm.
Ainsi, la longueur du quart de cercle bleu est :
(**2** × 3,14 × **2** cm) : **4**, soit **3,14** cm.
b. CE = 2 × CB = 2 × 2 cm = 4 cm
DF = DC + CF = 2 cm + 4 cm = 6 cm (car CF = CE)
AG = AD + DG = 2 cm + 6 cm = 8 cm (car DG = DF)
c. • La longueur du quart de cercle vert est :
(2 × 3,14 × 4 cm) : 4, soit 6,28 cm.
• La longueur du quart de cercle jaune est :
(2 × 3,14 × 6 cm) : 4, soit 9,42 cm.
• La longueur du quart de cercle rose est :
(2 × 3,14 × 8 cm) : 4, soit 12,56 cm.
Le périmètre de la figure est donc :
3,14 cm + 6,28 cm + 9,42 cm + 12,56 cm, c'est-à-dire 31,4 cm.

PARCOURS 2

L'aire, en cm^2, de la surface coloriée est la somme des aires des quatre quarts de disques.
• Le rayon du quart de disque bleu est CF : 2, c'est-à-dire 2 cm. Son aire, en cm^2, est (3,14 × 2^2) : 4 = 3,14.
• Le rayon du quart de disque vert est 4 cm. Son aire, en cm^2, est (3,14 × 4^2) : 4 = 12,56.
• Le rayon du quart de disque jaune est DC + CF, c'est-à-dire 6 cm. Son aire, en cm^2, est (3,14 × 6^2) : 4 = 28,26.
• Le rayon du quart de disque rose est DG + AD, c'est-à-dire 8 cm. Son aire, en cm^2, est (3,14 × 8^2) : 4 = 50,24.
L'aire, en cm^2, de la surface coloriée est :
3,14 + 12,56 + 28,26 + 50,24 = 94,2.

PARCOURS 3

Le périmètre du carré est 8 cm. En effet :
AB + BC + CD + DA = CE + CD + DA = DF + DA = AG = 8 cm.
La longueur du côté du carré est donc 8 cm : 4 = 2 cm.
• Le périmètre du quart de disque bleu est (2 × 3,14 × 2 cm) : 4 soit 3,14 cm. Son aire est (3,14 × 2^2 cm^2) : 4 = 3,14 cm^2.
• Le périmètre du quart de disque vert est (2 × 3,14 × 4 cm) : 4 soit 6,28 cm.
Son aire est (3,14 × 4^2 cm^2) : 4 = 12,56 cm^2.
• Le périmètre du quart de disque jaune est (2 × 3,14 × 6 cm) : 4 soit 9,42 cm.
Son aire est (3,14 × 6^2 cm^2) : 4 = 28,26 cm^2.
• Le périmètre du quart de disque rose est (2 × 3,14 × 8 cm) : 4 soit 12,56 cm.
Son aire est (3,14 × 8^2 cm^2) : 4 = 50,24 cm^2.
• Le périmètre de la surface coloriée est :
3,14 cm + 6,28 cm + 9,42 cm + 12,56 cm = 31,4 cm.
L'aire de la surface coloriée est :
3,14 cm^2 + 12,56 cm^2 + 28,26 cm^2 + 50,24 cm^2 = 94,2 cm^2.

82 PARCOURS 1

a.

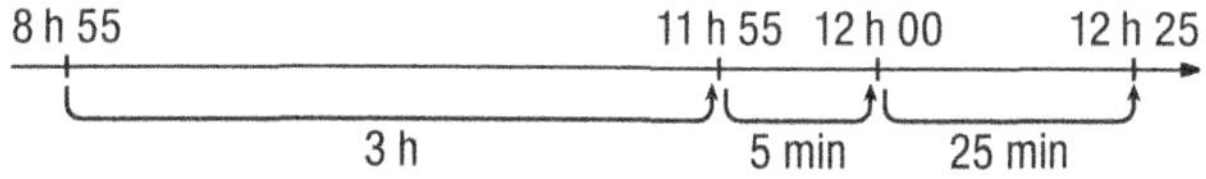

b. L'avion décolle à 12 h 25.
La durée du trajet est 1 h 15 min.
L'heure d'arrivée de Malika à Brest est 13 h 40.
En effet : 12 h 25 min + 1 h 15 min = 13 h 40 min.

PARCOURS 2

Le temps de pause est 12 min + 23 min, c'est-à-dire 35 min.
La durée du trajet est 5 h 36 min.
L'heure d'arrivée de Malika est 13 h 43.
En effet :

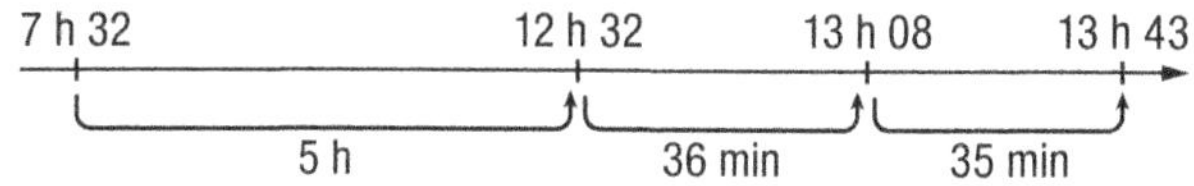

PARCOURS 3

• La durée du trajet en voiture est 5 h 36 min.
L'heure d'arrivée de Malika est 14 h 26.
En effet :

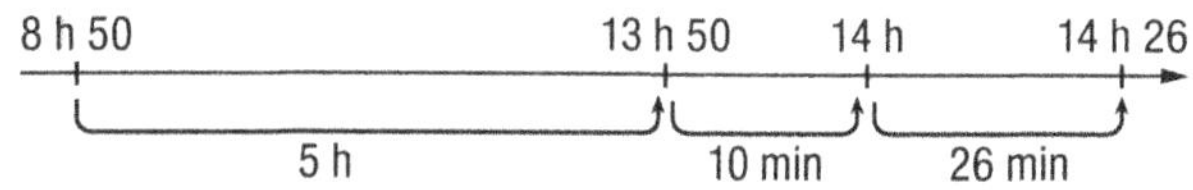

• La durée du trajet en avion est 1 h 15 min.
L'heure d'arrivée de Malika est 10 h 05.
En effet :

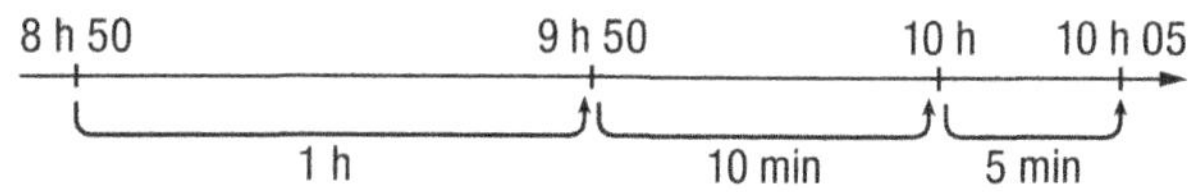

• La durée du trajet en métro et TGV est 4 h 17 min.
L'heure d'arrivée de Malika est 13 h 07.
En effet :

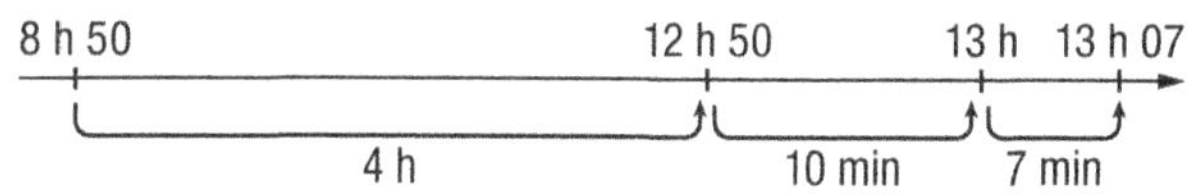

Je m'entraîne avec GeoGebra

83 **1. e.** Le périmètre s'exprime en cm et l'aire en cm^2.

84 **2. d.** L'aire du disque de rayon AC n'est pas proportionnelle au rayon, car lorsque le rayon double, son aire n'est pas doublée.
e. La longueur du cercle de rayon AC est proportionnelle au rayon, car on obtient un tableau de proportionnalité. Son coefficient est environ 3,14.

J'utilise mes compétences

85 Traduction

Une pizzeria fabrique deux sortes de pizzas. Une pizza carrée de côté 45 cm coûte 15 £ et une pizza circulaire de diamètre 50 cm coûte 16 £.
Quelle pizza constitue la meilleure offre ?

Réponse

• La surface de la pizza carrée est 45 cm × 45 cm, c'est-à-dire 2 025 cm^2.
Elle coûte 15 £, donc pour 1 £, on a :
2 025 cm^2 : 15 = 135 cm^2 de pizza.
• La surface de la pizza circulaire de 50 cm de diamètre est $\pi \times 25^2$ cm^2, c'est-à-dire $625 \times \pi$ cm^2.
Elle coûte 16 £, donc pour 1 £, on a :
$625 \times \pi$ cm^2 : 16 ≈ 122 cm^2.
Il est donc plus intéressant de prendre la pizza carrée.

86 On décompose l'enclos en un triangle et un rectangle comme ci-dessous.

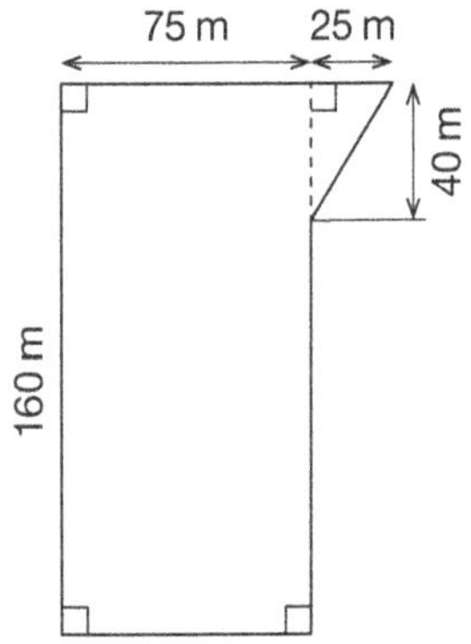

L'aire du triangle est :
(25 m × 40 m) : 2 = 500 m^2.
L'aire du rectangle est :
160 m × 75 m = 12 000 m^2.
L'aire de l'enclos est :
12 000 m^2 + 500 m^2 = 12 500 m^2.
Chaque poulet a besoin de 3 m^2.
12 500 : 3 ≈ 4 166,7
L'enclos peut accueillir 4 166 poulets au maximum.

87

	Fig. ❶	Fig. ❷	Fig. ❸	Fig. ❹
Périmètre	22	18	22	22
Aire	16	18	18	18

□ unité d'aire
L'unité de longueur est la longueur du côté d'un petit carré.
L'affirmation **a** n'est pas correcte.
Les affirmations **b**, **c** et **d** sont correctes.

88 **a.**, **b.** et **c.**

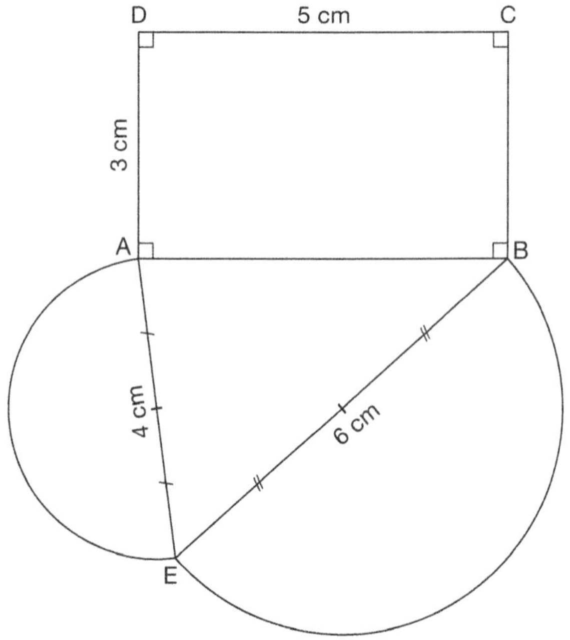

d. • AD + DC + BC = 3 cm + 5 cm + 3 cm = 11 cm
• La longueur du demi-cercle de diamètre AE = 4 cm est :
($\pi \times 4$ cm) : 2 = $\pi \times 2$ cm.
• La longueur du demi-cercle de diamètre BE = 6 cm est :
($\pi \times 6$ cm) : 2 = $\pi \times 3$ cm.
• Le périmètre de la figure obtenue est :
11 cm + $\pi \times 2$ cm + $\pi \times 3$ cm ≈ 26,7 cm.

89 **a.**

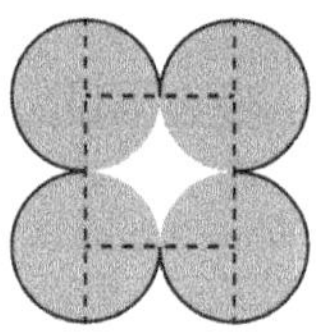

La longueur de la ligne rouge est égale à 6 fois la longueur d'un demi-cercle, donc à 3 fois la longueur d'un cercle.

b.

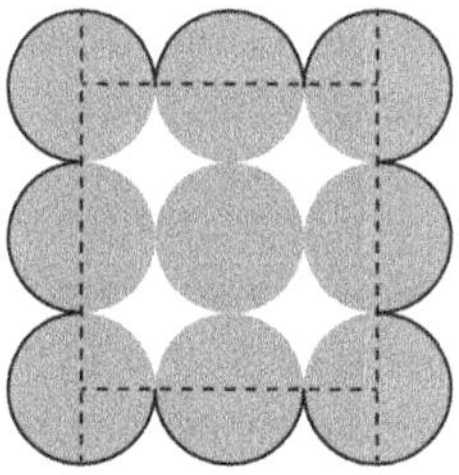

La longueur de la ligne rouge est égale à 10 fois la longueur d'un demi-cercle, donc à 5 fois la longueur d'un cercle.

90 • 1 an = 365 jours = 365 × 24 heures
= 365 × 24 × 3 600 secondes,
donc 4 ans = 4 × 365 × 24 × 3 600 s, soit 126 144 000 s.
• 3 mois = 3 × 30 jours = 3 × 30 × 24 heures
= 3 × 30 × 24 × 3 600 s,
donc 3 mois = 7 776 000 s.
• 4 ans et 3 mois représentent 126 144 000 s + 7 776 000 s, soit 133 920 000 s.
On peut estimer que la lumière parcourt :
300 000 km × 133 920 000, soit 40 176 000 000 000 km, soit 40 176 000 millions de km, soit 40 176 milliards de km.

91 Le patron a un axe de symétrie, donc pour trouver l'aire de la pièce de tissu, on peut décomposer la moitié du patron en un carré, un rectangle, un triangle et un quart de cercle, comme le montre la figure ci-dessous.

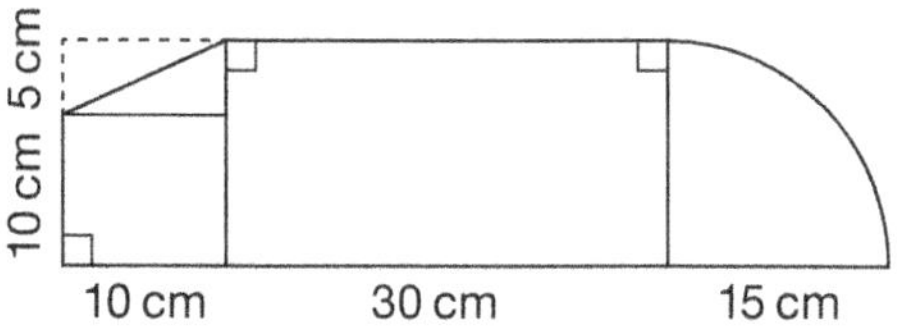

• L'aire du petit triangle est : (5 cm × 10 cm) : 2 = 25 cm².
• L'aire du carré est : 10 cm × 10 cm = 100 cm².
• L'aire du rectangle est : 30 cm × 15 cm = 450 cm².
• L'aire du quart de disque est : $\pi \times 15^2$ cm² : 4 = 56,25 × π cm².

Ainsi, l'aire du demi-patron est :
25 cm² + 100 cm² + 450 cm² + 56,25 × π cm²
= (575 + 56,25 × π) cm².
Finalement l'aire de la pièce de tissu est :
2 × (575 + 56,25 × π) cm² ≈ 1 503 cm².

92

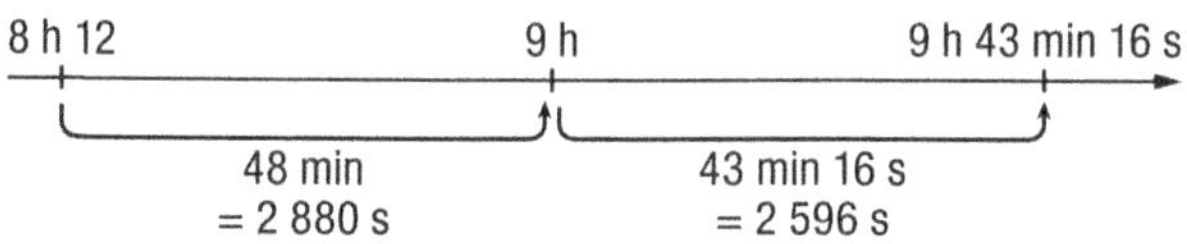

Le robot est en état de marche pendant 2 880 s + 2 596 s, soit 5 476 s.
Pour serrer un boulon et passer au suivant, le robot met :
1,3 s + 2,4 s = 3,7 s.
5 476 : 3,7 = 1 480
Le robot a donc vissé 1 480 boulons. Il n'a donc pas eu assez de temps pour visser l'ensemble des boulons. Il lui en reste 20 à visser.

93 **a.** Le côté du carré ❷ est la moitié de celui du carré ❶, c'est-à-dire 5 cm.
Le côté du carré ❸ est la moitié de celui du carré ❷, c'est-à-dire 2,5 cm.
Le périmètre de la surface jaune est :
3 × 10 cm + 3 × 5 cm + 4 × 2,5 cm = 55 cm.
b. • L'aire du carré ❶ est : 10 cm × 10 cm = 100 cm².
• L'aire du carré ❷ est : 5 cm × 5 cm = 25 cm².
• L'aire du carré ❸ est : 2,5 cm × 2,5 cm = 6,25 cm².
Ainsi, l'aire de la surface jaune est :
100 cm² + 25 cm² + 6,25 cm² = 131,25 cm².

94 **a.**

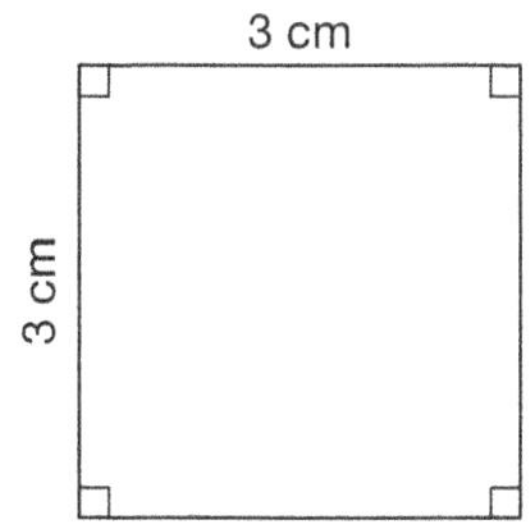

Le périmètre de ce carré est :
4 × 3 cm = 12 cm.

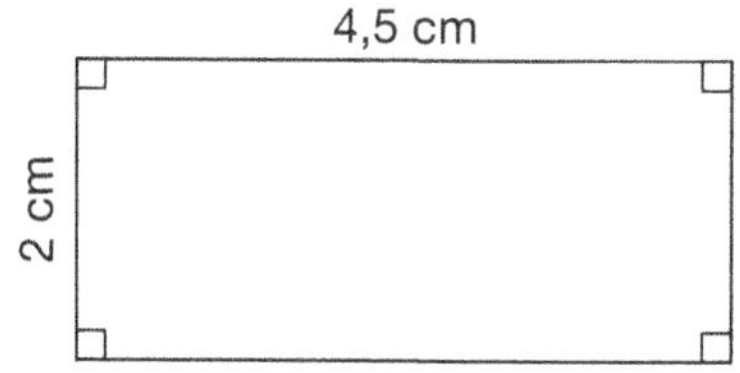

Le périmètre de ce rectangle est :
2 × (2 cm + 4,5 cm) = 13 cm.

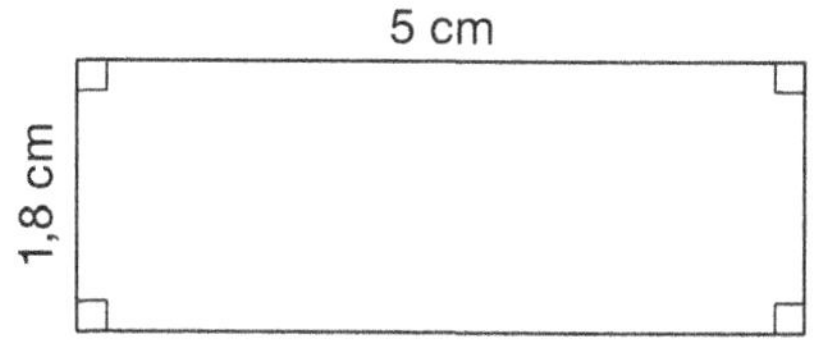

Le périmètre de ce rectangle est :
2 × (1,8 cm + 5 cm) = 13,6 cm.
b. Parmi les trois rectangles tracés, c'est le carré qui a le plus petit périmètre.
Parmi les rectangles d'aires 9 cm², il semblerait que ce soit le carré qui ait le plus petit périmètre.

95 **a.**

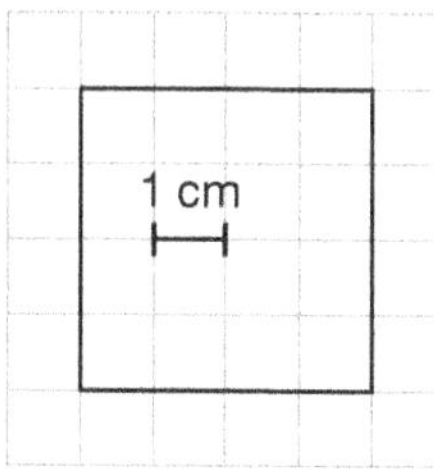

Le périmètre du carré est : 4 × 4 cm = 16 cm et son aire est 4 cm × 4 cm = 16 cm².

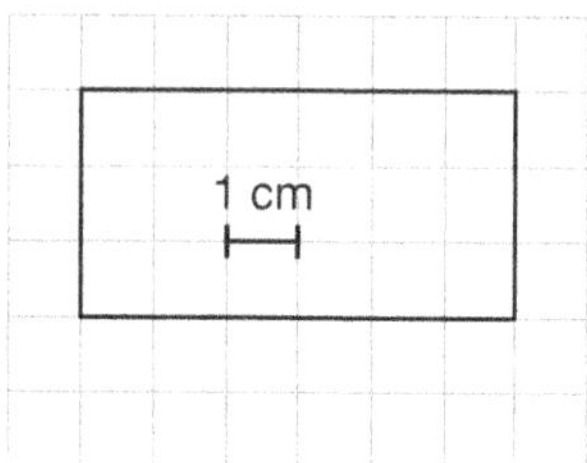

Le périmètre de ce rectangle est :
2 × (3 cm + 6 cm) = 18 cm.
L'aire du rectangle est 3 cm × 6 cm = 18 cm².

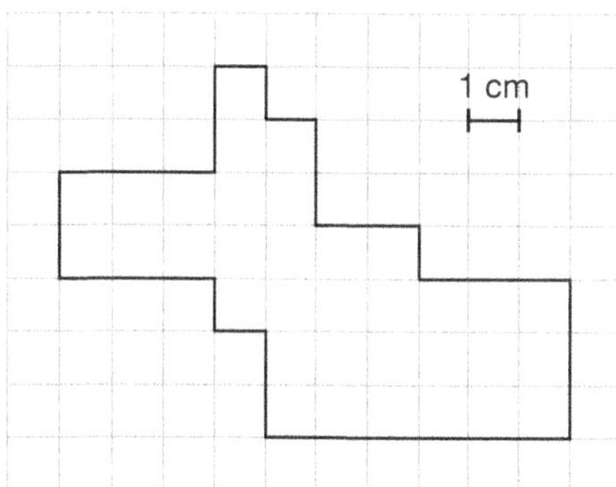

Le périmètre de cette figure est 34 cm et son aire 34 cm².

Le périmètre du cercle est :
$2 \times \pi \times 2$ cm $= 4 \times \pi$ cm.
L'aire du disque est :
$\pi \times 2^2$ cm$^2 = 4 \times \pi$ cm^2

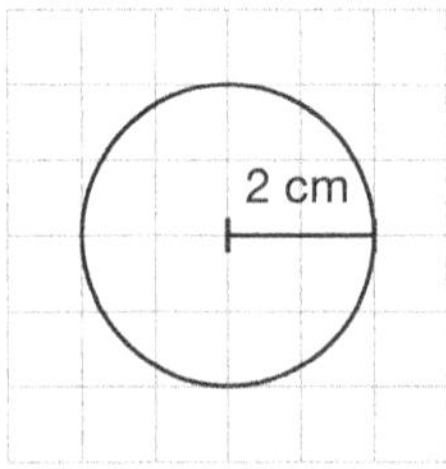

96 Le périmètre du carré ABCD est 32 cm, donc son côté mesure 32 cm : 4 = 8 cm.
L'aire du carré ABCD est 8 cm × 8 cm = 64 cm^2.
L'aire du triangle rectangle BEC est :
(8 cm × 13 cm) : 2 = 52 cm^2.
L'aire du triangle rectangle DCF est :
(8 cm × 5 cm) : 2 = 20 cm^2.
Si les points E, C et F étaient alignés, alors le triangle AEF serait rectangle en A de côtés AF = AD + DF = 8 cm + 5 cm = 13 cm et AE = AB + BE = 8 cm + 13 cm = 21 cm.
Son aire serait égale à (13 cm × 21 cm) : 2 = 136,5 cm^2.
Or la somme des aires du carré ABCD et des triangles DFC et BCE est 64 cm^2 + 52 cm^2 + 20 cm^2 = 136 cm^2.
On n'obtient pas l'aire du triangle AEF, donc les points E, C et F ne sont pas alignés.

97 Le cœur admet un axe de symétrie, donc son aire est la somme des aires d'un disque de diamètre 3 cm et de deux triangles rectangles de côtés 4 cm et 3 cm.
L'aire du disque est $\pi \times 1{,}5^2$ cm$^2 = 2{,}25 \times \pi$ cm^2.
L'aire d'un triangle rectangle est (4 cm × 3 cm) : 2 = 6 cm^2.
L'aire du cœur est $2{,}25 \times \pi$ cm$^2 + 2 \times 6$ cm$^2 \approx 19{,}07$ cm^2.

98 Par symétrie par rapport au segment [EF] : EB = EJ, BC = JG et CF = FG.
La somme des périmètres des triangles EAK, KJI, IDH et FGH est :

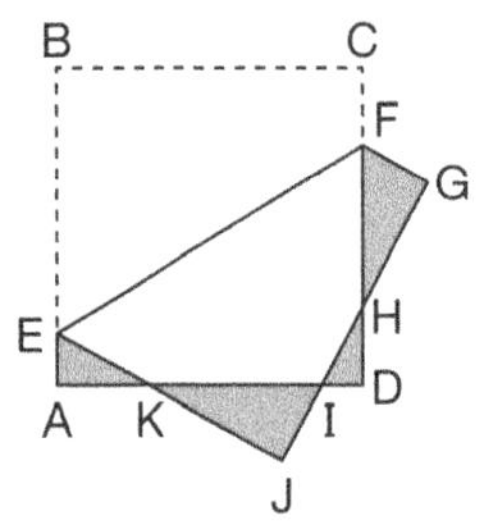

$$\begin{aligned} & EA + AK + EK + KI + IJ + KJ + ID + DH + IH + HG + GF + FH \\ &= \underbrace{EA + EK + KJ}_{AB} + \underbrace{AG + KI + ID}_{AD} + \underbrace{DH + HF + FG}_{CD} + \underbrace{IJ + IH + HG}_{BC} \\ &= 4 \times AB = 4 \times 16 \text{ cm} = 64 \text{ cm}. \end{aligned}$$

99

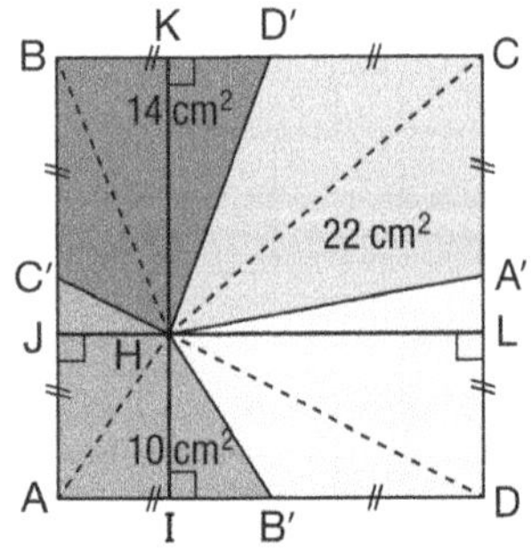

L'aire du triangle HB'D est égale à l'aire du triangle HB'A car ces deux triangles ont la même hauteur [HI] relative aux côtés [AB'] et [B'D] de même longueur. Il en est de même des triangles HC'A et HC'B.
Ainsi, la somme des aires des triangles HB'D et HC'B est égale à la somme des aires des triangles HB'A et HC'A, qui vaut 10 cm^2.
De même, on montre que la somme des aires des triangles HA'D et HD'B est égale à la somme des aires des triangles HA'C et HD'C, qui vaut 22 cm^2.
La somme des aires de ces huit triangles est donc égale à l'aire du carré : 2 × 10 cm^2 + 2 × 22 cm^2 = 64 cm^2.
L'aire de la partie jaune est donc :
64 cm^2 – 14 cm^2 – 22 cm^2 – 10 cm^2 = 18 cm^2.

100 L'heure de retour de Faustine est 02 h 02.

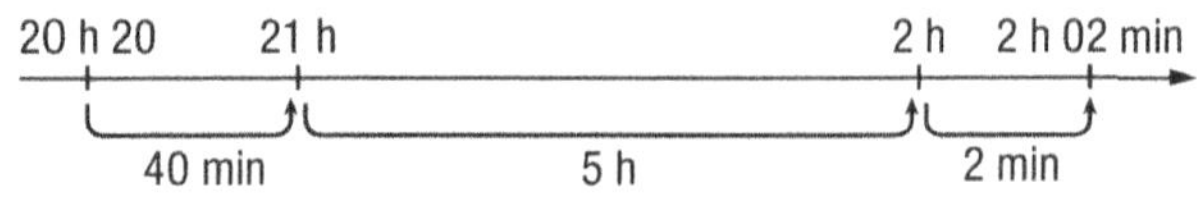

40 min + 5 h + 2 min = 5 h 42 min
Faustine est sortie pendant 5 h 42 min.

Je prends des initiatives

101 • D'après le Doc. 2, l'aire du terrain de jeux est la somme de l'aire d'un disque de diamètre 30 m et de l'aire d'un rectangle de largeur 30 m et de longueur 100 m.
Aire du disque : $\pi \times 15^2$ m$^2 = 225 \times \pi$ m^2.
Aire du rectangle : 30 m × 100 m = 3 000 m^2.
Aire du terrain de jeux : $225 \times \pi$ m^2 + 3 000 m$^2 \approx 3\,707$ m^2.
• Calcul du nombre de rouleaux
L'aire d'un rouleau est 20 m × 1,5 m = 30 m^2.
3 707 : 30 ≈ 123,6.
Il faut donc 124 rouleaux.
• Calcul du prix des rouleaux
Un rouleau coûte 150 €, donc 124 rouleaux coûtent 124 × 150 € = 18 600 €.
• Calcul du temps de pose
Il faut 40 min pour 60 m^2, donc pour 3 707 m^2, il faut : (3 707 : 60) × 40 min ≈ 2 471 min ≈ 41 h.
• Calcul du prix de la pose
Le taux horaire est de 11,25 € donc pour 41 h :
41 × 11,25 € = 461,25 €.
• Le devis s'élève à : 18 600 € + 461,25 € = 19 061,25 €.

102

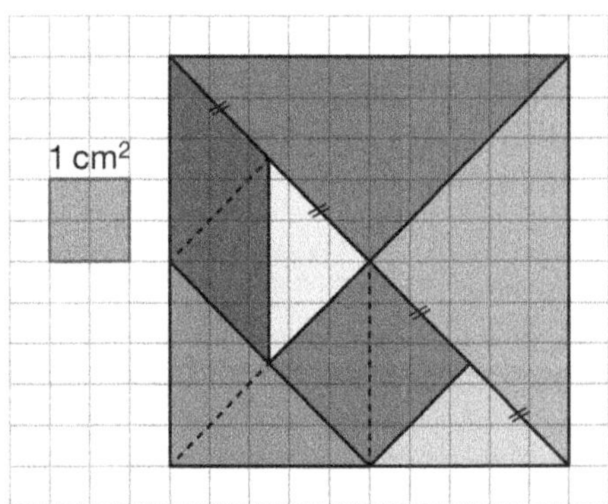

La queue du chat représente 2 triangles verts.
La moitié du carré est composée de 8 triangles de même aire que le triangle vert.
Le côté du carré mesure 5 cm, donc son aire est égale à 5^2 cm^2 = 25 cm^2.
L'aire de la moitié du carré est 25 cm^2 : 2 = 12,5 cm^2.
Donc l'aire du triangle vert est 12,5 cm^2 : 8 = 1,562 5 cm^2.
Ainsi, l'aire de la queue du chat est :
1,562 5 cm^2 × 2 = 3,125 cm^2.

CHAPITRE

11

Calculer des volumes et des contenances

INTENTIONS PÉDAGOGIQUES

1 Les Repères des cycles 2 et 3

- En CE1, les élèves découvrent la notion de contenance, en comparant des objets par observation et manipulation. Ils découvrent le litre (L), unité de contenance.
- En CE2, les élèves comparent des objets en utilisant le L. Ils découvrent le cL et le dL.
- En CM1, les élèves comparent des contenances sans les mesurer, puis en les mesurant. Ils découvrent et apprennent qu'un litre est la contenance d'un cube d'arête 10 cm. Ils font des analogies avec les autres unités de mesure à l'aide des préfixes.
- En CM2, les élèves relient unités de volume et unités de contenance.
Ils estiment la mesure d'un volume ou d'une contenance par différentes procédures (transvasements, appréciation de l'ordre de grandeur) et l'expriment dans une unité adaptée (multiples et sous-multiples du litre pour la contenance, cm^3, dm^3, m^3 pour le volume).
Les élèves poursuivent ce travail en utilisant les unités de contenance : dL, cL et mL.
- En 6e, les élèves relient les unités de volume et de contenance ($1\ L = 1\ dm^3$; $1\ 000\ L = 1\ m^3$). Ils utilisent les unités de volume : cm^3, dm^3, m^3 et leurs relations.
Ils calculent le volume d'un cube ou d'un pavé droit par dénombrement ou en utilisant une formule.

2 Je découvre

Activité 1

L'objectif de cette activité est de réactiver les unités de volume et leurs relations.
À l'aide d'un cube d'arête 1 m et par dénombrements de petits cubes d'arêtes 1 dm, puis 1 cm, on établit que :
$1\ m^3 = 1\ 000\ dm^3$ et $1\ m^3 = 1\ 000\ 000\ cm^3$.

Activité 2

À partir de pavés droits construits en assemblant des cubes d'arête 1 cm, on détermine par dénombrement les volumes de ces pavés droits.
À la question **2**, on invite les élèves à calculer le produit des longueurs des arêtes de ces pavés droits, ils constatent alors que l'on retrouve les volumes précédents.
De façon générale, on admet la formule du volume d'un pavé droit.

Activité 3

L'objectif de cette activité est de relier les unités de volume, qui viennent d'être introduites, et le litre, unité de contenance connue depuis le CE1.
À la question **1**, à l'aide des dimensions d'une brique de lait de 1 L, on vérifie que son volume est bien $1\ dm^3$.
À la question **2**, à l'aide des dimensions d'un aquarium, on calcule son volume puis sa contenance, en litres.

3 Cours - J'applique le cours

Cours

- Le paragraphe 1 est dédié au volume d'un pavé droit. On présente les unités de volume usuelles puis, selon les Repères de 6e, deux méthodes pour déterminer un volume d'un pavé droit : par dénombrement ou à l'aide de la formule.
- Le paragraphe 2 présente les relations entre des unités de volume.
- Le paragraphe 3 présente les relations entre unités de volume et unités de contenance.

J'applique le cours

Exercice résolu 1
Cet exercice présente en détail la procédure de dénombrement pour déterminer le volume d'un cube.

Exercice résolu 4
Il s'agit d'appliquer la formule pour calculer le volume d'un pavé droit. On insiste sur trois étapes :
– exprimer les dimensions dans une même unité de longueur ;
– calculer le volume à l'aide de la formule ;
– rédiger une phrase de conclusion.

Exercice résolu 7
Ici, on change d'unité de volume en passant des m^3 aux dm^3, et des cm^3 aux dm^3.
Pour ces changements d'unité, on utilise les relations entre unités de volume. Certains élèves auront peut-être besoin d'utiliser le tableau des unités de volume. En revanche, d'autres effectueront mentalement ces changements d'unités.

Exercice résolu 10
Il s'agit ici d'utiliser les relations entre unités de volume et unités de contenance. On conseille d'utiliser le dm^3 comme intermédiaire pour passer des m^3 aux L, et le L pour passer des cL aux dm^3.

4 Compléments

Utiliser une formule de volume

De nombreux exercices conduisent l'élève à calculer le volume d'un pavé droit à l'aide de la formule.

Aux exercices **76**, **77**… on demande de calculer la troisième dimension d'un pavé droit connaissant deux de ses dimensions et son volume.

Varier les solides utilisés

Dans certains cas, on calcule le volume de solides complexes qui sont des assemblages de pavés droits. C'est le cas par exemple aux exercices **44**, **70**…

Comparer des volumes

Plusieurs exercices proposent de comparer des volumes, en écho avec les procédures utilisées à l'école élémentaire.

C'est le cas par exemple aux exercices **21**, **75**, **84**… à différents niveaux de difficulté.

Utiliser des logiciels

À l'exercice **72**, le module 3D de GeoGebra permet de construire et visualiser un pavé droit, avec le calcul automatique du volume.

À l'exercice **73**, on met en œuvre la formule du volume avec le tableur. La recopie vers le bas et la dernière question mettent en avant l'aspect dynamique des calculs sur tableur, avec l'utilisation des références de cellules.

Remarque : plutôt que de saisir la formule-tableur, on peut inviter les élèves à cliquer sur les cellules qui y interviennent.

CORRIGÉS

Bien démarrer

1 **b.** et **c.** **2** **a.** et **b.** **3** **b.** et **c.**

4 **b.** et **c.** **5** **a.** et **c.**

Je découvre

Activité 1

1 **a.** Il faut 10 cubes d'arête 1 dm le long de chaque arête, donc 1 000 cubes en tout.
b. On peut utiliser le dm^3.
c. 1 m^3 = **1 000** dm^3.
2 **a.** Il faut 1 000 cubes d'arête 1 cm.
b. 1 dm^3 = **1 000** cm^3.
c. 1 m^3 = **1 000 000** cm^3.

Activité 2

1 **a. Pavé droit A**
Il y a 15 cubes dans chacune des deux couches, donc 30 cubes en tout.
Pavé droit B
Il y a 9 cubes dans chacune des trois couches, donc 27 cubes en tout.
b. Pavé droit A : 30 cm^3.
Pavé droit B : 27 cm^3.
2 **a.** $5 \text{ cm} \times 3 \text{ cm} \times 2 \text{ cm} = 30 \text{ cm}^3$
L'affirmation de Silas est donc vraie.
b. $3 \text{ cm} \times 3 \text{ cm} \times 3 \text{ cm} = 27 \text{ cm}^3$
On retrouve bien le volume du pavé droit B.

Activité 3

1 **a.** Le volume de cette brique de lait est :
$\mathcal{V} = 20 \text{ cm} \times 10 \text{ cm} \times 5 \text{ cm}$,
c'est-à-dire $\mathcal{V} = 1\,000 \text{ cm}^3$, soit $\mathcal{V} = 1 \text{ dm}^3$.
b. 1 L = **1** dm^3.
2 **a.** Le volume de cet aquarium est :
$\mathcal{V} = 35 \text{ cm} \times 60 \text{ cm} \times 40 \text{ cm}$, c'est-à-dire $\mathcal{V} = 84\,000 \text{ cm}^3$.
b. $1 \text{ dm}^3 = 1\,000 \text{ cm}^3$, donc $\mathcal{V} = 84 \text{ dm}^3$.
De plus, $1 \text{ dm}^3 = 1$ L, donc la contenance de l'aquarium est 84 L.

J'applique le cours

2 • Chaque couche est constituée de 3 rangées de 3 cubes.
$3 \times 3 = 9$, donc il y a 9 cubes à chaque couche.
• Le puzzle est constitué de 3 couches.
$9 \times 3 = 27$, donc il y a 27 cubes au total.
• Chaque petit cube a pour volume 1 cm^3, donc le volume du puzzle est 27 cm^3.

3 • Chaque couche est constituée de 14 rangées de 14 cubes.
$14 \times 14 = 196$, donc il y a 196 cubes à chaque couche.
• La partie cubique est constituée de 14 couches.
$196 \times 14 = 2\,744$, donc il y a 2 744 cubes au total.
• Chaque petit cube a pour volume 1 m^3, donc le volume de la partie cubique est 2 744 m^3.

5 • Les dimensions de cette micro-maison sont 7 m, 3,5 m et 3,2 m.
$\mathcal{V} = 7 \text{ m} \times 3{,}5 \text{ m} \times 3{,}2 \text{ m} = 78{,}4 \text{ m}^3$
Donc le volume de la micro-maison est 78,4 m^3.

6 • Les dimensions de la boîte sont 29 cm, 20,5 cm et 40,5 cm.
$\mathcal{V} = 29 \text{ cm} \times 20{,}5 \text{ cm} \times 40{,}5 \text{ cm}$
$\mathcal{V} = 24\,077{,}25 \text{ cm}^3$
Donc le volume de la maison est 24 077,25 cm^3.

8 **a.** $0{,}375 \text{ m}^3 = 0{,}375 \times 1\,000\,000 \text{ cm}^3$
$0{,}375 \text{ m}^3 = 375\,000 \text{ cm}^3$
b. $4{,}68 \text{ dm}^3 = 4{,}68 \times 1\,000 \text{ cm}^3 = 4\,680 \text{ cm}^3$
c. $1{,}23 \text{ m}^3 = 1{,}23 \times 1\,000\,000 \text{ cm}^3$
$1{,}23 \text{ m}^3 = 1\,230\,000 \text{ cm}^3$

9 a. $4\,354\ dm^3 = 4\,354 \times 0{,}001\ m^3$
$4\,354\ dm^3 = 4{,}354\ m^3$
b. $15\,482\ dm^3 = 15\,482 \times 0{,}001\ m^3$
$15\,482\ dm^3 = 15{,}482\ m^3$
c. $3\,535\,000\ cm^3 = 3\,535\,000 \times 0{,}000\,001\ m^3$
$3\,535\,000\ cm^3 = 3{,}535\ m^3$

11 a. $750\ m^3 = 750\,000\ dm^3$
$750\ m^3 = 750\,000$ L
Le grand bassin contient 750 000 L d'eau.
b. $32\,000\ L = 32\,000\ dm^3$
$32\,000\ L = 32\ m^3$
Le bassin pour enfants a un volume de $32\ m^3$.
c. $230\,000\ cm^3 = 230\ dm^3$
$230\,000\ cm^3 = 230$ L
Le pédiluve contient 230 L d'eau.

12 a. $45\ cm^3 = 0{,}045\ dm^3$
$45\ cm^3 = 0{,}045$ L
L'éprouvette a une contenance de 0,045 L.
b. $1{,}5\ L = 1{,}5\ dm^3$
$1{,}5\ L = 1\,500\ cm^3$
Le bécher a un volume de $1{,}5\ dm^3$, c'est-à-dire $1\,500\ cm^3$.
c. $50\ cm^3 = 0{,}05\ dm^3$
$50\ cm^3 = 0{,}05$ L
$50\ cm^3 = 50$ mL
L'erlenmeyer a une contenance de 50 mL.

Je travaille mes automatismes

Calculer le volume d'un pavé droit

13 a. $18\ cm^3$
b. $36\ cm^3$

14 a. $2\ m \times 2\ m \times 2\ m = 8\ m^3$
b. $5\ cm \times 5\ cm \times 5\ cm = 125\ cm^3$
c. $10\ cm \times 10\ cm \times 10\ cm = 1\,000\ dm^3$

15 a. Il y a 16 cubes à chacune des 4 couches.
$4 \times 16 = 64$, donc il y a 64 cubes en tout.
b. $64 \times 8\ cm^3 = 512\ cm^3$, donc le volume du pavé droit est $512\ cm^3$.

16 1. a. On peut disposer 8 cubes le long de chaque rangée. $8 \times 4 = 32$, donc on peut disposer 32 cubes sur le fond de ce pavé droit.
De même, on peut disposer 32 cubes à la deuxième couche.
b. On peut disposer 32 demi-cubes à la troisième couche.
c. $32 + 32 + 32 \times 0{,}5 = 64 + 16 = 80$
Donc le volume de ce pavé droit est $80\ cm^3$.
2. $8\ cm \times 4\ cm \times 2{,}5\ cm = 80\ cm^3$
On retrouve bien le même volume.

17 1. a. On peut disposer 6 cubes le long de chaque rangée.
$6 \times 5 = 30$, donc on peut disposer 30 cubes sur le fond de ce pavé droit.
De même, on peut disposer 30 cubes aux sept premières couches.
À la dernière couche, on peut disposer 30 demi-cubes.
b. $7 \times 30 + 30 \times 0{,}5 = 210 + 15 = 225$
Donc le volume de ce pavé droit est $225\ dm^3$.
2. $6\ dm \times 5\ dm \times 7{,}5\ dm = 225\ cm^3$
On obtient bien le même volume.

18 $22{,}5\ cm \times 1{,}4\ cm \times 6{,}5\ cm = 204{,}75\ cm^3$
Donc le volume de la boîte est $204{,}75\ cm^3$.

19 • Cube d'arête 10 cm :
$\mathcal{V} = 10\ cm \times 10\ cm \times 10\ cm = 1\,000\ cm^3$.
• Cube d'arête 12,5 cm :
$\mathcal{V} = 12{,}5\ cm \times 12{,}5\ cm \times 12{,}5\ cm = 1\,953{,}125\ cm^3$.
• Cube d'arête 15 cm :
$\mathcal{V} = 15\ cm \times 15\ cm \times 15\ cm = 3\,375\ cm^3$.

20 • $24\ cm \times 32\ cm \times 4\ cm = 3\,072\ cm^3$
Donc le volume d'une boîte est $3\,072\ cm^3$.
• $3\,072\ cm^3 \times 8 = 24\,576\ cm^3$
Donc le volume d'un ensemble de 8 boîtes est $24\,576\ cm^3$.

21 • $25\ cm \times 8\ cm \times 8\ cm = 1\,600\ cm^3$
Donc le volume du vase B est $1\,600\ cm^3$.
• $12\ cm \times 12\ cm \times 12\ cm = 1\,728\ cm^3$
Donc le volume du vase A est $1\,728\ cm^3$.
• Le volume du vase B est inférieur à celui du vase A, donc si on verse toute l'eau du vase B dans le vase A, le liquide ne va pas déborder.

Manipuler les unités de volume

22 a. $0{,}025\ m^3 = 25\ \mathbf{dm^3}$
b. $25\,000\ cm^3 = 25\ \mathbf{dm^3}$
c. $3\,700\ dm^3 = 3{,}7\ \mathbf{m^3}$
d. $0{,}003\,7\ dm^3 = 3{,}7\ \mathbf{cm^3}$

23 a. $5\ m^3 = \mathbf{5\,000}\ dm^3$
b. $7{,}5\ dm^3 = \mathbf{7\,500}\ cm^3$
c. $0{,}12\ m^3 = \mathbf{120\,000}\ cm^3$
d. $3\ cm^3 = \mathbf{0{,}003}\ dm^3$
e. $4{,}9\ m^3 = \mathbf{4\,900\,000}\ cm^3$
f. $2{,}5\ m^3 = \mathbf{2\,500}\ dm^3$

24 a. $7{,}033\ m^3 = 7\,033\ dm^3$
b. $12{,}358\ dm^3 = 12\,358\ cm^3$
c. $0{,}847\ dm^3 = 847\ cm^3$
d. $357{,}2\ m^3 = 357\,200\,000\ cm^3$
e. $0{,}000\,3\ m^3 = 300\ cm^3$
f. $0{,}004\,5\ m^3 = 4{,}5\ dm^3$

25 • $A = 11{,}5\ dm^3$
$B = 0{,}012\ m^3 = 12\ dm^3$
$C = 9\,080\ cm^3 = 9{,}08\ dm^3$
$D = 0{,}000\,9\ m^3 = 0{,}9\ dm^3$
• $D < C < A < B$

26 a. Margaux : $1{,}2\ m^3 = 1\,200\ dm^3$
Eli : $0{,}001\,3\ m^3 = 1{,}3\ dm^3$
Karl : $0{,}3\ m^3 = 300\ dm^3$
b. $300\ dm^3 = 300$ L, cela correspond à la contenance de 300 bouteilles de 1 L, ce qui est clairement supérieur au volume d'un ordinateur.
$1\,200\ dm^3 > 300\ dm^3$, donc la seule valeur réaliste est donc celle donnée par Éli, soit $1{,}3\ dm^3$.

27 Les deux affirmations sont fausses.
Dans un mètre cube, il y a 1 000 000 centimètres cubes.

28 $400\text{ cm}^3 = 400 \times 0{,}000\,001\text{ m}^3$
$400\text{ cm}^3 = 0{,}000\,4\text{ m}^3$

29 **a.** $4\,523\text{ dm}^3 = 4{,}523\text{ m}^3$
b. $735{,}8\text{ dm}^3 = 0{,}735\,8\text{ m}^3$
c. $10{,}9\text{ dm}^3 = 0{,}010\,9\text{ m}^3$
d. $7\,350\text{ cm}^3 = 7{,}350\text{ dm}^3$
e. $735{,}8\text{ cm}^3 = 0{,}735\,8\text{ dm}^3$
f. $4\,250\,000\text{ cm}^3 = 4{,}25\text{ m}^3$

30 **a.** $0{,}05\text{ dm}^3 = 0{,}000\,05\text{ m}^3$
b. $475\text{ dm}^3 = 0{,}475\text{ m}^3$
c. $1{,}35\text{ cm}^3 = 0{,}000\,001\,35\text{ m}^3$
d. $0{,}025\text{ cm}^3 = 0{,}000\,000\,025\text{ m}^3$

31 • $0{,}08\text{ m}^3 = 80\text{ dm}^3$
$80\text{ dm}^3 \times 5 = 400\text{ dm}^3$
• Le volume total des cinq valises est supérieur à celui du coffre de toit, donc il n'est pas possible d'y placer ces valises.

Relier les unités de volume et de contenance

32 **a.** 15,3 L = **153** dL
b. 0,25 L = **25** cL
c. 437 cL = **4,37** L
b. 17,03 dL = **1,703** L

33 **a.** 5 dm^3 = **5** L
b. $3{,}8\text{ dm}^3$ = **3,8** L
c. $0{,}17\text{ m}^3$ = **170** L
d. 48 cm^3 = **0,048** L

34 **a.** 1,5 L = **1,5** dm^3
b. 45 L = **45** dm^3
c. 4 500 L = **4,5** m^3
d. 325 L = **0,325** m^3

35 **a.** 13,7 L = 137 dL
b. 2,05 L = 205 cL
c. 0,478 L = 478 mL
d. 23,7 dL = 237 cL
e. 1,09 cL = 10,9 mL
f. 1,225 dL = 122,5 mL

36 50 cL = 0,5 L et 1,1 L + 0,5 L = 1,6 L
1,6 L > 1,5 L, donc l'aquarium va déborder.

37 La contenance de cette gourde est 7,2 dL, c'est-à-dire 72 cL.

38 **a.** $3{,}5\text{ m}^3 = 3\,500\text{ dm}^3$ = 3 500 L
b. $0{,}07\text{ m}^3 = 70\text{ dm}^3$ = 70 L
c. 37 dm^3 = 37 L
d. $650{,}8\text{ dm}^3$ = 650,8 L
e. $4\,700\text{ cm}^3 = 4{,}7\text{ dm}^3$ = 4,7 L
f. $357{,}9\text{ cm}^3 = 0{,}357\,9\text{ dm}^3$ = 0,357 9 L

39 **a.** 3,9 L = $3{,}9\text{ dm}^3$
b. 250 L = 250 dm^3
c. 65 dL = 6,5 L = $6{,}5\text{ dm}^3$
d. 9,9 dL = 0,99 L = $0{,}99\text{ dm}^3$
e. 2 057 cL = 20,57 L = $20{,}57\text{ dm}^3$
f. 29,75 dL = 0,297 5 L = $0{,}297\,5\text{ dm}^3$

40 • 360 cL = 3,6 L
• 0,4 daL = 4 L
• $200\text{ cm}^3 = 0{,}2\text{ dm}^3$ = 0,2 L
• 3,6 L + 0,2 L + 4 L = 7,8 L
Lisa a préparé 7,8 L de peinture verte.

Je m'entraîne

Calculer le volume d'un pavé droit

41 **a.** $30\text{ cm} \times 25\text{ cm} \times 15\text{ cm} = 11\,250\text{ cm}^3$
Le volume du pavé droit est $11\,250\text{ cm}^3$.
b. $11\,250\text{ cm}^3 = 11{,}250\text{ dm}^3$

42 *Fichier téléchargeable sur le site compagnon.*
a. Ce solide est un pavé droit de dimensions 15 cm, A cm et B cm.
b. On obtient 13 500.
Le volume du solide est donc $13\,500\text{ cm}^3$, c'est-à-dire $13{,}5\text{ dm}^3$.

43 **a.** Les dimensions ne sont pas exprimées dans la même unité, donc on ne peut pas utiliser ainsi la formule du volume.
b. • 4 dm = 40 cm et 2,5 dm = 25 cm.
• $40\text{ cm} \times 25\text{ cm} \times 12\text{ cm} = 12\,000\text{ cm}^3$
Donc le volume de la boîte est $12\,000\text{ cm}^3$.

44 • 1 dm = 10 cm
$10\text{ cm} \times 6\text{ cm} \times 2\text{ cm} = 120\text{ cm}^3$
Donc le volume du premier pavé droit est 120 cm^3.
• $5\text{ cm} \times 3\text{ cm} \times 2\text{ cm} = 30\text{ cm}^3$
Donc le volume du deuxième pavé droit est 30 cm^3.
• $2{,}5\text{ cm} \times 1{,}5\text{ cm} \times 2\text{ cm} = 7{,}5\text{ cm}^3$
Donc le volume du troisième pavé droit est $7{,}5\text{ cm}^3$.
• $120\text{ cm}^3 + 30\text{ cm}^3 + 7{,}5\text{ cm}^3 = 157{,}5\text{ cm}^3$
Donc le volume de la structure complète est $157{,}5\text{ cm}^3$.

45 **a.** $0{,}05\text{ cm}^3$ (ou 50 mm^3)
b. $42\,000\text{ m}^3$ (ou 42 dam^3)
c. 150 cm^3
d. $5{,}34\text{ dm}^3$

46 • $45\,000\text{ cm}^3 = 45\text{ dm}^3$
• On cherche donc deux nombres entiers a et b tels que $a \times b \times 2{,}5 = 45\text{ dm}^3$.
Ainsi, $a \times b$ est le quotient de 45 par 2,5 et donc $a \times b = 18$.
Les valeurs possibles de a et b sont donc :
$a = 1$ et $b = 18$;
$a = 2$ et $b = 9$;
$a = 3$ et $b = 6$;
$a = 6$ et $b = 3$;
$a = 9$ et $b = 2$;
$a = 18$ et $b = 1$.

47 • Volume des six livres :
$840\text{ cm}^3 = 0{,}84\text{ dm}^3$
$0{,}84\text{ cm}^3 \times 6 = 5{,}04\text{ dm}^3$
• Volume des huit cahiers :
$0{,}5\text{ dm}^3 \times 8 = 4\text{ dm}^3$
• Volumes des autres objets :
$580\text{ cm}^3 = 0{,}58\text{ dm}^3$
$640\text{ cm}^3 = 0{,}64\text{ dm}^3$
$91\text{ cm}^3 = 0{,}091\text{ dm}^3$
• Volume total des objets :
$5{,}04\text{ dm}^3 + 4\text{ dm}^3 + 0{,}58\text{ dm}^3 + 0{,}54\text{ dm}^3 + 0{,}58\text{ dm}^3 + 0{,}091\text{ dm}^3$, c'est-à-dire $10{,}351\text{ dm}^3$.
• Le volume total des objets est inférieur au volume du sac à dos, donc il y aura assez de place.

48 • $1 + 2 + 3 + 4 + 5 + 6 + 7 + 8 + 9 + 10 = 55$
Donc il y a 55 cubes au total pour l'empilement de 10 niveaux.
• $5\ cm \times 5\ cm \times 5\ cm = 125\ cm^3$
Donc le volume d'un cube est $125\ cm^3$.
• $125\ cm^3 \times 55 = 6\,875\ cm^3$ et $6\,875\ cm^3 = 0{,}006\,875\ m^3$.
Donc le volume total de l'empilement est $0{,}006\,875\ m^3$.

Relier les unités de volume et de contenance

49 **a.** • $1\ m = 10\ dm$ et $40\ cm = 4\ dm$.
• $10\ dm \times 4\ dm \times 5\ dm = 200\ dm^3$
Donc le volume d'un aquarium est $200\ dm^3$.
b. $200\ dm^3 \times 4 = 800\ dm^3$ et $1\ dm^3 = 1\ L$.
Donc il faut 800 L pour remplir les quatre aquariums.

50 • $45\ cm^3 = 0{,}045\ dm^3$
• $45\,000\ cm^3 = 0{,}045\ m^3 = 45\ L = 4\,500\ cL$

51 • A : $0{,}8\ dm^3 = 0{,}8\ L$
• B : $900\ cm^3 = 0{,}9\ dm^3 = 0{,}9\ L$
• C : $14\ cL = 0{,}14\ L$
• D : $330\ mL = 0{,}33\ L$
• $C < D < A < B$

52 • $1{,}5\ L \times 6 = 9\ L$
• $30\ cL \times 35 = 1\,050\ cL = 10{,}5\ L$
Donc l'entraîneur n'aura pas assez de jus de fruits.

53 • Il y a 60 secondes dans une minute.
$60\ s \times 3 = 180\ s$, donc le brossage dure 180 s.
• $3{,}5\ cL \times 180 = 630\ cL = 6{,}3\ L$
Donc il s'écoule 6,3 L à chaque brossage.
• Rodrigue se brosse les dents 14 fois par semaine.
$6{,}3\ L \times 14 = 88{,}2\ L$
Donc il gaspille 88,2 L par semaine.
Aliénor a raison.

54 On calcule la somme de la diagonale complète :
$0{,}9\ m^3 + 1{,}125\ m^3 + 1{,}35\ m^3 = \mathbf{3{,}375\ m^3}$,
puis on remplit les cases au fur et à mesure en effectuant les additions ou soustractions nécessaires.

cm^3	m^3	dm^3
900 000 ($0{,}9\ m^3$)	**2,025**	450 ($0{,}45\ m^3$)
675 000 ($0{,}675\ m^3$)	1,125	**1 575 ($1{,}575\ m^3$)**
1 800 000 ($1{,}8\ m^3$)	**0,225**	**1 350 ($1{,}35\ m^3$)**

Synthèse

Utiliser des volumes et des contenances

55 **1.** $35\ cm \times 9\ cm \times 20\ cm = 6\,300\ cm^3$
Le volume d'une boîte est $6\,300\ cm^3$.
2. • $6\,300\ cm^3 \times 12 = 75\,600\ cm^3$
Le volume total de 12 boîtes est $75\,600\ cm^3$.
• $50\ cm \times 30\ cm \times 50\ cm = 75\,000\ cm^3$
Le volume du carton est $75\,000\ cm^3$.
• Donc le volume de 12 boîtes est supérieur au volume du carton. On ne peut pas placer les 12 boîtes dans ce carton.
3. a. $135\ cm \times 30\ cm \times 20\ cm = 81\,000\ cm^3$
Le volume du carton est $81\,000\ cm^3$.
Ce volume est suffisant pour les 12 boîtes.
b. La largeur et la hauteur du carton sont inférieures à la longueur d'une boîte, donc il faut placer les longueurs des boîtes le long de la longueur du carton.
$35\ cm \times 3 = 105\ cm$ et $35\ cm \times 4 = 140\ cm$, donc on ne peut placer que 3 boîtes côte à côte.
Le volume utile est donc :
$105\ cm \times 30\ cm \times 20\ cm = 63\,000\ cm^3$
On ne peut donc pas placer les 12 boîtes dans ce carton.
4. $105\ cm \times 18\ cm \times 40\ cm = 75\,600\ cm^3$
Ce volume est exactement celui des 12 boîtes.
De plus, on peut placer 3 boîtes en longueur, 2 boîtes en largeur et 2 boîtes en hauteur.
$3 \times 2 \times 2 = 12$, donc ce carton convient parfaitement.

56 **1. a.** $1{,}2\ m = 12\ dm$
$12\ dm \times 8\ dm \times 7\ dm = 672\ dm^3$
$672\ dm^3$ de terre ont été initialement livrés.
b. Il y avait initialement 4 vivariums.
$672\ dm^3 : 4 = 168\ dm^3$
Donc un vivarium contient $168\ dm^3$ de terre.
c. $168\ dm^3 \times 10 = 1\,680\ dm^3$
Donc il faut $1\,680\ dm^3$ de terre pour remplir les dix nouveaux vivariums.
2. a. Il y a 14 aquariums.
Chaque aquarium à un volume de $168\ dm^3$, donc une contenance de 168 L.
$168\ L \times 14 = 2\,352\ L$
Donc la contenance totale des aquariums est de 2 352 L.
b. $2\,352\ L = 2\,352\ dm^3 = 2{,}352\ m^3$
$2{,}352 \times 3{,}45\ € = 8{,}114\ €$
Donc le coût total est environ 8,11 €.

Parcours différenciés

Je m'évalue

57 b. **58** c. **59** b. **60** c. **61** a.
62 b. **63** c. **64** c. **65** c. **66** b.
67 a. **68** a. **69** b.

Je réalise mon parcours

70 PARCOURS 1
a. Les dimensions du pavé droit initial sont **6 cm**, **5 cm** et **1,5 cm**, donc son volume est $\mathbf{6\ cm \times 5\ cm \times 1{,}5\ cm}$, soit $45\ cm^3$.
b. Les dimensions du pavé droit qui a été découpé sont 4 cm, 2 cm et 1,5 cm, donc son volume est :
$4\ cm \times 2\ cm \times 1{,}5\ cm$, soit $12\ cm^3$.
c. $45\ cm^3 - 12\ cm^3 = 33\ cm^3$.
Donc le volume du solide 1 est $33\ cm^3$.

PARCOURS 2

• Les dimensions du pavé droit initial sont 20 cm, 15 cm et 13 cm, donc son volume est 20 cm × 15 cm × 13 cm, soit 3 900 cm^3.
• Le volume du cube qui est découpé est :
5 cm × 5 cm × 5 cm, soit 125 cm^3.
• 3 900 cm^3 – 125 cm^3 = 3 775 cm^3
Donc le volume du solide 2 est 3 775 cm^3.

PARCOURS 3

• Le volume du cube initial est 13 cm × 13 cm × 13 cm, soit 2 197 cm^3.
• Les dimensions du pavé droit qui est découpé sont 13 cm, 5 cm et 5 cm, donc son volume est :
13 cm × 5 cm × 5 cm, soit 325 cm^3.
• 2 197 cm^3 – 325 cm^3 = 1 872 cm^3
Donc le volume du solide 3 est 1 872 cm^3.

71 PARCOURS 1

a. Dans le pack A, il y a **4** bouteilles de **750** mL, donc sa contenance totale est **4** × **750** mL, soit **3 000** mL.
Or, 1 mL = **0,001** L, donc la contenance totale du pack A est **3** L.
b. Dans le pack B, il y a 6 bouteilles de 0,5 L, donc sa contenance totale est 6 × 0,5 L, soit 3 L.
c. Les deux packs ont donc la même contenance.

PARCOURS 2

• Dans le pack A, il y a 4 bouteilles de 750 mL, donc sa contenance totale est 4 × 750 mL, soit 3 000 mL, c'est-à-dire 3 L.
• Dans le pack B, il y a 6 bouteilles de 0,5 L, donc sa contenance totale est 6 × 0,5 L, soit 3 L.
• Dans le pack C, il y a 8 bouteilles de 37,5 cL, donc sa contenance totale est 8 × 37,5 cL, c'est-à-dire 300 cL, soit 3 L.
• Les trois packs ont donc la même contenance.

PARCOURS 3

• Dans le pack A, il y a 4 bouteilles de 750 mL, donc sa contenance totale est 4 × 750 mL, soit 3 000 mL, c'est-à-dire 3 L.
• Dans le pack B, il y a 6 bouteilles de 0,5 L, donc sa contenance totale est 6 × 0,5 L, soit 3 L.
• Dans le pack C, il y a 8 bouteilles de 37,5 cL, donc sa contenance totale est 8 × 37,5 cL, c'est-à-dire 300 cL, c'est-à-dire 3 L.
• La somme des contenances des trois packs est donc 9 L.
• 9 L : 1,5 L = 6
Donc il faudrait 6 bouteilles de 1,5 L pour obtenir la même contenance totale.

Je m'entraîne avec GeoGebra et le tableur

72 *Fichier téléchargeable sur le site compagnon.*
e. On obtient un volume égal à 40.

73 *Fichier téléchargeable sur le site compagnon.*
1. 3 cm × 3 cm × 10 cm = 90 cm^3
Le volume d'une bougie bleue est 90 cm^3.

2. a. b. et **c.**

	A	B	C	D	E
1	Bougie	Largeur (en cm)	Longueur (en cm)	Hauteur (en cm)	Volume (en cm³)
2	Bleue	3	3	10	90
3	Verte	4	3,5	8	112
4	Orange	5	5	5	125
5	Blanche	3	3	20	180
6	Rose	6	6	10	360
7	Défi				

3. a. Les bougies bleue et blanche ont la même longueur et la même largeur, mais la hauteur de la blanche est le double de la hauteur de la bleue. Le volume de la bougie blanche est donc le double de celui de la bougie bleue.
b. Les bougies bleue et rose ont la même hauteur, mais la longueur et la largeur de la rose sont le double de celles de la bleue.
Le volume de la bougie rose est donc le quadruple de celui de la bougie bleue.
c.

	A	B	C	D	E
1	Bougie	Largeur (en cm)	Longueur (en cm)	Hauteur (en cm)	Volume (en cm³)
2	Bleue	3	3	10	90
3	Verte	4	3,5	8	112
4	Orange	5	5	5	125
5	Blanche	3	3	20	180
6	Rose	6	6	10	360
7	Défi	10	5	8	400

Il y a d'autres possibilités.

J'utilise mes compétences

74 Traduction
Un architecte a conçu une maison en forme de pavé droit parfait, de dimensions 1,2 dam, 7 m et 64 dm.
Calculer le volume du bâtiment, avec l'unité la plus appropriée.
Solution
1,2 dam = 12 m et 64 dm = 6,4 m
12 m × 7 m × 6,4 m = 537,6 m^3
Le volume de cette maison est 537,6 m^3.

75 **a.** 15 cm = 1,5 dm
1,5 dm × 1,5 dm × 1,5 dm = 3,375 dm^3
Or 1 dm^3 = 1 L, donc 3,375 L d'eau vont déborder de la bassine.
b. 2,5 cm × 2,5 cm × 2,5 cm = 15,625 cm^3
Or 1 cm^3 = 1 mL, donc 15,625 mL d'eau vont déborder de la bassine.

76 **a.** 1 dm^3 = 1 000 cm^3, donc le volume de ces colis est 9 000 cm^3.
b. La hauteur h, en cm, du modèle 1, en cm, vérifie :
30 cm × 20 cm × h = 9 000 cm^3.
600 cm^2 × h = 9 000 cm^3
Donc h = 9 000 cm^3 : 600 cm^2 = 15 cm.
Ce n'est pas suffisant.
c. La hauteur k, en cm, du modèle 2, en cm, vérifie :
25 cm × 20 cm × k = 9 000 cm^3.
500 cm^2 × k = 9 000 cm^3
k = 9 000 cm^3 : 500 cm^2 = 18 cm
Ce modèle est donc adapté.

77 • 0,25 L = 0,25 dm^3 = 250 cm^3.
• La hauteur d'eau h, en cm, vérifie :
5 cm × 5 cm × h = 250 cm^3,

soit $25\ \text{cm}^2 \times h = 250\ \text{cm}^3$,
donc $h = 250\ \text{cm}^3 : 25\ \text{cm}^2 = 10$ cm.
La hauteur d'eau est donc 10 cm.

78 • 20 cm = 0,2 m
Le volume de neige à déplacer est donc 6 m × 3 m × 0,2 m, soit 3,6 m³.
• 3,6 × 50 kg = 180 kg
Donc Étienne doit déplacer 180 kg de neige.

79 • Maël : 150 L + 6 × 80 L = 150 L + 480 L = 630 L.
• Sirine : 7 × 40 L = 280 L.
• 630 L – 280 L = 350 L, donc Sirine économise 350 L d'eau par semaine, par rapport à Maël.
• 350 L × 52 = 18 200 L et 1 m³ = 1 000 L.
Donc Sirine économise chaque année 18,2 m³ d'eau.

80 • 330 L × 260 = 85 800 L et 1 m³ = 1 000 L.
Donc l'ensemble des foyers du village consomme chaque jour 85,8 m³ d'eau.
• 1 000 : 85,8 ≈ 11,655
Donc le château d'eau sera vide au bout d'un peu plus de 11 jours et demi.

81 • 900 L – 50 L = 850 L
Donc le chauffeur doit remplir 850 L, c'est-à-dire 850 dm³.
• 850 : 50 = 17
Donc avec la pompe standard, il faudrait 17 min.
• 0,15 m³ = 150 dm³ et 850 : 150 ≈ 5,67.
Donc avec la pompe pour poids lourds, il faudrait 5,67 min.
17 min – 5,67 min = 11,33 min
Donc le chauffeur gagnera environ 11,33 min s'il utilise la pompe poids lourds.

82 **a.** • 12 cm × 6 cm × 3 cm = 216 cm³
• La hauteur h en cm, du nouveau pavé droit vérifie :
$6\ \text{cm} \times 3\ \text{cm} \times h = 216\ \text{cm}^3$.
$18\ \text{cm}^2 \times h = 216\ \text{cm}^3$
$h = 216\ \text{cm}^3 : 18\ \text{cm}^2 = 12$ cm
La hauteur du nouveau pavé droit est 12 cm.
b. On cherche un nombre c tel que :
$c\ \text{cm} \times c\ \text{cm} \times c\ \text{cm} = 216\ \text{cm}^3$.
En testant plusieurs valeurs, on constate que $c = 6$ convient.
Il est donc possible de construire un cube avec le même volume. L'arête de ce cube est alors 6 cm.

83 • Chaque pièce a la forme d'un pavé droit dans lequel on a découpé un autre pavé droit.
• Les dimensions du pavé droit initial sont 25 cm, 9 cm et 6 cm. Le volume du pavé droit initial est donc :
25 cm × 9 cm × 6 cm = 1 350 cm³.
• Les dimensions du pavé droit découpé sont 25 cm, 2 cm et 2 cm. Le volume du pavé droit découpé est donc :
25 cm × 2 cm × 2 cm = 100 cm³.
• 1 350 cm³ – 100 cm³ = 1 250 cm³
Le volume d'une pièce est donc 1 250 cm³, c'est-à-dire 1,25 dm³.
• 1,25 dm³ × 15 000 = 18 750 dm³
Donc, chaque jour, l'usine utilise 18 750 dm³ de métal, c'est-à-dire 18,75 m³.
• 18,75 m³ × 5 = 93,75 m³
Donc l'usine utilise 93,75 dm³ de métal en 5 jours.

84 • Le volume initial d'eau est :
12 cm × 12 cm × 8 cm = 1 152 cm³.
• Le volume d'eau après avoir plongé le caillou est :
12 cm × 12 cm × 8,5 cm = 1 224 cm³.
• 1 224 cm³ – 1 152 cm³ = 72 cm³
Donc le volume du caillou est 72 cm³.

85 Les dimensions a, b et c en cm, de ce pavé droit vérifient les égalités : $a \times b = 30$; $b \times c = 24$ et $c \times a = 20$.
En testant plusieurs valeurs, on constate que $a = 5$, $b = 6$ et $c = 4$ conviennent.
Le volume du pavé droit est donc 5 cm × 6 cm × 4 cm, soit 120 cm³.

86 • 1,2 dm = 12 cm
Le volume du récipient est donc :
12 cm × 12 cm × 7,5 cm = 1 080 cm³.
• Ce volume représente 90 % du volume maximal possible $\mathcal{V}$ de glaçons.

× 12

90	1 080
100	$\mathcal{V}$

1 080 : 90 = 12,
donc $\mathcal{V} = 100 \times 12 = 1\,200$.
Donc le volume maximal possible de glaçons est $\mathcal{V} = 1\,200$ cm³.
• Le volume d'un glaçon est :
2,5 cm × 2,5 cm × 2,5 cm = 15,625 cm³.
1 200 : 15,625 = 76,8
Donc Leander peut placer au maximum 76 glaçons.

87 **Niveau 1 :** 1 cube manquant.
Niveau 2 : 19 cubes manquants.
Niveau 3 : 21 cubes manquants.
Niveau 4 : 24 cubes manquants.
Niveau 5 : 25 cubes manquants.
1 + 19 + 21 + 24 + 25 = 90
Il faut donc 90 cubes.

88 Si les trois dimensions sont égales à 10 cm, alors le volume est égal à 1 000 cm³.
Si on diminue de 1 cm l'une des dimensions, on doit augmenter de 1 cm l'une des autres dimensions. Le volume est alors égal à 9 cm × 10 cm × 11 cm = 990 cm³.
En testant ainsi d'autres valeurs possibles, on observe qu'on obtient toujours un volume inférieur à 1 000 cm³.
Le plus grand volume possible est donc obtenu quand le pavé droit est un cube d'arête 10 cm.

Je prends des initiatives

89 • 15 cm = 0,15 m
Le volume de béton nécessaire est donc :
6 m × 3,5 m × 0,15 m = 3,15 m³.
• 350 : 35 = 10
Donc il faut 10 sacs de 35 kg de ciment pour 1 m³ de béton, ce qui correspond à un coût de 60 €.
• 800 : 40 = 20
Donc il faut 20 sacs de 40 kg de sable pour 1 m³ de béton, ce qui correspond à un coût de 80 €.
• 1 110 : 30 = 37
Donc il faut 37 sacs de 30 kg de sable pour 1 m³ de béton, ce qui correspond à un coût de 111 €.

• $60 € + 80 € + 111 € = 251 €$
Donc le coût total pour préparer 1 m^3 de béton est de 251 €.
• $3,15 \times 251 € = 790,65 €$
Donc Léonie doit prévoir un budget de 790,65 €.

90 • 60 mm = 0,06 m
Le volume d'eau qui tombe sur le toit au cours d'un mois de printemps est : $2,5\ m \times 3\ m \times 0,06\ m = 0,45\ m^3$.
50 % de l'eau est récupérée, soit $0,225\ m^3$.
$3 \times 0,225\ m^3 = 0,675\ m^3$
Donc au cours des trois mois du printemps, on récupère $0,675\ m^3$.
• 45 mm = 0,045 m
Le volume d'eau qui tombe sur le toit au cours d'un mois d'été est : $2,5\ m \times 3\ m \times 0,045\ m = 0,337\,5\ m^3$.
50 % de l'eau est récupérée, soit $0,168\,75\ m^3$.
$3 \times 0,168\,75\ m^3 = 0,506\,25\ m^3$
Donc au cours des trois mois d'été, on récupère $0,506\,25\ m^3$.
• 70 mm = 0,07 m
Le volume d'eau qui tombe sur le toit au cours d'un mois d'automne est : $2,5\ m \times 3\ m \times 0,07\ m = 0,525\ m^3$.
50 % de l'eau est récupérée, soit $0,262\,5\ m^3$.
$3 \times 0,262\,5\ m^3 = 0,787\,5\ m^3$
Donc au cours des trois mois d'automne, on récupère $0,787\,5\ m^3$.
• 75 mm = 0,075 m
Le volume d'eau qui tombe sur le toit au cours d'un mois d'hiver est : $2,5\ m \times 3\ m \times 0,075\ m = 0,562\,5\ m^3$.
50 % de l'eau est récupérée, soit $0,281\,25\ m^3$.
$3 \times 0,281\,25\ m^3 = 0,843\,75\ m^3$
Donc au cours des trois mois d'hiver, on récupère $0,843\,75\ m^3$.
• $0,675\ m^3 + 0,506\,25\ m^3 + 0,787\,5\ m^3 + 0,843\,75\ m^3 = 2,812\,5\ m^3$.
Donc Alberto pourrait récupérer $2,812\,5\ m^3$ d'eau de pluie.

CHAPITRE 12

S'initier à l'espace

INTENTIONS PÉDAGOGIQUES

1 Les Repères des cycles 2 et 3

- Dès le CP ou le CE1, les élèves codent des déplacements à l'aide d'un logiciel de programmation adapté.

Au CP, les élèves fréquentent régulièrement les solides, en passant d'une approche perceptive à une approche analytique. Ils reconnaissent des solides variés (cube, pavé droit, boule, cône, cylindre, pyramide), dans un ensemble de solides fournis par le professeur ou dans leur environnement proche. Ils décrivent le cube et le pavé droit en utilisant les termes « face » et « sommet » et en décrivant leurs faces (carré, rectangle).

Au CE1, les élèves apprennent à nommer ces solides (cube, pavé droit, boule, cône, cylindre, pyramide) et à les décrire en utilisant le vocabulaire adapté (face, sommet, arête).

Ils construisent un cube avec des carrés ou avec des tiges que l'on peut assembler.

- Au CE2, les élèves consolident le codage des déplacements à l'aide d'un logiciel.

Ils comprennent et produisent des algorithmes simples pour la programmation des déplacements d'un robot ou ceux d'un personnage sur un écran (par exemple une succession de flèches parmi : aller à gauche, aller à droite, tourner à gauche, tourner à droite).

Ils approchent la notion de patron du cube (par exemple, déplier une boîte cartonnée).

- En 6e, les élèves commencent à compléter un programme de déplacement d'un personnage sur un écran, puis ils apprennent à corriger un programme erroné.

Enfin, ils créent eux-mêmes des programmes permettant d'obtenir des déplacements d'objets ou de personnages. Les instructions correspondent à des déplacements absolus (liés à l'environnement : « aller vers l'ouest », « aller vers la fenêtre ») ou relatifs (liés au personnage : « tourner d'un quart de tour à gauche »).

Ils apprennent à reconnaître et à nommer une boule, un cylindre, un cône, un cube, un pavé droit, un prisme droit, une pyramide. Ils apprennent à construire un patron d'un cube de dimension donnée.

2 Je découvre

Activité 1

Comme indiqué dans les Repères, les élèves se sont familiarisés à l'école élémentaire avec les déplacements de personnages sur un écran. En particulier, ils ont déjà rencontré des instructions du type « tourner à droite (ou à gauche) ».

Ici, il s'agit de prendre contact avec le logiciel Scratch. Pour cela, on peut présenter les instructions de base du logiciel à l'aide de la p. 2 du Livret Scratch. En particulier, on utilisera le cadre « Les blocs importants », c'est-à-dire ceux utilisés ici.

À la question **a**, on travaille en débranché et on teste la compréhension d'un programme de déplacement.

À la question **b**, l'élève utilise le logiciel Scratch et doit remettre des blocs d'instructions dans le bon ordre afin que le lutin décrive le déplacement dessiné.

Activité 2

Les élèves s'approprient les règles de la perspective cavalière : arêtes parallèles représentées parallèles, arêtes cachées représentées en pointillés.

On poursuit ensuite le tracé d'un patron d'un cube, vu au CM2, par le tracé d'un patron d'un pavé droit.

En dernière question, la reconstitution du pavé droit à partir du patron permet aux élèves de manipuler dans l'espace.

Activité 3

Conformément aux Attendus de 6e, l'élève doit reconnaître, nommer et décrire un assemblage de solides simples introduits à l'école élémentaire.

Ici, on s'attache à employer un vocabulaire précis pour décrire ces solides.

3 Cours - J'applique le cours

Cours

- Le paragraphe 1 est consacré aux repérages dans le plan et dans l'espace.

On a pris le parti d'utiliser le logiciel Scratch dès la classe de 6e en liaison avec des déplacements dans le plan.

- Le paragraphe 2 est consacré au pavé droit. On rappelle le vocabulaire du pavé droit et comment obtenir des patrons d'un pavé droit.

Enfin, on présente la représentation en perspective cavalière d'un pavé droit et la signification des segments en pointillés.

- Le paragraphe 3 est consacré à une présentation succincte des prismes droits, des cylindres, des pyramides et des cônes, ainsi que de leur vocabulaire habituel.

Les élèves ont déjà été familiarisés avec ces solides à l'école élémentaire.

J'applique le cours

Exercice résolu 1

On a fait le choix de ne pas utiliser le logiciel GéoTortue en classe de 6e, néanmoins, certains élèves devraient l'avoir utilisé à l'école élémentaire.

Ce premier exercice résolu utilise des instructions semblables à celles de GéoTortue. Cet exercice demande de remettre dans le bon ordre une liste d'instructions afin que la tortue décrive le déplacement proposé.

Exercice résolu 3

Cet exercice poursuit l'initiation au logiciel Scratch.

Un déplacement du lutin étant donné, le début du programme de déplacement étant également donné, on demande de compléter ce script Scratch.

L'élève poursuit son apprentissage des instructions « tourner à droite (ou à gauche) de 90 degrés ».

Exercice résolu 5

Comme indiqué dans les Attendus de 6e, cet exercice guide l'élève dans la construction d'un patron d'un pavé droit.

Exercice résolu 7

Les Attendus de 6e invitent l'élève à être capable, sur quadrillage ou sur papier blanc, de représenter un morceau de sucre en perspective cavalière.

Ici, il s'agit d'une gomme et on propose un guide étape par étape de sa représentation en perspective cavalière sur papier uni.

Exercice résolu 9

L'objectif est de familiariser l'élève à l'emploi d'un vocabulaire mathématique précis pour décrire un solide, en l'occurrence un prisme droit.

Exercice résolu 12

L'objectif est de reconnaître, nommer et décrire les solides qui interviennent dans un assemblage.

4 Compléments

Utiliser l'expression « 90 degrés »

L'étude de ce chapitre interviendra (peut intervenir) bien avant celle du Chapitre 9 « Utiliser les angles » dans lequel on introduit l'unité de mesure d'angle du collège, le degré. Aussi veillera-t-on à traduire les instructions :

– « s'orienter à 90 » par « orienter le lutin vers la droite » ;

– « tourner à gauche de 90 degrés » par « faire tourner le lutin vers la gauche d'un angle droit ».

Il est donc inutile d'insister sur le mot « degré » ou d'envisager des angles autres que droits.

Se repérer, se déplacer

Les exercices **15** à **21** et **35** à **39** visent à développer sa vision dans le plan et dans l'espace. Pour les uns, on travaille les déplacements dans le plan, et pour les autres, on adopte différents angles pour visualiser des solides.

Étudier des pavés droits

Les exercices **22** à **28** et **40** à **48** visent à la fois à comprendre comment est représenté un pavé droit en perspective cavalière (ou à vérifier qu'une représentation est correcte), mais également à tracer une telle représentation.

Étudier d'autres solides

Les exercices **29** à **34** et **49** à **51** visent à reconnaître les solides usuels (prisme, cylindre, pyramide, cône) et à se familiariser avec le vocabulaire permettant de les décrire.

Utiliser un logiciel de géométrie dynamique

L'utilisation des logiciels (géométrie dynamique ou programmation) est désormais une évidence. Cette utilisation est travaillée dans de nombreux exercices, à la fois pour décrire un déplacement dans le plan avec le logiciel Scratch (exercices **18** à **20**, **35** à **38**, **63**, **65**, **69** et **76**), mais aussi pour visualiser un solide de l'espace et un patron avec GeoGebra (exercice **66**).

CORRIGÉS

Bien démarrer

1 **c.** **2** **c.** **3** **b.**

4 **a.** et **c.** **5** **a.**, **b.** et **c.**

Je découvre

Activité 1

Fichier téléchargeable sur le site compagnon.

a.

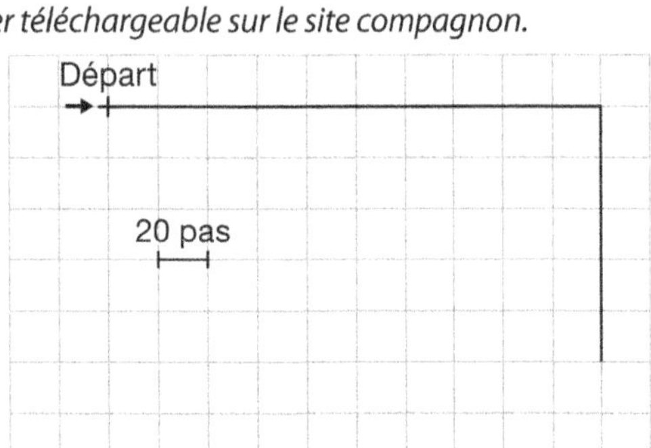

b.

Activité 2

a. Certaines arêtes sont en pointillés car elles ne sont pas visibles par un observateur placé devant cet abri.

b.

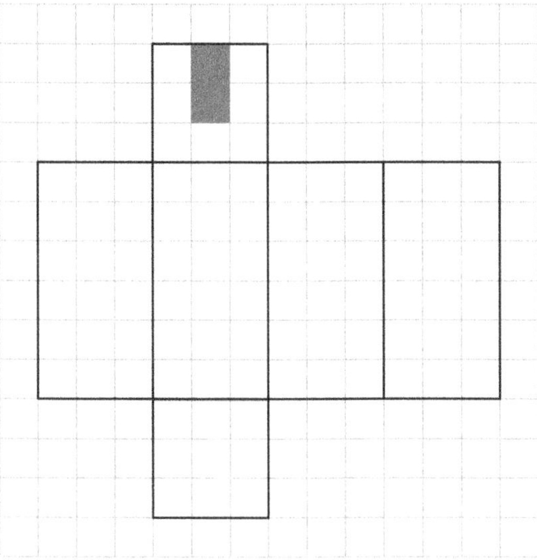

Activité 3

Le tour est constituée d'un **cylindre** de **hauteur** [AB] et de rayon **[AD]** et d'un **cône** de hauteur **[BC]** et de rayon **[AD]**.

J'applique le cours

② **av** 500 ; **tg** 90 ; **av** 200 ; **tg** 90 ; **av** 100 ; **tg** 90 ; **av** 100 ; **tg** 90 ; **av** 200

④ *Fichier téléchargeable sur le site compagnon.*

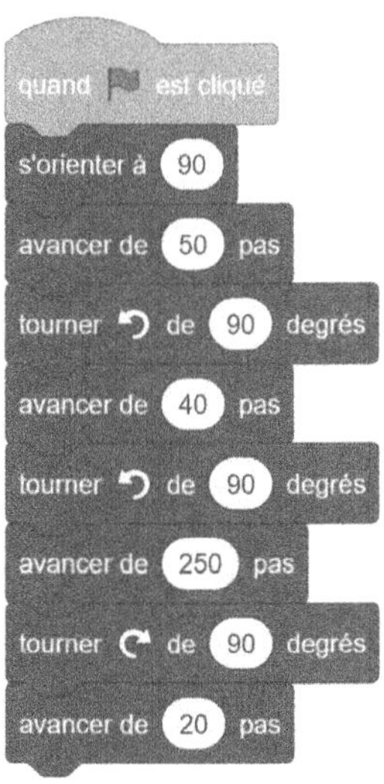

⑥

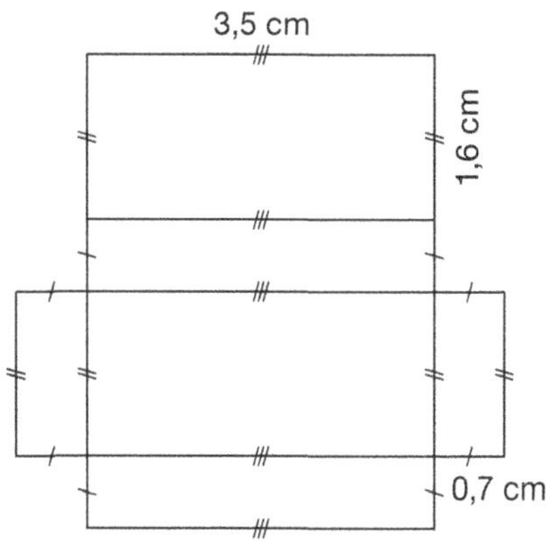

⑧

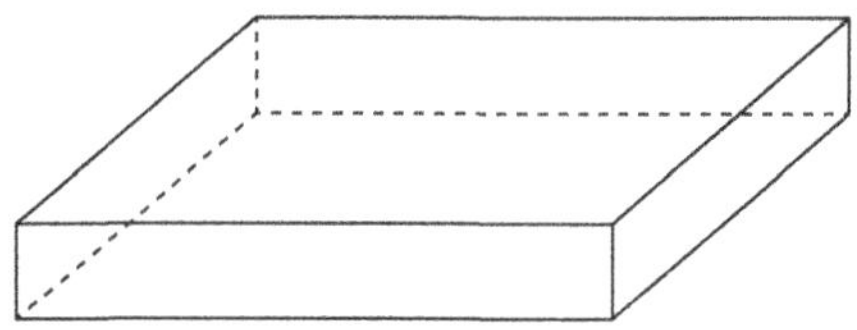

⑩ **a.** Ses bases sont les triangles MNR et STU.

b. Ce prisme droit possède 9 arêtes, 6 sommets et 5 faces.

c. Sa hauteur est la longueur de l'arête [SM] (ou [UR] ou [TN]).

⑪ **a.** Sa base est ABCD, sa hauteur est [OS], son sommet est S.

b.

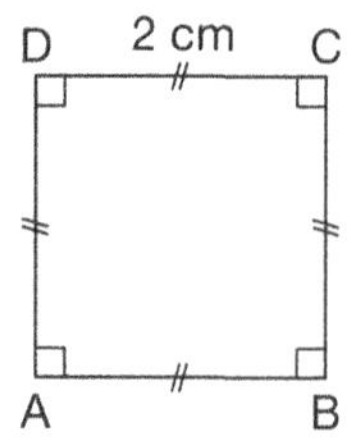

⑬ Ce coffre est constitué d'un pavé droit de dimensions 90 cm, 44 cm et 40 cm, et d'un demi-cylindre de diamètre 44 cm et de hauteur 90 cm.

⑭ Cette bougie est constituée d'un cylindre de diamètre 9 cm et de hauteur 12 cm, et d'un cône de diamètre 9 cm et de hauteur 1,5 cm.

Je travaille mes automatismes

Se repérer, se déplacer

⑮ • La Mairie se trouve en (2 ; 1).
• La Poste se trouve en (1 ; 4).
• L'École se trouve en (7 ; 4).
• Gautier se trouve en (11 ; 1).

⑯ Gautier doit suivre le boulevard Joséphine Baker en se dirigeant vers la Mairie, puis tourner à droite dans la rue de la Briqueterie et avancer jusqu'à l'École.

⑰ **a.** De A à D : ↑↑↑ ↰ ← ←

b. De F à C : ← ← ← ← ← ← ↰ ↓↓

c. De C à B : ↑ ↴ → → → →

d. De B à C : ← ← ← ← ↰ ↓

18 **a.** Alix se trompe, avec le logiciel Scratch il faut saisir le bloc ❷ suivi du bloc ❶.

b.

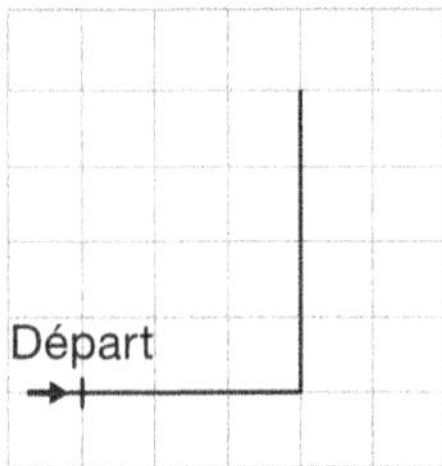

19 **a.**

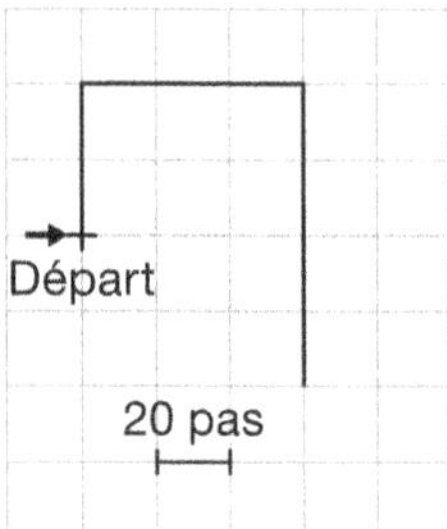

b.

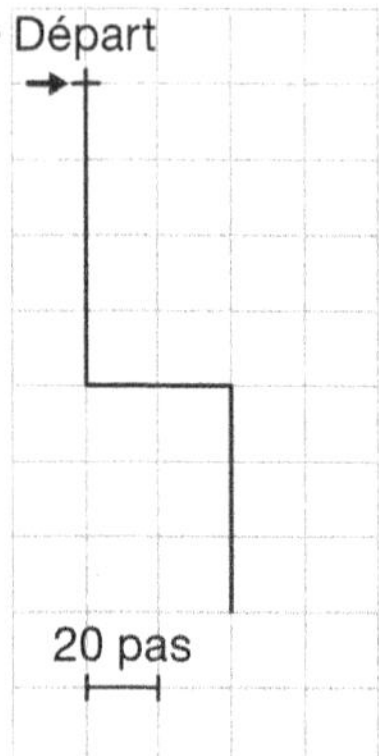

20 Il faut saisir les blocs dans l'ordre :

❷ – ❹ – ❸ – ❶

21 Ⓐ – ❶ ; Ⓑ – ❸ ; Ⓒ – ❹ ; Ⓓ – ❷ ; Ⓔ – ❹

Représenter un pavé droit

22 **a.** 12 × 5 cm = 60 cm
b. 12 × 20 cm = 240 cm
c. 12 × 0,7 cm = 8,4 cm

23 Les figures ❷ et ❹

24 **a.** Les arêtes cachées sont [AD], [CD], [HD].
Les faces cachées sont ABCD, ADHE, CDHG.

b.

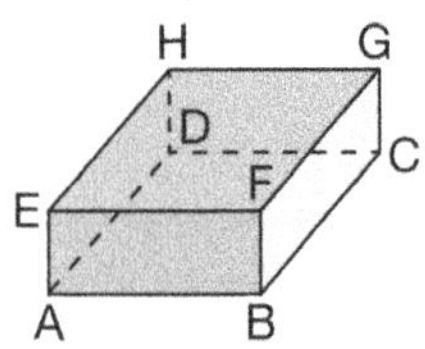

25 **a.**

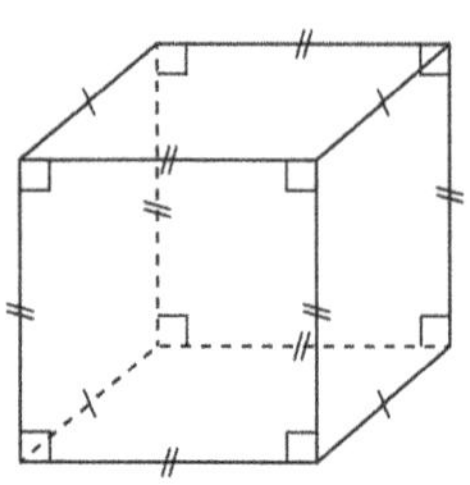

b.

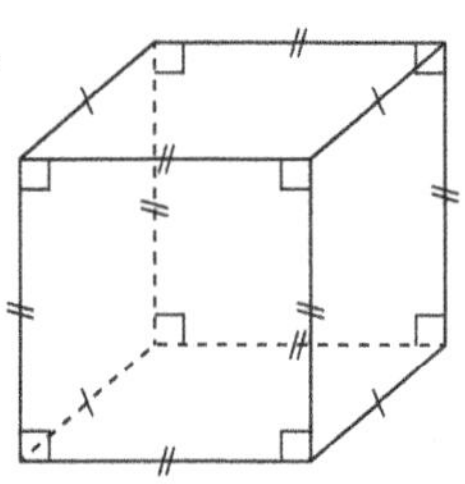

26

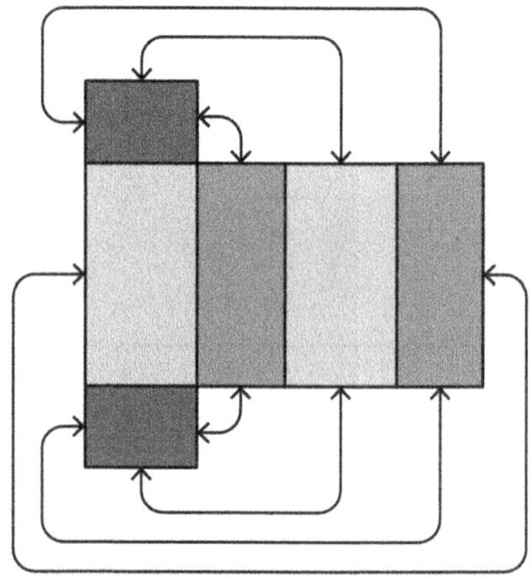

27 **a.**

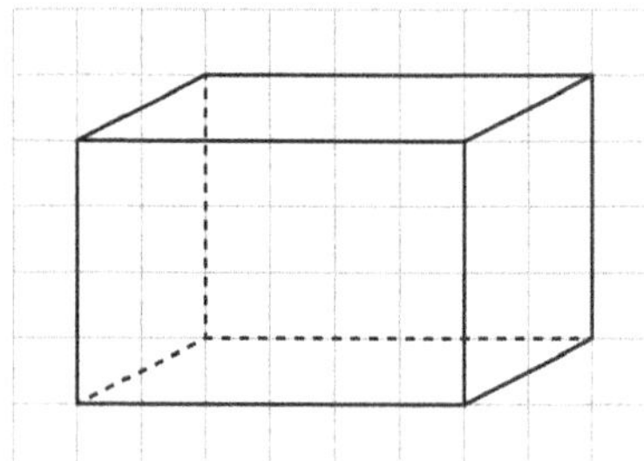

b.

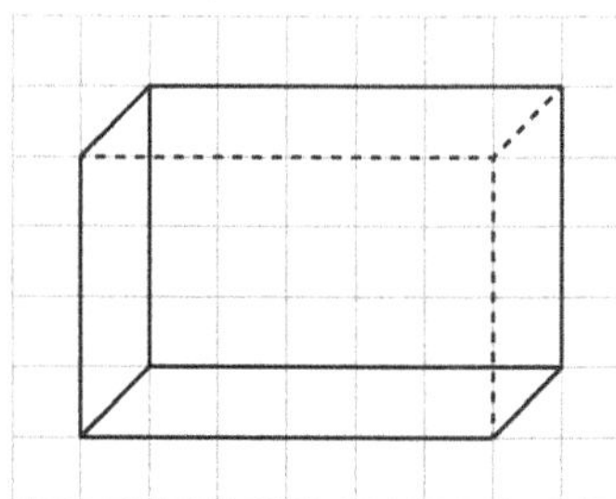

28

❶

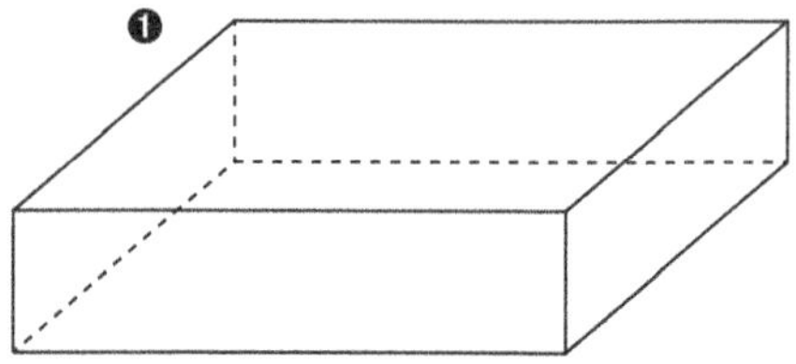

❷

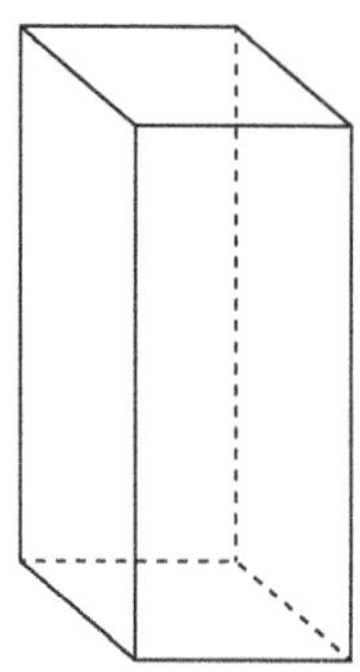

Décrire des solides usuels

29 ❶ Cône ❷ Pavé droit ❸ Prisme droit à base pentagonale ❹ Cylindre ❺ Pyramide ❻ Prisme droit à base triangulaire ❼ Cube ❽ Pyramide ❾ Boule ou sphère

30 Ce solide est un prisme droit à base triangulaire (représentée ci-dessous à l'échelle 3/4) et de hauteur 4,2 cm.

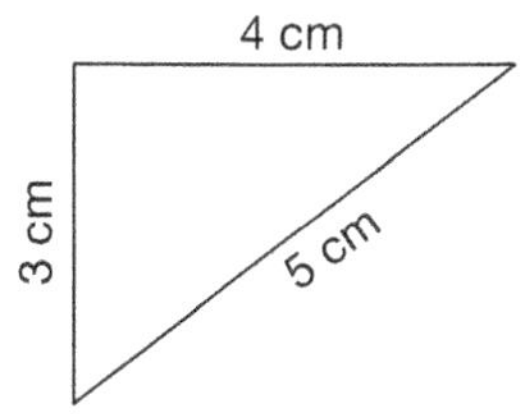

31 Ce solide est un cylindre de hauteur 11 cm et de rayon 2,1 cm.

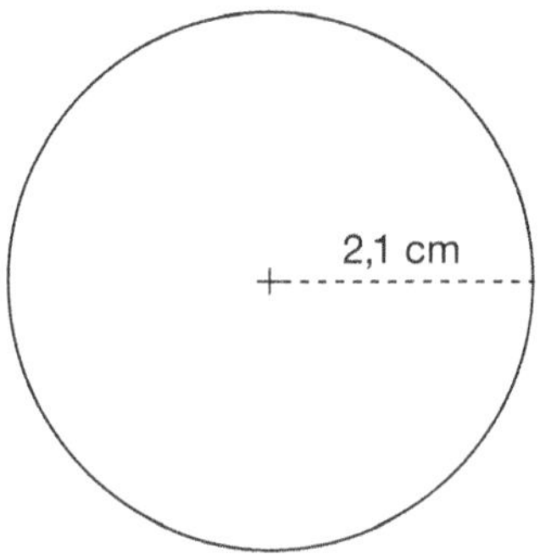

32 Ce solide est une pyramide à base carrée de côté 3 cm et de hauteur 4,2 cm.

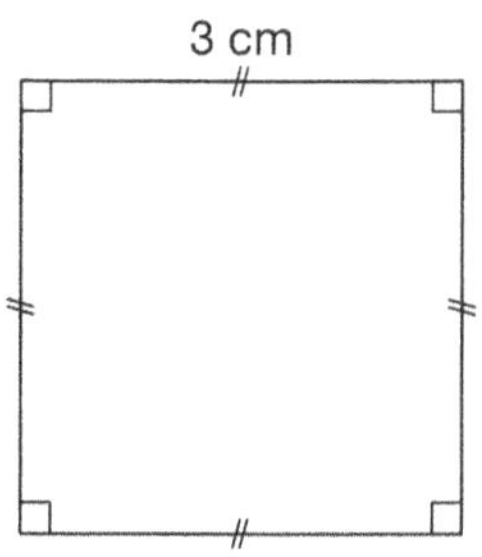

33 Ce solide est un cône de hauteur 8 cm et de rayon 2,5 cm.

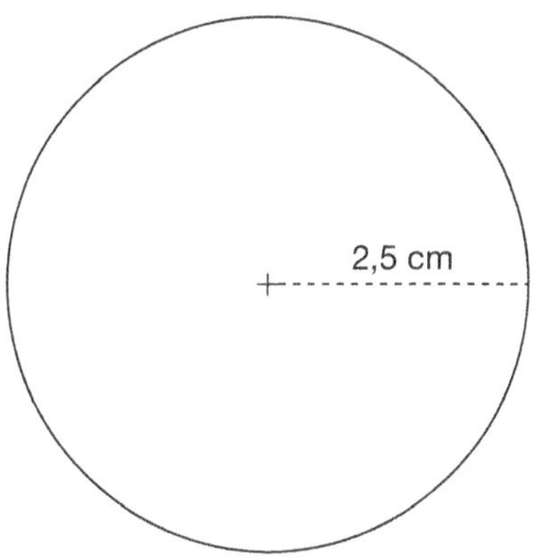

34 • Solide ❶

a. Vue de dessous

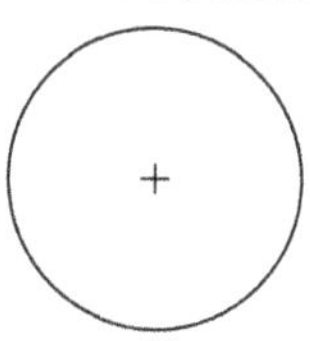

b. Vue de face

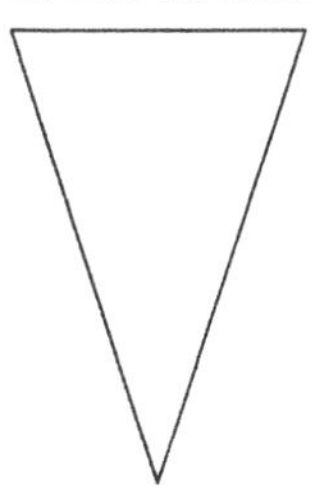

• Solide ❷

a. Vue de dessous

b. Vue de face

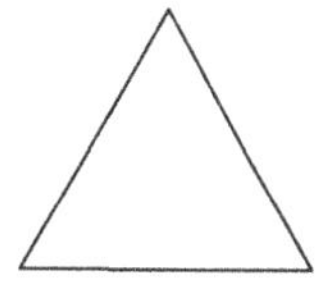

Je m'entraîne

Se repérer, se déplacer

35

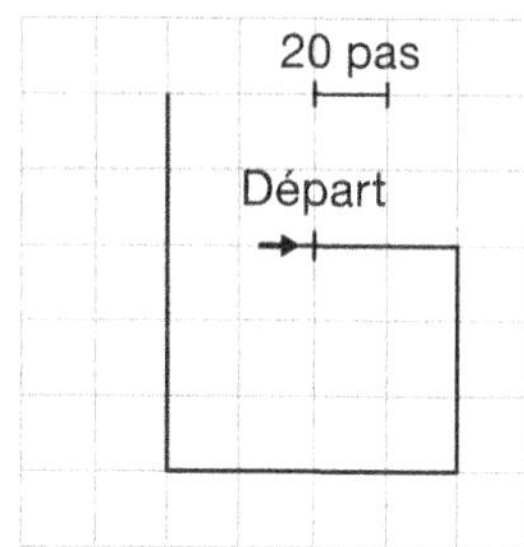

36

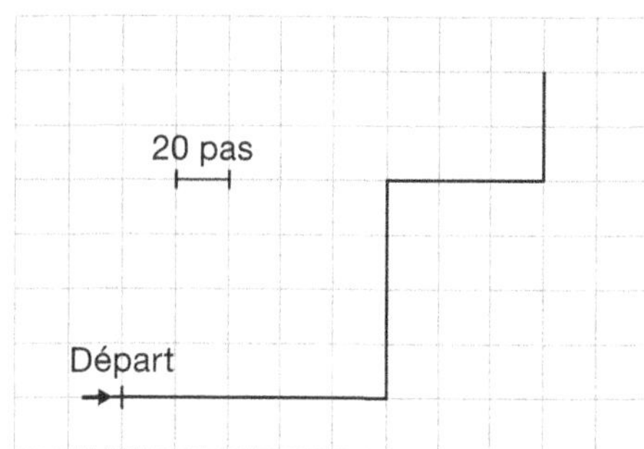

37

```
s'orienter à 90
avancer de 120 pas
tourner ↺ de 90 degrés
avancer de 80 pas
tourner ↺ de 90 degrés
avancer de 40 pas
tourner ↻ de 90 degrés
avancer de 40 pas
```

38

```
s'orienter à 90
avancer de 20 pas
tourner ↺ de 90 degrés
avancer de 40 pas
tourner ↻ de 90 degrés
avancer de 60 pas
tourner ↻ de 90 degrés
avancer de 60 pas
tourner ↺ de 90 degrés
avancer de 40 pas
```

39

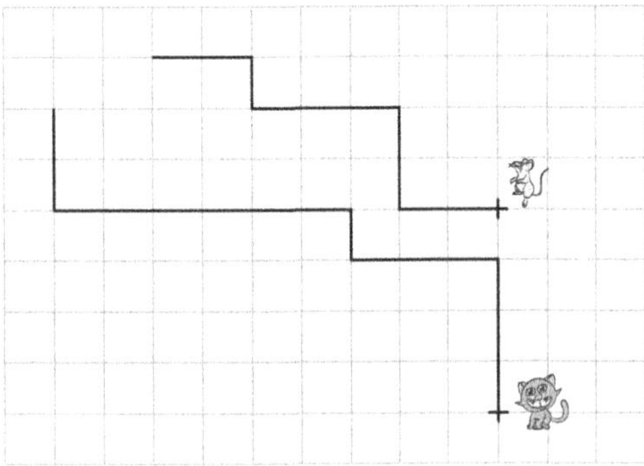

Le chat ne mangera pas la souris.

42

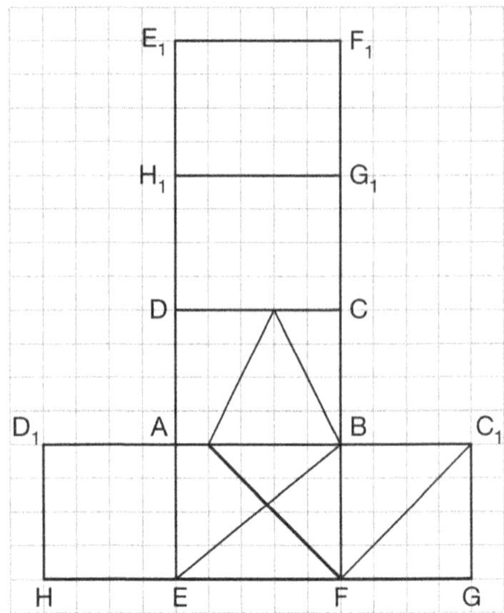

Représenter un pavé droit

40 **a.** Par exemple les sommets I et G.
b. Par exemple les arêtes [GK], [HL] et [EF].

41 Échelle 1/2

a.

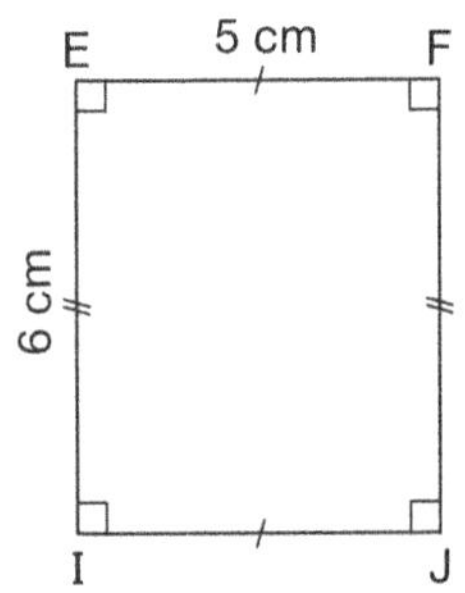

b.

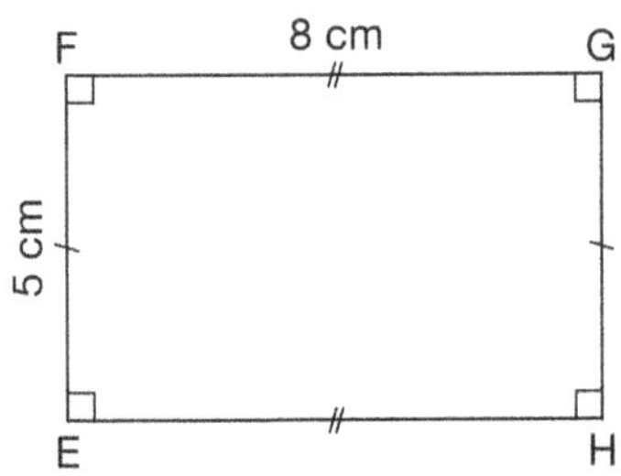

c.

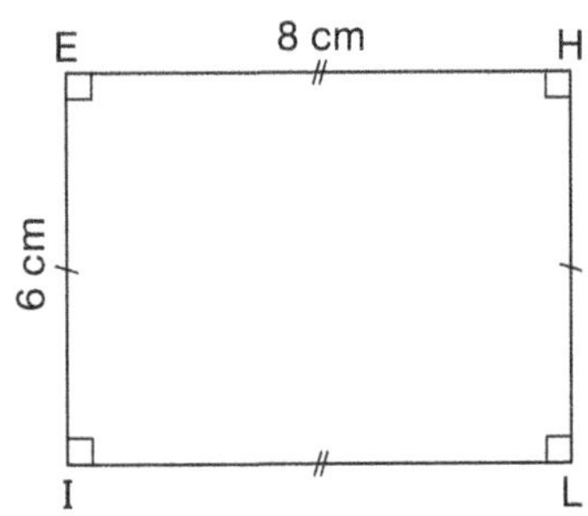

43 **a.** et **b.** Voici un patron de ce dé.

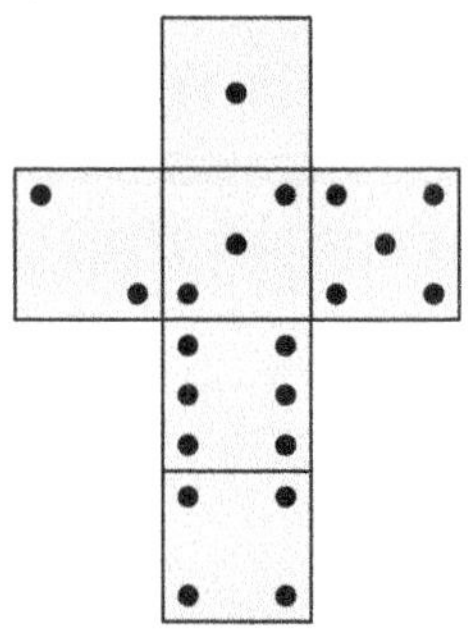

44 **a.**

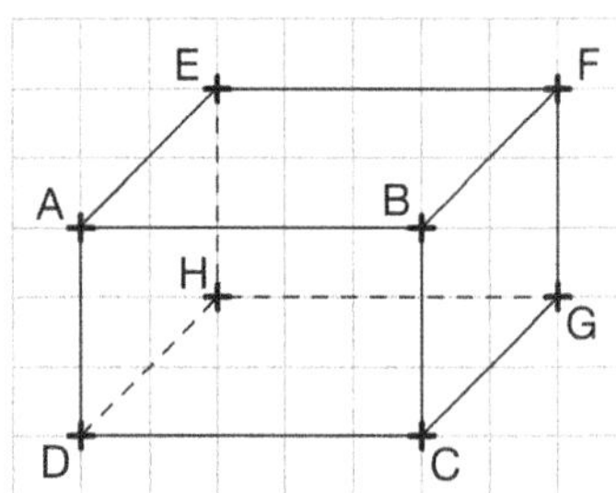

b.

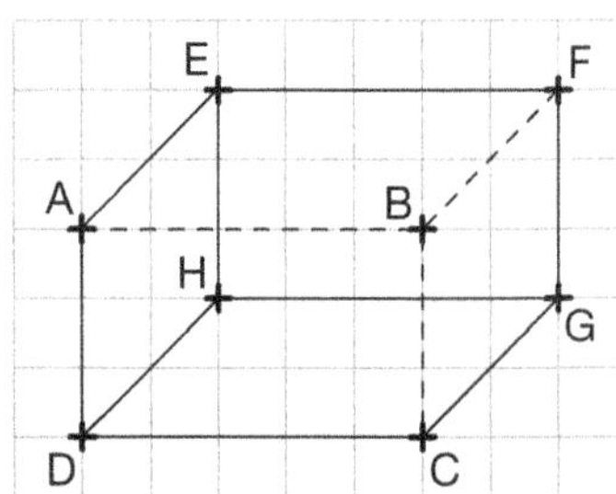

45 Schéma à main levé

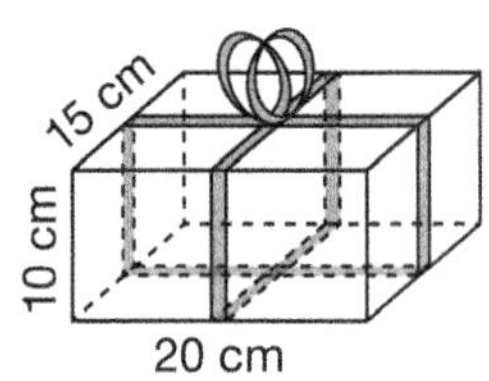

La longueur de ficelle nécessaire est :
$\ell = 2 \times 20 \text{ cm} + 2 \times 15 \text{ cm} + 4 \times 10 \text{ cm} + 30 \text{ cm}$
$\ell = 140 \text{ cm}$

46 Il y a :
- deux faces rectangulaires de dimensions 2,5 cm et 7 cm,
- deux faces rectangulaires de dimensions 7 cm et 4 cm,
- deux faces rectangulaires de dimensions 2,5 cm et 4 cm.

La somme des aires des faces est donc :
$2 \times 2{,}5$ cm $\times$ 7 cm + 2×7 cm $\times$ 4 cm + $2 \times 2{,}5$ cm $\times$ 4 cm, soit 111 cm^2.

47

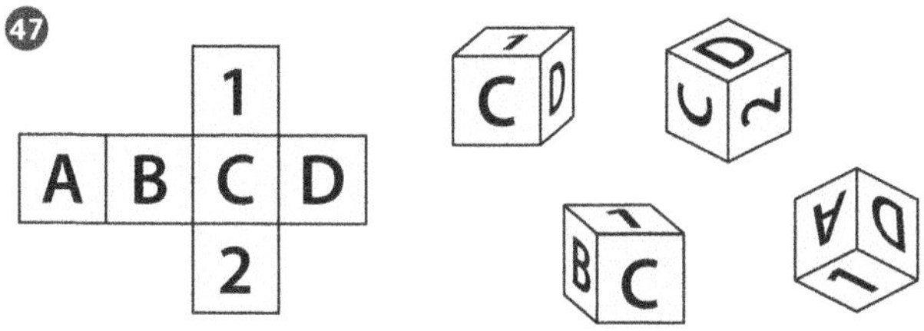

48 Les trois autres faces sont : ABNM, BCPN et ADQM.

Décrire des solides usuels

49 **b.**

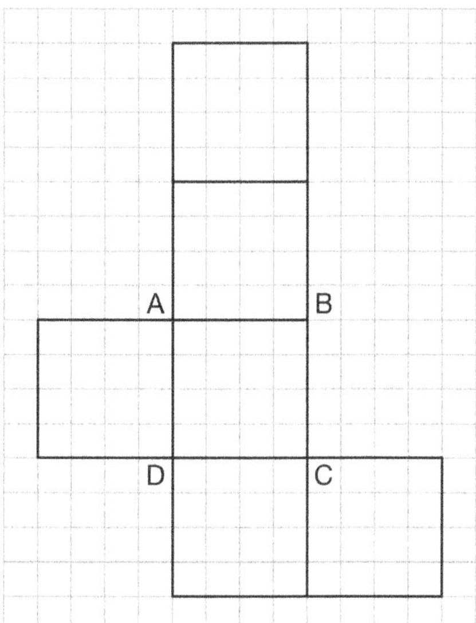

50 **b.** Échelle 1/2

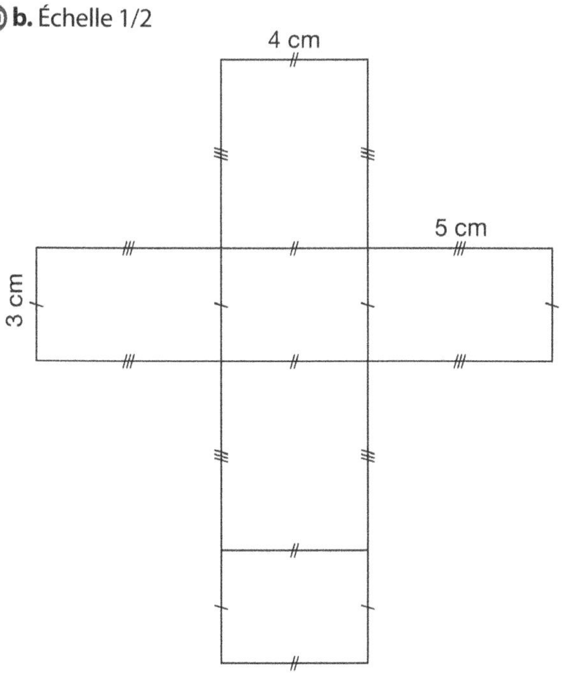

51

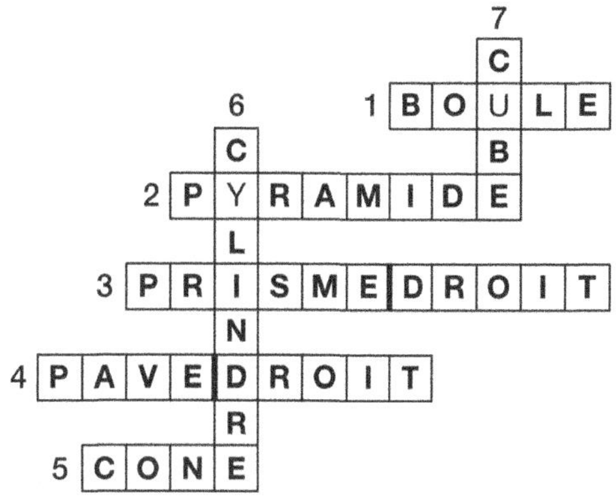

Synthèse

Utiliser des solides

52 Échelle 1/2

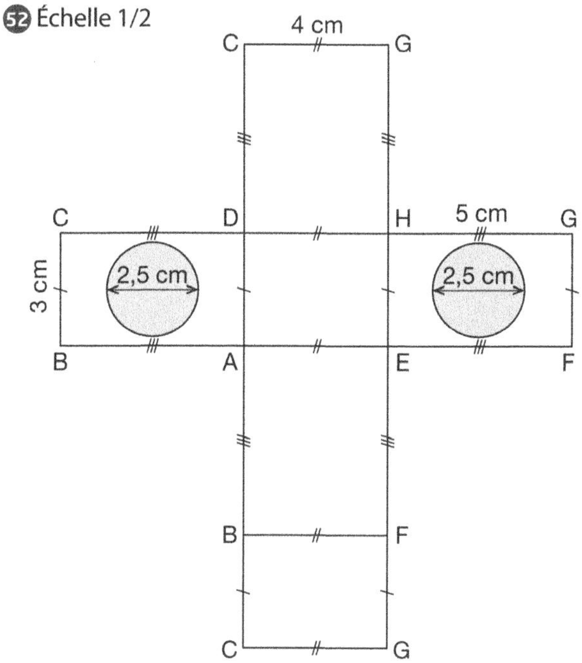

53 **a.** et **b.**

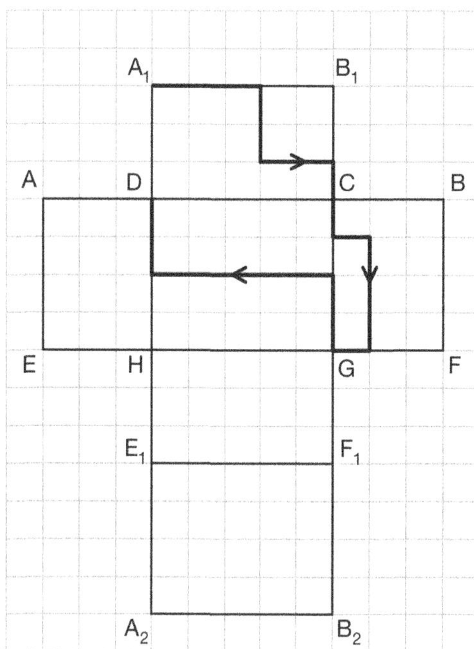

Parcours différenciés

Je m'évalue

(54) c. (55) b. (56) b. (57) a.
(58) b. (59) a. (60) b. (61) a.
(62) b.

Je réalise mon parcours

(63) *Fichier téléchargeable sur le site compagnon.*

PARCOURS 1

a. Cette instruction signifie que le chat tourne à droite d'un angle droit, c'est-à-dire s'oriente vers le bas avant de démarrer.
b. Il faut saisir la commande : « avancer de 40 pas ».
c.

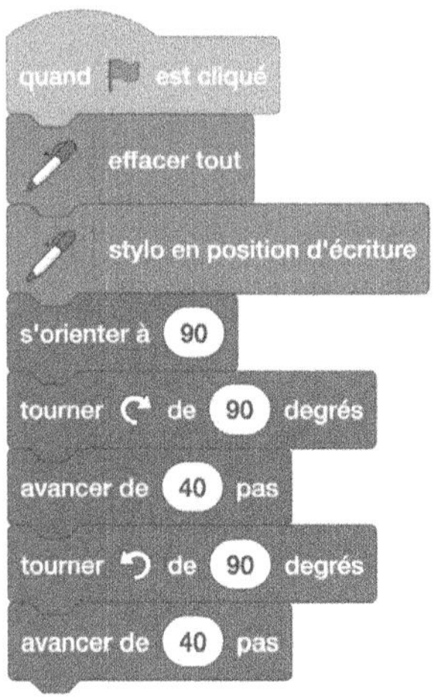

PARCOURS 2

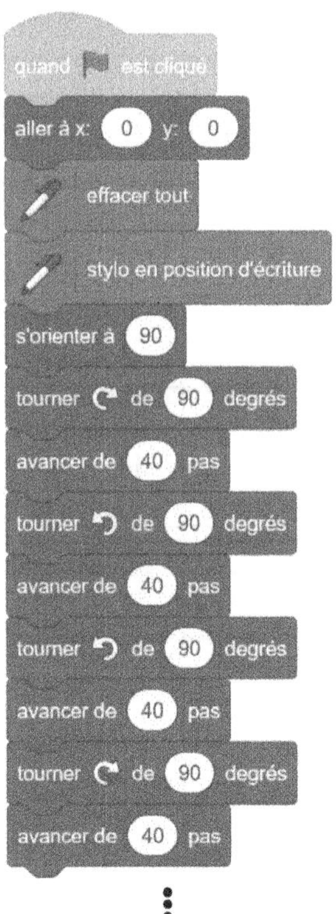

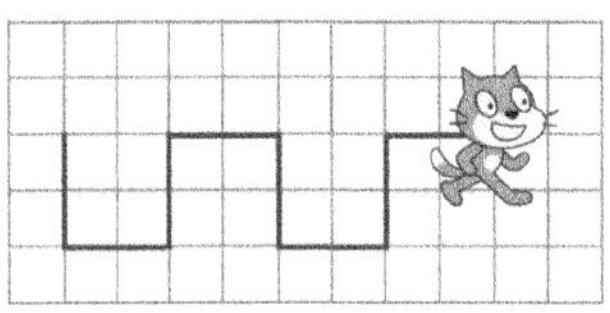

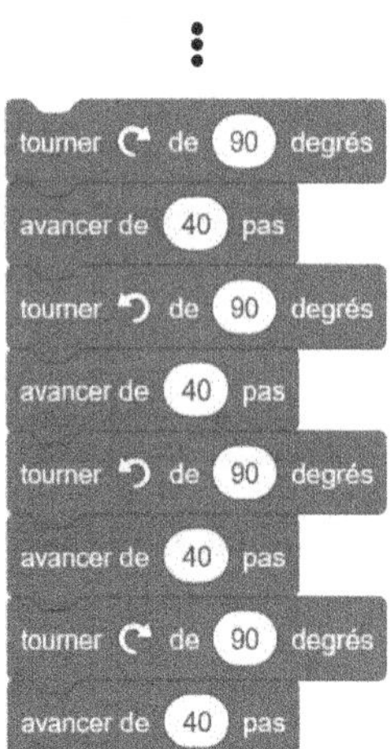

PARCOURS 3

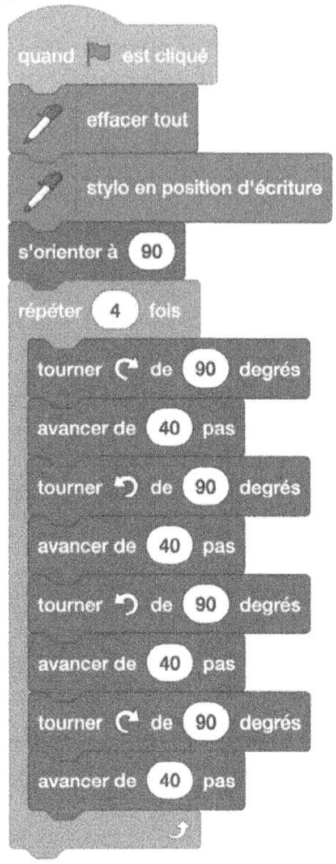

(64) **PARCOURS 1**

a. Parmi les arêtes visibles, il y a 3 arêtes de longueur 4 cm ; 3 arêtes de longueur 3 cm et 3 arêtes de longueur 7 cm.
b. Pour effectuer ce déplacement, la fourmi parcourt les arêtes **[AB]**, **[BC]**, **[CG]** et de segment **[GM]**, donc ce déplacement a pour longueur **7** cm + **4** cm + **3** cm + **1** cm, soit **15** cm.
c. La longueur du déplacement A → E → H → M est 3 cm + 4 cm + (7 cm – 1 cm), soit 13 cm.

PARCOURS 2

Les trois chemins de longueur 15 cm sont :
- A → B → C → G → M
- A → B → F → G → M
- A → E → F → G → M

PARCOURS 3

On construit un patron du pavé droit.
Le plus court chemin est alors décrit par le segment [AM].

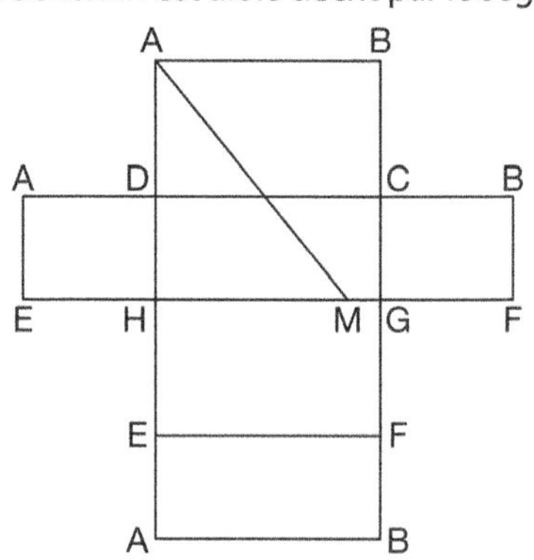

Je m'entraîne avec Scratch et GeoGebra

65 *Fichier téléchargeable sur le site compagnon.*

1. a. Le chat n'est pas sur le bon chemin.

b. Le chat est sur le bon chemin.

2.

```
quand 🏴 est cliqué
effacer tout
stylo en position d'écriture
avancer de (40) pas
tourner ↺ de (90) degrés
avancer de (120) pas
tourner ↻ de (90) degrés
avancer de (40) pas
tourner ↺ de (90) degrés
avancer de (40) pas
tourner ↻ de (90) degrés
avancer de (40) pas
tourner ↻ de (90) degrés
avancer de (40) pas
tourner ↺ de (90) degrés
avancer de (40) pas
tourner ↻ de (90) degrés
avancer de (80) pas
tourner ↺ de (90) degrés
avancer de (40) pas
tourner ↺ de (90) degrés
avancer de (40) pas
tourner ↻ de (90) degrés
avancer de (20) pas
```

66 *Fichier téléchargeable sur le site compagnon.*

2. b. En faisant glisser le curseur de 0 à 1, le pavé droit s'ouvre pour obtenir un patron plan lorsque le curseur est sur 1.

67 **Traduction**

Voici une partie du plan du quartier de Brooklyn à New York. Liam sort du Parc Paerdegat par Farragut Road. Elle souhaite rencontrer James dans Clarendon Road. Décrire le déplacement qu'elle doit faire.

Réponse

Elle doit aller à gauche sur Farragut Road, tourner à la quinzième rue à gauche ; avancer et tourner à la troisième rue à droite, jusqu'à retrouver James.

68 Échelle 1/3

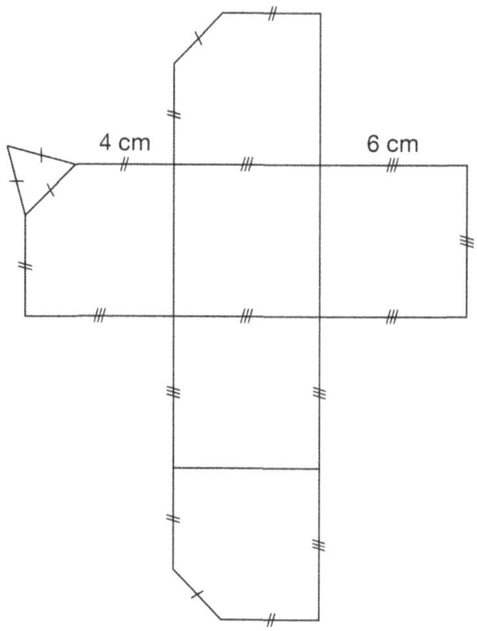

69 *Fichier téléchargeable sur le site compagnon.*

1. **(1)** avancer de 120 pas **(2)** avancer de 60 pas
(3) avancer de 120 pas **(4)** avancer de 60 pas

2. • Carré de côté 60 pas

```
quand 🏴 est cliqué
effacer tout
stylo en position d'écriture
répéter (4) fois
    avancer de (60) pas
    tourner ↺ de (90) degrés
```

• Rectangle de dimensions 20 pas et 80 pas

```
quand 🏴 est cliqué
effacer tout
stylo en position d'écriture
avancer de (20) pas
tourner ↺ de (90) degrés
avancer de (80) pas
tourner ↺ de (90) degrés
avancer de (20) pas
tourner ↺ de (90) degrés
avancer de (80) pas
```

70 Le piquet est constitué :
- d'un demi-cylindre,
- d'un pavé droit,
- d'un prisme droit à base triangulaire.

71 **a.** ❶ Pavé droit surmonté d'une pyramide à base carrée.
❷ Cylindre surmonté d'un cône.
❸ Pavé droit surmonté d'un prisme droit à base triangulaire.

b. ❶

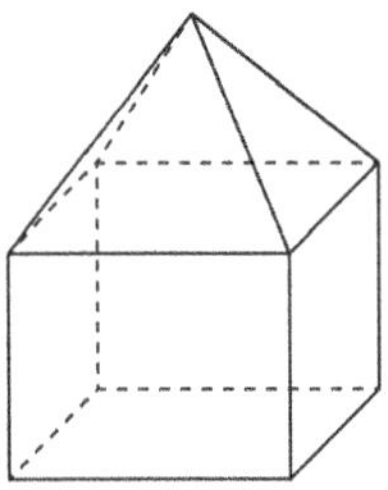

❷

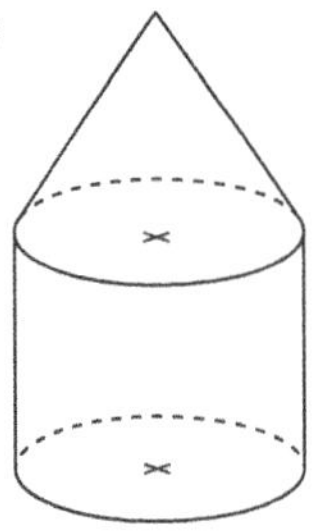

❸

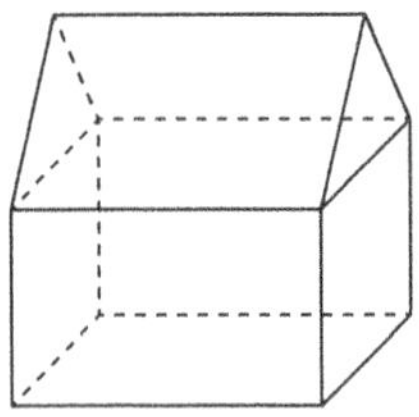

72 104 m − 2 × 10 m = 84 m
84 m − 2 × 10 m = 64 m
64 m − 2 × 10 m = 44 m
44 m − 2 × 10 m = 24 m
24 m − 2 × 10 m = 4 m
Le pavé droit situé au sommet a donc pour dimensions 4 m, 4 m et 12 m.
Échelle 1/200

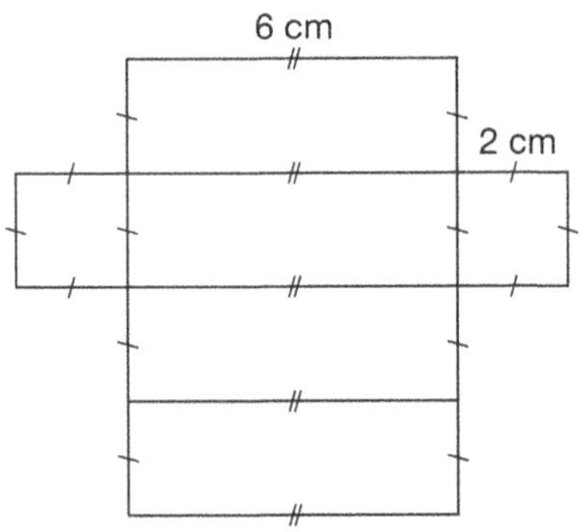

73 Avec des rectangles superposables aux deux rectangles, on ne peut pas réaliser un patron d'un pavé droit. En effet, il manque les faces de dimensions 1 carreau et 3 carreaux.

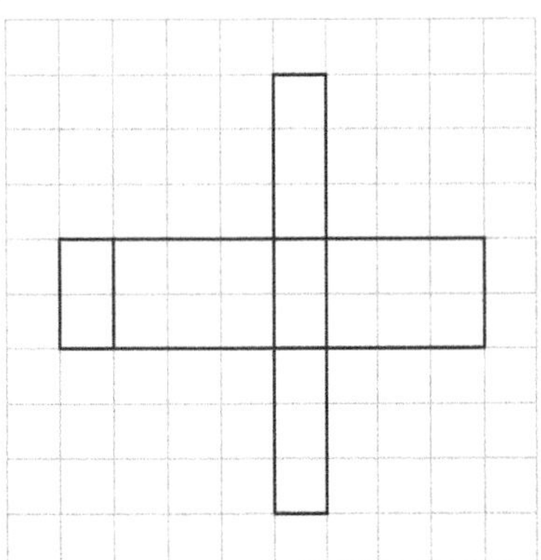

74 **a.**

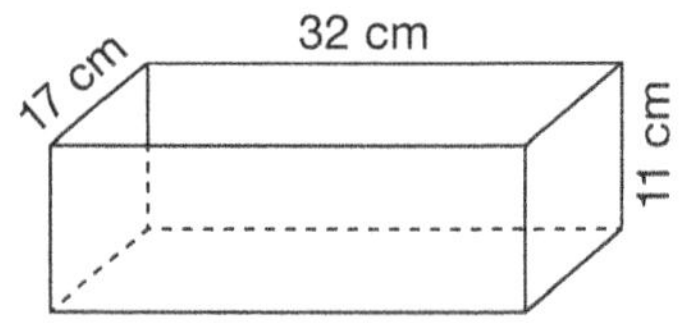

b.

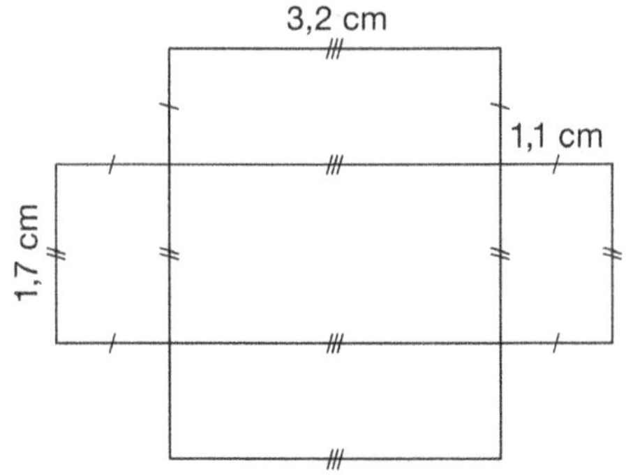

c. L'aire totale du carton nécessaire est :
2 × 17 cm × 11 cm + 2 × 32 cm × 11 cm + 17 cm × 32 cm soit 1 622 cm².

75

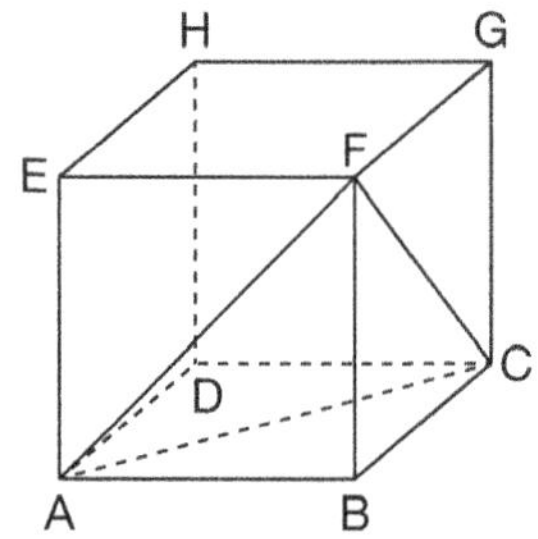

Les diagonales [AF], [AC] et [FC] sont de même longueur car les faces sont des carrés superposables. Donc le triangle AFC est équilatéral.
Alicia a raison.

76 *Fichier téléchargeable sur le site compagnon.*

a.

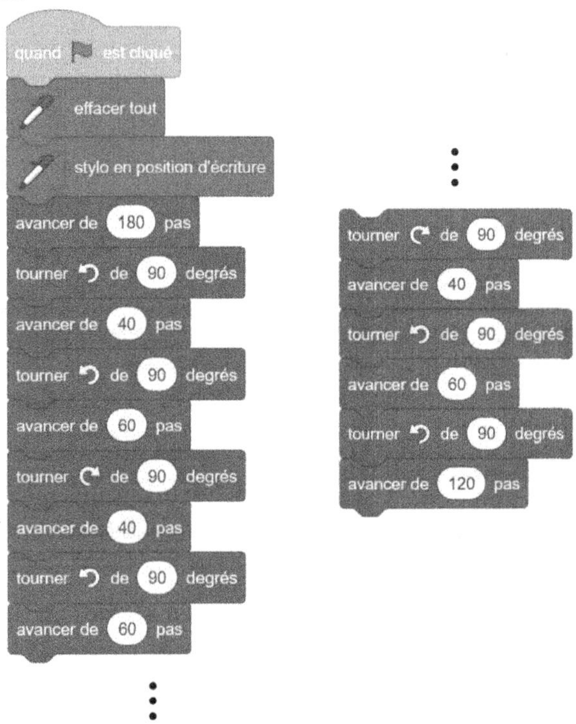

b.

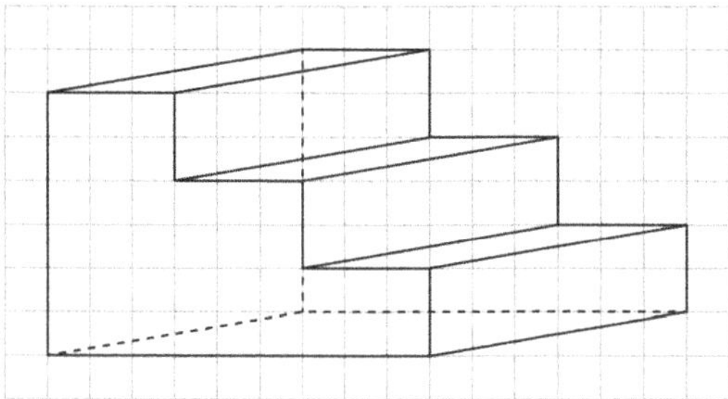

77 **a.** On obtient 120 petits cubes : $6 \times 4 \times 5 = 120$.
b. • 8 cubes ont trois faces peintes.
• $16 + 8 + 12 = 36$
36 cubes ont deux faces peintes.
• $12 \times 2 + 8 \times 2 + 6 \times 2 = 52$
52 cubes ont une face peinte.
• $120 - 52 - 36 - 8 = 24$
24 cubes n'ont aucune face peinte.

78 Le périmètre du patron donné est 56 cm.
$4 \times 5{,}5 + 4 \times 4 + 6 \times 3 = 56$
Ci-dessous un patron de périmètre 51 cm :
$2 \times 5{,}5 + 4 \times 4 + 8 \times 3 = 51$
Échelle 1/2

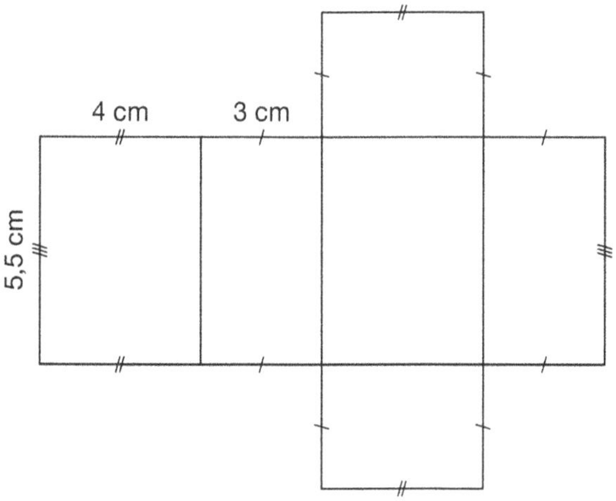

79 Les dimensions de la boîte sont : 5,4 et 3.

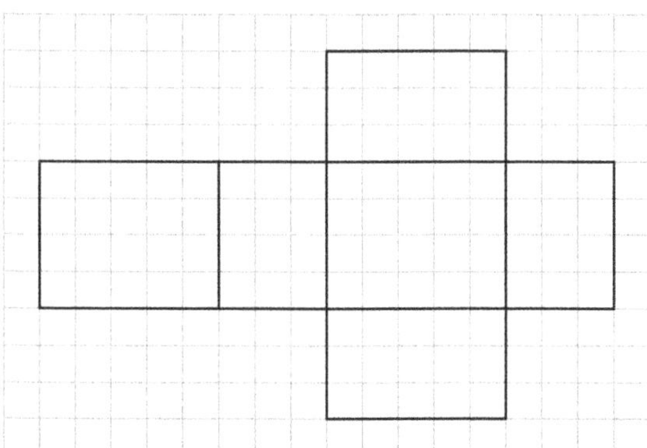

80

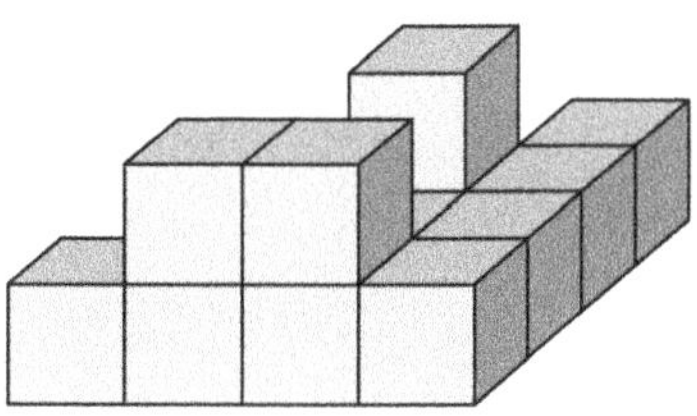

Cet assemblage compte 11 petits cubes.

81 Le 1er compartiment posé compte 15 arêtes : les 9 en traits fins et les 6 en traits gras. Lorsqu'on accole un compartiment, seules les 6 arêtes en traits gras se rajoutent au nombre total d'arêtes.

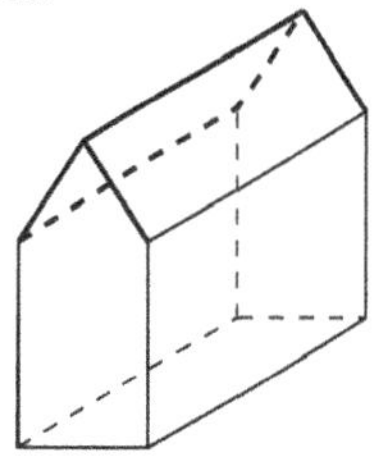

$2025 - 9 = 2016$
Il reste à savoir combien de fois 6 arêtes ont été rajoutées pour connaître le nombre de compartiments accolés.
$2016 : 6 = 336$.
L'usine possèderait donc 336 compartiments si elle comptait 2025 arêtes.

Je prends des initiatives

82 Le trajet le plus court est le trajet VABCW indiqué ci-dessous.
À la règle, on mesure (sur le manuel élève) :
$VA \approx 1$ cm ; $AB \approx 2{,}8$ cm ; $BC \approx 2{,}5$ cm ; $CW \approx 0{,}6$ cm.
Soit pour l'ensemble du trajet :
$VA + AB + BC + CW \approx 6{,}9$ cm.
Ainsi, en tenant compte de l'échelle :
$6{,}9 \times 500$ m $: 2$ soit 1 725 m environ.

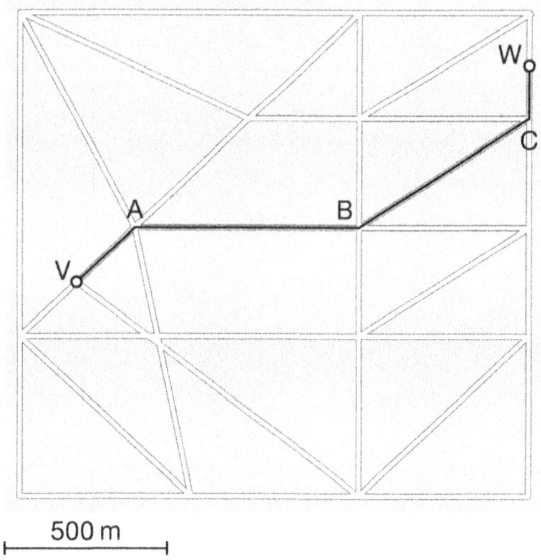

Description du trajet : en partant du point V, se diriger vers le Nord-Est ; au carrefour, se diriger vers l'Est ; au carrefour, se diriger vers le Nord-Est ; au carrefour, se diriger vers le Nord jusqu'à William.

83 Pour chacune des propositions, seules les aires des faces de la boîte sont calculées. Les languettes nécessaires pour la réalisation de la boîte ne sont pas prises en compte.

(1)

Les six canettes sont en une seule couche, ce qui donne une boîte de 5,8 cm de haut, 9,2 cm de large et 13,8 cm de long.
$(5{,}8 \times 9{,}2) \times 2 + (5{,}8 \times 13{,}8) \times 2 + (9{,}2 \times 13{,}8) \times 2 = 520{,}72$
Aire de carton : $520{,}72$ cm²

(2) 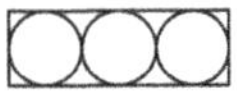

Les six canettes sont en deux couches de 3, ce qui donne une boîte de 11,6 cm de haut, 4,6 cm de large et 13,8 cm de long.

$(11{,}6 \times 4{,}6) \times 2 + (11{,}6 \times 13{,}8) \times 2 + (4{,}6 \times 13{,}8) \times 2 = 553{,}84$

Aire de carton : 553,84 cm^2

(3) 

Les six canettes sont en une seule ligne, ce qui donne une boîte de 5,8 cm de haut, 4,6 cm de large et 27,6 cm de long.

$(5{,}8 \times 4{,}6) \times 2 + (5{,}8 \times 27{,}6) \times 2 + (4{,}6 \times 27{,}6) \times 2 = 627{,}44$

Aire de carton : 627,44 cm^2

(4) 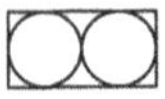

Les canettes sont en trois couches de 2 canettes, ce qui donne une boîte de 17,4 cm de haut, 4,6 cm de large et 9,2 cm de long.

$(17{,}4 \times 4{,}6) \times 2 + (17{,}4 \times 9{,}2) \times 2 + (4{,}6 \times 9{,}2) \times 2 = 564{,}88$

Aire de carton : 564,88 cm^2

(5) 

Les six canettes sont empilées, ce qui donne une boîte à base carrée de côté 4,6 cm et de 34,8 cm de haut.

$(4{,}6 \times 4{,}6) \times 2 + (4{,}6 \times 34{,}8) \times 4 = 682{,}64$

Aire de carton : 682,64 cm^2

D'après les calculs, c'est la première boîte qui utilise le moins de carton.

Pour se conforter dans ce choix, on peut remarquer que, très souvent, les canettes sont disposées par 6 de cette façon.

HAPITRE
13
S'initier à la géométrie plane

INTENTIONS PÉDAGOGIQUES

❶ Les Repères des cycles 2 et 3

Au cours du cycle 2, l'utilisation des instruments de géométrie se fait graduellement.

- Au CP, les élèves utilisent la règle comme outil de tracé de segment.

Ils utilisent la règle graduée comme outil de mesure ou de report de longueur.

- Au CE1, les élèves consolident l'utilisation de la règle graduée comme outil de mesure et de report de longueur.

Ils utilisent l'équerre pour tracer ou reconnaître des angles droits.

- Au CE2, les élèves consolident l'utilisation de la règle graduée, de l'équerre et du compas.

Ils peuvent aborder le report de longueur sur une droite déjà tracée avec le compas.

Tout au long du cycle 3, les notations (AB), [AB), [AB], AB sont toujours précédées du nom de l'objet qu'elles désignent : droite (AB), demi-droite [AB), segment [AB], longueur AB. Les élèves apprennent à utiliser le symbole d'appartenance (∈) d'un point à une droite, une demi-droite ou un segment.

Le vocabulaire et les notations nouvelles (∈, (AB), [AB), [AB], AB) sont introduits au fur et à mesure de leur utilité, et non au départ d'un apprentissage.

La dimension perceptive, l'usage des instruments et les propriétés élémentaires des figures sont articulés tout au long du cycle.

- Au CM1, le vocabulaire utilisé est le même qu'en fin de cycle 2 : milieu, droite, segment.

Les élèves commencent à rencontrer la notation « segment [AB] » pour désigner le segment d'extrémités A et B, mais cette notation n'est pas exigible ; pour les droites, on parle de la droite « qui passe par les points A et B » ou de « la droite *d* ».

Tout au long de l'année, les élèves utilisent la règle graduée ou non graduée ainsi que les bandes de papier à bord droit pour reporter des longueurs.

Ils utilisent l'équerre pour repérer ou construire un angle droit.

Ils utilisent le compas pour reporter une longueur.

Les élèves tracent avec l'équerre la droite perpendiculaire à une droite donnée en un point donné de cette droite.

- Au CM2, les élèves commencent à rencontrer la notation « droite (AB) ».

Les élèves tracent avec l'équerre la droite perpendiculaire à une droite donnée passant par un point donné qui peut être extérieur à la droite. Ils tracent la droite parallèle à une droite donnée passant par un point donné.

On amène progressivement les élèves à dépasser la dimension perceptive et instrumentée des figures planes pour tendre vers le raisonnement hypothético-déductif.

Il s'agit de conduire sans formalisme des raisonnements simples utilisant les propriétés des figures usuelles.

- En 6e, les élèves utilisent la notation AB pour désigner la longueur d'un segment qu'ils différencient de la notation du segment [AB].

Les élèves utilisent aussi la notation courante pour les demi-droites.

Les élèves sont confrontés à la nécessité de représenter une figure à main levée avant d'en faire un tracé instrumenté. C'est l'occasion d'instaurer le codage de la figure à main levée (au fur et à mesure : égalités de longueurs, perpendicularité).

Les figures étudiées sont de plus en plus complexes et les élèves les construisent à partir d'un programme de construction. Ils utilisent selon les cas les figures à main levée, les constructions aux instruments et l'utilisation d'un logiciel de géométrie dynamique.

Les élèves apprennent à rédiger un programme de construction en utilisant le vocabulaire et les notations appropriées pour des figures simples au départ puis pour des figures plus complexes au fil des périodes suivantes.

Tout au long de l'année se poursuit le travail entrepris au CM2 visant à faire évoluer la perception qu'ont les élèves des activités géométriques (passer de l'observation et du mesurage au codage et au raisonnement).

On s'appuie sur l'utilisation des codages.

Les élèves utilisent les propriétés relatives aux droites parallèles ou perpendiculaires pour valider la méthode de construction d'une parallèle à la règle et à l'équerre, et établir des relations de perpendicularité ou de parallélisme entre deux droites.

❷ Je découvre

Activité 1

Le but de l'activité est d'introduire la notation d'un segment et celle d'une droite.

On utilise également le signe d'appartenance : ∈, ∉.

Activité 2

Il s'agit d'effectuer des tracés et de définir de nouveaux objets géométriques.
On construit la médiatrice (*d*) d'un segment, puis le point de la droite (*d*) le plus proche d'un point donné extérieur à (*d*) pour ainsi définir la notion de distance d'un point à une droite.

Activité 3

Les élèves construisent une figure à partir d'un programme de construction. Ils sont amenés, lors de cette construction, à tracer des droites perpendiculaires.
On leur demande enfin d'en déduire le parallélisme de deux droites de la figure obtenue.

❸ Cours - J'applique le cours

Cours

Vocabulaire de la géométrie

Au paragraphe 1, on rappelle et on précise le vocabulaire et les notations de la géométrie plane : point, segment, droite et demi-droite.
Les définitions suivantes sont données : points alignés ; distance entre deux points ; milieu d'un segment.

Droites

Au paragraphe 2, on donne déjà la définition de deux droites sécantes et de deux droites perpendiculaires.
On définit ensuite la distance d'un point à une droite et on donne le moyen géométrique pour l'obtenir.
Enfin, on définit la médiatrice d'un segment. On indique les codages à faire apparaître sur la figure.
Au paragraphe 3, on donne la définition de deux droites parallèles. Les relations entre droites parallèles et droites perpendiculaires sont énoncées.

J'applique le cours

Exercice résolu 1
Des points sont donnés. À partir de sa notation, on doit reconnaître un objet géométrique et le tracer sur une figure. On s'intéresse aussi à l'intersection de ces objets.

Exercice résolu 5
On présente ici la construction d'une droite perpendiculaire à une droite donnée passant par un point extérieur à celle-ci.

Exercice résolu 7
On décrit les étapes de la construction de la médiatrice d'un segment et on précise le codage de la figure obtenue.

Exercice résolu 9
On présente la construction d'une droite parallèle à une droite donnée passant par un point extérieur à celle-ci.

Exercice résolu 11
On propose ici aux élèves d'effectuer un raisonnement. On utilise une propriété du cours pour en déduire le parallélisme de deux droites.

❹ Compléments

Connaître et utiliser le vocabulaire de la géométrie

Les élèves doivent connaître le vocabulaire et les notations utilisés pour désigner les points, les segments, les droites, les demi-droites et les distances.
Ils doivent aussi connaître la façon de représenter ces objets sur les figures et de coder leurs propriétés (égalité de longueurs, droites perpendiculaires).

Réaliser des tracés

Les élèves sont capables de tracer une perpendiculaire, une parallèle à une droite passant par un point donné, ainsi que la médiatrice d'un segment.
Ils doivent aussi pouvoir construire une figure à partir d'un programme de construction (par exemple : exercices **31**, **32** et **33** p. 219).
Dans des situations simples, ils peuvent écrire une consigne permettant de réaliser une figure donnée (exercices **41** p. 220 et **45** p. 221).

Effectuer un raisonnement

Les activités proposées aux élèves doivent faire évoluer leur perception de la preuve en géométrie et ainsi les faire passer progressivement de l'observation au raisonnement.

Utiliser GeoGebra

On peut aussi fournir aux élèves un logiciel de géométrie dynamique pour construire des figures.
Une initiation à cet usage est proposée dans les exercices **63**, **64**, **65** p. 224, **70** p. 225 et **73** p. 226.

CORRIGÉS

Bien démarrer

1 **a.** et **c.** **2** **b.** **3** **b.** et **c.**
4 **a.** et **c.** **5** **c.**

Je découvre

Activité 1

a., **b.** et **c.**

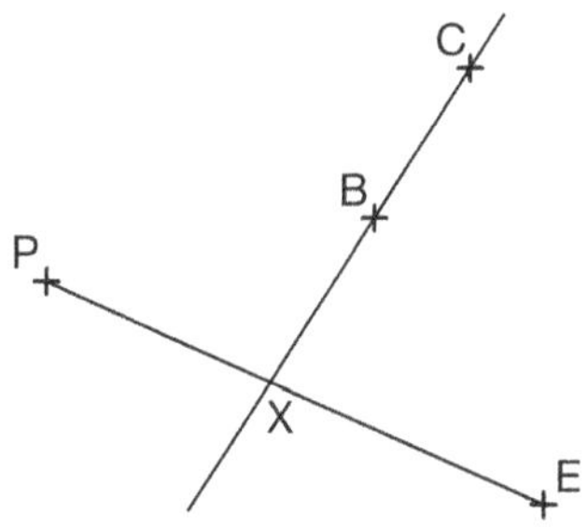

Le point X est le point d'intersection du segment [PE] et de la droite (BC).

Activité 2

a.

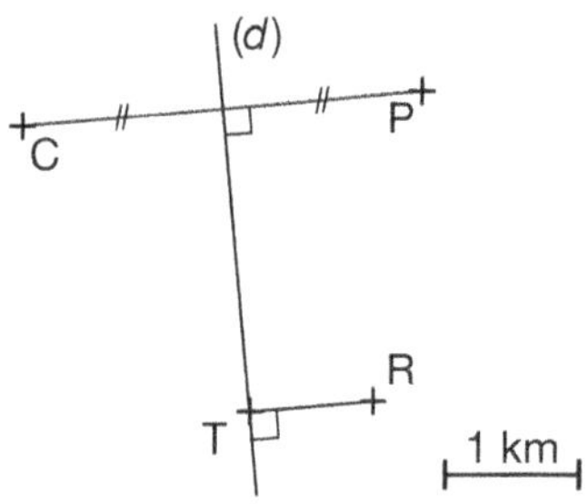

b. La droite (*d*) est la médiatrice du segment [CP].
c. La distance RT est la distance du point R à la droite (*d*).
d. On mesure RT ≈ 0,7 cm sur la carte et dans la réalité RT ≈ 0,7 km (1 km est représenté par 1 cm sur la carte).

Activité 3

a.

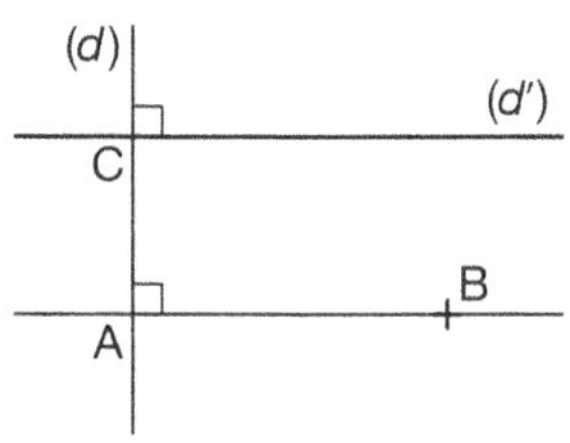

b. Les droites (AB) et (*d*') sont parallèles car elles sont toutes les deux perpendiculaires à la droite (*d*).

J'applique le cours

2 **a.**

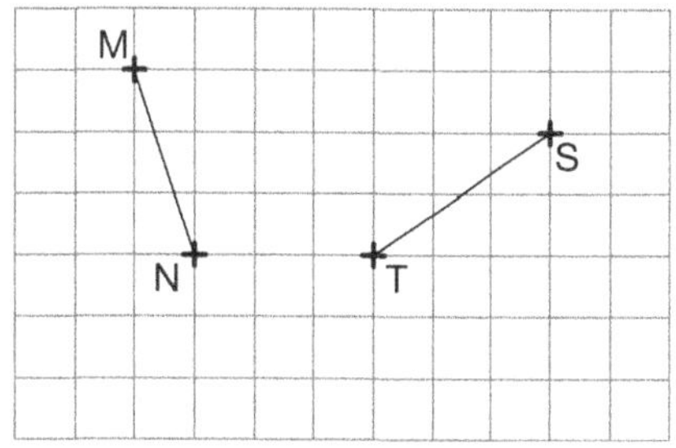

Les segments [MN] et [ST] ne se coupent pas.

b.

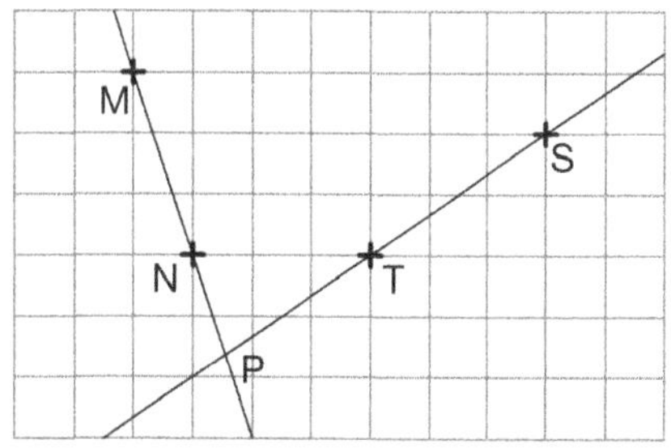

Les droites (MN) et (ST) se coupent au point P.

c.

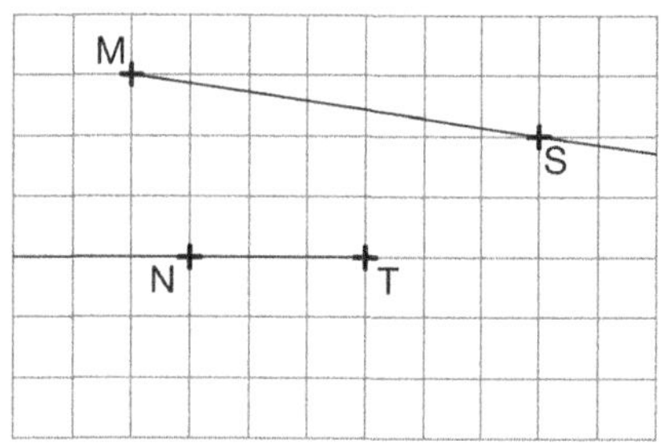

Les demi-droites [MS) et [TN) ne se coupent pas.

3 **a.** Mathis a tort car le tracé de chaque droite peut être prolongé.

b.

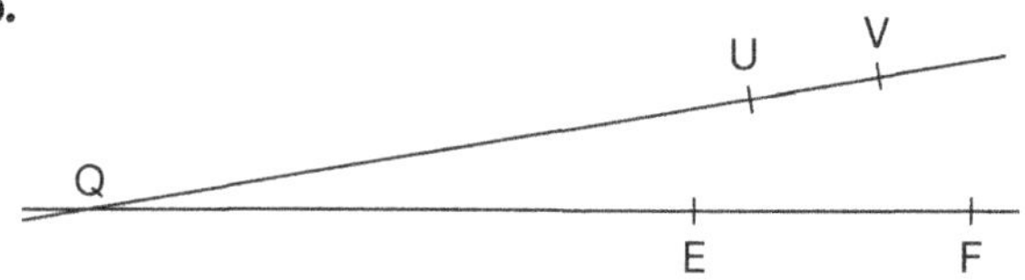

Les droites (UV) et (EF) se coupent au point Q.

4

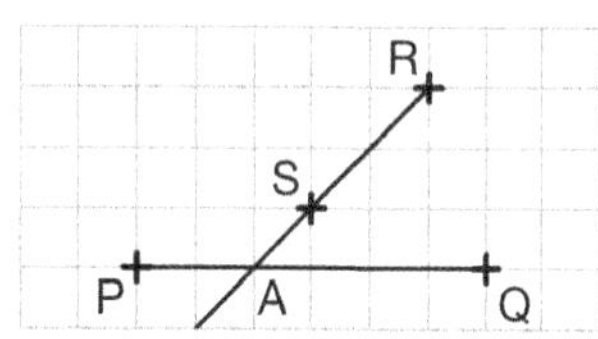

Le segment [PQ] et la demi-droite [RS) se coupent au point A.

6 **1.** et **2.**

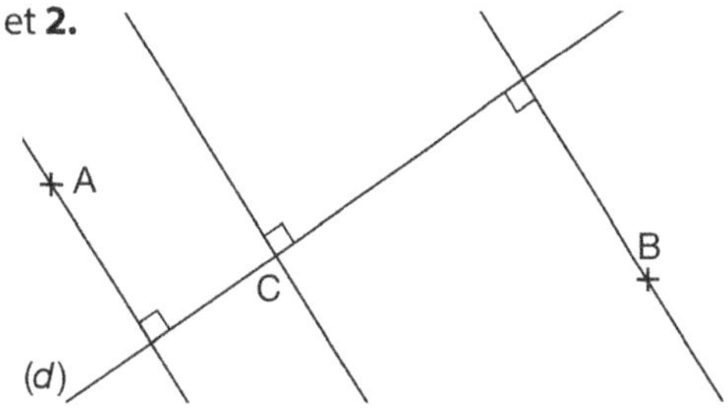

8 **a.**, **b.** et **c.**

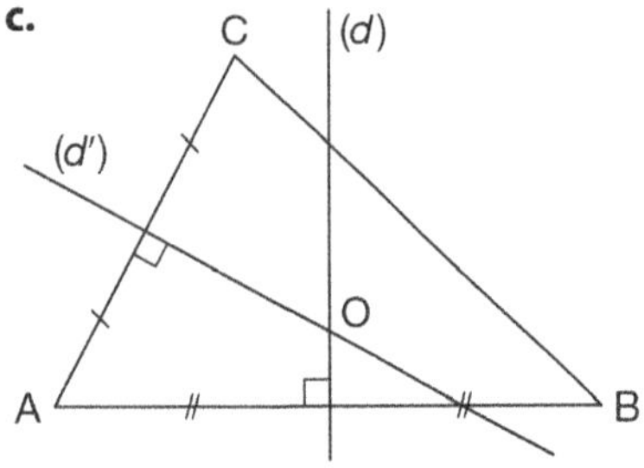

10 **a.** et **b.**

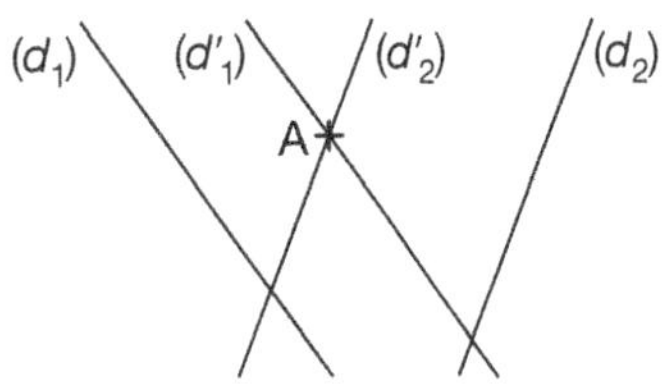

12 La droite (d') est la médiatrice du segment [BH], donc les droites (d') et (BC) sont perpendiculaires.
Les droites (d) et (d') sont perpendiculaires à la même droite (BC), donc ces deux droites sont parallèles.

Je travaille mes automatismes

Connaître le vocabulaire de la géométrie

13 Les segments [AB], [CA] et [CD] sont tracés sur la figure.

14 Alexia a tracé les droites (SR), (TR) et la demi-droite [ST).

15 **a.** L'affirmation est vraie.
b. L'affirmation est fausse.
c. L'affirmation est fausse.

16 **a.** AB = 2 cm **b.** DA = 1 cm
c. CD = 2 cm

17 **1. a.** AM = 11 cm **b.** AM = 3,5 cm
c. AM = 4,1 cm
2. a. AB = 34 cm **b.** AB = 15 cm
c. AB = 1,8 cm

18 **1.**, **2.** et **3.**

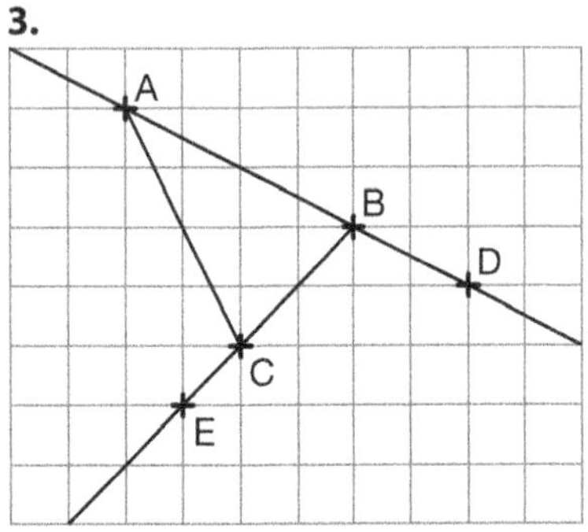

19 **1.**

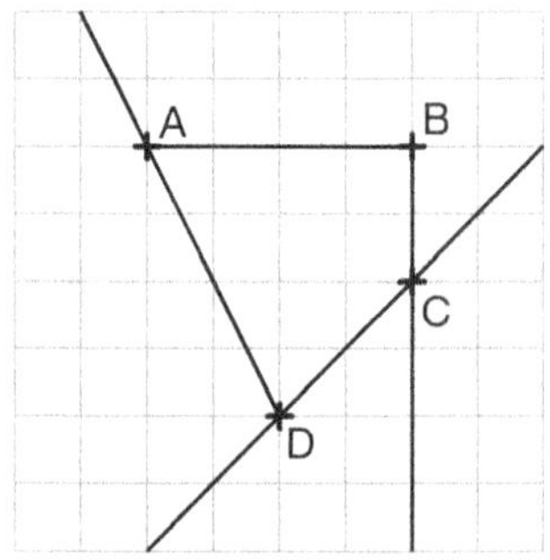

2. a. [AB] **b.** (CD)
c. [BC] **d.** [DA]

20 **Figure ❶**
a. Le point M **appartient** à la droite (AB).
Le point M **appartient** au segment [AB].
b. M ∈ (AB) et M ∈ [AB]

Figure ❷
a. Le point M **appartient** à la droite (AB).
Le point M **n'appartient pas** au segment [AB].
b. M ∈ (AB) et M ∉ [AB]

Figure ❸
a. Le point M **n'appartient pas** à la droite (AB).
Le point M **n'appartient pas** au segment [AB].
b. M ∉ (AB) et M ∉ [AB]

21 **1. a.** La distance entre A et B est 5,6 cm.
b. La distance entre B et C est 2,8 cm.
c. La distance entre A et C est 4,1 cm.
2. AB = **5,6** cm ; BC = **2,8** cm ; AC = **4,1** cm.

22 **a.** AB = **6,5** cm.
b. La longueur du segment [AI] est 3,25 cm.
c.

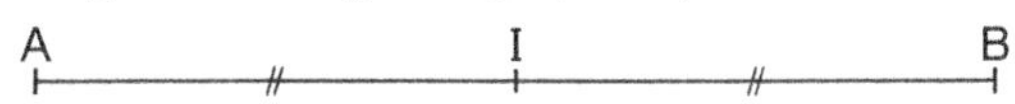

Tracer des perpendiculaires et des médiatrices

23 **a.** Les droites (d_1) et (d_2) sont sécantes en B.
b. Le point A est le point d'intersection des droites (d_1) et (d_3).
c. Les droites (d_2) et (d_3) se coupent au point C.

24 La notation « (d_1) ⊥ (d_2) » signifie que les droites (d_1) et (d_2) sont perpendiculaires.

25 **a.**

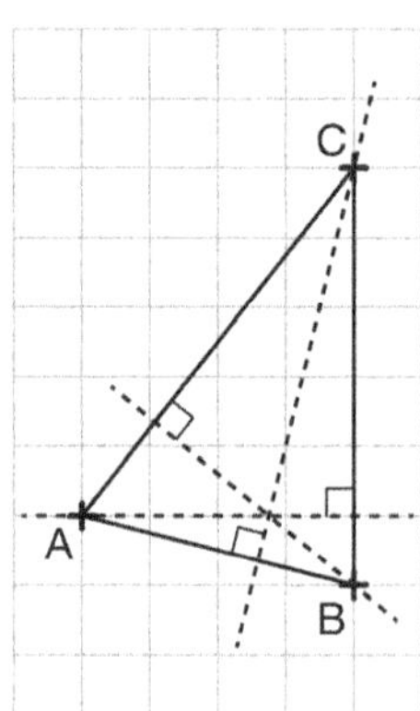

b. On remarque que ces trois droites se coupent en un même point.

(26) **a.**

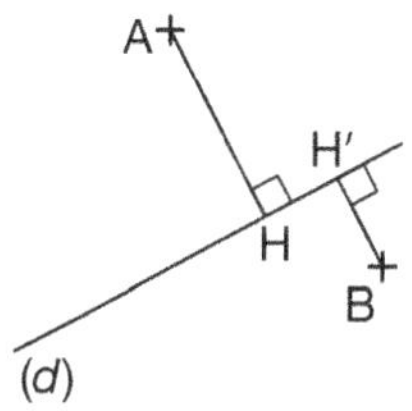

b. AH = 1,4 cm et BH' = 0,7 cm

(27) **a.**

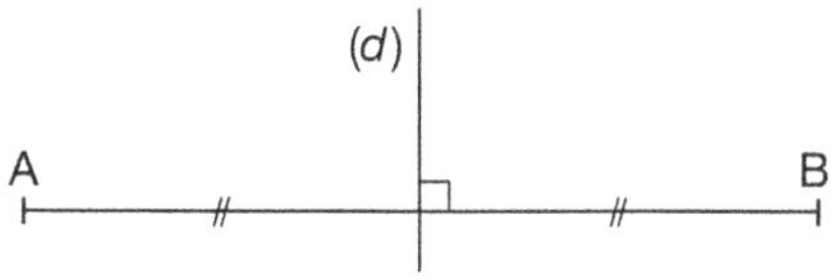

b.

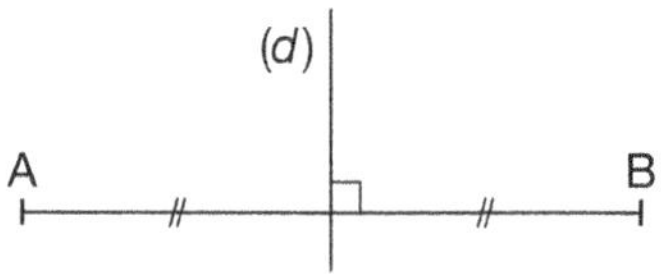

c.

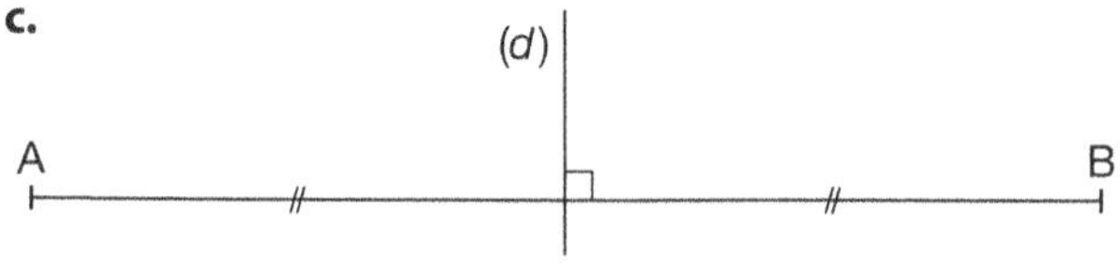

(28) Sur le plan, l'emplacement du trésor est le point d'intersection T de la médiatrice du segment [AC] et de la droite (MP).

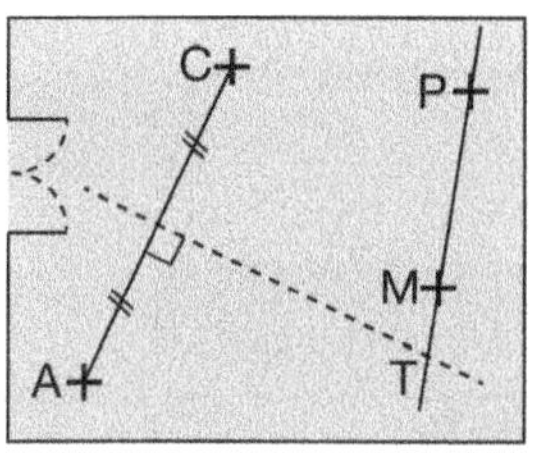

Tracer des droites parallèles

(29) La consigne est : « Tracer la droite (*d*) parallèle à la droite (AB) qui passe par le point C. »

(30) Zoë a raison car les droites (d_1) et (d_2) sont perpendiculaires à une même droite (*d*), elles sont donc parallèles.

(31) **a.** et **b.**

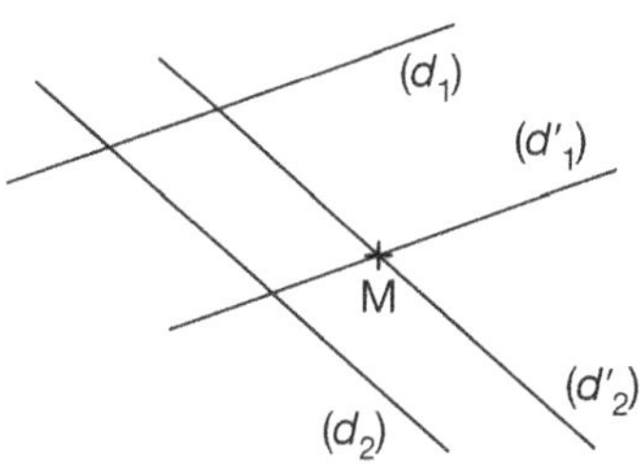

(32) **a.**, **b.** et **c.**

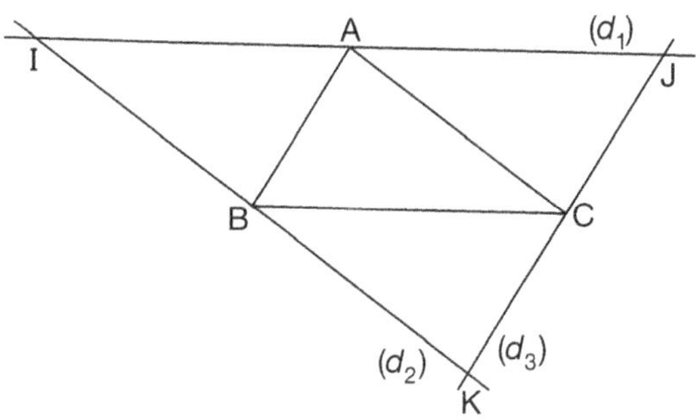

(33) **a.**, **b.** et **c.**

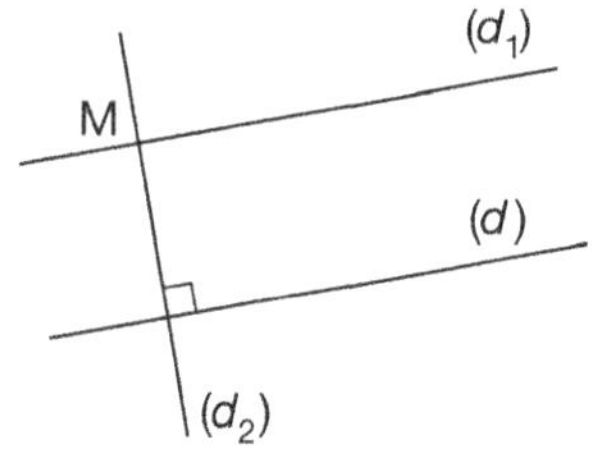

d. Les droites (*d*) et (d_1) sont parallèles, la droite (d_2) est perpendiculaire à la droite (*d*), donc elle est perpendiculaire à la droite (d_1).

Je m'entraîne

Utiliser le vocabulaire de la géométrie

(34) **a.**, **b.** et **c.**

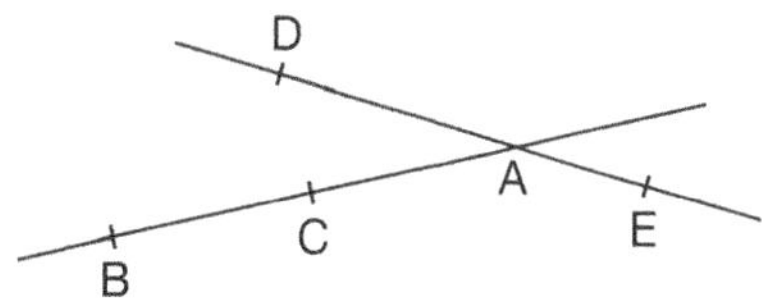

(35) **a.** et **b.**

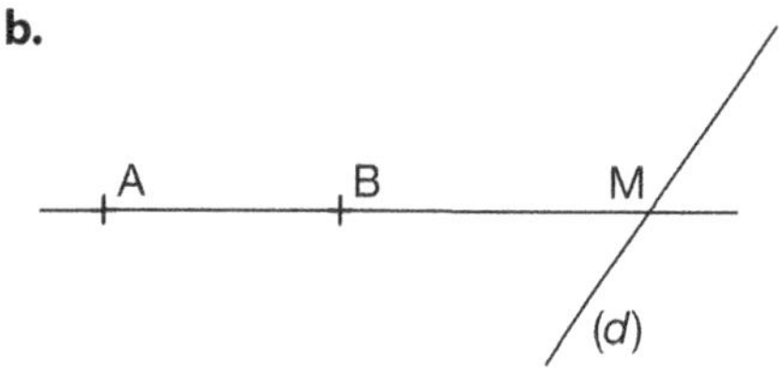

c. • M ∈ [AB) est une affirmation vraie.
• M ∈ [BA) est une affirmation fausse.

(36) **1.** et **2. a.**

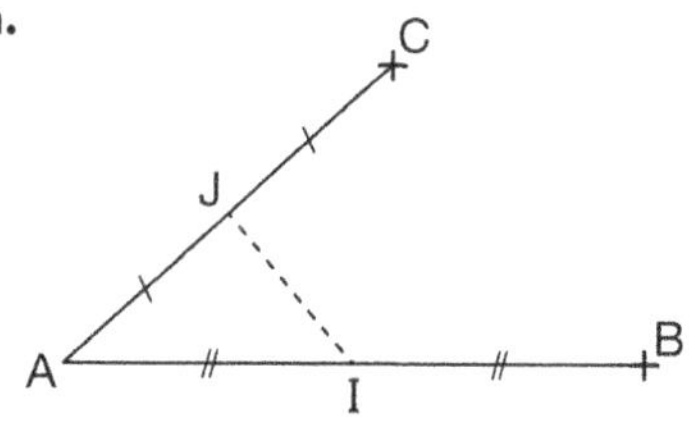

b. AI = IB = 2 cm
AJ = JC = 1,5 cm
3. IJ = 1,3 cm (sur la figure reproduite).

(37) **1.** et **2.**

Échelle 4/5

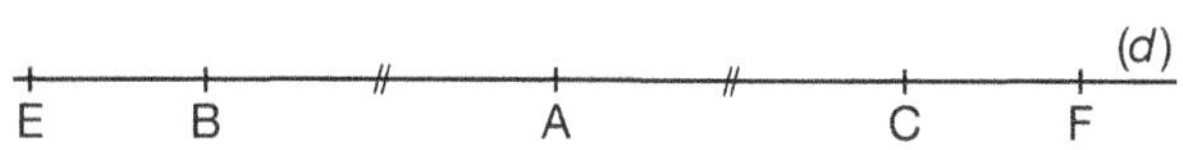

Le point A est le milieu du segment [BC].

(38) D'une étape à la suivante, le nombre de segments est multiplié par 2.

1re étape : 1 segment ; **2e étape :** 2 segments ; **3e étape :** 4 segments ; **4e étape :** 8 segments ; **5e étape :** 16 segments ; **6e étape : 32 segments.**

Tracer des droites perpendiculaires

39

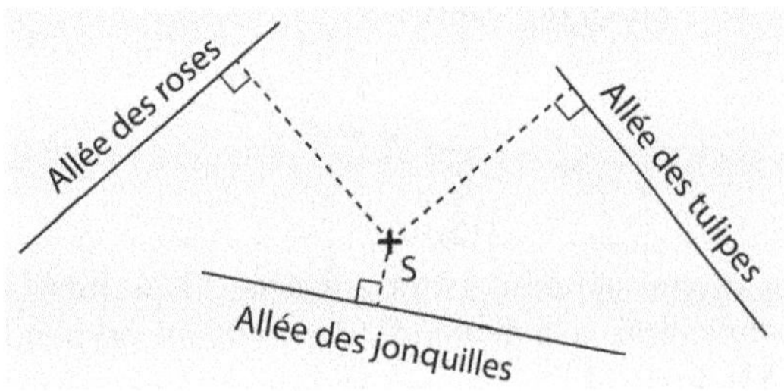

40 **a.** et **b.**

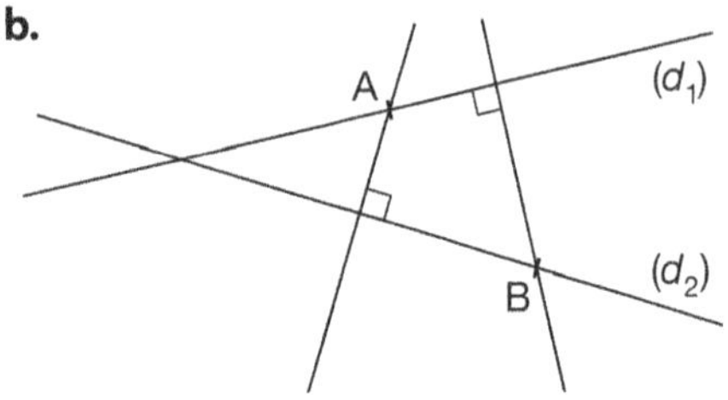

41 ABC est un triangle. La droite (d) est la perpendiculaire à la droite (AC) passant par le point B. La droite (d') est la perpendiculaire à la droite (BC) passant par le point C. H est le point d'intersection des droites (d) et (d').

42 Célia a raison, B est le pied de la perpendiculaire menée de M à la droite (d), donc la distance du point M à la droite (d) est la distance MB et B est le point de la droite (d) le plus proche du point M.
Samuel a également raison car A est un point de (d) tel que MA = 2,5 cm, donc MB < 2,5 cm.

43 **a.** La distance du point A à la droite (d') est 3 cm.
b. La distance du point B à la droite (d) est 2 cm.
c. La distance du point M : à la droite (d) est 2 cm ; à la droite (d') est 3 cm.

44 **a.**, **b.** et **c.**

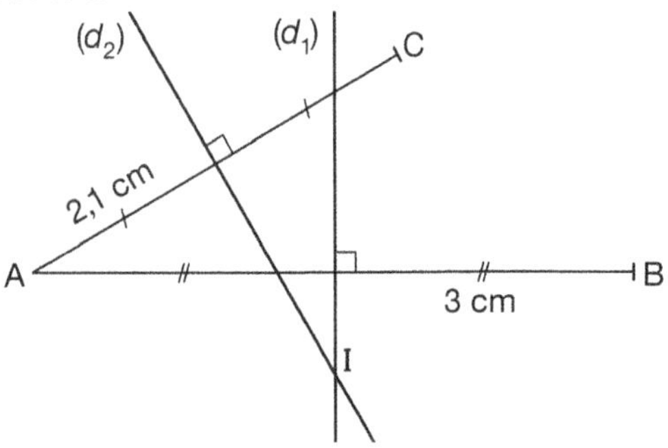

45 • Placer 3 points non alignés A, B et C.
• Tracer la médiatrice du segment [BC] et la médiatrice du segment [AC].
• Noter O le point d'intersection de ces deux médiatrices.

46

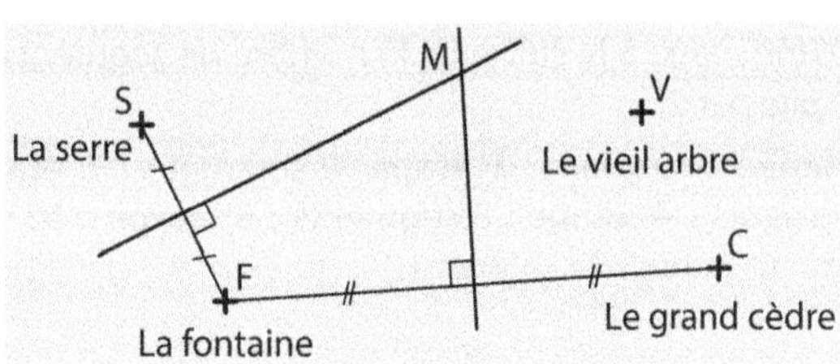

Sur le plan, le message est situé au point M.
Il est plus près du vieil arbre que du grand cèdre.

Utiliser la géométrie

47 **a.**, **b.**, **c.** et **d.**

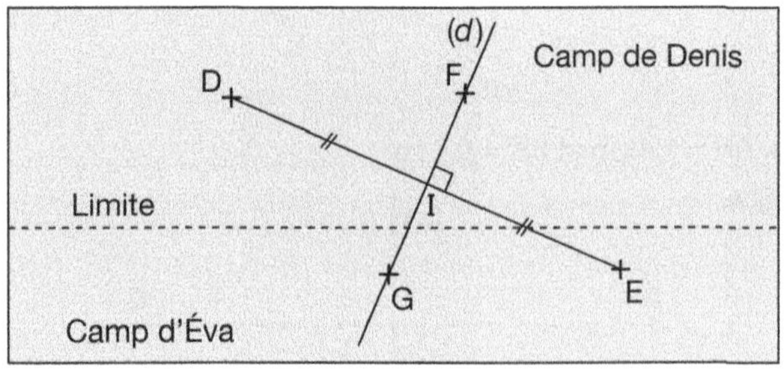

48 **1. a.** La droite (AI) est perpendiculaire à la droite **(C_1)**.
La droite (BK) est perpendiculaire à la droite **(C_1)**.
b. Si deux droites sont perpendiculaires à une même droite, alors elles sont parallèles.
Les droites (AI) et (BK) sont perpendiculaires à une même droite (C_1) donc elles sont parallèles.
2. Les droites (AJ) et (BL) sont perpendiculaires à une même droite (C_2) donc elles sont parallèles.

Parcours différenciés

Je m'évalue

49 **b.**	**50** **c.**	**51** **c.**	**52** **b.**
53 **a.**	**54** **b.**	**55** **c.**	**56** **b.**
57 **a.**	**58** **c.**	**59** **c.**	**60** **a.**

Je réalise mon parcours

61 PARCOURS 1

a. Le point B **appartient** à la droite (AD) et les points A, C, E sont **alignés** .
b.

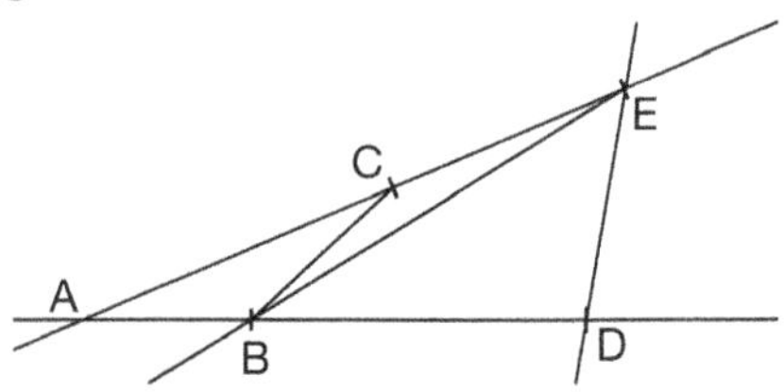

PARCOURS 2

• Tracer deux droites (AD) et (AE) sécantes au point A.
• Marquer un point B qui appartient au segment [AD] et un point C qui appartient au segment [AE].

PARCOURS 3

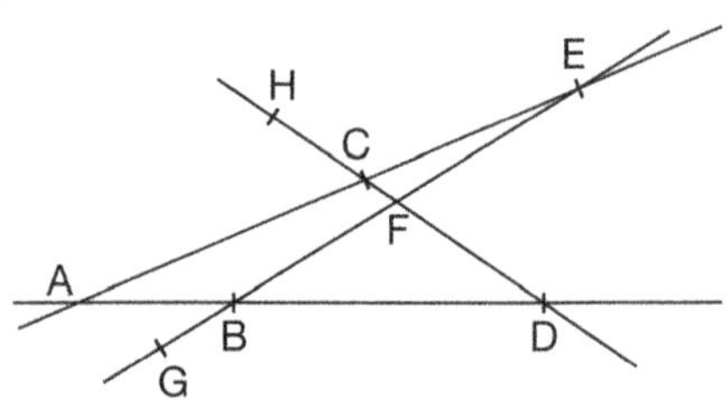

62 PARCOURS 1

a.

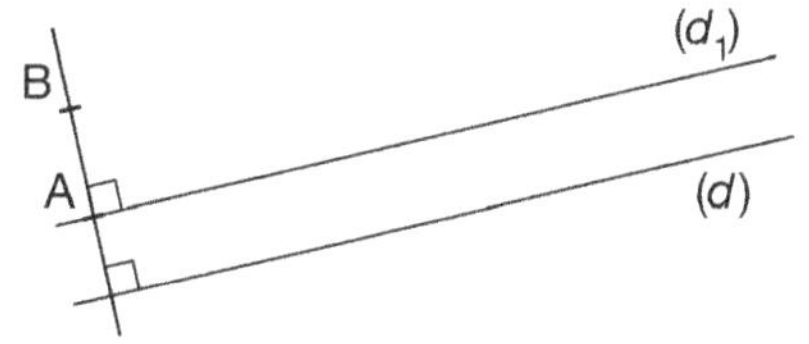

b. Les droites (d) et (d_1) sont perpendiculaires à la droite **(AB).**
Deux droites perpendiculaires à une même droite sont **parallèles.**
Donc les droites (d) et (d_1) sont **parallèles.**

PARCOURS 2

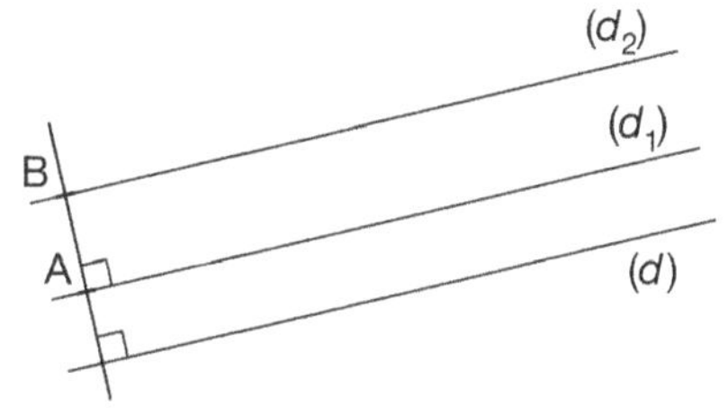

• Les droites (d) et (d_1) sont perpendiculaires à une même droite (AB), donc les droites (d) et (d_1) sont parallèles.
• Les droites (d_1) et (d_2) sont parallèles, la droite (d_1) est perpendiculaire à la droite (AB), donc la droite (d_2) est perpendiculaire à la droite (AB).

PARCOURS 3

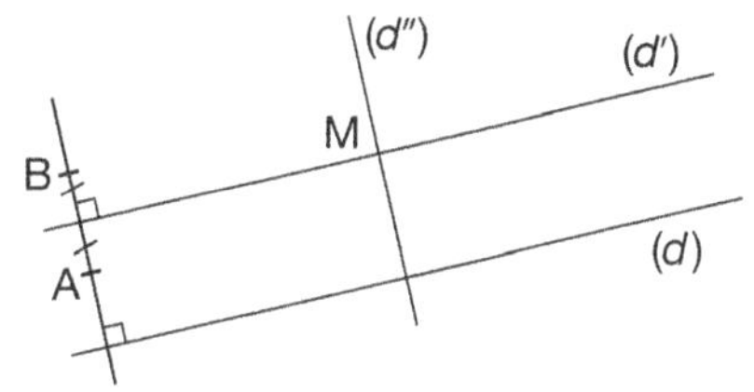

• Les droites (d) et (AB) sont perpendiculaires, la droite (d'') est parallèle à la droite (AB), donc les droites (d) et (d'') sont perpendiculaires.
• Les droites (d') et (AB) sont perpendiculaires, la droite (d'') est parallèle à la droite (AB), donc les droites (d') et (d'') sont perpendiculaires.

Je m'entraîne avec GeoGebra

63 Travail avec GeoGebra.
Fichier téléchargeable sur le site compagnon.

64 Travail avec GeoGebra.
Fichier téléchargeable sur le site compagnon.

65 Travail avec GeoGebra.
Fichier téléchargeable sur le site compagnon.
2. b. Lorsqu'on place le point C sur la droite (AB), les droites (d) et (AB) sont confondues.

J'utilise mes compétences

66 Traduction
Le métro de Mathcity a six lignes représentées par les droites (d_1), (d_2), (d_3), (d_4), (d_5), (d_6) sur le plan ci-dessous.
On sait que : (d_1) $\perp$ (d_4), (d_2) // (d_3), (d_5) $\perp$ (d_2) et que (d_2) passe par le point S.
Associer chaque ligne de métro à sa couleur sur le plan.

Réponse

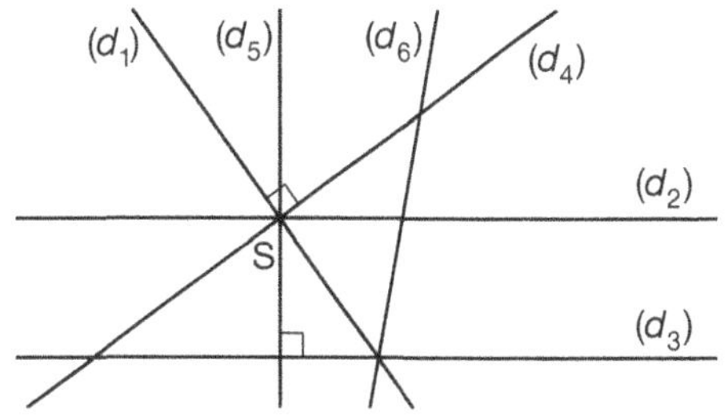

(d_1) : rouge ; (d_2) : marron ; (d_3) : violet ; (d_4) : bleu ; (d_5) : rose ; (d_6) : vert.

67 **a.** et **b.**

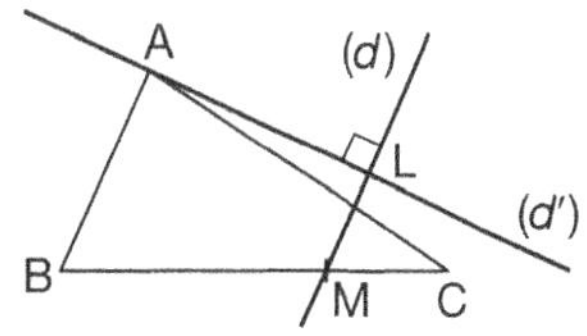

On trace la parallèle (d) à la droite (AB) passant par le point M puis la perpendiculaire (d') à la droite (d) passant par le point A.
L est le point d'intersection des droites (d) et (d').

68 L'ordre des instructions est : ❹ – ❸ – ❶ – ❻ – ❷ – ❺.

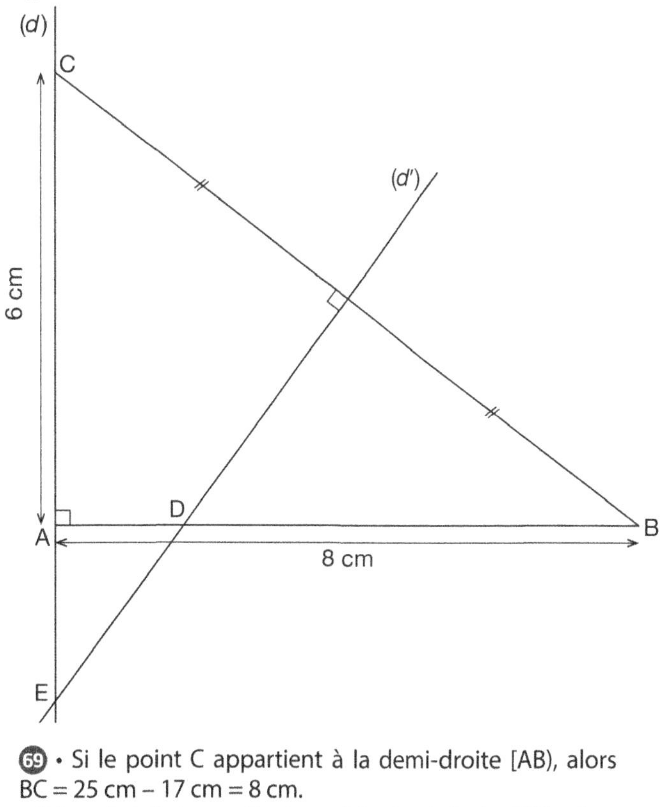

69 • Si le point C appartient à la demi-droite [AB), alors BC = 25 cm – 17 cm = 8 cm.
• Si le point C n'appartient pas à la demi-droite [AB), alors BC = 25 cm + 17 cm = 42 cm.

70 **a.**, **b.**, **c.**, **d.** Travail avec GeoGebra.
Fichier téléchargeable sur le site compagnon.
e. Le message qui s'affiche est « *d'* et *d* sont parallèles ».
En effet, ces deux droites sont parallèles car elles sont toutes les deux perpendiculaires à la droite (AB).

71 **a.**

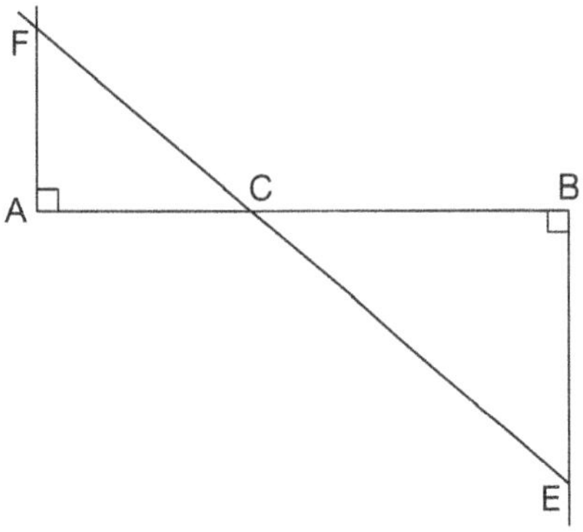

b. On construit ensuite le point E.
c. Puis on construit le point F pour terminer la figure.

72 **a.** et **b.**

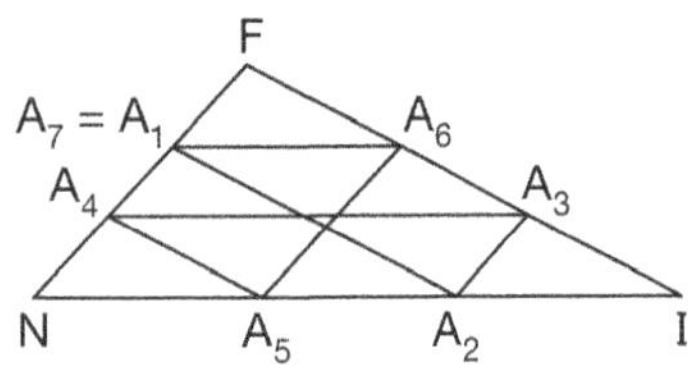

c. On observe que les points A_1 et A_7 sont confondus.

73 **a.**, **b.** et **c.** Travail avec GeoGebra.
Fichier téléchargeable sur le site compagnon.
d. On conjecture que les droites (IJ) et (BC) sont parallèles.

74 **a.**

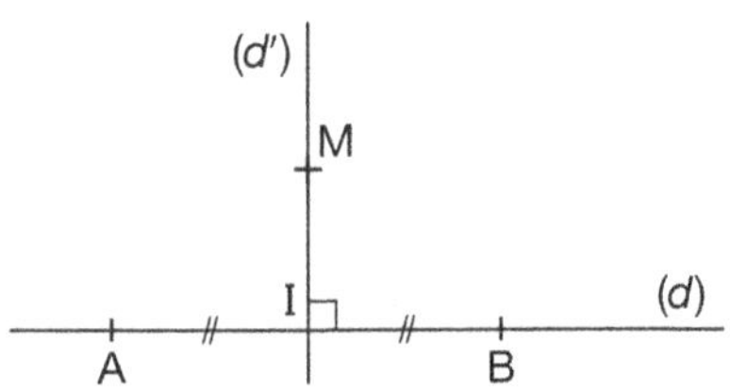

b. On construit la droite (*d'*) passant par M perpendiculaire à la droite (*d*).
On note I le point d'intersection des droites (*d*) et (*d'*) puis on place le point B de la droite (*d*) tel que I soit le milieu du segment [AB].
Ainsi la droite (*d'*) est la médiatrice du segment [AB].

75 **a.** et **b.**

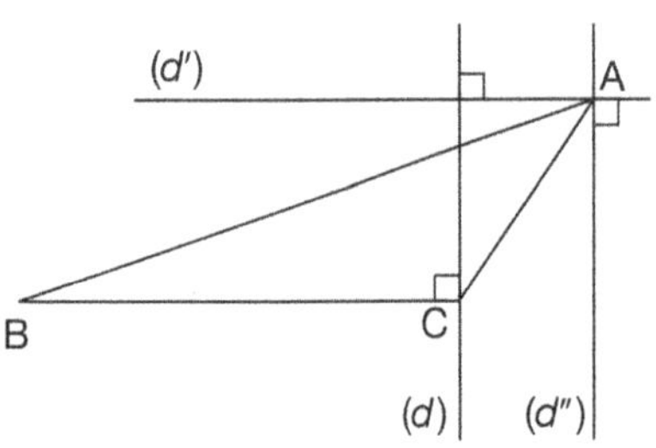

• On construit la droite (*d*) perpendiculaire en C à la droite (BC).
• On construit la droite (*d'*) passant par A et perpendiculaire à la droite (*d*).
• Les droites (BC) et (*d'*) sont perpendiculaires à la droite (*d*), donc elles sont parallèles.
• On construit la droite (*d"*) passant par A et perpendiculaire à la droite (*d'*).
• Alors les droites (*d"*) et (BC) sont perpendiculaires.

76

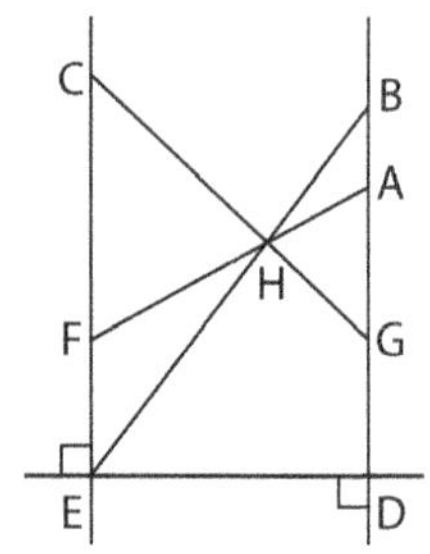

77 • Par le point A, on trace quatre droites : (AB), (AC), (AD), (AE).
• Par le point B, on trace trois nouvelles droites : (BC), (BD), (BE).
• Par le point C, on trace deux nouvelles droites : (CD), (CE).
• Enfin, on trace la droite (DE).
On aura donc ainsi tracé : 4 + 3 + 2 + 1 = 10 droites.

78 La longueur de la spirale formée par les douze premiers segments est :
0,5 cm + 1 cm + 1,5 cm + 2 cm + 2,5 cm + 3 cm + 3,5 cm + 4 cm + 4,5 cm + 5 cm + 5,5 cm + 6 cm = 39 cm.

79

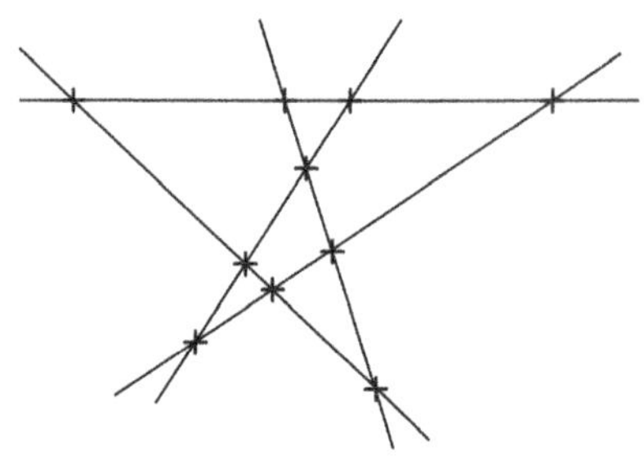

Je prends des initiatives

80 Voici le programme de construction de la spirale.
Fichier téléchargeable sur le site compagnon.

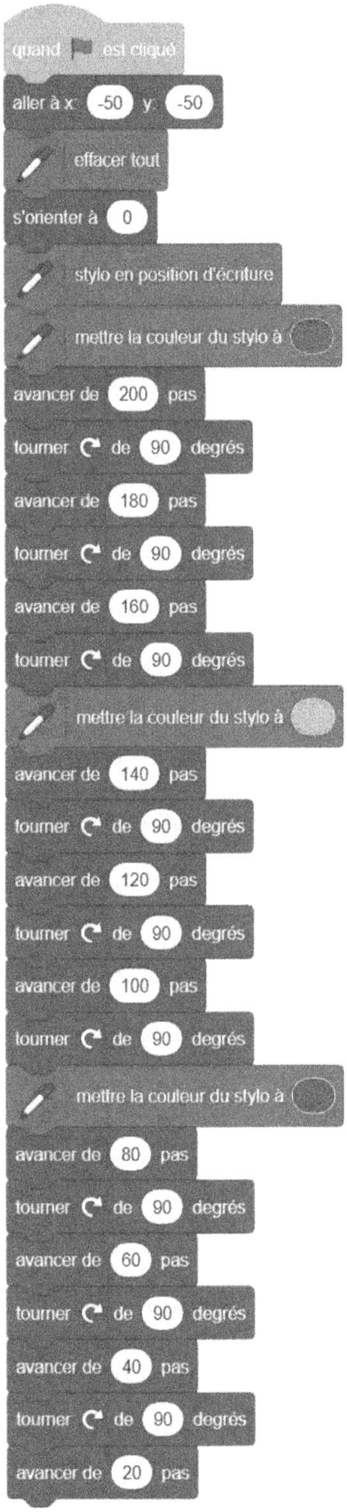

81

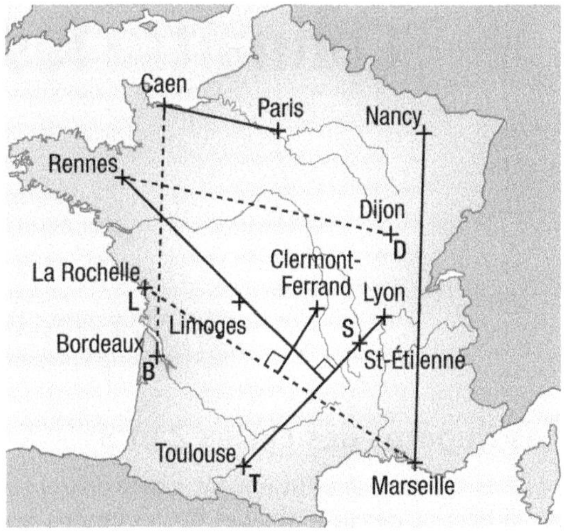

- 1re ville : Lyon
- 2e ville : Rennes (X)
- 3e ville : Caen (Y)
- 4e ville : Marseille (Z)
- 5e ville : Clermont-Ferrand

CHAPITRE

14

Connaître les figures usuelles

INTENTIONS PÉDAGOGIQUES

1 Les Repères des cycles 2 et 3

• Au CP, les élèves reproduisent un carré, un rectangle et un triangle, ou des assemblages de ces figures, sur du papier quadrillé ou pointé, avec ou sans la règle.

• Au CE1, ils consolident la reproduction d'un carré, d'un rectangle et d'un triangle, sur un support uni, connaissant la longueur des côtés, avec la règle et l'équerre.
Les élèves construisent des cercles sans contraintes, avec un instrument tel qu'une ficelle ou un compas.

• Au CE2, les élèves consolident la construction d'une figure géométrique sur tout support, quelles que soient les dimensions.
Ils construisent des cercles à partir du centre et du rayon ou du diamètre.

• Le raisonnement géométrique est développé tout au long du cycle 3. Il s'appuie notamment sur l'utilisation de codages. Jusqu'en CM2, l'objectif est de dépasser la simple perception pour aborder le raisonnement dans des cas simples, en s'appuyant sur les propriétés des figures usuelles.

• Au CM1, les élèves tracent un carré ou un rectangle de dimensions données.
Ils tracent un cercle connaissant son centre et un point du cercle ou son centre et le rayon, un triangle rectangle de dimensions données.

• Au CM2, les élèves apprennent à reconnaître et nommer un triangle isocèle ou équilatéral, un losange, ainsi qu'à les décrire à partir des propriétés de leurs côtés.
On amène progressivement les élèves à dépasser la dimension perceptive et instrumentée des propriétés des figures planes pour tendre vers le raisonnement hypothético-déductif.
Il s'agit de conduire sans formalisme des raisonnements simples utilisant les propriétés des figures usuelles.

• En 6e, les élèves sont confrontés à la nécessité de représenter une figure à main levée avant d'en faire un tracé instrumenté. C'est l'occasion d'instaurer le codage de la figure à main levée (au fur et à mesure : égalités de longueurs, perpendicularité, égalité d'angles).
Les figures étudiées sont de plus en plus complexes et les élèves les construisent à partir d'un programme de construction. Ils utilisent selon les cas les figures à main levée, les constructions aux instruments et un logiciel de géométrie dynamique.
Ils définissent et différencient le cercle et le disque.
Ils complètent leurs acquis sur les propriétés des côtés des figures par celles sur les diagonales et les angles.
Les élèves se servent des instruments (règle, équerre, compas) pour reproduire des figures simples, notamment un triangle de dimensions données. Cette utilisation est souvent combinée à des tracés préalables codés à main levée.
Dès que le cercle a été défini, puis que la propriété caractéristique de la médiatrice d'un segment est connue, les élèves peuvent enrichir leurs procédures de construction à la règle et au compas.

2 Je découvre

Activité 1

L'objectif de cette activité est d'introduire la notion de cercle à travers une situation concrète. On y réinvestit le vocabulaire, avec le diamètre, à la question **2. b**.

Activité 2

À la question **1**, différents types de triangles sont présentés à partir d'objets usuels. Il s'agit de reconnaître leur nature à partir des codages.
À la question **2**, on utilise le compas pour construire un triangle dont on donne les longueurs des côtés.

Activité 3

L'objectif de cette activité est de construire différents types de quadrilatère pour travailler sur leurs propriétés. Il s'agit d'un rectangle, d'un carré et d'un parallélogramme. Selon les Attendus de fin de 6e, on se limite à une première approche du parallélogramme.

3 Cours - J'applique le cours

Cours

• Le paragraphe 1 est consacré au cercle et au disque.
On commence par définir le cercle et présenter le vocabulaire, puis on présente les propriétés caractéristiques.
Enfin, on introduit la notion de disque et on explique la différence entre cercle et disque.

• Le paragraphe 2 est consacré aux triangles.
Le vocabulaire est introduit, avec notamment la notion de hauteur d'un triangle et ses différentes significations.
En particulier, on relie la hauteur (longueur) et la distance entre un sommet et le côté opposé.
Puis, on introduit les trois types de triangles particuliers : rectangle, isocèle et équilatéral.

• Le paragraphe 3 est consacré aux quadrilatères.
Après l'introduction du vocabulaire et en particulier des diagonales, les quadrilatères particuliers sont présentés, avec les relations entre ces différents types.

J'applique le cours

Exercice résolu 1
L'objectif de cet exercice est de mettre en œuvre les définitions du cercle et du disque en interprétant des consignes. Le cercle est présenté comme la frontière du disque.

Exercice résolu 4
Cet exercice invite à suivre un programme de construction simple, faisant intervenir un segment, deux cercles et leurs intersections.
La propriété caractéristique du cercle est alors mise en œuvre pour déterminer des longueurs.

Exercice résolu 7
Cet exercice présente la construction, étape par étape, d'un triangle isocèle connaissant les longueurs de ses côtés.
La première étape est la réalisation d'une figure codée à main levée afin de mieux visualiser la figure à construire et organiser sa construction.

Exercice résolu 10
On utilise la règle graduée et le compas pour construire un triangle dont on connaît les longueurs des trois côtés.
Les différentes étapes de la construction sont mises en évidence.
On conseille bien sûr de commencer par réaliser une figure codée à main levée.

Exercice résolu 13
Comme indiqué dans les Attendus de fin de 6e, les élèves sont invités à construire un carré de côté donné et à rédiger un programme de construction. Les traits de construction rappellent l'utilisation du compas.
Il ne faut pas hésiter à conseiller la réalisation d'une figure codée à main levée.

Exercice résolu 16
Dans cet exercice, on présente la méthode, plus experte, de construction d'un rectangle en connaissant les longueurs d'un côté et d'une diagonale.
Ici aussi, les élèves doivent effectuer la construction et rédiger un programme.

4 Compléments

Attendus de fin de 6e

Les exercices proposés passent en revue les différents savoir-faire attendus en fin de 6e.

• L'élève est capable de coder les figures pour traduire qu'elles représentent un triangle rectangle, un triangle isocèle, un triangle équilatéral, un rectangle, un losange, un carré.

• Sur une figure complexe codée ou renseignée, l'élève est capable de reconnaître un triangle ou un quadrilatère particulier.

• L'élève est capable de :
– reconnaître l'appartenance ou non d'un point à un cercle ou à un disque ;
– dire qu'un triangle étant isocèle, ses angles à la base ont la même mesure ou qu'un triangle étant équilatéral, ses angles ont tous la même mesure ;
– dire qu'un segment [AH] est la hauteur issue de A d'un triangle ABC et que la longueur de ce segment représente donc la distance du point A à la droite (BC) ;
– décomposer une figure complexe en identifiant les figures simples qui la constituent.

• Le texte suivant lui étant donné, « Trace le triangle ABC isocèle en B, sachant que AB = 6 cm et que AC = 4 cm », l'élève est capable de :
– faire un dessin à main levée codé, avant de construire la figure à l'aide d'une règle et d'un compas ;
– construire un triangle dont on connaît les longueurs des trois côtés.

• Le texte suivant lui étant donné, « Trace le rectangle DEFG tel que DE = 6 cm et que DF = 8 cm », l'élève est capable de faire un dessin à main levée codé et de voir le rectangle comme la juxtaposition de deux triangles rectangles identiques pour le construire.

• À partir d'une description écrite, d'un programme de construction, il est capable de faire une représentation à main levée codée et de construire à l'aide des instruments une figure simple.

• L'élève est capable de construire un carré ou un losange dont les mesures des diagonales sont données.

• Pour construire le carré ABCD dont le côté mesure 8 cm, il est capable de dire ou d'écrire : « Je commence par tracer le segment [AB] mesurant 8 cm, puis la droite perpendiculaire à la droite (AB) passant par B, sur cette droite, je place un point C tel que BC = 8 cm … »

Initier à la démonstration

Ce chapitre est l'occasion d'aborder la démonstration, en lien avec les propriétés des figures usuelles.
On peut citer par exemple l'exercice **62**, qui propose une démarche guidée, et l'exercice **80**, qui demande plus d'autonomie.

Différencier les parcours

L'exercice **73** propose une approche progressive de la rédaction d'un programme de construction à travers trois parcours différents. On trouve dans le chapitre plusieurs autres exercices dans lesquels il faut appliquer ou rédiger un tel programme.
L'exercice **74** propose trois parcours progressifs où l'on doit construire différents parallélogrammes.

Utiliser des logiciels

À l'exercice **75**, on utilise l'outil « stylo » du logiciel Scratch pour construire un carré. En dernière question, l'élève est invité à utiliser une boucle afin d'écrire plus succinctement ce programme.
L'exercice **76** propose l'utilisation de GeoGebra afin d'émettre des conjectures. À la question **3**, on propose de démontrer ces conjectures.
L'exercice **79** montre comment approcher le tracé d'un cercle par le lutin du logiciel Scratch, à l'aide de polygones.

CORRIGÉS

Bien démarrer

1 **a.** et **c.** **2** **b.** **3** **b.**
4 **a.**, **b.** et **c.** **5** **a.** et **c.**

Je découvre

Activité 1

1 **a.** et **b.**

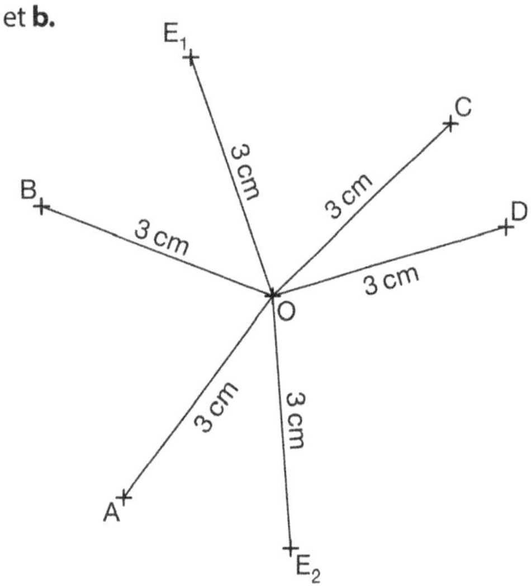

c. On obtiendrait le cercle de centre O et de rayon 3 cm. On peut tracer cette figure avec le compas.

2 **a.**

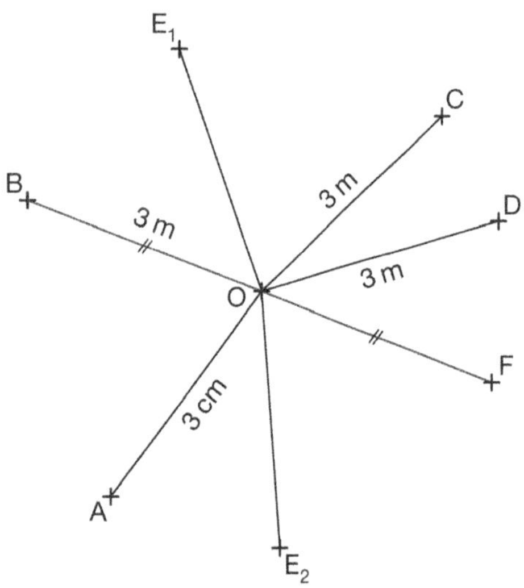

b. Le segment [BF] est un diamètre du cercle $\mathscr{C}$.

Activité 2

1 ❶ Triangle rectangle
❷ Triangle isocèle
❸ Triangle équilatéral

2 **a.** et **b.** Échelle 4/5

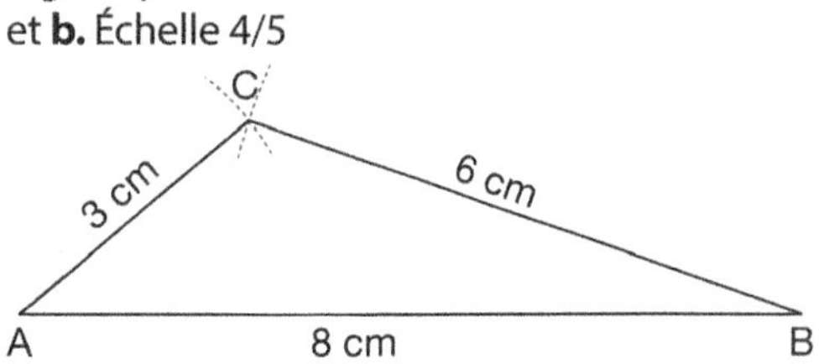

c. On observe que ce triangle n'est ni rectangle, ni isocèle, ni équilatéral. Il n'a donc pas de nature particulière. On dit qu'il est **quelconque**.

Activité 3

1 **a.** Échelle 1/2

❶

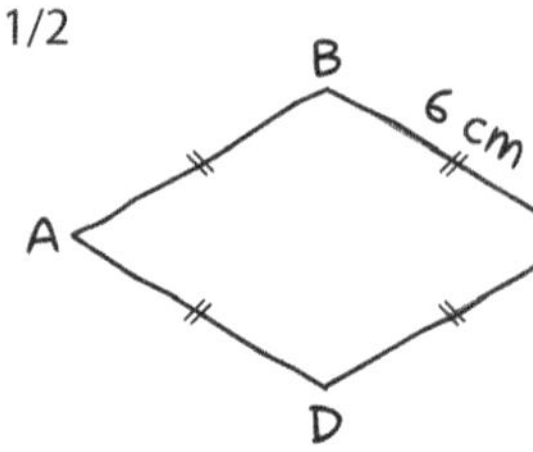

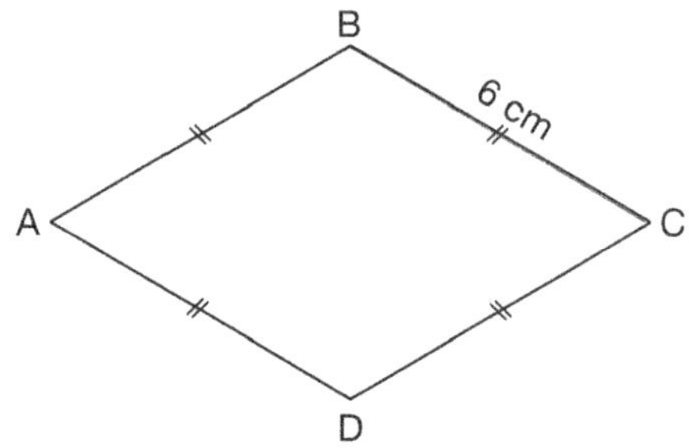

❷

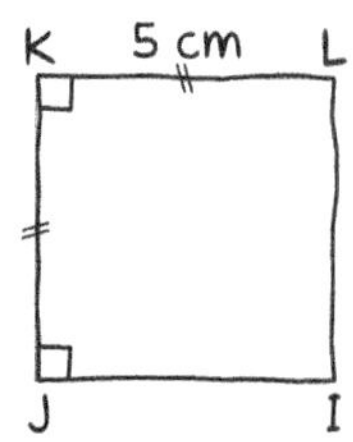

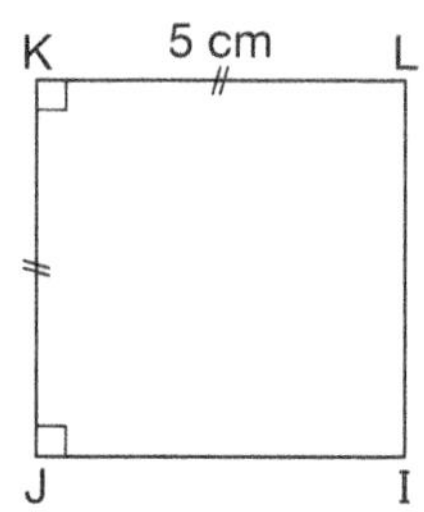

b. Tous les élèves doivent avoir obtenu un carré pour la figure ❷.

2. **a.** et **b.** Échelle 1/2

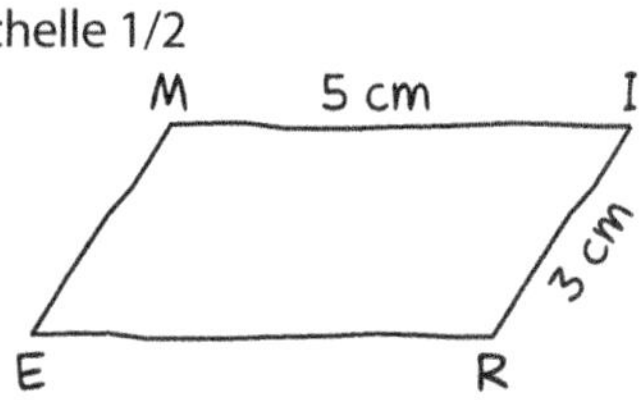

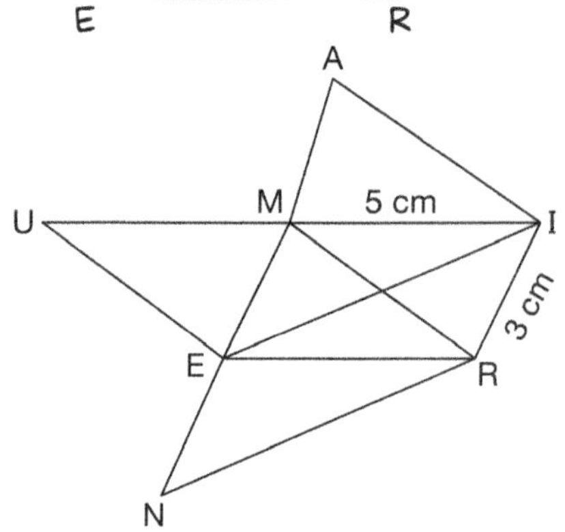

J'applique le cours

2 **a.** AB = 5 cm et AF = 5 cm.
Donc les points B et F appartiennent au cercle de centre A qui passe par B.
b. Les distances inférieures ou égales à 4,9 cm sont AC et AE. Donc les points C et E appartiennent au disque de centre A et de rayon 4,9 cm.

3 **a.** OB = OA, donc le point B appartient au cercle et au disque.
b. OC > OA, donc le point C n'appartient ni au cercle ni au disque.
c. OD < OA, donc le point D n'appartient pas au cercle, mais il appartient au disque.

5 **a.** et **b.** Échelle 1/2

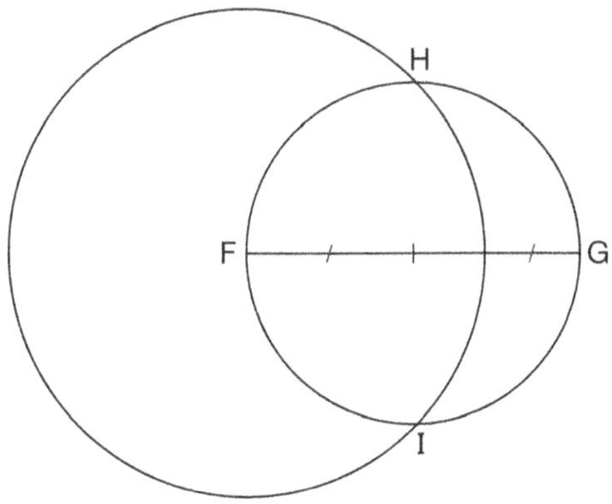

c. Les points H et I appartiennent au cercle de centre F et de rayon 5 cm, donc FH = 5 cm et FI = 5 cm.

6 **a. b.** et **c.** Échelle 1/2

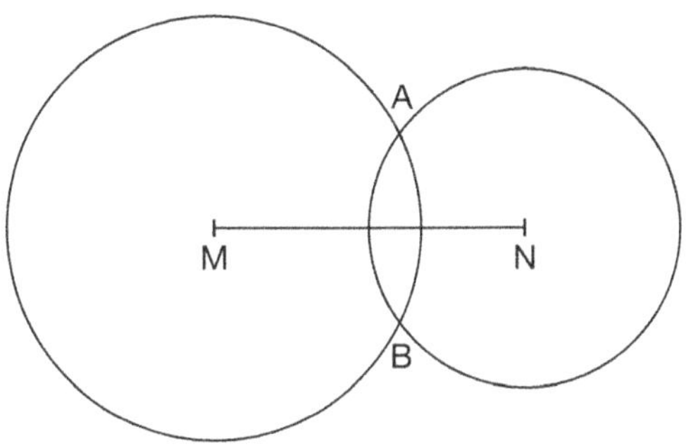

d. • Les points A et B appartiennent au cercle de centre M et de rayon 4 cm, donc AM = 4 cm et BM = 4 cm.
• Les points A et B appartiennent au cercle de centre N et de rayon 3 cm, donc AN = 3 cm et BN = 3 cm.

8

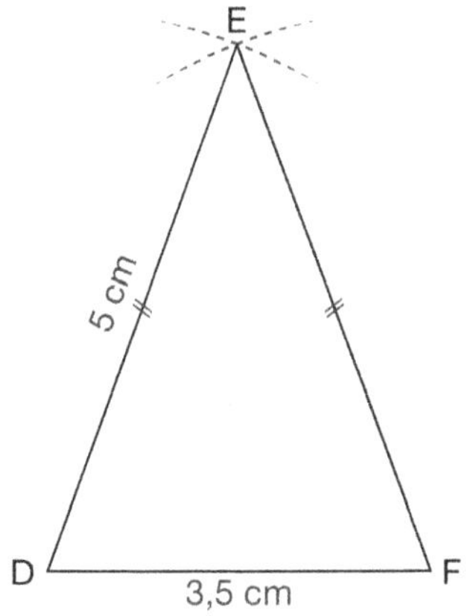

9

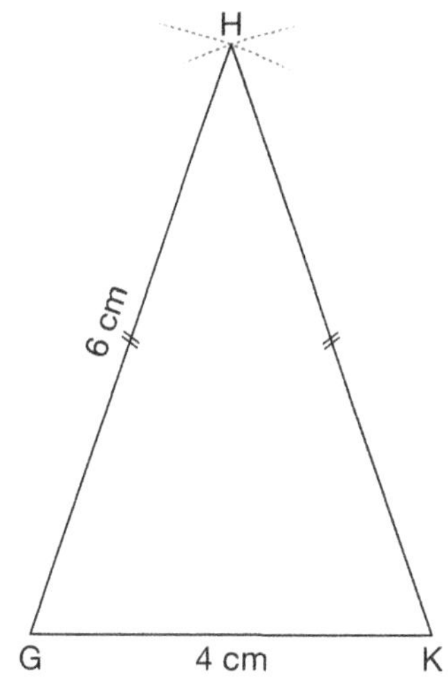

11

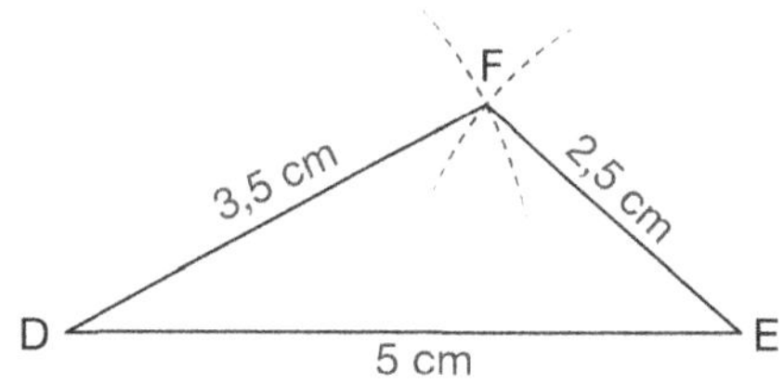

12

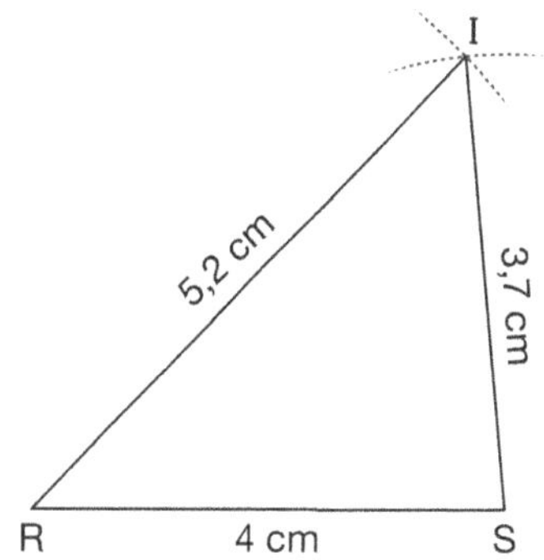

14 Échelle 3/5.

1 Tracer un segment [AB] de longueur 7,5 cm.

2 Tracer la perpendiculaire à la droite (AB) en B. Sur cette droite, placer le point C tel que BC = 7,5 cm.

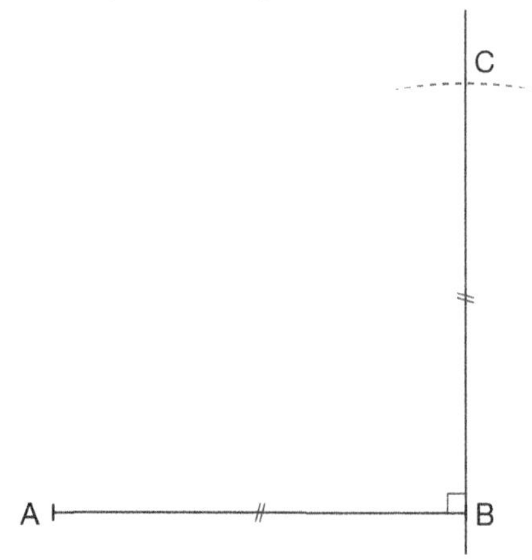

3 Tracer la perpendiculaire à la droite (BC) en C et la perpendiculaire à la droite (AB) en A. Noter D leur point d'intersection.

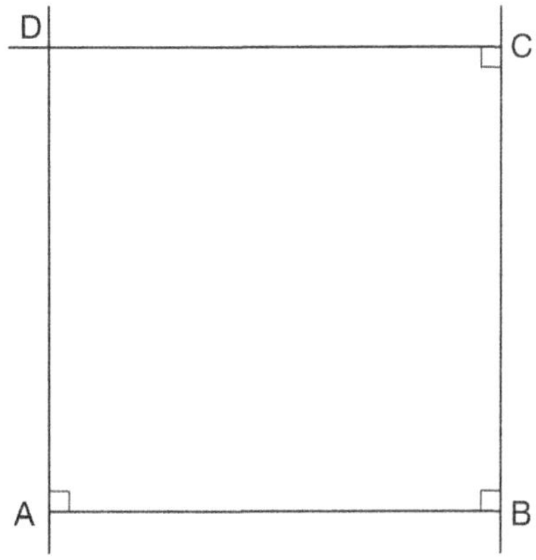

15 Il s'agit de construire un carré de côté 5 cm.

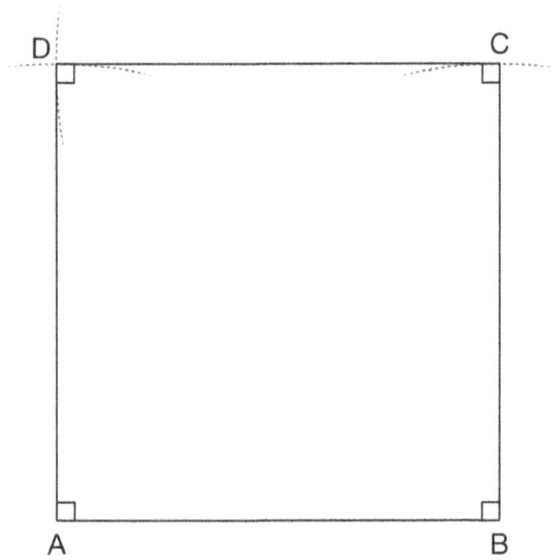

17 Échelle 3/5.

❶ Tracer un segment [MN] de longueur 6 cm et la perpendiculaire (*d*) à la droite (MN) en M.

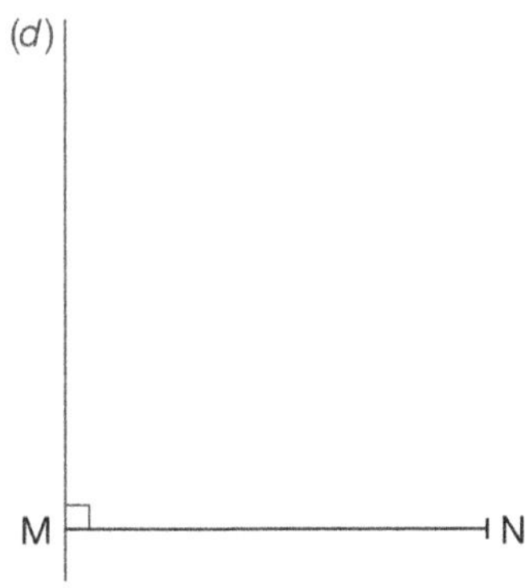

❷ Tracer un arc de cercle de centre N et de rayon 8 cm. Il coupe (*d*) en P.

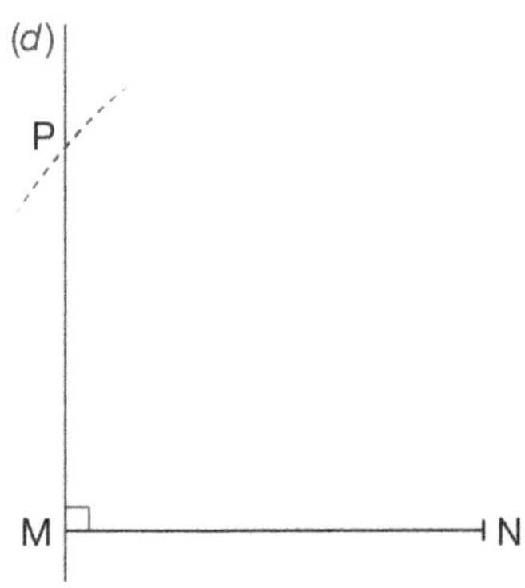

❸ Tracer la perpendiculaire à la droite (PM) en P et la perpendiculaire à la droite (MN) en N. Noter O leur point d'intersection.

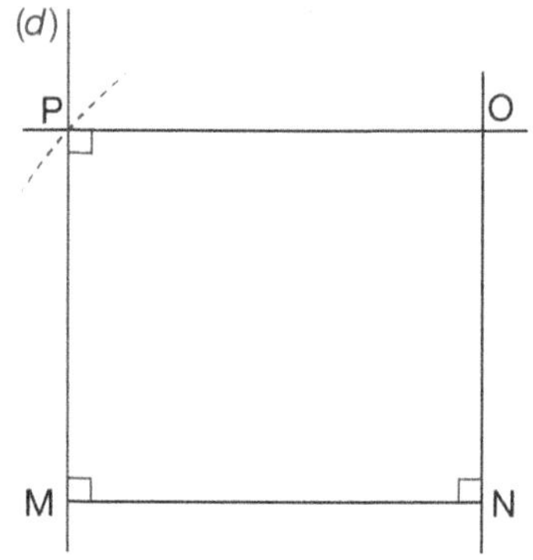

18 Échelle 3/4

❶ Tracer un segment [RS] de longueur 4 cm et la perpendiculaire (*d*) à la droite (RS) en S.

❷ Tracer un arc de cercle de centre R et de rayon 8 cm. Il coupe (*d*) en T.

❸ Tracer la perpendiculaire à la droite (ST) en T et la perpendiculaire à la droite (RS) en R. Ces droites se coupent en U. Tracer les segments [ST] et [TU].

Je travaille mes automatismes

Connaître le cercle et le disque

19 Le centre : O ; un rayon : [OB] ou [OC] ; un diamètre : [BC] ; une corde : [AE] ou [DB].

20 **a.** 6 cm **b.** 15,6 cm

21 **1. a.** AB $<$ 1,5 cm

b. AD $>$ 1,5 cm

c. AE = 1,5 cm

d. AF $<$ 1,5 cm

2. Les points E et G appartiennent au même cercle de centre A, donc AE = AG.

Ryan a raison.

22 **1** Tracer un segment [RT].
2 Construire le milieu M du segment [RT].
3 Tracer le cercle de centre M qui passe par le point R.

23

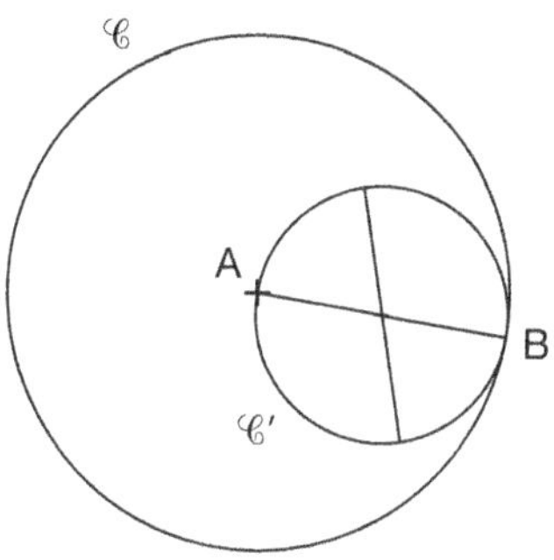

24 **a.**, **b.** et **c.**

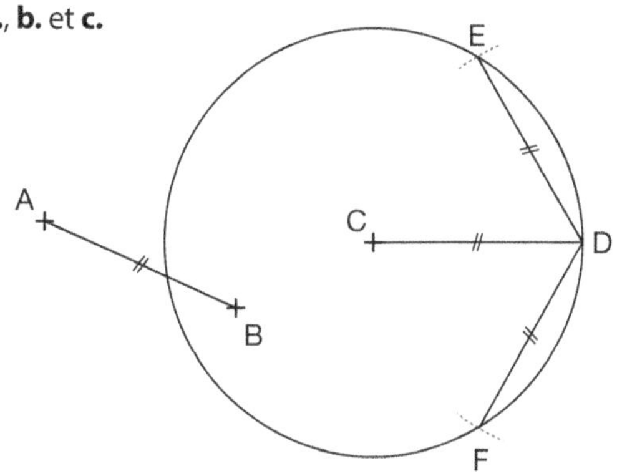

Connaître les triangles

25 • Le triangle ABC est équilatéral.
• Le triangle DEF est rectangle (en D).
• Le triangle GHK est isocèle (en K).

26 **a.** Les trois côtés du triangle ont pour longueur 4,5 cm, donc le périmètre du triangle LMN est égal à $3 \times 4{,}5$ cm, soit 13,5 cm.
b. UW = UV = 3,2 cm
UW + UV + VW = 3,2 cm + 3,2 cm + 2,6 cm
UW + UV + VW = 9 cm
Donc le périmètre du triangle UVW est 9 cm.

27 **a.** Le triangle ABC est équilatéral.
b. Le triangle ACD est rectangle en D.
c. Le triangle ABE est rectangle isocèle en A.
d. Le triangle BCF est rectangle isocèle en F.

28 **a.** Tracer un triangle ABC équilatéral de côté 5 cm.
b. Tracer un triangle FDE rectangle en D tel que FD = 5 cm et FE = 6 cm.
c. Tracer un triangle GHI isocèle en I tel que IG = 5 cm et GH = 8 cm.

29 **a.** La hauteur tracée est [BD].
b. La hauteur tracée est [RH].
c. La hauteur tracée est [EK].

30

a.

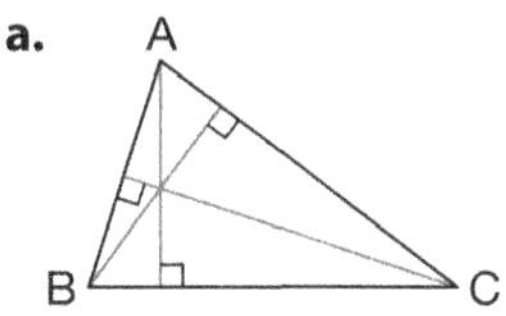

b.

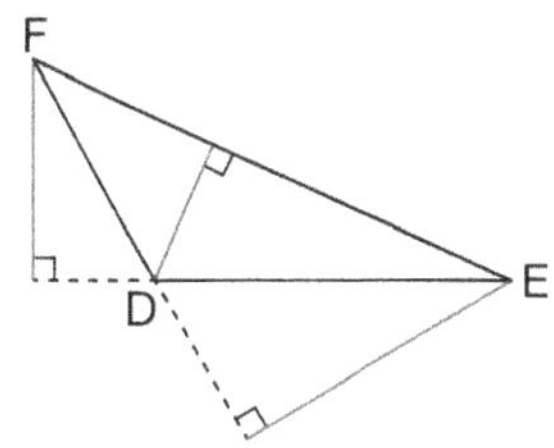

31 **a.**

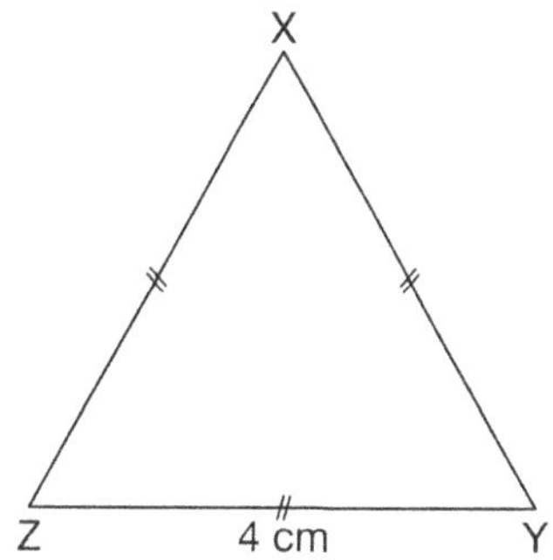

b. 15 cm : 3 = 5 cm
Donc on doit construire un triangle équilatéral de côté 5 cm.

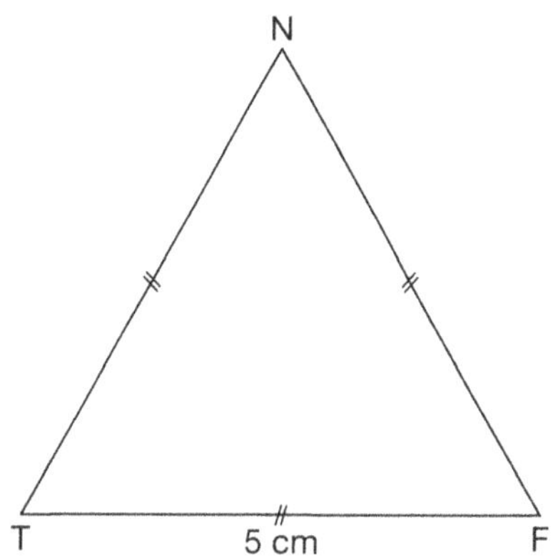

32

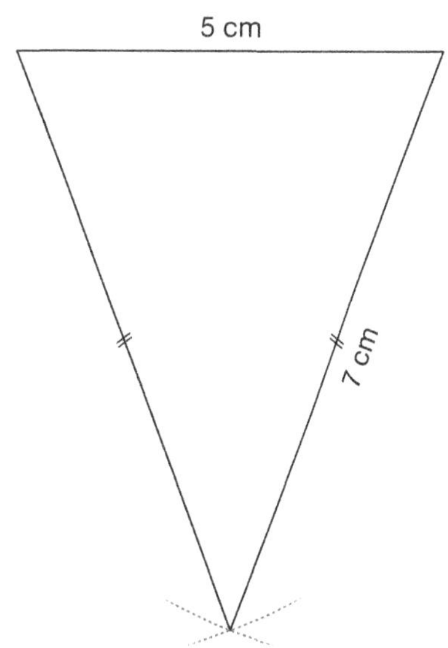

33 DF = HD – FH = 11 m – 1,5 m = 9,5 m

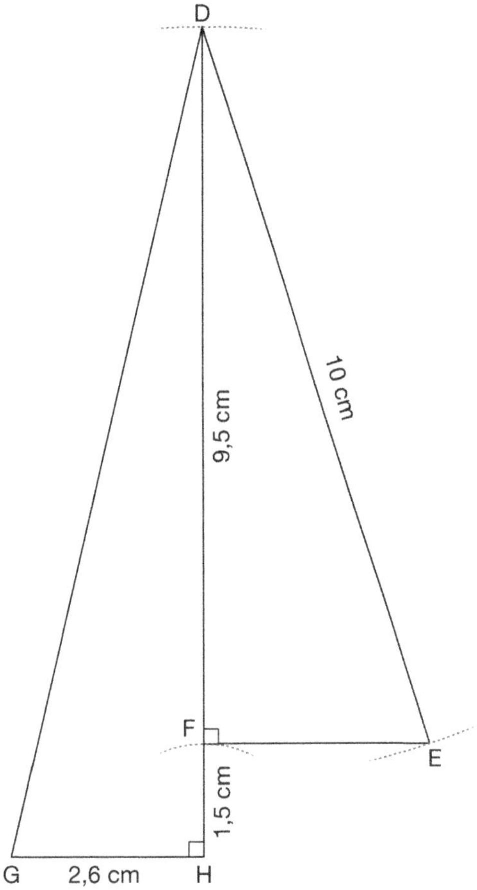

34

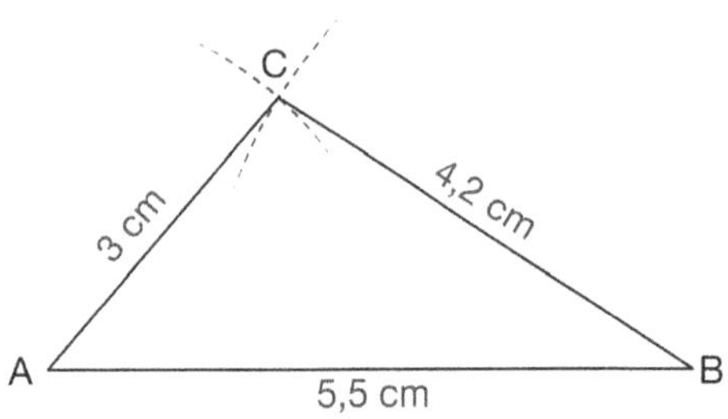

35

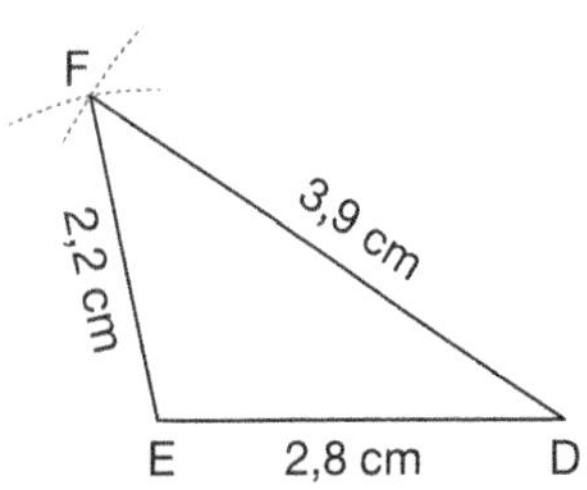

36

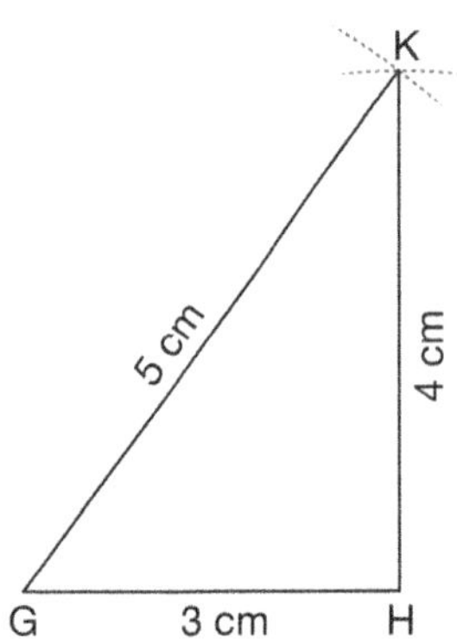

37 Échelle 1/2

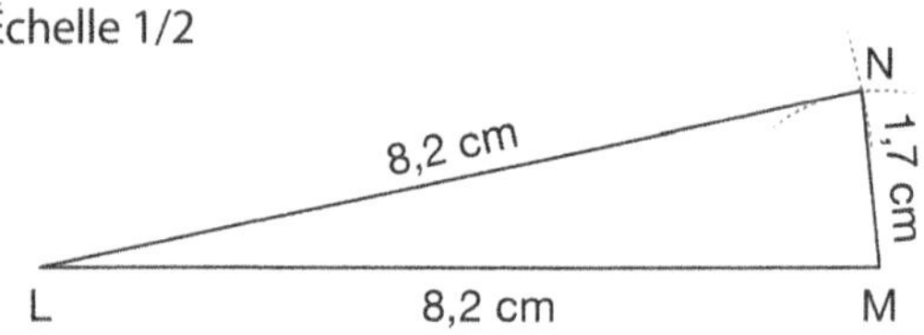

Connaître les quadrilatères

38 • ABCD est un carré.
• EFGH est un losange.
• IJKL est un rectangle.
• ORTS est un rectangle.

39 Pour obtenir la longueur du côté d'un losange, il faut dans chaque cas diviser son périmètre par 4.
a. 12 cm : 4 = 3 cm, donc la longueur du côté est 3 cm.
b. 8,4 cm : 4 = 2,1 cm, donc la longueur du côté est 2,1 cm.
c. 7,8 cm : 4 = 1,95 cm, donc la longueur du côté est 1,95 cm.
d. 15 cm : 4 = 3,75 cm, donc la longueur du côté est 3,75 cm.

40 **a.** • Le quadrilatère ABCD a quatre angles droits, donc c'est un rectangle.
• BC = 5 cm et DC = 2 cm.
b. • Le quadrilatère EFGH a quatre angles droits et ses côtés ont la même longueur, donc c'est un carré.
• EH = HG = FG = 3,7 cm.

41 • Le quadrilatère DGFE est un rectangle.
• Le quadrilatère KGLF est un losange.
• Le quadrilatère MNDI est un carré.
• Le quadrilatère DHEI est un parallélogramme.

42 **a.**

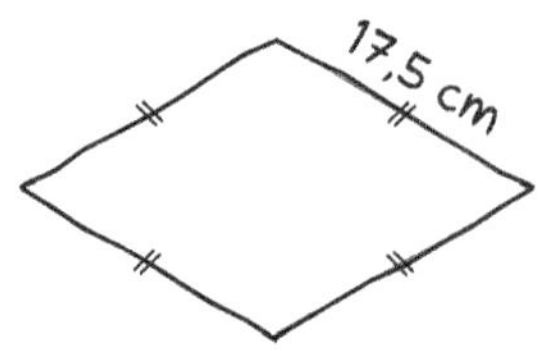

b.

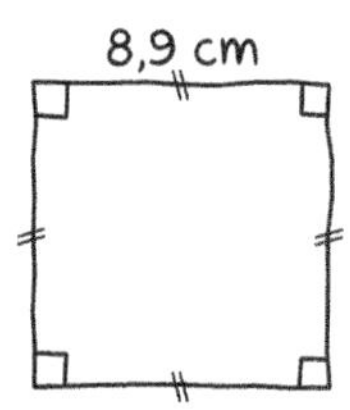

c.

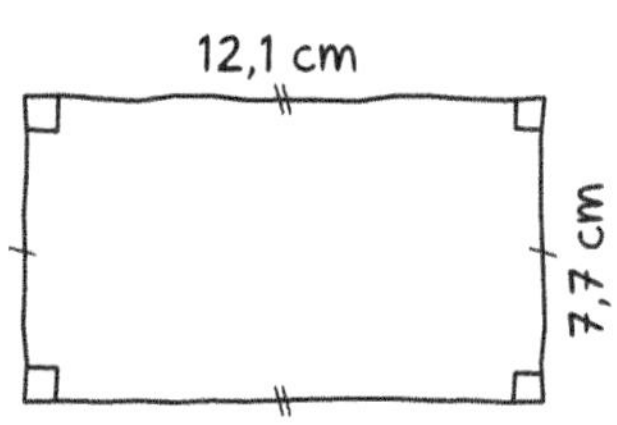

d.

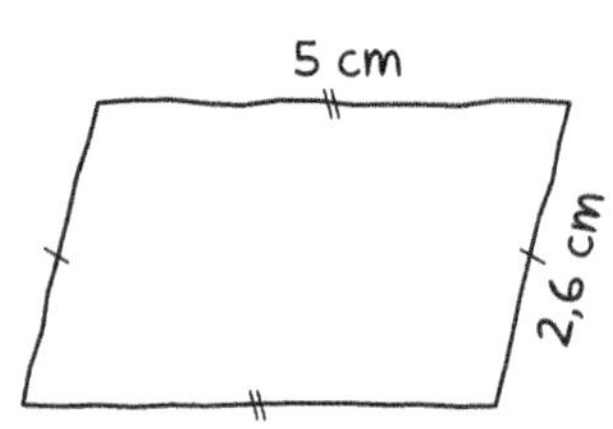

43 202 : 20 = 10,1 et 20 : 20 = 1.
Donc on doit construire un rectangle de dimensions 10,1 cm et 1 cm.
Échelle 7/10

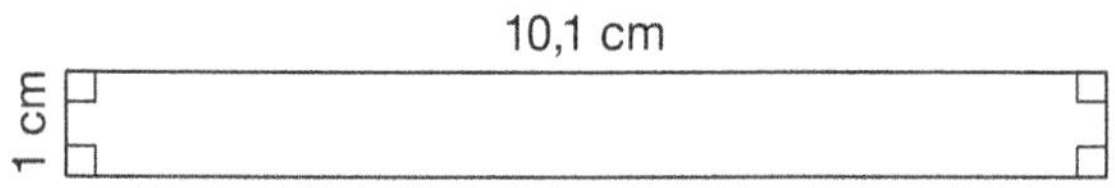

44 **a.**

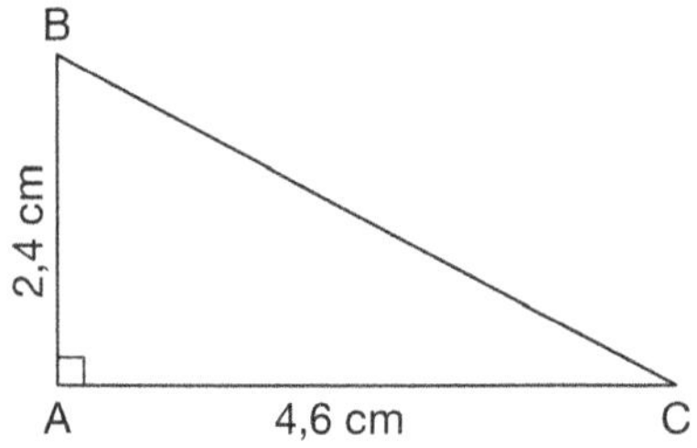

b. Échelle 3/4

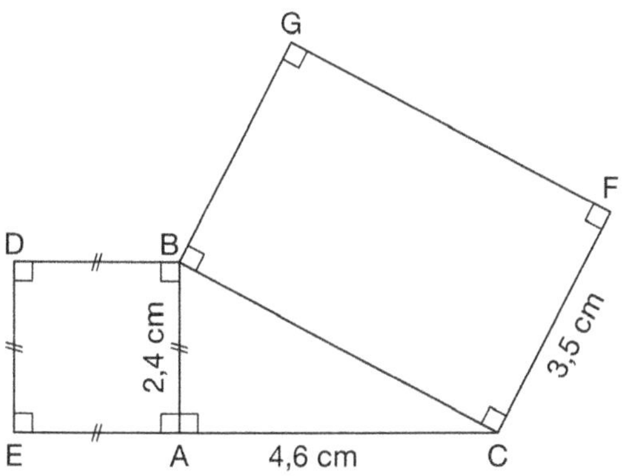

Je m'entraîne

Utiliser des cercles et des disques

45 **a.**

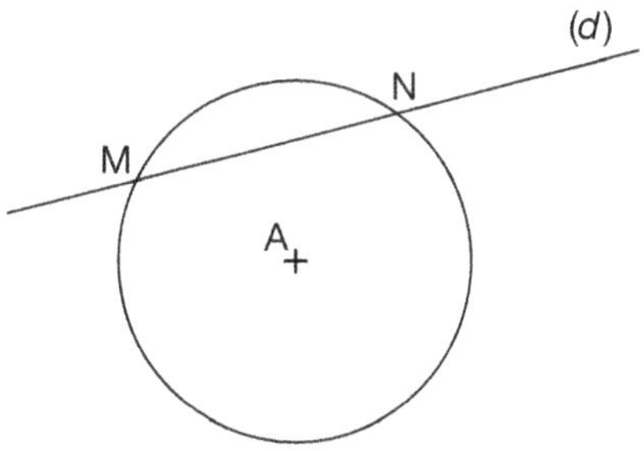

b. Les points M et N appartiennent au cercle de centre A, donc les longueurs AM et AN sont égales.

46 • 1 500 : 200 = 7,5
1 600 : 200 = 8
800 : 200 = 4
• On construit un segment [MF] de longueur 4 cm, puis le cercle de centre M et de rayon 7,5 cm et le cercle de centre F et de rayon 8 cm.

Les emplacements possibles pour l'éolienne sont les points d'intersection des deux cercles.
Échelle 1/2

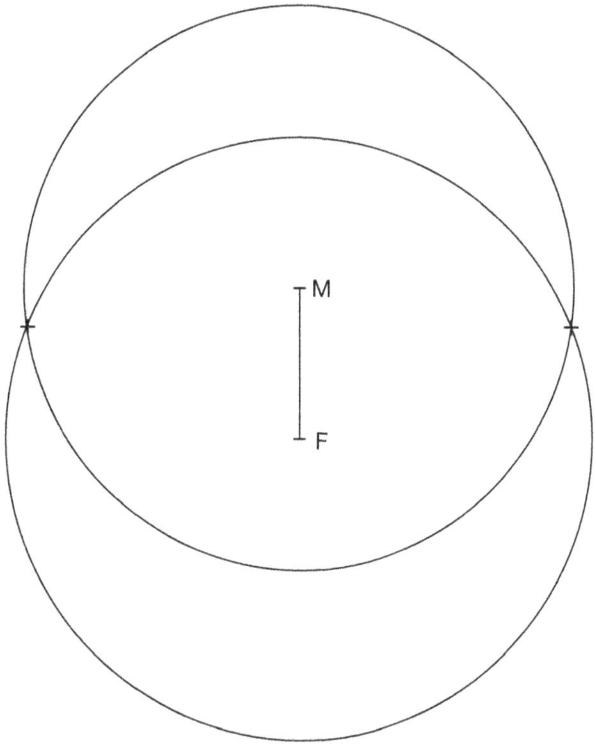

47 **a.** et **b.**

• Région depuis laquelle la balise B est visible.
Échelle 3/4

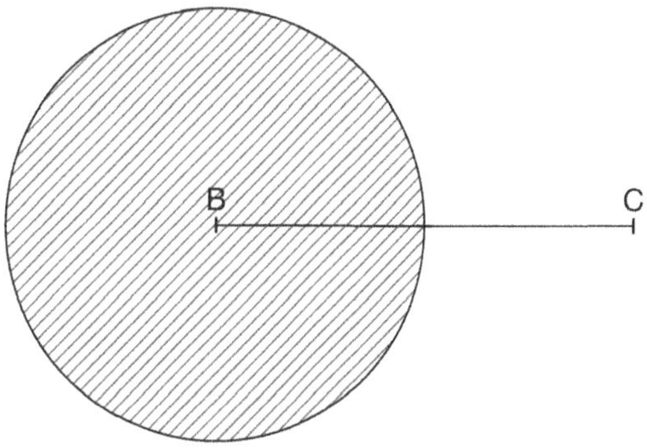

• Région depuis laquelle la balise C est visible.
Échelle 3/4

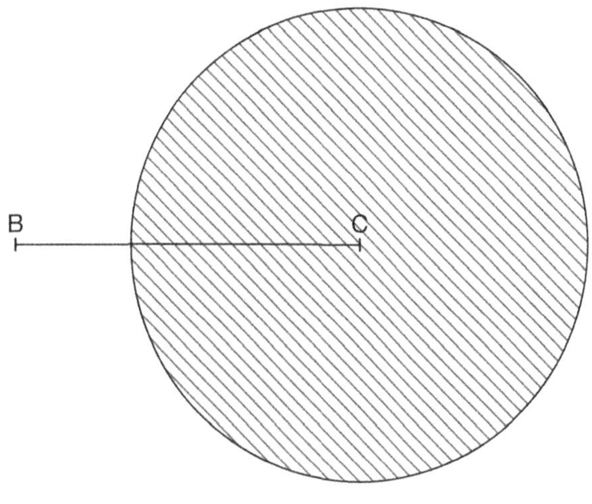

c. Échelle 3/5

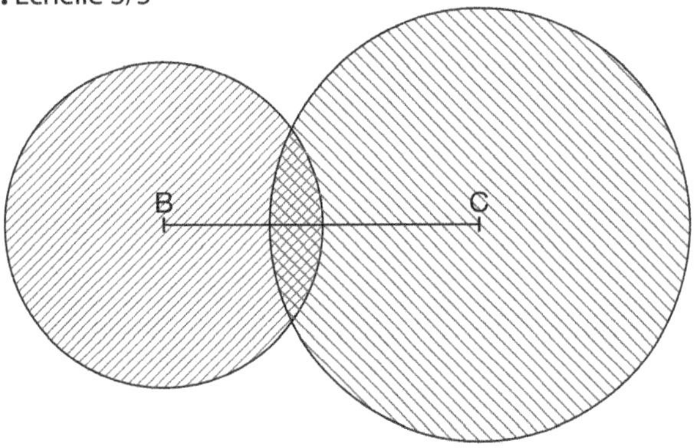

• Les deux balises : hachures dans les deux sens.
• Seulement la balise B : hachures montant vers la droite.
• Seulement la balise C : hachures descendant vers la droite.
• Aucune des deux balises : pas de hachures.

48 **a.** 40 : 10 = 4 et 4 × 0,5 cm = 2 cm, donc on cherche les villes qui sont à moins de 2 cm de Tours sur la carte.
Il s'agit de Chenonceau, Amboise et Azay-le-Rideau.

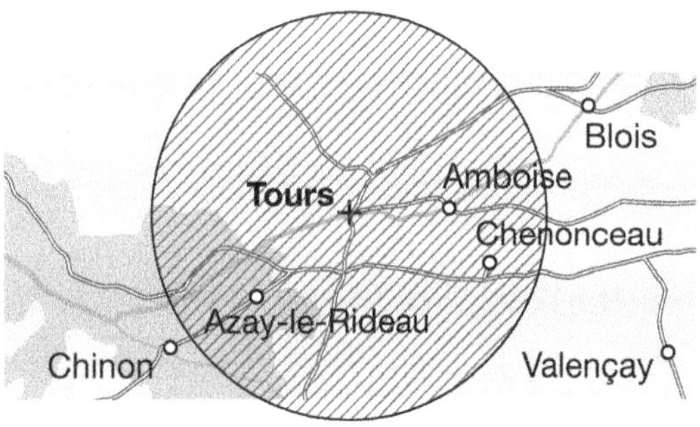

49

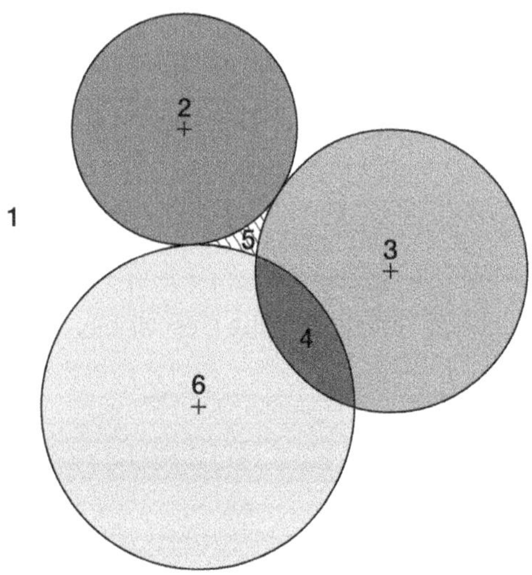

Utiliser des triangles et des quadrilatères

50 **a.** La distance entre le point B et la droite (AC) est la longueur de la hauteur [BD]. Elle est donc égale à 2,2 cm.
b. La distance entre le point A et la droite (BC) est la longueur de la hauteur [AE]. Elle est donc égale à 4 cm.

51 **a.** et **b.** Échelle 3/4

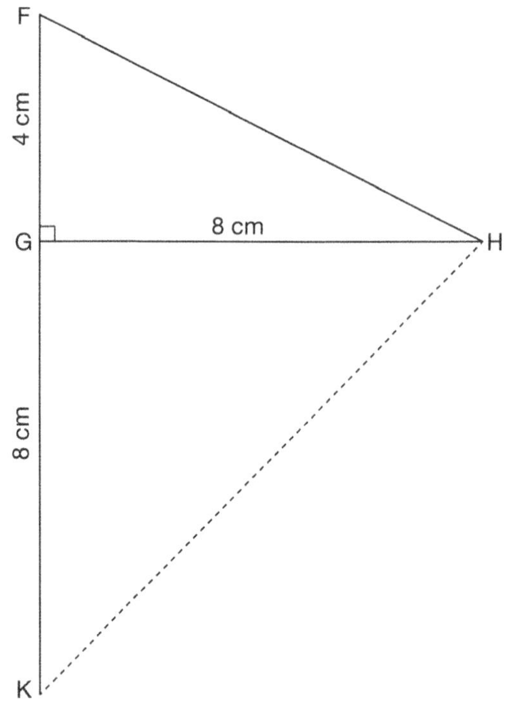

c. Le triangle GKH est rectangle en G.
d. Une hauteur du triangle FKH est le segment [GH].
La distance entre le point H et la droite (FK) est la longueur de cette hauteur.
Elle est égale à 8 cm.

52 **a.** Échelle 4/5

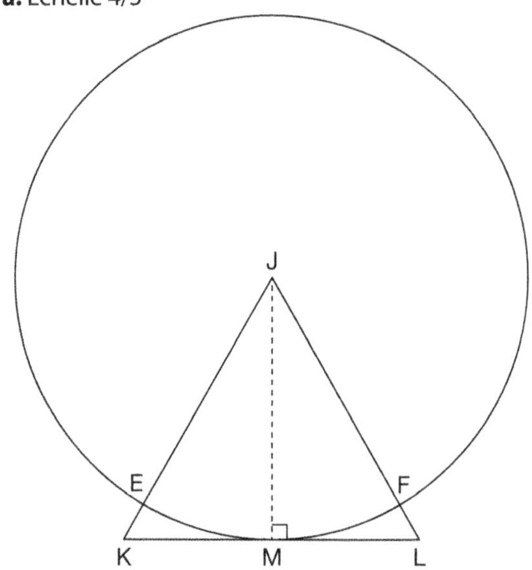

b. **(1)** Faux **(2)** Faux
(3) Vrai **(4)** Faux

53 **a.** et **b.** Échelle 1/2

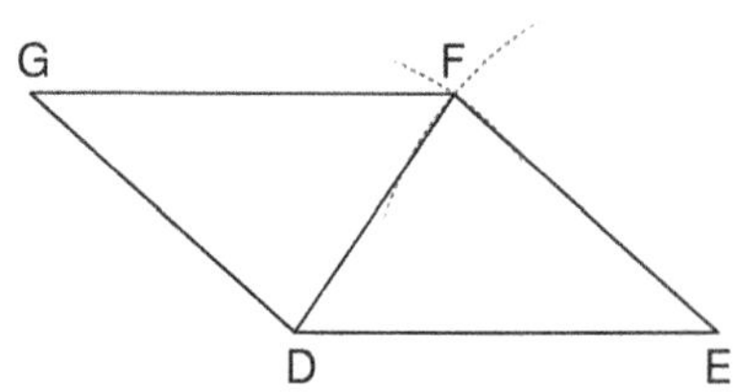

54 **a.**

b.

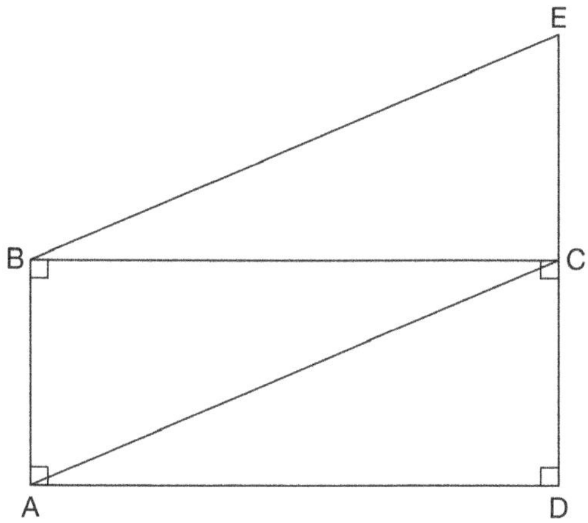

55 ABCD est un parallélogramme, donc (AB) // (CD) et (AD) // (BC).

De plus, $\widehat{ABC} = 90°$.

Donc $\widehat{BAD} = 90°$ et $\widehat{BCD} = 90°$.

On en déduit que $\widehat{ADC} = 90°$.

Le quadrilatère ABCD a ses quatre angles droits, donc ABCD est bien un rectangle.

Ainsi, Édouard a raison.

56 EFG, EHG, FGH, FEH

57 **a.** • Le triangle ABE est équilatéral.
• Le quadrilatère ABCD est un carré.
• Le triangle DCG est rectangle.
• Le quadrilatère DIHG est un rectangle.

b. Échelle 1/2

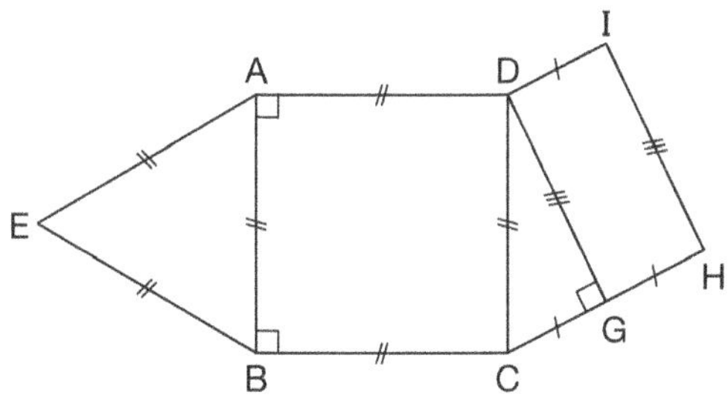

58

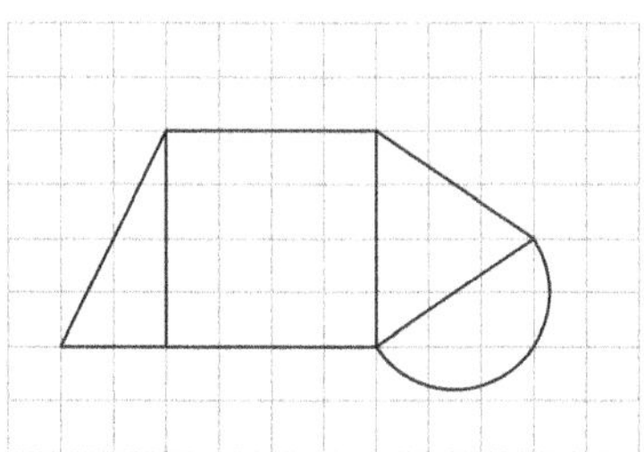

La figure est composée d'un triangle rectangle, d'un carré, d'un triangle isocèle et d'un demi-cercle.

59 • Construire un rectangle SECH.
• Tracer en pointillé les deux diagonales du rectangle. Noter O leur point d'intersection.
• Construire le milieu I du segment [SE].
• Construire le point R tel que SOER est un losange.

60 • Triangle rectangle : P**T**R
• Triangle rectangle : PT**R**
• Triangle isocèle : **I**JK
• Carré : **A**BCD
• Losange : LM**N**O
• Rectangle : EF**G**H
• Losange : **L**MNO
• Rectangle : **E**FGH

On obtient le mot TRIANGLE.

61 **a.**

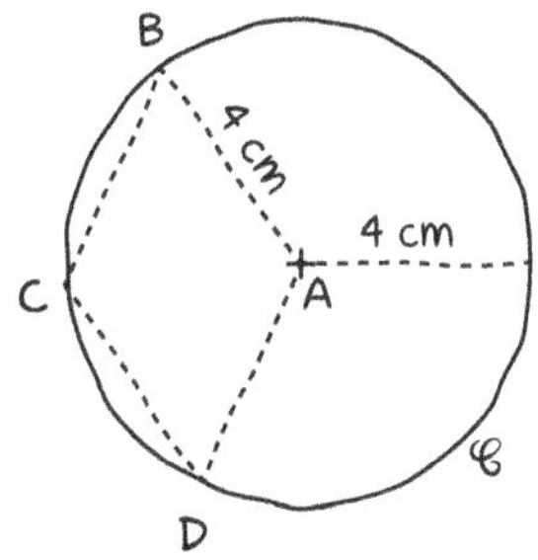

b.

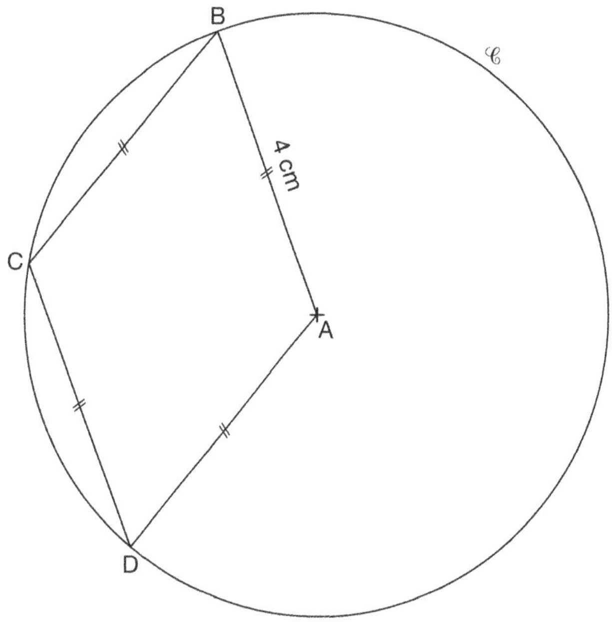

c. Il semble que le point D appartient au cercle 𝒞.

d. Tous les côtés d'un losange ont la même longueur, donc AD = AC = BC = 4 cm.

Par conséquent, D appartient au cercle 𝒞 de centre A et de rayon 4 cm.

62 **1.** La figure correcte est la figure **3**.

2. a. b. et **c.** Échelle 3/4

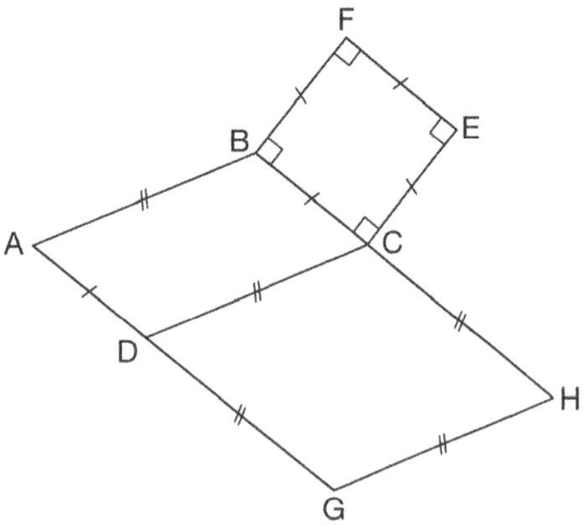

3. a. Les côtés d'un parallélogramme sont parallèles deux à deux, donc les droites (BC) et (AD) sont parallèles.

b. Le quadrilatère BCEF est un carré, donc les droites (BC) et (BF) sont perpendiculaires.

c. Si deux droites sont parallèles et si une troisième droite est perpendiculaire à l'une, alors elle est aussi perpendiculaire à l'autre.

d. Les droites (BF) et (AD) sont donc perpendiculaires. On vérifie à l'aide de l'équerre que c'est bien le cas sur la figure.

4. a. ABCD est un parallélogramme, donc la droite (AD) est parallèle à la droite (BC).

CDGH et un losange, donc la droite (DG) est parallèle à la droite (CH).

On sait que les points B, C, H sont alignés, donc les points A, D, G le sont aussi.

b. La droite (BC) est parallèle à la droite (AD), et donc parallèle à la droite (DG).

De plus, la droite (BF) est perpendiculaire à la droite (BF) car BCEF est un carré.

Donc la droite (BF) est perpendiculaire à la droite (DG).

Parcours différenciés

Je m'évalue

63 b.	**64** b.	**65** a.	**66** c.	**67** c.
68 b.	**69** b.	**70** c.	**71** a.	**72** c.

Je réalise mon parcours

73 PARCOURS 1

a. Tracer la **perpendiculaire** en A à la droite (AB) et marquer un point D tel que AD = **2** cm.

b. Tracer la perpendiculaire en D à la droite (AD) et la perpendiculaire en B à la droite (AB). Noter C leur point d'intersection.

c. À l'extérieur du rectangle ABCD, construire le triangle équilatéral CDE.

PARCOURS 2

- Construire un segment [AB] de longueur 4 cm.
- Tracer la perpendiculaire en A à la droite (AB) et marquer un point D tel que AD = 2 cm.
- Tracer la perpendiculaire en D à la droite (AD) et la perpendiculaire en B à la droite (AB). Noter C leur point d'intersection.
- À l'extérieur du rectangle ABCD, construire le triangle équilatéral CDE.

PARCOURS 3

- Construire un segment [AB] de longueur 4 cm.
- Tracer la perpendiculaire en A à la droite (AB) et marquer un point D tel que AD = 2 cm.
- Tracer la perpendiculaire en D à la droite (AD) et la perpendiculaire en B à la droite (AB). Noter C leur point d'intersection.
- Construire le point E tel que CDE est un triangle équilatéral, et E se trouve de l'autre côté de la droite (CD) par rapport aux points A et B.
- Tracer les segments [AE] et [BD].

Noter F leur point d'intersection.

- Tracer le cercle de centre F qui passe par A.

74 PARCOURS 1

a.

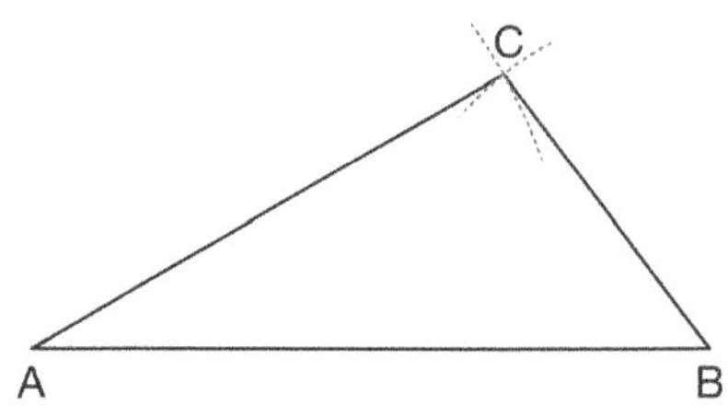

b. ABCD est un parallélogramme, donc (AB) // (CD) et (BC) // (AD).

c. et **d.**

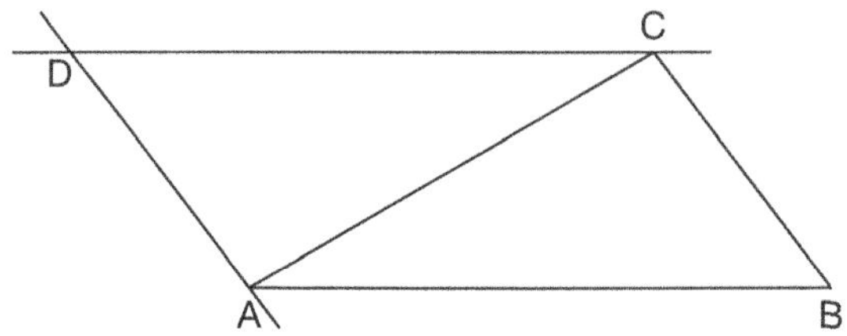

PARCOURS 2

a. et **b.** Échelle 1/2

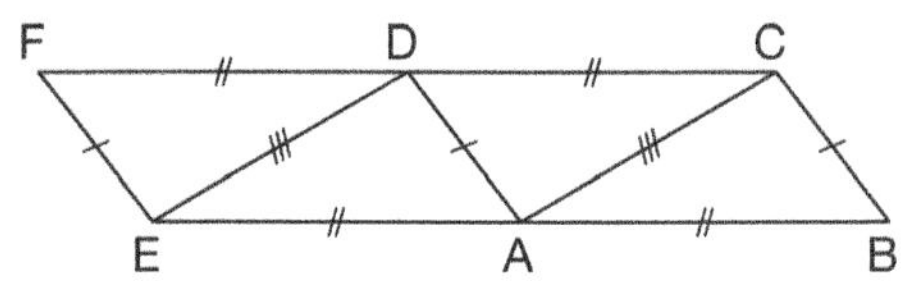

c. (BC) // (EF) et (BE) // (CF), donc le quadrilatère BCFE est un parallélogramme.

PARCOURS 3

a. et **b.**

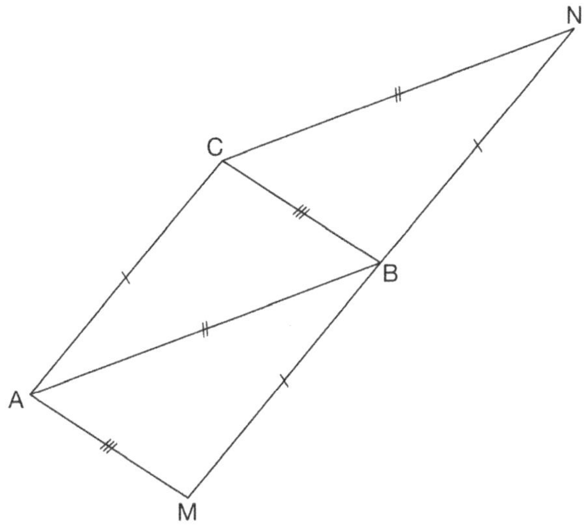

c. • On observe que les points M, B, N sont alignés.
• AMBC est un parallélogramme, donc (MB) // (AC).
• ABNC est un parallélogramme, donc (BN) // (AC).
• Les droites (MB) et (BN) sont donc parallèles et ont un point commun, donc les points M, B, N sont alignés.

Je m'entraîne avec Scratch et GeoGebra

75 **a.**

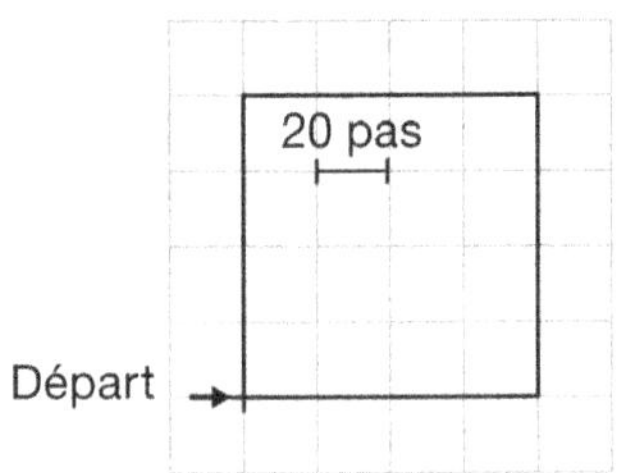

b.

Cela confirme la figure obtenue à la question **a**.

c.

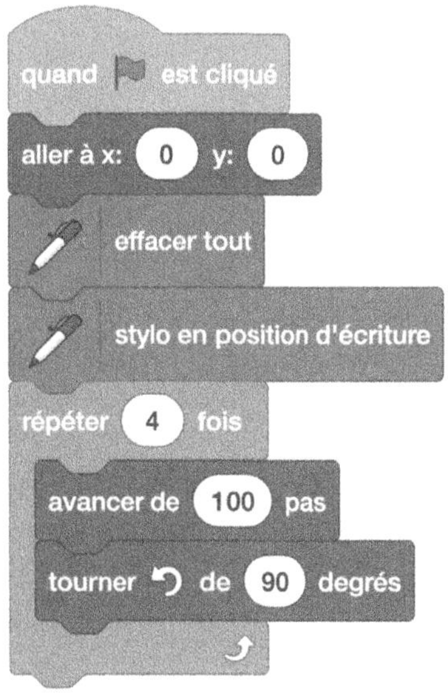

76 **2.** Il semble que le quadrilatère ACBD est toujours un losange.
3. a. AB = AC = AD = 3 car les points B, C, D appartiennent au cercle de centre A et de rayon 3.
b. BA = BC = BD = 3 car les points A, C, D appartiennent au cercle de centre B et de rayon 3.
c. Les quatre côtés du quadrilatère ACBD ont toujours la même longueur, donc c'est un losange.

J'utilise mes compétences

77 **Traduction**
Dans chaque cas, dire si la phrase est vraie ou fausse.
a. Tout carré est un rectangle.
b. Tout losange est un carré.
c. Tout quadrilatère est un parallélogramme.
d. Tout rectangle est un parallélogramme.
Solution
a. Vraie.
b. Fausse.
c. Fausse.
d. Vraie.

78 **a.** • Tracer un segment [AB] de longueur 5 cm.
• Tracer le cercle $\mathscr{C}$ de centre A et de rayon AB.
• Marquer un point C appartenant au cercle $\mathscr{C}$.
• Construire le point D tel que ABCD est un parallélogramme.
• Tracer le parallélogramme ABCD.

b. Échelle 3/4

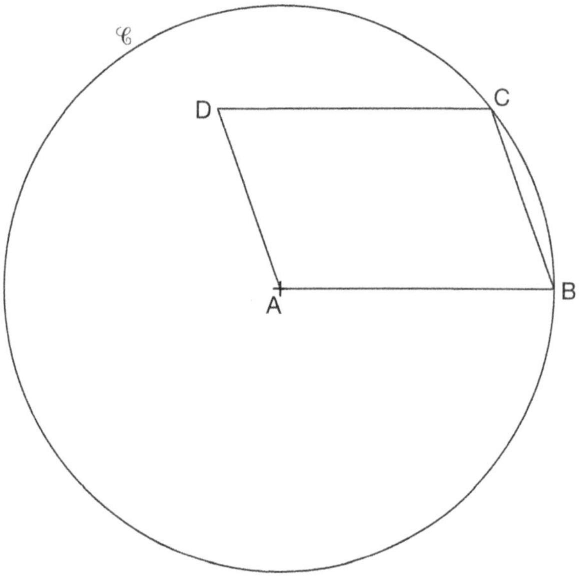

c. • ABCD est un parallélogramme, donc AD = BC.
Si de plus BC = AB, alors AD = AB et par conséquent D appartient au cercle de centre A et de rayon AB. Donc Gil a raison.

79 **1. a.** Figure obtenue :

b. La figure ressemble à un cercle, mais ce n'en est pas un car c'est un polygone à 36 côtés.

2. a.

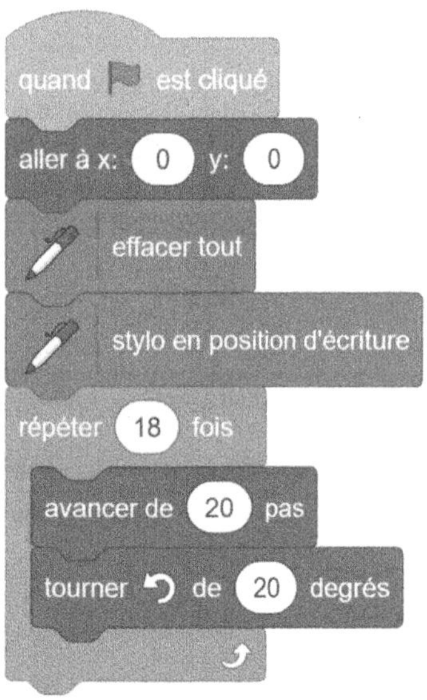

b. Figure obtenue :

On voit bien que ce n'est pas un cercle, mais un polygone à 18 côtés.

80 **1.** Échelle 3/4

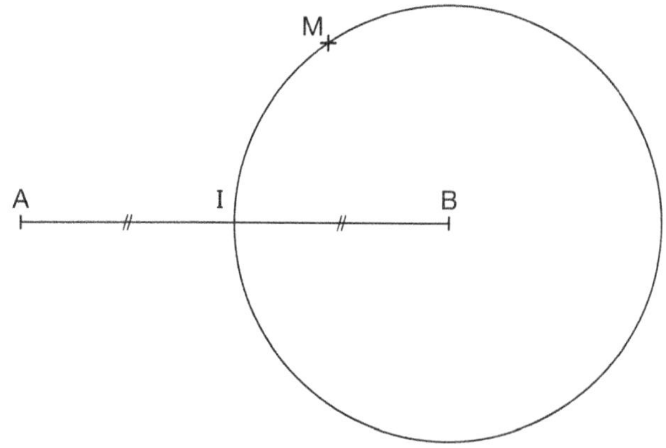

2. a. Le point I est le milieu du segment [AB], donc BI = 7 cm : 2 = 3,5 cm.
Ainsi, I appartient bien au cercle de centre B et de rayon 3,5 cm.

b. • Le point I est le milieu du segment [AB], donc AI = 3,5 cm.
• Le point M appartient au cercle de centre B et de rayon 3,5 cm, donc BM = 3,5 cm.
• Par conséquent, AI = BM.

c. BI = 3,5 cm et BM = 3,5 cm, donc BI = BM. Donc Sabine a raison : le triangle BIM est isocèle en B.

81 **a.** Échelle 1/2

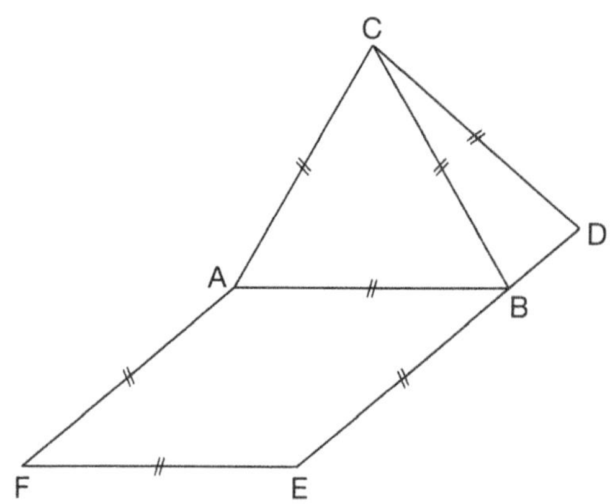

b. • Le triangle ABC est équilatéral, donc CA = CB.
• Le triangle BCD est isocèle en C, donc CB = CD.
• Par conséquent, CA = CD.
Le triangle ACD est isocèle en C.

82 On peut construire un triangle isocèle , un triangle rectangle et un triangle quelconque .

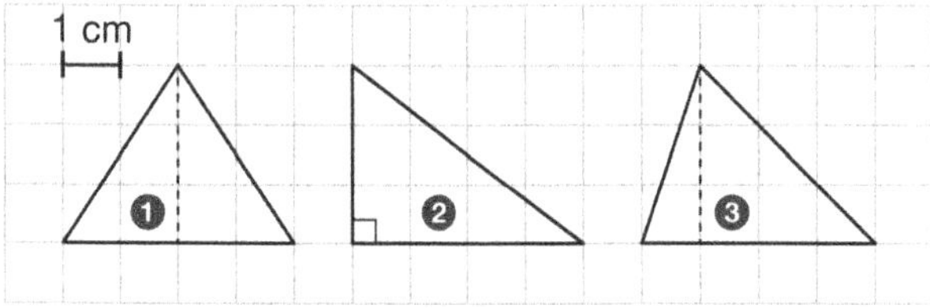

83 Tracer un triangle OAB isocèle en O en reportant avec le compas les longueurs OA et AB prises sur le manuel. Tracer alors l'arc de cercle AB.

84 **a.**

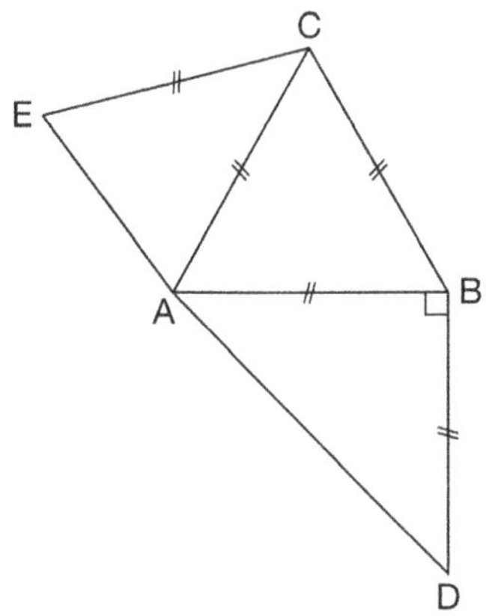

b. • AB = AC = BC car le triangle ABC est équilatéral.
• BD = BA car le triangle ABD est isocèle en B.
• AC = EC car le triangle ACE est isocèle en C.
c. BD = BA, AB = AC et AC = EC, donc BD = EC.

85 On trace les cercles de centre Marseille et de rayon 4 cm, de centre Montpellier et de rayon 3 cm et de centre Nîmes et de rayon 2 cm.
La réserve se trouve dans la zone commune à ces trois cercles, coloriée en noir ci-dessous.

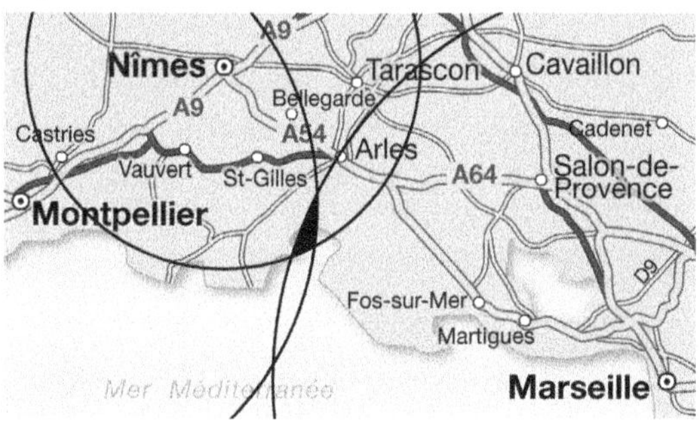

86 On trace les quarts de cercles :
• de centre B, d'extrémités E et F ;
• de centre C, d'extrémités F et G ;
• de centre D, d'extrémités G et H ;
• de centre A, d'extrémités H et E.

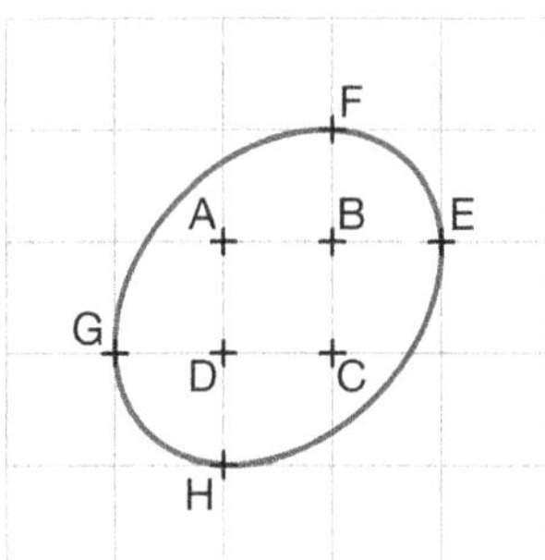

87 • On trace la parallèle à la droite (*d'*) qui passe par le point G. On note F son point d'intersection avec (*d*).
• On trace la parallèle à la droite (*d*) qui passe par le point G. On note H son point d'intersection avec la droite (*d'*).
• Les côtés du quadrilatère EFGH sont alors parallèles deux à deux, donc EFGH est un parallélogramme.

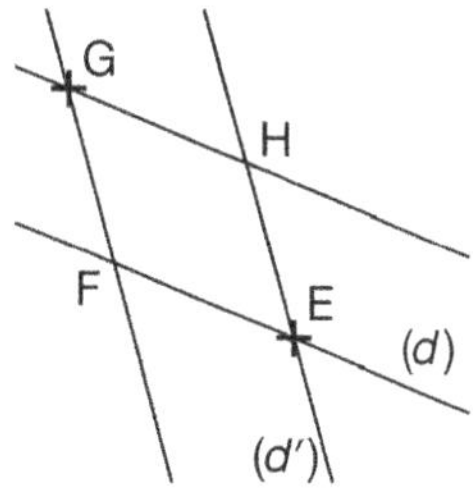

88 • On peut tout d'abord penser que la corde [DF] relie les points ❼ et ❽.
• Le milieu I de [AC] est alors le point ❸.
• C est le centre d'un cercle, donc c'est le point ❹ et par conséquent A est le point ❷.
• On en déduit alors que E est le point ❺ et B le point ❶.

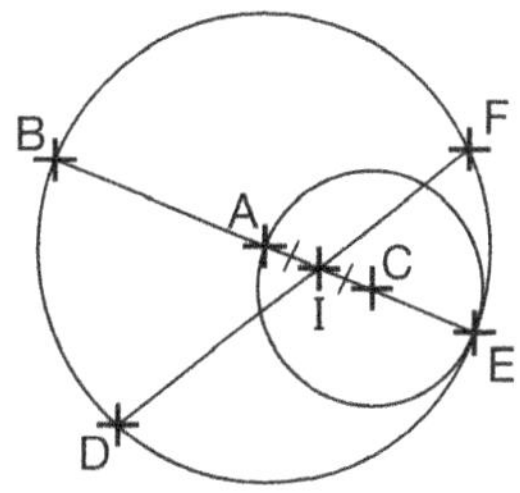

89

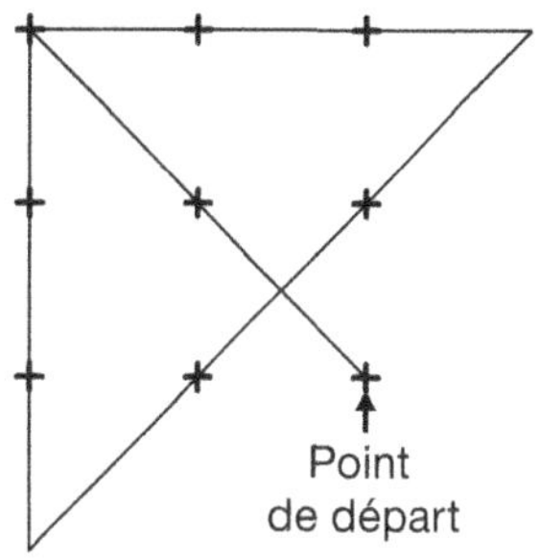

90

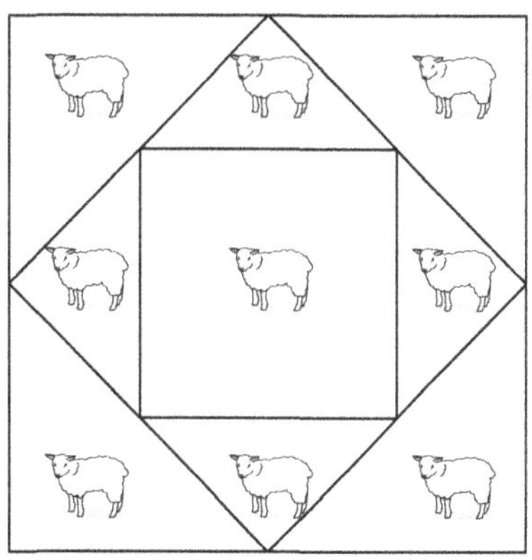

Je prends des initiatives

91 • Sur l'écran du bateau A, les cercles sont séparés d'une distance de 3 km (12 km : 4).
Donc la distance entre les bateaux A et C est :
3×3 km $= 9$ km.
De plus, le bateau C se trouve au Nord-Ouest du bateau A, et donc le bateau A au Sud-Est du bateau C.
• Sur l'écran du bateau B, les cercles sont séparés d'une distance de 2 km (10 km : 5).
Donc la distance entre les bateaux B et C est :
4×2 km $= 8$ km.
De plus, le bateau C se trouve à l'Ouest du bateau B, donc le bateau B à l'Est du bateau C.
• On peut alors construire l'écran radar du bateau C.
Les cercles sont séparés d'une distance de 1 km.

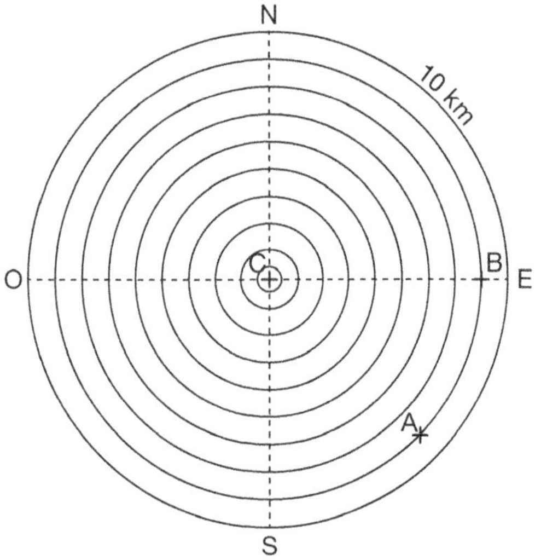

92 Pour tracer les carrés, utiliser **Polygone régulier**.
Pour tracer le losange, utiliser **Cercle (centre-point)**, **Intersection** et **Polygone**.

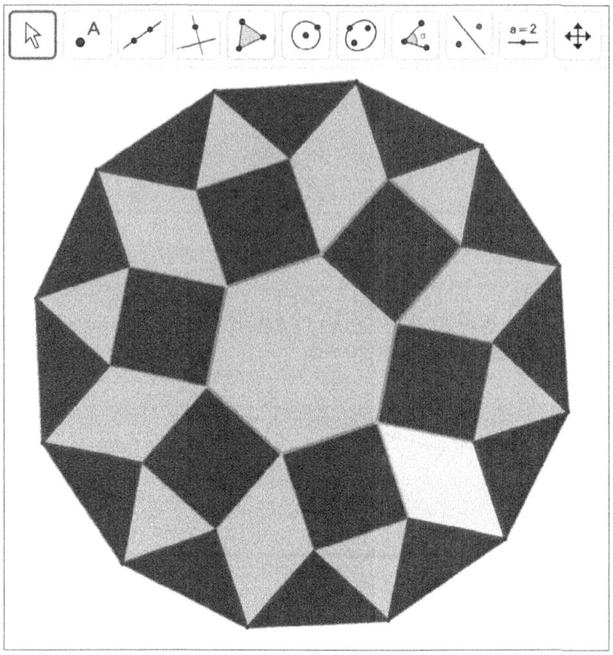

CHAPITRE
15
Utiliser la symétrie axiale

INTENTIONS PÉDAGOGIQUES

1 Les Repères des cycles 2 et 3

- Au CP, les élèves perçoivent des éléments symétriques dans leur environnement proche de l'école.
- Au CE1, les élèves consolident la perception d'éléments symétriques.
Ils reconnaissent si une figure présente un axe de symétrie (à trouver), visuellement et/ou en utilisant du papier calque, des découpages, des pliages.
- Au CE2, les élèves complètent une figure pour qu'elle soit symétrique par rapport à un axe donné.
- Au CM1, les élèves reconnaissent qu'une figure admet un (ou plusieurs) axe(s) de symétrie, visuellement et/ou par pliage ou en utilisant du papier calque. Ils complètent une figure par symétrie ou construisent le symétrique d'une figure donnée par rapport à un axe donné, par pliage et piquage ou en utilisant du papier calque.
- Au CM2, les élèves observent que deux points sont symétriques par rapport à une droite donnée lorsque le segment qui les joint coupe cette droite perpendiculairement en son milieu. Ils construisent, à l'équerre et à la règle graduée, le symétrique d'un point, d'un segment, d'une figure par rapport à une droite.
- En 6e, les élèves consolident leurs acquis du CM sur la symétrie axiale et font émerger l'image mentale de la médiatrice, d'une part, et certaines conservations par symétrie, d'autre part.
Ils donnent du sens aux procédures utilisées en CM2 pour la construction de symétriques à la règle et à l'équerre.
À cette occasion :
– la médiatrice d'un segment est définie et les élèves apprennent à la construire à la règle et à l'équerre ;
– ils étudient les propriétés de conservation de la symétrie axiale.
En lien avec les propriétés de la symétrie axiale, ils connaissent la propriété caractéristique de la médiatrice d'un segment et l'utilisent à la fois pour tracer à la règle non graduée et au compas :
– la médiatrice d'un segment donné ;
– la figure symétrique d'une figure donnée par rapport à une droite donnée.

2 Je découvre

Activité 1

Cette activité expérimentale nécessite l'usage du papier calque et des pliages.
Son objectif est de comprendre que par pliage autour d'une droite, une figure n'est pas déformée et que par conséquent :
– un segment se superpose à un segment de même longueur ;
– un angle se superpose à un angle de même mesure ;
– des points alignés se superposent à des points alignés.

À la question **c**, on revient sur l'observation faite au CM2 : le segment qui joint deux points symétriques par rapport à la droite de pliage, coupe cette droite perpendiculairement en son milieu.
Or, au Chapitre 13 p. 214, la médiatrice d'un segment a été définie en tant que perpendiculaire à ce segment en son milieu.
D'où l'utilisation de ce vocabulaire.

Remarque : il est bien sûr possible de traiter cette activité à l'aide d'un logiciel de géométrie dynamique. Pour notre part, nous avons préféré mettre en avant le côté expérimental et permettre à ceux qui n'en auraient pas eu l'occasion de mettre en place une image mentale de la symétrie axiale.

Activité 2

Cette activité de construction nécessite l'usage des instruments de géométrie.
Conformément aux Repères, l'objectif est de donner du sens à des procédures déjà mises en place au CM2.
Aux questions **b** et **c**, il sera certainement intéressant de présenter différentes techniques utilisées dans la classe.
Par exemple à la question **b**, des élèves pourront construire les symétriques de 3 ou 4 points de la droite (Δ), d'autres construiront les symétriques de 2 points de la droite (Δ), d'autres enfin utiliseront le point d'intersection de (d) et (Δ).

Activité 3

L'objectif est d'aborder la propriété caractéristique des médiatrices.

La question **1** est axée sur le raisonnement ; il s'agit d'établir, à l'aide d'un guide, que tout point de la médiatrice d'un segment est à égale distance des extrémités de ce segment.

La question **2** est uniquement expérimentale et se conclut sur une conjecture : tout point à égale distance des extrémités d'un segment appartient à la médiatrice de ce segment. L'axe de symétrie d'un triangle isocèle n'est abordé qu'au Chapitre 16.

❸ Cours - J'applique le cours

Cours

• Au paragraphe 1, on rappelle la définition d'une symétrie par rapport à une droite en relation avec la notion de pliage. Ensuite, on énonce les propriétés conservées par une symétrie par rapport à une droite. Ce sont des propriétés nouvelles pour des élèves de 6e.

• Au paragraphe 2, on énonce les propriétés relatives aux images par une symétrie par rapport à une droite, d'un point, d'une droite, d'un segment et d'un cercle.

• Au paragraphe 3, on rappelle la définition d'un axe de symétrie d'une figure et on introduit le vocabulaire « symétrie axiale ».

• Le paragraphe 4, est consacré à la médiatrice d'un segment. Tout ce paragraphe constitue une nouveauté pour des élèves de 6e.

Comme dit précédemment, la définition de la médiatrice a été introduite p. 214. Dans ce paragraphe on aborde :
- la médiatrice d'un segment en tant qu'axe de symétrie de ce segment ;
- la propriété caractéristique de la médiatrice d'un segment ;
- le vocabulaire « ensemble des points équidistants des extrémités d'un segment ».

J'applique le cours

Exercice résolu 1

Cet exercice présente la construction, étape par étape, du symétrique d'un point par rapport à une droite à l'aide de l'équerre et du compas. On peut bien sûr utiliser aussi l'équerre et la règle graduée.

Remarque : la construction du symétrique d'un point par rapport à une droite à l'aide du compas uniquement est proposée à l'exercice **62** p. 257.

Exercice résolu 4

On présente ici la construction sur papier uni, étape par étape, du symétrique d'un segment par rapport à une droite, dans le cas où ce segment coupe l'axe de symétrie.

Remarque : les exercices **21** à **26** p. 253 proposent la construction, sur papier uni, du symétrique d'un segment, d'une droite ou d'un cercle, en passant en revue diverses positions de ces objets par rapport à l'axe de symétrie.

Exercice résolu 6

Un attendu de fin de 6e est de « compléter une figure par symétrie axiale ».

C'est pour répondre à cette demande que l'on propose cet exercice où figurent deux droites perpendiculaires (d) et (d'). On demande de compléter la figure afin qu'un axe de symétrie soit la droite (d) (exercice **6**), soit la droite (d') (exercice **7**), que les droites (d) et (d') soient deux axes de symétrie (exercice **8**).

Exercice résolu 9

On a vu p. 214 du manuel la construction d'une médiatrice à l'aide de l'équerre et de la règle graduée. Cet exercice présente une construction, étape par étape, d'une médiatrice à l'aide de la règle non graduée et du compas.

❹ Compléments

Verbaliser, expliciter

Lors d'exercices de construction d'une figure symétrique, d'une médiatrice, on pensera à faire verbaliser/expliciter les méthodes utilisées par les élèves.

L'élève sera d'autant plus à l'aise dans cette verbalisation qu'il n'aura pas de souci de vocabulaire. Il est important de traiter oralement les exercices proposés dans les **Questions flash** ou l'exercice **31** p. 253.

Coder une figure

L'élève doit savoir coder sur une figure la définition du symétrique d'un point par rapport à une droite et la définition ou la caractérisation de la médiatrice d'un segment. De la même façon, il est important que l'élève sache interpréter les codages sur une figure, par exemple lors de l'exercice **32** p. 253.

Raisonner

L'élève peut être amené à raisonner dans plusieurs situations dans ce chapitre. Par exemple :
- lors de la construction de la symétrique d'une figure par rapport à une droite, l'élève peut utiliser les propriétés conservées par symétrie afin de réduire le nombre de symétriques de points à construire ; il devra argumenter ses choix. C'est le cas aux exercices **40** et **41** p. 254 ;
- en utilisant la définition d'une médiatrice ou sa propriété caractéristique pour établir qu'un point est le milieu d'un segment ou qu'une droite passe par un certain point ou ... C'est le cas aux exercices **46** p. 254, **74** et **75** p. 260.

Utiliser un logiciel de géométrie dynamique

Conformément aux Attendus de fin de 6e, les exercices **66** et **73** pp. 259-260 proposent la construction du symétrique d'un point ou la réalisation d'une frise à l'aide d'un logiciel de géométrie dynamique.

CORRIGÉS

Bien démarrer

1 **b.** **2** **c.** **3** **b.** et **c.** **4** **b.**

Je découvre

Activité 1

a.

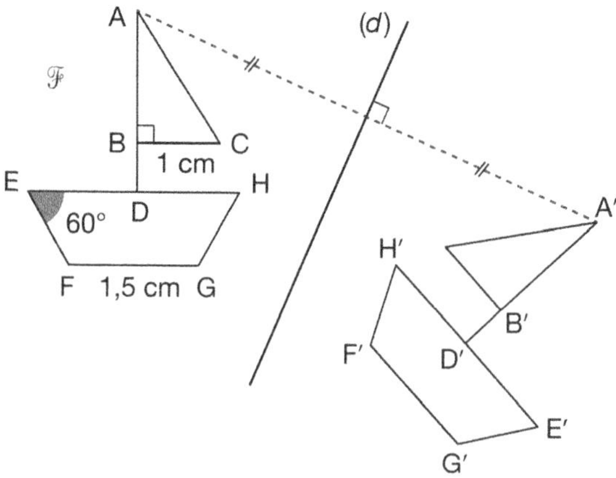

b. • [B′C′] est un segment de longueur 1 cm.
• Les points A′, B′, D′ sont alignés.
• L'angle $\widehat{A'B'D'}$ est droit. • L'angle $\widehat{F'E'H'}$ mesure 60°.
• [F′G′] est un segment de longueur 1,5 cm.

c. • Comme indiqué sur la figure ci-dessus, on vérifie avec l'équerre que les droites (AA′) et (*d*) sont perpendiculaires et, avec la règle graduée ou le compas, que la droite (*d*) coupe le segment [AA′] en son milieu.
• La droite (*d*) est aussi la médiatrice de chacun de segments [BB′], [CC′], [DD′], [EE′], [FF′], [GG′] et [HH′].

Activité 2

a. Avec l'équerre, on trace la perpendiculaire à la droite (*d*) passant par A et avec le compas, on marque le point A′ tel que la droite (*d*) soit la médiatrice du segment [AA′].

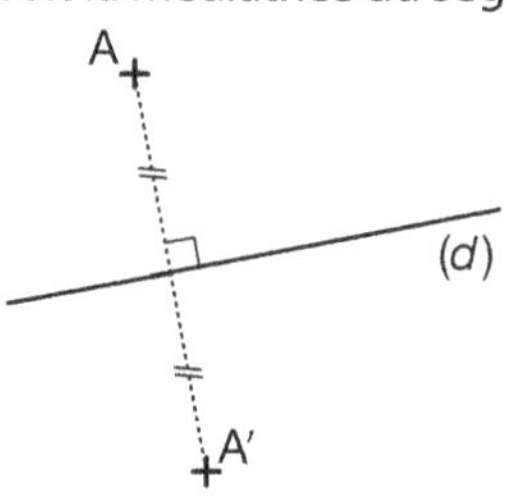

b. On marque un point C de la droite (Δ) et on marque son symétrique C′ par rapport à la droite (*d*).
On trace la droite (Δ′) qui passe par C′ et par le point d'intersection des droites (*d*) et (Δ).

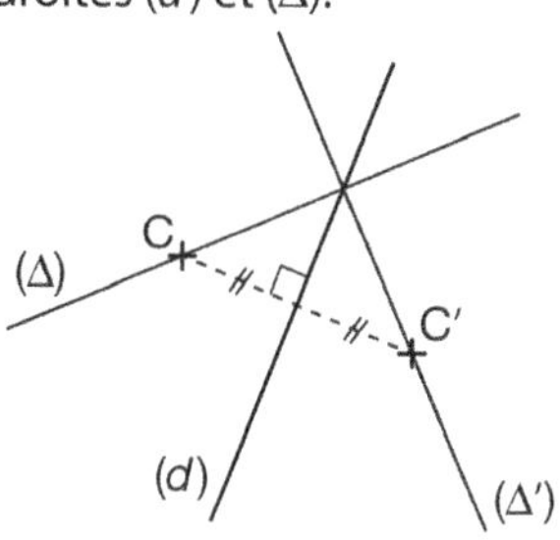

c. On marque les symétriques respectifs M′ et N′ des points M et N.
On trace le segment [M′N′].

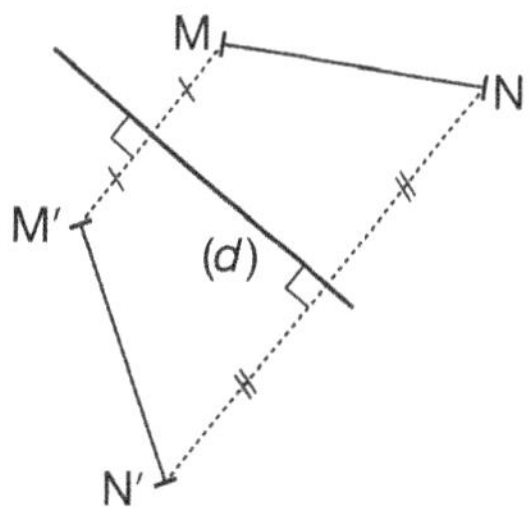

Activité 3

1 **a.** Le symétrique par rapport à la droite (*d*) :
• du point M est le point M lui-même car M appartient à la droite (*d*) ;
• du point A est le point B car la droite (*d*) est la médiatrice du segment [AB] ;
• du segment [MA] est le segment [MB].

b. La symétrie par rapport à la droite (*d*) conserve les longueurs, donc les segments symétriques [MA] et [MB] ont la même longueur.
Ainsi, MA = MB et le point M est à égale distance des points A et B.
Donc Enzo a raison.

2 **a.** Échelle 1/2

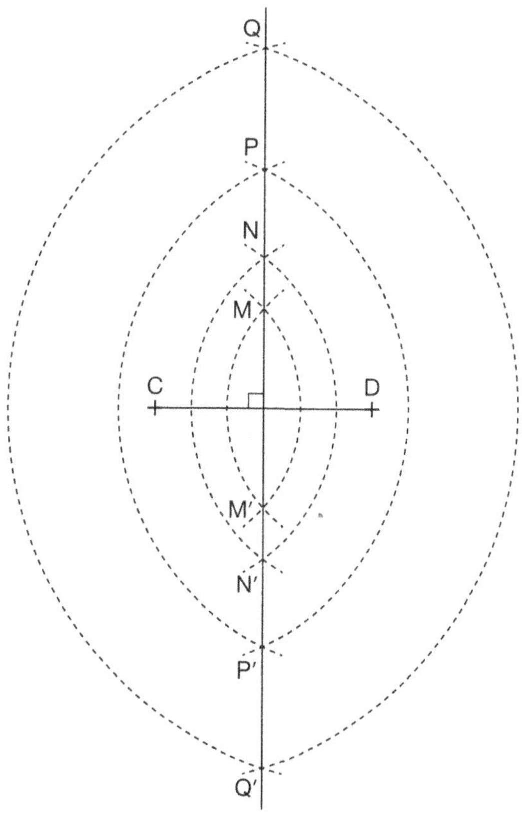

b. Les points M, M′, N, N′, P, P′, Q, Q′ semblent appartenir à la médiatrice du segment [CD].

J'applique le cours

②

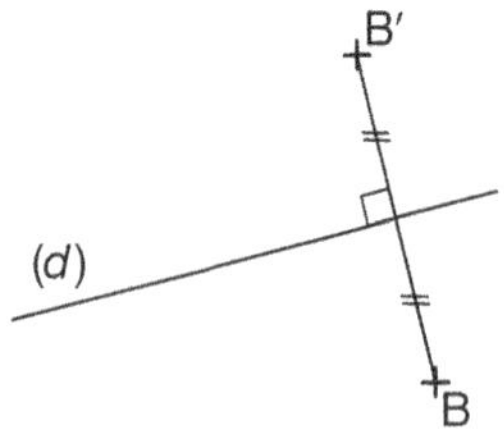

③

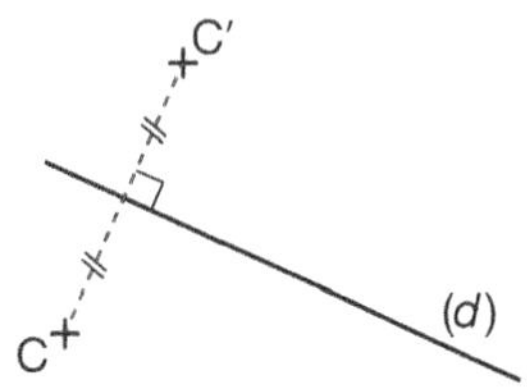

⑤ **a.**

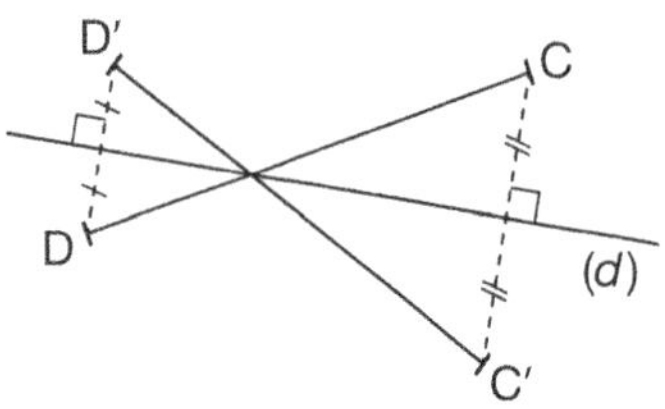

b.

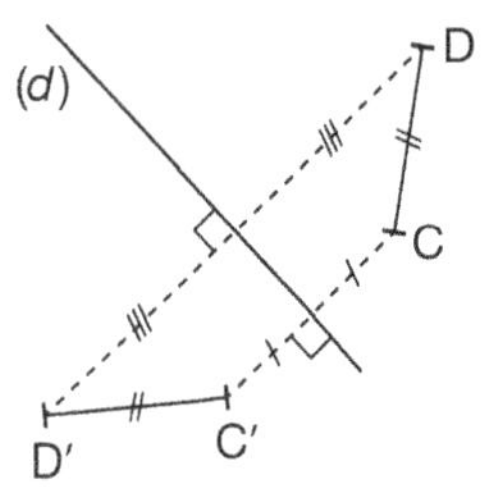

⑦

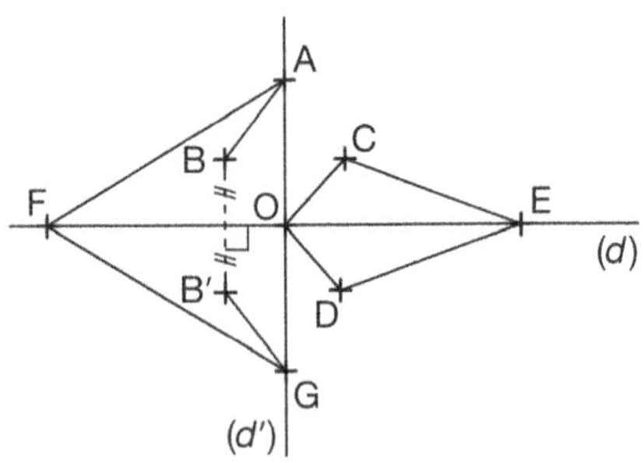

⑧

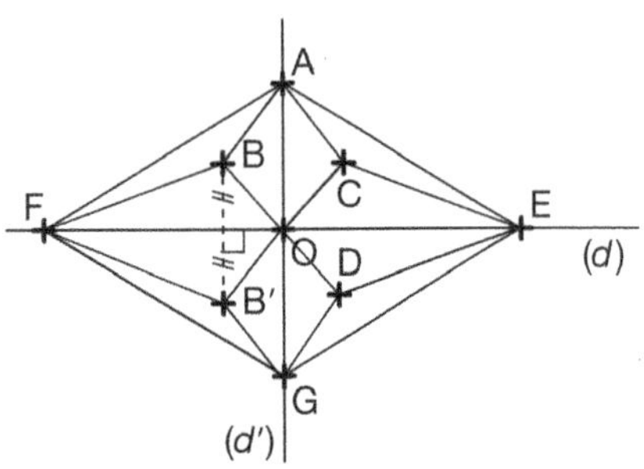

⑩

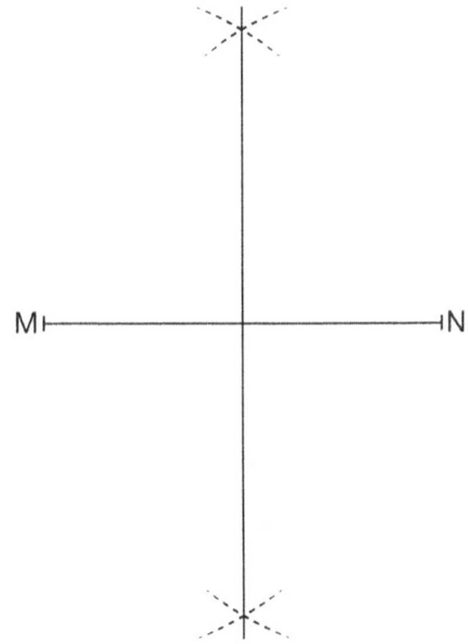

⑪

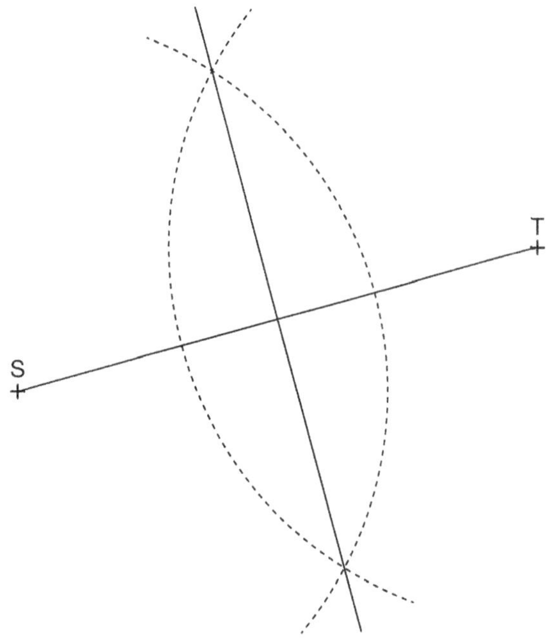

Je travaille mes automatismes

Connaître la symétrie axiale

12 **a.** L'étoile ne devrait pas être dans la même main du sapin. Voici une disposition correcte.

b. Les deux tentes semblent symétriques par rapport à la droite rouge.

c. Les deux parapluies n'ont pas les mêmes dimensions, donc ils ne sont symétriques par rapport à la droite rouge.

13 D'après les propriétés conservées par symétrie axiale : A'B' = 3 cm, A'D' = 2,5 cm, $\widehat{B'A'D'} = 60°$, $\widehat{A'B'C'} = 100°$ et $\widehat{A'D'C'} = 90°$.

14 a.

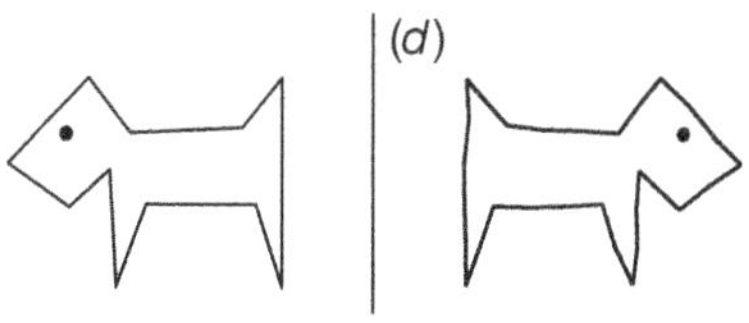

b.

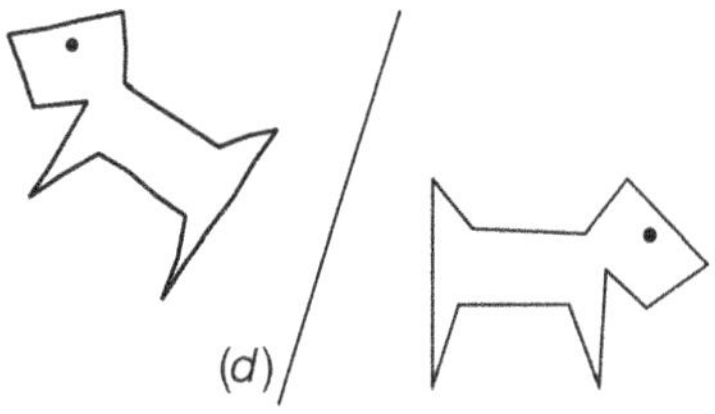

15

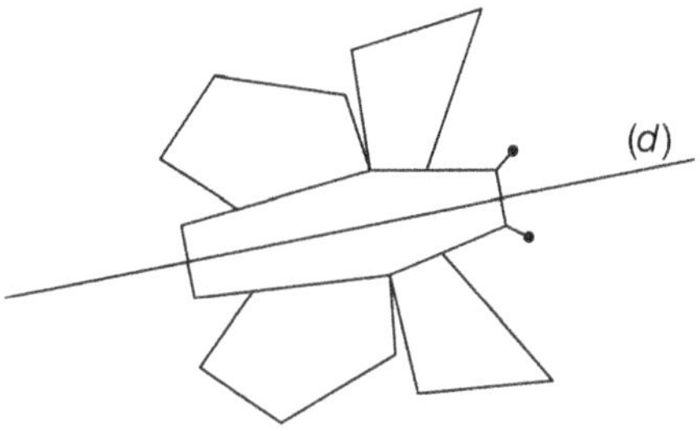

16

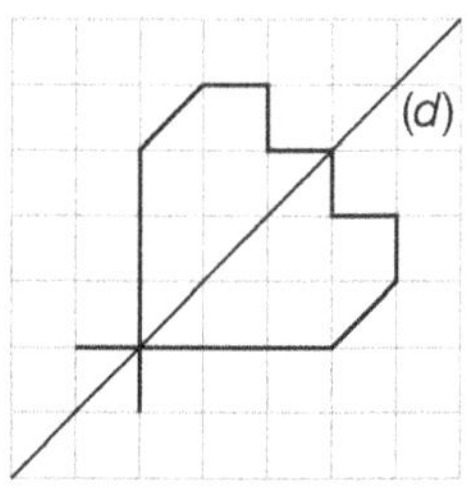

Construire des symétriques

17 Le point A **n'est pas** le symétrique du point B par rapport à la droite rouge car **la droite (AB) n'est pas perpendiculaire à la droite rouge**.

b. Le point G **est** le symétrique du point H par rapport à la droite rouge car **la droite rouge est la médiatrice du segment [GH]**.

c. Le point E **n'est pas** le symétrique du point F par rapport à la droite rouge car **la droite rouge ne coupe pas le segment [EF] en son milieu**.

18

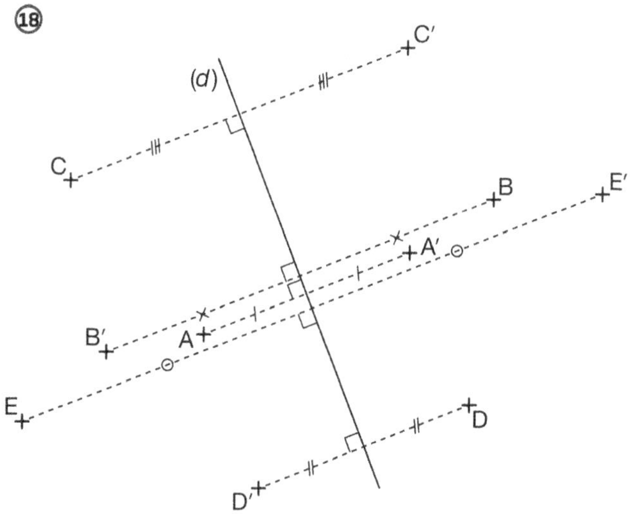

19

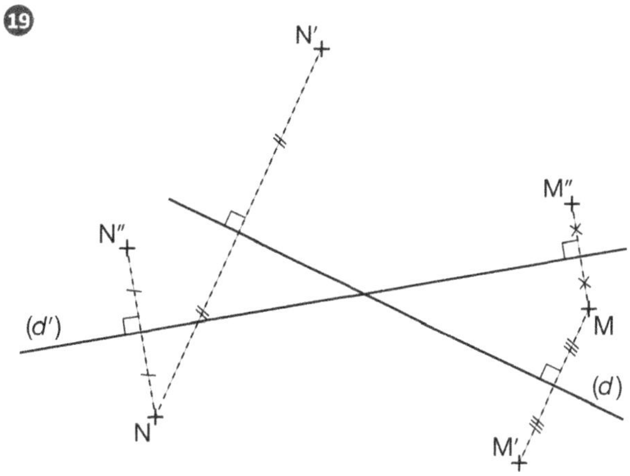

20 a.

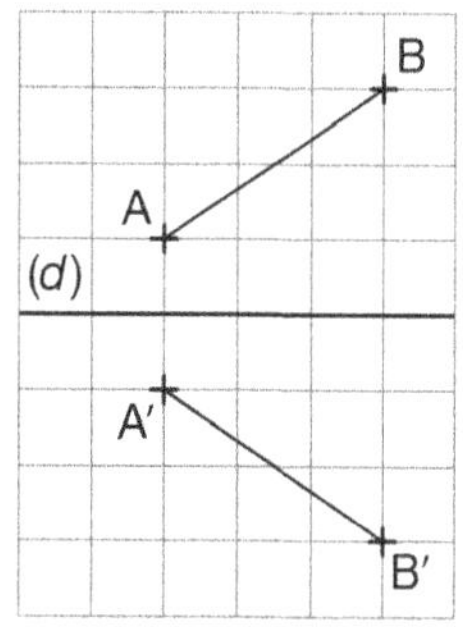

b.

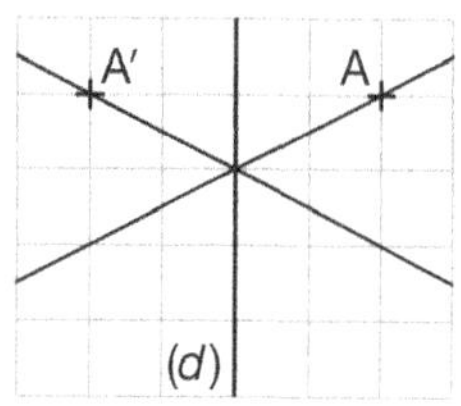

21

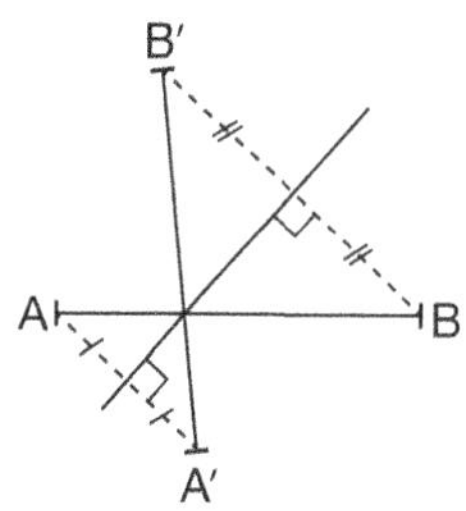

22 a. La droite (A′B′) est également parallèle à la droite (*d*).

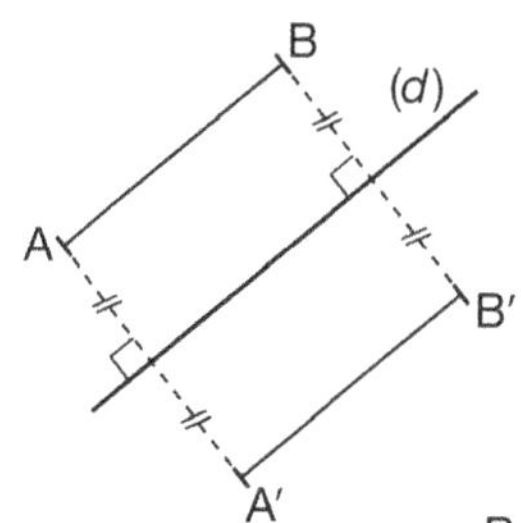

b. Les points A, B, A′, B′ sont alignés sur une perpendiculaire à la droite (*d*).

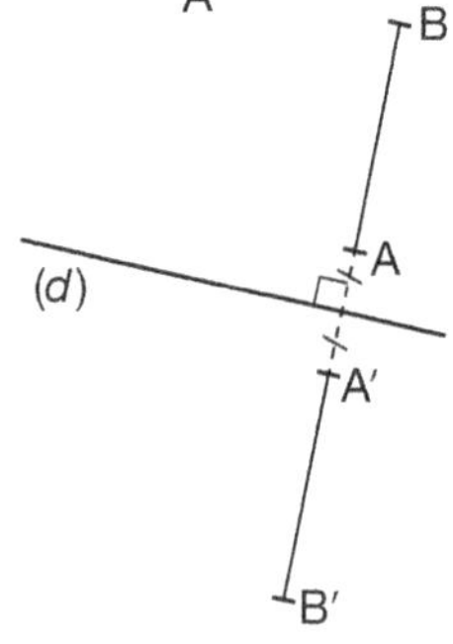

23 **a.** On marque un point A de la droite (d_1) et on construit son symétrique A′ par rapport à la droite (d).
On trace la droite passant par A′ et le point d'intersection de (d) et (d_1).

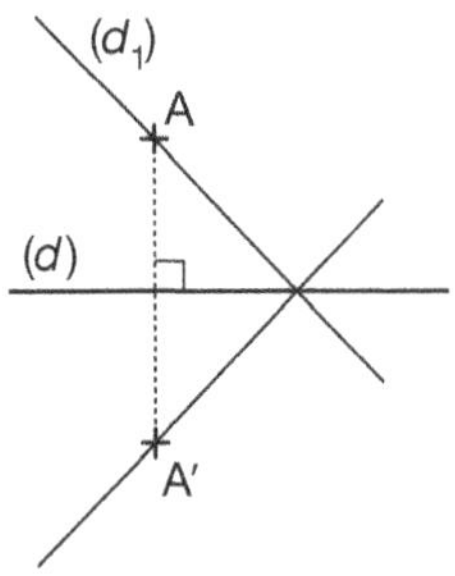

b. On marque un point A de la droite (d_1) et on construit son symétrique A′ par rapport à la droite (d).
On trace la parallèle à la droite (d) passant par le point A′.

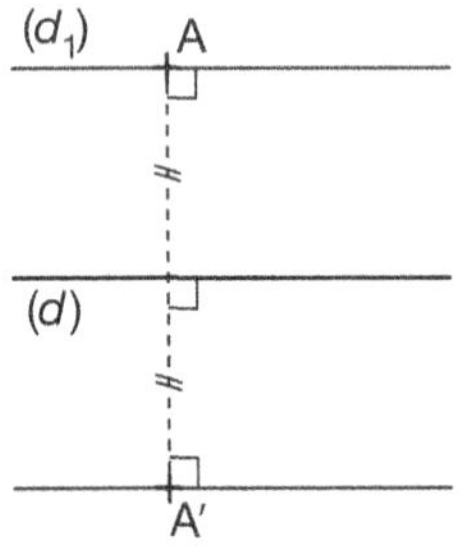

24 **a.** La symétrique de la droite (d_1) par rapport à la droite (d) est la droite (d_1) elle-même.
b. 1re méthode : on marque deux points A et B de la droite (d_1), on construit leurs symétriques A′ et B′ par rapport à la droite (d). On trace la droite (A′B′).
2e méthode : on marque un point A de la droite (d_1) et on construit son symétrique A′ par rapport à la droite (d).
On prolonge les droites (d) et (d_1) jusqu'à obtenir leur point d'intersection. On trace la droite passant par A′ et le point d'intersection de (d) et (d_1).

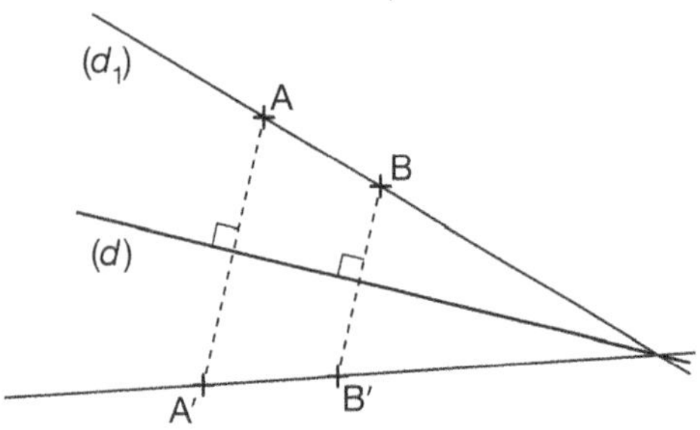

25 **a.** On marque un point A qui appartient au cercle 𝒞.
On construit les symétriques A′ et O′ respectifs des points A et O par rapport à la droite (d).
On trace le cercle 𝒞′ de centre O′ qui passe par A′.

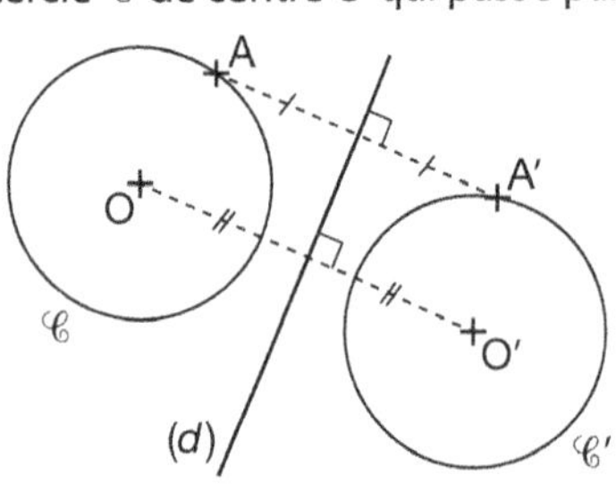

b. On construit le symétrique O′ du point O par rapport à la droite (d).
On trace le cercle 𝒞′ de centre O′ qui passe par le point A.

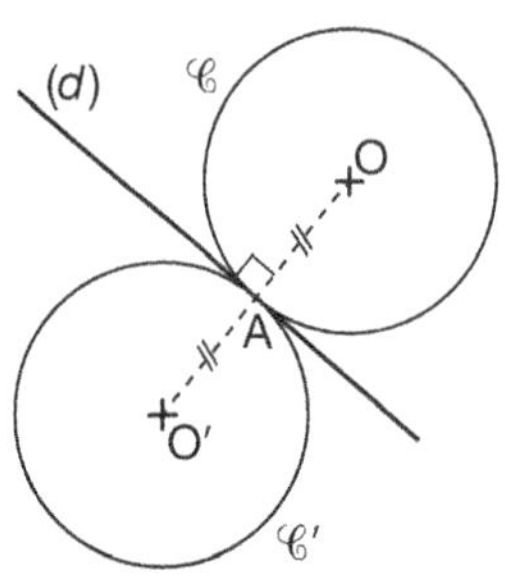

26 **a.** On construit le symétrique O′ du point O par rapport à la droite (d).
On marque les points d'intersection A et B du cercle 𝒞 et de la droite (d).
On trace le cercle 𝒞′ de centre O′ qui passe par A et B.

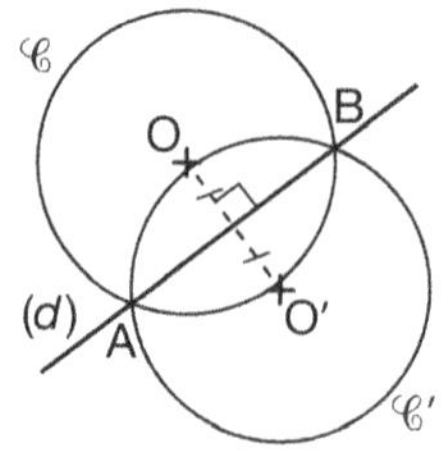

b. Le symétrique du cercle 𝒞 par rapport à la droite (d) est le cercle 𝒞 lui-même.

Reconnaître un axe de symétrie. Relier médiatrice et équidistance

27 Nael se trompe. En effet, la droite rouge n'est pas un axe de symétrie de la figure ❶.
En revanche, la droite rouge est bien un axe de symétrie des trois autres figures.

28 Il existe un point M de la droite (d) équidistant des points A et B.
En effet, il s'agit du point d'intersection de la droite (d) et de la médiatrice du segment [AB].

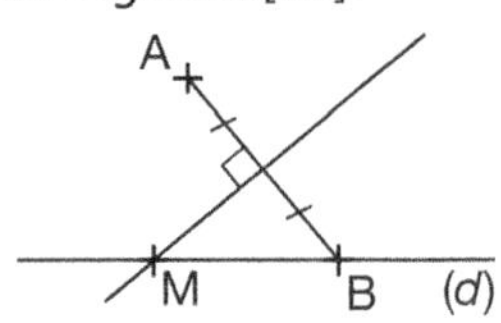

29 ❶ Chaussée rétrécie : 1 axe.
❷ Succession de virages dont le premier est à droite : 0 axe
❸ Traversée d'une aire de danger aérien : 1 axe.
❹ Route prioritaire : 4 axes.
❺ Intersection où vous êtes prioritaire : 1 axe.
❻ Stationnement interdit : 2 axes.

30

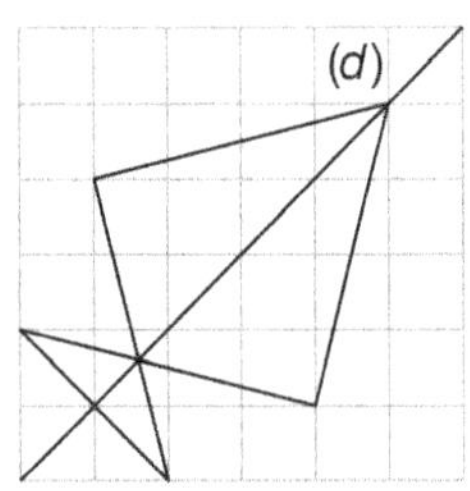

31 **a.** La droite (d) est la médiatrice du segment [MN].
b. Les points M et N sont symétriques par rapport à la droite (d).
c. La droite (d) est l'ensemble des points équidistants des points M et N.

32 D'après les codages de la figure : CA = CB et DA = DB.
Ainsi, les points C et D sont équidistants des extrémités du segment [AB].
Donc la droite (CD) est la médiatrice du segment [AB].

Je m'entraîne

Connaître la symétrie axiale

33

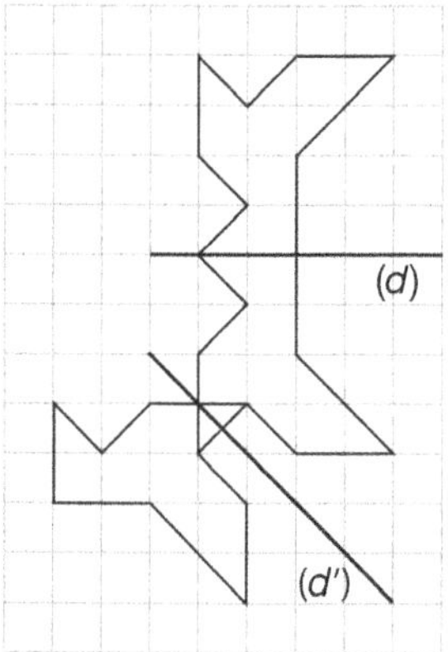

34 **a.** Périmètre de $\mathscr{F}$: 12 cm
Aire de $\mathscr{F}$: 7 cm²
b. La symétrie axiale conserve les longueurs et les aires, donc la figure $\mathscr{F}'$ a le même périmètre et la même aire que la figure $\mathscr{F}$.
Périmètre de $\mathscr{F}'$: 12 cm
Aire de $\mathscr{F}'$: 7 cm²

35 **a.** Oui, par rapport à la droite (*f*). **b.** Non.
c. Oui, par rapport à la droite (*f*).
d. Oui, par rapport à la droite (*g*).
e. Non. **f.** Non.

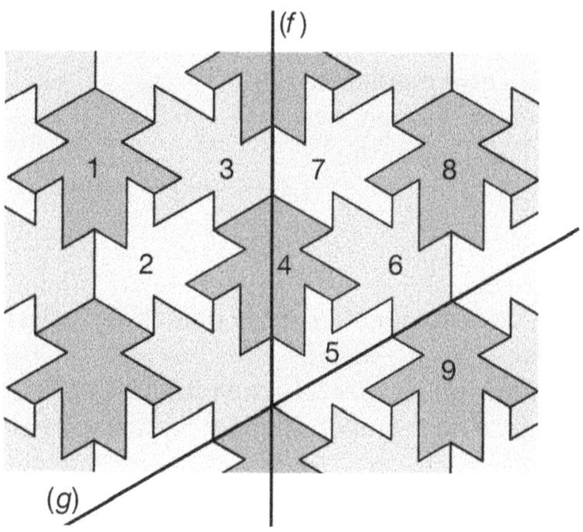

36 La symétrie axiale conserve les longueurs et les mesures d'angles.
Donc le triangle A'B'C' est rectangle en B' et A'B' = 3 cm, B'C' = 1,5 cm.

37 On note A', B', C', D', E' les symétriques respectifs des points A, B, C, D, E par rapport à une droite.
• La symétrie conserve les longueurs, donc D'A' = D'C'.
• La symétrie conserve les mesures d'angles, donc :
$\widehat{A'E'D'} = 90°$ et $\widehat{E'B'C'} = 90°$.
Ainsi, les droites (E'D') et (B'C') sont perpendiculaires à la droite (AB).
Or deux droites perpendiculaires à une même droite sont parallèles.
Donc les droites (E'D') et (B'C') sont parallèles.
• Conclusion : Lina a raison.

Construire des symétriques

38 Le symétrique du point P par rapport à :
a. la droite (MO) est le point P' ;
b. la droite (MN) est le point P'_1 ;
c. la droite (NO) est le point P'_2.

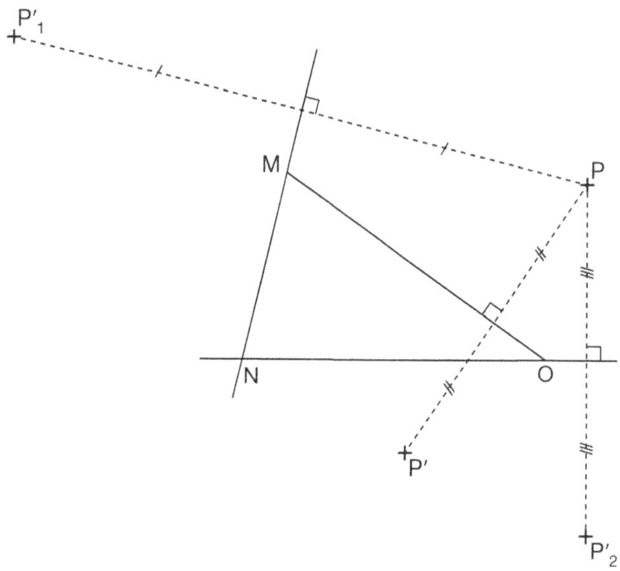

39 La droite (*d*) est la médiatrice du segment [AB].

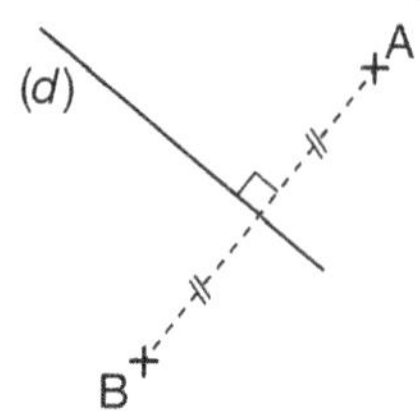

40 **a.** Les points A et M appartiennent à la droite (AM), ils sont donc leurs propres symétriques.
On construit les symétriques B' et N' des points respectifs B et N par rapport à la droite (AM).
On trace le quadrilatère AB'MN' ; c'est un rectangle car la symétrie axiale conserve les mesures d'angles.

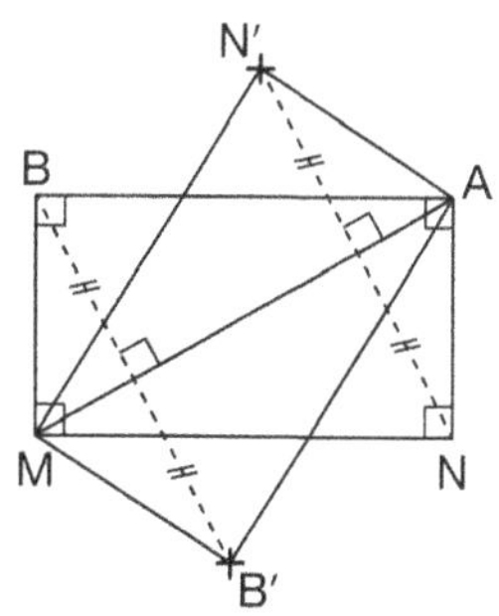

Remarque : on peut aussi ne construire que B', puis tracer les segments [MB'] et [B'A], ensuite les perpendiculaires aux droites (MB') et (B'A) respectivement en M et en A. Ces droites se coupent en N'.
b. Les points A et M appartiennent à la droite (AM), ils sont donc leurs propres symétriques.
On construit les symétriques B' et N' des points respectifs B et N par rapport à la droite (AM).

On trace le quadrilatère AN′B′M, c'est un losange car la symétrie axiale conserve les longueurs.

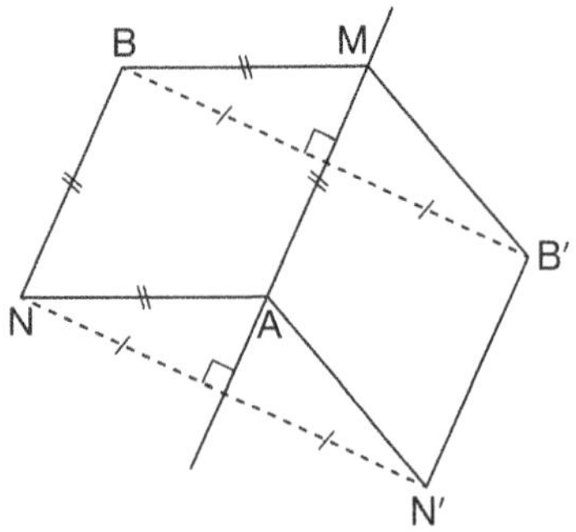

Remarque : on peut aussi ne construire que le point B′, tracer le segment [MB′] et avec le compas, marquer le point N′ tel que AN′ = B′N′ = AM. On trace enfin les segments [AN′] et [B′N′].

41 **a.** On construit le symétrique de chaque sommet du triangle par rapport à la droite (*d*).

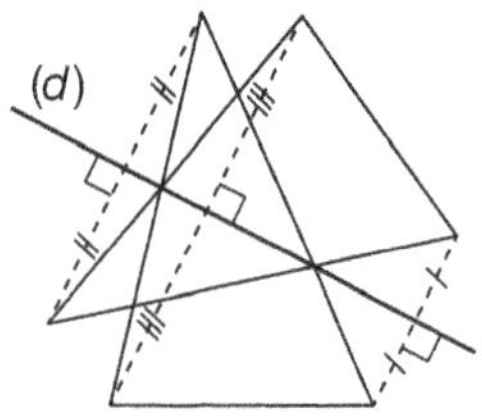

b. Le sommet du triangle qui appartient à la droite (*d*) est son propre symétrique.
On construit les symétriques des deux autres sommets et on trace les côtés du triangle symétrique.
Ce triangle est rectangle car la symétrie axiale conserve les mesures d'angles.

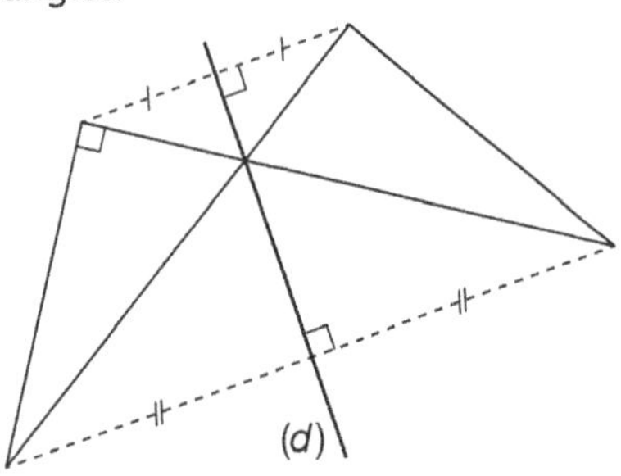

42 **a.** 852 + 528 = 1 380
852 – 528 = 324

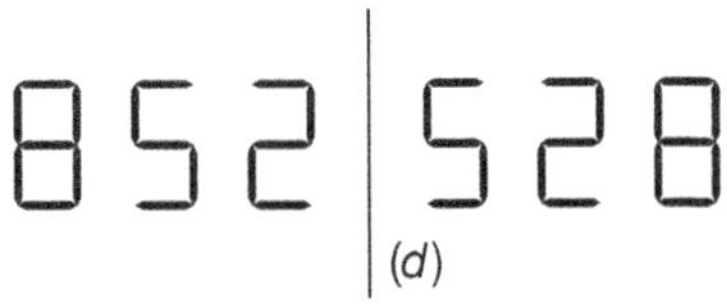

b. 552 + 225 =777
552 – 225 = 327

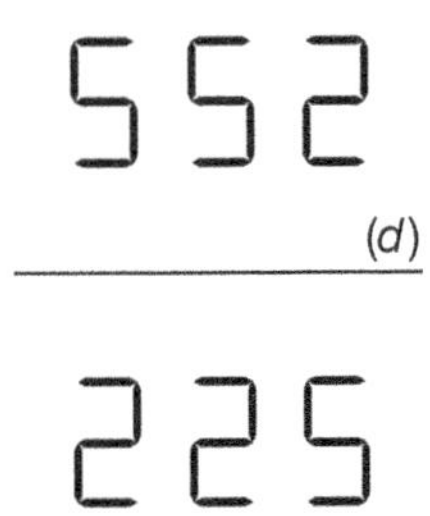

Comprendre les médiatrices

43 **a.** et **b.**

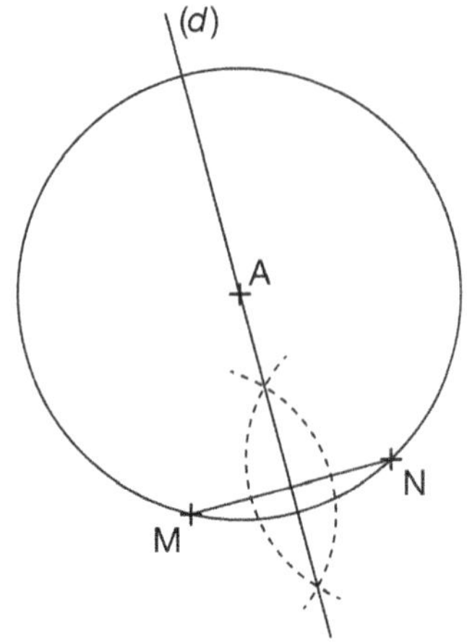

On remarque que le cercle tracé semble passer aussi par le point N.
Le point A appartient à la médiatrice (*d*) du segment [MN], donc AM = AN.
Ainsi, le point N appartient au cercle de centre A qui passe par M.

44 L'ensemble des points équidistants des points A et B est la médiatrice du segment [AB].
Donc les points du chemin qui sont équidistants de A et B sont les points d'intersection de cette médiatrice et du chemin. Il s'agit des points M, N, P, Q ci-contre.

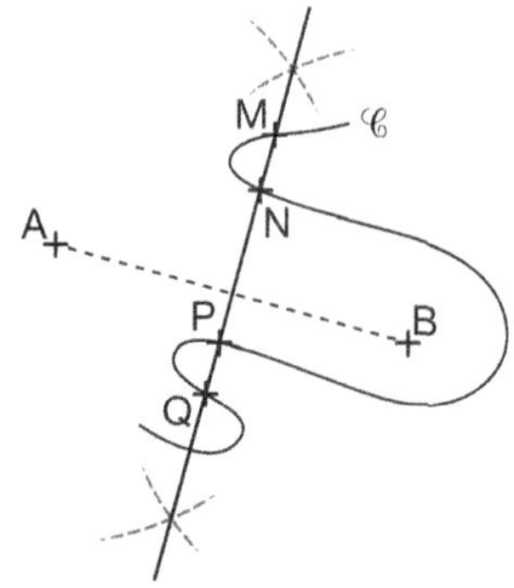

44 Le lieu de la compétition est le point H qui est à l'intersection de :
• la médiatrice du segment d'extrémités Lille et Nantes ;
• la médiatrice du segment d'extrémités Marseille et Strasbourg.
La ville la plus proche de H est Lyon.

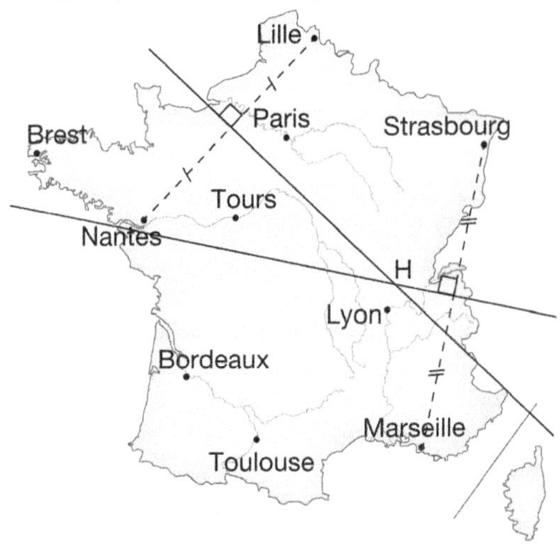

46 **a.** et **b.**

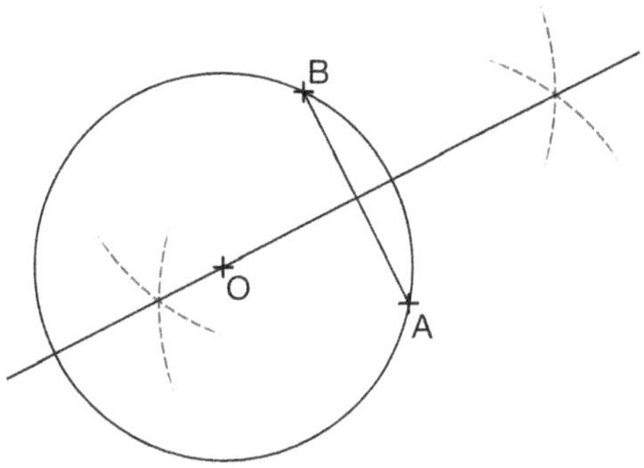

c. Les points A et B appartiennent au cercle de centre O, donc OA = OB.
Ainsi, le point O est équidistant des points A et B, donc il appartient à la médiatrice du segment [AB].

47 On imagine la position de l'axe de symétrie cherché. On note A et A′ deux sommets de ces triangles qui sont symétriques par rapport à cet axe.
On trace la médiatrice du segment [AA′], c'est l'axe de symétrie de ces deux triangles.

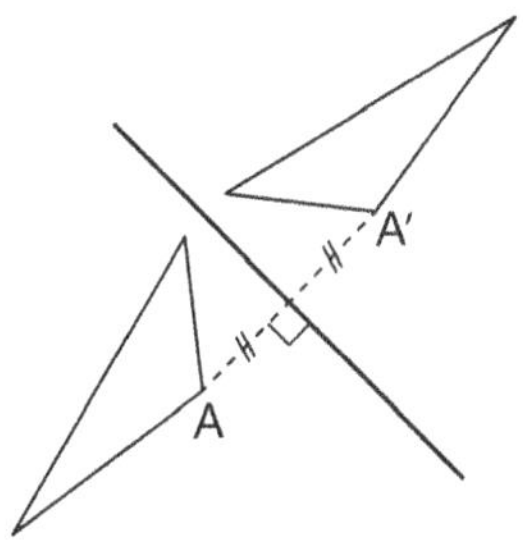

48 On trace deux arcs de cercle de centres M et N, de même rayon (supérieur à la moitié de la longueur MN) et qui sont sécants.
On recommence en changeant le rayon des arcs de cercle.
La médiatrice du segment [MN] est la droite qui passe par ces deux points d'intersection.

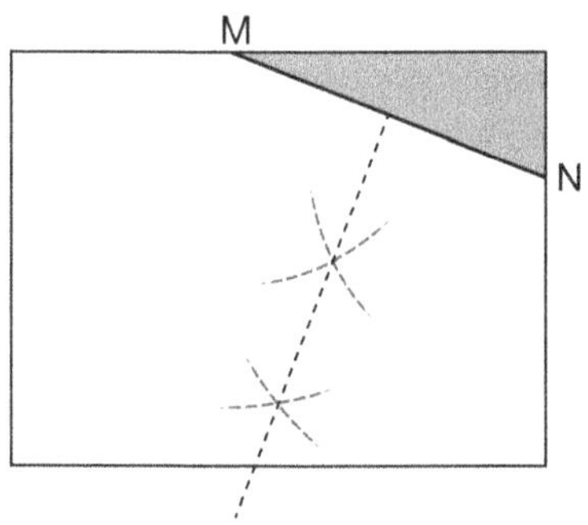

49

~~BOXE~~
~~COCHE~~
~~DIODE~~

MATOU (vertical, barré)
TAUX (vertical, barré)

Synthèse
Utiliser symétrie axiale et médiatrice

50 **a.** et **b.**

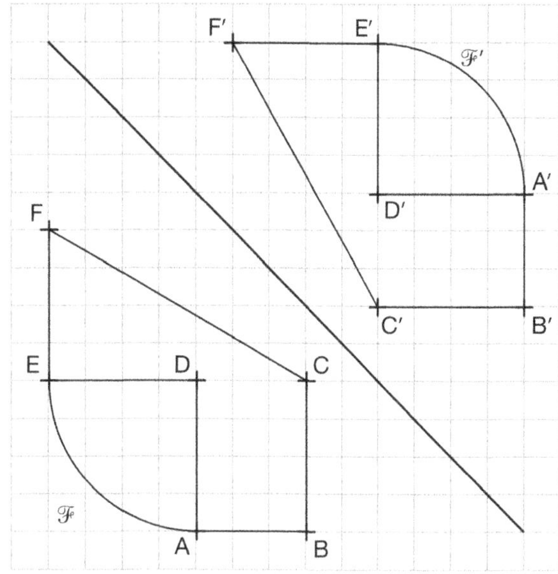

51 **a.** C est équidistant de E et G, donc C appartient à la médiatrice du segment [EG].
C est à 3,5 cm du point F, donc C appartient au cercle de centre F et de rayon 3,5 cm.
Cette médiatrice et ce cercle ont deux points d'intersection. Le point C est celui qui est le plus proche du point E.

Échelle 3/5

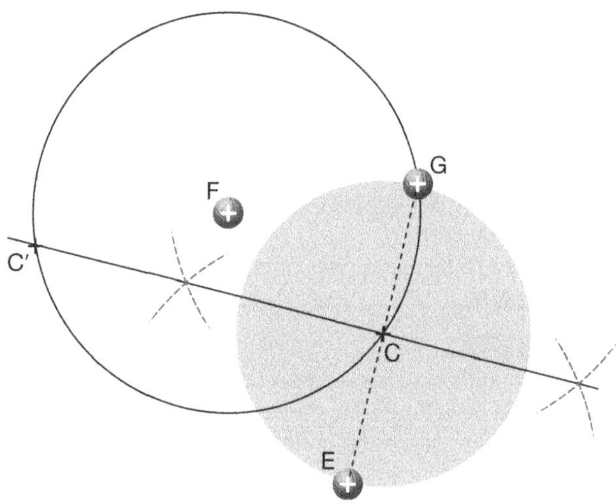

b. Le point A doit être plus proche du cochonnet C que les boules G et E. Donc la boule A appartient au disque coloré en gris, son centre est C et il passe par E et G.

Parcours différenciés

Je m'évalue

52 **c.**	53 **a.**	54 **b.**	55 **b.**
56 **c.**	57 **b.**	58 **a.**	59 **b.**
60 **b.**	61 **c.**		

Je réalise mon parcours

62 PARCOURS 1

a.

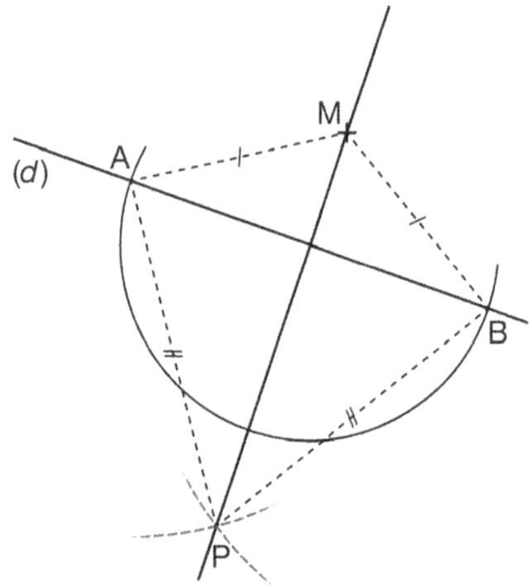

b. Les points M et P sont à égales distances des points A et B. Donc la droite (MP) est la médiatrice du segment [AB].

PARCOURS 2

• Tracer un cercle de centre M qui coupe la droite (*d*) en deux points A et B.
• Tracer la médiatrice du segment [AB].

Justification : par construction MA = MB, donc le point M est équidistant de A et B.
Ainsi, le point M appartient à la médiatrice du segment [AB].

PARCOURS 3

• Tracer un cercle $\mathscr{C}$ de centre M qui coupe la droite (*d*) en deux points A et B.
• Tracer deux arcs de cercle de centres A et B, de même rayon que le cercle $\mathscr{C}$ et qui se coupent en un point P (autre que M).

Justification : A et B sont deux points tels que MA = MB.
La symétrie axiale conserve les longueurs, donc le symétrique P de M par rapport à la droite (*d*) est tel que PA = PB = MA = MB.
Ainsi, P est à l'intersection des cercles de centres A et B qui passent par M.

63 PARCOURS 1

a. La droite qui passe par les deux points rouges est un axe de symétrie de la figure. En effet, en pliant autour de cette droite, les deux parties de la figure coïncident (sans tenir compte des couleurs).
b. La 2e droite tracée ci-dessous est aussi axe de symétrie de la figure.

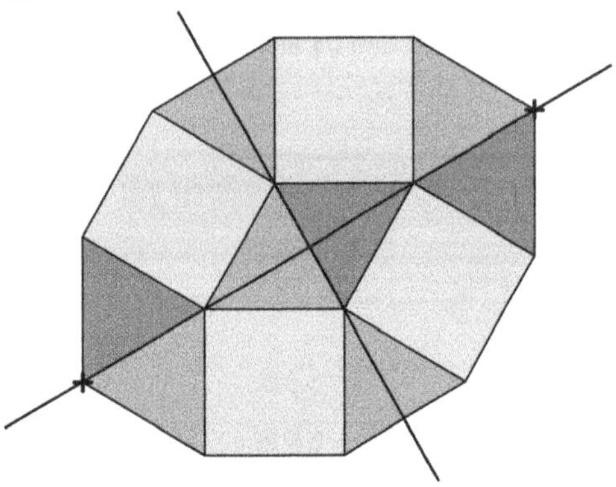

PARCOURS 2

Les triangles équilatéraux et les carrés formant cette figure ont tous le même côté.
Le périmètre de cette figure est égal à 12 fois ce côté.
Donc un côté est égal à 132 cm : 12, soit 11 cm.
Ainsi, l'aire d'un carré est 11^2 cm^2, soit 121 cm^2.

PARCOURS 3

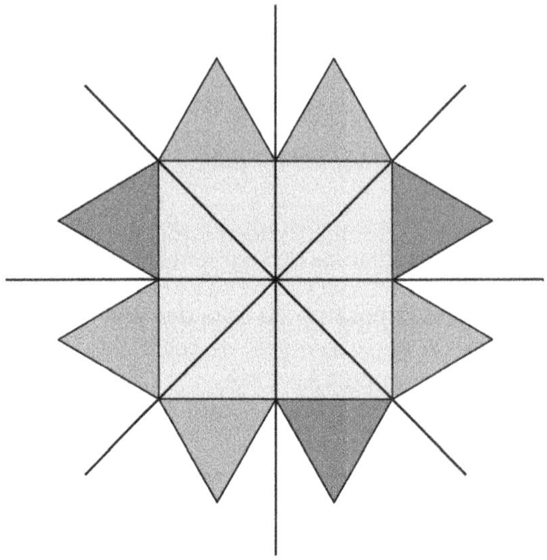

Je m'entraîne avec Scratch

64 **1. a.**

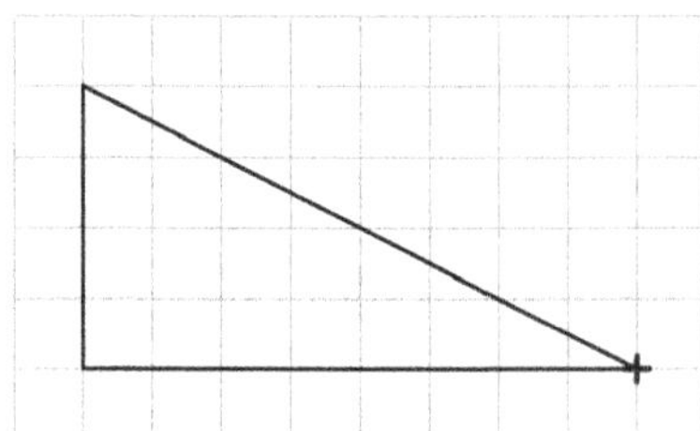

b. et **c.** On obtient bien la même figure.
Voici celle obtenue avec l'arrière-plan **XY-grid-20px**.

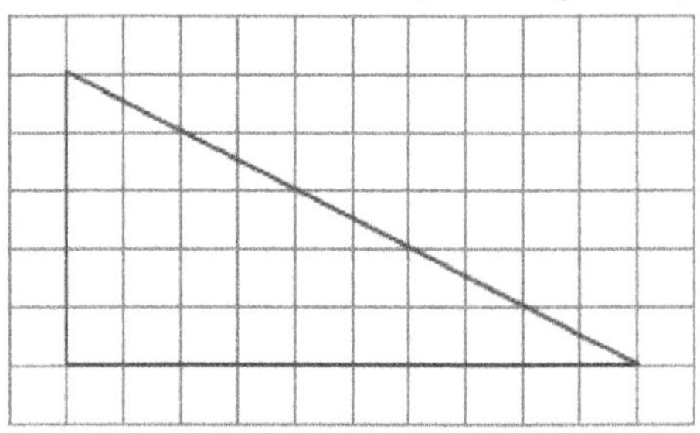

2. a. *Fichier disponible sur le site compagnon.*

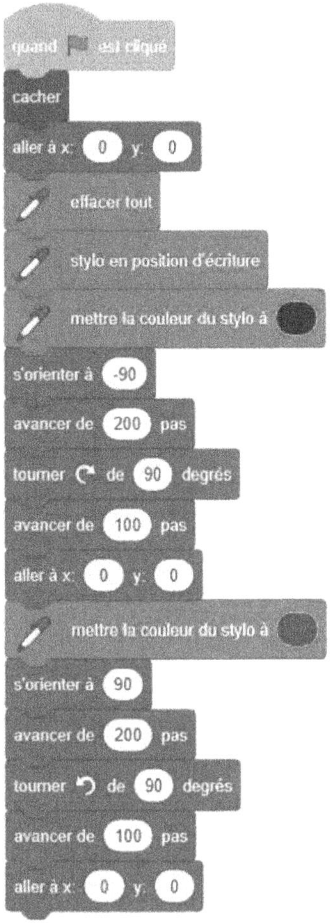

b. Voici la figure obtenue lorsqu'on choisit l'arrière-plan **Xy-grig-20px**.

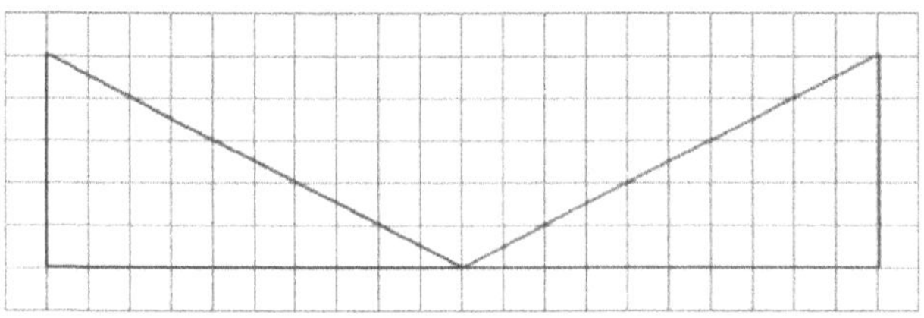

J'utilise mes compétences

65 Traduction

Sur une photocopie, tracer tous les axes de symétrie de chaque drapeau.

Réponse

a. • Si l'on ne tient pas compte des couleurs, il y a deux axes de symétrie, ce sont les médiatrices de deux côtés consécutifs du rectangle.

• Si l'on tient compte des couleurs, seule la médiatrice « horizontale » est axe de symétrie du drapeau.

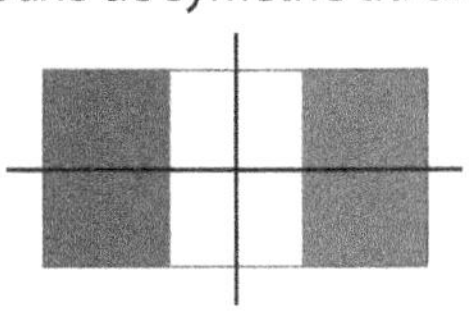

b. Les axes de symétrie sont les médiatrices de deux côtés consécutifs du rectangle.

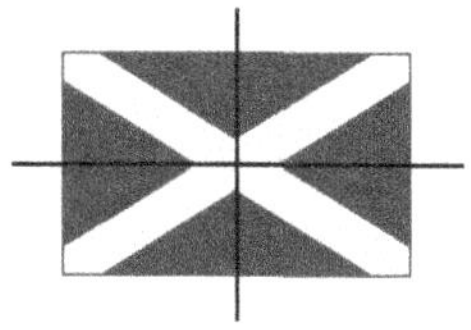

66 a., b., c. et **d.**

Fichier disponible sur le site compagnon.

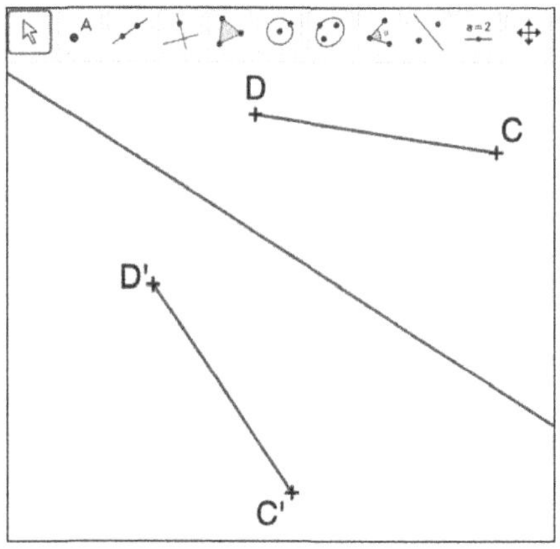

En déplaçant le point D, on remarque que :

• si la droite (CD) est parallèle à l'axe de la symétrie, alors la droite (C'D') est aussi parallèle à cet axe ;

• si le segment [CD] coupe l'axe de symétrie en un point M, alors le segment [C'D'] passe aussi par le point M.

67 a.

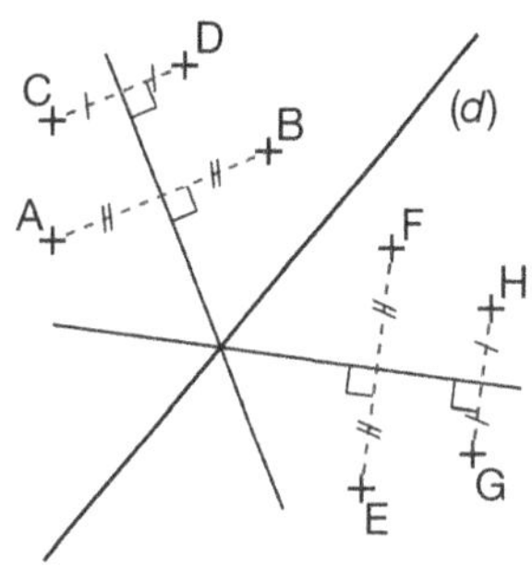

b. Le groupe des nageuses A, B, C, D admet la médiatrice du segment [CD] (ou du segment [AB]) pour axe de symétrie.

Le groupe des nageuses E, F, G, H admet la médiatrice du segment [GH] (ou du segment [EF]) pour axe de symétrie.

Ces deux médiatrices se coupent sur la droite (*d*).

68 a. 22 h 5 min – 20 h 55 min = 1 h 10 min

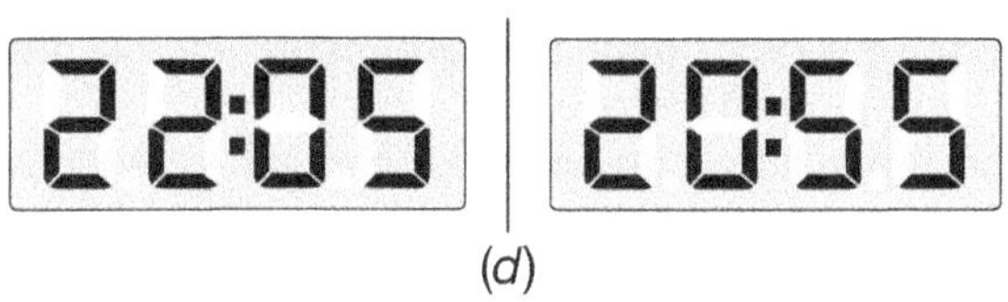

b. Par exemple :

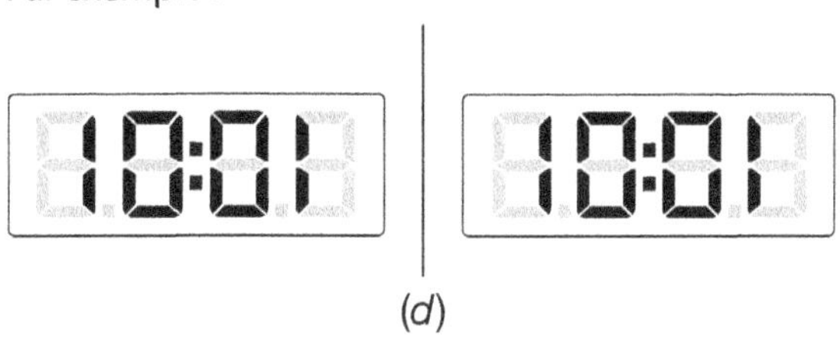

69 Une droite (d) a pour axes de symétrie la droite (d) elle-même, mais aussi toutes les droites perpendiculaires à (d). Donc, c'est Romane qui a raison.

70 On prolonge la droite (Δ) et on note M son point d'intersection avec la droite (d).
On trace la droite (A'M), c'est la symétrique de la droite (Δ).

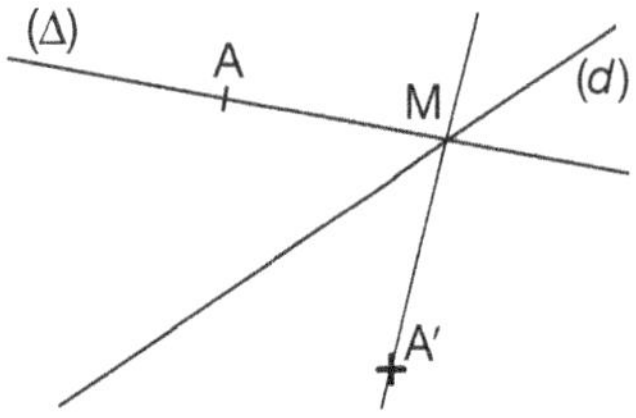

71 **a.** ABFG est un carré, donc AG = AB.
$\widehat{GAC} = \widehat{GAB} + \widehat{BAC} = 90° + 90° = 180°$, donc les points G, A, C sont alignés.
Ainsi, le symétrique du point C par rapport à la droite (AB) est le point G.
Donc le symétrique du segment [BC] par rapport à la droite (AB) est le segment [BG].
b. • La symétrie axiale conserve les aires, donc les triangles ABC et ABG, symétriques par rapport à la droite (AB), ont la même aire.
• Les triangles ABG et FBG sont symétriques par rapport à la droite (AB), donc ils ont la même aire.
• Ainsi, l'aire du carré ABFG est égale à 2 fois l'aire du triangle ABG, c'est-à-dire au double de l'aire du triangle ABC.
c. On note O le point d'intersection des diagonales [BE] et [CD] du carré BCDE.

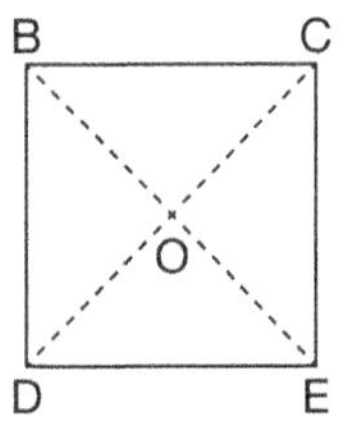

Le symétrique du triangle ABC par rapport à la droite (BC) est le triangle BOC ; ces triangles ont la même aire.
Donc l'aire du carré BCDE est égale à 4 fois l'aire du triangle ABC, c'est-à-dire 2 fois l'aire du carré ABFG.
Les carrés ABFG et ACHI ont la même aire, donc l'aire du carré BCDE est égale à la somme des aires des carrés ABFG et ACHI.

72 • On trace la droite (AC) et on note M son point d'intersection avec la droite (d).
• On trace la droite (BM), c'est la symétrique de la droite (AC) par rapport à la droite (d).
Donc le symétrique du point A appartient à cette droite (BM).
• On trace la droite (AB) et on note N son point d'intersection avec la droite (d).
La droite (CN) est la symétrique de la droite (BN), c'est-à-dire (AB) par rapport à la droite (d).
Donc le symétrique du point A appartient à cette droite (CN).
• Par conséquent le symétrique du point A par rapport à la droite (d) est le point d'intersection D des droites (BM) et (CN).

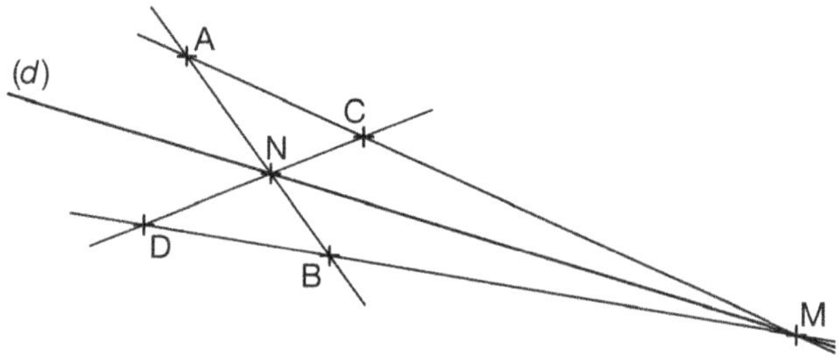

73 **a.**, **b.**, **c.**, **d.** et **e.**

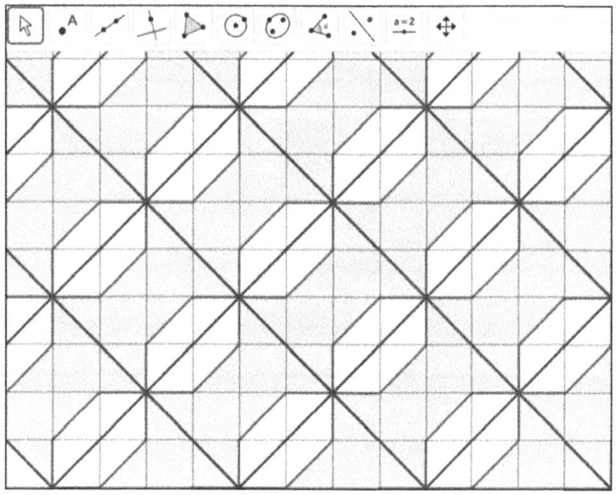

74 La droite (IJ) est un axe de symétrie de la figure formée par les cercles $\mathscr{C}$ et $\mathscr{C}'$.
Le point A appartient aux cercles $\mathscr{C}$ et $\mathscr{C}'$, donc son symétrique appartient aux symétriques de ces cercles, c'est-à-dire aux cercles $\mathscr{C}$ et $\mathscr{C}'$ eux-mêmes.
Ainsi, le symétrique du point A est le point B.
Donc la droite (IJ) est la médiatrice du segment [AB].
Par conséquent la droite (IJ) passe par le milieu M du segment [AB] et les points M, I, J sont alignés.

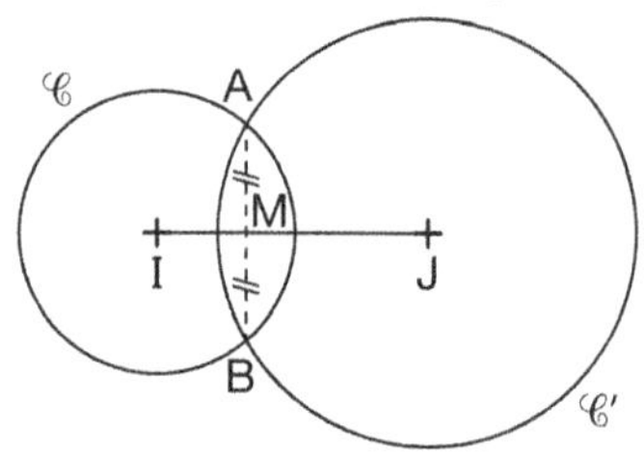

75 On réalise d'abord une figure à main levée.
Le point A appartient à la médiatrice du côté [BC], donc AB = AC.
Le point B appartient à la médiatrice du côté [AC], donc BA = BC.
Ainsi, AB = AC = BC, c'est-à-dire que le triangle ABC est équilatéral.

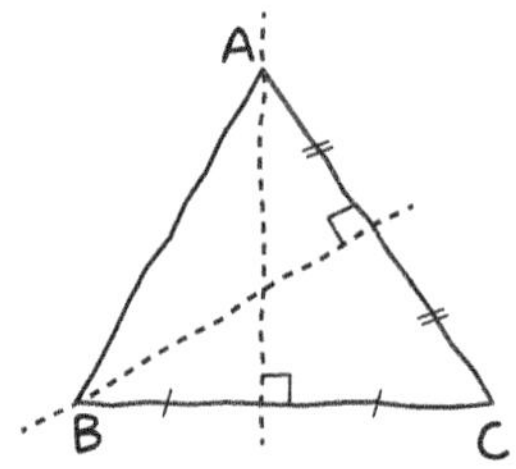

On construit un triangle équilatéral ABC.

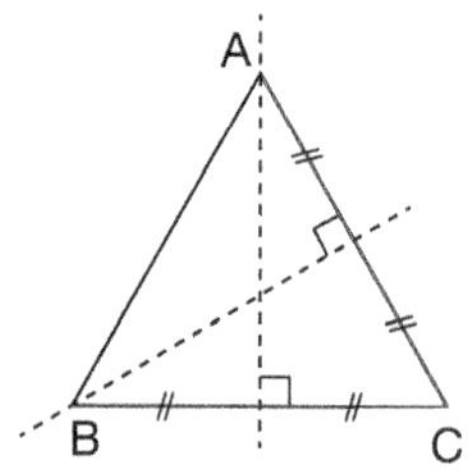

76 On marque deux points G et H du segment [AB] tels que AG = 4 cm et BH = 4 cm.
On trace la médiatrice du segment [GH] à l'aide d'arcs de cercle de centres G et H et de rayon 4 cm. Cette droite est aussi la médiatrice du segment [AB].
En effet, le milieu du segment [GH] est aussi le milieu du segment [AB] et cette droite est perpendiculaire à la droite (GH), c'est-à-dire à la droite (AB).

Échelle 7/10

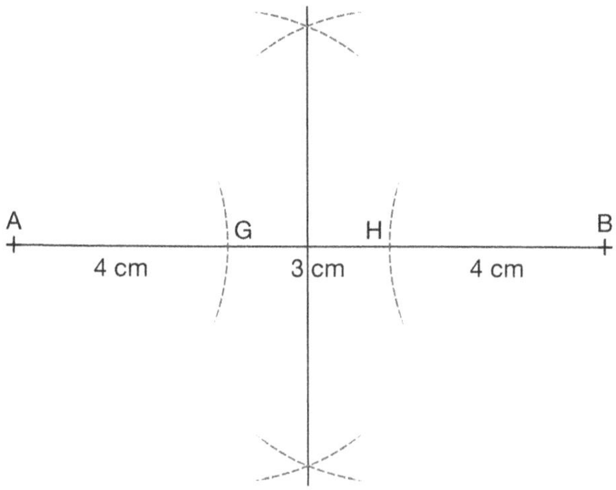

77 La symétrie axiale conserve les mesures d'angles et les longueurs.
Par exemple, on trace la demi-droite [Ax) ci-dessous, puis on place le point M' tel que AM' = 5 cm.

Échelle 7/10

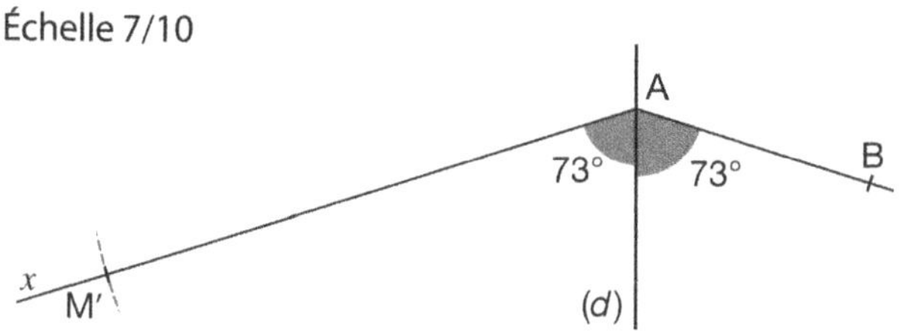

78 Après pliage, voici ce que l'on observe en transparence.
On voit donc 6 triangles blancs.

79 • On marque un point M qui n'appartient ni à la droite (*d*) ni à la droite (AB).
• On trace les droites (MC) et (MA). On note N et P leurs points d'intersection avec la droite (*d*).
• Les points B et C sont symétriques par rapport à la droite (*d*), il en est donc de même des droites (MC) et (BN).
• On trace la droite (MB) et on note R son point d'intersection avec la droite (*d*).
• Les droites (MB) et (CR) sont symétriques par rapport à la droite (*d*).
Les droites (MC) et (MB) sont sécantes en M, donc leurs symétriques (BN) et (CR) par rapport à la droite (*d*) sont sécantes en le symétrique Q du point M.
• La symétrique de la droite (MP) par rapport à la droite (*d*) est la droite (PQ).
A est le point d'intersection des droites (AB) et (PM), donc le symétrique A' du point A est le point d'intersections de leurs symétriques (AB) et (PQ).

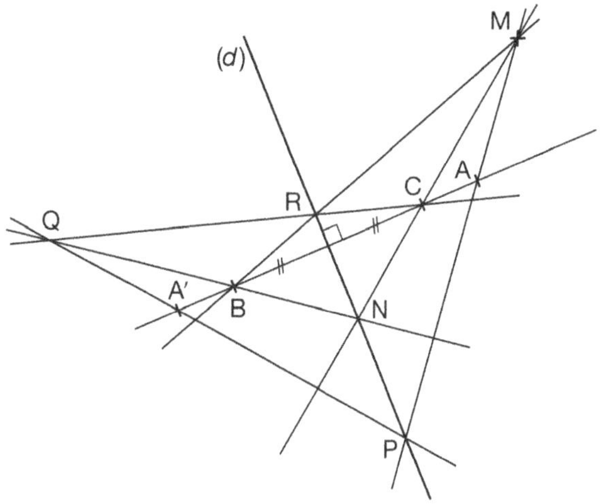

Je prends des initiatives

80 Voici un exemple de jardin.

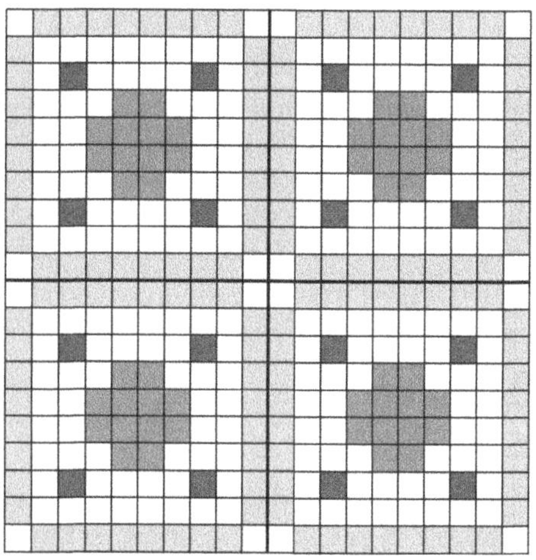

81 À partir d'une feuille carrée de papier, cette réalisation nécessite 8 pliages.
Voici une autre illustration des étapes à réaliser.

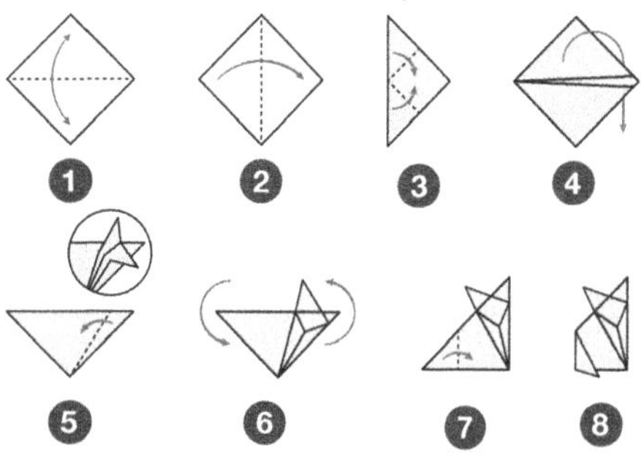

CHAPITRE 16

Étudier des propriétés de figures usuelles

INTENTIONS PÉDAGOGIQUES

❶ Les Repères des cycles 2 et 3

• Au CM1, un vocabulaire spécifique est utilisé dès le début du cycle pour désigner des objets, des relations et des propriétés.

• Au CM2, on amène progressivement les élèves à dépasser la dimension perceptive et instrumentée des propriétés des figures planes pour tendre vers le raisonnement hypothético-déductif.
Il s'agit de conduire sans formalisme des raisonnements simples utilisant les propriétés des figures usuelles ou de la symétrie axiale.

• En 6e, les élèves complètent leurs acquis sur les propriétés des côtés des figures par celles sur les diagonales et les angles.
Dès que l'étude de la symétrie est suffisamment avancée, ils utilisent les propriétés de conservation de longueur, d'angle, d'aire et de parallélisme pour justifier une procédure de la construction de la figure symétrique ou pour répondre à des problèmes de longueur, d'angle, d'aire ou de parallélisme sans recours à une vérification instrumentée.

❷ Je découvre

Activité 1

Il s'agit ici de construire, sur papier uni, des figures usuelles (triangles isocèle et équilatéral, losange, rectangle) et de tracer leurs axes de symétrie.
Dans un premier temps, l'élève construit ces axes avec les instruments de géométrie, dans un second temps, il peut vérifier ses réponses par pliage. Il est bien sûr toujours possible d'intervertir les deux temps précédents si des élèves rencontrent des difficultés à conjecturer les axes de symétrie.

Activité 2

Cette activité guide pas à pas les élèves dans la démonstration de la propriété « Dans un triangle isocèle, les angles à la base ont la même mesure. »
Pour cela, on utilise la symétrie axiale et la conservation des mesures d'angles.
Il nous paraît important de conclure en demandant à l'élève d'énoncer la propriété ainsi mise en évidence. Cela doit permettre de vérifier que certains élèves ne répondent pas aux questions successives sans bien visualiser l'objectif atteint.

Activité 3

Ici, l'objectif est double : démontrer que les diagonales d'un losange sont perpendiculaires en leur milieu et démontrer que les angles opposés d'un losange ont deux à deux la même mesure.
Pour cela, on utilise la propriété caractéristique d'une médiatrice et la conservation des mesures d'angles par symétrie axiale.

❸ Cours - J'applique le cours

Cours

• Le paragraphe 1 met en évidence les axes de symétrie des figures usuelles : triangles isocèles et équilatéraux, losanges, rectangles, carrés.
Il est possible de faire remarquer, pliages à l'appui, que les diagonales d'un rectangle et que les médiatrices des côtés d'un losange ne sont pas des axes de symétrie de ces figures.

• Le paragraphe 2 est consacré à l'énoncé :
– des propriétés angulaires des triangles isocèles et équilatéraux ;
– des propriétés des diagonales et des angles des losanges ;
– des propriétés des diagonales d'un rectangle.

• Le paragraphe 3, est consacré à une présentation succincte des prismes droits, des cylindres, des pyramides et des cônes, ainsi que du vocabulaire habituel.
Les élèves ont déjà été familiarisés avec ces solides à l'école élémentaire.

Remarque : la caractérisation d'un losange, d'un rectangle, d'un carré par ses diagonales n'est pas abordée ici. En effet, les propriétés réciproques des propriétés relatives aux diagonales de ces figures usuelles ne sont pas évoquées dans les Repères de la classe de 6e.

J'applique le cours

Exercice résolu 1
On détaille, étape par étape, la construction avec les instruments de géométrie d'un rectangle dont on connaît un sommet et les deux axes de symétrie.

Exercice résolu 4
On détaille, étape par étape, la construction avec les instruments de géométrie d'un losange dont on connaît un côté et les deux axes de symétrie.

Exercice résolu 7
On détaille, étape par étape, la construction avec les instruments de géométrie d'un triangle isocèle dont on

connaît la longueur de la base et la mesure d'un angle de base.

Conformément aux Attendus de fin de 6e, on conseille de tracer d'abord une figure à main levée et de coder les informations données dans l'énoncé (on peut aussi coder des conséquences immédiates). Cela doit aider l'élève à visualiser par quel tracé commencer.

Exercice résolu 10

On détaille, étape par étape, la construction avec les instruments de géométrie d'un losange dont on connaît la longueur d'un côté et la mesure d'un angle.

On conseille bien sûr, ici aussi, de tracer d'abord une figure à main levée et de la coder.

4 Compléments

Utiliser les diagonales d'un quadrilatère

Dans les exercices résolus, on a fait le choix de faire des constructions de figures usuelles où interviennent des longueurs et des mesures d'angles.

Les constructions de quadrilatères à l'aide de leurs diagonales sont évidemment abordées en exercices.

Éviter un cas particulier

Afin de sensibiliser les élèves à la réalisation de figures qui ne sont pas particulières, on peut traiter l'exercice **76**. La figure doit traduire toutes les données de l'énoncé, mais sans en ajouter de nouvelles. Par exemple, si l'énoncé affirme « ABC est un triangle isocèle », l'élève ne doit pas tracer un triangle ABC équilatéral.

Démontrer des propriétés

Dans ce chapitre, de nombreux exercices sont consacrés à l'utilisation d'axes de symétrie et à des constructions de figures. Mais il ne faut pas oublier la présence d'exercices d'initiation à la preuve. C'est le cas par exemple aux exercices **59**, **78**, **80**…

Verbaliser une construction

Dans tous ces exercices de construction, il est important que l'élève puisse formaliser, oralement ou par écrit, les étapes de son programme en utilisant un vocabulaire mathématique correct.

On signale à cet effet un exemple donné dans les Attendus de fin de 6e « Pour construire le carré ABCD dont le côté mesure 8 cm, l'élève est capable de dire ou d'écrire : "Je commence par tracer le segment [AB] mesurant 8 cm, puis la droite perpendiculaire à la droite (AB) passant par B, sur cette droite, je place un point C tel que BC = 8 cm, …" »

Utiliser un logiciel de géométrie

Le travail avec un logiciel de géométrie dynamique est possible, par exemple, avec l'exercice **73** (GeoGebra) ; les exercices **72** et **82** proposent l'utilisation du logiciel Scratch.

CORRIGÉS

Bien démarrer

1 **a.** et **c.** **2** **b.** et **c.** **3** **a.**, **b.** et **c.**
4 **a.** **5** **a.** et **c.**

Je découvre

Activité 1

a.

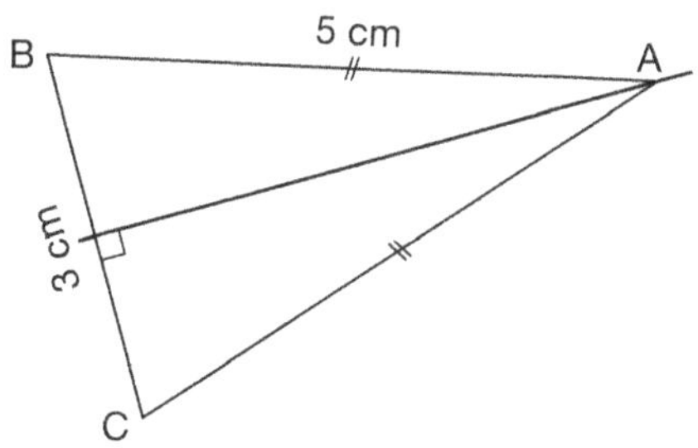

b.

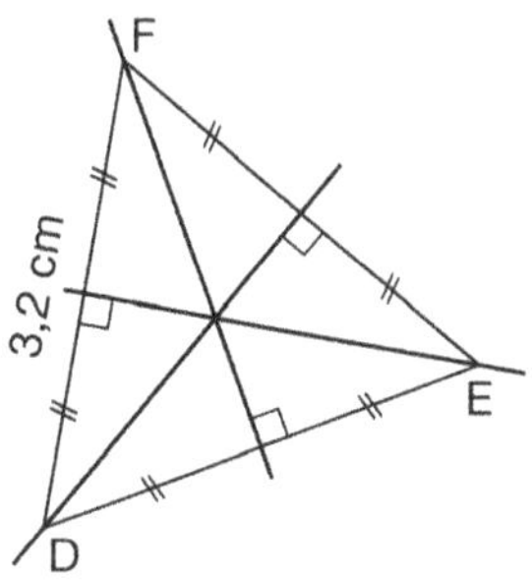

c.

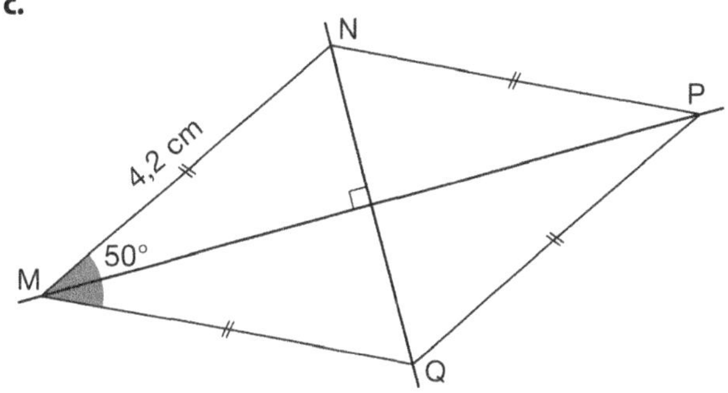

d.

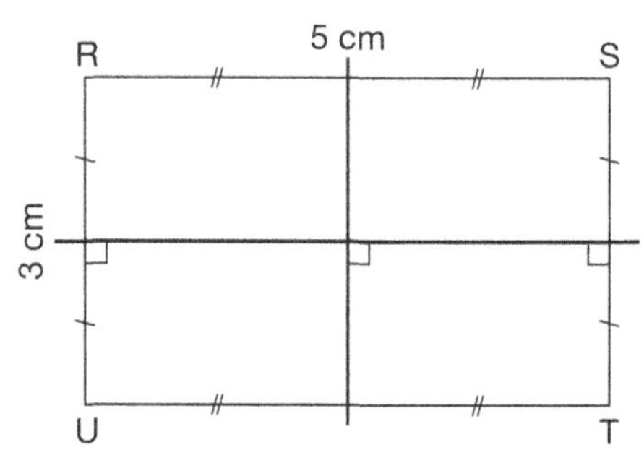

Activité 2

1 a.

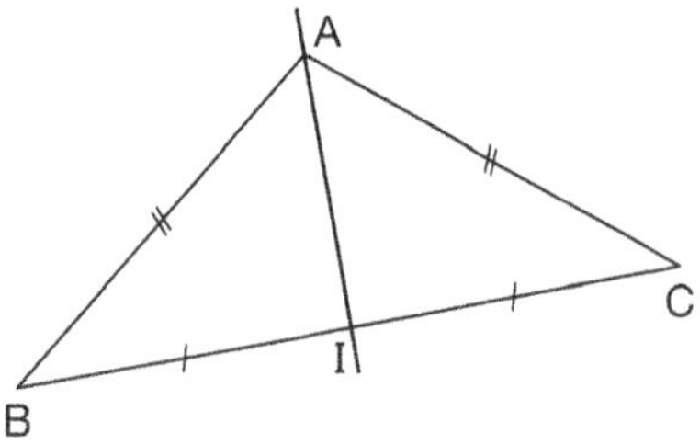

b. BI = IC, donc I est équidistant de B et C.
BA = AC, donc A est équidistant de B et C.
Ainsi, la droite (AI) est la médiatrice du segment [BC].
c. Par la symétrie d'axe (AI) :
- le symétrique de A est A,
- le symétrique de B est C,
- le symétrique de C est B.

2 a. Les symétriques des points A, B, C par la symétrie d'axe (AI) sont les points **A, C, B**. Donc, le symétrique de l'angle $\widehat{ABC}$ est l'angle $\widehat{\mathbf{ACB}}$. Or, une symétrie axiale conserve les mesures des angles, donc $\widehat{ABC} = \widehat{\mathbf{ACB}}$.
b. Dans un triangle isocèle, les deux angles à la base ont la même mesure.

Activité 3

1 a. ABCD est un losange donc ses quatre côtés ont la même longueur. Ainsi, BA = BC et DA = DC, donc B et D sont à la même distance des extrémités du segment [AC].
b. L'affirmation de Romane est vraie car, d'après le **a**, la droite (BD) est la médiatrice du segment [AC], donc les droites (BD) et (AC) sont perpendiculaires.

2 L'affirmation de Mathis est vraie car la droite (BD) est la médiatrice du segment [AC], donc elle coupe le segment [AC] en son milieu O. De même, la droite (AC) est la médiatrice du segment [BD] donc elle coupe le segment [BD] en son milieu O.

3 Par la symétrie axiale d'axe (BD), les points A, B, D ont pour symétriques respectifs des points C, B, D, donc l'angle $\widehat{BAD}$ a pour symétrique l'angle $\widehat{BCD}$. Ainsi, $\widehat{BAD} = \widehat{BCD}$.
On montre de même, grâce à la symétrie axiale d'axe (AC), que $\widehat{ADC} = \widehat{ABC}$.

J'applique le cours

2

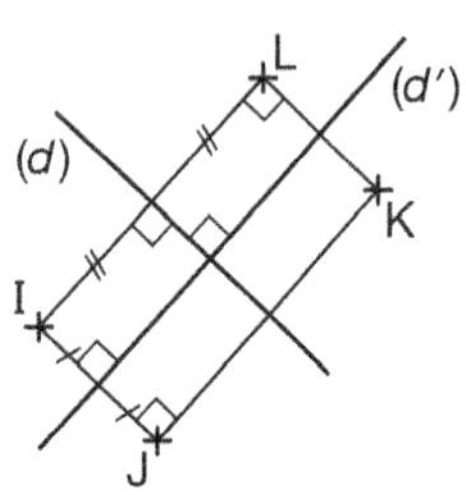

3

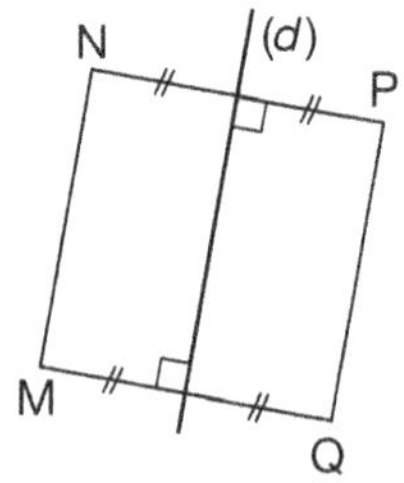

5

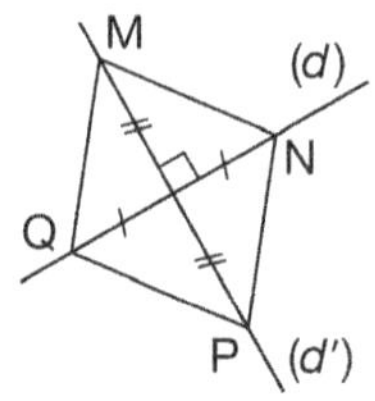

6

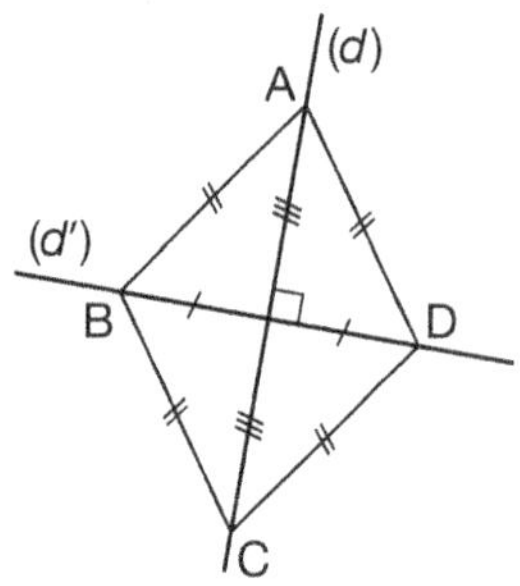

La droite (BD) est un autre axe de symétrie du losange ABCD.

8 Échelle 4/5

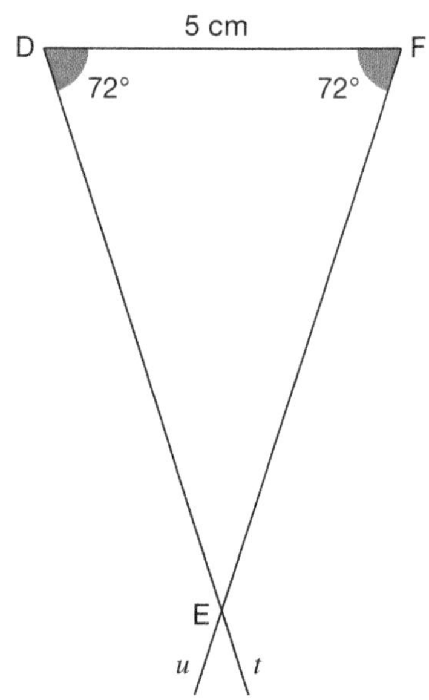

9

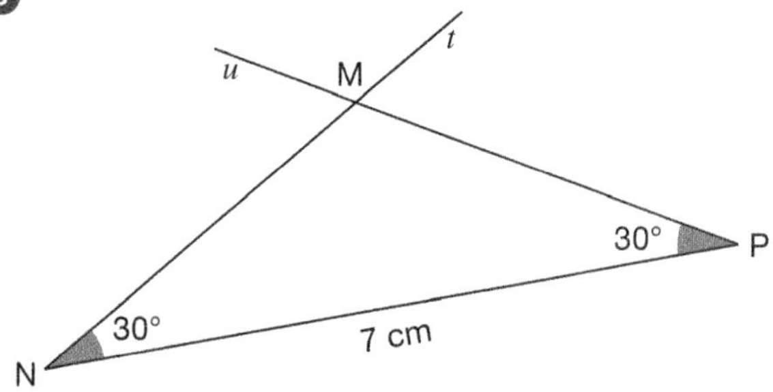

⑪ Échelle 1/2

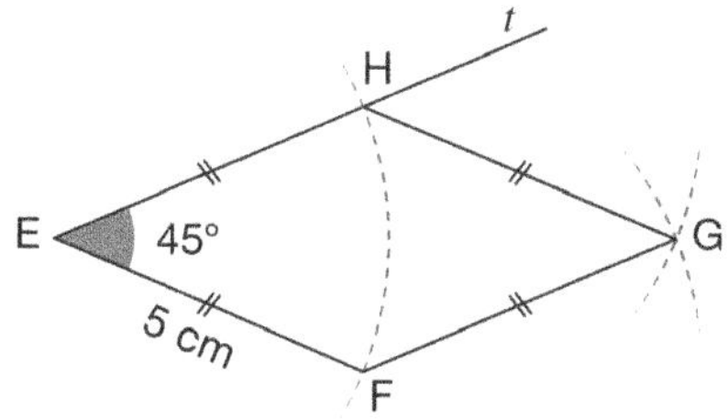

⑫ Échelle 1/2

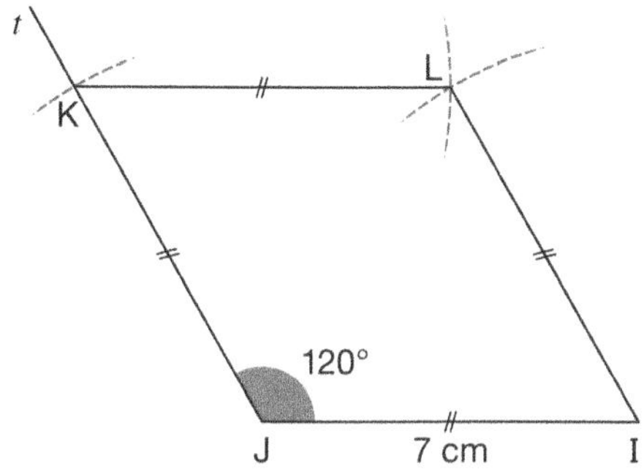

Je travaille mes automatismes

Utiliser des axes de symétrie

⑬ **a.** Un rectangle **b.** Un losange
c. Un triangle isocèle **d.** Un carré

⑭ **a.** Un triangle isocèle
b. Un rectangle ou un losange
c. Un triangle équilatéral
d. Un carré

⑮ **a.** L'axe de symétrie du triangle isocèle IJK est la méditrice (*d*) du segment [IJ].
Le point K appartient à cette médiatrice (*d*), donc :

JK = IK = 7 cm.

b. La médiatrice (*d*) du segment [IJ] est perpendiculaire à ce segment, donc les droites (*d*) et (IJ) sont perpendiculaires.
c. La médiatrice (*d*) du segment [IJ] coupe ce segment en son milieu, donc O est le milieu du segment [IJ].

⑯ **a.** Échelle 3/4

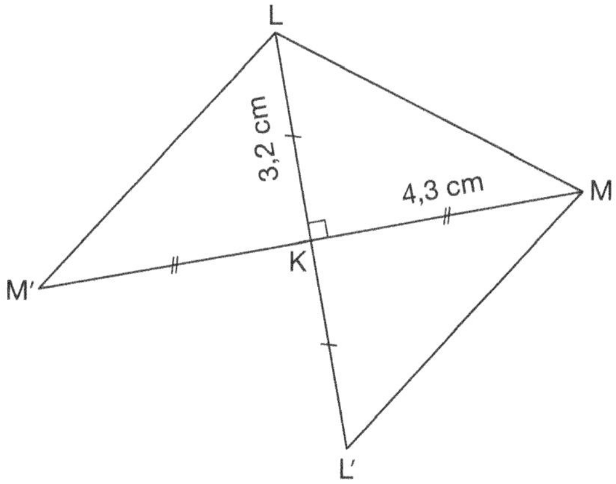

b. Le triangle MLM' est isocèle en L.
En effet, L appartient à la médiatrice du segment [MM'], donc LM = LM'.
Le triangle MLL' est isocèle en M.
En effet, M appartient à la médiatrice du segment [LL'], donc ML = ML'.

⑰ **a.**

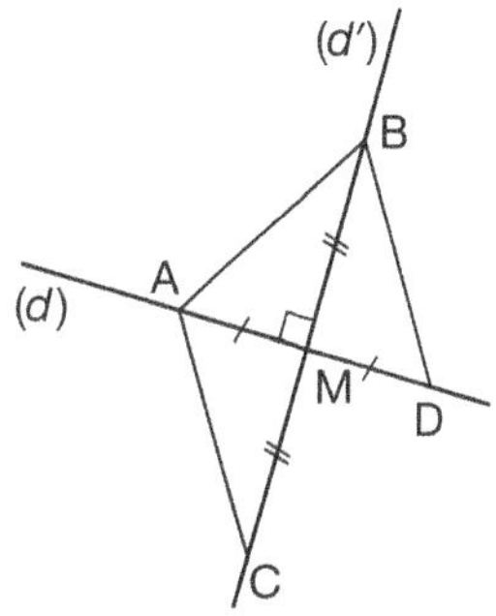

b. Le triangle ABC est isocèle en A. En effet, A appartient à la médiatrice du segment [BC], donc AB = AC.
c. Le triangle ABD est isocèle en B. En effet, B appartient à la médiatrice du segment [AD], donc BA = BD.

⑱ **a.** et **b.**

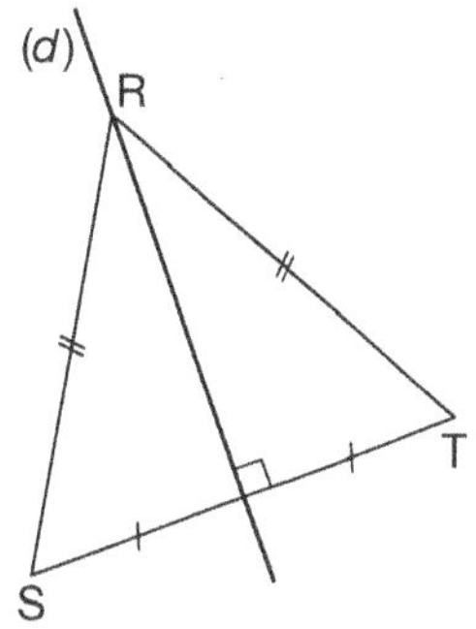

c. Le triangle RST est isocèle en R. En effet, R appartient à la médiatrice du segment [ST], donc RS = RT.

⑲ **a.** Échelle 3/4

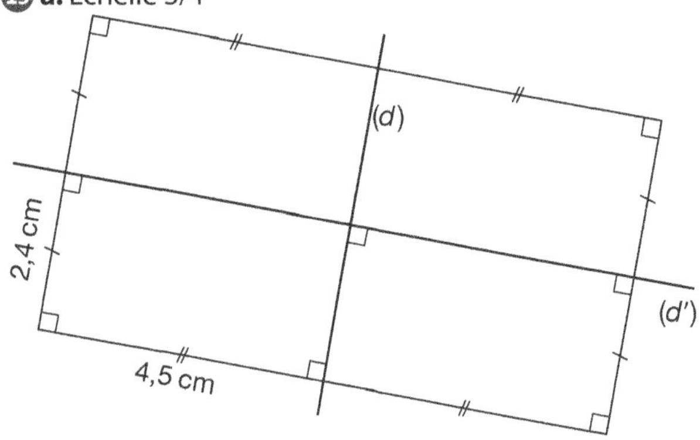

b. La figure obtenue est un rectangle de dimensions 4,8 cm et 9 cm. En effet, ses quatre angles sont droits.

⑳ **a.**

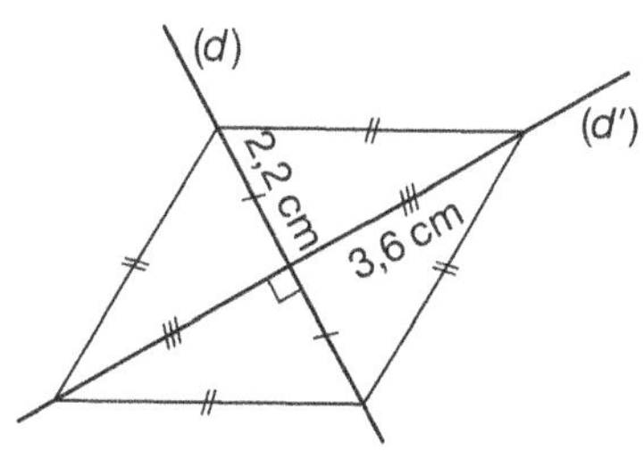

b. La figure obtenue est un losange.
En effet, ses côtés ont même longueur.

Étudier des triangles particuliers

21 **a.** AC = 2 × AF = 7 cm
b. $\widehat{ACB} = \widehat{ABC} = 60°$

22 **a.** Le triangle EFG est isocèle en F.
b. $\widehat{FEG} = \widehat{FGE}$

23

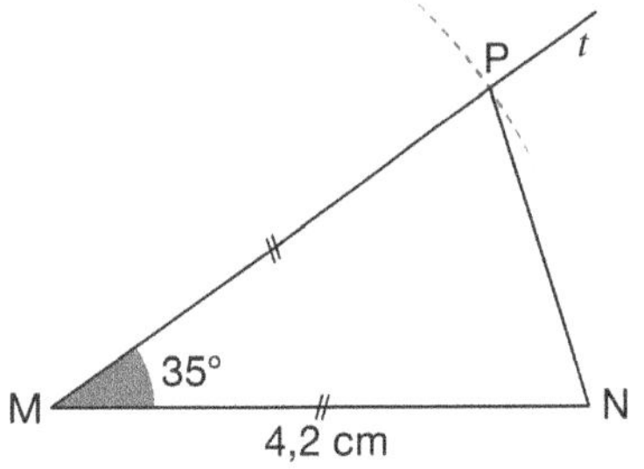

24

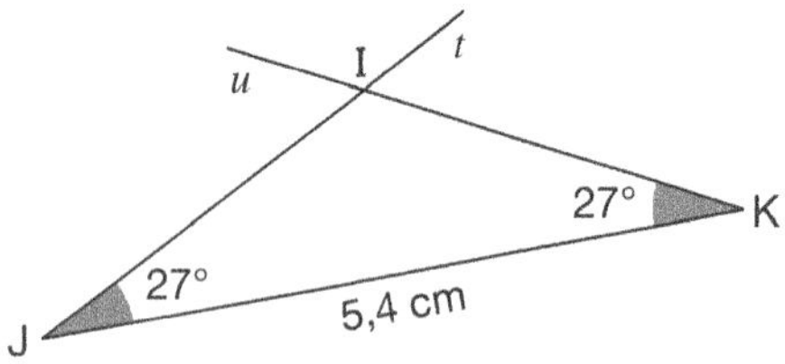

25 **a.**, **b.** L'axe de symétrie du triangle isocèle est la médiatrice de la base, donc $\widehat{AMB} = 90°$.

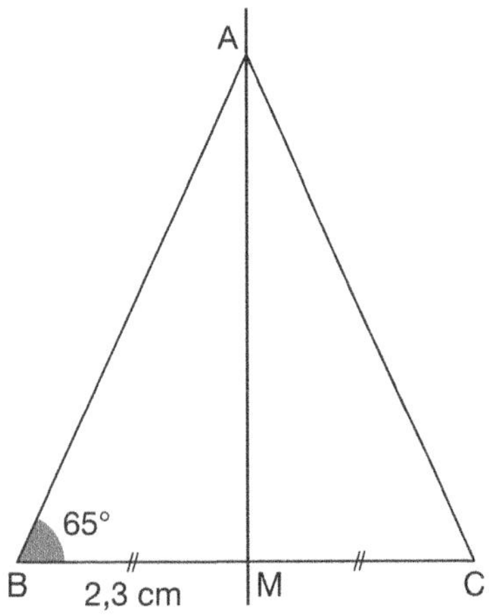

26 **a.**, **b.** et **c.**

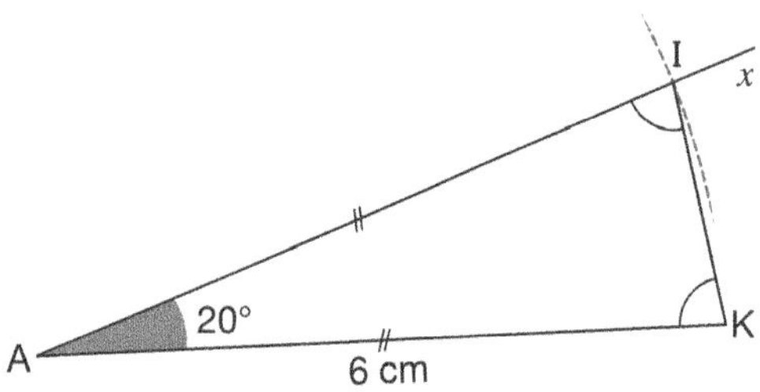

27 **a.**, **b.** et **c.** On trace le cercle de centre M qui coupe en P la demi-droite [N*t*).

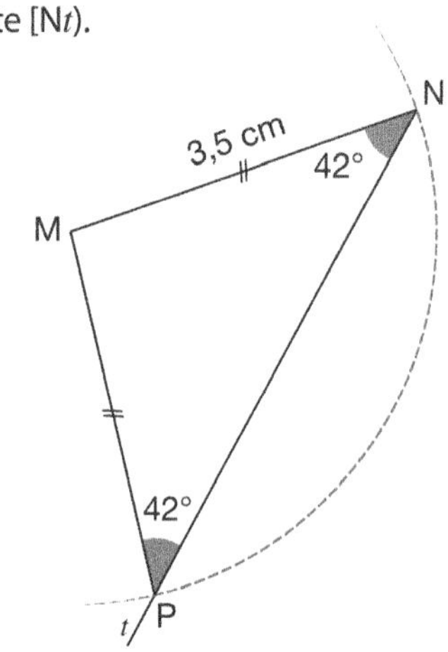

Étudier des quadrilatères particuliers

28 **a.** Les diagonales d'un rectangle se coupent en leur milieu et ont la même longueur.
BD = AC = 10 cm IA = 10 cm : 2 = 5 cm
IB = IA = 5 cm IC = IA = 5 cm ID = IA = 5 cm
b. Les triangles AIB, BIC, CID et DIA, qui ont deux côtés de la même longueur, sont isocèles en I.

29 **a.** 48 cm **b.** 360 cm

30 **a.** 18 cm **b.** 120 cm

31 **a.** • AB = AD, donc le triangle ABD est isocèle en A.
• AB = BC, donc le triangle ABC est isocèle en B.
• Les droites (AC) et (BD) sont perpendiculaires, donc les triangles OAB et COD sont rectangles en O.
b. Le point O est le milieu des diagonales [AC] et [BD], donc :
• OA = OC = AC : 2 = 1,5 cm,
• OB = OD = BD : 2 = 2,7 cm.

32 Dans un rectangle, les diagonales ont même longueur, donc AE = BD. Et comme les rectangles sont identiques, AE = BF = CE.
a. Le triangle ABD est rectangle en A et AB = 2 m, AD = 4,80 m, BD = 5,20 m.
b. Le triangle DEI est isocèle en I et DE = 2 m, DI = EI = 5,20 m : 2 = 2,60 m.
c. Le triangle AEC est isocèle en E et AE = EC = 5,20 m, AC = 4 m.

33 **a.** Clara a raison. En effet, AC = BD et O est le milieu des diagonales [AC] et [BD] du rectangle ABCD.
b. • Le triangle ABD est rectangle en A et AD = 4,8 cm, BD = 8 cm, AB = 6,4 cm.
• Le triangle BOC est isocèle en O et OB = OC = 4 cm, BC = 4,8 cm.
• Le triangle AOD est isocèle en O et OA = OD = 4 cm, AD = 4,8 cm.

34 • Dans un losange, les angles opposés ont la même mesure, donc $\widehat{NOP} = \widehat{PMN} = 54°$.
• (MO) est un axe de symétrie du losange, donc $\widehat{PMO} = \widehat{NMO}$. Ainsi, $\widehat{PMO} = \widehat{NMO} = 54° : 2 = 27°$.
• (MO) est un axe de symétrie du losange, donc $\widehat{POM} = \widehat{NOM} = 54° : 2 = 27°$.

35

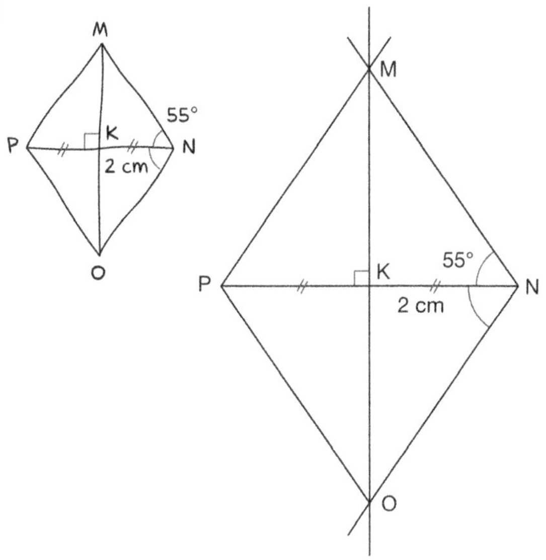

36

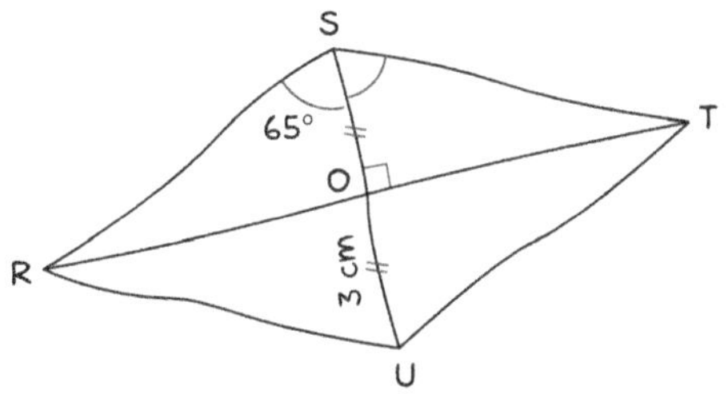

Échelle 1/2

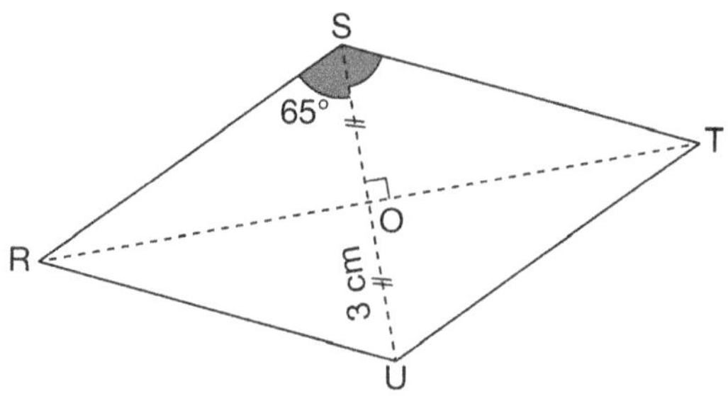

37

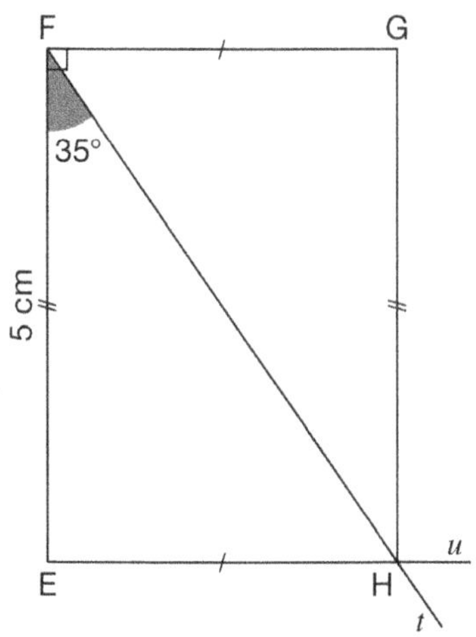

38

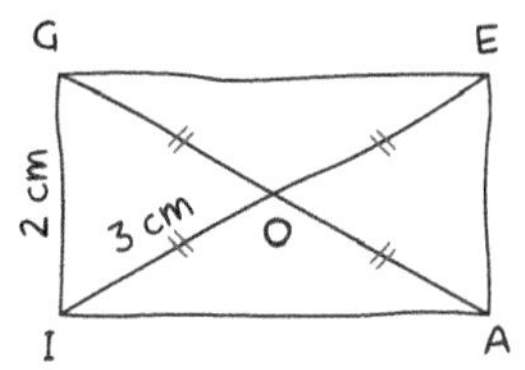

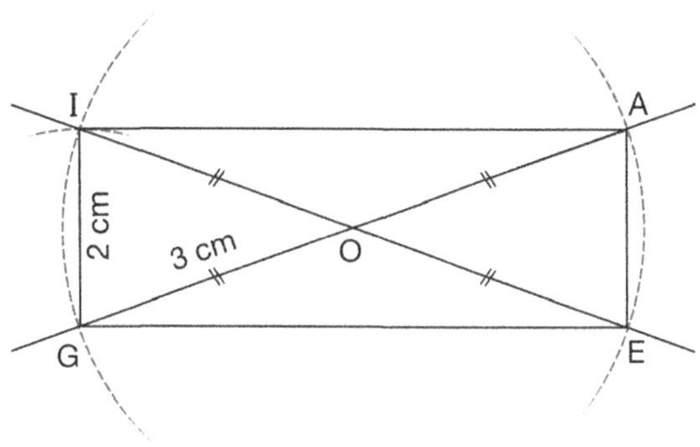

Je m'entraîne

Utiliser des axes de symétrie

39 **a.**, **b.** et **c.** Échelle 1/2

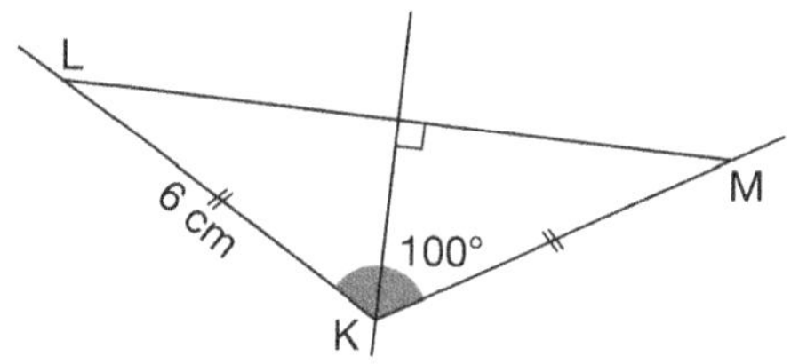

Ce triangle a deux côtés de la même longueur donc il est isocèle.

Il admet comme axe de symétrie la médiatrice de sa base.

40 **a.** et **b.**

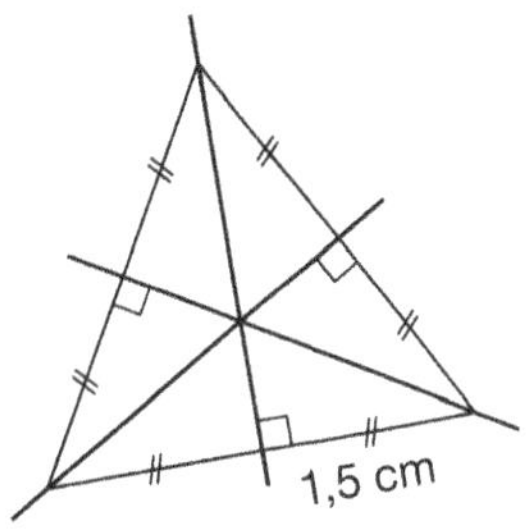

41 **a.**, **b.** et **c.**

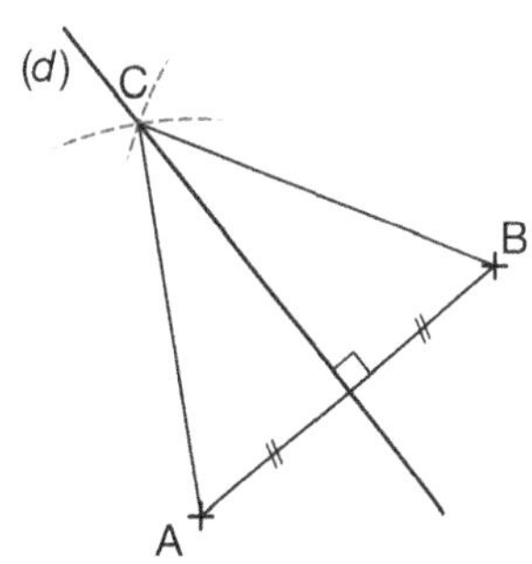

42 **a.** et **b.**

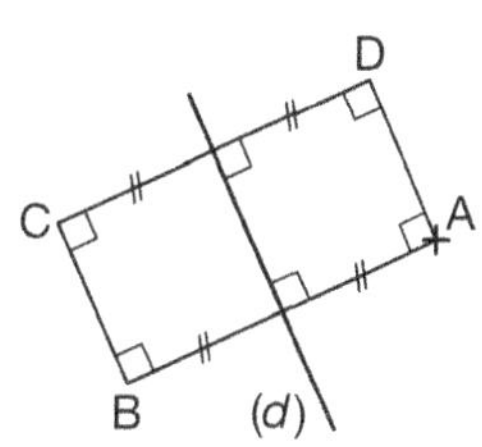

43 **a.** et **b.** On choisit un point S de la droite (d), on trace la médiatrice du segment [SR], on note O le milieu du segment [SR] et on trace le cercle de centre O passant par R. Ce cercle coupe la médiatrice en U et E. On trace le carré RUSE.

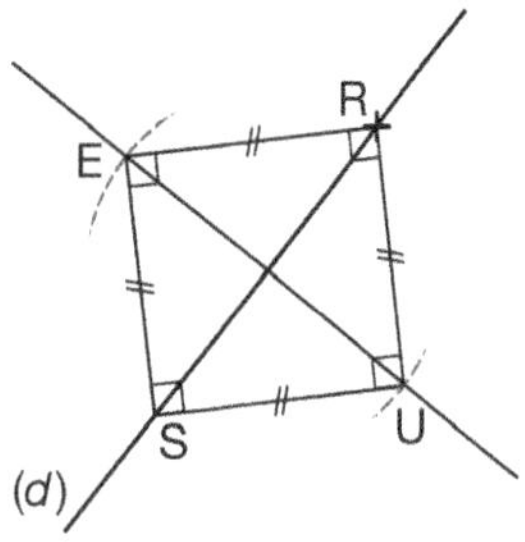

44 Le code de Mathilde est : 0 – 2 – 1 – 4 – 0 – 2.

Étudier des triangles particuliers

45

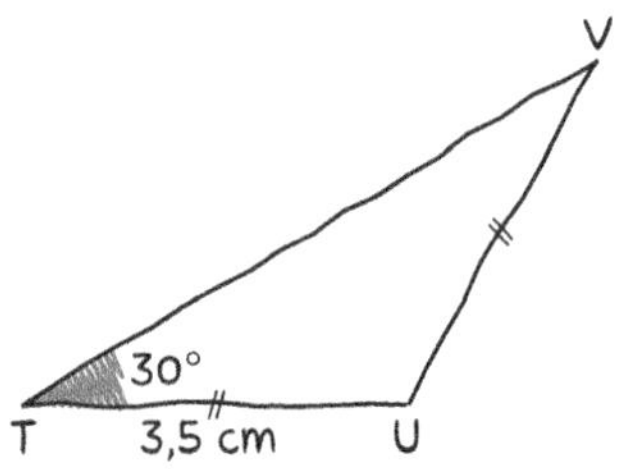

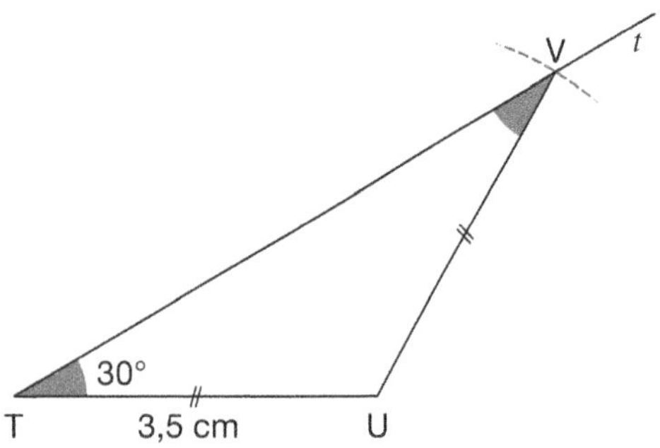

46

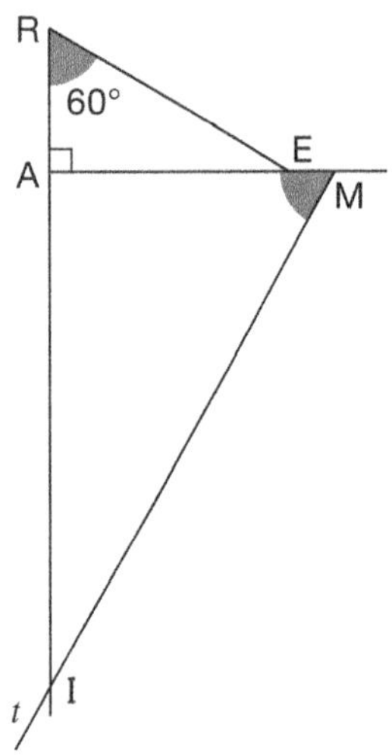

47 **a.** et **b.**

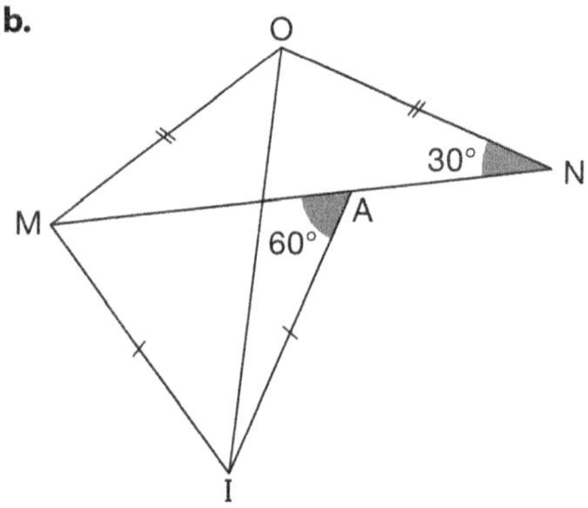

c. Le triangle OMN est isocèle en O donc ses angles à la base ont la même mesure : $\widehat{OMN} = \widehat{ONM} = 30°$.
De même, le triangle MAI est isocèle en I,
donc $\widehat{MAI} = \widehat{AMI} = 60°$.
d. $\widehat{IMO} = \widehat{IMA} + \widehat{AMO} = 60° + 30° = 90°$
e. Le triangle MOI qui a un angle droit est donc rectangle en M.

48

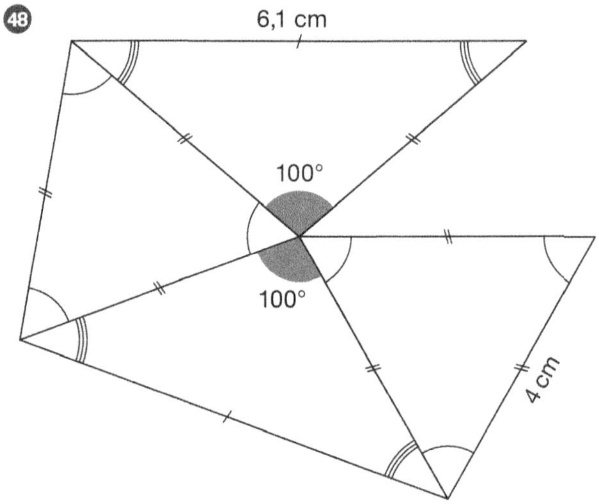

49

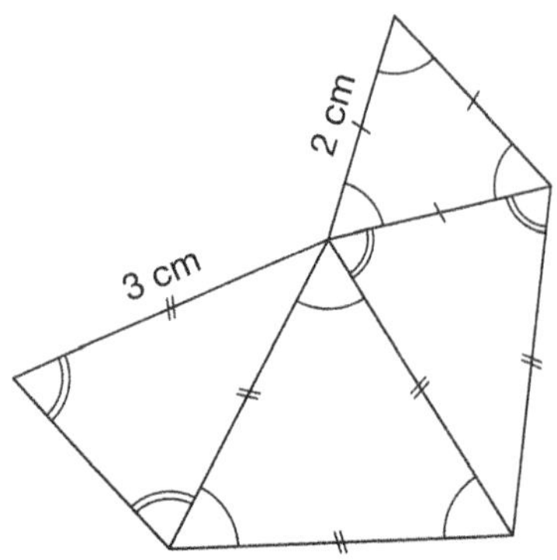

50 Cette figure compte 16 triangles isocèles et 2 axes de symétrie.

Étudier des quadrilatères particuliers

51

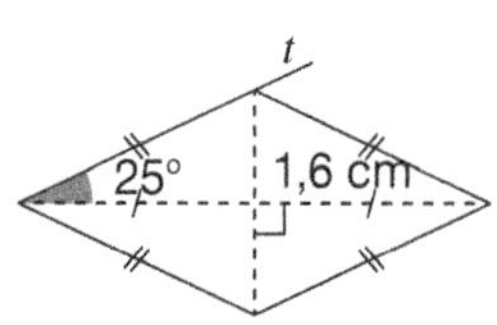

52 **a.** et **b.**

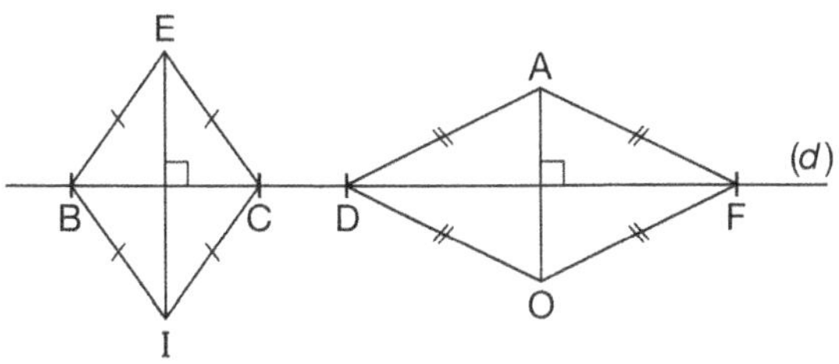

c. Les droites (EI) et (d) sont perpendiculaires ainsi que les droites (AO) et (d) car les diagonales d'un losange sont perpendiculaires.
d. Les droites (EI) et (AO) sont perpendiculaires à la même droite (d), donc elles sont parallèles.

53 Échelle 1/2

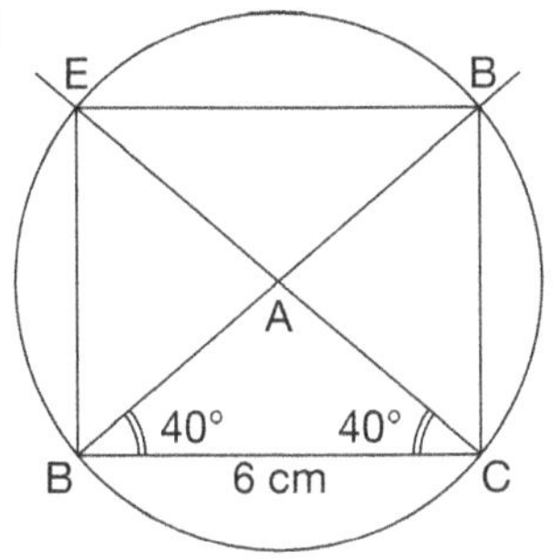

54 On trace un segment [AC] de longueur 8 cm et on marque son milieu O. On trace le cercle $\mathscr{C}$ de centre O et de rayon 4 cm. On trace un arc de centre A et de rayon 4,5 cm ; il coupe le cercle en D.
On trace la droite (OD), elle coupe le cercle en B.
Échelle 3/4

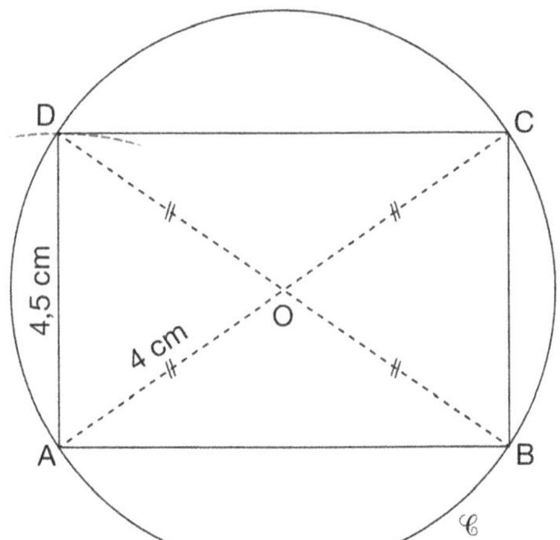

55 **a.** et **b.**

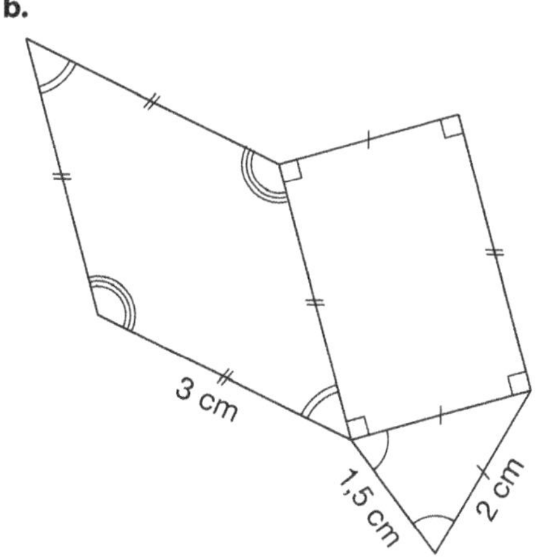

56 **a.**

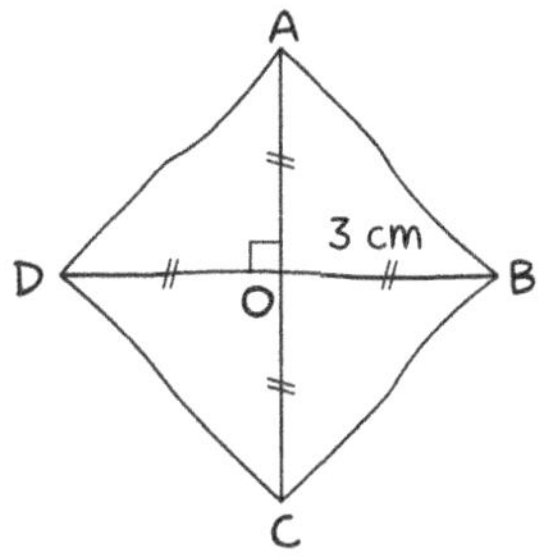

b. On trace deux droites perpendiculaires en O puis le cercle de centre O et de rayon 3 cm.
Échelle 3/4

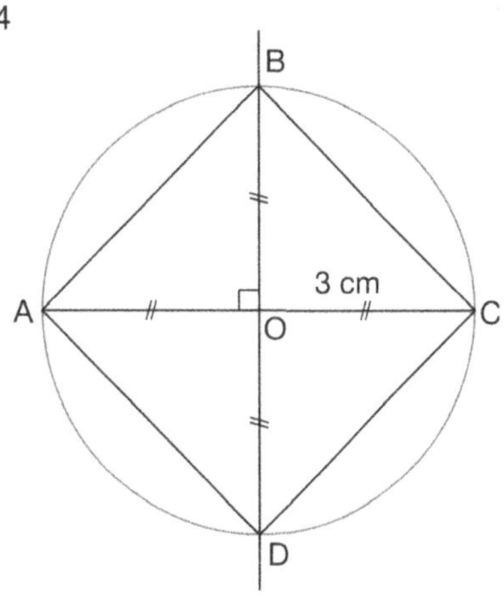

Remarque : on peut tracer avec l'équerre et la règle graduée deux segments perpendiculaires en leur milieu de longueur 6 cm.

57 Cette figure possède 4 axes de symétrie. Le quadrilatère rouge est un carré.

Synthèse

Utiliser des figures usuelles

58 **a.** et **b.**

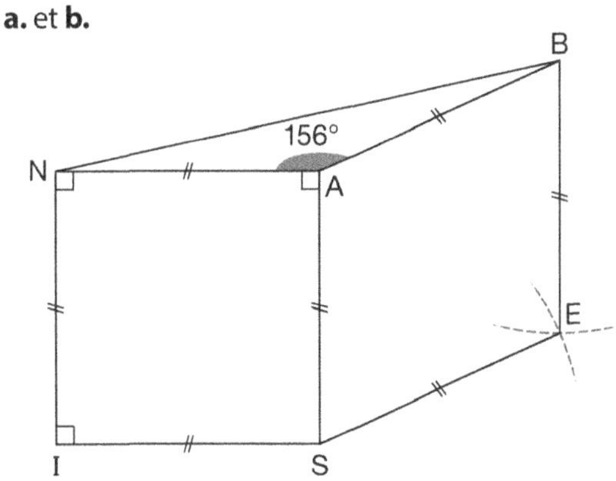

59 **a.** • Les cercles ont le même rayon, donc OL = LI et le triangle OLI est isocèle en L.
• Les cercles ont le même rayon, donc OM = MI et le triangle OMI est isocèle en M.
• OM = OL, IL = IM et OL = LI, on en déduit que les quatre côtés du quadrilatère MILO ont même longueur, donc que c'est un losange.
b. Les diagonales d'un losange sont perpendiculaires, donc les droites (LM) et (OI) sont perpendiculaires.

Parcours différenciés

Je m'évalue

60 **c.**	61 **a.**	62 **c.**	63 **b.**	64 **b.**
65 **a.**	66 **a.**	67 **b.**	68 **a.**	69 **c.**

Je réalise mon parcours

70 PARCOURS 1

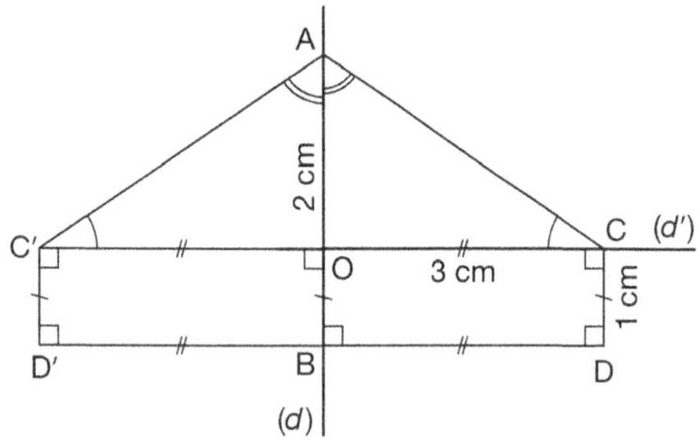

PARCOURS 2

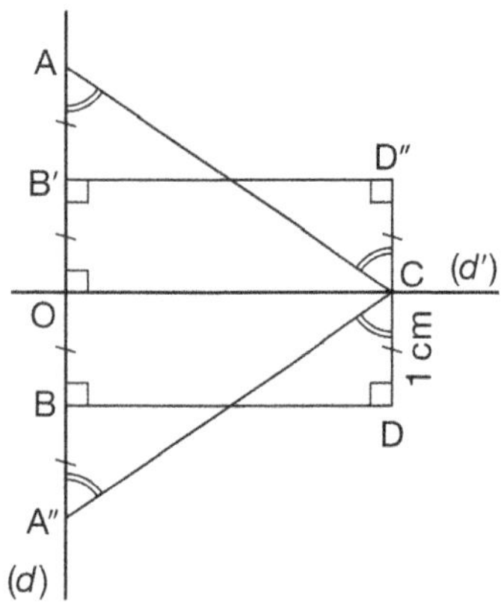

PARCOURS 3

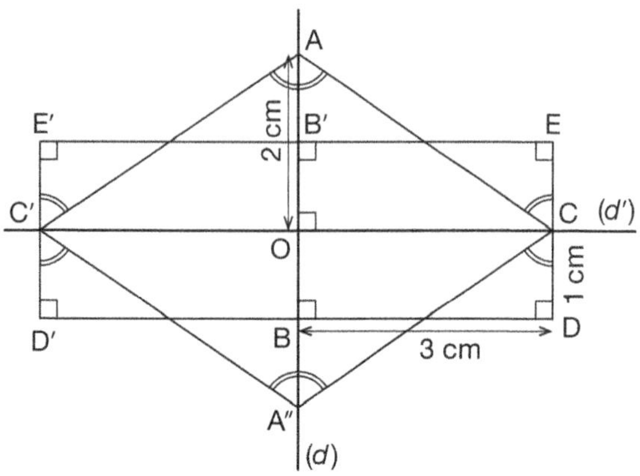

71 PARCOURS 1

a. D'après le codage de la figure, les côtés **[AI]** et **[AL]** du triangle AIL ont la même longueur, donc le triangle AIL est **isocèle** en **A**.

b.

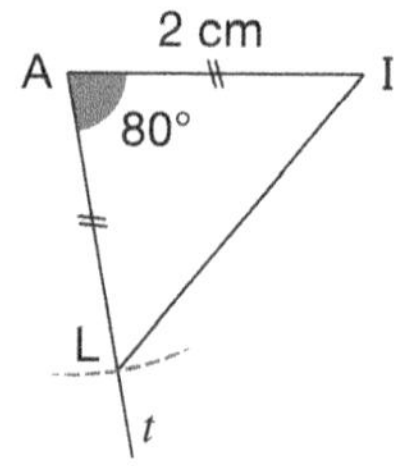

PARCOURS 2

a. AB = AD = 40 cm, donc le triangle ABD est isocèle en A.

b.

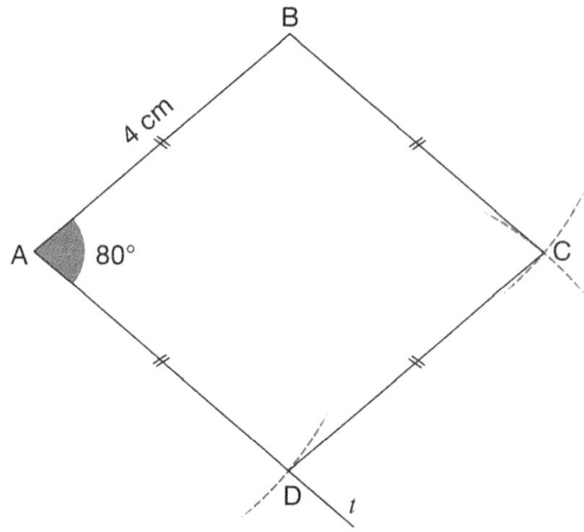

PARCOURS 3

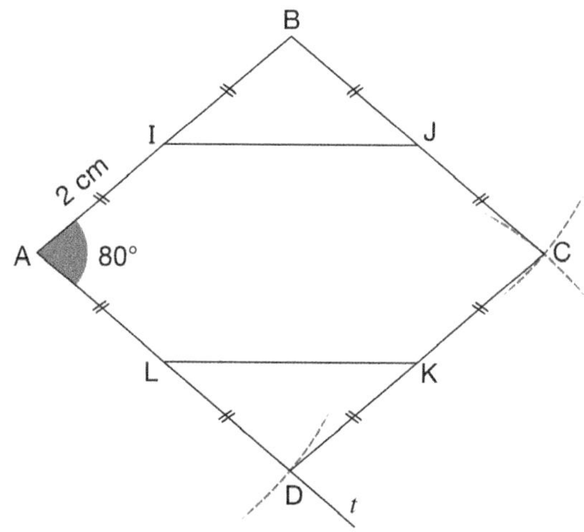

Je m'entraîne avec Scratch et GeoGebra

72 **1. a.** ABCD est un rectangle donc :
$CD = AB = 6 \times 20$ pas $= 120$ pas
et $AD = BC = 4 \times 20$ pas $= 80$ pas.
b. ABCD est un rectangle donc : $\widehat{BCD} = \widehat{CDA} = 90°$.
2. a., **b.** Ligne **(1)** : 90 ; ligne **(2)** : 80.
3.

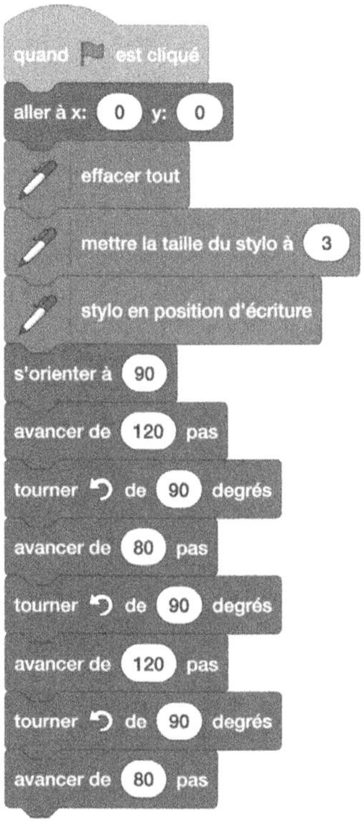

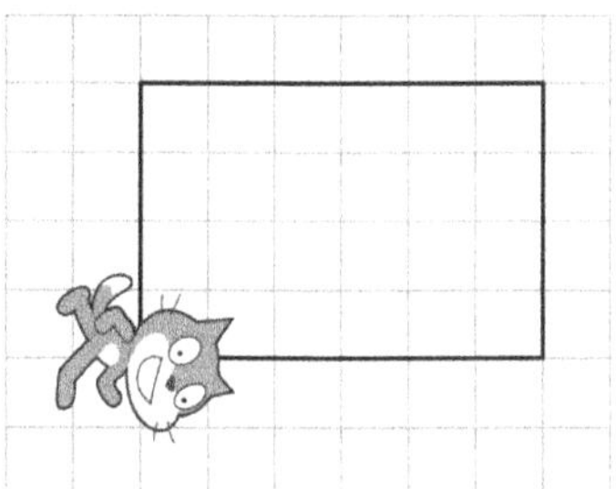

73 **a.** à **f.** Le quadrilatère CDC'D' est un losange.

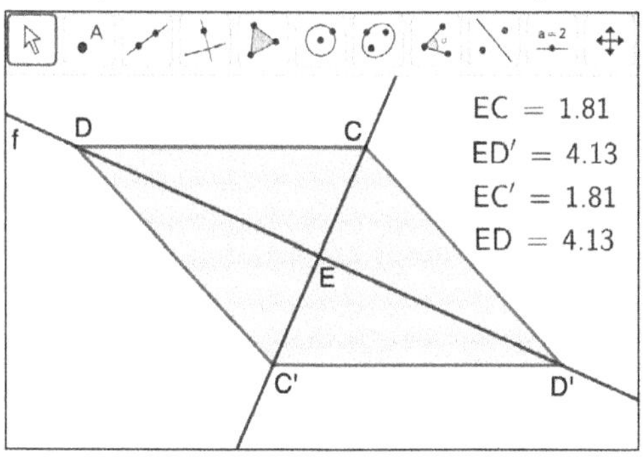

g. CD'C'D est un carré lorsque EC = ED.

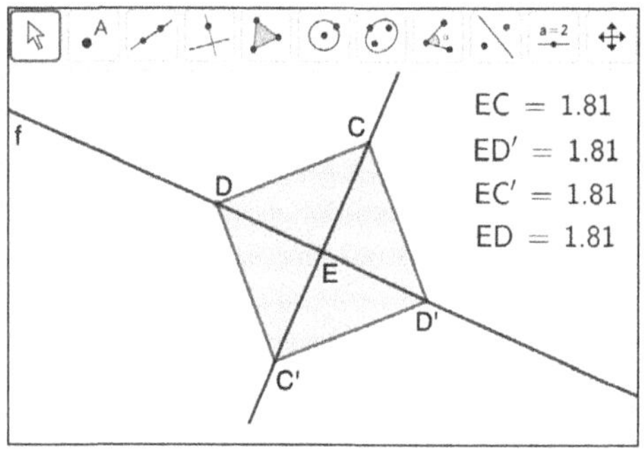

h.

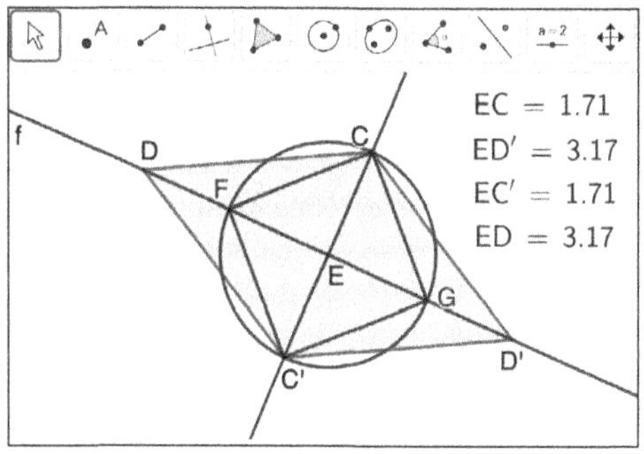

J'utilise mes compétences

74 **Traduction**
1. a. Construire un carré ABCD tel que AB = 3 cm.
b. À l'extérieur du carré ABCD, construire le carré CDEF.
2. Quelle est la nature du :
a. quadrilatère ABFE ? Expliquer.
b. triangle BDF ? Expliquer.

Solution
1.

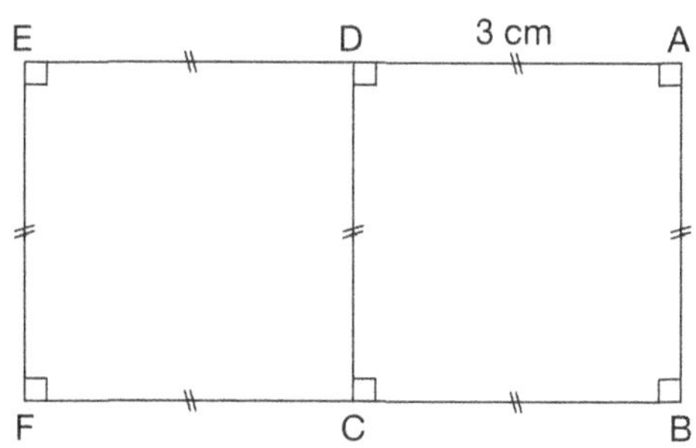

2. a. Le quadrilatère ABFE a quatre angles droits, donc c'est un rectangle.
b. ABCD est un carré, donc AC = BD.
CDEF est un carré, donc CE = DF.
Or ABCD et CDEF sont deux carrés identiques, donc BD = DF.
Ainsi, le triangle BDF est isocèle en D.
De plus $\widehat{FDC} + \widehat{CDB} = 45° + 45° = 90°$.
Donc le triangle BDF est rectangle en D.

75 **a.** et **b.**

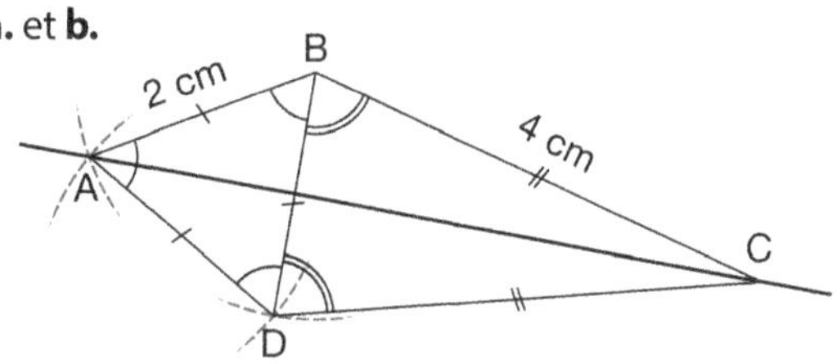

76 **a.** La figure est trop particulière car les points I, J, K semblent être alignés et le triangle JLK semble rectangle en L.
Or rien dans l'énoncé n'indique que c'est le cas.
b.

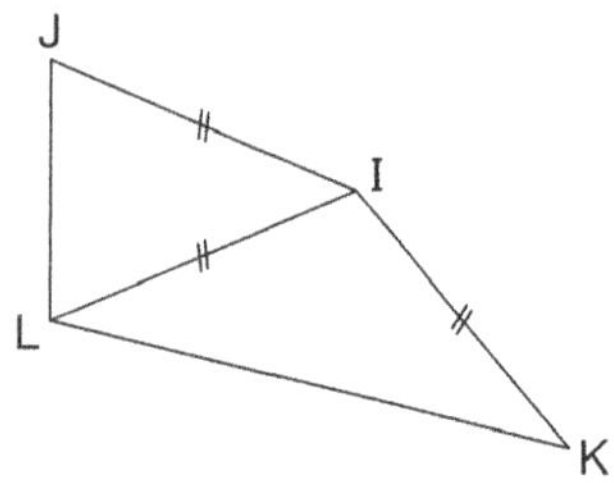

77 **a.** et **b.** R est un point tel que MR = MN, donc R appartient au cercle de centre M qui passe par N.
On note R_1 et R_2 les deux points d'intersection de ce cercle avec la droite (*d*).

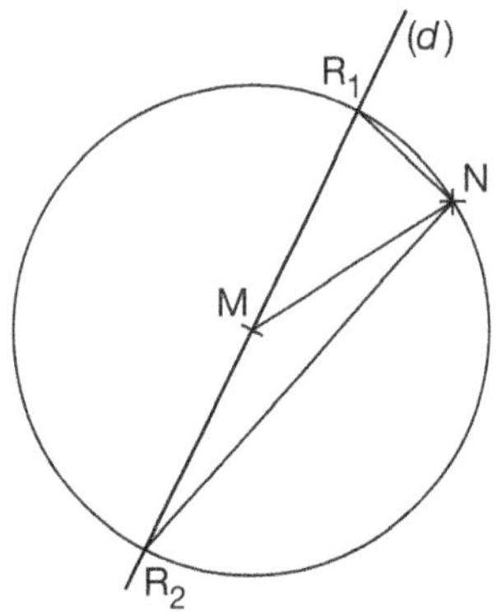

78 **1.** PALE est un losange, donc $\widehat{APE} = \widehat{ALE} = 51°$.
Échelle 1/2

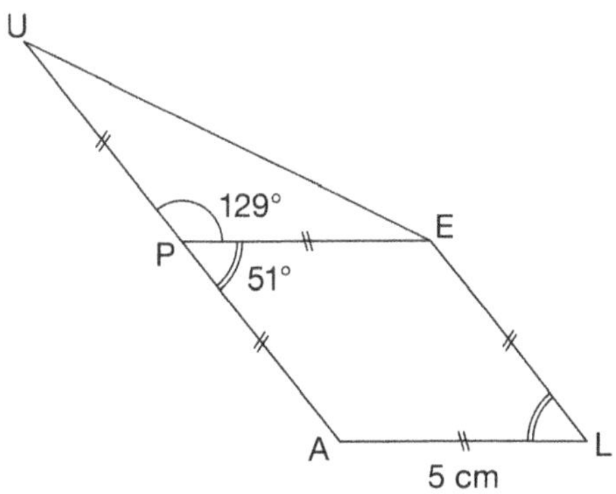

2. a. • $\widehat{APU} = \widehat{APE} + \widehat{EPU} = 51° + 129° = 180°$, donc les points A, P, U sont alignés.
• PALE est un losange, donc PA = PE et PEU est un triangle isocèle en P, donc PU = PE.
Ainsi, PA = PU.
b. D'après le **a**, on en déduit que P est le milieu du segment [AU].

79 **a.** Échelle $\frac{24}{100}$

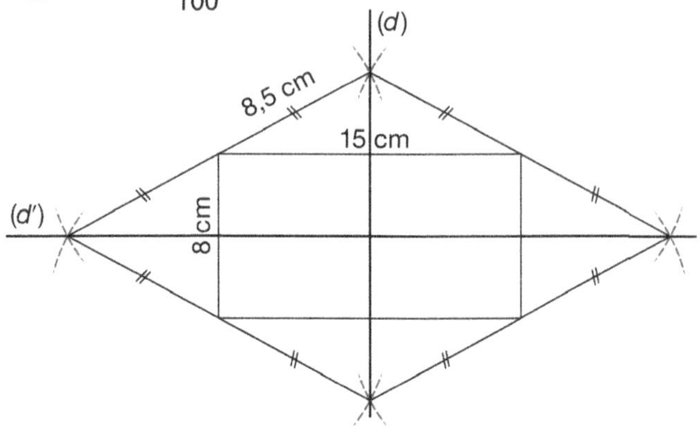

b. Les droites (*d*) et (*d′*) sont les axes de symétrie du patron.

80 **a.**

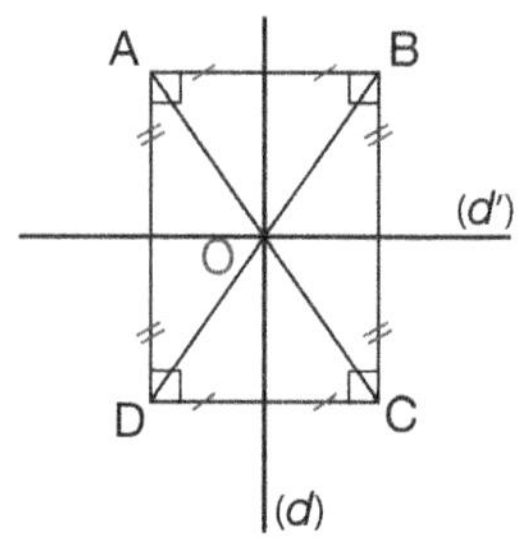

b. Le symétrique du segment [AC] par rapport à la droite (*d*) est le segment [BD], et son symétrique par rapport à la droite (*d′*) est le segment [BD].
c. Comme la symétrie axiale conserve les longueurs, AC = BD.
De plus, les segments [AC] et [BD] se coupent en O.
Par symétrie, le point O est le milieu de ces deux segments.

81 • Construire un triangle OBC isocèle en O tel que OC = 3 cm et $\widehat{BOC} = 30°$.
• Tracer le cercle de centre O et de rayon 3 cm.
• Noter A et B les autres points d'intersection de ce cercle avec respectivement les droites (OC) et (OB).
• Tracer le quadrilatère ABCD.
• Marquer les angles droits.

82 Voici le script complété.

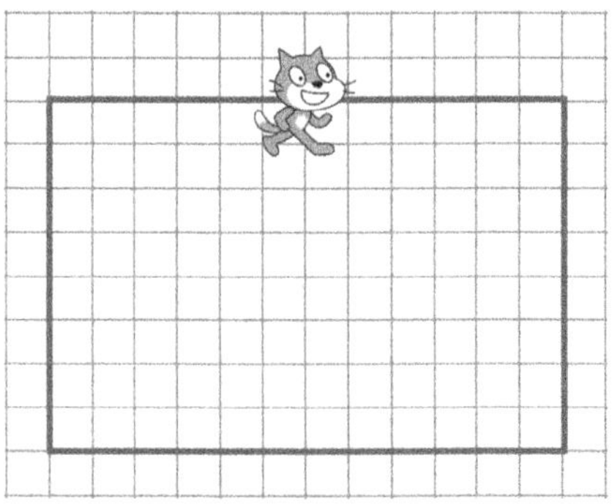

83 **a.**

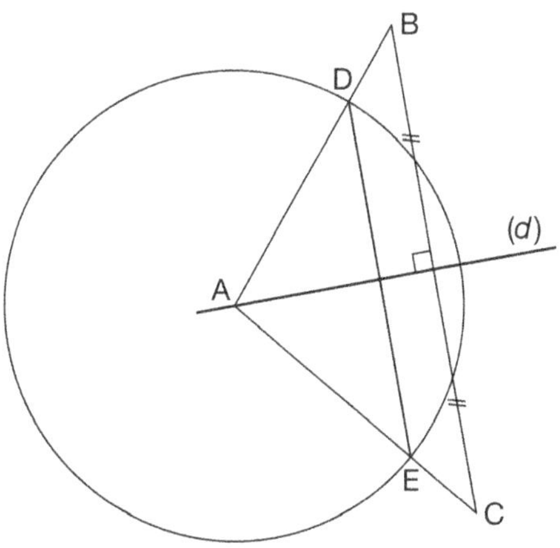

b. E est un point du cercle de centre A et de rayon AD, donc AE = AD.
Ainsi, le triangle ADE est isocèle en A.

c. La droite (*d*) est la médiatrice du segment [BC] et elle passe par le point A (car le triangle ABC est isocèle en A). De plus AD = AE avec D appartenant à [AB] et E appartenant à [AC], donc (*d*) est la médiatrice du segment [DE].
d. Les droites (BC) et (*d*) sont perpendiculaires, ainsi que les droites (DE) et (*d*) (car (*d*) est la médiatrice de [BC] et [DE]).
Donc les droites (BC) et (DE) sont parallèles.

84 Échelle 1/2

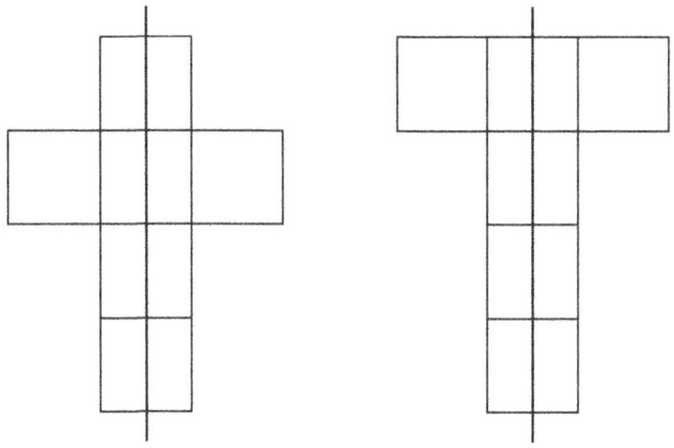

85 **a.** et **b.**

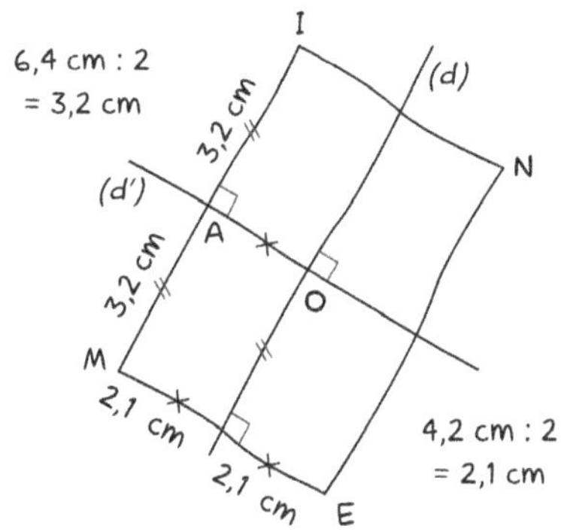

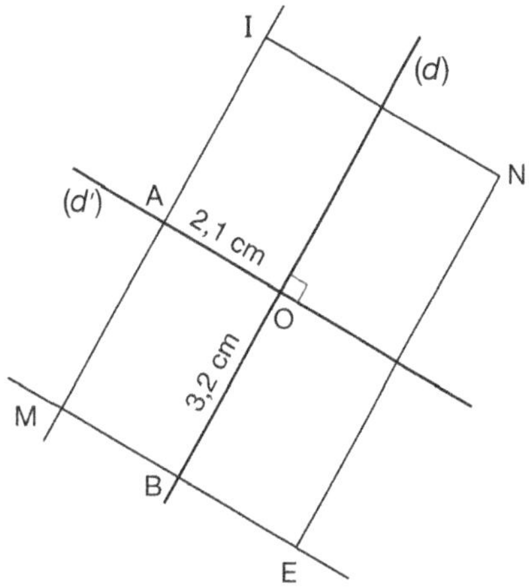

On construit d'abord le petit rectangle OAMB avec OA = 2,1 cm et OB = 3,2 cm.
Ensuite, on construit I, symétrique de M par rapport à la droite (*d'*) et E celui par rapport à la droite (*d*).
N est le symétrique de I par rapport à la droite (*d*) ou celui de E par rapport à la droite (*d'*).

86 Les diagonales d'un rectangle ont la même longueur, donc, avec le rectangle MORN, on a RM = ON, et avec le rectangle OKJI on a IK = OJ.
Or ON = OJ car ce sont deux rayons d'un même cercle, donc on en déduit que IK = RM.

87

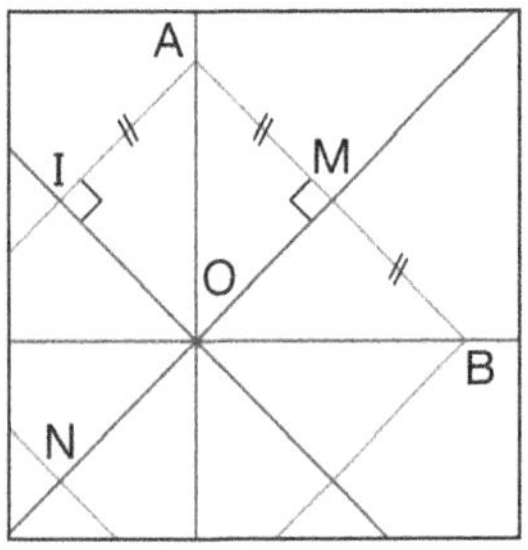

Deux des axes de symétrie d'un carré sont les médiatrices des côtés.

• On peut tracer la médiatrice du segment [AB].

• La médiatrice du segment [AD] est perpendiculaire à la droite (AD) et passe par le milieu I du segment [AD] tel que AI = AM.

On peut donc aussi la tracer.

Les deux autres axes de symétrie passent par les sommets du carré et par le point d'intersection O des médiatrices des côtés.

On peut donc aussi les tracer.

88

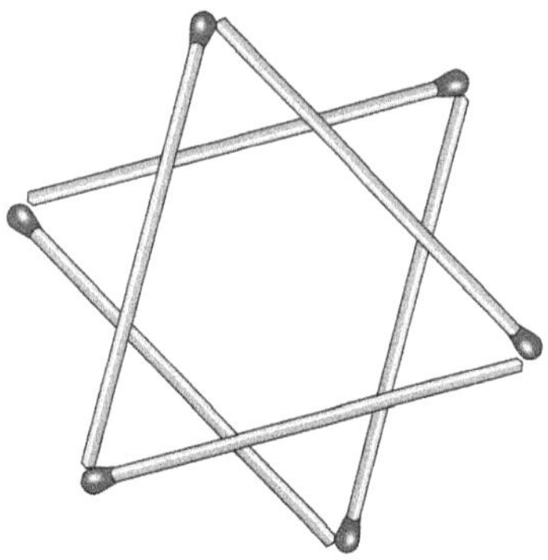

89 Il y a 16 carrés au total.

9 carrés
(de côté 1)

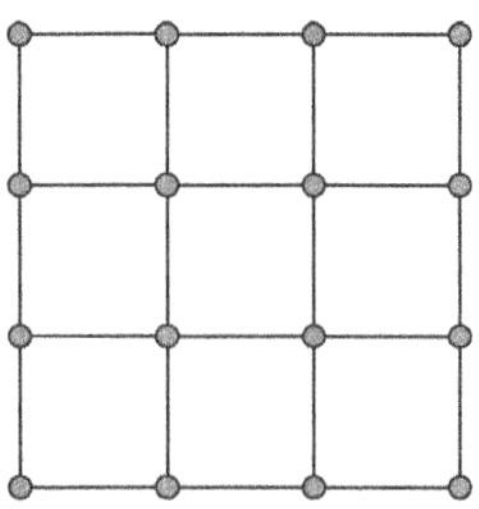

4 carrés
(de côté 2)

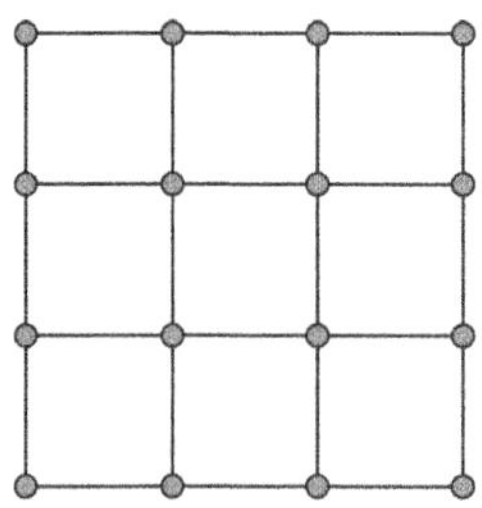

2 carrés

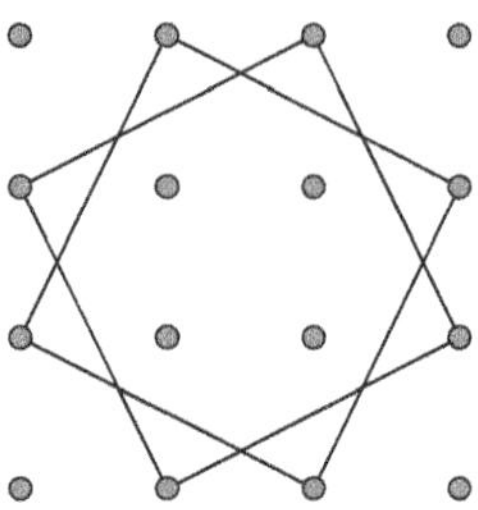

1 carré
(de côté 3)

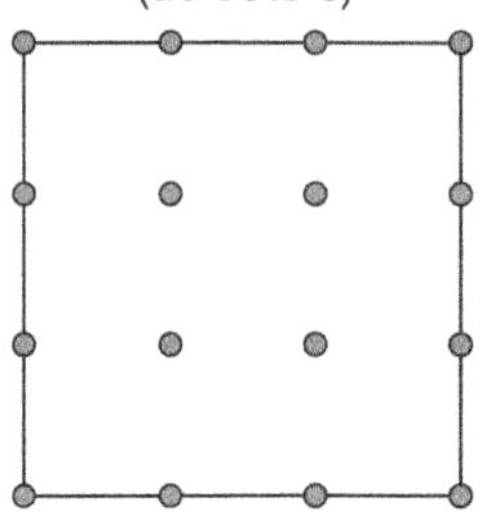

Je prends des initiatives

90

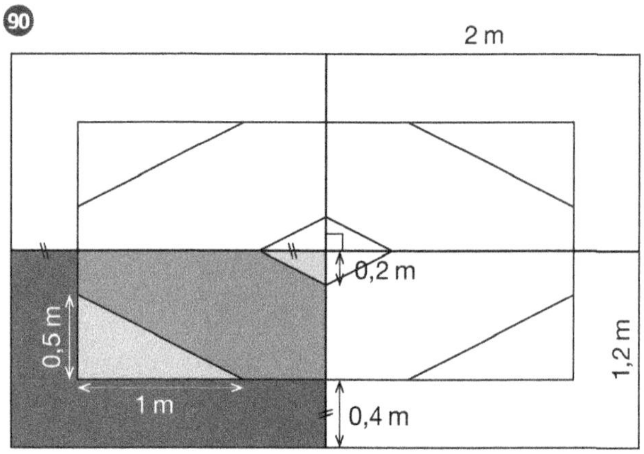

91 **Doc. 1**

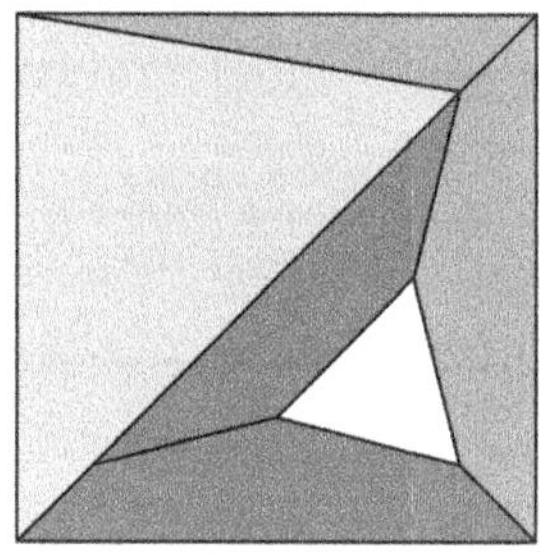

Doc. 2

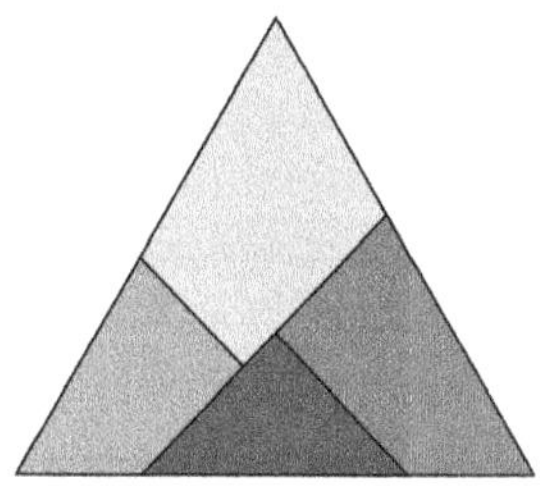

Doc. 3

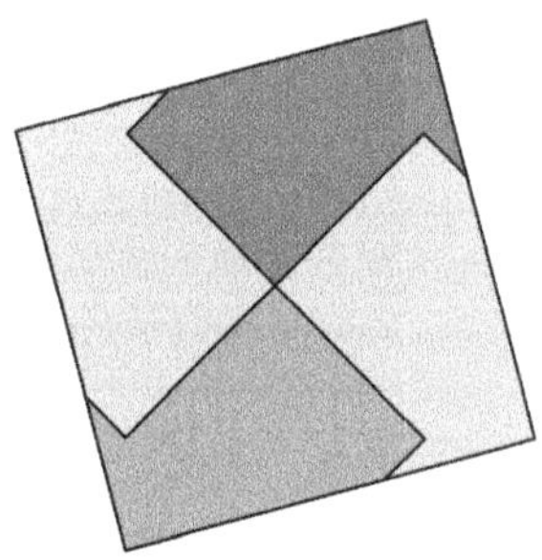

Tâches complexes transversales

1 Le flocon des nombres

On note ■ le nombre à inscrire dans le cercle central.

• Il y a 4 alignements de 3 nombres et la somme de ces 4 alignements est égale 4×18 soit 72.

$72 - 54 = 18$ et $4 - 1 = 3$.

Donc $3 \times$ ■ $= 18$ et ■ $= 6$.

Le nombre dans le disque du centre est 6.

• $18 - 6 = 12$, donc pour chaque alignement de 3 nombres la somme des deux nombres qui ne sont pas dans le cercle central est 12.

$12 = 2 + 10 = 3 + 9 = 4 + 8 = 5 + 7$

On peut alors compléter le flocon.

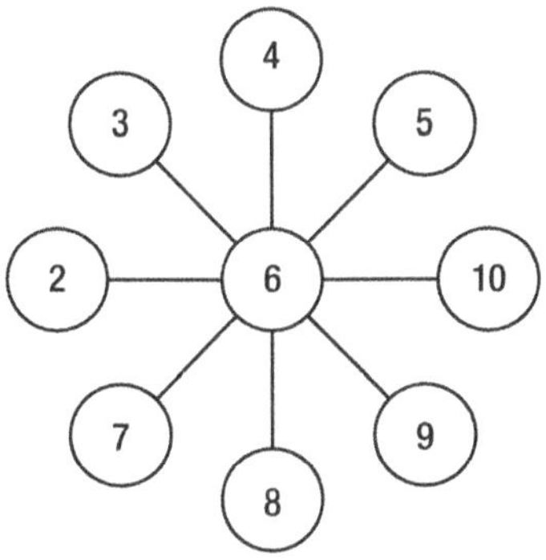

2 Les six familles

• Les expressions numériques

$A = 2 + \frac{7}{10} + \frac{5}{100} = 2{,}75$

$B = 1 + \frac{3}{4} = 1 + 0{,}75 = 1{,}75$

$C = 1 + \frac{3}{5} = 1 + 0{,}6 = 1{,}6$

$D = \frac{275}{100} + \frac{5}{100} = \frac{280}{100} = 2{,}8$

$E = \frac{53}{100} + \frac{27}{100} = \frac{80}{100} = 0{,}8$

$F = \frac{12}{10} + \frac{5}{100} = \frac{120}{100} + \frac{5}{100} = \frac{125}{100} = 1{,}25$

$G = \frac{8}{5} = 1{,}6$

$H = 2 + \frac{4}{5} = 2 + 0{,}8 = 2{,}8$

$I = 4 \times \frac{2}{10} = \frac{8}{10} = 0{,}8$

$J = \frac{5}{4} + \frac{6}{4} = \frac{11}{4} = 2{,}75$

$K = \frac{12}{10} + \frac{55}{100} = \frac{120}{100} + \frac{55}{100} = \frac{175}{100} = 1{,}75$

$L = 1 + \frac{1}{4} = 1 + 0{,}25 = 1{,}25$

$M = \frac{3}{5} + \frac{1}{5} = \frac{4}{5} = 0{,}8$

$N = 1{,}3 + \frac{7}{10} + \frac{8}{10} = 1{,}3 + 0{,}7 + 0{,}8 = 2{,}8$

$O = 5 \times \frac{1}{4} = \frac{5}{4} = 1{,}25$

$P = 0{,}8 + \frac{3}{10} + \frac{165}{100} = \frac{80}{100} + \frac{30}{100} + \frac{165}{100} = \frac{275}{100} = 2{,}75$

$Q = 1 + \frac{1}{2} + \frac{1}{4} = 1 + 0{,}5 + 0{,}25 = 1{,}75$

$R = \frac{85}{100} + \frac{75}{100} = \frac{160}{100} = 1{,}6$

• Des nombres repérés par des lettres

T : 0,8	V : 1,25	X : 1,6
W : 1,75	U : 2,75	S : 2,8

• Les six familles

La famille 0,8 : E, I, M et T.

La famille 1,25 : F, L, O et V.

La famille 1,6 : C, G, R et X.

La famille 1,75 : B, K, Q et W.

La famille 2,75 : A, J, P et U.

La famille 2,8 : D, H, N et S.

3 Le passage du pont

• $6{,}05\ t - 4{,}1\ t = 1{,}95\ t$

Donc 3 containers pèsent 1,95 t.

• $1{,}95\ t : 3 = 0{,}65\ t$

Donc un container pèse 0,65 t.

• $2 \times 0{,}65\ t = 1{,}3\ t$

Donc 2 containers pèsent 1,3 t.

• $6{,}05\ t + 1{,}3\ t = 7{,}35\ t$.

Donc le camion avec 7 containers pèse 7,35 t.

$7{,}35 < 7{,}5$ donc Max peut passer sur le pont.

4 Les arbres

• Calcul des dimensions du terrain

Sur le plan du Doc. 1, le terrain est représenté par un rectangle de 1,5 cm sur 4 cm.

L'échelle de ce plan est $\frac{1}{20\,000}$, ce qui signifie que 1 cm sur le plan représente 20 000 cm, c'est-à-dire 200 m dans la réalité.

$1{,}5 \times 200$ m $= 300$ m et 4×200 m $= 800$ m.

Le terrain est un rectangle de 300 m sur 800 m.

• Calcul du nombre d'arbres

$800 : 5 - 1 = 160 - 1 = 159$ et $300 : 5 - 1 = 60 - 1 = 59$.

Il y aura 159 rangées de 59 arbres.

$159 \times 59 = 9\,381$

Donc 9 381 arbres vont être plantés.

• Calcul de la quantité de CO_2 qui sera captée chaque année

$800\ m \times 300\ m = 240\,000\ m^2 = 0{,}24\ km^2$

L'aire du terrain est $0{,}24\ km^2$.

$0{,}24 \times 125\ t = 30\ t$

Les arbres permettront de capter 30 t de CO_2 chaque année.

5 Le championnat de mathématiques

• Collège Marie Curie

$15 + 20 + 14 + 13 + 16 = 78$

$9 + 6 + 11 + 12 + 9 = 47$

$78 + 47 = 125$

Donc au collège Marie Curie, **78** des 125 élèves de 6ᵉ souhaitent participer et **47** élèves ne souhaitent pas participer.

• Collège Alphonse Daudet

$16 + 13 + 15 + 14 + 18 + 20 = 96$

$10 + 13 + 12 + 11 + 8 + 5 = 59$

$96 + 59 = 155$

Donc au collège Alphonse Daudet, **96** des 155 élèves de 6ᵉ souhaitent participer et **59** élèves ne souhaitent pas participer.

• Collège Victor Hugo

$\frac{55}{100} \times 120 = 0{,}55 \times 120 = 66$ et $120 - 66 = 54$.

Donc au collège Victor Hugo, **66** des 120 élèves de 6ᵉ souhaitent participer et **54** élèves ne souhaitent pas participer.

• Bilan des trois collèges

$78 + 96 + 66 = 240$

$47 + 59 + 54 = 160$

$240 + 160 = 400$

Donc 240 des 400 élèves de 6ᵉ de ces trois collèges souhaitent participer et 160 élèves ne souhaitent pas participer.

• Construction du diagramme semi-circulaire

On peut construire ce tableau de proportionnalité.

	Participent	Ne participent pas	Total
Nombres d'élèves	240	160	400
Angle (en °)	108	72	180

× 0,45

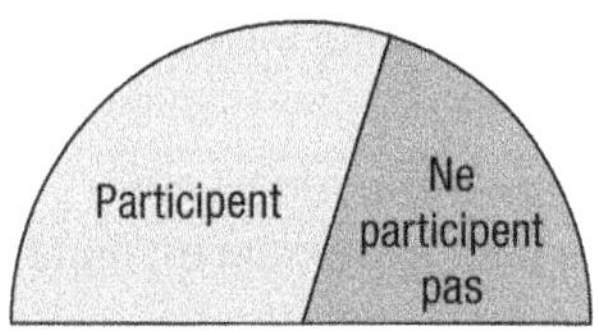

6 L'épave

• B est le point de la côte qui est à égale distance de Marseille (M) et de Nice (N). Donc B est le point de la médiatrice du segment [MN] qui est sur la côte.

• 1 cm sur la carte représente 20 km et 60 km = 3 × 20 km, donc ME = 3 cm.

• E est le point situé dans la mer tel que ME = 3 cm et $\widehat{BME} = 50°$.

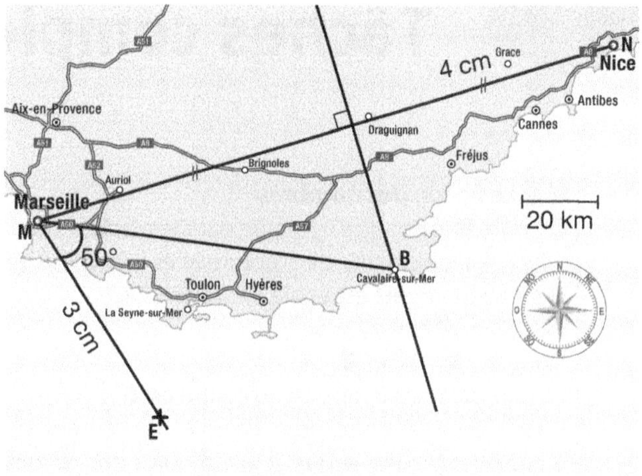

7 La boîte

Voici le patron de la boîte, à l'échelle 3/4.

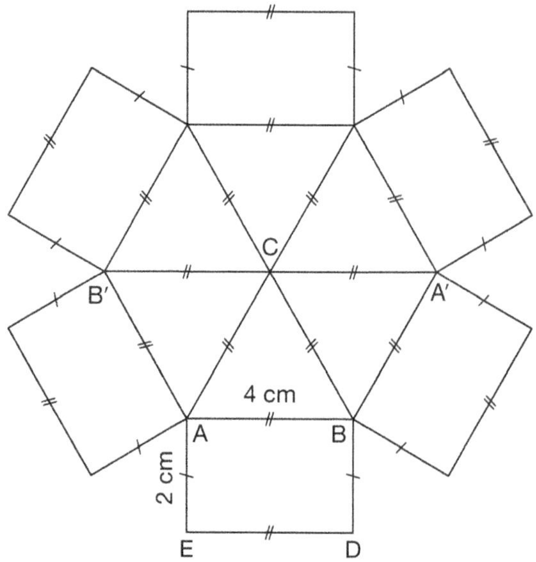

8 Le remplissage d'une piscine

Calcul de la durée de l'opération

• $8\text{ m} \times 3{,}5\text{ m} \times 1{,}5\text{ m} = 42\text{ m}^3$

Donc le volume de la piscine est 42 m^3, soit 42 000 L.

• $\frac{40}{100} \times 42\,000\text{ L} = 0{,}4 \times 42\,000\text{ L} = 16\,800\text{ L}$

Donc Clara doit changer 16 800 L d'eau.

• $16\,800 : 6\,000 = 2{,}8$ et $2 \times 2{,}8 = 5{,}6$.

Le changement de l'eau durera 5,6 h soit 5 h 36 min.

En effet, $5{,}6\text{ h} = 5\text{ h} + 0{,}6\text{ h} = 5\text{ h} + 0{,}6 \times 60\text{ min}$.

Donc $5{,}6\text{ h} = 5\text{ h }36\text{ min}$.

Calcul du coût de l'opération

- 140,91 € – 28,58 € = 112,33 €

Donc le prix de 47 m^3 d'eau est 112,33 €.

- 112,33 € : 47 = 2,39 €

Donc 1 m^3 d'eau coûte 2,39 €.

- 16 800 L = 16,8 m^3

$16{,}8 \times 2{,}39$ € = 40,152 €

Le coût de l'opération est environ 40,15 €.

- **Solution possible**

Clara peut installer un récupérateur d'eau de pluie pour utiliser un minimum d'eau du robinet.

9 Le tracé du lutin

- **Un script sans utiliser les boucles « répéter »**

Voici le début du script qui permet de tracer le chiffre 5 (à gauche) et la suite du script qui permet de tracer le chiffre 3 (à droite).

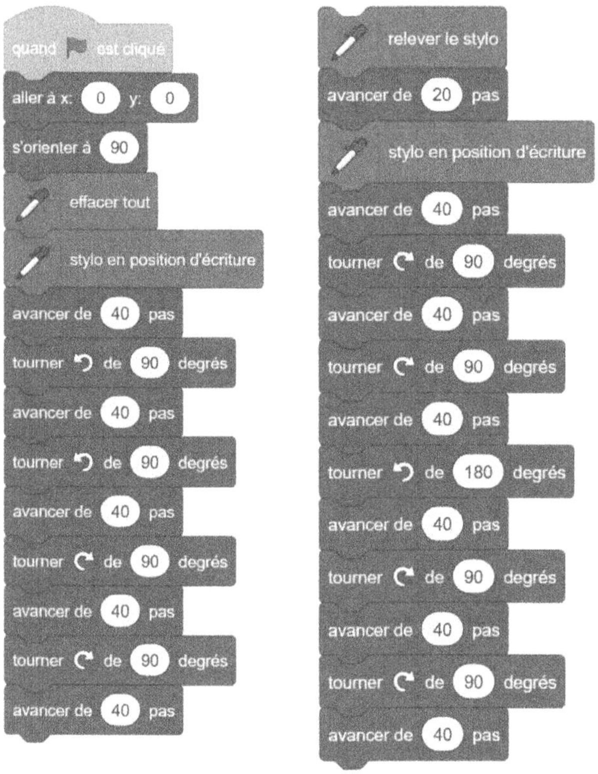

- **Un script avec des boucles « répéter »**

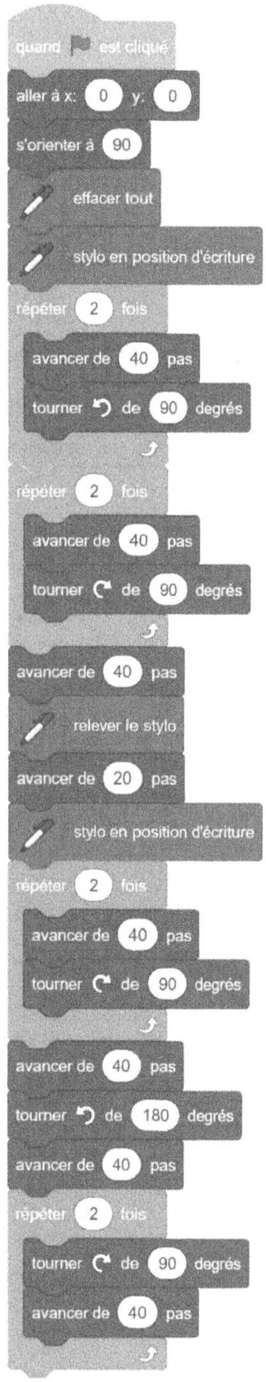

Édition : Marie-Pierre Lowys, Laurence Sourdillon
Conception graphique : Clémentine Largant
Couverture : Jean-Marc Denglos et Clémentine Largant
Fabrication : Laurence Monaï
Composition et schémas : Soft Office

N° de projet : 10278236 – Dépôt légal : juillet 2022 – N° d'imp. : F22/71345N
Imprimé en France en juillet 2022 par l'Imprimerie Maury S.A.S. à Millau (12)